I0042617

DROIT

MUNICIPAL

AU MOYEN AGE

PAR

FERDINAND BÉCHARD

ANCIEN DÉPUTÉ

AVOCAT AU CONSEIL D'ÉTAT ET A LA COUR DE CASSATION

TOME II

PARIS

DURAND, LIBRAIRE-ÉDITEUR

7, RUE DES GRÈS, 7

—

1862

DROIT MUNICIPAL

AU MOYEN AGE

PARIS. — DE SOYE ET BOUCHET, IMPRIMEURS, PLACE DU PANTHÉON, 2

DROIT
MUNICIPAL
AU MOYEN AGE

PAR

FERDINAND BÉCHARD

ANCIEN DÉPUTÉ

TOME II

PARIS

DURAND, LIBRAIRE-ÉDITEUR

7, RUE DES GRÈS, 7

—

1862

TABLE DES MATIÈRES

LIVRE VII

CHAP. IV. — DROIT MUNICIPAL DES PROVINCES DE LA DEUXIÈME AQUITAINE (BORDELAIS, AGENAIS, CONDOMOIS, SAINTONGE, AUNIS, POITOU).

CHAP. V. — DROIT MUNICIPAL DU DUCHÉ DE GASCOGNE.

CHAP. VI. — DROIT MUNICIPAL DU BÉARN ET DE LA NAVARRE.

CHAP. VII. — DROIT MUNICIPAL DES PROVINCES FORMÉES DE LA MARCHE ESPAGNOLE (ROUSSILLON. CERDAGNE, COMTÉ DE FOIX), ET DU VAL D'ANDORRE.

LIVRE VIII

DROIT MUNICIPAL DES PROVINCES FORMÉES DE L'ANCIENNE GAULE BELGIQUE.

**CHAP. Ier. — VUES GÉNÉRALES SUR LES ORIGINES ET SUR L'ADMINIS-
TRATION DES COMMUNES DU NORD DE LA FRANCE AU MOYEN AGE.**

**CHAP. II. — DROIT MUNICIPAL DE LA FRANCHE-COMTÉ (COMTÉ DE
BOURGOGNE).**

CHAP. III. — DROIT MUNICIPAL DE L'ALSACE.

CHAP. IV. — DROIT MUNICIPAL DE LA LORRAINE.

ment par Charlemagne de leur autorité. Gand, Bruges,
Flandre gallicante et Flandre flamingante. Interdiction
des conjurations aux serfs flamands par Louis-le-Débonnaire. Compétitions du onzième siècle. Croisades. Origines
diverses des communes. Etats de Flandre. Priviléges donnés
par le comte Baudouin de Mons à la ville de Gramont.
Conjurations, confédérations, séditions. Luttes à main armée et transactions pour obtenir des chartes. Lille et la
charte de la comtesse Jeanne de 1222. Charte confirmative
de 1283. Territoire de Lille et de ses cinq quartiers. Orchies.
Douai, son université, son parlement, ses chartes de priviléges et ses us, coutumes et règlements. Chartes de
Tournay et d'Avesnes. L'Artois et ses révolutions politiques. Cité d'Arras gouvernée par l'évêque. *Gouvernance* de la
ville. Conseil provincial. Chartes de 1191 et 1211. Saint-
Omer et ses priviléges donnés par Louis VIII et confirmés
par Louis XI. Aire et Hesdin. Le Cambrésis. Lutte entre les
bourgeois de Cambrai et leur évêque. Charte impériale de
1194. Charte épiscopale de 1227. Priviléges de 1346. Usurpation de Cambrai par Louis XI. Sa confiscation par Charles-
Quint. Le Hainaut. Valenciennes et sa charte de 1114. Réflexions générales sur les communes flamandes. Des marais,
friches et bois communs de la Flandre et des autres provinces formées de la seconde Belgique.   222

LIVRE IX

DROIT MUNICIPAL DE LA FRANCE CENTRALE AU MOYEN AGE.

CHAP. Ier. — DROIT MUNICIPAL DU DUCHÉ DE BOURGOGNE.

La Bourgogne jusqu'à sa réunion à la France. Loi Gombette et
gouvernement du royaume de Bourgogne. Fondation des
communes par les ducs de Bourgogne. Autun et son *vierg.*
Dijon, sa charte et son parlement. Villes secondaires et
leurs chartes combattues par l'évêque de Langres. Beaune
et ses priviléges. Semur et sa charte de 1276. Le Charolais
et le Châlonais. Le comté de Mâcon. Sa charte de 1346. Sa
réunion à la couronne en 1476. Villes secondaires du Mâconnais. Cité d'Auxerre et ses comtes. Bar-sur-Seine et sa
charte de 1234. Sa réunion à la couronne par Louis XI.
Comté d'Auxonne. Souveraineté de Dombes et Trévoux.
Etats de Bourgogne. Coutumes du duché de Bourgogne dans
leurs rapports avec le franc-alleu. Communaux en Bourgogne.   247

CHAP. II. — DROIT MUNICIPAL DU LYONNAIS, DU FOREZ ET DU BEAUJOLAIS.

Le Lyonnais, ses trois *pagi* et ses villes principales, Beaujeu,

CHAP. III. — DROIT MUNICIPAL DE LA SAVOIE ET DES PAYS DE BRESSE, BUGEY, GEX ET VALROMEY.

CHAP. IV. DROIT MUNICIPAL DE LA NORMANDIE.

CHAP. VIII. — DROIT MUNICIPAL DE LA VILLE DE PARIS.

LIVRE X

RÉSUMÉ DE L'HISTOIRE ET SYNTHÈSE DES PRINCIPES DU DROIT MUNICIPAL AU MOYEN AGE.

CHAP. Ier. — DE L'ORGANISATION COMMUNALE, DIOCÉSAINE ET PROVINCIALE.

(1) Et non de 1228, comme on l'a imprimé par erreur, t. II, p. 388.

nique. Clan celtique. Bases du droit civil et du droit public. Germination naturelle des communes, diocèses et provinces. Différences entre le régime municipal du moyen âge et le régime de l'antiquité. Droit d'association. Élection des syndics. Administration par un premier magistrat et un conseil placé près de lui. Associations professionnelles. Paroisse épiscopale et paroisses curiales. Assemblées diocésaines et provinciales. 417

CHAP. II. — DES CHOSES DU DOMAINE PUBLIC ET DU DROIT DE BAN.

Choses communes et publiques selon le droit romain et le droit germanique comparés Droit de chasse. Droits respectifs des seigneurs et des communautés d'habitants sur les cours d'eau. Droit de pêche. Banalité des moulins. Droit d'alluvion. Origine du *bannum* et des divers droits de ban. 431

CHAP. III. — DES ORIGINES DE LA PROPRIÉTÉ FÉODALE ET DE LA PROPRIÉTÉ COMMUNALE.

Obscurités de l'origine des biens communaux. Système de ceux qui la rapportent uniquement aux concessions des rois ou des seigneurs. Fausseté du principe de la féodalité universelle du roi. Preuves de l'existence de terres allodiales et de biens communaux ayant survécu à l'invasion. Erreur de ceux qui transforment cette exception en règle générale. Concession des rois et seigneurs aux habitants des villages. Origine la plus usuelle des communaux. Opinion sur ce point des jurisconsultes anciens et modernes. Réfutation de la théorie de M. Proudhon sur l'origine des biens communaux. Légitimité et utilité de la propriété féodale. Respect dû aux propriétés d'origine seigneuriale susceptibles d'occupation privée. 446

CHAP. IV. — DU DROIT D'ACQUÉRIR ET DE POSSÉDER LES BIENS ET USAGES COMMUNAUX, ET DE LA PRESCRIPTION DES CHARGES SEIGNEURIALES.

Légitimité des propriétés communales. Origines et caractères de la possession acquisitive des communes. Décadence de ce droit de possession. Imprescriptibilité des biens affectés à un usage public. Prescription des usages et servitudes entre les communes et les seigneurs. Interversion des droits d'usage. Caractères de la possession des usages par les communes. Divergence des pays de droit écrit et des pays de coutumes sur la libération des charges seigneuriales. 478

CHAP. V. — DE L'ADMINISTRATION ET DE L'ALIÉNATION DES BIENS DES COMMUNES.

Concours des habitants et des princes souverains à l'administration et à l'aliénation des biens des communes. Principes généraux. Inaliénabilité du patrimoine communal.

FIN DE LA TABLE DES MATIÈRES.

LIVRE VII

DROIT MUNICIPAL DES PAYS DÉPENDANT DE L'AQUITAINE ET DE LA MARCHE HISPANIQUE, AU MOYEN AGE.

CHAPITRE PREMIER.

CARACTÈRES GÉNÉRAUX DU DROIT MUNICIPAL DE L'AQUITAINE (1).

I. — L'Aquitaine (*Aqui tania*, pays des eaux), vaste province séparée par le Rhône et les Cévennes (2) du Languedoc, de la Provence et du Dauphiné, avait pour limites, lors de la conquête de Jules César, la Garonne, les Pyrénées et l'Océan ; elle s'étendit sous Auguste jusqu'à la Loire. Valentinien la partagea, vers l'an 370, en trois provinces. Elle fut, sous l'empire romain, peuplée de villes municipales. Les Visigoths, à qui l'empereur Hono-

---

(1) *Les Annales d'Acquitaine*, par Jean BOUCHET (1584). — *Mémoires et recherches de la France et de la Gaule Acquitanique*, du sieur Jean DE LA HAYE, baron DES COUTAULX (1581). — *Rerum Acquitanicarum*, libri quinque, par ALTESERRE (1648). — *Abrégé de l'histoire d'Aquitaine*, par LOUVET (1659). — *Essai historique sur l'Aquitaine*, par BOUDET (1753). — *L'origine et la chronologie des ducs d'Aquitaine* (1753). — *Histoire de l'Aquitaine*, par VERNEIL SUINASEAU (1822). — *Hist. des rois et ducs d'Aquitaine*, par VAUDORÉ (1842). — (2) Interiusque premunt Aquitanica rura Cebennæ.

rius avait cédé la Septimanie, s'emparèrent de l'Aquitaine, après avoir refoulé les Vandales en Espagne. Ils eurent pour complices de leur facile conquête les populations de cette province, qui cherchèrent dans la domination des Goths un refuge contre les extorsions fiscales des Romains. Ce qui était resté des trois Aquitaines sous l'obéissance des Romains fut acquis, sous le règne de l'empereur Népos, en l'an 475, par Euric, roi des Visigoths. Les Visigoths étaient ariens, ce qui choquait les sentiments religieux des Aquitains. Clovis mit cette circonstance à profit, et sa campagne en Aquitaine fut une sorte de croisade. Il battit à Vouglé, en Poitou, l'armée des Visigoths, dont le roi Alaric resta sur le champ de bataille. L'Aquitaine, conquise par le roi des Francs en l'an 507, passa à ses descendants, qui tantôt en firent un royaume à part, tantôt la réunirent au royaume des Francs, tantôt la divisèrent en plusieurs principautés, suivant les hasards des successions et des conquêtes. Eudes, petit-fils de Caribert, devenu seul duc d'Aquitaine, vers l'an 688, l'avait agrandie par ses conquêtes, lorsque les Maures firent en 719 leur première apparition en deçà des Pyrénées. Deux ans plus tard, ils essayèrent de conquérir l'Aquitaine, et déjà ils faisaient le siége de Toulouse, lorsque Eudes, accouru au secours de cette ville, les battit complétement, le 11 mai 721. Charles-Martel remporta quatre ans plus tard sur les Sarrasins la victoire où périt le célèbre émir Abdéradame. Hunold, qui succéda à son père Eudes, voulut maintenir, comme lui, son indépendance, et lutta contre Carloman et Pepin, fils de Charles-Martel; mais, après quelques revers, il abdiqua en faveur de Gaiffre, son fils, qui mourut assassiné tandis qu'il continuait la guerre contre Pepin. Celui-ci réunit l'Aquitaine à ses États et la légua à ses successeurs.

En 778, Charlemagne érigea le duché d'Aquitaine en

royaume, en faveur de son fils Louis, qui, âgé de trois ans à peine, fit son entrée à Toulouse, avec toute la pompe de la royauté. La couronne d'Aquitaine passa à Charles-le-Chauve et à Louis-le-Bègue qui, par son avénement au trône de France, en 877, réunit les deux royaumes en un seul.

L'Aquitaine, désolée, pendant le neuvième siècle, par les guerres civiles suscitées par la compétition ambitieuse des princes, et par les invasions des Normands, fut partagée, sous le gouvernement féodal, en trois grands duchés ou comtés, relevant de la couronne de France. Le titre de duc ou roi d'Aquitaine appartint successivement, tantôt aux comtes de Poitiers, tantôt aux comtes d'Auvergne.

Guillaume X, l'un de ces derniers, mourut en 1137, laissant à sa fille Éléonore ses vastes possessions en Aquitaine. Cette princesse, mariée à Louis-le-Jeune, qui monta sur le trône de France l'année suivante, réunit ainsi à son héritage paternel presque tout le territoire de l'ancienne Aquitaine. Mais, en 1152, le mariage de Louis VII et d'Éléonore fut rompu, dans le concile de Beaugency, et Éléonore, remariée à Henri, duc de Normandie, apporta ses domaines à ce prince qui, devenu roi d'Angleterre, les réunit à sa couronne. Philippe-Auguste et ses successeurs ayant recouvré la possession des domaines que les Anglais possédaient en France, l'Aquitaine resta unie à la couronne jusqu'en 1255, époque à laquelle le roi saint Louis rendit ou donna, par un traité de paix, à Henri III, roi d'Angleterre, le duché d'Aquitaine, composé de tout ce qui se trouvait au delà de la Garonne et même, selon quelques-uns, du Limousin, du Périgord et du Quercy, à la charge par les ducs d'en rendre hommage-lige aux rois de France. Édouard Ier s'étant rendu coupable de félonie, un arrêt de 1294 confisqua, selon les historiens anglais, le duché d'Aquitaine et, selon d'autres, se borna à en prononcer la main-mise. Quoiqu'il en soit, ce duché revint au roi Philippe-le-Bel. Tombé de nouveau aux mains des Anglais, à la suite de la bataille de Poitiers, il fut définitivement réuni à la couronne de France par les conquêtes de Charles VII, et par le traité du 12 juin 1451, qui en fut la conséquence.

En 1469, Louis XI investit son frère Charles du duché de Guienne (auparavant Aquitaine), réduit alors au Bordelais, au Bazadais et aux Landes. Charles mourut à Bordeaux, le 24 mai 1472, et depuis lors la Guienne, devenue partie intégrante du royaume de France, s'est trouvée associée à toutes les vicissitudes de ce royaume (1).

II. — La diversité des dominations subies au moyen âge par l'Aquitaine a jeté quelque obscurité sur les destinées du franc-alleu dans cette province.

On ne peut douter que, dans l'origine, le franc-alleu n'y existât, et n'y protégeât les libertés municipales.

L'Aquitaine n'était pas, plus que la Provence et le Languedoc, province de droit italique, c'est-à-dire exempte de tributs. Mais l'usage de la loi romaine s'y maintint sous le règne des Goths. Euric tâcha de l'abolir ; mais Alaric, son fils, en rétablit et en confirma l'usage. Il chargea le référendaire Anien et Goïaric, comte du palais, de fondre ensemble les usages gothiques et le code théodosien, afin d'assujettir les Visigoths et les Gallo-Romains à une loi commune. Il réunit en assemblée générale, dans la ville d'Aire, un grand nombre de nobles et d'évêques catholiques, et publia en l'an 506, avec leur approbation, le code

(1) Voyez, indépendamment des autorités précitées, l'*Histoire générale du Languedoc*, les *Traités du franc-alleu* de CASENEUVE et de FURGOLE, et l'*Encyclopédie du dix-neuvième siècle*, au mot : *Aquitaine*.

qui porte son nom. La loi romaine, mêlée de coutumes germaniques, devint le droit des Visigoths, qui eurent le bon esprit de maintenir, parmi les peuples conquis, l'organisation administrative, les charges et les dignités établies par les Romains, et qui leur rendirent en outre la vie politique dont les lois de l'empire les avaient privés.

L'empire de la loi romaine subsista dans l'Aquitaine après l'invasion de Clovis, et les habitants de cette province continuèrent à se distinguer des Francs par la dénomination de Romains.

Cette distinction, attestée par une foule de documents de la première dynastie (1), se perpétua sous la seconde race, comme le prouve un capitulaire de l'an 864, ainsi conçu :
« In illis autem regionibus in quibus secundum legem ro-
« manam judicantur judicia, juxta ipsam legem commit-
« tentes talia, judicentur ; quia super illam legem, vel con-
« tra ipsam legem, nec antecessores nostri quodcumque
« capitulum statuerunt, nec nos constituimus.

Or, sous l'empire de la loi romaine, comme sous l'empire de la loi gothique, la liberté des personnes et des terres, ce double fondement du droit municipal, était reconnue, et Cazeneuve qui accumule (liv. Ier, ch. VII) autour de ce principe des preuves puisées dans les codes de Théodose et de Justinien, en même temps que dans le *fuero juzgo*, le code des *siete partidas d'Alphonse IX* et les autres lois espagnoles, invoque l'autorité des empereurs les plus absolus, de Frédéric II lui-même, qui disait au titre 36me du livre II des Constitutions de Naples et de Sicile :
« In omnibus tamen prædictis, libertatis favorem ac inter-
« pretationem benignam pro libertate, in dubiis faciendam,

(1) Voyez CASENEUVE, *Franc-alleu du Languedoc*, liv. I, ch. II.

« prout veteribus legibus est inductum, integre reserva-
« mus. »

Et cette liberté n'était pas une vaine formule. Le code
visigothique qui gouvernait les Aquitains était empreint
d'un grand esprit de justice et d'impartialité (1), et ces
peuples, en possession de leurs droits municipaux, se gouvernaient eux-mêmes dans leurs curies, et élisaient leurs
magistrats, leurs prêtres et leurs évêques. Au bas de l'é-
chelle sociale végétait, il est vrai, dans une condition déplo-
rable, une plèbe mancipiale plus nombreuse peut-être qu'en
aucune autre province ; mais l'Église veillait sur les serfs
ruraux comme sur les esclaves des cités. Les évêques
disaient : Au nom de Jésus, j'affranchis tous mes esclaves de
l'un et de l'autre sexe (2) ; les conciles disaient : Si quelqu'un tente de remettre en servitude ou de réduire à la
condition de colons les esclaves affranchis dans l'Église ou
qui seront recommandés à l'Église par testament, qu'il en-
coure la malédiction épiscopale ; et on lisait dans un capitulaire de l'an 803 (3) : Si quelqu'un cherche à ramener
l'affranchi sous le joug, il sera contraint de payer l'amende
exprimée dans la charte.

Un capitulaire de Charles-le-Chauve, de l'an 847, rapporté par Baluze, t. II, p. 44, est cependant ainsi conçu :
« Volumus etiam ut unusquisque liber homo in nostro
« regno, seniorem qualem voluerit in nobis, et in nostris
« fidelibus accipiat. » Mais cette constitution n'a, comme le
prouve très-bien Furgole, *Traité du franc-alleu*, ch. VII, aucune relation avec la maxime : *Nulle terre sans seigneur.*

(1) Voir le texte des lois visigothes dans les ouvrages de MM. FAU-
RIEL et MARY-LAFON, sur *le midi de la France.* — (2) *Testament de
Dadila, Preuves de l'histoire générale du Languedoc,* t. I, p. 38. —
(3) *Capitulare additum legi salicæ,* 803.

C'est un obstacle opposé aux conversions des bénéfices en alleux, et la prétention des alleutiers, ainsi dégagés de leurs obligations de bénéficiaires, d'échapper à la juridiction et au service militaire (1). Ce n'est point une raison plausible à l'appui du faux système de la seigneurie féodale universelle du roi.

Les adversaires du franc-alleu et des libertés municipales de l'Aquitaine se fondent surtout sur ce que les Anglais, qui ont si longtemps dominé dans cette province, y auraient substitué le vasselage (2) à la liberté. Selon eux, toutes les terres seraient devenues, sous le gouvernement toujours troublé des Anglais, féodales ou emphytéotiques, et, à supposer que ceux-ci ne les eussent pas assujetties aux droits seigneuriaux, les Français auraient puni, en les y soumettant, les Aquitains de leur perfidie envers le roi et de leur affection pour les ennemis de la France.

Mais soit que l'on étudie l'histoire de l'Aquitaine pendant la première occupation des Anglais, c'est-à-dire depuis le mariage d'Éléonore avec le roi d'Angleterre jusqu'au jugement de la cour des pairs qui confisqua ou saisit le fief, soit que l'on considère le temps écoulé depuis la restitution de la province aux Anglais par le roi Louis IX jusqu'à leur expulsion définitive par Charles VII, on est amené à reconnaître la persistance du franc-alleu. Furgole (*Traité*

(1) OIHENART, *Notitia utriusque Vasconiæ*, lib. II, cap. XII, p. 264-265, formule en ces termes ces prétentions : « Et todas estas co-« sas qui desus son dictas tendré et complircy ben, et legalement, « tanto com a vos plazdra, que yo tiengo bienfeito de vos, et « otrossi quanto a mi plaguiere, que yo tienga vostro bienfeito, « que del dia que me tolliextes vostro bienfeito que yo non vos « sen tenido en rem de las ditas convenienzas. » — (2) Les Anglais appellent *Guessins* les serviteurs à gages; on a prétendu rattacher à cette étymologie les mots : vessi, vassi, vasselage.

du franc-alleu, ch. VIII) démontre ces propositions par des réflexions très-solides, et ajoute : « Quand le roi Charles VII demeura paisible possesseur de la Guienne, il ne fut fait aucun changement par rapport aux possessions des particuliers, qui retinrent leurs biens pour les posséder avec les mêmes franchises et immunités qu'auparavant ; il fut convenu alors que les biens immeubles de ceux qui voudraient se retirer en Angleterre seraient acquis à leurs plus proches parents, qui résideraient dans la Guienne ; ce qui justifie d'une manière incontestable que le roi Charles VII ne disposa point des terres de la Guienne après sa conquête, et qu'il n'en fit point le partage aux soldats de son armée, à titre de fief, comme ceux qui combattent le franc-alleu se le sont imaginé mal à propos. En un mot, lorsque la Guienne passa au roi de France, par le mariage d'Éléonore, elle conserva ses droits et ses priviléges ; elle les conserva aussi quand elle passa au pouvoir des Anglais ; et lorsqu'elle revint à la France, par le traité de 1451, tous les priviléges et immunités lui furent conservés ; et dans différentes révolutions, la qualité des rois qui la possédèrent successivement n'augmenta rien à ses sujétions, et n'acquit pas de plus grands droits sur cette province que ceux que les princes et les paisibles possesseurs y avaient auparavant, suivant la remarque de saint Julien, dans ses mélanges, p. 688 et 689.

III. — L'ancienne première Aquitaine se décomposa, après l'invasion des Barbares, en Vivarais, Velay, Gévaudan, Rouergue, Quercy, Périgord, Limousin, Auvergne, Marche, Bourbonnais, Berry.

De l'ancienne seconde Aquitaine se formèrent le Bordelais, l'Agenais, le Condomois, la Saintonge, l'Aunis, le Poitou.

La troisième Aquitaine ou Novempopulanie, dont le nom

dérive des neuf peuples qui l'habitaient originairement, comprit la Gascogne, le Béarn et la basse Navarre.

La marche d'Espagne se divisa en comté de Foix, Roussillon, Cerdagne.

IV. — La plupart de ces provinces étaient régies par le droit écrit, et ressortissaient de la juridiction du parlement de Toulouse, institué ou plutôt rétabli par l'art. 52 de l'ordonnance de Philippe-le-Bel, de 1302, « sicut teneri solebat « temporibus retroactis, et si gentes terræ consentiant, » c'est-à-dire, selon la remarque de Laroche (*Des parlements de France*, liv. Ier, ch. VII), avec le privilége d'être gouvernés, comme auparavant, par la loi romaine.

L'ordonnance de Philippe-le-Bel composa le ressort du parlement établi dans la cité de Toulouse de toute la patrie occitanique, du duché d'Aquitaine, et des autres régions situées en deçà du fleuve de la Dordogne, en tant cependant qu'il plairait au roi : « In et pro tota nostra pa-« tria Occitana atque ducatu Aquitaniæ, et aliis regioni-« bus et partibus ultra flumen Dordoniæ quamdiu tamen « nostræ placuerit voluntati. » Le reste de la province ressortissait du parlement de Paris.

Cette circonscription, altérée pendant l'occupation des Anglais, qu'amenèrent les guerres civiles entre les ducs de Bourgogne et d'Orléans, fut rétablie par le roi Charles VII, en 1443, et confirmée par plusieurs lettres et déclarations de Louis XI et de Charles VIII, comme on le voit au livre ou registre des *Ordonnances*, liv. Ier, fol. 72, 112, 127, et livre II, fol. 125.

Quelques pays de l'Aquitaine furent détachés du ressort du parlement de Paris et attribués au parlement de Bordeaux, qui fut institué par Louis XI, en 1462, et qui, supprimé en l'an 1469, lorsque ce roi donna la Guienne en apanage à son frère Charles, fut rétabli en l'an 1472, après la mort de ce prince, et la réunion définitive de l'Aquitaine à la couronne.

Le Béarn et la basse Navarre prétendaient que leurs seigneurs s'étaient toujours entretenus *en souveraineté de justice*, depuis Charles-Martel, et contestaient vivement les prétentions des parlements de Toulouse et de Bordeaux à exercer leur juridiction dans les pays basques, prétentions condamnées, disaient-ils, par une prescription de huit siècles. Un mémoire, présenté en 1569, par les syndics du Béarn au roi de France, réclama en conséquence l'établissement à Pau d'un tribunal souverain, « frein nécessaire « aux Béarnais, peuple de montagnards, fiers et armés, « pauvres par l'infertilité de leurs terres, et ayant besoin « d'une justice rendue avec brièveté, droiture, équité et à « peu de frais. » De là, l'établissement de la cour souveraine de Pau, qui devint le parlement de Navarre.

CHAPITRE II

DROIT MUNICIPAL DES PROVINCES MÉRIDIONALES DE LA PREMIÈRE AQUITAINE (VIVARAIS, VELAY, GÉVAUDAN, ROUERGUE, QUERCY, PÉRIGORD, LIMOUSIN).

I. — Au nord du pays d'Uzège, dont Uzès, ville épiscopale depuis le cinquième siècle, était la métropole, et qui renfermait aussi le Pont-Saint-Esprit, castrum doublement célèbre par son pont, bâti par saint Louis en 1265, et par son hôpital du Saint-Esprit, s'étendait le long du Rhône le Vivarais, séparé au levant du Dauphiné par ce fleuve, au couchant par les Cévennes du Gévaudan et du Velay, au nord par le Lyonnais.

Le pagus du Vivarais (*Vivariensis pagus*), autrefois
Helvicus pagus du nom des *Helvii*, peuples de la Gaule
Narbonnaise du temps de Jules César, et qui, après la nouvelle division des provinces sous Constantin, furent attribués à la première Viennoise, tomba, après la chute de
l'empire romain, au pouvoir des Bourguignons, qui le divisèrent en deux pagi ou comtés, le pagus ou comté de
Valence (*pagus Valentinensis*), le pagus ou comté de Vienne
(*pagus Viennensis*). Cela était conforme aux usages des
neuvième et dixième siècles, d'après lesquels, selon la remarque de Dusolier, en son *Ébauche du Vivarais*, les grandes provinces étaient divisées en pays (*pagi*), dont le chef-
lieu était une ville où le comte ou gouverneur du pays faisait ordinairement sa résidence. Le haut Vivarais n'avait
pas été jugé digne d'être un *pagus* ou comté. C'était une
de ces vigueries, ou vicaireries, *vicaria*, régies par les
lieutenants du comte, nommés dans les plus anciens temps
vicarius, ensuite *vice-comes*, vicaire, viguier ou vicomte.
Son siége était à Annonay, qui n'était au douzième siècle
qu'un *castrum*.

L'ancienne capitale des *Helvii*, Albe, Albe-Auguste fut
remplacée à ce titre par Viviers, où l'évêque d'Albe transféra son siége. Un des empereurs allemands qui succédèrent
aux rois de Bourgogne et d'Arles, dans la possession du
Vivarais, Conrad, de la maison de Souabe, parent de Guillaume, évêque de Viviers, lui donna, ainsi qu'à son église,
dans le milieu du douzième siècle, la ville et le comté de
Viviers. Ces évêques jouirent toujours depuis librement de
ce comté, sans aucune dépendance des rois de France et
des seigneurs voisins, jusqu'à la réunion du Languedoc à la
couronne. Sous le règne de Philippe-le-Hardy, les officiers
royaux, et particulièrement le sénéchal de Beaucaire, voulurent étendre leur juridiction sur le Vivarais, prétendant

que tout ce qui était situé à l'occident du Rhône relevait de la couronne de France. L'évêque de Viviers s'opposa à cette entreprise, et implora la protection du pape Grégoire X, qui invoqua une bulle du pape Clément IV, de 1265, pour prouver que tout le temporel de l'église de Viviers dépendait de l'empire. Les poursuites furent donc suspendues durant quelques années ; mais Philippe-le-Bel, s'étant rendu maître de Lyon, et de tout le cours du Rhône, contraignit Albert de Peyre, évêque de Viviers, et son chapitre à soumettre leur temporel, situé à l'occident du Rhône, au roi et à la couronne de France, par un acte de l'an 1307, qui fut confirmé par un traité passé l'an 1365 entre Charles-le-Sage, roi de France, et Bertrand de Château-Neuf, évêque de Viviers.

La prépondérance du pouvoir épiscopal dans l'administration du Vivarais explique le silence de l'histoire remarqué par de Longuerrie dans sa *Description historique et géographique de France* sur les comtes qui ont commandé à Viviers, tant sous les rois de Bourgogne et d'Arles que sous les empereurs. L'évêque et les consuls, élus par les habitants, se partageaient l'administration ; chaque ville élisait deux ou trois consuls. Le premier était député pour assister aux états-généraux du Languedoc et s'appelait *consul diocésain*. Il avait voix délibérative dans les états, où il assistait tous les huit ans, de même que les barons du pays, ou, en leur absence, les baillis (1). Il y avait des états particuliers du Vivarais, qui secondèrent ·puissamment, dans les désastres du quatorzième siècle, l'action des états-généraux du Languedoc. Ces états furent convo-

_____

(1) *Mémoires historiques sur Annonay et le haut Vivarais*, par M. PONCER jeune, t. I, p 205.

qués avec ceux des bailliages du Velay et du Valentinois (1),
en 1381, à une assemblée qui se tint au Puy en Velay, pour
combiner les moyens de résister aux Anglais, et votèrent les
impôts nécessaires pour la levée de quatre cents hommes
d'armes et de cent arbalétriers. Ils concoururent aussi à
délivrer le pays des compagnies de brigands anglais ou
gascons, appelés *routiers*, qui, ayant été congédiés par le
roi d'Angleterre, après la paix conclue avec la France, s'é-
taient réunis sous la conduite de quelques chefs, et désolaient le pays par leurs brigandages. La participation assi-
due des états particuliers aux œuvres d'utilité publique,
ainsi qu'à l'assiette et au recouvrement des impôts, était un
précieux intermédiaire entre les états-généraux et les communautés d'habitants qui jouissaient toutes, dans des mesures différentes, des franchises des villes consulaires (2).

II. — Le Velay, limité au levant par le Vivarais, au midi
par le Gévaudan, au nord par le Forez, et au couchant par
la haute Auvergne, avait pris son nom des peuples *Vellavi*,
que César, dans ses *Commentaires*, dit avoir été dans la
dépendance des Auvergnats, *in clientela Arvernorum*. Ces
peuples étaient du nombre des Celtes qui furent réunis par
Auguste à l'Aquitaine. Le Velay fut rangé dans la première
Aquitaine dans le quatrième siècle; il tomba, dans le cinquième, au pouvoir des Visigoths, et dans le sixième au
pouvoir des Francs. Les rois d'Austrasie, qui tenaient une
partie de l'Aquitaine, commandaient au Velay comme à
l'Auvergne. Le duc Eudes se rendit maître du Velay. Pepin,
qui en dépouilla Gaiffre, et ses descendants en jouirent jusqu'au règne de Louis-d'Outre-Mer. Ce roi le donna au
comte de Poitiers, duc d'Aquitaine, qui le partagea entre un

---

(1) D. VAYSSETTE, *Histoire du Languedoc*, t. IV p. 377.
(2) Voyez *ibid.*, t. I, p. 109, *les priviléges de la ville d'Annonay.*

comte et l'évêque de la cité du Puy. Les évêques du Puy tenaient leur temporel du roi de France, qui leur avait donné les mêmes droits qu'aux grands princes, en se réservant de leur demander, quand il lui plaisait, la garde de leurs châteaux. Raymond de Saint-Gilles voulut établir son pouvoir féodal dans le Velay, mais ses usurpations ne fondèrent aucun droit. Les peuples du Velay obéissaient à un système d'administration dirigé surtout par les évêques, avec le concours des consuls élus par les habitants (1).

La capitale du Velay était autrefois *Rovesio* ou *Rovessio*, marquée par Ptolomée, et qu'on trouve aussi dans la carte de Peutinger. Cette ville était différente de celle d'Anis, qui n'était, au temps de Grégoire de Tours, qu'un village (*Anicium*), tandis que la cité de Velay (*civitas Vetula*) était un siége épiscopal, où un concile fut assemblé dans le neuvième siècle. Ce siége fut transféré à Anis, qui est devenu le Puy, du nom de *puech* (montagne). Une transaction passée en 1304, entre le roi Philippe-le-Bel et l'évêque Jean de Cumenis, partagea entre eux la seigneurie du Puy et du Velay.

III. — Le pays des *Gabali*, le Gévaudan (2), situé au couchant du Velay, tomba, dans le cinquième siècle, au pouvoir des Visigoths, qui en furent dépossédés par Clovis, avec le reste de l'Aquitaine. L'histoire légendaire nous mon-

(1) *Mémoires sur les origines étymologiques du Velay*, par M. SAUZET (1839). — *Histoire du Velay*, par M. ARNAUD (1816). — *Essai histori-poétique sur le Velay*, par DE ROCHEMURE (1831). — *Documents relatifs à l'histoire du Velay*, recueillis par MAUDET (1842). — *Itinéraire historique et descriptif du Velay*, par Albert DU BUYS (1842). — (2) *Mémoires historiques sur le pays du Gévaudan*, par le P. L'OUVERLEUR (1825). — *Documents historiques sur la province du Gévaudan*, par l'abbé PROUZET (1846). — *Fragments de l'histoire du Gévaudan*. — *Notices sur Mathieu de Merle* (1646).

tre le roi d'Austrasie enlevant du château de *Cupraria*
(Cabriènes) la belle Deuthérie, et l'épousant. Grégoire de
Tours (livre IV, ch. XI) fait mention des démêlés de Pallade
(*Palladius*), comte préposé par Sigebert au gouvernement
de ce pays, avec *Parthénius*, évêque du Gévaudan.

Ce fut au dixième siècle que les ducs et les comtes se
rendirent propriétaires du Gévaudan. On ne sait pas néanmoins les noms des premiers comtes de ce pagus ; mais,
dès le onzième siècle, le comté appartenait à Gilbert, comte
de Milhau qui épousa Giburge, héritière du comté de
Provence ; leur fille, *Douce*, épousa le comte de Barcelone,
à qui elle apporta en mariage ses droits sur le Gévaudan
et le Rouergue.

Dans ces âpres montagnes, incessamment ravagées par
les guerres civiles et par les invasions des Sarrasins et des
Normands, l'autorité des évêques régna à peu près sans
partage, jusqu'à l'établissement du gouvernement féodal,
car les habitants devaient tout aux monastères et aux abbayes, fondés sous la protection des évêques. Le régime
municipal s'y confondait avec le régime paroissial (1). Les
évêques reconnaissaient à peine la souveraineté du roi.

Le Gévaudan fut gouverné plus tard par des ducs et des
comtes d'Aquitaine. Dans les *Gestes* de Gui d'Anjou, évêque du Puy (2), il est fait mention de Pons et de Bertrand,
consuls (c'est-à-dire comtes) d'Aquitaine, et nos meilleurs
critiques conviennent que ce dernier fut comte de Gévaudan (3). Robert II, comte d'Auvergne, et Raymond de Saint-

---

(1) *Acte de fondation du prieuré de Rosiers, en* 998. — *Cartulaire
de l'abbaye d'Aniane.* — *Acte de fondation du monastère de Langogne,
en* 998. — *Cartulaire du prieuré de Langogne.* — *Donation de Pons,
comte de Gévaudan, à l'abbaye de Brioude, en* 1011. — BALUZE, t. II,
p. 49. — (2) *Gallia christ.*, t. II, p. 223. — (3) MABILL., *Act. SS.
Ord. S. Ben.*, sac. V, p. 835. — BALUZE, *Auv.*, t. I, p. 47.

Gilles, se qualifient comtes de Gévaudan, l'un dans une charte postérieure à l'an 1064, l'autre dans une charte de 1085 (1).

Une charte de Louis-le-Jeune, de 1161, fait foi des conflits incessamment engagés entre les évêques, les comtes et les sénéchaux, que les rois de France choisissaient, pour représenter leur autorité dans le Gévaudan, parmi les chevaliers les plus distingués de la noblesse du royaume. « Personne de notre temps, dit le roi dans cette charte, ne se souvient qu'aucun évêque du Gévaudan soit venu à la cour des rois de France, nos prédécesseurs, ait reconnu leur autorité et leur ait rendu hommage. Quoique les évêques aient toujours eu sous leur puissance tout ce pays montagneux et de très-difficile accès, pour y exercer non-seulement la juridiction ecclésiastique, mais aussi la haute justice du glaive, pour punir de mort ceux qui en étaient coupables, le dit Aldebert... nous a prêté serment de fidélité. Mais, ne voulant pas qu'il souffre désormais aucune privation, ni diminution de la puissance qu'il a eue jusqu'à ce jour, nous lui accordons tout le pays de Gévaudan, avec tous les droits royaux qui appartiennent à notre couronne. »

Toutefois, l'autorité de l'évêque était contrebalancée par celle des seigneurs laïques.

Pierre, roi d'Aragon, fils et successeur d'Alphonse, jouit des vicomtés de Gévaudan et de Milhau, puisqu'en 1204 il engagea tout ce qu'il y possédait à Raymond VI, comte de Toulouse, pour la somme de 150,000 sols melgoriens, évalués à 3,000 marcs d'argent. Mais Jacques Ier, roi d'Aragon et comte de Barcelone, restitua, en l'an 1225, à Étienne, évêque de Mende, et à son église, toute la terre du Gévau-

(1) BALUZE, *ibid.*

dan, c'est-à-dire la seigneurie directe, en se réservant le domaine utile. Par une transaction passée avec saint Louis, le roi d'Aragon renonça à ses droits sur le Gévaudan, qui fut réuni à la couronne. L'évêque avait seul la seigneurie utile de sa ville de Mende ; mais, en 1306, l'évêque Durand associa en pariage le roi Philippe-le-Bel et ses successeurs, ce qui fut confirmé par les lettres du roi Philippe-le-Long de 1316.

L'ancienne capitale du Gévaudan était appelée *Anderitum*, comme on le voit dans Ptolémée, dans la carte de Peutinger et dans la notice de l'empire romain, qui date du cinquième siècle. Cette cité des *Gabali* fut remplacée, vers le dixième siècle, par Mende, où fut transféré le siége épiscopal. Marvejols (*Marilogium*) et Florac (*Flos aquarum*) étaient des villes consulaires. Apchier, Peyre, Cénaret, Tournel, Randon, Mercœur, etc., étaient de simples paroisses, gouvernées par des barons.

Les Espagnols, avec qui les habitants du Gévaudan avaient des relations suivies, les appelaient par mépris *Gavachs*. « Ces Gavachs, dit Covarruvias, rapportent, tous « les ans, beaucoup d'or et d'argent de l'Espagne, qui « vaut des Indes à ces gens si méprisés. »

Les montagnards du Gévaudan étaient loin de mériter ces dédains. Leurs états, présidés par les barons du Gévaudan, qui avaient droit d'assister par tour aux états du Languedoc, se montrèrent, pendant les désastres des règnes de Jean et de Charles VI, pleins de patriotisme et de générosité. Ils votèrent, en 1376, 6,000 écus d'or, pour combattre les Anglais. Ils concoururent, en 1389, avec plusieurs autres États, au traité qui, moyennant une somme convenue, fit céder par les Anglais les places qu'ils occupaient dans le pays. Ils délivrèrent, en 1415, le Gévaudan des incursions des troupes du comte d'Armagnac. Ils ac-

cordèrent, en 1449, 4,500 écus au dauphin, pour son
joyeux avénement dans la province, et 2,000 écus aux gens
d'armes du feu bâtard de Bourbon et à Poton de Xaintrailles. Ils donnèrent, en 1442, au vicomte de Lomagne,
1,000 moutons d'or, et à divers autres commandants mili-
litaires, 2,700, pour éviter le pillage des troupes qui dé-
vastaient le pays. Ils accordèrent, en 1444, au dauphin,
une aide de 2,000 écus (1). Eu égard à la pauvreté du
pays, ces sacrifices étaient énormes, et témoignaient d'un
ardent et généreux patriotisme.

IV. — Le pays des *Rutheni* (Rouergue) confrontait au
levant le Gévaudan, au couchant le Quercy, au midi le bas
Languedoc, et au nord la haute Auvergne. Ce pays (2), conquis par les Visigoths, dans le cinquième siècle, fut envahi,
vers l'an 533, par Théodebert, fils de Thierry, roi d'Austrasie ; mais, deux siècles plus tard, il était au pouvoir des rois
de Neustrie, qui furent dès lors seuls reçus en Aquitaine,
où les maires du palais dominaient sous leur nom. Le duc
Eudes s'empara du Rouergue au septième siècle, et le roi
Pepin en dépouilla Gaiffre, petit-fils d'Eudes. Les rois carlovingiens en jouirent jusqu'à la chute de leur dynastie. Plus
tard, les comtes s'y rendirent héréditaires, et le comté passa
sous la domination de Raymond de Saint-Gilles, comte de
Toulouse, et après lui à ses deux fils, Bertrand et Alphonse.
Le dernier, étant sur le point de faire le voyage de la Terre
sainte avec le roi Louis-le-Jeune, vendit le comté de Rodez
à Richard, vicomte de Carlat, dans la haute Auvergne, et à
son fils Hugues, qui fut le premier comte de Rodez sorti de

(1) D. VAISSETTE, *Histoire du Languedoc*, t. IV, p. 367, 389, 390,
439, 492, 496, etc. — (2) *Abrégé historique et généalogique des comtes
et vicomtes du Rouergue* (1681). — *Mémoires pour servir à l'histoire
du Rouergue*, par BOSC (1797). — *Etudes historiques sur le Rouergue*,
par le baron DE GAUJAL (1838).

cette maison de Carlat. Le comte Hugues fut troublé en la possession de ce comté et de ses autres terres par Alphonse, roi d'Aragon ; mais ils transigèrent sur leurs différends, en l'an 1167. Par ce traité, le roi d'Aragon ne se réserva rien sur la ville de Rodez et ses dépendances, mais il retint la moitié du Carladez en propriété, et pour l'autre moitié, il la donna en fief au comte de Rodez. Le roi d'Aragon, comte de Barcelone et de Provence, se réserva d'ailleurs la seigneurie utile ou la directe dans le diocèse de Rodez, jusqu'à la transaction passée avec saint Louis en 1258, par laquelle il renonça à tout ce qui lui appartenait dans le Rouergue et le comté de Rodez. Le comté de Milhau appartint aussi jusqu'à ce temps-là aux rois d'Aragon, comtes de Barcelone, et c'était l'ancien patrimoine du comte Gilbert, mari de Giburge, comtesse de Provence.

Rodez, ville capitale du Rouergue, était partagée, comme plusieurs villes du Languedoc, en une cité gouvernée, sous le patronage épiscopal, par une magistrature aristocratique, et en un bourg où l'esprit démocratique dominait.

En 1201, Guillaume, comte de Rodez, confirma les priviléges accordés aux bourgeois de cette ville en 1171, et les spécifia en ces termes (1) : « Donam et autorgam eis lo do et « afrancament que moushenor notre payre et notre frayre, « en huc lo coms que mori ad aurilhan donet ni autorguet « so es assaber que jamais tolta ni forza ad home ni a fe- « mena no fallam en la villa de Rodes nos ni hom per nos... « Et donam et lauram que se forza faziam, ni nos ni nostro

---

(1) Les consuls et les bourgeois de Milhau avaient reçu, en 1187, une charte semblable, d'Alphonse, roi d'Aragon, comte de Barcelone, marquis de Provence et vicomte de Milhau. *Archives des départements*, t. II, p. 35.

« bayle, que tota hora nos en captenesem, en assy coma
« lhi prudhommes de Rodes desiran. »

Un maire et douze échevins composèrent dès lors l'administration de cette ville, dont les *citoyens seigneurs* possédaient encore, en 1789, la souveraineté municipale, sauf
l'hommage dû à la couronne.

Une autre charte fut donnée en 1280, à la commune de
la Bastide l'Évêque, par Raymond de Colmont, de la noble
et puissante famille des seigneurs de Colmont d'Olt, qui fut
évêque de Rodez, de 1274 à 1278, et qui posa la première
pierre de la cathédrale de Rodez le 8 des calendes de juin
1278 (1).

La spontanéité de la concession est exprimée dans le
préambule de cette charte, dont les dispositions principales sont : 1° la suppression des toltes, des quêtes, des
exactions et des monopoles ; 2° la liberté des habitants
d'aller s'établir ailleurs après avoir satisfait à tous leurs engagements ; 3° l'élection par la cour du seigneur de quatre
consuls jurés, chargés de proposer à l'agrément de la cour
le choix de leurs successeurs ; 4° la nomination, par les consuls, d'un officier banneret (*bannerius*), chargé du recouvrement des impôts, établis par eux pour l'utilité de la
commune ; 5° la répression des dommages faits aux jardins,
vignes, prés, moissons, et l'application des amendes aux constructions et réparations des murs, fossés et ponts communaux ; 6° l'établissement par le seigneur d'un bayle ou bailli
(*bajulus*), chargé de faire publier ses édits et préceptes dans

(1) Voyez le texte de cette charte dans la *Revue historique du
droit français et étranger*, t. IV, p. 161. M. de Rosier l'a empruntée
à une copie authentique, du quinzième siècle, trouvée dans les
archives départementales de l'Aveyron, par M. Bion de Marla-
vagne.

le village, de convoquer les habitants pour faire les travaux et dépenses nécessaires, et de punir les contraventions; 7° les règlements de police de la boucherie et de la boulangerie et les tarifs du prix du pain et de la viande, arrêtés de concert par le bayle et les consuls; 8° l'établissement d'un ou plusieurs fours banaux dans le village, avec faculté à ceux qui habitent hors du village d'y construire, d'y posséder des fours particuliers; 9° l'établissement d'un ou plusieurs moulins banaux, sauf aux habitants d'élever d'autres moulins, quand la multitude des chalands ou la rareté des eaux leur faisaient éprouver des retards; 10° des assises fixes dans le village pour l'administration de la justice; 11° l'interdiction au bailli de rien exiger pour les citations ni pour les impignorations; 12° le libre usage concédé aux habitants, des eaux, herbes, pacages, pierres et forêts, bois, prés et devois, lesquels devois seront déterminés par le bayle et les consuls (1); 13° la concession aux mêmes habitants d'un champ (*agrale*) ayant quatre cannes de largeur et dix de longueur, pour y faire des jardins et d'autres cultures, moyennant certaines prestations pécuniaires payées à des époques déterminées, outre trois deniers pour droit d'achat ou de réachat (*pro accapito et reaccapito*); 14° la liberté aux habitants ayant des maisons et des terres, soit franches, soit censuelles, dans un rayon de demi-lieue, de les vendre et de les donner en emphytéose, sous l'autorité toutefois du seigneur et de sa cour, et sauf les droits de toutes ventes et achats et autres dépendant de la directe du seigneur; 15° la punition par des

(1) Item volumus et concedimus quod habitatores ipsius ville libere possint uti lignis, aquis, herbis, pascuis et lapidibus et nemoribus, silvis, pratis et devesis; que devese fient ad arbitrium bajuli et consulum prædictorum.

amendes, des blessures faites volontairement par les majeurs de quatorze ans, des adultères qui seront soumis en outre à être fustigés, de l'usage de faux poids ou mesures, le tout d'après les enquêtes faites par le bayle, en présence des consuls, s'il le juge nécessaire ; 16° la dîme des blés croissant dans un rayon de deux lieues de la paroisse, celle des porcs dans les sept semaines de leur naissance, celle des agneaux et des chevreaux au milieu du mois de mars.

Le Rouergue avait, au moyen âge, ses *petits états*, ainsi nommés par allusion aux *grands états* de la province du Languedoc. Le clergé y était représenté par ses deux évèques, par l'abbé ou dom d'Aubrac, monastère situé au sommet d'une des plus hautes montagnes de France (*alto bracco*), et d'où sont sortis tant d'actes d'inféodation, un commandeur de l'ordre du Temple établi dans le Larzac, et plusieurs autres abbés et abbesses. La noblesse y comptait environ soixante représentants, qui habitaient les châteaux-forts dont ces montagnes étaient hérissées. Les consuls, jurats et syndics de soixante-dix *castra* ou villages, participaient à ces assemblées, dont la dernière se tint à Villefranche, le 27 août 1651 (1).

En 1356, les états du Rouergue, assemblés à Rodez, offrirent spontanément, pour le rachat du roi Jean, 6,000 moutons d'or (2). En 1373, 1375, 1376, ils votèrent, avec les trois états du Quercy et des montagnes d'Auvergne, diverses sommes, soit pour racheter les châteaux pris par les ennemis, soit pour entretenir des moyens de défense contre eux. En 1378, ils firent un traité avec les chefs des troupes an-

---

(1) Voyez les *Etudes historiques sur le Rouergue,* par M. DE GAUJAL, et les *Documents historiques et généalogiques* de cette province, par M. DE BARRAU. — (2) GAUJAL, *Ann. du Rouergue,* t. I. p. 430.

glaises, pour l'évacuation des deux ports. En 1382, assemblés à Rinhac, ils établirent une imposition pour assurer la tranquillité des grands chemins. En 1387, assemblés à Rodez, ils obtinrent des routiers une trêve de deux ans, et l'évacuation des troupes qu'ils occupaient, et s'obligèrent à payer 250,000 livres d'or (1). En 1405, ils accordèrent libéralement un don de 5,000 écus au duc de Berry (2).

V. — A l'occident du Rouergue était le Quercy, qui s'étendait vers le nord jusqu'au Limousin, vers le midi jusqu'au Languedoc, vers le couchant jusqu'au Périgord et à l'Agenais. C'était le pays des chênes (*quercus*) (3), habité par les *Cadurci* (4), peuples célèbres dans les *Commentaires* de César par leur valeur et leur fidélité à Vercingétorix. Ces peuples, Celtes par leur origine, et devenus Aquitains sous Auguste, furent mis sous Valentinien dans la première Aquitaine, et subirent, tour à tour, la domination des Visigoths au cinquième siècle, et celle des Francs au sixième. Le Quercy échut aux rois d'Austrasie, qui possédèrent ce pays jusqu'au déclin de la race de Clovis. Eudes, duc d'Aquitaine, se rendit maître du Quercy comme du reste de l'Aquitaine. Pepin le conquit, et les rois de la France occidentale, depuis Charles-le-Chauve, jouirent du Quercy jusqu'au règne de Louis-d'Outre-Mer. Les comtes de Toulouse s'en emparèrent alors; mais les descendants de Raymond de Saint-Gilles s'étant déclarés protecteurs de la secte des Albigeois, le Quercy leur fut enlevé, et adjugé à saint Louis par une sen-

(1) Bosc, *Mémoires pour servir à l'histoire du Rouergue*, t. I, p. 189, 200, 201, 203, 204; — GAUJAL, t. II, p. 29, 33 et 25. — (2) D. VAISSETTE, t. IV, p. 19; — PAQUET, *Inst. communales et provinciales*, p. 95.— (3) *Histoire du Quercy*, par CATHALA COUTURE (1785). — (4) *De antiquitatibus Cadurcorum ad academiam Cortonensem epistolæ*, auctore Jacobo LE FRANC. *Paris*, 1746.

tence que rendirent, en 1228, les légats du Pape et les comtes de Champagne.

Par un contrat signé dans la tour du Louvre, au mois d'avril 1229, en exécution de cette sentence, la seigneurie directe du Quercy appartint à saint Louis, mais le domaine utile de la ville de Cahors et du comté du Quercy resta à l'évêque, qui y fut maintenu par une sentence de 1246, tout en reconnaissant qu'il tenait du roi le temporel de son église. Saint Louis céda la ville de Cahors à Henri III, roi d'Angleterre et duc de Guyenne, par le traité de l'an 1259; mais la guerre ayant recommencé entre Philippe-le-Bel et Édouard II, les Français reprirent le Quercy, qui fut possédé en pariage par l'évêque de Cahors et le roi de France en vertu d'un traité de 1306 ou 1307. Cédé aux Anglais par le traité de Brétigny, le Quercy fut reconquis par Charles V, et est resté depuis lors uni à la couronne de France.

Nous avons déjà parlé du bas Quercy et de sa capitale, Montauban, fondée en 1144 par Alphonse, comte de Toulouse, fils de Raymond de Saint-Gilles, dans le voisinage du monastère nommé *Mons Aureolus* (1).

Le haut Quercy avait pour capitale Cahors (1), ville ancienne, située au sommet d'une haute colline, limitée d'un côté par un profond vallon et de l'autre par la rivière du Lot, qui s'appelait en latin *Oltis*. L'ancien nom de Cahors était *Devoua* ou *Divoua*, et non *Uxellodonum*, comme l'ont pensé quelques géographes.

---

(1) « In nomine J.-C. et beatæ Mariæ, Ildefos, comes Tolosæ, « dedit unum locum quod vocatur Montalbano, quod ipse comes « misit tale nomen ad ædificandam villam seu burgum habitato- « ribus tam præsentibus quam futuris, retento censu et usibus « suis. » (LARCHER, *Collection de manuscrits*, t. I, p. 252.) — (2) *La commune de Cahors au moyen âge*, par Émile DUFOUR (1846).

Les comtes de Toulouse, et ensuite les rois avec les évêques de Montauban, leurs co-seigneurs, avaient donné de beaux priviléges et de grandes franchises aux habitants de cette ville. Ceux-ci en abusèrent dans la suite, et ayant embrassé le calvinisme, sous le règne de Charles IX, en l'an 1572, ils érigèrent leur ville en une espèce de république qui méprisait l'autorité royale, et érigèrent, pour lui résister, des fortifications qui, après avoir triomphé d'une première attaque de Louis XIII, en 1621, furent prises sept ans après et rasées par Richelieu (1).

Au sud-ouest de Cahors était une petite ville, Montcuq (*Mons cucus vallium*), appelé par les historiens de France (vol. XIV, p. 32) *castrum de Montecuco*. Ce *castrum* fut du nombre de ceux qui durent être détruits en vertu du traité de 1229, en punition de l'adhésion de Raymond de Saint-Gilles à la secte des Albigeois : « Diruentur pœnitus « et replebuntur fossata. » Toutefois ce château, riche encore, quoique démantelé et ruiné, fut cédé en 1270 à Béraud d'Anduze par la comtesse Jeanne, en qui s'éteignit la race des comtes de Toulouse (2). Mais ce testament du dernier rejeton de la maison de Saint-Gilles fut cassé, en l'an 1274, au parlement de la Chandeleur (*Olim*, fol. 55 et suiv.) : le *castrum* de Montcuq est réuni depuis lors à la couronne.

La charte communale de Montcuq est antérieure à cette époque. L'annaliste le plus exact de la province du Quercy, (Lacoste, mss.) la fait remonter à l'an 1224, et l'attribue par

_____

(1) *Description historique de la France*, par DE LOUGUERRES, t. I, p. 181. — (2) Item legamus Beraudo de Anduza, consanguineo nostro, et heredibus in perpetuum, castrum de Moncuq, diœœces Caturcen, cum omni jurisdictione, et jure, quod et quam, in dicto castro et pertinentiis habemus, aliqua ratione.

conséquent à Raymond VIII, ditle Jeune. Le titre original et les actes de confirmation de cette charte sont probablement à Londres, où les emportèrent les Anglais, quand ils furent chassés du Quercy; mais on a publié, dans la *Revue historique du droit français et étranger* (VIIme année, liv. II) une copie de 1606, d'un document qui remonte à l'an 1462, sous le règne de Louis XI, et qui n'est autre chose que la confirmation « des coutumes, usages, priviléges, libertés « et franchises par ci-devant donnés et octroyés par le « comte Raymond de Toulouse, et par ses successeurs, aux « habitants du château et ville de Montcuq des Vaux et de « sa juridiction, desquels ils ont usé et sont en posses- « sion. »

Les six premiers articles de cette charte règlent les rapports des habitans et de leurs consuls avec le seigneur. Les articles suivants sont des dispositions de lois civiles ou pénales, où éclatent le respect des mœurs et le sentiment de l'équité.

Les articles 27, 28, 29 et 32 sont relatifs au franc-alleu, aux statuts, établissements et ordonnances de la commune et à la juridiction communale de Montcuq.

Moissac, autre ville du Quercy, située au pied d'une montagne, sur les bords du Tarn, un peu au dessus de l'endroit où il s'embouche dans la Garonne, n'était originairement qu'une abbaye, fondée ou plutôt rétablie au commencement du onzième siècle, car la tradition locale est qu'il y avait eu, au même lieu, un monastère fondé par Clovis. L'abbé de Moissac partageait la seigneurie de la ville par moitié avec le comte de Toulouse, et nous avons rapporté ci-devant (vol. Ier, p. 263), comme *specimen* de la fondation des villages au douzième siècle, une charte de l'an 1135, trouvée dans le cartulaire de l'abbaye de Moissac, et relative à la fondation du village de Saint-Nicolas, par les soins combinés de l'abbé et du seigneur. Le village de Haut-Villars, ainsi que d'autres sans doute, jouissait déjà à cette époque de libertés analogues à celles que la charte concède aux habitants de Saint-Nicolas.

On remarque aussi dans le Quercy Figeac (*Fiacum*), qui doit son origine à un monastère fondé l'an 815, par Pepin, roi d'Aquitaine, fils de l'empereur Louis-le-Débonnaire, consacré un an après par le pape Étienne IV, et qui fut sécularisé par le pape Paul III, à la prière du cardinal de Lorraine, dernier abbé commendataire et premier abbé titulaire séculier.

Le Quercy avait, comme le Rouergue, ses états particuliers, dont la composition devait être à peu près la même, et qui se réunissaient alternativement dans les quatre villes de Cahors, Montauban, Figeac et Moissac, et dans les quatre châtellenies de Caylus, Lauzerte, Gourdon et Montcuq. Ils existaient avant le treizième siècle, puisque Simon de Montfort les réunit à Figeac en 1214.

Les *communes* du Quercy votèrent, en 1304, leur contribution au subside demandé par Philippe-le-Bel. En 1372, les trois états du Quercy, du Rouergue et des montagnes d'Auvergne réunis s'engagèrent à payer 120,000 livres d'or. Convoqués à Toulouse par le duc d'Anjou, les trois états du Quercy accordèrent pour un an les subsides nécessaires, afin de délivrer le pays des attaques dont les brigands le menaçaient. En 1377, ils accordèrent de nouveaux impôts pour chasser les ennemis, qui ravageaient la province. En 1387, réunis avec d'autres états, ils consentirent à acquitter une somme considérable aux Anglais, pour leur faire rendre les places qu'ils occupaient dans le pays (1). Ces états, constitués comme ceux du Langue-

(1) D. VAISSETTE, t. V, p. 124, 351, 360, 364, 390. — PAQUET, p. 93.

doc, avec lesquels ils prenaient souvent des délibérations communes, étaient consultés dans les affaires politiques les plus importantes ; ils adhérèrent, en 1482, au traité de paix que Louis XI avait conclu avec Maximilien, duc d'Autriche. Ils rachetèrent, sous Henri II, la gabelle en payant un faible capital ; ils se soutinrent jusqu'à Richelieu, qui les suspendit en 1622. Ce ministre, dit l'historien du Quercy, créa, en 1635, une intendance à Montauban, et dès lors tout espoir de voir rétablir les états du pays fut perdu (1). Cette destruction des libertés locales eut, dans le Quercy comme dans le Rouergue, les plus tristes conséquences. La population des bourgs diminua généralement (2), les bois cessèrent d'être aménagés, les richesses minérales furent négligées, et ces provinces, que l'esprit chrétien et municipal du moyen âge avait enrichies d'édifices remarquables par leur élégance et peuplées d'hommes distingués, dégénérèrent au point de ne plus offrir, dans les derniers siècles de la monarchie, que de tristes et pauvres villages sacrifiés, comme de nos jours, aux splendeurs de quelques grandes cités, et particulièrement de Paris.

VI. — Le Périgord (1), situé à l'orient du Quercy et du Limousin, et limité sur les autres points par l'Angoumois, la Saintonge, le Bordelais et l'Agenais, tous pays dépendant de la deuxième Aquitaine, était habité par des peuples

(1) *Revue des Deux-Mondes; les assemblées provinciales en France*, t. XXXIV, p. 412. — (2) La ville de *Milhau*, qui, d'après Monteil, avait eu jusqu'à 15,000 habitants, n'est portée dans le dictionnaire d'Expilly que pour 3,000 en 1726. — (1) Voyez l'*Estat et l'église de Périgord*, par Dupuy (1716). —*Observation sur les états du Périgord*, par M. de Brunis (1788). — *Des communes en Périgord*, par M. de Gourgues (1843). —*De l'administration en Périgord*, par M. Dessalle (1855).

celtes, appelés *Petrocorii*, que Valentinien Ier avait attribués à la seconde Aquitaine, et qui passèrent plus tard à la
première. Ce pays, après avoir subi des vicissitudes analogues à celles du Quercy, fut possédé, au dixième siècle, par
Taillefer, comte d'Angoulême et de Périgord, puis par Bernard, son fils, qui, sous les rois Louis-d'Outre-Mer et Lothaire, se rendit propriétaire de ces deux comtés, en reconnaissant néanmoins le duc d'Aquitaine pour son suzerain.
Le comté de Périgord, réuni plus tard, par un mariage, au
comté de la Marche, puis séparé de ce comté par le duc
d'Aquitaine, et réservé à la race masculine de ses anciens
seigneurs, puis confisqué par un arrêt de 1399, transmis à la
branche d'Orléans par une donation de Charles VI, vendu
par Charles, duc d'Orléans, en 1437, passa dans les mains
d'Antoine de Bourbon, père de Henri IV, et fut réuni par
ce prince à la couronne avec ses autres biens patrimoniaux.

La province du Périgord subit, dans cet intervalle, par
l'effet des guerres contre les Anglais, de fréquentes vicissitudes politiques. Philippe-Auguste prit Périgueux sur
Jean-Sans-Terre, roi d'Angleterre et duc d'Aquitaine; mais
Henri III, fils de Jean, reprit possession de cette ville et de
tout le Périgord, en exécution du traité conclu avec saint
Louis, en l'an 1259. Philippe-le-Bel reconquit Périgueux
sur Édouard III; mais Philippe-de-Valois rétrocéda cette
ville aux Anglais, en l'an 1360. Ce traité fut rompu sous
Charles V, qui recouvra le Périgord avec la plupart de
pays rendus sous le règne de son père.

Périgueux (1) était divisé, comme Nîmes, Narbonne,
Carcassone, Rodez, en deux villes distinctes : l'une était le
municipe romain (*civitas Vesunna Augusta*), la cité. Ses

_____

(1) *Mémoire sur la constitution politique de la ville et cité de Périgueux*, par Moreau de Vorins. Paris, 1775.

temples, ses murs, ses décurions, tout avait disparu dans les orages de l'invasion ; l'évêque seul y était resté, et en partageait l'administration avec le chapitre de Saint-Étienne, les chevaliers, les damoiseaux et autres laïques.

L'autre ville (*villa Pedii sancti Frontonis, villa de Petragoris*), le Puy-Saint-Front, était gouvernée, depuis un temps immémorial, par des consuls ayant juridiction.

Sarlat était, dès le moyen âge, la seconde ville du Périgord. Elle doit son origine à un monastère de l'ordre de Saint-Benoît, qu'on prétend avoir été fondé, dès le temps de Pepin et de Charlemagne. Il se forma autour de ce monastère une ville dont la seigneurie et la propriété furent données à l'abbé et au couvent de Sarlat, par Bernard, comte de Périgord. Le pape Jean XXII érigea au même lieu un siége épiscopal, dont les moines bénédictins composèrent le chapitre, jusqu'au pontificat de Pie IV, qui les sécularisa.

D'autres villes moins importantes se formèrent autour des monastères et des abbayes. De ce nombre sont Trémolac, (*Monasterium Tomolatense, de Temolaco*), patrie des premiers comtes du Périgord ; Millac (*Villa Milliacum*), qui existait en 956 ; Paunac (*Palnatence*), fondé en 804, par David et sa femme Bénédictine ; *Calabrense*, où vivait saint Sacerdos ; *Belvacense*, première pierre de Belois ; Brantôme, fondée par Charlemagne, etc.

VII. — Aux douzième et treizième siècles, apparurent, dans le Périgord, une foule de chartes d'affranchissement et de fondation de bourgs et de castra.

Une lettre d'Aliénor, de 1199, déclare l'abbaye de Cadouin « immunen ab omni consuetudine et exactione. » Alphonse, roi de Castille, lui accorde toute justice, le droit d'asile, etc. « Concedimus quod omnes quicumque habi-« taverint in burgo et salvitate sancti Aviti de Mosron sint « liberi, et ab omni communi, etc. »

En 1210, donation est faite à l'abbaye de la Sauve d'un emplacement, « in castro de Massidano, » pour y bâtir des maisons : « Hæc autem mansio ab omni consuetudine, exac- « tione, tallia, manobra, et ab omni servitute libera est (1). »

Dans les chartes d'affranchissement des paroisses du Lanquais, semblables sans doute aux autres, le seigneur exempte les habitants de tailles et quêtes, mais les soumet à veiller de jour et de nuit, durant les hostilités, à réparer les murs et les fenêtres du château, à cuire leurs pains et à moudre leur blé au four et au moulin banaux (2).

Le traité de 1240 forma une seule ville, Périgueux, des deux qui existaient précédemment; la cité fut remise intacte par les chevaliers aux consuls, qui demeurèrent chargés de la double administration : « Consules ville et civitatis « Petragoricensis. » Ces consuls, élus par les habitants, recevaient leurs serments d'obéissance, mais le serment n'empêchait pas chacun de donner son conseil, quand il le jugeait nécessaire (3).

Un arrêt du parlement, de 1240, témoigne de l'autorité du consulat en ces termes : « Itaque inventum est sufficienter

<hr>

(1) Carte de la Sauve. — (2) Et 1° mitigando præmissa expresse consentiit atque liberaliter et largiflue Dñs de Leucayssio, habitatores non teneantur sibi esse taillabiles et questabiles in quibuscumque quatuor casibus, nisi pro quolibet foco habitantium, et sibi solvere solum triginta solidorum monete tunc communiter currentes. — 2° Dicti habitatores tenebuntur facere excubias diurnas, duntaxat tempore hostilitatis. — 3° Tenebuntur facere reparationem congruentem muro reductus d. castri, etc. — 4° Tenebuntur facere coctum suam pastam ad furnos banares, venire multum eorum blada ad molendina banares, duntaxat sint presto, et pro molendo apta. — (3) Eligantur consules per quorum providentiam se regat universitas et illos obediat... P. promisit esse bonus et legalis et verus et obediens, et dare promisit bonum consilium dum erit necessarium (1377, 1379, Reg. de l'hôtel de ville).

« esse probatum præd. consules esse ac fuisse, in posses-
« sione consulatus, sigillo sigillandi contractus, recipiendi
« questas, tallias, et compellendi tallias non facientes
« juramenta ab hominibus dicte ville et etiam parrochie.
« Item mensuragii, bladi et domus in qua venditur bladum.
« Item pleydurarum seu vacuarum platearum in quibus
« sunt pondera bladi· et farine. Item puniendi facientes
« parvos panes, et alios munificiales, in suo officio delin-
« quentes, exceptis venditoribus carnium leprosarum, in
« macellis antiquis dicte ecclesie... Item turris et arce
« communis, necnon convocandi exercitum seu cavalca-
« tam, et eum ducendi ; pontes, muros, turres, portalia,
« portas murorum et claves, fossata et ante-fossata, bar-
« bacana et alias munitiones ipsius ville, custodiendi, re-
« parandi, reficiendi et custodiendi vias et plateas pu-
« blicas, et pavimenta dicte ville faciendi per tempus
« sufficiens ad prescribendum contra nos et contra eccle-
« siam predictam. »

Il résulte de cet arrêt que la juridiction temporelle,
quant aux affaires civiles, était partagée entre le roi et le
chapitre de Saint-Front, et que la juridiction criminelle
appartenait à la viguerie, sauf certains cas qui ressortissaient de la cour du comte. Le sénéchal Jean de Lubert
déclare même, dans une assise de 1329, que les consuls
lui prêtèrent ses fourches patibulaires, ce qui prouve que
la juridiction tant criminelle que civile leur appartenait
alors tout entière : « Consules furchas suas vocatas Des-
« cornabas nobis precario commodarunt, etc. »

En 1263, les consuls du Puy-Saint-Front firent un accord avec les villes de Sarlat, Brives et Figeac, pour défendre leurs priviléges et maintenir la paix (1). Le consulat

(1) BRUNIS, 7ᵉ et 8ᵉ liasses.

de Périgueux reçut, en 1315, l'ordre du roi de convoquer les habitants pour la guerre de Flandres : « Ut nobiscum « apud Atrebatum in equis et armis intersitis et subditos « nostros interesse faciatis. » Philippe-de-Valois remercia, en 1347, *les mere, conseuls et commune de la ville de Pier- regord* du courage avec lequel ils avaient défendu la ville.

Les habitants de Périgueux furent convoqués, en 1390, au son de la trompette et du tambour, et se réunirent dans la maison du consulat. « Sono tubæ per quadruce- « nia dicte ville procedentes et ad sonum cymbali et in « domo consulatus congregatis. » Le maire leur exposa que les murs étaient en mauvais état, et qu'il fallait s'im- poser de 24 livres 13 sous, ce sur quoi les bourgeois dirent l'un après l'autre leur opinion et réglèrent ce qui devait être fait... « Qui quidem probi viri unum post alium opiniones « suas dixerunt volueruntque et ordinaverunt, etc. »

Quand les consuls s'écartaient de leurs devoirs, les habitants les dénonçaient au roi, qui faisait examiner leur conduite par des commissaires. En 1319, l'abbé de Charroux et autres commissaires réunirent le populaire de Périgueux et des villes environnantes, au nombre de quatre mille hommes environ, dans une grande place, et leur demandèrent ce qu'ils désiraient ; ceux-ci expo- sèrent leurs griefs, et donnèrent aux commissaires plein pouvoir et mandat spécial de régler toutes les difficul- tés... « Videlicet in quadam magna platea congregata « ibidem et cum tubis publice antea super hoc convocata « communitate et universitate ville Podii, civitatis, seu « popularibus de villarum usque ad numero quatuor mil- « lium hominum, vel circa... petierunt a communitate seu « dictis popularibus si volebant... Qui omnes dixerunt « quod sit, etc... et dederunt et concesserunt predictis « plenariam potestatem et speciale mandatum, etc. »

La ville de Sarlat était gouvernée, comme celle de Périgueux, par des consuls, et tenait du roi, de qui elle prétendait relever immédiatement, la libre élection de ses magistrats. Chaque année, dit une charte du douzième siècle, on élit « probos homines qui gubernant villam pro « communitate, faciunt venire coram se totam communi- « tatem, statuunt quoque pro utilitate pœnas inter se; « si aliquis non veniat, audito præcone, ad fossata fa- « cienda vel ire contra inimicos ville cum armis. » Vers la fin du treizième siècle, l'abbé de Sarlat, en litige avec les consuls, transigea avec les habitants, par l'intermédiaire des officiers royaux (1).

Philippe-le-Hardi autorisa, en 1282, les *majors* et le conseil de ville de Sarlat à établir des tailles pour leur nécessité, sans recourir à l'autorité royale ; et des statuts municipaux furent faits en conséquence, en 1288.

« En présence de ces titres, dit M. le vicomte de Gour- gues, dans une dissertation fort curieuse sur les commu- nes du Périgord, il est évident que ce n'est pas à la faveur des désordres que cause une guerre que la commune de Sarlat doit son établissement. Il paraît même que son ori- gine doit être la même que celle du Puy-Saint-Front, puis- que toutes deux rapportent un hommage de fidélité fait au roi de France, ce que nous ne verrons pas ailleurs. »

Les coutumes de *Bergerac*, œuvre concertée devant le roi Charles-le-Bel, entre Réginald de Pons, sire de Berge- rac d'une part, et Élie Singuenoul, Arnaud Costarin et Ruffac, procureurs des habitants, d'autre part, maintinrent un partage équitable de l'autorité municipale entre les con- suls et le seigneur (2).

---

(1) *Recueil des hist. de France*, t. V, p. 340. — (2) *Voyez les dé- tails dans la dissertation* de M. DE GOURGUES, p. 18 et suiv.

Une charte en patois, de l'an 1255, reconnaît pareillement aux bourgeois de *Mussidan*, exemption de tailles, droit d'auner et mesurer loyalement le blé et le vin, de vendre leurs denrées sans faire offense, moudre où ils voudront, chasser librement, à moins que le gibier ne soit défendu ou en garenne de lapins.

Les premières coutumes de Montignac furent concédées, par Reginald de Pons, en 1269 ; mais le droit d'élire deux consuls, « pro negotiis et necessitatibus dictorum ville et « suburbiorum exercendis et gerendis, » ne leur fut conféré qu'en 1471, par le duc d'Orléans, alors comte de Périgord.

Antoine de Latour, vicomte de Turenne, concéda à Limenil, le 28 avril 1498, des priviléges, « unde valeant de « villam de Limolio reparare, meliorare, augmentare, re- « formare et se supportare. »

On remarque, dans certaines communes du Périgord, d'origine anglaise, un caractère aussi uniforme que celui des villes françaises rétablies dans leurs anciens priviléges est divers. « La charte, dit M. de Gourgues, est selon une même formule, avec les noms de lieux seulement changés. Le plan est régulier, entièrement opposé à l'ancienne construction des villes. C'est un quadrilatère, percé par des rues qui se coupent à angles droits ; au centre, la place publique, avec des arceaux sur les quatre côtés, et la maison commune dans le milieu. Les villes de cette origine sont toutes pressées, pour ainsi dire, sur un territoire très-circonscrit : Lalinde, Molières, Beaumont, Montpazier, etc. »

Périgueux et Sarlat étaient les seules villes du Périgord qui ressortissent de l'autorité royale. Par la constitution féodale de ce pays, le suzerain ne possédait pas immédiatement le territoire. Au milieu des guerres continuelles entre les rois de France et d'Angleterre, les habitants du Périgord portaient leur hommage tantôt d'un côté, tantôt de l'autre. Les deux rois usèrent de la même politique pour étendre et affermir leur autorité. Ils créèrent des *bastides* et leur concédèrent droit de collége et communauté, avec puissance de créer consuls, droit de four et moulin, exemption de tailles et péages, sauf le paiement de six deniers au roi pour chaque maison et eyrial. Le roi de France, qui ne possédait rien en Périgord, y devint ainsi seigneur immédiat de plusieurs villes, et il résulta de là un mutuel attachement entre les communes et la couronne. Mais le Périgord est l'une des provinces de la langue d'oc dont les institutions provinciales ont laissé le moins de traces. Une réclamation des notables de Périgueux, en 1788, a attesté cependant qu'ils avaient été convoqués jusqu'à l'année 1610, et l'histoire du quatorzième siècle fait foi de leur participation aux grands événements de ce temps.

VIII. — Au nord du Quercy et au levant du Périgord était le Limousin (1), pays habité par les peuples celtes (*Lemovici*), qui résistèrent énergiquement à Jules César, sous les ordres de Vercingétorix, et qui incorporés, sous la domination des Romains, à la première Aquitaine, furent convertis au christianisme selon les uns par saint Martial, selon les autres par Ruricius dont parle Sidoine-Apollinaire, et à qui il a écrit une lettre, l'an 470.

Les vicissitudes politiques du Limousin entre le cinquième siècle, époque où il tomba au pouvoir des Visigoths, et le règne de **Louis-d'Outre-Mer**, qui le céda à Guillaume

---

(1) *Album historique du Limousin*, par TRIPON. — *Tableau abrégé de ce qui s'est passé dans la province du Limousin, depuis la domination romaine jusqu'en* 1666. — *Le Limousin historique*, par Achille LEYMARIE (1837). — *Histoire politique et religieuse du bas Limousin, depuis les temps anciens*, par MARVAUD (1842). — *Histoire du Limousin*, par LEYMARIE (1845).

Tête-d'Étoupe, comte de Poitiers et duc d'Aquitaine, ont été semblables à celles des autres provinces de la première Aquitaine, dont nous avons déjà parlé. Éléonore, duchesse d'Aquitaine, porta le Limousin en dot avec tous ses États à son second mari, Henri II, roi d'Angleterre. Richard Cœur-de-Lion et Jean-Sans-Terre le possédèrent. Philippe-Auguste le reconquit, et le transmit à ses successeurs. Compris dans la cession faite, en 1259, par saint Louis à Henri III, roi d'Angleterre, à la charge de lui en rendre hommage, maintenu dans la possession des Anglais par le traité de Brétigny, de 1360, le Limousin fut repris par Charles V, et est réuni depuis cette époque à la couronne.

La ville de Limoges, capitale du Limousin, avait un seigneur particulier, qui relevait de la seigneurie et du haut domaine des ducs d'Aquitaine et des rois de France. La petite fille de Jean, comte de Penthièvre et vicomte de Limoges, épousa Alain, sire d'Albret, bisaïeul de Jeanne d'Albret, reine de Navarre, et la vicomté de Limoges passa, avec tous ses autres biens, à Antoine de Bourbon, père de Henri IV.

La ville de Limoges jouissait d'un régime de consulat dont les caractères sont décrits dans un fragment de manuscrit déposé à la bibliothèque de la Cour de Cassation. C'est une copie de lettres patentes, du 24 novembre 1365, adressées par Édouard aîné, fils du roi d'Angleterre, prince d'Aquitaine et de Galles, duc de Cornouailles, à son sénéchal de Limousin, et par lesquelles il confirme à ses chers et féaux les consuls, jurats et habitants de son castel et ville de Limoges, leurs priviléges, franchises, usages, coutumes et libertés. Ces lettres patentes, publiées par Jean Chandos, vicomte de Saint-Sauveur, lieutenant du roi d'Angleterre en France, reconnaissent à la communauté du dit camp et à ses conseillers, en son nom, le droit d'élire chaque année des consuls (1). Les consuls ont le sceau de la communauté (2), ils fixent et lèvent en son nom, soit par eux-mêmes, soit par d'autres, la taille qu'ils jugent convenable sur les meubles et sur les immeubles (3). Les consuls et la communauté du dit camp ont une caisse commune, une maison commune et des armoiries communes (4).

Les consuls reçoivent chaque année, publiquement, de tous les membres de la communauté, le serment d'obéissance à leurs personnes et de déférence à leurs mandements (5).

Ils organisent, conduisent et commandent l'armée de la communauté quand il leur plaît (6).

Ils poursuivent en leur nom et au nom de la communauté les homicides, les voleurs, les incendiaires, les meurtriers et autres (7).

Ils infligent ou font infliger les peines de mort, de fustigations et autres (8).

(1) Quod communitas vel universitas dicti castri, vel ejus consiliarii nomine communitatis ipsius vel universitatis eligunt et creant consules singulis annis in dic te castro (art. 1ᵉʳ). — (2) Item quod consules dicti castri habent sigillum commune sub nostro nomine consules castri Lemovicensis, quod utuntur in... (art. 2). (inachevé.) — (3) Quod dicti consules nomine suo et communitatis faciunt, levant..... exigunt per se colletam.... taillam a singulis de dicta communitate de rebus mobilibus et immobilibus quam vident expedire (art. 3). — (4) Item quod consules et communitas dicti castri habent arcam communem, et domum communem et armaturas communes (art. 4). — (5) Item quod consules dicti castri recipiunt juramentum publice a singulis de communitate ejusdem castri singulis annis de pavendo et obediendo eisdem et distando mandatis et cognitioni corum (art. 5). — (6) Item quod habent, ducunt et faciunt exercitum dictæ communitatis quando placet eisdem (art. 6). — (7) Item quod dicti consules pro se et nomine dictæ communitatis homicidas, latrones, incendiarios et murtrarios et alios... — (8) Item quod dicti consules hum... condemnandas ad mortem vel... sanguinis, vel fustigationis, vel...

Ils recherchent les délinquants, et les punissent ou les font punir selon la qualité du délit (1).

Ils ont une prison et des fourches patibulaires en leur nom et au nom de la communauté (2).

Les consuls font les statuts et les bans, et les font publier et proclamer dans le camp par des crieurs ou hérauts (3).

Ils font observer les dits statuts et bans, et punissent ceux qui ne s'y conforment pas (4).

Ils ont dans leur maison les poids et les mesures communs pour le blé, le vin, le sel et l'huile, ainsi que les aulnes et les pieds qui doivent servir d'étalons pour le mesurage (5).

Ils punissent et font punir ceux qui se servent de faux poids et de fausses mesures (6).

Ils veillent à la garde des portes, des clefs des portes, des fortifications, des fossés (7).

Ils surveillent les drapiers, les marchands de peaux, les bouchers, les boulangers et autres, et punissent ceux qui malversent dans l'exercice de leur industrie (8).

pœnæ corporalis modum hujusce me... infligunt aut .. infligi fa- ciunt et... (art. 8). — (1) Item quod dicti consules super delictis et maleficiis commissis in officio suo inquirunt in dicto castro et ejus pertinentiis et cum invenient delinquentes puniunt eos et punire faciunt secundum qualitatem delicti (art. 9). — (2) Item quod dicti consules habent carcerem et furcas nomine suo et de communitatis (art. 10). — (3) Item quod dicti consules faciunt statuta et banna in dicto castro, prout vident expedire, et dicti statuta et banna faciunt publicare et proclamare in dicto castro per proprios proclamatores vel preconenses (art. 14). — (4) Item quod dicti consules hujusce modi statuta et banna observari fa- ciunt in dicto castro et puniunt non servantes (art. 15). — (5) Item quod dicti consules nomine suo et de communitatis ha- bent in domo sua pondera communia et mensuras bladi, vini, salis et olei, ulnas et cubitos ad quorum exemplar mensuratur (art. 16). — (6) Art. 17, 18, 19, 20. — (7) Art. 21, 22. — (8) Art. 23, 24, 25.

Ils pourvoient à tous les autres objets concernant la salubrité, la sûreté, l'hygiène, la charité, la voirie, la police des lieux publics (1).

Vient ensuite une série d'articles concernant le droit civil.

L'art 66 consacre pour les habitants du camp, et même pour les étrangers, la liberté des professions (2).

L'art. 68 fixe les lods qui se perçoivent sur les ventes, en faveur des bourgeois et des habitants du camp (3).

Ces priviléges sont confirmés par le roi d'Angleterre, duc d'Aquitaine, sous la seule réserve (autant qu'on en puisse juger à travers les altérations du manuscrit) « des causes « privilégiées desquelles d'usage et de coutume l'on a ac- « coutumé en la cour du roi, à cause de souveraineté, avoir « la connaissance. »

Avons ordonné et ordonnons, dit le roi, que la maison appelée le consulat, où l'on tient présentement la cour, leur soit baillée pour tenir leur cour et consulat, et voulons qu'ils puissent faire prisons, dresser fourches pour faire exécuter les malfaiteurs, etc.

IX. — Les autres villes du Limousin étaient : Brives-la-Gaillarde ou plutôt Brives-sur-Courrez (*Briva curretia*), où, selon Grégoire de Tours, Gondebaud, qui se disait fils

---

(1) Art. 26, 27, 28, 29, 30, 31, 32, 33, 34, 35, 36, 37, 38, 39, 40. — (2) Item omnes et singuli homines dicti castri etiam alienigenæ possunt esse de ministeriis vel professionibus quod sibi placuerunt quæ quidam exercentur in dicto castro, nec juramentum aut conventio aliqua sive pactum debent inter illos qui exercerent hujusce modi artes vel ministeria adhiberi, et si juramentum conventio sive pactum in premissis factum fuerit, non valet de consuetudine dicti castri (art. 66). — (3) Præterea burgenses et homines dicti castri et communitatis percipiunt sex denarios pro singulis libris contentis in pretiis rerum immobilium... etc.

de Clotaire 1ᵉʳ et frère des rois Gontran et Chilpéric, fut proclamé roi en 574 (1).

2° Tulle (*Tutela*), pays affreux par ses montagnes et ses précipices, où s'était fondé un monastère qui donna naissance à la ville, et où le pape Jean XXII érigea un siége épiscopal en l'an 1318.

3° Uzerche (*Userca*), ville fort ancienne, qui avait déjà une église, fondée au cinquième siècle, et où fut bâti, au dixième siècle, un monastère de bénédictins.

4° Turenne (*Torinna*), ville située sur les confins du Quercy, dont le vicomte était subordonné au comte de Limoges et était en conséquence appelé *vicarius*. Cette ville jouissait de priviléges importants.

Il ne reste guère plus d'indications sur les états du Limousin que sur ceux du Périgord. On voit, cependant, par une ordonnance de 1355 (t. III, p. 684), que les seigneurs nobles, gens d'Église, consuls, villes, communes et autres pays, de leur propre mouvement, votèrent une aide. Les trois états de la sénéchaussée du Limousin firent partie de l'assemblée où les états de plusieurs autres sénéchaussées consentirent à donner aux Anglais une somme considérable pour qu'ils se retirassent du pays. Un texte manuscrit atteste qu'en 1424, ils furent convoqués pour la répartition de l'impôt accordé au roi. Une autre assemblée des états eut lieu à la Souterraine en 1427. Les trois ordres, assemblés à Limoges, donnèrent au traité de paix conclu entre Louis XI et le duc d'Autriche, et aux conditions du mariage du dauphin avec la fille du duc, l'adhésion exigée par ce traité (2).

---

(1) *Histoire de Brives-la-Gaillarde*, juin 1810. — (2) V. PAQUET, p. 96 et 135, et les autorités qu'il cite.

CHAPITRE III

DROIT MUNICIPAL DES PROVINCES SEPTENTRIONALES DE LA PREMIÈRE AQUITAINE (AUVERGNE, MARCHE, BOURBONNAIS, BERRY).

I. — De tous les peuples celtes, les plus aguerris et les plus puissants, au temps de Jules César, c'étaient les Arvernes. « Les Cimbres, leur disait Critognat, vous ont laissé vos droits, vos lois, vos champs, votre liberté, tandis que les Romains ont réduit votre pays en province, et prétendent vous imposer une servitude éternelle (1) ; » et, à la voix de ce chef intrépide, les Arvernes luttaient avec le courage du désespoir contre le vainqueur des Gaules.

L'Auvergne subit cependant la domination romaine, et passa, par le partage des enfants de Clovis et de Clotaire, aux rois d'Austrasie, et plus tard au duc Eudes, sur qui Pepin la conquit.

Charles-le-Chauve hérita de l'Auvergne par le partage fait entre les fils de Louis-le-Débonnaire, et le pays était gouverné par des comtes soumis aux ducs de la première Aquitaine, qui demeuraient à Bourges, sous la suzeraineté des rois de France. Guy Ier, comte de Poitiers, et ses successeurs, devenus ducs d'Aquitaine, gouvernèrent l'Auvergne pendant deux cent cinquante ans, et jusqu'à la fin

(1) Cimbri... jura, leges, agros, libertatem, vobis reliquerunt... Romani vero, quid petunt aliud nisi invidia adducti quos fama nobiles, potentesque bello cognoverunt..... his æternam injungere servitutem... Respice finitimam Galliam quæ in provinciam redacta jure et legibus commutatis premitur servitute (CÆSAR, de Bello gallico, l. VII).

du douzième siècle ; mais ayant pris parti pour Jean-Sans-Terre, après la mort de Richard Cœur-de-Lion, qui avait cédé à Philippe-Auguste tous ses droits sur l'Aquitaine, ils furent soumis par ce prince, qui confisqua et réunit l'Auvergne à la couronne, sauf le petit pays où était la petite ville nommée Vic-le-Comte, qui fut appelé le comté d'Auvergne. Néanmoins toute la province fut donnée, avec le titre de comte, à Alphonse, comte de Poitiers, petit-fils de Philippe-Auguste et frère de saint Louis. Alphonse étant mort sans enfants, l'Auvergne fut réunie à la couronne ; mais elle en fut séparée en 1360, par le roi Jean, qui la donna, avec le titre de duché, à son fils Jean, duc de Berry, Celui-ci la céda, en l'an 1400, à sa fille Marie, avec le consentement du roi Charles VI, mais à la charge de réversion à la couronne, en cas d'extinction de la postérité masculine du duc Jean. Ce cas se vérifia en 1521, et, malgré les troubles que suscita la prétention au duché d'Auvergne de Suzanne, fille du duc de Bourbon et d'Auvergne, cette province fut réunie à la couronne de France.

L'Auvergne était divisée en basse et haute Auvergne.

La capitale de la basse Auvergne, Clermont, que quelques géographes ont confondue avec *Gergovia*, dérive plutôt d'*Augustonomentum*, ville distinguée par Strabon de *Gergovie*. On l'appelait *Urbs-Arvernorum* (1); mais, à dater du onzième siècle, les annalistes l'appelèrent *Claremontem castrum*, ce qui fait penser que la ville fut ruinée, et remplacée par le château de Clermont (2). Quand Philippe-Auguste confisqua l'Auvergne sur le comte Guy, Clermont fut réuni à la couronne.

L'évêque prétendit à la seigneurie de cette ville, en

---

(1) *Arverni municipii descriptio*, Parisiis, 1711. — (2) *Les origines de Clairmont*, par Jean SAVARON, 1607.

se fondant sur une cession du comte Guy. Les successeurs de Philippe-Auguste laissèrent, en effet, aux évêques la seigneurie de leur ville épiscopale ; mais les habitants de Clermont avaient de grands priviléges, et des libertés qu'ils maintenaient énergiquement contre leurs évêques, dont le pouvoir était beaucoup moindre dans la basse Auvergne que dans les pays de la montagne. Il y avait, à Clermont, des souvenirs très-vivaces du régime municipal, et l'on trouve dans Baluze (1) la mention d'un appennis, ou charte nouvelle, donnée par la curie de Clermont, en remplacement de ses titres perdus et détruits dans la guerre que les Francs avaient portée dans le pays des Arvernes, ce qui remonte à l'expédition de Théodebert, fils de Thierry et petit-fils de Clovis, contre ce pays. Saint Genet, évêque de Clermont, en 662, était né, dit son biographe (2), de nobles parents de l'ordre sénatorial de la *cité des Arvernes.*

Riom (*Ricomagus*) (3), dont Grégoire de Tours fait mention, était la seconde ville de la basse Auvergne ; c'était même la capitale du duché d'Auvergne, quand la seigneurie de la ville de Clermont était possédée par l'évêque.

Clermont et Riom se partageaient la tenue des états, quoique chacune de ces villes ait prétendu en avoir eu la possession exclusive (4).

Issoire (*Iciodorus*) n'était, selon Grégoire de Tours, qu'un *vicus.* Il en était de même de Brioude (*Brivas*), de Vic-le-Comte, etc.

Les chartes féodales, concédées par les seigneurs à di-

---

(1) BALUZII, *Miscellanea*, t. IV, p. 544. — (2) *Acta SS.*, t. I, p. 823. — (3) *Histoire de Rhion, chef d'Auvergne, en vulguere françois*, par BERNARD-LYON, 1559. — (4) Voyez une brochure en réponse à l'imprimé de Riom et intitulée : *Les Estats du bas Auvergne ont toujours été tenus à Clairmont, ville capitale du pays* (Bibl. imp., I. 981).

versés villes de l'Auvergne, celles que Bernard de La Tour
donna à Saint-Amand en 1256, et à Besse en 1257 (1), ne
mentionnent pas des conquêtes faites à main armée par les
habitants contre les seigneurs, mais constatent l'assentiment de ceux-ci, moyennant une modique redevance, au
maintien des anciennes coutumes, et l'injonction aux baillis de ne commettre aucun attentat à la propriété, à la liberté : « Ni alberiatge ni tolta, ni talha, ni quista, ni com-
« pra forsa dament. » Tel est aussi le caractère de la charte
latine des franchises accordées aux habitants de Thiers, en
1272.

II. — Aurillac (*Aureliacus*), capitale de la haute Auvergne, dont il n'est pas fait mention avant le neuvième
siècle, appartenait, sous le règne de Charles-le-Chauve, à
Saint-Géraud, qui avait la qualité de comte, et qui y fonda,
en l'an 856, un monastère célèbre par la sainteté et la
science des religieux qui l'habitaient. Il y avait aussi un
château appartenant au roi de France, et dépendant de sa
seigneurie.

On a traduit et imprimé, en décembre 1842, à Aurillac,
sous le titre d'*Accords et sentences arbitrales entre monseigneur l'Abbé et les consuls d'Aurillac*, trois précieux
documents des franchises de cette ville.

Le premier, publié le neuvième jour avant la fin d'août
1288, « par Guillaume d'Achillosas, chevalier bailli des

---

(1) Ces chartes sont rapportées par Chabrol, *Coutume d'Auvergne*, t. IV, l'une, p. 528, en latin, l'autre, p. 92, en langage auvergnat. En B. de la tore. Bertrand de la jor, fraize, donneront
la ville de Besse et jureront sobre sans atoz los hommes et a totas
las femmas que maisons y peuriont et i auriont bos usatges et bo-
nas condumnas las melhors que hum trobaria a ops de borses a
Montpeleir, ni al poy ni a Salvanhec li peason tulscals ies donada
dena une copa de froment, etc.

« montagnes d'Auvergne, par l'autorité de notre Sire, le
« Roi de France, et garde du scel de notre dit Sire le Roi, »
est un traité entre les religieuses personnes, Guillaume de
Mérola, prieur claustral du monastère d'Aurillac, Gui de
Manhama, camérier, Gui de Clavières, prieur de Bourg, et
Bertrand Rebuffa, prieur de Labrousse, procureurs, syndics et avocats du vénérable père monseigneur l'Abbé
et des moines du monastère d'Aurillac, d'une part, et Guillaume d'Yssartz, Me Durand Delmolé, jurisconsultes, Guy
de Gagnac et Guillaume Cazals, procureurs, syndics et
avocats des consuls de l'universalité des habitants de
ladite ville. Il s'agit dans ce traité du mode d'information
contre les personnes qu'on soupçonne d'être lépreux et
ceux qui, constant un premier mariage, sont accusés d'en
avoir contracté un second, et aussi sur le mode et la forme
de procéder contre les clercs criminels. Dans le premier
cas, les consuls assistent aux enquêtes, mais monseigneur
l'Abbé juge de l'avis de deux clercs. Dans les autres cas,
tout est concentré, enquêtes et jugements, dans la juridiction ecclésiastique. Les partis jurent sur les saints Évan-
giles, corporellement touchés, de maintenir, garder et observer à perpétuité toutes choses convenues et promises, si
pourvu que les compositions, renonciations, pactes, remises et déclarations faites entre les dites parties et conclues,
soient confirmées par sa royale Majesté, car, dans le cas
contraire, ils n'entendent être tenus et contraints, ni eux,
ni leurs partis, à les observer.

Le second document, daté du huitième jour avant la fin
du mois d'août 1288, est une transaction entre l'abbé et les
consuls, sur le cours des eaux, les droits de lods et ventes,
les amendes, etc., conclue d'après l'arbitrage de messire
Hugues de Camburat, docteur ès-lois, de Me Bernard Bastide, tous deux clercs et juriconsultes, et de Guillaume d'A-

chilhosas, chevalier bailli des montagnes de France, et garde du scel du roi, tiers-arbitre.

Le troisième document est un accord du 8 mai 1347, entre monseigneur Aymeric, abbé d'Aurillac, et les consuls de la dite ville, contenant divers règlements de police, pour les peseurs publics, les meuniers, boulangers, fermiers, chaufourniers et autres articles concernant l'administration municipale, et pour la punition de plusieurs infractions que chaque partie accusait l'autre d'avoir commises contre la teneur des compositions ou lois municipales, que l'on nomme paix : « Item et super qui- «busdam quæ una pars alteri opponebat contra tenorem « compositionis sive legis municipalis quæ pax nuncupa- « tur.

De toutes les chartes du moyen âge, il n'en est aucune peut-être qui soit empreinte d'un plus profond caractère de religion, de sagesse et de prévoyance. Les parties y répètent souvent qu'elles n'entendent pas déroger à la paix ancienne et nouvelle. « Quod per aliqua de supra et infra « scriptis non intendunt discedere a pace antiqua et nova. » Mais ce mot de paix, énergiquement significatif de l'influence chrétienne, ne fait allusion qu'à des discussions calmes et légales, et non à de violents démêlés, à des révoltes à main armée. Tout est d'ailleurs réglementé avec une précision et une abondance de détails qui font autant d'honneur à l'esprit administratif qu'à la profonde équité des rédacteurs de cette charte, où la bonne foi des transactions et le progrès des industries naissantes sont conciliés admirablement, sans qu'on y trouve la moindre trace des exactions féodales, si intolérables, à cette époque, dans la plupart des autres provinces.

La seconde ville de la haute Auvergne est Saint-Flour, dont l'origine remonte à un prieuré conventuel, fondé en

l'an 1004, par un gentilhomme auvergnat, nommé Ambe-
lard de Brezon, et qui avait son évêque pour seigneur.

Le droit romain domina toujours dans la haute Auvergne, et régit les villes les plus connues : Aurillac, Saint-
Flour, Mauriac, Maurs, Cabinet, Chaudesaigues, Murat,
Péaux, etc., tandis que la ville de Riom, capitale du duché
d'Auvergne, et les villes du comté d'Auvergne, telles que
Thiers, Langeac, Auzon, Ambert, les Artigues, etc., se
gouvernèrent par la coutume. Certains lieux se régissaient en partie par une loi, et en partie par l'autre (1). Le
droit romain subsista surtout dans les terres du clergé (2).
Un arrêt du parlement de Paris, de 1281, ordonna que les
pays des montagnes d'Auvergne se régiraient par le droit
coutumier. « Ad supplicationem multorum de montanis
« Arverniæ, et audita relatione ballivi nostri, ordinatum
« fuit quod montana Arverniæ jure consuetudinis regeren-
« tur, et secundum morem patriæ consuetudinariæ. »
(Dumoulin, *Du Style pénal.*)

Le franc-alleu de l'Auvergne pourrait paraître douteux, à
n'en juger que d'après le texte de la coutume (3); mais les
ordonnances, la jurisprudence, les usages des provinces où
les principes sont les mêmes, les sentiments des juriconsultes, l'y faisaient réputer certain. L'allodialité y avait
lieu en droit écrit comme en coutume (4).

---

(1) Chabrol a donné, en son *Commentaire de la Coutume d'Auvergne,* l'état des lieux qui se régissaient les uns par le droit écrit,
les autres par le droit coutumier, les autres partie par la coutume,
partie par le droit civil. — (2) Loca subjecta ecclesiis in tempo-
ralibus non admiserunt consuetudinem in scriptis redactas
(Aymon, ad tit. 28, art. II, *préface*, p. 2). — (3) Art. II et LXVII,
tit. 31. — (4) Chabrol, t. II, p. 896. — V. aussi Merlin, *Q. de
droit.* — V. Terrage, § I, et un arrêt de la Cour de Cassation, du
24 vendémiaire an XIII.

Les anciennes formules des contrats de mariage, des ventes, des manumissions prouvent, dit Chabrol, que les usages déjà reçus continuèrent d'avoir lieu. Les magistrats des villes y furent qualifiés encore de sénateurs, de patrices, de consuls. Une charte d'Adelard, évêque de l'église des Arvernes, de l'an 905, permet de construire une église avec le conseil des fidèles de cette église, revêtus tant des honneurs ecclésiastiques que des *honneurs populaires; * « tam ecclesiastico quam populari honore præditi. » Ces traditions de liberté, fondées à la fois sur le droit romain et sur le droit canonique, furent altérées sans doute par l'invasion du droit coutumier et féodal au dixième siècle; mais elles reprirent toute leur puissance dans les chartes contemporaines de l'affranchissement des communes, et se maintinrent dans les lois et les mœurs de la province d'Auvergne, la plus éloignée de celles qui ressortissaient du parlement de Paris (1).

(1) Voy. le Catalogue des ouvr. imprimés et manuscrits, concernant l'Auvergne, mis en ordre par M. GONOD (1849). — *Tableau de la ci-devant prov. d'Auvergne,* par M. RABANI BEAUREGARD (1802). — *Voy. en Auvergne,* tiré d'un monument celtique, trouvé dans les ruines de Gergovia (1810). — *Itinéraire histor de Clermont-Ferrand à Aurillac,* par BOUILLET (1832). — *L'ancienne Auvergne et le Velay,* par MICHEL (1843). — *Études sur les noms propres des villages et des familles dans la haute Auvergne,* par M. DELZOUY (1846). — *Projet de l'histoire d'Auvergne.* — *Rec. de pièces sur l'Auvergne,* par M. DESISTRIÈRES MURAT (1783). — *Discours sur l'origine des Auvergnats,* par le même. — *Documents rétrospectifs de l'Auvergne* (1788). — *Notice sur l'ancien roy. des Auvergnats,* par DELARBRE. — *Résumé de l'hist. d'Auvergne,* par un AUVERGNAT. — *L'Auvergne historique,* par IMBERDIS (1851). — *Chron. d'Auvergne,* par MICHEL COHENDY (1856). — *Essai sur le anciens habitants de l'Auvergne,* par MOURGUYE (1841). — *Des colonies et des voies romaines en Auvergne,* par MATTHIEU. — *Essai sur l'orig. des fiefs de la haute Auvergne,* par le comte DE LA BASTIDE. — *L'Auvergne au moyen âge,* par BRANCHE (1842). — L'Au-

L'Auvergne avait des états composés d'ecclésiastiques, barons et députés des villes. Les gens des trois états octroyèrent, en 1354, une aide de six deniers pour livre, comme le prouve une ordonnance de 1355, rapportée dans le *Recueil des ordonnances*, t. III, p. 679. Savaron, historien de Clermont, affirme qu'en 1358 les gens d'église, nobles et communes accordèrent le subside appelé *nouvelle ayde*; qu'en 1374, les états d'Auvergne traitèrent directement avec les Anglais, pour leur faire évacuer le pays; qu'en 1389, Charles VI reconnut le droit des états, en déchargeant les habitants de Clermont d'une imposition que le duc de Berry et d'Auvergne y avait établie; qu'en 1392, 1393 et 1394, les états votèrent la levée de gens d'armes, et fixèrent les contributions nécessaires à leur entretien. Ces mêmes états, assemblés au sujet de la guerre de la Praguerie (1), en la ville de Montferrand, votèrent, en 1440 et en 1444, des aides considérables au roi, ainsi qu'à M. le duc et à madame la duchesse de Bourbon et d'Auvergne. Ces mêmes états furent assemblés en 1482, et donnèrent leur approbation au traité de paix conclu, la même année, entre le roi de France et le duc d'Autriche, et aux conditions stipulées pour le mariage de sa fille avec le dauphin (2). Les consuls de Clermont furent appelés à la célébration des fiançailles. Savaron, qui atteste le fait, ajoute que la réformation de la coutume d'Auvergne fut autorisée par les trois états, en 1510.

III. — La Marche (3), qui confrontait à l'orient l'Au-

vergne au quatorzième siècle, par MAZURE (1845). — *Mémoire histor. sur l'admin. de la prov. d'Auvergne, depuis la féodalité jusqu'en 1800*, par MICHEL COHENDY. — (1) MARTIAL D'AUVERGNE, *Vigile de Charles VII*, t. I, p. 126. — (2) COMINES, t. IV, p. 126. — (3) *Plan pour servir à l'histoire du comté de la Marche*, par

vergne, et au midi le Limousin, était divisée en haute et basse. Guéret (*Varactus*) était la capitale de la haute Marche ; Aubusson (*Albucum*) en était la seconde ville. La basse Marche avait pour capitale Bellac, dont les étymologistes font dériver le nom, avec la même vraisemblance, les uns de *locus belli*, d'autres de *bel* (lieu) *acum* (élevé), d'autres de *bella aqua*.

La Marche, confondue jusqu'au dixième siècle avec le Limousin, dont elle faisait partie, subit tour à tour la domination des Romains, des Visigoths et des Francs. Charlemagne en fit, en 778, un royaume pour son fils Louis. La famille des Bozon lui fournit au dixième siècle ses comtes héréditaires. Privé d'une partie de son comté par le sire de Lusignan, Aldebert IV vendit le reste, en 1177, au roi d'Angleterre, Henri II, et mourut à Constantinople en 1180. Cette vente fut cassée à la diligence de Geoffroy de Lusignan et de ses frères, qui reçurent dans leur famille la couronne du dernier des Bozon. Les alliances de ces seigneurs avec Jean-Sans-Terre et les Anglais, leurs exactions, leurs révoltes incessantes contre les rois de France, amenèrent le traité du 3 août 1242, par lequel saint Louis les força de se soumettre *haut et bas* à toutes les conditions qu'il voulut leur dicter. Philippe-le-Bel, à qui le comte Gui avait engagé son comté pour une somme d'argent, le confisqua en 1303, et le réunit à la couronne. Il en fit ensuite l'apanage d'un de ses fils. La maison d'Armagnac, qui le posséda vers le milieu du quinzième siècle, en fut dépossédée à la suite de l'exécution de Jacques d'Armagnac, duc de Nemours, en 1477. La Marche, réunie ainsi pour la deuxième fois à la couronne, passa à Pierre de Bourbon, comte de Beaujeu, par son mariage

M. MALLEBAY (1767). — *Histoire de la Marche et du pays de Combrailles*, par M. JOULLIETON (1814).

avec la fille de Louis XI; mais le connétable de Bourbon ayant pris parti pour Charles-Quint, ses biens furent confisqués, et c'est ainsi que, pour la troisième et dernière fois, une déclaration du 22 septembre 1531 réunit à perpétuité le comté de la Marche au domaine royal.

Les villes ou plutôt les bourgades de la Marche et du pays de Combrailles ont eu des destinées analogues à celles du Limousin sous la domination romaine. Ce sont des *castra* dont les inscriptions (*las peiras ecritas*) et les vestiges de monuments et de voies publiques, attestent l'ancienne existence (1). Sous la domination des Francs, après la bataille de Vouillé, certains de ces camps, celui de Brede, par exemple, sont détruits au milieu des guerres dont l'Aquitaine est le théâtre; d'autres, tels que celui d'Aubusson (2), deviennent des villes, où l'industrie se développe avec l'agrément des seigneurs; la Marche participe, sous les deux premières races, aux révolutions générales de l'Aquitaine; et lorsque ses comtes, vassaux des ducs de Guyenne, comtes de Poitou, sont devenus, au milieu de l'anarchie du dixième siècle, comtes héréditaires dans les maisons d'Angoulême, de Charroix, de Montgommeri, de Lusignan, d'Aubusson, des chartes apparaissent, au milieu du treizième siècle, qui affranchissent les serfs, et créent ou rétablissent des priviléges en faveur des bourgeois des villes et des châteaux. Les historiens rappellent entre autres la charte donnée par Hugues XII à la ville d'Aubusson, en 1262, la charte donnée par le même seigneur, en son château de Dorat, pour faire observer dans son comté les coutumes de Montferrand, coutumes qui furent adoptées par la haute Marche; l'acte par lequel, la veille de l'Ascension 1268, il dé-

---

(1) *Histoire de la Marche et du pays de Combrailles*, t. I, p. 47 à 60. — (2) *Ibid.*, p. 83.

clara libres les bourgeois de la ville et du château d'Ahun, et affranchit leurs héritages, qui étaient auparavant mouvants de lui en servitude (1), etc.

La capitale de la basse Marche était originairement une châtellenie. « Ce fief, appelé châtellenage, dit Brussel, *Usage des fiefs*, page 712, consistait en la garde et le gouvernement d'un château pour le comte, lay ou ecclésiastique, propriétaire de ce château, avec un domaine considérable qui y était attaché, la seigneurie et toute justice dans ce domaine, et encore la suzeraineté sur plusieurs vassaux. » L'histoire de Bellac se confond avec celle des comtes de la Marche. « Pour eux, dit son historien (2), Bellac fit la guerre aux seigneurs voisins et à ses rois eux-mêmes. Sous leur bannière, elle combattit l'Anglais, elle les suivit jusqu'en Palestine, et prit du repos seulement quand il leur plut de lui en laisser. » Mallebay de la Mothe (3) affirme que c'est l'un des comtes de la Marche, de la famille des Bozon, Aldebert IV, qui accorda à Bellac ses coutumes en 1160. Hugues XII de Lusignan laissa la ville de Bellac se régir par les lois romaines. Un régime mixte gouvernait, au moyen âge, les villes du comté de la Marche et du pays de Combrailles.

Les états de la Marche et du pays de Combrailles, composés, comme les autres, de gens des trois états, votèrent, en 1354, au roi Jean, un subside pour la guerre contre les Anglais, accordèrent, en 1426, à Bernard d'Armagnac, cinq cents livres tournois, en dédommagement des dépenses qu'il avait faites, pour l'intérêt de ces pays, et lui payèrent, en 1435, 1440, 1441, 1443, 1444, diverses sommes pour le

____

(1) *Ibid.*, t. I, p. 204 et 285. — (2) *Histoire de la ville de Bellac*, par l'abbé Roy-Pierrefitte, 1851. — (3) *Plan pour servir à l'histoire des comtes de la Marche*, p. 24.

même objet, et firent, en 1452, avec les états d'Auvergne, de Bourbonnais, de Forez, de Beaujolais et de Velay, un acte d'union portant : « On doit se secourir mutuellement, s'aider l'un l'autre des dits pays, toutes fois et quantes que sera nécessaire, pour résister à ceux qui les dits pays voudraient grever, piller, rouler ou y faire dommage, etc. (1). » On convoqua, en 1509, à Guéret, les gens des trois états du pays, pour la rédaction de la coutume (2).

IV. — Le Bourbonnais (3), situé au couchant de la haute Marche et au midi de l'Auvergne, n'était point une des anciennes cités gallo-romaines. C'était un pays composé de plusieurs territoires, démembrés de ceux de Bourges, d'Autun et d'Auvergne. Il a pris son nom de la ville de Bourbon (*Burbo*), qui dépendait du Berry, et qui fut prise par Pepin sur Gaiffre, duc d'Aquitaine, en 761 ; c'est pourquoi l'auteur des *Annales de Metz* dit que Bourbon était *in pago Biturico*.

Le premier des comtes ou sires de Bourbon a été Guy, qui vivait vers l'an 1030, et fut père d'Archambaud Ier. La seigneurie de Bourbon fut érigée en duché-pairie, en l'an 1329, par Philippe-de-Valois, en faveur de Louis, fils de Robert, comte de Clermont en Beauvoisis. Ce duc et ses descendants prirent le nom de Bourbon, qu'ils ont toujours porté depuis. L'un des fils du duc Louis, comte de la Marche, a été la tige de la maison de Bourbon, qui a régné en France, tandis que de l'autre sont nés tous les autres

---

(1) JOULLIETTON, *Hist. de la Marche et du pays de Combrailles*, t. I, p. 230, 261, 262, 405. — (2) RICHEBOURG, *Nouveau coutumier général*, t. IV, p. 1101, 1148. — (3) *Histoire du Bourbonnais*, par M. DE COIFFIEU-DEMORET (1814). — *Esquisses bourbonnaises*, par Achille ALLIER (1833). — *L'ancien Bourbonnais*, par le même. — Bourbonnais vient de *Burbo*, mot qui, en langue celtique, venait de *Bourbes*, ou eaux chaudes et médicinales.

ducs de Bourbon jusqu'à Charles, connétable de France, dont le duché fut réuni à la couronne en 1531.

La charte des priviléges concédés à la ville de Bourbon par ses seigneurs date de 1343, et est écrite en vieux fran çais (1).

Moulin a remplacé, comme capitale du Bourbonnais, Bourbon-l'Archambaud. Cette ville n'est pas ancienne, et il n'en est guère fait mention avant Robert, fils de saint Louis, qui y fit bâtir un hôpital. C'est aux princes du sang de France, seigneurs du Bourbonnais, qu'elle a dû son agrandissement. Montluçon dépendait autrefois du Berry, et même de la partie qui obéissait aux rois d'Angleterre, ducs de Guyenne. Saint-Amand était du diocèse de Bour- ges. Une autre partie du Bourbonnais avait été démembrée de l'Auvergne. Ses institutions municipales se confondent donc avec celles des provinces dont il s'est formé. Les prin- cipales villes du Bourbonnais ont cependant reçu de leurs seigneurs des chartes spéciales de priviléges communaux, dont quelques-unes, encore inédites, seront incessammeut publiées dans le second volume de l'*Histoire des ducs de Bourbon et des comtes de Forez*. Ce sont, entre autres, les priviléges de Villefranche, de Moncenol (1217), les priviléges de la ville de Montluçon (1242), les franchises de Charroux, données en 1245 et confirmées en 1436, les priviléges de la ville de Gannat (1367).

L'administration des villes du Bourbonnais était, en gé- néral, confiée à quatre officiers municipaux, ce qui rappelle la division des *castra romains*. Ces quatre officiers avaient une compétence purement administrative, à laquelle la ju- ridiction de police fut ajoutée, par une charte émanée, en

(1) *Archives de l'Empire*, n° 2709 de l'inventaire de LHUILLIER, cote P, 1376.

1518, d'Anne de France, duchesse de Bourbonnais, qui, sur la demande des habitants d'une des villes de cette province, leur permit de se donner un maire.

Les états du Bourbonnais ne datent guère que de Louis XI. Ils accordèrent, en 1482, leur consentement au traité de paix, fait à Arras, entre ce prince et le duc d'Autriche, et aux conventions matrimoniales réglées pour le mariage de sa fille avec le duc ou dauphin (1). « Pierre, duc de Bourbonnais, convoqua, à Montluçon, dit Commines, t. IV, p. 127, tous les notables, tant du corps de l'Église, de la noblesse, que du tiers-état, pour la rédaction des coutumes. » Ces coutumes furent de nouveau rédigées en 1520, et le parlement rendit, en 1521, un arrêt qui déclara que les gens des trois états du Bourbonnais et de la haute Marche les avaient adoptées (2).

Auroux des Pommiers, *Coutumes du Bourbonnais*, tit. XXVIII, n° 4, range cette coutume parmi les coutumes allodiales. C'est une vérité universellement reconnue, disent les auteurs du *Répertoire de jurisprudence* (V. francalleu), que sous le régime féodal, le cens était prescriptible dans la coutume du Bourbonnais. Et il n'en faut point davantage pour décider que le franc-alleu naturel formait alors le droit commun du pays. C'était à cette époque un principe certain que la prescriptibilité du cens contre le seigneur était un signe incontestable, un caractère non équivoque d'allodialité.

V. — Le Berry, qui confrontait au midi le Bourbonnais et la haute Marche, était habité par des peuples (*Bituriges cubi*) illustres parmi les Celtes, et qui disputaient aux Arvernes la domination des Gaules. L'empereur Auguste en fit les

(1) GAUJAL, *Ann. du Rouergue*, t. II, p. 158. — (2) *Nouv. au coutumier génér.*, t. III, p. 1208 et 1303.

premiers de la première Aquitaine, et leur ville principale, nommée *Araricum*, fut la capitale d'une province qui s'étendait depuis la Loire jusqu'aux Pyrénées. Cette ville, qui prit au cinquième siècle le nom de Bourges, passa, avec ses dépendances, comme le reste de l'Aquitaine, sous la domination successive des Visigoths et des Francs. Childebert, fils de Clovis, eut Bourges en partage, et les rois de Neustrie la possédèrent, jusqu'au moment où Eudes s'en rendit maître. Conquise par Pepin sur Gaiffre, petit-fils de Eudes, elle appartint à Charles-le-Chauve, et fut gouvernée par un vicomte qui n'était pas seigneur absolu. Au temps de la première croisade et du concile de Clermont de l'an 1095, Bourges et ses dépendances furent acquises par Philippe Ier, roi de France, du vicomte Harpin, qui en était devenu seigneur par suite d'une mise en gage. Le Berry fut donné en apanage par le roi Jean à l'un de ses fils, avec le titre de duc, pour lui et ses enfants mâles; mais ce prince n'ayant laissé que des filles, le duché fut réuni par Charles VI à la couronne.

Le Berry était régi par des coutumes allodiales. C'est ce qu'attestent Chenu sur Papon, livre XIII, titre II, art. 3, et Brodeau sur Louet. C'est aussi l'opinion exprimée par la Thaumassière en son *Traité du franc-alleu*. Mais Rousseau-Lacombe et Guyot, *Répertoire de jurisprudence* (V. franc-alleu, § X), citent des arrêts du parlement de Paris qui ont jugé le contraire.

La Thaumassière, quoique peu favorable à la jurisprudence romaine, qu'il appelle, d'après d'Argentré, *rixo-am et nugatricem*, reconnaît d'ailleurs que, dans le Berry, si la coutume était muette, ce n'était pas la coutume de Paris qui devait être observée, mais le droit romain (1).

_____

(1) Voyez les ouvrages de CATHERINOT, intitulés : *Le droit de Berry*;

Le même jurisconsulte constate les anciennes prérogatives et libertés des bourgeois et habitants de la ville de Bourges, capitale du pays et duché de Berry, lesquels, par les anciens priviléges accordés par nos rois à leur service et fidélité, sont libres et de franche condition, non taillables ni mainmortables, exempts de tous devoirs procédant à cause d'état et condition servile. Des franchises descendaient selon lui, non de l'ancienne, fâcheuse et tyrannique servitude des Romains, mais de l'art 1er de la coutume de la province, ainsi conçu : « Les habitants de la ville et septaine « de Bourges sont libres. » Ces franchises remontaient à un temps immémorial, et la ville de Bourges était autrefois gouvernée par quatre prud'hommes, qui étaient élus par les bourgeois, et auxquels, le jour de l'élection, ils passaient procuration pour le gouvernement de la ville et des affaires communes ; une formule du manuscrit de Leyde, citée par M. Albert du Boys, dans son *Histoire du droit criminel des peuples modernes*, prouve que les archives municipales de Bourges subsistaient sous Charlemagne (1).

Les anciennes libertés municipales de la ville et septaine de Bourges (2) furent maintenues en 1145, par Louis VII,

---

Les Patronages de Berry ; *Le Bullaire de Berry* ; *Le Diplomataire de Berry* ; *Les recherches de Berry* ; *Les dominateurs de Berry* ; *Les Annales ecclésiastiques* ; *Les Fondateurs de Berry* ; *Les Ducs de Berry* ; *La Chronographie de Berry* ; *Les Romains berruyers* ; —*L'histoire de Berry*, par CHAUMEAU ; — *L'histoire abrégée de Berry*, par Philippe LABBE ; — *L'histoire de Berry*, par LA THAUMASSÈRE. — *la nouvelle histoire de* PALLET (1783). ; — *l'Histoire* de M. RAYNAL (1844). — *Questions sur la coutume de Berry*, 1re. — (1) Voyez aussi *l'Essai sur l'histoire du droit français*, par M. GIRAUD, t. II, p. 461. — (2) *Les Fastes consulaires de Bourges*, par CATHERINOT, 27 septembre 1641.—*Notice historique sur la ville de Bourges*, par Charles RIBAULT DE LAUGARDIÈRE, Bourges, 1858. — *Priviléges octroyés aux maires et échevins de la ville et septaine de Bourges*,

qui déclara que le droit de hauban ne serait exercé que trois fois dans l'année, à l'époque convenable, et en prenant l'avis des bons hommes de la cité.

Philippe-Auguste donna à Bourges, en l'an 1181, une charte nouvelle, relative à la législation et à la police locales, et qui, par les articles 5 et 9, fait allusion à l'administration de la cité par les bons hommes, *boni homines* ou les prud'hommes, *probi homines* (1). Ces prud'hommes, élus au gouvernement de Bourges et de la septaine, dont les priviléges furent confirmés par Louis VIII et Louis IX (2), avaient, dit la Thaumassière, la juridiction. Un arrêt de 1261, rendu au parlement de la Pentecôte, maintint les droits municipaux de la ville de Bourges, et déclara que la justice s'exerçait par les bourgeois, par les clercs et chevaliers de la septaine (3). L'antique administration des quatre prud'hommes de Bourges fut supprimée par Louis XI, et remplacée par un maire et douze échevins, dont les emplois étaient annuels.

Selon M. Thierry (4), qui contredit sur ce point, avec raison, M. Raynouard (*Histoire du droit municipal*, t. II,

en 1183 ; Paris, 1603. — *Recueil des antiquités et priviléges de Bourges*, par Chenu, 1621. — *Priviléges de la ville de Bourges* ; 1643. — *Priviléges de la ville de Bourges*, 1659. — (1) Præpositus autem atque vigerius, quotiescumque volebant, halbannum submovebant, et villanos sese redimere coercebant. De quo quoque præceptum ab illo est, ut illa redemptio halbanni remaneat, et halbannum tamen ter in anno fiat, termino competenti, sine omni redemptione, ne rustici sua negotia amittant, et hoc consilio bonorum hominum ipsius civitatis (art. 5). Postquam per probos homines ipsius civitatis, ad quos omnia judicia villæ ejusdem et septenæ ab antiquo dignos curites pertineut facienda judicatum fuerit (*Charte de Philippe-Auguste*). *Recueil des Ordonnances des rois de France.* t. XI, p. 223.— (2) *Ordonnances des rois de France*, t. XI, p. 362. — (3) *Registres du parlement. Olim.* — T.-S. — (4) *Tableau de l'ancienne France municipale*, p. 256.

p. 190), ces magistrats étaient électifs, car Louis XI, ce roi bourgeois, avait voulu, tout en punissant les habitants de Bourges d'une émeute contre ses officiers, respecter leurs franchises. Mais comme les habitants de Bourges tenaient à leurs anciens usages, Charles VIII abrogea, en 1483, l'ordonnance de son père, et rendit à la ville ses quatre magistrats élus qui furent appelés échevins au lieu de prud'hommes, et auxquels, dix ans plus tard, on adjoignit un maire annuel.

L'église métropolitaine de Bourges était, au moyen âge, l'une des plus illustres de France. Son archevêque prenait non seulement la qualité de primat, mais celle de patriarche; sous le règne de Charles IX, l'archevêque de Bordeaux, Frotaire, reconnut la primatie de Bourges; l'archevêque de Narbonne était aussi soumis à Bourges, quoique sa province ne fît pas partie de la première Aquitaine. L'archevêque de Bourges jouissait d'un droit patrimonial sur la métropole d'Alby.

Autour de la capitale civile et ecclésiastique de la première Aquitaine se groupaient des villes importantes, des *castra* et de nombreux villages : Issoudun (*Exolidunum*), célèbre par un monastère de bénédictins, et dont la seigneurie particulière, confisquée sur André de Chauvigny, fut définitivement réunie à la couronne, à la mort d'Alphonse, comte de Poitiers; Argenton, qui demeura aux seigneurs de Chauvigny jusqu'au règne de François Ier; Dun-le-Roy, que ses seigneurs d'Astier réunirent au domaine royal, en 1275, avec le privilége de ne pouvoir plus en être distrait; Château-Roux (*castrum Radulphi*), bâti près de l'ancien monastère de bénédictins fondé par Raoul ou Radulphe en 917, et nommé *monasterium Dolense* (Bourg-Déols, Bourg-Dieux); la Chastre, châtellenie dépendante de Château-Roux, qui n'est ni ancienne, ni célèbre; Concressant (*Con-*

curcalum), qui, vers la fin du onzième siècle, était déjà une seigneurie considérable, et qui, acheté par le roi Jean, en 1351, d'un gentilhomme nommé Paënel, sortit de nouveau de la main du roi, soit à titre d'aliénation, soit à titre d'engagement; Mehun-sur-Euvre (*Magdunum*), confisqué et réuni au domaine de la couronne par Philippe-de-Valois; Vierzon (*Virzio*), petit château dans le dixième siècle, qui, gouverné par des comtes, passa à la maison de Bourbon, et fut confisqué sur le connétable, déclaré rebelle envers le roi; Sancerre, ville ou château possédé au dixième siècle par Thibaut Ier, comte de Chartres, qui avait une partie du Berry, et dont les descendants, comtes de Chartres et de Troyes, en jouirent jusqu'à ce qu'il passa à la branche de Sancerre, puis au comte de Clermont et dauphin d'Auvergne, puis à la maison de Bourbon-Condé.

Les états particuliers du duché de Berry, dont on ne trouve plus de traces après le quinzième siècle, se tenaient à Bourges, avant cette époque. La ville et la province jouissaient alors d'une assez grande prospérité. Bourges, qui renfermait une population nombreuse et de florissantes manufactures, avait été un moment, sous Charles VII, la véritable capitale de la France; il suffit de rappeler le nom de Jacques Cœur pour montrer les richesses qu'y accumulait le commerce. Un épouvantable incendie, arrivé en 1487, détruisit la plus grande partie de cette ville, et la royauté, délivrée des Anglais, ayant porté ailleurs sa résidence, une décadence marquée commença pour la province entière, dépouillée de ses anciens droits (1). Tout ce qu'avait gagné le Berry, gouverné par ses anciennes et libres institutions, il le perdit sous l'empire de la généralité de Bourges et de

---

(1) *Les assemblées provinciales avant et depuis* 1789, par M. Léonce DE LAVERGNE; *Revue des deux Mondes*, t. XXXIV, p. 392.

ses sept élections, et l'œuvre réparatrice du 12 juillet 1778, sous le premier ministère de Necker, fut, de la part du roi Louis XVI, l'acquit d'une dette de ses aïeux, dont le despotisme administratif avait réduit progressivement cette province à un état de misère.

CHAPITRE IV

DROIT MUNICIPAL DES PROVINCES DE LA DEUXIÈME AQUITAINE (BORDELAIS, AGENAIS, CONDOMOIS, SAINTONGE, AUNIS, POITOU) (1).

I. — Le pays le plus considérable de l'ancienne deuxième Aquitaine était le Bordelais, qu'on appelait en particulier la sénéchaussée de *Guyenne*, nom dégénéré du mot : *Aquitaine*, et qui apparaît pour la première fois en l'an 1360, dans des lettres données pour la paix avec la France par Édouard, roi d'Angleterre. Les peuples (*Bituryes Vibisci*) qui y cultivaient, dès le temps de Pline et de Columelle, la vigne (*vitis Biturica*), n'avaient rien de commun que le nom avec les *Bituriges Cubi*, ceux de Bourges.

La cité des *Bituriges Vibisci*, au temps de César, devint, sous la domination des *præfecti* et des *præsides* de l'empire, le municipe *Burdigala*. Les Visigoths s'en emparèrent

---

(1) *Annales historiques des anciennes provinces d'Aunis, Saintonge, Poitou, Angoumois*, etc., par M. DE LA TRÉSORIÈRE (1858). — *Prospectus de l'histoire générale de Guyenne*, par des bénédictins de Saint-Maur (1855) ; — *Id.*, par MM. LAMACHE frères. — *L'archiviste bordelais, recueil de titres relatifs à l'histoire de la Guienne*. — *Les coutumes du ressort du parlement de Guienne*, par les frères LAMOTHE (1779).

au cinquième siècle, et en furent chassés par les Francs en même temps que du reste de l'Aquitaine. Grégoire de Tours atteste que la ville de Bordeaux fut soumise aux rois neustriens. Le duc Eudes s'en empara, et le roi Pepin la prit sur Gaiffre, petit-fils d'Eudes, en l'an 468. Les successeurs de Pepin la gouvernèrent par des officiers ou comtes qui n'étaient pas propriétaires. Ruinée par les Sarrasins en 732, et par les Normands dans le siècle suivant, rétablie vers l'an 900, sous le règne de Charles-le-Simple, cette ville eut pour seigneur le comte Raymond, puis son fils Guillaume, qui, délivré par Sanche, duc de Gascogne, de ses ennemis, donna, par reconnaissance, son comté au fils de ce Sanche, nommé Guillaume, qui l'unit à son duché, sous le règne du roi Lothaire. Les successeurs de Guillaume jouirent de Bordeaux jusqu'à l'extinction de leur race, après quoi le duché de Gascogne fut uni à celui d'Aquitaine par le comte de Poitiers. Bordeaux subit depuis lors toutes les vicissitudes du reste de l'Aquitaine, et après avoir longtemps été, sous le nom de *Borderii*, un fief des rois d'Angleterre, il resta incorporé à la couronne depuis 1472.

Cette cité, métropole de la seconde Aquitaine, capitale de la Guienne et siége des anciens ducs d'Aquitaine et du parlement, jouissait, de temps immémorial, d'institutions libérales (1).

Un grand conseil de trois cents membres, et un petit conseil de trente membres, choisis parmi les plus notables citoyens, un maire et un conseil de jurats, dont le nombre a

---

(1) *Chronique bordelaise* de Dornal. — *Antiquités bordelaises* de Vinet (1538), et de Bernadan (1804). — *Hisoires de Bordeaux*, par dom Devienne, par Lacolonde, par O'Reilly (1856). — *Etude sur l'histoire de Bordeaux*, par Guilhe.

varié selon les temps de 12 à 50, tel était le gouvernerment intérieur de la cité. Les affaires extérieures étaient dirigées, sous la domination anglaise comme sous celle des ducs d'Aquitaine, par un sénéchal, de qui ressortissaient les appels de la moyenne et basse justice exercées par les maires et les jurats; la garnison et les troupes régulières étaient sous ses ordres immédiats ou sous ceux d'un connétable; le maire avait le commandement des milices urbaines, et telle était la prépondérance de l'élément municipal qu'on vit plus d'une fois les Anglais, réunis avec les bourgeois, marcher avec eux sous la bannière communale (1).

Le maire était élu pour un an par tous les chefs de famille, et nommait de son autorité privée un sous maire, qui l'aidait dans ses fonctions et le remplaçait en cas de maladie ou d'empêchement extraordinaire.

Le corps des jurats ou de la jurade était aussi élu chaque année, le 24 juillet, avec une liberté entière (2). Les membres sortants, réunis en grande pompe à l'église de Saint-Éloi, y prêtaient serment de respect et d'inviolable fidélité à la constitution de la commune, et invoquaient les lumières de l'Esprit-Saint pour l'élection de leurs successeurs qu'ils avaient la charge de désigner. L'élection achevée, le clerc de la ville en faisait connaître les résultats au peuple assemblé, et les nouveaux jurats répétaient sur le tabernacle le serment de fidélité aux statuts municipaux. Cette loi, qui remettait aux jurats le choix de leurs successeurs, et dont on trouve plus d'un exemple dans les chartes communales de la Provence et du Languedoc, avait des avantages et des inconvénients; elle répondait au caractère aristocrati-

---

(1) *Résumé de l'histoire de Guyenne*, par M. Amédée Thierry, p. 184.— (2) Voyez un arrêt du parlement de Bordeaux, rapporté par Lapeyrère, V. *Jurade*, et relatif à la *Jurade* de Condom.

que de l'organisation municipale romaine, et déplaisait par
là même à la multitude, qui voyait avec regret les magistratures locales s'immobiliser dans un petit nombre de familles
patriciennes. Les traditions romaines se retrouvent aussi
dans le caractère obligatoire des fonctions électives, dans
les peines infligées au refus de les accepter ou à la négligence dans leur accomplissement, dans les exclusions des
jurades prononcées contre les débiteurs des communes et
autres, dans l'antagonisme des bourgeois jurats et des
hommes d'armes; elles se retrouvent surtout dans la résistance énergique qu'opposèrent les citoyens de Bordeaux à
l'abrogation, par les rois d'Angleterre, de la haute, moyenne
et basse justice, accordées par Philippe-le-Bel aux conseils
électifs, et qui leur valut la confirmation de la charte d'immunités, appelée « constitution philippine » et « le maintien
« de leurs franchises, priviléges, libertés, établissement,
« fors, coutumes, usages, observances, sauf la fidélité du
« roi messire d'Angleterre et duc de Guyenne. »

Les anciennes coutumes de Bordeaux, auxquelles fait allusion la *Chronique bourdeloise*, de l'an 1314, et dont la
copie, conservée à l'hôtel de ville (1), est considérée comme
remontant au douzième ou treizième siècle (2), contiennent,
dans la partie relative aux fiefs et droits seigneuriaux, un
article qui consacre le franc-alleu en ces termes (3) :

« Costuma es en Bordalès que si mon payre atengut un
« feu de senhor, et no es seyta carta, et mon payre mort, et
« lo senhor de feu me requer que io la reconogni lo feu ab
« carta, que io no suy tengut cum mon payre en sa vita no
« l'en aya punt dat. »

On lit aussi dans le *Commentaire sur les coutumes géné-*

---

(1) Armoire IX, étage 7. — (2) *Coutumes du ressort du parlement
de Guyenne*, 1768, p. xix de l'avant-propos. — (3) *Ibid.*, p. 72.

rales de la ville de Bordeaux et pays bourdelois, par Automne, revus et corrigés par Dupin, ce passage confirmatif
du franc-alleu :

« Des droits des seigneurs, art. 4, XXXI, 57. Arrêt du
parlement de Bordeaux en robes rouges, du 21 mars 1617,
qui juge que les habitants de la ville de Bordeaux, pays de
Bourdelois et sénéchaussée de Guyenne, ne sont tenus
d'exhiber les titres en vertu desquels ils possèdent, si le
seigneur n'a fait apparoir de la directicité et féodalité du
fief par bons et valables titres. »

« 60. Autre du 21 mars 1623, qui juge que le seigneur est
tenu de montrer ses titres, et qu'après c'est aux tenanciers
de montrer les pays. »

II. — Toutes les villes du Bordelais modelèrent, à différentes époques, leur constitution sur celle de la métropole,
et la plupart d'entre elles, Blaye, Bourg, Libourne Saint-
Émilion, Podensac, Castillon, Cadilhac, Mont-Saint-Ma-
caire, s'intitulèrent *alliées et filleules* de la ville de Bordeaux, et, en retour de la protection qu'elles en recevaient
dans la guerre, et du droit de délibérer et de voter par leurs
députés dans le grand conseil, lui prêtèrent, chaque année,
le serment de foi et hommage. Leur administration était de
tout point semblable à celle de la capitale.

Blaye, qu'on croit être le *promontorium Santonum* de
Ptolémée, était fortifiée dès le temps d'Auguste qui l'appe-
lait *Blaviam militarem* (1). La fondation de son église
Saint-Romain est attribuée, selon les uns, à Caribert, fils

---

(1) Tu quoque ne pigeat consposi fœderis, et jam
  Citus veni remo aut rota,
Æquoris undo si qua multiplicata recursu
  Garumna puntum provocat,
Aut iteraturum qua Glarea trita viarum,
  Fert militarem ad Blavium.

(AUSONE.)

aîné de Clotaire Ier, selon les autres, à Charlemagne. Son château passe pour avoir reçu la sépulture de Roland. Blaye étant sur les confins du Bordelais et de la Saintonge était disputée, avant la réunion de ces deux duchés, par les ducs d'Aquitaine et de Gascogne. Le comté de Blaye fut réuni au Bordelais par l'effet de l'extinction de la race de ses seigneurs particuliers.

Bourg-sur-Mer, chantée par Ausone sous le nom de *Burgus* (1), date aussi d'une époque très-reculée, mais la ville antique a disparu et a été remplacée par une ville presque moderne.

Libourne, située au confluent de la Dordogne et de la petite rivière de l'Ile, a été, sans doute, fondée par des négociants, sous la protection de divers seigneurs du voisinage. Vers la fin du onzième siècle, en 1270, Édouard, fils aîné de Henri III, confirma la charte de cette ville, où la domination anglaise a laissé de fortes traces, et rendit à ses bourgeois certains droits dont s'étaient emparés les anciens seigneurs. Cette confirmation, dit un écrivain (2), prouve l'existence d'une commune antérieure à l'intervention du pouvoir du roi d'Angleterre, petit fait sérieux à noter, car il ne paraît pas que Libourne ait été le siége d'un municipe romain. Par la charte de confirmation, les bourgeois s'engagèrent à ceindre leur ville de murailles ; le roi devait les aider de ses subsides. Cette stipulation était probablement la conséquence de quelque garantie contre les agresseurs extérieurs.

Édouard Ier imposa aussi aux habitants l'obligation de

---

(1) Hos inter fluvios unimage proximus unda est,
  Æthera mons rumpens...

(AUSONE.)

(2) M. d'Avril, *Compte rendu de l'histoire de Libourne*, par M. GUINODIE.

bâtir des maisons, c'est ce qui l'a fait regarder à tort comme le fondateur de la ville. Il intervint dans quelques dispositions très-curieuses, relativement à la position des étrangers. Il avait d'abord établi que les étrangers qui viendraient à Libourne seraient contraints d'y former des établissements durables, et ne pourraient pas en sortir, dans les moments de danger, après y avoir fait des bénéfices dans les temps calmes. Mais le commerce a des instincts de liberté qui lui apprennent à rejeter les mesures restrictives qu'un pouvoir habitué à l'arbitraire a établies dans son intérêt apparent. Édouard, sur les plaintes des jurats, les autorisa à n'accorder de domicile qu'aux étrangers qui consentiraient à remplir les obligations imposées aux citoyens. Voilà un détail de droit public que l'on ne trouverait nulle part, si un savant modeste et dévoué n'avait consacré une partie de sa vie à fouiller les archives de son arrondissement.

Les jurats, au nombre de douze, étaient élus par les bourgeois, le jour de la vigile de la Sainte-Marie-Madeleine. Le même jour, les jurats nommés élisaient deux prud'hommes, pour l'un d'eux être désigné maire. Les douze jurats ne devaient rester en charge que pendant un an, et ne pouvaient être réélus qu'après deux ans écoulés. Les bourgeois marchands de blé ne pouvaient pas faire partie de l'administration.

Autour du Bordelais rayonnaient d'un côté l'Agenais et le Condomois (1), de l'autre la Saintonge (2), l'Angoumois, l'Aunis (3) et le Poitou.

(1) *Histoire de l'Agenais, du Condomois et du Bazalais*, par M. SA-MAZEUILH. — (2) *Essai d'une bibliothèque historique de l'Angoumois*, par M. CASTAIGNE. — *Etudes historiques sur l'Angoumois*, par M. MAWAUD. — *Histoire de l'Angoumois*, par VIGIER DE LA PILE. — (3) *Mémoire présenté au comité de constitution, par les députés du pays d'Aunis.*

III. — L'Agenais, cette belle et riche partie de l'Aquitaine, limitrophe de la Gaule narbonnaise, qu'habitaient avant l'invasion les *Nitiobriges*, dont parle César (1), avait Agen pour capitale (2). Cette ville, que Jules de l'Escale, en sa préface contre Erasme (3), considère comme la première ville de l'Aquitaine, est représentée, dans le *Légendaire* manuscrit *sur le martyre de saint Caprais*, son premier évêque, comme une magnifique cité, bâtie au pied de la montagne où se trouvait la grotte habitée par son saint évêque. « Civi- « tas, » dit le manuscrit, « mirifico circumdata peribolo sita « est, quam Aruncinenses Agennum vocitantes, fulgentibus « ædificiis decorare summopere decertarunt... »

L'origine d'Agen remonte à l'époque celtique, et sous les empereurs tant idolâtres que chrétiens, puis sous les rois visigoths, qui en chassèrent les Romains, puis sous les Vandales et les Bourguignons, les Sarrasins et les Normands, qui la ravagèrent à diverses reprises, puis sous la domination plus tranquille, tantôt des rois et des ducs d'Aquitaine et de Gascogne, tantôt des rois d'Angleterre et des comtes de Toulouse, tantôt des Anglais qui la reprirent et qui en furent chassés par le comte d'Armagnac, cette cité fut en butte à des révolutions incessantes, jusqu'au jour de sa réunion à la couronne de France.

Il est peu de villes dans lesquelles le *consulat municipal* se soit maintenu d'une manière plus persévérante qu'à Agen (4). Tout indique un régime analogue dans les villes

(1) Narbonensi provinciæ contermini, Rutheni, Cadurci, Nitiobriges, Tarnique amne discreti a Tholosanis (PLINE). — Nitiobriges, Cæsaris sunt contermini Cadurcis et Ruthenis (SAVARON). — (2) Nitiobrigum urbs et caput Aginum (PTOLÉMÉE). — (3) Agynum est oppidum Aquitaniæ municeps. — (4) Voyez les *Coutumes d'Agen*, rédigées en 1369, et le *Tableau de l'ancienne France municipale*, p. 248.

moins importantes de l'Agenais et du Condomois; dans Condom, notamment, qui avait, comme Agen, ses curies de Gascons (1), et dans l'antique capitale des Biscains et des Cantabres; dans Bayonne, l'*Aqua Augusta* de Ptolémée, dont Charles VII abolit en 1451 les priviléges municipaux, et qu'il réunit à la couronne, pour la punir d'avoir tenu le parti des Anglais.

IV.—La Saintonge, située au nord du pays de Bordeaux, contrée dont César vante la fertilité, et qui était habitée par les *Santones*, peuples celtes, célèbres dans les anciens auteurs, faisait partie de la deuxième Aquitaine. Les Français occupèrent, après la mort d'Alaric, ce pays, qui avait été envahi par les Visigoths. Éléonore de Guienne en était en possession quand elle épousa Henri, roi d'Angleterre. Jean-Sans-Terre, son fils, le donna en douaire à sa femme, Isabeau d'Angoulême, qui épousa en secondes noces Hugues, comte de la Marche. Louis VIII, roi de France, donna en propriété la Saintonge à Hugues, comte de la Marche; mais saint Louis, et son frère, Alphonse, comte de Poitiers, privèrent le comte de la Marche de la possession de plusieurs villes qui en dépendaient. Saint Louis céda la Saintonge, en 1252, à Henri, roi d'Angleterre. Ce pays fut reconquis par Philippe-le-Bel, mais il échappa de nouveau à la France, jusqu'à ce que Charles V réunit cette province à la couronne, dont elle n'a plus été démembrée.

La capitale de la Saintonge (2), Saintes, ville antique,

(1) Et hoc negat severa Nitiobrigum negare septa, Vasconumque curias Aginum inane, Condomumque inhospitum (Jules DE L'ESCALE, *Ibid.*). — (2) *Histoire de Saintonge, Poitou et Angoumois*, par MAICHIN (1671). — *Histoire politique de la Saintonge et de l'Aunis*, par MASSIAU (1838). — *Lettres historiques et archéologiques sur la Saintonge et l'Aunis*, par LESSON (1840). — *Chroniques saintongeonnes et aunisiennes*, par d'AUSSY (1857).

bâtie sur la rivière de la Charente, dont Ausone parle en ce vers :

Santonico refluens non ipse Corentonus æstu,

et que Ptolémée et Strabon appellent *Mediolanum*, ville du milieu, pour caractériser son importance, Saintes jouissait, comme les autres villes de la Saintonge et de l'Angoumois, de la juridiction municipale et de l'élection directe du maire. Le régime communal de Saintes était un composé d'anciennes traditions romaines modifiées par le régime communal de la Normandie. Deux jurés s'y partageaient, sous la direction d'un corps de ville, composé de vingt-cinq membres, les uns ayant le titre d'échevins et les autres celui de pairs, l'administration municipale. Un maire les remplaça dans le cours du treizième siècle; mais ils furent rétablis par la puissance de l'habitude, et la mairie n'y fut définitivement installée que par lettres données par Charles VIII, en 1492, sur la demande des habitants (1).

Les autres villes principales de la Saintonge étaient :

1° Saint-Jean d'Angély (*Angeriacum*), ville déjà connue sous le règne de Louis-le-Débonnaire, célèbre par le monastère de Saint-Jean-Baptiste, fondé par Pepin, roi d'Aquitaine, et à qui Philippe-Auguste donna une charte communale analogue à celle de Rouen et de Falaise, et que lui enleva Richelieu, pour la punir de s'être associée à la révolte de la Rochelle (2).

(1) Et à cette cause nous ont les dits supplians, humblement supplié et requis et fait supplier et requerir que notre plaisir soit leur muer et changer les dits deux jurés en l'état et office du maire et que chacun an ils le puissent élire à tel jour que bon leur semblera (*Ordonn. des rois de France*, t. XX, p. 330). — (2) Noverint universi quod nos concedimus in perpetuum dilectis et fidelibus nostris universis juratis communiæ Santi-Joannis

2° Pons, ville divisée en haute et basse, environnée de fortes murailles, et commandée par un bon château, dont les seigneurs s'appelaient sires, et exerçaient leur juridiction sur cinquante-deux paroisses, et sur plus de cent cinquante fiefs nobles. Jacques, sire de Pons, ayant été condamné comme criminel de lèze-majesté, ses biens furent confisqués au profit du roi, par un arrêt du parlement de Paris, de l'an 1461. Mais son fils obtint la révocation de cette sentence, et fut remis en possession de sa seigneurie.

Royan, ville peu éloignée de l'embouchure de la Garonne, et Brouage, célèbre par son port de mer, inconnues dans l'antiquité, n'étaient, au moyen âge, que des villages peu importants.

L'île d'Oleron (*Uliarus*) est, au contraire, mentionnée par Pline et Sidoine-Apollinaire, et ses habitants ont toujours joui de grands priviléges, tant sous les ducs d'Aquitaine que sous les rois de France et d'Angleterre. Cette île, « insula « cui Blarium nomen est, quamque famossissima soli ferti- « litas et amœnitatis commoditas nobilitat, » fut acquise de la maison de Montenor, et réunie à la couronne par le roi Charles V, en 1373. Cette cession donna lieu à des procès entre le domaine et les sires de Pons, et un arrêt du parlement de Paris, du 16 septembre 1514, adjugea l'île d'Oleron au roi avec toutes ses dépendances, et unit au domaine royal le château et tous les forts de l'île.

La sénéchaussée de la Saintonge avait ses états particuliers, qui furent convoqués, en 1355, sur l'ordre donné par

---

Angeliæ censis et eorum heredibus perpetuam stabilitatem et inviolatam firmitatem communiæ suæ juratæ apud Sanctum-Johannem Angeliæ..... ut communiam suam teneant secundum formam et modum communiæ Rotomagensis (*Ordonnances des rois de France*, t. V, p. 671).

le roi à son sénéchal d'appeler auprès de lui *des sages et prudhommes tant d'église comme nobles et bourgeois*, pour régler le salaire des ouvriers et le prix des denrées, en raison du changement et de la variation des monnaies (1). Ces états concoururent, en 1482, à la ratification du traité de paix conclu par Louis XI avec le duc d'Autriche.

V. — L'Angoumois, situé au nord de la Saintonge, ressortissait administrativement de la Saintonge, et pour la justice du parlement de Paris. Angoulême, sa capitale, était inconnue à toute l'antiquité. Ausone, qui vivait sur la fin du quatrième siècle, et qui la nomme *Inculisma*, dit que c'était un lieu solitaire, éloigné des routes publiques, *solum ac devium locum*. Les comtes d'Angoulême ne furent ni propriétaires ni même à vie durant longtemps ; mais, dans le dixième siècle, Guillaume Taillefer, comte d'Auvergne, se rendit maître absolu du comté d'Angoulême, sous la suzeraineté de Guillaume Tête-d'Étoupes, duc d'Aquitaine et comte de Poitiers. Ses successeurs en jouirent jusqu'en 1218, époque où le comté d'Angoulême passa dans la famille des Lusignan. Des traités de 1308 et 1309 firent passer le comté dans les domaines de la couronne. Philippe-le-Long le donna, en 1320, à Jeanne de France, en la mariant au comte d'Évreux. Jeanne le laissa en mourant, en 1349, à son fils Charles, roi de Navarre ; mais le roi Jean l'en déposséda en 1351, et le donna à Charles d'Espagne, connétable de France. Le roi de Navarre s'en vengea en faisant assassiner le connétable, et s'unit aux Anglais quand le roi voulut l'en punir en le privant de son comté.

Après le désastre de Poitiers, l'Angoumois fut cédé aux Anglais, en 1360, par le traité de Brétigny. Mais la guerre ayant recommencé, la ville d'Angoulême se rendit volontai-

(1) *Ordonnances des rois de France*, t. III, p. 46 et 47.

rement, en 1372, au roi Charles V, qui la donna, en 1375, à son frère, le duc de Berry, en apanage. Charles VI, à qui l'Angoumois fut cédé, le donna, en 1394, en supplément d'apanage à son frère Louis. Celui-ci l'assigna, en 1403, à Jean d'Orléans, son plus jeune fils, et François Ier, qui en hérita, l'érigea en duché en faveur de Louise de Savoie, sa mère. Ce ne fut qu'à la mort de cette princesse que le duché d'Angoulême fut réuni à la couronne.

Aucun auteur n'a écrit qu'Angoulême ait été autrefois chef d'un peuple ou d'une cité ; on ne sait même rien de certain du siége épiscopal d'Angoulême avant le cinquième siècle.

Cognac (*Coniacum castrum*), qui faisait auparavant partie de la Saintonge, devint la seconde ville de l'Angoumois, lorsque ce pays fit partie du domaine des rois de France.

Angoulême et Cognac se vantaient de posséder depuis une époque immémoriale, et antérieure même à l'établissement de la monarchie, l'une, une juridiction municipale sans réserve, l'autre la moyenne et basse justice.

VI. — L'Aunis (*Alnisium*), borné au couchant par l'océan, et environné du côté du midi et du levant par la Saintonge, était la plus petite des provinces de la France. Ce pays, connu dès les premiers ducs d'Aquitaine, comtes de Poitiers depuis l'an 1000 ou environ, a tantôt fait partie de la Saintonge, tantôt du Poitou. Il avait cependant ses seigneurs particuliers, dont l'héritière Marguerite épousa Hugues, vicomte de Thouars, et fit hommage de son fief à Philippe-Auguste en 1222. Plusieurs autres seigneurs avaient part au fief d'Aunis ; les rois en acquirent les droits, et Charles VII, par ses lettres d'avril 1435, déclara qu'au roi seul appartenaient la seigneurie, la justice et le bailliage du fief d'Aunis.

La ville maritime de la Rochelle était la capitale du pays

d'Aunis. C'était autrefois une bourgade, qui appartenait aux seigneurs de Mauléon, en Poitou. Le dernier Guillaume, comte de Poitiers, l'usurpa sur eux, en fit une ville, et lui donna des priviléges en vertu desquels elle fut gouvernée par la communauté des habitants.

Louis VII donna, en 1224, à la Rochelle une charte que saint Louis confirma en mars 1227, et qui devint, pour les provinces du centre, le type de la liberté municipale, son conseil de cent membres, son maire, ses échevins, ses conseillers et ses pairs ayant toute juridiction (1).

Tous ces priviléges furent maintenus pendant l'occupation des Anglais, après le traité de Brétigny, et augmentés après que Charles V eut reconquis la Rochelle. Les habitants en abusèrent dans la suite, et ayant embrassé le calvinisme et fait lever le siége à l'armée royale, commandée par Henri, fils de France, élu roi de Pologne, ils se mirent en république l'an 1572, et ne reconnurent dès lors que les rois qu'il leur plaisait ; mais Richelieu les soumit, détruisit leurs priviléges en expiation de l'abus qu'ils en avaient fait, et rasa leurs fortifications, que Louis XIV fit relever à cause de l'importance de la ville exposée aux insultes des flottes ennemies.

La ville de Rochefort n'existait pas au moyen âge ; c'est Louis XIV qui l'a bâtie en 1670. Surgères était, au contraire, un lieu connu dès le onzième siècle. L'île de Ré (*Radis*) était célèbre avant même le huitième siècle par un monastère où se retira et se fit moine, en 744, Hunaud, duc d'Aquitaine, fils du duc Eudes, et que les pirates normands détruisirent dans le siècle suivant. L'île de Ré fut occupée au douzième siècle par les seigneurs de Mauléon, en Poitou, qui étaient aussi seigneurs de la Rochelle, et auxquels succé-

(1) *Ordonnances des rois de France*, tome XII, p. 318.

dèrent dans les siècles suivants les maisons d'Amboise, de la Trémouille et de Sancerre. Charles VII, par ses lettres patentes de 1457, exempta les habitants de cette île de tailles envers leur seigneur, et leur donna de grands privi-léges, à la charge de contribuer aux armements de mer. Après le règne de Charles VII, les Rochelois, qui préten-daient avoir droit d'amirauté avec le gouvernement du pays d'Aunis et des îles voisines, se rendirent maîtres de l'île de Ré dont les habitants furent dès lors associés à la fortune de la Rochelle.

VII. — Le Poitou, borné au midi par l'Angoumois, la Saintonge et l'Aunis, au nord par le pays nantois et l'An-jou, au couchant par la Touraine et le Berry, faisait partie du territoire plus étendu des *Pictones*, peuples qui étaient célèbres parmi les Celtes au temps de Jules-César, qu'Au-guste attribua à l'Aquitaine, et que Valentinien I⁰ᵉʳ comprit dans la deuxième Aquitaine et soumit à la métropole de Bordeaux.

Envahi successivement par les Visigoths et les Francs, le Poitou obéit, après le partage fait entre les fils de Clo-vis, aux rois d'Austrasie jusqu'au temps de Childéric II, qui réunit les deux royaumes. Conquis par Pepin sur Gaif-fre, petit-fils d'Eudes, duc d'Aquitaine, le Poitou fut gou-verné, sous les Carlovingiens, par des comtes qui n'étaient que de simples lieutenants. Louis-d'Outre-Mer le donna à Guillaume Tête-d'Étoupes, qui s'en rendit maître absolu, ainsi que du Limousin, de l'Auvergne et du Velay. Ce prince et ses successeurs, qui eurent le titre de ducs d'A-quitaine, acquirent ensuite les pays qui sont entre la Ga-ronne et les Pyrénées, ainsi que la ville de Bordeaux. Éléo-nore, fille de Guillaume X, l'un de ces ducs, apporta le Poitou en dot au roi d'Angleterre, et Philippe-Auguste le confisqua sur Jean-Sans-Terre. Alphonse, frère de saint

Louis, eut le Poitou en partage, et Henri III, roi d'Angleterre, céda cette province à la France, par le traité de 1259. Le roi Jean la rétrocéda, par le traité de Brétigny, aux Anglais. Charles V la reconquit et la donna à son frère Jean, duc de Berry, pour lui et ses successeurs mâles. Le duc Jean n'ayant eu que des filles, Charles VI la donna à son fils Jean, qui mourut jeune et sans enfants. Depuis lors, le Poitou n'a plus été séparé du domaine ni donné en apanage.

Les anciennes coutumes du Poitou furent, à ce qu'il paraît, rédigées en 1372, par Pierre-Jean Mignot, lieutenant de Guillaume Felton, sénéchal du Poitou pour Édouard, dit le Prince-Noir, prince de Galles et duc d'Aquitaine. Ce commentaire, intitulé : *Mémoire du livre ordonné sur les coutumes, lequel compila Jean Mignot*, n'existe plus, et on craint qu'il n'ait été détruit dans les guerres de la Vendée; mais la bibliothèque de Poitiers possède un coutumier imprimé en 1486, un manuscrit sans date et une copie prise à Paris par les soins d'un magistrat poitevin, M. Nicias Gaillard, du *Livre des coutumes du Poitou*, «compillé « et diligemment visité, leu et corrigé et bien advisé par « honorables hommes saiges, maistre Jehan le Chamber- « tier, baillif de Gastine, Jehan de la Chaussé, Loyset, « Moysac Robert, Tutant Pierre, Roygne-Jacques Boutin, « tous jurés et advocats, lesquels plusieurs fois et à grant « diligence se sont par ce assemblez en la ville de Parte- « nay en l'an mil IIII cent XVII. »

Le vieux coutumier du Poitou, reproduit avec les changements et améliorations introduits par le progrès du temps dans la coutume officielle de 1514, donne à la fois l'idée des lois et des mœurs féodales et de la révolution qui, dès le quinzième siècle, tendait à faire prévaloir l'autorité royale sur la double juridiction des seigneurs et des

évêques (1). Il proclame le grand principe commun à tous
les pays de la France septentrionale : « Aulcun ne peut
« tenir en alleu, si ce n'est les homes d'Église, s'ilz ont
« tenu par quarante ans franchement, sans faire foi et ho-
« mage ne devoir, ne redevances et aultres. »

Néanmoins le Poitou, placé sur la limite des pays de
droit écrit et des pays de coutume, avait un régime municipal emprunté à des sources diverses. Une charte d'Aliénor, reine d'Angleterre et duchesse d'Aquitaine, de 1199,
affranchit les habitants du Poitou des servitudes féodales,
et confirma les anciennes franchises de la province (2) ;
une charte particulière érigea Poitiers et Niort en communes, sans indiquer les formes d'organisation, ce qui fait
croire que le droit de commune ainsi concédé ne fut que
la confirmation d'un droit préexistant.

(1) Voyez le texte de l'ancienne coutume, édité par M. le président Nicias Gaillard, et l'analyse de M. Minier, dans la *Revue
historique du droit français*, deuxième année, 4ᵉ livraison. —
(2) Le seigneur féodal (n'eut-il que juridiction foncière) peut
demander et avoir foi et hommage, devoir ou redevance, pour
raison des choses qui sont en son fief, suppose que parvant lui ni
les siens ne les avaient eus : car aucun ne peut tenir en alleu s'il
n'est homme d'église ; c'est à savoir, que si la chose est telle
qu'elle puisse porter hommage, et si elle n'est de si grande valeur, l'on y doit mettre devoir. Et sera tenu roturièment au dit
devoir payer par chacun an : lequel devoir est la douzième partie
de la valeur de la chose par chacun an. Et les gens d'église peuvent tenir en alleu, s'ils ont tenu par quarante ans franchement,
sans en faire foi ni hommage, devoir ni redevance : et autres que
gens d'église ne peuvent tenir sans en faire devoir ou redevance
par quelques ténement qu'ils en aient fait ; si par privilége ou
usance ancienne de tel et si longtems qu'il n'est mémoire du contraire, ils n'avaient accoutumé d'ainsi le faire. Sans en ce comprendre les droits du Roi, ne les indemnités dues aux seigneurs,
compris par les ordonnances faites sur les francs fiefs et nouveaux acquêts.

Le Poitou était divisé en haut et bas. Le premier, qui formait la partie orientale, touchait à la Touraine et au Berry ; le second, qui touchait à la partie occidentale, confinait avec l'océan et le pays nantais.

VIII. — La capitale du haut Poitou et même de toute la province était Poitiers (1), nommée autrefois *Augustoritum*, du nom d'Auguste, son fondateur. Une inscription gravée sur le marbre dans l'église Saint-Pierre atteste que cette ville fut agrandie et embellie par l'empereur Claude, sous lequel les Poitevins servirent avec distinction dans la guerre d'Angleterre. Les Visigoths ariens s'en rendirent maîtres et y commandèrent pendant un siècle, jusqu'au règne de Clovis.

' Alaric régnait alors en Poitou, et en fut chassé par Clovis, qui s'empara peu de temps après de Bordeaux et de Toulouse, et mit ainsi fin au royaume de Toulouse, fondé par les Visigoths.

M. de Boulainvilliers prétend qu'une charte donnée par Clovis, à Poitiers, après la victoire, attribua à cette ville la propriété de tous les les biens qui avaient appartenu aux temples du paganisme, aux synagogues des Juifs et aux conventicules des hérétiques. Mais on a cherché en vain cette charte dans les archives de Poitiers (2).

Poitiers a eu des évêques de grande réputation, entre

(1) Voyez les recherches de M. de Vaudoré sur les peuples qui habitaient le nord de l'ancien Poitou ; l'*Histoire des comtes de Poitou et des ducs de Guyenne*, par BELLY (1647) ; — la *Bibliothèque historique du Poitou*, par DREUX DE RADIER ; — l'*Histoire du Poitou* par THIBAUDEAU ; — l'*ancien Poitou et sa capitale*, par DUFOUR ; — l'*Histoire générale du Poitou*, par le MÊME ; — *Recherches*, par M. DE LA GUÉRINIÈRE ; — la *Bibliothèque poitevine*, le *Poitou* par M. DU FOUGEROUX ; — les *Recherches sur les vigueries et sur les origines de la féodalité en Poitou*, par M. DE VAUDORÉ (1839). — (2) *Histoire du Poitou*, par THIBAUDEAU, ch. V.

autres le fameux saint Hilaire. Persécuté par les Visigoths, l'évêque se retira à l'extrémité de son diocèse, dans un lieu appelé *Ratiatum* (en français, Ray), où était le comté d'Erbanges (*Arbatilicensis*). Charles-le-Chauve donna en 851, à Hérispée, prince des Bretons, tout le pays de Rais (*Ratiatensis*), qu'il unit à la Bretagne et au diocèse de Nantes. Les évêchés de Maillerais et de Luçon furent détachés de l'évêché de Poitiers par le pape Jean XXII. La ville de Poitiers était le siége d'un sénéchal.

Philippe-Auguste ayant réuni le Poitou à la couronne confirma les anciens priviléges de la capitale par une charte de 1204, et lui en accorda de nouveaux; il exempta les habitants de Poitiers, par cette charte, de tous droits de vente, *venditionibus* (1), qui se payaient au seigneur de fief. Il les déchargea également des droits de péage; il ne se réserva que la taille (2), les droits de justice et de service militaire.

Philippe-Auguste confirma aussi le droit de foire qui avait été accordé à la ville de Poitiers par Richard, roi d'Angleterre et comte de Poitou. Cette foire commençait le 1er dimanche de carême, et continuait pendant trois semaines.

(1) Venda, venditio, quod præstatur domino feudali pro distributionis seu venditionis prædii facultate... Consuetudines Bellacii in Pictonibus in registro inculimensi, (DUCANGE, L., au mot *Venda*). — Par arrêt du Conseil d'État rendu le 16 juillet 1679, les habitants de Poitiers, quoiqu'en possession d'une franchise immémoriale, furent condamnés de fournir déclarations de leurs maisons, et d'y reconnaître le droit de lods et ventes pour les payer à l'avenir (BOUCHEUL, *sur l'art. 52 de la coutume de Poitou*). — (2) Tallia prestatio quæ domino fit a tenentibus seu vassallis in certis eorum necessitatibus. — Talliæ etiam imponebantur ab ipsis civitatibus seu burgensibus, ad exsolvenda debita communiæ (DUCANGE, au mot *Tallia*).

La charte des priviléges accordés par Philippe-Auguste, en 1222, est plus étendue que les précédentes; en voici les principales dispositions :

Les citoyens de Poitiers devaient, chaque année, élire un maire, douze échevins et douze jurés, qui prêtaient serment de fidélité entre les mains du bailli du roi; cette élection devait se faire au jour accoutumé, ce qui annonce que la forme de la mairie et établissement de commune était déterminée par quelques règlements antérieurs : on s'était sans doute conformé à celui de Rouen. Le maire, les échevins et les jurés se réunissaient chaque semaine. Il y avait en outre une assemblée mensuelle où siégeaient 75 pairs, et qui portait le nom d'assemblée des morts et des Cent (*Ordonnances des rois de France*, t. I, p. 30).

Le maire et la commune avaient le droit de justice, concernant les successions des habitants de la ville, les traités et conventions faits à Poitiers, et sur les débiteurs des citoyens. Lorsqu'un débiteur étranger se trouvait dans la ville, le créancier pouvait faire saisir ses effets, si ce n'est qu'il y fût venu par ordre du roi, et qu'il fût attaché à son service. S'il reconnaissait la dette, le maire en faisait justice; mais s'il soutenait ne rien devoir, l'affaire devait être renvoyée au bailli pour la juger.

Le maire avait tout droit de citation et juridiction sur les habitants, à l'exception des crimes tels que le vol, le rapt et l'homicide, dont la connaissance était réservée aux juges royaux. Il jugeait avec les échevins; il était, en outre, le capitaine général de la ville. Aucun habitant ne pouvait être arrêté que par ordre du maire et de son sergent. si ce n'est pour les droits et redevances dus au comte de Poitou; le maire devait en ce cas prêter main forte au bailli, s'il en était requis.

Les habitants de Poitiers étaient exempts de tous droits

pour les marchandises qu'ils vendaient dans tous les pays ci-devant soumis à Henri II, roi d'Angleterre, excepté dans le comté d'Évreux, le Vexin normand, à Pacy, dans la terre de Hugues de Gournay, au Pont-de-l'Arche et au-dessus, vers ce qu'on appelait alors la *France.*

Ils ne pouvaient être obligés de garder les prisonniers ni de faire aucune autre garde pour le service particulier du comte de Poitou, à moins qu'ils ne dussent ce service comme attaché à quelques fiefs.

« Ils sont déchargés de la taille établie par un ancien usage (1) ; elle est remise à leur volonté.

« Le roi défend qu'on traduise en justice les habitants de Poitiers, sous prétexte d'usure ; ce crime était alors très-commun : mais comme les biens des usuriers appartenaient aux seigneurs, ceux-ci formaient des accusations sous le moindre prétexte, et se faisaient adjuger les biens de l'accusé, souvent sans qu'il fût coupable.

« Le prince veut que le vin qui sera pris à la taverne pour ses ouvrages soit payé au prix courant, et que celui qui sera acheté hors la taverne soit estimé par quatre prud'hommes.

« Les habitants de Poitiers avaient seuls le droit de vendre du vin dans la ville ; le roi se réserve le même droit, lorsqu'il faudrait renouveler les provisions qu'il y tenait pour ceux qui travaillaient à ses ouvrages.

« Les marchandises venues d'outre-mer ne pouvaient être revendues dans la ville que par les habitants ; si un étranger était pris en contravention, les marchandises étaient confisquées au profit du roi et de la ville.

---

(1) Tallia per consuetudinem..... Talliæ diverso modo imponebantur ; quædam enim ex consuetudine, hoc est usu jam olim inducto, certis ac statis anni tempestatibus assignabantur (Du-CANGE).

« Aucun citoyen ne pouvait être obligé de contracter mariage contre sa volonté.

« Si quelqu'un de la commune s'absentait pour quelque délit, ou était privé de sa liberté, le maire avait la garde de ses effets : on en faisait deux états ou inventaires, dont un était remis au bailli, l'autre restait entre les mains du maire ; et si l'accusé était condamné, ses meubles et ses effets appartenaient au roi ; c'était un droit de confiscation.

« Ce droit a subsisté en Poitou jusqu'à la Révolution pour les meubles du condamné à mort, en vertu de l'article 202 de la coutume de cette province (1). »

Niort, célèbre par sa fertilité et son vin (*ferax bacchique Niortum*), et nommé par les auteurs château noble (*castrum nobile*), reçut de la libéralité de nos rois des priviléges que saint Louis confirma en 1233 (2). Elle possédait aussi des priviléges qui répondaient à la plus grande somme d'indépendance municipale. Cette ville avait, comme Périgueux, revêtu la forme de seigneurie sous le vasselage immédiat de la couronne. Selon d'anciens actes, les officiers de a commune de Niort tenaient du « roi à droit de baronnie, à « foi et hommage lige, au devoir d'un gant ou cinq sols « tournois pour tous devoirs payables à chaque mutation de « seigneur, » la mairie et capitainerie de la ville, et la juridiction, haute, moyenne et basse tant en matière civile que criminelle (3).

Les autres villes du haut Poitou étaient : 1° Saint-Maixent, qui doit son origine à un très-ancien monastère, fondé, sous la domination des Visigoths, par un saint homme nommé

---

(1) *Histoire du Poitou*, par THIBAUDEAU, t. I, ch. 17. — (2) *Ordonnances des rois de France*, t. IV, p. 320. — (3) *Aveu rendu au roi le 13 juillet 1579 ; Archives de la ville de Poitiers*. — Un pareil acte de foi et hommage fut fait par le corps de ville de Niort, le 2 juillet 1611 (*Tableau de l'ancienne France municipale*, p. 286).

Maxentius, lequel, selon le témoignage de Grégoire de Tours, au livre deuxième de son histoire, vivait encore lorsque Clovis défit Alaric, en 507 ;

2° Châtellerault (*Castrum Eraldi*), du nom de son fondateur, qui vivait vers la fin du onzième siècle, et qui eut successivement pour seigneurs les familles d'Harcourt et d'Anjou. Charles du Maine le laissa à Charles, roi de Sicile, comte de Provence, qui institua Louis XI son héritier universel. Charles VIII, successeur de ce roi, cassa, par ses lettres de l'an 1491, l'union à la couronne du vicomté de Châtellerault, et céda ce vicomté à la maison d'Armagnac, d'où il vint à la maison de Bourbon avec le comté de la Marche. Il fut compris dans la confiscation des biens du connétable de Bourbon et réuni à la couronne ;

3° Loudun (*Losdunum*) qui était, avant l'an 1000, un lieu considérable, et dont Aimar, moine d'Angoulême, nous apprend, dans sa chronique, que le comte Guillaume le donna en fief à Fouques, comte d'Anjou, avec quelques places en Poitou et la ville de Saintes : « Castrum Losdu-« num cum aliis nonnullis in Pictavarum solo, Sanctonas « quoque urbes cum quibusdam castellis concesserat, et pro « beneficio. » La châtellenie de Loudun fut possédée par Charles, frère de saint Louis, et ses héritiers en jouirent jusqu'à la mort du roi Réné, époque à laquelle Loudun fut réuni à la couronne avec l'Anjou par Louis XI ;

4° Mirebeau (*Mirebellum*), petite capitale d'un pays enclavé dans le Poitou et nommé *Mirebalais*, que la maison d'Anjou a possédé jusqu'à Louis XI ;

5° Lusignan (*Leziniacum*), dont les seigneurs particuliers, connus dès le onzième siècle, étaient rois de Jérusalem et de Chypre, et devinrent, dans la suite, comtes de la Marche et d'Angoulême. Ce comté ayant été réuni au comté de Poitou suivit le sort de cette province ;

6° Thouars, lieu connu, au huitième siècle, sous le nom de *Thoarci*, et qui, pris sur le duc Gaiffre, par le roi Pepin, devint un puissant vicomté, possédé successivement par les maisons d'Amboise et de la Trémouille, et fut confisqué sur la tête de Louis d'Amboise, vicomte de Thouars, par une ordonnance de Louis XI et par un arrêt confirmatif du parlement de Paris, de l'an 1478.

IX. — Le bas Poitou avait pour capitale Luçon, qui tirait son origine d'un ancien monastère, fondé près des marais voisins de l'océan par un disciple de saint Philibert. Jean XXII érigea à Luçon un évêché dont les moines bénédictins ont toujours composé le chapitre jusqu'au règne de Louis XI, et qui obtint en 1468 sa sécularisation du pape Paul II.

Maillerais était un *castrum* bâti dans un lieu solitaire et entouré de forêts, par Guillaume Fier-à-Bras, fils de Guillaume Tête-d'Étoupes. Guillaume-le-Grand, son fils, y fit construire, l'an 1010, une église et un monastère de bénédictins, qui devint le plus riche du Poitou. Le pape Jean XXII y érigea, en 1317, un évêché qui fut transféré à la Rochelle en 1652.

Fontenay-le-Comte était aussi un *castrum* bâti par les comtes de Poitiers, ducs d'Aquitaine.

Les Sables-d'Olonne (*Olona*) était une ville maritime qui avait, au onzième siècle, un seigneur particulier, du nom d'Hervé.

Cette seigneurie passa à la maison de Mauléon, en Poitou, puis à François de la Trémouille, vicomte de Thouars, dont l'héritière épousa le duc de Châtillon, de la maison de Montmorency-Luxembourg. A proximité de cette ville étaient plusieurs îles de l'océan habitées par des moines qui y vivaient saintement, notamment par ceux de Noirmoutiers (*nigrum monasterium*).

Les états particuliers du Poitou ont laissé peu de traces

dans l'histoire. Une quittance manuscrite, extraite de la bibliothèque Monteil, et rapportée par M. Paquet, p. 97, paraît cependant établir un don de 300 livres tournois fait à l'évêque de Poitiers, par les trois états de la province du Poitou. Il paraît aussi qu'après Louis XI, en 1485, les états du Poitou déléguèrent un député aux états-généraux de Tours.

X. — Les états-généraux d'Aquitaine ou de Guyenne se tenaient tantôt à Bordeaux, tantôt dans les autres villes de la deuxième Aquitaine. Le prince de Galles les assembla en 1365, à Bordeaux, pour délibérer sur le secours que demandait Pierre, roi de Castille (1). En 1368, Édouard, de retour de son expédition de Castille, convoqua les états-généraux du pays à Niort, en Poitou, pour obtenir l'établissement de nouveaux impôts. Les états firent, à Saint-Seurin, en 1394, un traité avec le duc de Lancastre, pour garantir les libertés du pays. Le maire de Bordeaux, les trois états de la province et le chancelier du comte d'Armagnac, conclurent, en 1407, une trève à Cadillac, afin d'apaiser les désordres que les factions d'Armagnac et de Bourgogne excitaient dans la Guyenne. En 1451, les trois états traitèrent avec Poton de Xaintrailles et rendirent à la France les diverses places du pays. Louis XI confirma, en 1461, les privilèges accordés aux états par Charles VII. C'est sur la demande des états qu'un parlement fut institué à Bordeaux, en 1462. Les états de la Guyenne figurent dans la liste des états particuliers de la France qui, conformément à un article du traité conclu entre Louis XI et le duc d'Autriche, donnèrent leur consentement à ce traité, et aux conventions matrimoniales convenues pour le mariage de la fille du duc avec le dauphin (1).

(1) JUST PAQUET, p. 96 et 135, et autorités citées par lui.

CHAPITRE V

DROIT MUNICIPAL DU DUCHÉ DE GASCOGNE.

I. — La riante contrée située entre la Garonne, l'océan et les Pyrénées fut envahie par des Gascons ou Basques, peuples espagnols qui habitaient dans le voisinage des Pyrénées, vers Pampelune et Calahorre, et qui, dans le sixième siècle, s'établirent au nord de ces montagnes, au milieu des Celtes indigènes. Gontrand, roi des Francs, envoya, dit Grégoire de Tours, le duc Ostrovalde pour les repousser, mais il ne put réussir dans son entreprise. Les Gascons continuèrent leurs conquêtes dans la Novempopulanie, et après des alternatives de succès et de revers dans leurs luttes contre les rois mérovingiens, ils subirent leur domination jusqu'à la mort de Pepin, maire du palais, survenue en 714. Eudes, duc d'Aquitaine, s'étant rendu indépendant, les Gascons l'imitèrent. Ils restèrent en état de rébellion jusqu'à la mort de Gaiffre, et renouvelèrent même leurs révoltes sous Charlemagne, lorsque son fils Louis-le-Débonnaire gouvernait l'Aquitaine reconquise par Pepin. Charlemagne les soumit enfin et établit dans leur pays, en 778, des consulies et proconsulies, dont les principaux siéges furent (s'il faut en croire une charte de 1012, calquée sur des notes de 841, et dont la copie authentique, rédigée en 1400, a été éditée en 1844 par M. Hatoulet, bibliothécaire de Pau) Benarna (ville détruite sans doute par les Normands), Marsan (*Martianum*), Acqs (*Aquæ Tarbellicæ*), Bayonne (*Baiona, beau port*), Tartas (*Tartassu*), Albret (*Lepretum*), Aire (*Atura, vicus Julii*).

L'empire et les institutions de Charlemagne périrent, et

nulle part leur ruine ne produisit des effets plus déplorables que dans ces contrées pyrénéennes qui, après avoir subi tour à tour la domination des Romains, des Vandales, des Alains, des Suèves, des Visigoths, des Francs, des Vascons, des Sarrasins et des Normands, devinrent, dans l'anarchie du dixième siècle, la proie d'une foule de petits seigneurs, qui firent payer cher aux populations les services qu'ils leur rendaient.

La Gascogne, à qui les Basques espagnols réfugiés donnèrent leur nom, fut gouvernée, dès le dixième siècle, par des ducs qui eurent à la défendre contre les dévastations des Normands, et qui cherchèrent à se rendre indépendants des rois carlovingiens. La postérité masculine du duc *Sanche Mitarra*, basque qui venait des monts Pyrénées, gouverna ce pays jusqu'en l'an 1030, époque où éclatèrent des troubles qui amenèrent l'union du duché de Gascogne au duché d'Aquitaine.

Le duché de Gascogne comprenait, à l'occident, le Bazadois, le Marsan, le Gavardan, le Tursan, les Landes, le Labourd, qui furent détachés au quinzième siècle du ressort du parlement de Toulouse pour passer au parlement de Bordeaux, et à l'orient, l'Armagnac, le comté de Comminges, l'Astarac et le Bigorre, qui ont toujours fait partie du ressort du parlement de Toulouse.

II. — Le Bazadois, originairement habité par les *Aquitains Vasates*, avait pour capitale Bazas, que Grégoire de Tours appelle : *civitas Vazatica*, et saint Paulin, dans une lettre à Ausone, *arenosa Vazatas*, à cause de son territoire sabloneux. L'évêque de Bazas, dont le diocèse embrassait, avant le dixième siècle, toute la Gascogne, et qui était de la maison des ducs de ce pays, vit la province qu'il gouvernait, au spirituel et au temporel, désolée par les invasions des Normands et des Sarrasins, et ce ne fut qu'au milieu du onzième siècle que les cathédrales furent peuplées de pasteurs, et que Bazas eut son évêque particulier, son seigneur et son sénéchal. Les Bazadois possédaient, au nord de la Garonne, un territoire dont la Réole (*Regula*) était la principale place.

III. — Le pays de Marsan était une vicomté dépendant du duché de Gascogne, et avait pour capitale la ville de Mont-de-Marsan.

Les trois chartes de Mont-de-Marsan, auxquelles M. Hatoulet assigne, d'après la copie de 1400 qu'il a éditée, la date de 1141, constatent la reconstruction de cette ville, détruite par les Normands, par Guillaume Loup, comte de Bigorre, vicomte de Marsan et autres lieux, sur les terres où l'empereur Charlemagne l'avait établie, et qui lui sont données, ainsi que les terres environnantes, appelées *cap de mars*, par les fidèles *cavers* (chevaliers) de la contrée, « et « avec le concours des descendants des anciens habitants « du temps de la destruction de la cité de Marsan, de plus « avec des hommes de bonne foi d'autres lieux et croix, « afin de peupler cette cité. »

IV. — Le Gavardan, situé à l'orient du Marsan, était aussi une vicomté qui avait pour capitale la ville de Gabarret (*Gavaretum*).

V. — Le Taursan (*Taursanum*), situé au midi du Marsan et du Gavardan, avait d'abord les mêmes vicomtes que le Marsan, et tomba, avec les autres vicomtés, au pouvoir des seigneurs du Béarn. Aire (*Vicus-Julii*), ville plusieurs fois détruite par les Normands et les Sarrasins, devint ville épiscopale en 1058. Saint-Sever doit son origine à un monastère de bénédictins, fondé, en 982, par le duc de Gascogne, Guillaume, fils de Sanche. L'abbé en était le seigneur utile, et elle était soumise aux ducs de Guyenne et de Gascogne et aux rois de France. On l'appelait *cap de Gascogne*, parce que les seigneurs gascons y tenaient leurs assemblées, dont l'abbé de Saint-Sever était viguier ou président.

VI. — On donnait le nom de Landes au pays dont Acqs est la capitale, et qu'on nommait la sénéchaussée des Landes. Elle était divisée en quatre vicomtés : Acqs, Tartas, Albret et Aorte.

Acqs (*Aquæ Tarbellicæ*), qui avait été florissante sous l'empire romain, fut subjuguée par les Goths, tomba ensuite au pouvoir des Francs, et après avoir été ruinée en 920, par les Sarrasins, fut occupée par les Gascons et subit, au douzième siècle, la domination des Anglais, qui en furent chassés par Charles VII, en 1451.

Tartas, bâtie par les Gascons, et appelée par eux *Tartassu* (du mot : *tarta*, chêne), fut gouvernée, dès 960, par un vicomte appelé : *rex Tortus*, dont un successeur, Arnaud Raymond, vendit cette vicomté et celle d'Acqs au sire d'Albret.

Albret (*Lepretum* ou *Leporetum*) était une des anciennes vicomtés des Landes indépendantes du duché de Gascogne, qui fut érigée en duché par François Ier. Ce duché, avec ses annexes, fut réuni par Henri IV à la couronne de France.

Aorte ou Urt avait pour principale place un petit bourg (*peire hourade, petra forata*), où les vicomtes résidaient dans un château nommé Aspremont, qui fut ruiné dans les guerres civiles, et que remplaça le petit bourg appelé Urt.

VII. — Le pays de Labourd était situé au midi des Landes, dont il était séparé par l'Adour, et tirait son nom d'un château bâti par les Romains, et appelé *Lapurdum*. Après la ruine de ce château, Bayonne (*Baïona* ou *Bahiuna*), beau port qui n'a jamais été une cité dans l'antiquité, et qui n'a eu ni évêque, ni église cathédrale avant le dixième siècle, eut, sous Hugues-Capet, un évêque dont le diocèse s'étendait jusqu'à Saint-Sébastien et aux hautes Pyrénées, et dont les successeurs exercèrent, jusqu'au règne de Philippe II, leur juridiction spirituelle dans cette partie du Guipuzcoa et dans les vallées de Lérin et de Bastan, qui dépendaient de Pampelune.

Les habitants de l'antique *Lapurdum* se considèrent comme les premiers colons de toute l'Europe, et rattachent leur idiome à ceux des premiers siècles du monde (1).

Quelque fabuleuses que puissent paraître ces traditions, il est certain que les Basques jouissaient, de temps immémorial, de franchises très-étendues, et que ces franchises, protégées par l'indomptable fierté du caractère national, se sont maintenues sous les Romains, sous les Visigoths et sous les Francs, jusqu'à la réunion des pays basques à la France.

Le pays de Labourd avait ses seigneurs, appelés vicomtes, qui supportaient avec impatience le joug des Anglais, et dont l'un, Arnaud Bertrand, de la maison de Sanche-Garcie, se révolta contre Richard Cœur-de-Lion, duc d'Aquitaine, fils d'Henri II, roi d'Angleterre. Mais les communautés d'habitants maintinrent leurs antiques franchises, qui subsistèrent intactes sous les deux premières dynasties.

L'article fondamental de la constitution politique du Guipuzcoa était celui-ci : « Nous ordonnons que si quelqu'un, soit national, soit étranger, voulait contraindre quelque homme, femme, peuplade, bourg ou ville du Guipuzcoa, à quoi que ce soit, en vertu de quelque mandat de notre seigneur le roi de Castille, qui n'aurait point été agréé et ap-

---

(1) *Les premiers colons de toute l'Europe*, nouveau prospectus. Paris, imp. de Boucher — *Histoire des Euskariens Basques*, par AUGUSTIN CHAHO (1847). — *Histoire des Basques*, par le vicomte DE BELZUNCE (1847). — *Mémoire sur l'origine des Basques*, par LE-JOSNE (1859).

prouvé par l'assemblée générale, ou qui serait attentatoire à nos droits, priviléges, fors et libertés, il lui soit incontinent désobéi. S'il persiste, qu'il soit mis à mort (1). » Cet article fut invoqué sous Henri III, roi de Castille, vers l'an 1392, et les députés des états, menacés d'un impôt illégal, s'assemblèrent et décrétèrent « que tout collecteur de Castille qui mettrait le pied sur le territoire de la république serait pris au corps et amené devant l'assemblée générale, pour y être jugé et condamné à mort; que si le roi passait outre, par voie de saisie de marchandises expédiées par les Guipuzcoans aux provinces voisines, l'assemblée générale se réunirait immédiatement à Uzarraga, où il serait ordonné du rétablissement et de la restitution des objets saisis; qu'à cet effet, tous les Guipuzcoans, depuis l'âge de seize ans jusqu'à soixante, prendraient les armes; qu'une étroite amitié et fraternité serait jurée entre les villes et communautés du Guipuzcoa, comme au temps du roi Jean; et que chacun sacrifierait tous ses biens et sa vie pour maintenir le pays en droit de justice (Belzunce, *Ibid.*, p. 284). »

Les Alavains stipulaient au roi de Castille, par un traité juré, que le seigneur ne pourrait regarder le pays d'Alava comme sa propriété; qu'il ne pourrait exiger aucune espèce d'impôt; qu'il ne pourrait acheter ni bâtir ni ville, ni village, ni forteresse, ni palais dans le territoire de la république (*Ibid.*, p. 483).

Le for de Biscaye, réformé pourtant et rédigé sous Charles-Quint, contient des dispositions analogues : « Aucune « ville, y est-il dit, ne peut être construite en Biscaye par « le roi, s'il n'est dans la junte et avec le consentement de « tous les habitants. »

(1) Belzunce, *His'oire des Basques*, tome II, p. 137.

Les Biscayens étaient libres d'acheter, de vendre et de recevoir toutes marchandises dans leurs maisons (1). '

Les Basques ont toujours joui, sous les rois d'Espagne, du droit d'élire eux-mêmes leurs consuls et officiers municipaux, et cette élection n'avait pas besoin d'être confirmée par le prince. Il paraît même que les gouverneurs des provinces n'avaient à leur égard que le droit d'avis et non celui de commandement (2).

Les franchises municipales du pays basque, devenu province française, furent confirmées par plusieurs ordonnances de nos rois (3). Les coutumes indigènes mêlées des coutumes normandes qu'y apporta, comme dans les villes du Poitou et de la Saintonge, la domination des Anglais, ont été recueillies sous ce titre : *Les coutumes générales gardées et observées au pays et baillage de Labourt et ressort d'icelui.* « Les paroissiens de chaque paroisse d'icelui pays de Labourt, dit l'article 4, peuvent entre eux s'assembler pour traiter de leurs besongnes communes et de leurs paroisses, à chaque fois que besoin sera, et peuvent faire et ordonner entre eux statuts et ordonnances particuliers, pour entretenir et garder leurs boccages, padouens et pâturages, et ce, selon la loi vulgairement ordonnée, la loi de saint Benoist, et autrement pour procurer de leurs négoces loisibles, au profit commun d'entre eux et de la dite paroisse. »

Ce principe d'autonomie était organisé par l'usage; l'élection se faisait en plein air, sous un vieux chêne. Le droit

---

(1) *El fuero, privilegios, franquezas, y libertades de los caballeros hijos dalgo del señorio de Viscaya... en Bilbao* (1643). — (2) Belzunce, *Histoire des Basques*, t. II, p. 192 et 441. — (3) *Lettres patentes* de Charles VII, du 1er mai 1463; de Louis XI, du 12 juillet 1473; de Louis XIII (1533), de François Ier (1542).

de voter n'était attaché ni à la naissance ni à la fortune ; il était inhérent à la maison et au titre de chef de famille. Le propriétaire indigent d'une antique masure y avait plus de droit que le riche fondateur d'une habitation récente : coutume patriarcale, qui explique la constance de l'attachement du Basque à la maison paternelle. Les habitants de Labourd jouissaient, du reste, du droit de porter harnais en tout temps pour leur défense et de leur pays, et de faire porter à Bayonne toute manière de provisions et vivres en payant au roi les droits dus. Mais ni le droit de milice, ni la liberté du commerce ne purent les arracher à leurs habitudes, autrement que pour en faire d'habiles navigateurs.

La ville de Bayonne, assiégée et prise par Richard-Cœur-de-Lion, en 1177, passa néanmoins à Guillaume Raymond, fils d'une sœur du vicomte Arnaud Bertrand, qui en jouit jusqu'en 1193. Après lui, un nommé Bertrand fut aussi vicomte en 1205. Jean-Sans-Terre, roi d'Angleterre et duc de Guyenne, réunit à ce duché la vicomté de Labourd, et fut seigneur non-seulement suzerain, mais immédiat de la ville de Bayonne. La charte qu'il donna à cette ville, en 1215, composa le corps de ville d'un maire, d'un lieutenant de maire, de douze *voisins*, de douze conseillers et de soixante-quinze pairs ; ce qui, sous des appellations différentes, reproduisait le système de représentation communale, composé du grand et du petit conseil et des consuls ou jurats dans les villes de la Provence, du Languedoc et de la Guienne.

La seconde ville du pays basque, Saint-Jean-de-Luz (*Luis*, lieu bourbeux, en langue basque), était peu connue au moyen âge, mais est devenue célèbre par la résidence du cardinal de Mazarin, lors de la conférence pour la paix des Pyrénées, tenue dans l'île des Faisans.

Le pays de Soule, séparé par les Pyrénées du val de

Roncal, en Navarre, était habité par les Basques, que Pline nomme *Sibillates*, et dont le pays était appelé *Subola*, d'où par corruption est venu *Sola*. Les évêques d'Acqs et d'O-loron exercèrent tour à tour sur Soule leur juridiction spiri-tuelle. Les vicomtes de Soule habitaient le château de Mau-léon, ville capitale de ce petit pays, qui passa aux Anglais, après le traité de Brétigny, et que reconquit Charles VII, après la prise d'Acqs et des autres villes de la Gascogne.

Les Souletins jouissaient des franchises du pays basque, et étaient même, selon Belzunce (t. II, p. 487), exempts de gabelle, de foraine dans les provinces voisines, jusques dans Toulouse. La coutume de Sole, publiée en 1520, porte que « par la coutume de tout temps observée et gardée, « les natifs et habitans de cette terre sont francs et de « franche condition sans tache de servitude. » Ils peuvent porter des armes en tout temps pour leur défense; ils chassent, ils pêchent, ils font paître leurs troupeaux, ils construisent des moulins pour y moudre, le tout en liberté; ils peuvent régler et règlent leurs affaires en assemblée de commune. Ce sont les mêmes, dit Fauriel (1), qui batti-rent à plate couture et tuèrent sur place le duc Arimbert, de cette vaillante armée que Dagobert, roi de France, lança contre les Gascons.

Nous avons rappelé, en parlant du droit municipal espa-gnol, l'identification des droits de noblesse et de liberté, consacrée par le for de Biscaye. Les habitants de Soule et de Labourd jouissaient, en conséquence, de la noblesse en Es-pagne, en faisant preuve de quatre générations d'extrac-tion basque. Ferdinand-le-Catholique, par ses lettres pa-tentes de l'an 1480, reconnaît pour nobles tous les Gui-

(1) *Histoire de la Gaule méridionale*, t. II, p. 447.

puzcoans, de quelque qualité et condition qu'ils puissent
être. « Tout Biscayen, dit le for, descendu par les mâles
de Biscayen, est noble, et jouit, en toute terre d'Espagne,
des priviléges, franchises et immunités attachés à la noblesse. Le Biscayen ne peut, pour simples dettes, être mis
en prison ni privé de la maison sa demeure, ni de ses
armes, ni de son cheval, et il ne peut pas renoncer à ce privilége. On ne peut mettre à la question un Biscayen, ni
même l'en menacer, si ce n'est pour crime d'hérésie, de
lèze-majesté, de fausse monnaie et de crime contre nature.
La loi de Biscaye est personnelle; le Biscayen peut réclamer partout sa loi et son juge. »

Un écrivain à qui nous empruntons ces citations, qu'il a
extraites lui-même du for de Biscaye et de la coutume de
Labourd, regrette que la liberté y soit invoquée comme un
privilége (1). Mais l'inégalité n'était pas au moyen âge un
principe; c'était un fait contre lequel le droit ne cessait de
réagir, non en vue d'établir l'égalité absolue, cette san-
glante utopie de nos niveleurs modernes, mais en vue
d'effacer peu à peu les inégalités naturelles par la constante et perpétuelle volonté de rendre à chacun égale justice.

VIII. — La Gascogne orientale, qui était du ressort de
Toulouse, comprenait trois *pagi* qui étaient comme de petites provinces : l'Armagnac avec les seigneuries adja-
centes, le Comminges et le Bigorre.

L'Armagnac était un démembrement de l'ancien comté
de Fezenzac (*pagus Fidentiacus*), connu dès le temps de
Louis-le-Débonnaire, et qui, tombé au pouvoir des ducs
de Gascogne vers la fin du neuvième siècle, fut donné en

(1) M. CORDIER, *Revue historique du droit français*, V° année,
p. 266.

partage par le duc Garcie à un de ses fils puinés, nommé Guillaume. Le dernier des comtes de Fezenzac, qui résidaient à Vic de Fezenzac (*Fidentiacum*), mourut sans enfants mâles, et eut pour héritier Béraud, comte d'Armagnac. Ce comté, confisqué par Louis XI sur le comte Jean V, qui s'était révolté contre l'autorité royale, tomba, après bien des vicissitudes, dans les mains des sires d'Albret, et fut réuni par Henri IV à la couronne de France.

Eause (*Elusa*), principale ville du comté d'Armagnac, l'une des plus célèbres de l'empire romain, et qui avait été la capitale de la Novempopulanie, après avoir été possédée par les Goths et les Francs, vint au pouvoir des Gascons avec toute la province, et fut ruinée de fond en comble par les Normands. Les diocésains d'Eause, ville épiscopale, se mirent sous le gouvernement des évêques d'Auch qui, dès le règne de Charles-le-Chauve, furent métropolitains. La vieille Eause se nommait Ciutat (*civitas*, cité); la nouvelle, qui en est proche, s'appelait proprement Eause.

La Laumagne, pays annexe de l'Armagnac, et gouverné par un vicomte, qui reconnaissait pour suzerain le duc ou comte de Gascogne et depuis le duc d'Aquitaine, avait pour capitale Lectoure (*Lactura*), chef du peuple *Lactorates*, dont le nom est marqué dans une inscription romaine; c'était une ville dont les évêques faisaient, dès le cinquième siècle, partie des conciles, et dont les fortifications étaient célèbres au moyen âge.

Le vicomté de Fezenzaguel était aussi une annexe de l'Armagnac, dont il fut détaché par Bernard IV, comte d'Armagnac, qui le donna en partage à son fils Roger. Les successeurs de ce prince en jouirent jusqu'à Gérard III, qui fut mis en prison par le comte d'Armagnac, et dont les biens, confisqués par lui, subirent la fortune de ce grand feudataire.

Le comté de l'île Jourdain, situé au levant de l'Armagnac, avait des seigneurs particuliers, qui prétendaient ne
reconnaître d'autre suzerain que le roi de France, depuis
Philippe-Auguste. La mort sans enfants de Jourdain, le
dernier de ces comtes, amena l'annexion de l'île Jourdain à
l'Armagnac. La ville de l'Isle (*castellum Ictium*), quoique
cédée aux Anglais par le traité de Brétigny, n'a jamais
voulu reconnaître leur domination, et a toujours fait partie
de la Gascogne toulousaine.

Le comté de Gaure, qui confinait avec la Laumagne et
qui avait pour capitale Florence, bâtie par Étienne de Beaumarchais, sénéchal de Toulouse, sous le règne de Philippe-
le-Bel, passa successivement aux maisons de Fezenzac,
d'Armagnac et d'Albret.

Au levant du comté de Gaure était la seigneurie de
Verdun, qui dépendait des comtes de Toulouse, et qui avait
pour capitale Verdun (*nobile castrum*), siége du juge
royal du pays qui avait sous sa juridiction une autre
ville nommée Grenade.

On a imprimé à Auch, en langue romane, en 1772, les
statuts, coutumes et priviléges du pays des quatre vallées
d'Aure, Magnoac, Nestes et Barousse, données par le comte
Bernard de Labarte, en l'an 1300, et en langue française,
les lettres patentes de Louis XI, sous la domination duquel
les quatre vallées se soumirent volontairement, en l'année
1475, leur ayant été envoyé à cet effet Jean de Vilheres
de Lagraulas, cardinal du titre de Sainte-Sabine, évêque
de Lombez et abbé de Saint-Denis et du Pessan.

Les statuts, coutumes et priviléges de l'an 1300 ne sont,
comme l'indique le préambule, que la confirmation des
coutumes, libertés et franchises octroyées aux manans et
habitants du val d'Aure par *le seigneur de Labarte*, confirmées, après sa mort, par les seigneurs comtes d'Arma-

gnac, et après, par le seigneur roi *que Diou done longa vida.*

Les cinquante-trois articles de ces statuts ont une allure libre et martiale, qu'on ne trouve pas au même degré dans les chartes contemporaines des pays de la langue d'Oïl. Le seigneur s'engage à laisser en paix les communautés et les nobles *en tous ports, montagnes et bosques* (2). Il leur permet de porter des armes pour les garder (3). Il établira des prud'hommes, qui s'engageront devant le juge à conserver les coutumes du pays et à garder les droits du seigneur (4). Un juge prud'homme et suffisant jugera les cas de trahison (6, 7 et 8). Ni le seigneur, ni son lieutenant ne pourront mettre à la question un habitant du val d'Aure sans l'ordonnance du juge (9). La prison préventive est limitée à quarante jours (*ibid.*). La liberté sous caution est accordée, excepté dans les cas très-graves (10). Suivent de nombreuses garanties judiciaires contre les droits des seigneurs (11 à 19). Tout habitant du val d'Aure peut, avec ou sans armes, chasser, pêcher et prendre des bêtes sauvages sans encourir aucune peine (20). Le seigneur ne peut prendre, pour faire la guerre en Aragon ou ailleurs, qu'un homme par chaque hôtel, et on n'est tenu de le suivre que dans une circonscription et un temps déterminés (24). Tous les habitants des villes et lieux du val d'Aure peuvent prendre, dans les bois communs, des bois de chauffage et de construction, avoir chez eux des fours, moulins, colombiers, etc., et en jouir à leur volonté (42).

Les articles 43 et suivants des statuts règlent les droits et les devoirs des consuls, conseillers, jurats et syndics. Ils leur permettent d'établir des impositions locales, et de punir ceux qui refusent de les payer, et les obligent de rendre compte à la sortie de leurs charges. Les débits de vin, sel, huile, viande et blé sont soumis à leur surveillance, et les amendes infligées aux contrevenants sont partagées entre eux et le seigneur majeur, pour être appliquées aux besoins communs. Chaque habitant du val d'Aure, dit l'article 49, peut vendre à ses hôtes pain, vin, viande et toute victuaille, à prix juste et raisonnable, et s'il agit autrement, il doit. être puni à l'arbitrage du juge.

« Que chaque habitant du val d'Aure, dit l'article 51, puisse marier son fils ou sa fille comme il lui plaît, et lui constituer une dot en terre, maison ou argent, sans avoir rien à payer au seigneur, et que, sans le congé ni licence de celui-ci, les jeunes époux puissent s'en mettre en possession. »

« Nul habitant du val d'Aure, dit l'article 52, n'est tenu de payer, ni au seigneur majeur ni à aucun autre de sa terre, « peatge, leude ne autre bertegal de degune merca- « deria... »

« Il est permis aux consuls et aux habitants, dit l'article 53, de se réunir où il leur plaît, pour les affaires du val et pour la chose publique, de nommer et destituer des syndics, d'imposer et de lever des tailles, sans avoir besoin de demander la permission du seigneur. »

IX. — Le comté ou la sénéchaussée de Comminges était originairement habité par les *Convenæ*, peuples espagnols de la nation des Celtibériens, des Arebaques et des Vascons, que Pompée, vainqueur du parti de Sertorius, fit descendre des Pyrénées, où ils s'étaient réfugiés, et qui bâtirent dans cette contrée, limitée au nord par l'Astarac, au levant par le territoire de Toulouse et la province de Foix, au couchant par le Bigorre, et au midi par les Pyrénées, plusieurs villes, entre autres Calagoris, du nom d'une célèbre ville d'Espagne, qu'on suppose n'être autre chose que la petite ville de Cazères. Auguste comprit dans l'Aquitaine la cité des *Convenæ*, et celle des *Consorrani* (Conserrans), qui furent séparées depuis entièrement du Comminges. Les Gascons s'emparèrent de ces deux contrées vers la fin de la race mérovingienne, et furent à leur tour subjugués par les Carlovingiens. Les comtes de Comminges prétendirent d'abord tenir leurs terres en franc-alleu ; mais, en 1244, ils reconnurent les tenir en fief, non du duc de Guyenne, mais de Raymond, comte de Toulouse. Louis XI donna le comté de Comminges à Odet d'Aydie, seigneur de Lescun, à la charge de retour à la couronne, faute de descendance masculine, condition qui se vérifia en 1548.

Saint-Bertrand, ville épiscopale, bâtie vers la fin du onzième siècle, par saint Bertrand, fils d'Athon Raymond, seigneur de l'Isle, était la capitale du pays de Comminges ; elle succéda à ce titre à l'ancienne ville de Comminges, dont le vrai nom était *Lugdunum*, et qui fut brûlée par le roi Gontran. Elle avait pour boulevard une place fortifiée. nommée Saint-Béat, qui était opposée à la vallée d'Aran, possédée par les Espagnols.

Muret (*Murellum*), quoique très-voisine de Toulouse, faisait, en 1200, partie du comté de Comminges, selon les auteurs qui ont écrit la guerre des Albigeois.

La châtellenie de Sammazan, située au levant de Toulouse, a été aussi longtemps unie au comté de Comminges. Dans la bourgade de Lombez, qni dépendait de cette châtellenie, fut érigé, en 1317, par le pape Jean XXII, un siége épiscopal, dont Arnaud Royer, fils du comte de Comminges, fut le premier évêque.

Le pays de Conserrans, annexé au comté de Comminges depuis le dixième siècle, avait pour capitale la ville de Conserrans, qui fut ruinée par le comte de Comminges, quand il s'en empara. Ce comté, limitrophe du pays de Paillarez, en Catalogne, fut cédé à Raymond-Béranger, comte de Barcelone, par Ermengarde, fille de Raymond, comte de Carcassonne, et passa des rois d'Aragon, comtes de Barcelone, à des vicomtes qui descendaient de Roger, comte de Paillarez. Le comté de Comminges et le vicomté de Conserrans, quoique cédés au roi d'Angleterre par le traité de Brétigny, n'ont jamais reconnu la domination anglaise.

X. — Le comté d'Astarac, situé au midi de l'Armagnac et au nord du Comminges, avait pour capitale Mirande, bâtie sous le règne de Philippe-le-Bel, en l'an 1289, par son comte, Centulle, par Etienne de Beaumarchais, grand sénéchal de Toulouse, et par l'abbé du monastère des Berdoües, de l'ordre de Citeaux.

XI. — Le comté de Bigorre (1), situé au nord de l'Armagnac et de l'Astarac, au levant du Comminges, au couchant du Béarn et au midi des hautes Pyrénées, qui le séparaient du royaume d'Aragon, avait été habité par les anciens peuples (*Bigerrones*) mentionnés par César et Pline, et qui, pour se garantir du froid sur les cîmes glacées des Pyrénées, portaient des habits fourrés, que Sulpice-Sévère appelle *hirsuta Bigerrica palla*, et Sidoine-Apollinaire *Bigerrica vestis hispida*. Le nom de *Bigerrica* fut changé en celui de *Bigorra* ou *Begorra*, sous les rois mérovingiens, comme il apparaît par les conciles.

Les comtes de Bigorre relevaient des ducs de Gascogne ; après l'extinction de cette race, ils refusèrent de reconnaître la suzeraineté des comtes de Poitiers, ducs d'Aquitaine, devenus princes de Gascogne, et restèrent indépendants jusqu'à l'an 1062. époque à laquelle ils se rendirent vassaux de l'église cathédrale de Notre-Dame-du-Puy, en Velay, et de son évêque, Pierre de Mercier. Après deux siècles, durant lesquels le comté de Bigorre passa par mariages et successions

(1) *Annales de la Bigorre*, par DEVILLE (1818). — *Essais historiques sur la Bigorre*, par DAVÈZAC-MACAYAT (1823).

dans diverses maisons, Eschivat et son frère Jourdain, héritiers de ce comté, le donnèrent au comte de Montfort, par
deux actes de 1256 et de 1258; puis, se repentant de cette
cession, ils en firent hommage à Henri III, roi d'Angleterre
et duc de Guyenne, au préjudice de l'évêque et de l'église du
Puy, dont ils étaient feudataires. L'évêque fit maintenir ses
droits par un arrêt solennel, et le comte de Montfort ayant
cédé les siens à Thibaud-le-Jeune, roi de Navarre et comte de
Champagne, celui-ci reconnut l'évêque du Puy pour seigneur
suzerain de ce comté. Jeanne, femme de Philippe-le-Bel, en
hérita. Philippe-le-Bel acquit, en 1307, tous les droits de
l'évêque et de l'église du Puy. Il assigna, en 1314, la Bigorre
à son fils puîné Charles, ce que Philippe-le-Long confirma
en 1316. Charles ayant succédé comme roi à son frère Philippe-le-Long, la Bigorre fut réunie à la couronne; mais elle
en fut séparée par la conquête d'Henri III, roi d'Angleterre,
et par le traité de Brétigny. Charles V la reconquit, et elle fut
de nouveau réunie au domaine royal, qui la posséda jusqu'à
l'an 1422. Charles VII donna en pleine propriété au comte
de Foix le comté de Bigorre qui, parvenu à la maison d'Albret, ne fut réunie qu'en 1607, par Henri IV, à la couronne.

Le comté de Bigorre avait des priviléges distincts de
ceux du reste de la Gascogne, et des états particuliers, présidés par l'évêque de Tarbes.

L'article premier des coutumes du comté de Bigorre, rédigées de 1097 à 1110, porte qu'avant de recueillir le serment des habitants de sa terre, le comte leur engagera sa
parole de ne rien faire contre les coutumes anciennes qu'il
aura trouvées établies parmi eux. Son serment sera confirmé par quatre nobles de sa terre (1). Suivent les dé-

(1) Comitis in Bigorra substituendi consuetudo talis debet teneri : si naturalis fuerit antequam habitatorum terræ fidejusso-

tails sur les rapports du seigneur et de ses hommes d'armes (1), sur la protection des clercs ordonnés, des moines et des religieuses (2), sur le service militaire dû par les monastères à raison de leurs terres acquises en franc-alleu (3), sur les hommes libres en général (4), et en particulier sur les honorés (5), sur la paix assurée aux hommes des champs (6), sous la condition de défendre le territoire contre l'invasion étrangère (7), et sans qu'ils puissent cependant jouir dés droits de chasse et de pêche, autrement que pour le service des monastères et des chevaliers (8), etc. Tout pour le peuple, mais sans le peuple, en ce sens que la puissance militaire et civile est concentrée

res accipiat, fide sua securos eos faciat ne extra consuetudines patrias vel eas in quibus eos invenerit aliquando educat; hoc autem sacramento et fide quatuor nobilium terræ faciet confirmari, etc. (art. 5). — (1) Nemo militum terræ castellum sibi audeat facere, sine amore comitis non puerili vel consilio, sua vel alterius guerra non constricti (III du recueil de M. Giraud). — De castello quod quos interea voluntate et consilio comitis tenuerit securum comitem faciat, etc. (IV, *ibid.*). — (2) Omni tempore pax teneatur clericis ordinatis, monachis et dominabus et eorum comitibus (IX, *ib d.*). — (3) Usus autem est ut si monasteria quamlibet terram de libertatibus aut adquisiverint aut emerint, in legalibus exercitibus faciant servitium unius legalis militis, et terra valeat monasteriis (VIII, *ibid.*). — (4) Liberi pacem habeant et ter in anno in karali comitali vadant civitam bis in anno militibus vicini conferant (XXI-XIV). [Le premier numéro se rapporte au recueil de Larcher, le deuxième à celui de M. Giraud.] — ( ) Si quis Bigorritanorum quavis in parte extra dominium comitatus Bigorre *honorem tenuerit*, eum Bigorritani in pace custodiant (XXXVI XXV). — (6) Rusticus semper pacem habeat, nec quisquam pignoret ei boves, nec ferra aratri (X-IX). — (7) Censuales rustici vel liberi non in expeditione comitum sequentur, nisi forte exercitus extraneus in terram insurrexerit, vel suum obsessum castrum excutere voluerit, aut ad nominatum bellum abierit (XXVII-XV). — (8) Nunquam rusticus per se venetur aut piscetur, nisi ad opus monasteriorum aut militum.

dans le clergé et l'ordre des chevaliers, sous le pouvoir souverain du comte, tel est le double caractère des coutumes du pays du Bigorre.

La ville de Tarbes était la capitale du comté de Bigorre. Elle succéda à l'ancienne ville de Bigorre (*civitas Begorrensis, castrum Begorrense*), ruinée avec la plupart des villes de Gascogne par les invasions des Barbares. C'était probablement le petit lieu placé, selon Grégoire de Tours, *in termino Beherretanæ urbis*, et qu'il appelle *Talva*. La cathédrale fut bâtie sur l'emplacement du *castrum Begorrense*, ce que désigne son nom de *Sede*.

Larcher rapporte, dans son recueil manuscrit (1), les priviléges que Centulle III, comte de Bigorre, donna à la ville de Tarbes, vers la fin du onzième siècle, et que le roi d'Angleterre, duc d'Aquitaine, confirma en 1366.

La juridiction des bourgs de Tarbes est consacrée et réglée par les articles 3, 4 et 5.

Les *trobas* ou règlements municipaux faits par le *Beziau* de Tarbes, du consentement et octroi, et sous le bon plaisir du comte de Bigorre, portent la date de 1140. L'original en a disparu ; mais le sommaire qu'en a fait M. Larcher, en 1748, paraît authentique. On y remarque l'article 77, qui soumet le seigneur lui-même à la juridiction des juges de Tarbes (2).

---

(1) Voyez le tome VII, p. 340. Deux feuillets, 341 et 342, manquaient. M. Deville les a rétablis tels qu'ils existent dans la charte de la ville de Bagnères. V. aussi le tome I, p. 190. — (2) Art. 77. Si ceux ou celles qui auront contrevenu au présent règlement ou à ceux qui seront faits à l'avenir implorent la grâce des juges et des gardes, et s'en remettent à la décision dans le cas où le seigneur se sera pareillement soumis au jugement qui aura été rendu, s'il ne veut ensuite y acquiescer, il sera tenu de payer les amendes ordonnées sans qu'il puisse en être relevé appel.

Les principaux bourgs et villages du comté de Bigorre obtinrent, sans doute, des chartes d'affranchissement analogues à celle de Tarbes ; mais ces titres ont été en grande partie perdus dans le sac des places, dans des incendies et autres accidents.

Au nord de Tarbes étaient le village dit Vic de Bigorre (*vicus Bigorrensis*), et Bagnères, connu des Romains, qui l'appelaient, à cause de ses eaux, *vicus Aquensis.*

Centulle III, comte de Bigorre, voulut, vers la fin du onzième siècle, prémunir la ville de Bagnères contre les invasions non-seulement des Normands, mais encore des Aragonais, des Tescins, des habitants du Lavedan et autres voisins, et affranchit en conséquence les habitants de Bagnères pour les constituer en commune. La charte, rédigée en langue vulgaire (1), accorde aux habitants divers fors et priviléges, entre autres la possession incontestable de leurs maisons, sous une redevance annuelle, la permission de choisir leurs juges et de les renouveler tous les ans en *Béziau* (assemblée de tous les habitants), sauf l'appel à la cour comtale à Tarbes, et sauf la réserve en faveur du droit d'*ost* ou de service de guerre, trois fois par an, s'il le réclame.

La vallée de Lavedan, située dans les Pyrénées, et longue de dix ou douze lieues sur huit de largeur, était gouvernée, en 945, par Raymond, comte de Bigorre, qui y fonda le monastère de Saint-Savin, de l'ordre de Saint-Benoît, et qui y avait deux vicaires ou lieutenants. Le vicomté de Lavedan devint héréditaire à la fin du onzième siècle, mais il ne comprit pas tout le pays du Lavedan. Le territoire de Lourdes et la vallée de Baretge, lieu situé au pied

(1) Le texte de cette charte est rapporté par DAVÈZAC-MACAYAT, dans ses *Essais historiques sur le Bigorre*, t. I, p. 235.

de la montagne de Tormalet, et séparé de l'Aragon par les
hautes Pyrénées, continuèrent à faire partie du domaine
et du comté de Bigorre.

Lourdes, capitale du Bigorre, qui, après avoir eu des
seigneurs particuliers, obéit aux comtes de Bigorre, et
passa aux maisons de Foix et d'Albret, avait des priviléges
rapportés dans le recueil de Larcher, t. VII, p. 366. Les coutumes de Maubourgnet citées dans le même recueil, t. Ier,
p. 47, t. IX, p. 337, t. XVI, p. 209, celles de Montfau-
con, etc., se font remarquer par le même esprit de liberté
sage et progressive. L'article 8 de ces derniers défend au
seigneur d'exiger des vassaux autre chose que ce qui est accoutumé. L'art. 16 dispose : «Item quod præfatus dominus
« noster rex, et ejus pariarius non possint capere de bonis
« alicujus vicini dicti loci, absque ejus voluntate, nisi ta-
« men causa necessitatis, et facta primitus æstimatione
« legitima de iisdem. » C'est l'expropriation pour cause
d'utilité publique, moyennant une juste et préalable indemnité, telle qu'elle est consacrée et réglementée par les
lois modernes. Tandis que la charte de Bigorre, tout en
mettant, par les articles que nous avons cités plus haut,
des bornes au pouvoir du comte et des moindres seigneurs,
reconnaissait cependant le servage par ses articles 36 et
37, Lavedan et Barèges en étaient exceptés, et pouvaient
exiger du comte deux cautions pour chacune d'elles : « Item
« juratores duos dabit Levitanensibus et totidem Bara-
« ginensibus (art. 1er). » Tandis que, dans le reste du pays,
les nobles seuls étaient admis à prêter le serment de fidélité, tous les habitants des vallées y étaient indistinctement
admis : « De vallibus vero tam milites quam pedites ac-
« cipere (art. 2). » Dans ces hautes montagnes, couvertes
de vastes pâturages, mélangés avec des prairies, l'air de
liberté était plus vif que dans les plaines ; c'était quelque

chose d'analogue aux petits cantons de la Suisse, et les
pâtres espagnols qui y menaient paître leurs troupeaux y
apportaient le sentiment de la véritable démocratie, celle
qui a son principe dans l'esprit de famille. On trouve dans
les hautes Pyrénées un autre Guillaume Tell, c'est Auger
Confite, simple laboureur qui expulsa les Anglais. Là aussi
s'engagèrent de fréquents combats, sinon contre les Maures, comme l'atteste la tradition, du moins contre les Aragonais, les Ossalois et les Navarrais, et c'est le peuple tout
entier qui, au signal du péril, se levait comme un seul
homme, à la voix de ses consuls, élus annuellement à la
Toussaint, dans chaque communauté d'habitants, par tous
les chefs de maison, représentants naturels de la famille et
de la propriété.

Ces consuls, dont le mandat de confiance n'était soumis à
aucune investiture du seigneur, devaient compte de leur
gestion aux habitants des seize bourgs ou villages compris
dans quatre *vics* qui formaient autant de circonscriptions.
La communauté d'Estère, qui ne dépendait d'aucun *vic*, avait
droit aux avantages des quatre. Chaque communauté d'habitants avait son administration, chaque *vic* avait la sienne;
outre l'administration générale de la vallée, c'étaient les
consuls élus par les communautés qui formaient la première. Ces consuls, réunis sous la présidence du premier
consul du chef-lieu, formaient l'administration du vic; celle
de la vallée se composait des consuls de tous les vics ou
communautés réunis en assemblée générale, sous la présidence du premier consul de la ville de Luz. Il y avait des
biens communs dans chaque communauté, des biens
communs dans chaque vic, des biens communs à toute
la vallée. Les travaux publics des routes, si difficiles
dans ces terrains escarpés, des ponts jetés sur les torrents
et les gaves, des édifices publics étaient, selon leur impor-

tance, à la charge des communautés, des vics ou de la vallée. Les assemblées des quatre vics nommaient deux auditeurs de comptes chacune. Estère en nommait deux, ce qui portait le nombre à dix. Ces commissaires recevaient les comptes du premier consul de la ville et de la vallée, lequel était en même temps trésorier ; ils les examinaient et en faisaient leur rapport à l'assemblée générale, qui les admettait ou les rejetait. On procédait de même à l'égard du premier consul de chaque vic.

Les Barégeois tenaient tellement à ces priviléges que la comtesse Béatrix ayant voulu changer les coutumes, ils menacèrent de l'emprisonner, refusèrent de marcher pour elle, et obtinrent par leur résistance, en 1113, les priviléges de Ceutot, qui est le comte Centulle.

En 1319, Charles, fils de France, comte de la Marche, Bigorre, etc., concéda et donna à la vallée des droits très-étendus sur les eaux, bois, forêts, herbages, etc., par des lettres qui furent, après l'expulsion des Anglais, renouvelées en 1408. De là, des conflits toujours renaissants entre eux et les seigneurs sur le caractère des concessions, sur l'étendue des droits d'usage, sur la ferme des pacages, etc. C'étaient les consuls qui avaient la haute main dans ces débats, et un règlement de police de la ville de Luz portait « que tout habitant qui susciterait noises questions et débats en la dite ville, serait prins et mis en prison ou bien entre les mains des consuls pour y demeurer jusqu'à ce qu'il fût réconcilié avec sa partie. » Ces consuls exerçaient à la fois la justice et la police, en vertu d'un article de la charte qui disait : « Ne soit jamais juge ni le comte, ni l'évêque, si ce n'est l'évêque en cas de conscience. » Le roi Louis et le duc d'Anjou confirmèrent cette charte au civil et au criminel, à l'exclusion du sénéchal de Bigorre et autres tribunaux, et ce, suivant l'usage ancien et les priviléges.

Le droit de justice n'appartenait cependant pas à tous les magistrats de la vallée. C'était le lot des premiers consuls du chef-lieu de chaque vic, réunis aux premiers consuls de la ville de Luz. Les autres consuls se partageaient les subsistances et la police. Ils répartissaient en outre les impôts votés par les états de Bigorre, où Luz avait à perpétuité le droit d'envoyer son premier consul, et où chaque communauté députait à son tour.

Les mêmes représentants se rendaient chaque année, au jour de la Madeleine, sur la frontière d'Espagne, pour y jurer une paix éternelle aux députés de la vallée de Broton. Cet usage, qui dura quatre cents ans, consacrait les plus graves intérêts. Ce n'était rien moins qu'un perpétuel traité, dans toute la force que ce mot emprunte au droit des gens. Grâce à lui, une liberté entière de commerce régnait entre les deux vallées. Ainsi, les défenses d'entrée des marchandises ou de sortie des espèces monnayées ne les atteignaient point. Un seul tribunal, formé des consuls de l'une ou des jurats de l'autre, selon le lieu du délit, étendait sa juridiction sur les négociants des deux parts. Les barrières internationales n'existaient pas pour elles. La guerre même, allumée entre l'Espagne et la France, ne troublait point leurs rapports pacifiques. Elles devaient s'avertir mutuellement de l'arrivée des troupes ennemies aux frontières. Il y avait, en un mot, plus d'amitié entre elles qu'il ne pouvait y avoir d'inimitié entre les deux nations. Un accord du même genre existait entre la vallée de Barèges et celle de Beausse en Espagne. Heureux et singulier résultat d'une position voisine, également exceptionnelle, qui, par des raisons toutes locales, privant un petit peuple de ce que l'autre possède en abondance, leur commande à tous deux l'échange, le commerce, et, pour meilleure garantie, la paix.

CHAPITRE VI

DROIT MUNICIPAL DU BÉARN ET DE LA NAVARRE.

I. — Le Béarn (1), dont le nom vient de *Benehœrum*, ville qui était l'extrémité d'un chemin prolongé jusqu'à Saragosse, et qui fut cité épiscopale à dater de 506, était gouverné par des vicomtes, au nom des princes ou ducs de Gascogne.

Les ducs d'Aquitaine succédèrent aux ducs de Gascogne, et les Béarnais se firent donner alors, sous le nom de *fors*, des priviléges dont le préambule témoigne et de la fierté indomptable et de la barbarie des mœurs à cette époque : «En ce temps-là, les Béarnais ouïrent vanter un chevalier de Bigorre et ils allèrent le quérir, et ils le firent seigneur pendant un an. Mais après, comme il ne voulut pas les tenir en fors et en coutumes, la cour de Béarn s'assembla alors à Pau, et le requit de les tenir en fors et en coutumes, et il ne le voulut faire, et alors ils l'occirent en la cour.

«Après, on leur vanta un prud'homme chevalier en Auvergne ; et ils allèrent le quérir et le firent seigneur deux ans ; et après, il se montra trop orgueilleux et ne voulut les

(1) *Histoire du Béarn*, par PIERRE DE MARCA (1640). — *Essais historiques sur le Béarn*, par M. FAGET DE BAURE (1818). — *Résumé de l'histoire du Béarn*, par M. ADER (1826). — *Histoire du Béarn et du pays basque*, par MAZURE (1839). — *Chronique du Béarn*, par le vicomte D'ASFELD (1847) — *Compilation d'anciens priviléges et règlements du pays de Béarn fuyts et octrogats à l'intercession des estats ou les serments de fidelitat à sous subjets, et par réciproque deus subjets à leurs seignours* (1676).

tenir en fors ni en coutumes ; et la cour alors le fit occire au bout du pont de Sarakh par un écuyer, lequel le férit d'un tel coup de l'épée qu'il lui sortit par le dos, et ce seigneur avait nom Sentonge. »

Le premier vicomte héréditaire de Béarn fut Gaston Centulle, qui vivait au dixième siècle, et le dernier fut Centulle III, qui fut tué l'an 1134, par les Sarrasins, à la bataille de Fraga, où Alphonse, roi d'Aquitaine, fut défait. Le Béarn étant entré par un mariage dans la maison de Guillaume de Moncade, seigneur catalan, une étroite liaison s'établit entre les Aragonais et les vicomtes de Béarn, et ceux-ci cherchèrent à s'affranchir de la domination des ducs d'Aquitaine ; mais ils furent tenus de la subir et de faire hommage notamment à Édouard Ier, roi d'Angleterre et duc de Guyenne. Ils renouvelèrent leur tentative d'indépendance à la faveur des troubles des quatorzième et quinzième siècles, et de là résultèrent des guerres qui, après de fréquentes vicissitudes, firent du Béarn un État souverain, indépendant de la couronne de France jusqu'au règne de Louis XIII, qui le soumit en 1620, et le réunit à la couronne de France, avec la partie de la Navarre possédée par ses prédécesseurs, les princes de la maison d'Albret, depuis qu'ils avaient perdu ce royaume.

Après la destruction de la ville de *Beneharum*, Morlaas devint la capitale du pays et la demeure des vicomtes. Lescar fut bâtie par Guillaume Sanche, duc de Gascogne, l'an 980, dans un lieu couvert d'un bois fort épais, et où il n'y avait qu'une chapelle. Guillaume Sanche fit de ce lieu une cité épiscopale. Cette ville est plus ancienne que Pau, qui ne date que du treizième siècle. Raymond, seigneur de Moncade, qui faisait sa résidence à Morlaas, et qui était obligé de faire de fréquentes excursions contre les Sarrasins d'Espagne, acheta des habitants de la vallée d'Ossau (*Ursi saltus*), un terrain où il bâtit un château, dont il fixa les limites par un pieu ou *pal*, d'où dérive le nom de Pau. L'emplacement actuel du château et du parc fut acquis, en 1220, sous la condition que les habitants d'Ossau et leurs descendants occuperaient, pendant le temps de la cour majeure, la première place à l'extrémité la plus élevée du château qui serait cons- truit. En 1319, Jeanne d'Artois, tutrice de Gaston Phé- bus, seigneur de Béarn, s'interdit de labourer et de prendre *agrier* dans les terres environnantes. Ce double fait a, avec la question de l'origine des biens communaux dans cette contrée, une connexité remarquable.

Le diocèse de Lescar s'appelait le *gave béarnais*, du nom de gave (gavera), donné aux rivières qui coulent dans les vallées pyrénéennes.

Au couchant du gave béarnais était le vicomté d'Oloron. Sa capitale, Oloron, marquée au cinquième siècle, dans l'*I- tinéraire d'Antonin*, sous le nom d'Iluro, avait un évêque qui assista, en 506, au concile d'Agde. Oloron fut détruit par les Normands et les Sarrasins; mais son siége épiscopal fut ré- tabli, vers le milieu du onzième siècle. Le vicomté d'Oloron fut uni au vicomté de Béarn.

Les autres villes principales du Béarn et de la haute Navarre étaient Ortez, conquise en 1106 par Gaston III, vicomte de Béarn, sur le vicomte d'Acqs, et Navarrinx, place forte, située dans le gave d'Oloron.

II. — La législation qui a gouverné le Béarn, du onzième au treizième siècle, sous le titre de *Fors de Béarn*, a été ré- cemment publiée (1). Ces fors furent confirmés, en 1088, par le vicomte Gaston IV. C'est l'un des plus anciens mo-

---

(1) *Fors de Béarn, législation inédite du onzième au treizième siècle*, par M. HATOULET. — Voyez aussi BELZUNCE, *Histoire des Basques*.

numents de législation municipale. Il comprend : 1° le for
général, autrement appelé vieux for, qui présidait à toute la
nation béarnaise ; 2° le for de Morlaas, législation parallèle, analogue, mais dans laquelle se trouvent établies diverses exceptions au for général, priviléges particuliers des
habitants de Morlaas et des cités et bourgs qui étaient associés, sous le rapport des fors et coutumes, à la communauté politique de cette ville ancienne ; 3° le for d'Oloron et
ceux des trois vallées, contenant les fors, coutumes et priviléges de ces parties de la vicomté, priviléges particuliers
aux habitants des vallées pyrénénnes voisines de la région
espagnole.

On a remarqué avec raison le synchronisme des fors
de Béarn 1° avec les assises de Jérusalem, publiées en 1099,
vaste trésor où sont recueillies les coutumes particulières
aux diverses contrées qui avaient envoyé des chefs à la
croisade ; 2° avec les chartes d'affranchissement du douzième siècle, 3° avec les établissements de saint Louis.

Ce qui distingue les villes et les *castra* du Béarn, c'est leur
antique allodialité, et l'extrême réserve avec laquelle s'y
exerçait la puissance des seigneurs.

« Sachent tous, est-il dit, dans les fors de Béarn renou-
« velés, qu'anciennement en Béarn il n'y avait point de
« seigneur, qu'au commencement les habitants se régis-
« saient par leurs fors et coutumes, et qu'afin de s'entrete-
« nir en liberté ils élurent successivement divers chevaliers
« pour les gouverner (1). »

Toujours jaloux de leur liberté, les Béarnais disaient à
l'un de leurs princes : « Entre nous, gens du Béarn, nous
ne sommes point comme ceux de la comté de Foix. Nous

---

(1) MARCA, *Histoire de Béarn*, liv. VI, p. 551. — DE BAURE, p. 176.

sommes tous francs et libres, sans hommage ni servitude (1).

« En Béarn, dit M. de Baure (*Essais*, p. 230), aucun droit n'était attribué aux seigneurs par une loi générale et commune à tous les fiefs. Chaque fief avait son contrat, et ce contrat était sa loi. Le souverain lui-même n'avait dans ses fiefs particuliers aucun droit qui n'eût été stipulé d'une manière expresse.

Il n'y avait anciennement que deux qualités de personnes en Béarn : les nobles, appelés *Gentius* (gentils hommes), et *Cavers* (chevaliers), et les roturiers, appelés *Questaux*, qui étaient serfs, et qui, ne possédant aucun immeuble, étaient hommes de leurs seigneurs, par rapport à leur servitude personnelle.

Le prince, vers le douzième siècle, voulut tirer ces serfs de leur état, et, pour cela, il leur donna des chartes d'affranchissement, que l'on appela ensuite des affièvements.

Dans certains actes, l'on voit, d'un côté, que le prince affranchit les hommes et les femmes, leurs héritiers et descendants de leur état de servitude personnelle, leur donne pleine et entière disposition des maisons et biens qu'ils ne tenaient qu'à titre de *questaux*, et le tout aux fors et coutumes de Morlaas.

De l'autre, les affranchis donnent tant de mille sous Morlaas d'entrée, s'obligent de tenir tant de feux allumants, de payer des fiefs capsoos, et autres devoirs seigneuriaux.

Dans le treizième siècle, les gentilshommes suivirent l'exemple de leur souverain, et accordèrent les mêmes franchises à leurs *questaux*, avec cette différence qu'il est

(1) Froissard, liv. **IV**, chapitre **iv**.

dit qu'ils font cet affranchissement de leurs serfs, en mains du souverain qui promet sa sauve-garde aux affranchis pour tout temps et à jamais, et pour raison de cette protection les affranchis s'obligent de payer au souverain une redevance annuelle que l'on appelle Francau.

Dans certains actes, le souverain et les gentilshommes se réservent droit de capso, et dans d'autres, il n'en est pas parlé ; et ce droit ne se perçoit que lorsqu'il est réservé dans les affièvements. Voilà la raison pour laquelle il est dit, dans le for, qu'il ne se paie capso que dans les lieux où il est accoutumé.

III. — Les vallées d'Ossau, d'Aspe et de Barretous, qui dépendaient du Béarn, avaient des populations pastorales qui, quoiqu'altérées dans le sein de l'État béarnais par le progrès naturel du temps, sauvegardaient avec énergie leur primitive indépendance. Les habitants d'Aspe, en procès avec François Phébus, comte de Foix, de Bigorre et seigneur de Béarn, lui rappelaient que la vallée d'Aspe était avant le seigneur, et que le seigneur n'avait que ce qu'ils lui avaient donné (1). Sous le grand Roi lui-même, les montagnards d'Aspe, luttant contre les exactions d'un fermier, insistaient (2) sur ce qu'anciennement la vallée d'Aspe, frontière d'Espagne, était une république indépendante de toute souveraineté, se conduisant par ses lois et coutumes ; qu'elle se donna volontairement au seigneur souverain de Béarn, qui promit de la laisser dans ses coutumes et libertés.

On trouve, dans les anciennes archives de Béarn et de

(1) *Lous privileges, franquesses et libertats donnats et autreiats aux vessins, manans et habitans de la montagne et val d'Aspe, per tous seignours de Béarn.* Pau, 1644, p. 20. — (2) *Déclarations générales par devant le parlement de Navarre des biens, droits et priviléges des habitants de la vallée d'Aspe,* par le syndic de la vallée, 1692.

Navarre, à la date du 17 mai 1015, époque antérieure à l'affranchissement général des communes, un acte d'*affièvement* fait par le seigneur de Garne à plusieurs communautés d'habitants, pour lesquels stipulent les *jurats* et *bayles*, de terres et de bois pour y exercer le pacage de leurs bestiaux (*la padoence et pechence deu bestiar*). Ces exemples n'étaient pas rares.

Une particularité remarquable dans les communes de Béarn est la possession d'une vaste lande, appelée *Pont-Long*, par dix-huit communes de la vallée d'Ossau. Cette possession a été, depuis le douzième siècle, une occasion incessante tantôt de luttes à main armée, tantôt de procès. Les Ossalois, dit M. de Marca (1), sont des peuples pasteurs qui, se confiant en la fortification et en l'assiette naturelle de leur pays, sont aussi sourcilleux que les rochers de leurs montagnes. Leur possession du Pont-Long remonterait au déluge, s'il fallait en croire leur savant compatriote, Borden ; ils se vantent du moins d'avoir conquis cette lande à armes et enseignes déployées ; *Ab armes et segnes desplegats*. L'évêque d'Oloron, par une sentence arbitrale de 1221, la Cour souveraine du Béarn, le conseil du roi, des lettres patentes de 1319, de 1426, de 1462, reconnurent le droit des Ossalois, et leur permirent de carnaler (2), pignorer, pacager, gîter, et prendre tous autres profits et émoluments que les bayles de Pau prenaient auparavant, sous la réserve de la juridiction haute et basse, et des autres droits appartenant à la seigneurie. Par deux lettres en date des 5 mai et 25 octobre 1479, la princesse de Viaure demande aux Ossalois, ses

(1) *Histoire du Béarn*, liv. VI, ch. xxv. — (2) Le carnal était accordé à certains fonds qui devaient être entourés de fossés, afin qu'on ne pût pas être trompé sur le droit de maître, d'où vient le proverbe utile : *No ya carnal si no ya seignor*.

vassaux, avec une déférence respectueuse, l'autorisation de bâtir une maison sur les landes, et d'y laisser pacager les bestiaux de Thomas Giroux, son médecin. En 1506, les Ossalois sont autorisés à défendre leurs landes à main armée. Une lettre de Henri de Navarre, du 8 janvier 1543, leur demande les mêmes faveurs que la princesse de Viaure. En 1581, les Ossalois, troublés dans la possession de leurs landes, menacent d'abandonner les vallées, et d'aller chercher une patrie. Enfin un arrêt du parlement de Navarre, de 1634, maintient les Ossalois en la propriété et jouissance du Pont-Long, sauf les servitudes et usages établis en faveur des habitants de Pau. Ajoutons, pour compléter ce tableau des franchises communales dont jouissaient, sous le régime féodal, les vallées pyrénéennes, qu'antérieurement à 1174, les Ossalois avaient fondé dans la vallée, et confié aux religieux de Sainte-Christine, l'hôpital de Lespiau, dont Louis XIII donna les biens aux religieux barnabites.

Des arrêts récents de la Cour de Pau et de la Cour de Cassation ont écarté de la cause relative à la lande du Pont-Long l'application de la maxime : *Nulle terre sans seigneur*, et sans avoir égard aux adjudications de cette lande, faites par l'Etat comme succédant aux seigneurs du Béarn, ont déclaré les Ossalois propriétaires, sauf les droits des usagers, qui ont été conservés.

IV. — La Navarre française (1), séparée de la Navarre espagnole par les Pyrénées, confrontait au nord les Landes

(1) *Description géographique et historique de la Navarre*, par M. DE RANCY (1817). — *Histoire du royaume de Navarre*, par CHAPUYS (1616). — *Heptaméron de la Navarride*, par Dom CHARLES (1602). — *Histoire de Navarre*, par FAVYN (1612). — *Diatriba de origine... regni Navarræ*, auct. SCHOEPFLINO (1720). — *Tableau de la constitution du royaume de Navarre*, par POLVEREL (1789).

et le territoire d'Acqs, au couchant le Labourd, au levant
la Soule. C'était, pour les Espagnols, qui avaient partagé le
royaume de Navarre en six petites provinces ou *meriuda-*
des, la meriudada de ultra puertos, parce qu'elle est située
au delà des Pyrénées, dont les passages s'appelaient *puer-*
tos. Elle fut peuplée par les Gascons, et gouvernée par les
ducs de Gascogne et d'Aquitaine, jusqu'à la croix de Charlemagne, *usque ad crucem Caroli*, qui était au pont de Ron-
ces-Vaux, et qui formait la limite de la France et de l'Espagne, Alphonse, roi d'Aragon, se rendit maître de ce pays et
de celui de Labourd, en 1130 ; mais Louis-le-Jeune, après
son mariage avec Éléonore, fille et héritière de Guillaume X,
duc d'Aquitaine, se fit reconnaître pour souverain du pays
des Basques et de la Navarre : « Acquisivit omnem Aqui-
« taniam, Gascognam, Bascloniam et Navariam, usque ad
« montes Pyreneos et usque ad crucem Caroli. » Les rois
d'Angleterre, devenus ducs d'Aquitaine, possédèrent la
Navarre et les pays adjacents, qu'ils perdirent sous Jean-
Sans-Terre, successeur du roi Richard. Alphonse-le-Noble,
roi de Castille, profita de la guerre que Philippe-Auguste
faisait à ce prince pour se rendre maître de la ville et du
territoire de Saint-Sébastien, ainsi que du pays basque,
situé au nord des Pyrénées, et d'une partie de la Gascogne
et du Béarn ; mais il ne conserva sans doute pas toutes ses
conquêtes, car Sanche, roi de Navarre, s'appropria la basse
Navarre, et les Anglais regagnèrent ce qu'ils avaient perdu
jusqu'à la rivière de la Bidassoa.

La Navarre était divisée en plusieurs territoires. L'Amix,
situé sur les confins du Béarn, de la Soule et du vicomté
d'Acqs, avait comme capitale Saint-Palais (*oppidum sancti*
Pelagii), et deux autres villes, Garrix, ville ancienne, et la
Bastide de Clarence, bâtie par Louis-le-Hutin, roi de Navarre, en 1306. La Cize, autre contrée de la basse Navarre,

confinait avec l'Espagne du côté du midi, et avait pour principale ville Saint-Jean-Pié-de-Port, dont le territoire confinait
avec le Val-Carlos, vallée de Charlemagne, où l'armée de ce
prince fut battue, en 778, par les Basques et les Navarrais.
Il n'existait aucune ville dans les quartiers de la basse Navarre, qui étaient le Baïgorri, l'Arberon et l'Ostabaret. Deux
seigneuries illustres étaient établies dans ce pays : celle de
Grammont et de Guiche (*Guisunum*), dont les propriétaires
étaient chefs d'une faction qui maîtrisait souvent le
royaume de Navarre, et celle de Lusse dont le dernier
comte mourut sous Henri IV. Ce comte ne laissa qu'une
fille, qui épousa Louis de Montmorency, dont sont descen-
dus les ducs de Luxembourg et de Châtillon.

Les habitants de la Navarre ne jouissaient pas de moindres priviléges que les Béarnais. Le roi promettait à son
avénement « de maintenir ses subjects en leurs franchises
« et priviléges, sans en retrancher aucun, les augmentant
« et non diminuant en tout ou en partie (1) » — « Voulons
« davantage et nous plaît, disait le prince, que si, en quel-
« que article que nous avons juré, nous venions à derroger
« et contreverser de guet à pensée, ou autrement en quel-
« que sorte et manière que ce soit, que vous estats et peu-
« ples de dict royaume ne soyez tenus de nous obéir. » Les
états de Navarre surveillaient l'exécution de ces promesses
solennelles, et c'est à leur vigilance, ainsi qu'aux fors des
communautés, qu'était due la sécurité des peuples contre
les abus de pouvoir, contre les exactions fiscales, contre
les atteintes portées à la liberté. « En Navarre, dit Belzunce (*Histoire des Basques*, t. II, p. 48), nul homme ou
femme qui fournit caution selon son for, ne peut sous au-

(1) Favyn, 1612, grande édition, p. 609 et suiv.

cun prétexte, ni pour aucun motif, être détenu ou conduit en prison ; à moins toutefois que le prévenu n'ait déjà été jugé pour brigandage sur la voie publique, ou crime de haute trahison. »

V. — Trois documents historiques, des quinzième et seizième siècles, témoignent de l'attachement des Navarrais et des Béarnais à leurs libertés traditionnelles.

Le premier est une transaction du 12 juillet 1436, entre le comte de Foix, les évêques d'Albani et d'Oloron, « les-« quels ici présents, porte l'acte, tant en leur nom qu'au « nom de leurs communautés de Béarn, requièrent mon-« seigneur le vicomte que les articles soient lus, et « qu'il jure de les observer par serment fait sur le *Te* « *igitur*, livre missel, sainte et vraie croix placée sur « eux. »

Le seigneur a fait lire sur-le-champ les articles dont la teneur suit :

1° Monseigneur le vicomte jurera sur les livres et la croix, disant ainsi :

« Par cette sainte loi, je jure que je serai fidèle et bon « seigneur pour tous les habitants de la terre et pour cha-« cun d'eux en particulier, je les maintiendrai dans tous « leurs fors, priviléges, coutumes, usages, écrits ou non « écrits, dans et hors la terre de Béarn, contre tous et con-« tre moi-même : je rendrai ou ferai rendre la justice aux « pauvres comme aux riches, à chacun dans le lieu et vie « de son domicile, et je ferai exécuter les jugements, je ne « prendrai ni ne permettrai de rien prendre de ce qui leur « appartient sans leur consentement. » — *Accordé.*

« 2° Il ne créera en aucun lieu un jurat que sur la pré-« sentation des autres jurats, suivant la coutume. » — *Accordé.*

Le second document est un manifeste d'Henri d'Albret,

roi de Navarre, de 1521, portant : « Les états de notre
« pays nous ont représenté que, par notre ordre, il a été
« fait des levées d'argent forcées, au préjudice des établis-
« sements faits par nous-même ; voulant avoir égard à
« cette représentation, et désirant maintenir nos sujets
« dans leurs usages, fors, coutumes et libertés, et les pré-
« server de toutes vexations, nous leur promettons, sur
« notre foi et parole de roi, que dorénavant, en aucun
« temps, nous ne ferons ni ne permettrons de faire en no-
« tre nom, dans nos états, aucun emprunt de deniers, soit
« en commun, soit en particulier. »

Enfin le troisième document est une protestation faite en
1521, par les syndics de Béarn, contre le projet de réunir
le parlement de Navarre, soit au parlement de Toulouse,
soit au parlement de Bordeaux, et où l'on rappelle les anciens titres des habitants du Béarn au maintien de leurs
fors et coutumes, et de leur juridiction souveraine.

On voulut, sous le règne de Henri IV, faire en son nom
une entreprise contre les propriétés territoriales de la Navarre.

Le seigneur de Lamothe, vice-chancelier de Navarre, et
le sieur de Frèche, conseiller en la Cour souveraine de
Béarn, l'un et l'autre commissaires du roi, firent saisir les
terres vacantes et communes de la basse Navarre, et voulurent les inféoder au profit du roi.

Les états de Navarre présentèrent leurs remontrances à
M. de Gontaut de Saint-Geniez, lieutenant-général du roi
de Navarre.

M. de Gontaut ordonna qu'ils se retireraient devers le
roi.

Henri IV, en son conseil, déclara « qu'étant bien certioré
de leurs droits, il inclinait à leur requête, et concéda ce
qui lui était demandé par ses sujets en leur dite requête,

et en outre manda à M. Gontaut de leur accorder les fins de ladite requête en la tenue des états; pour rendre son appointement plus ferme et stable à l'avenir. »

M, de Gontant exécuta l'ordre du roi. Il déclara dans l'assemblée des états « qu'il recevait comme grief la saisie et main civile fait par les sieurs de Lamothe et de Fresche sur les bois, hermes, terres vacantes et communes, cassa et annula la commission et la saisie... sans que Sa Majesté, ses successeurs ni autres, puissent dorénavant prendre ni saisir sous leur main, ni autrement altérer, ni incorporer aucunement à son domaine lesdits bois, terres vacantes et communes; n'entendant néanmoins comprendre dans le présent appointement les terres du territoire de Saint-Palais, appelé Sardash, ni autres terres et bois réputés être de patrimoine de Sa Majesté, ni aussi aucune sorte de mines qui sont ou se pourront trouver dans le royaume de Navarre, sauf les mines de fer. »

Charles-Quint avait rendu, en 1529, pour la haute Navarre, une ordonnance semblable.

Ainsi les seigneurs n'avaient aucun droit de propriété universelle, même sur les terres vacantes.

Le seigneur majeur pouvait seulement avoir des troupeaux dans toute l'étendue du pays, sans égard au droit de propriété; c'était un droit qui lui était personnel, et les bergers, chargés de la conduite de ces troupeaux, devaient jurer que, sous le prétexte de leurs devoirs d'usage, ils n'introduiraient pas de bétail étranger.

Les communautés de la Navarre affranchies, soit en faveur de nouveaux *poublans*, soit en faveur de quelques particuliers, mais toujours avec des deniers d'entrée et réserve de droits seigneuriaux, en vertu d'actes qui portent le caractère de transport de propriété irrévocable, sans le charger du fief et autres droits seigneuriaux au profit du domaine du prince (1), se considéraient comme propriétaires des communaux.

CHAPITRE VII

DROIT MUNICIPAL DES PROVINCES FORMÉES DE LA MARCHE D'ESPAGNE (ROUSSILLON, CERDAGNE, COMTÉ DE FOIX) ET DU VAL D'ANDORRE.

I. — La Marche d'Espagne ressortissait du gouvernement de Roussillon, de Foix et de la Cerdagne. Cette province, située dans les Pyrénées orientales, et composée de peuples divers, dépendait de la Gaule Narbonaise, comme nous l'apprennent Pomponius Méla et Pline. Ruscino, capitale des *Sardones* et ensuite du Roussillon, était une colonie romaine, fondée au septième siècle de Rome, et qui fut ruinée par les Barbares. L'histoire ancienne parle peu de cette colonie, et encore moins du reste de ce pays de montagnes.

Le Roussillon, séparé de la Catalogne et de la Cerdagne par les grandes Pyrénées, et du Languedoc par les petites Pyrénées, subit, après l'invasion des Barbares, la domination des Visigoths, que les Francs ne purent en déposséder. Les Sarrasins s'y établirent et en furent expulsés en 759. Charlemagne et Louis-le-Débonnaire, roi d'Aquitaine, se rendirent maîtres des pays de Roussillon, de Cerdagne, de Girone et d'Ausone, et établirent dans le Roussillon des comtes soumis aux ducs de Septimanie et de Gothie, qui

_____

(1) La réformation du domaine du prince de Béarn, de 1535, établit cette assertion de la manière la plus positive.

avaient aussi la qualité de marquis de la Marche d'Espagne. Ces comtes se rendirent héréditaires sous Charles-le-Simple, en reconnaissant seulement le roi de France pour souverain, mais ils ne gouvernaient alors que la viguerie ou vicariat de Roussillon et de Perpignan ; le Conflans, la Cerdagne et même le Val-Spire, dépendaient d'autres seigneurs. Guinard, comte de Roussillon, légua en 1173 son comté et les biens qu'il avait en Catalogne à Alphonse, roi d'Aragon et comte de Barcelone ; son testament, imprimé à la fin du livre intitulé : *Marca Hispanica*, et daté *regnante Lodoico rege*, fait foi qu'il reconnaissait la souveraineté du roi de France.

Mais les rois d'Aragon voulurent s'affranchir de cette suzeraineté et disposer librement du fief ou le réunir à la couronne. Cette union dura jusqu'au temps de Jean, roi d'Aragon, contre lequel les Barcelonais se révoltèrent. Ceux-ci engagèrent les comtés de Roussillon et de Cerdagne à Louis XI, roi de France, en 1462. Les gens du pays, qui ne changeaient pas volontiers de maître, refusèrent de se rendre à la France. Après une guerre opiniâtre, ils y furent forcés en 1473 ; mais vingt ans après, Charles VIII rendit au roi catholique Ferdinand le Roussillon qui n'est redevenu province française que sous Louis XIII, dont la conquête fut assurée dix-sept ans après le traité des Pyrénées.

Perpignan, ville mais non cité, succéda, comme capitale, à *Ruscino*, ville ruinée. Il en est question au dixième siècle. Cette ville dépendait alors du diocèse épiscopal d'Elne, et ce n'est qu'en 1602 qu'une bulle de Clément VIII transféra à Perpignan le siége des évêques d'Elne. Une université, fondée en 1349, par Pierre IV, roi d'Aragon, une citadelle, un conseil royal ont donné à Perpignan les caractères d'une capitale. Elne, quoiqu'ancienne cité épiscopale, autrefois *Illiberis*, est, au contraire, devenue une ville secondaire. Ce n'était du reste, au temps des Romains, qu'une simple ville, *oppidum*, et le siége épiscopal ne date que du temps des Visigoths. Collioure (*Caucoliberis*), connue au septième siècle, sous Wamba, roi des Visigoths, Port-Vendre (*portus Veneris*), port ancien mais peu important; Salses (*Salsulæ*), située sur le chemin de Perpignan à Narbonne, et resserrée entre les montagnes et un grand étang; Rives-Altes, célèbre par ses vins, et dont la seigneurie utile et la justice civile appartenaient à l'office du chambrier de la Grasse, qui était une abbaye de l'ordre de Saint-Benoît, au diocèse de Carcassonne, dépendaient de l'ancien Roussillon.

Les pays qui y ont été annexés sont : 1° le val Spir (*vallis Asperia*) où les comtes de Cerdagne bâtirent, au dixième siècle, l'abbaye d'Arles (*Arularum monasterium*) et dont la principale place, *Prats-de-Moillo* était, en 1232, une fortesse appartenant à Nunio-Sanche, comte de Roussillon.

2° Le Conflans, vallée entourée des Pyrénées, qui dépendait pour le temporel du comte de Cerdague, et pour le spirituel de l'évêque d'Elne, comme on le voit par une charte donnée en l'an 1020, au monastère de Canigon, « in valle confluente, in comitatu videlicet Cerdaniensi, in « episcopatu Elnensi. Villa-Franca (Villefranche), fondée, en 1092, sur la rivière de Tet, par Guillaume-Raymond, comte de Cerdague, était la capitale de cette vallée.

3° Le Capsir, petit pays situé au couchant du Conflans, et dont le lieu principal était appelé Puyvaledor.

II. — La province de Foix, qui touchait au Languedoc au nord et au levant, au pays de Comminges au couchant, et que les grandes Pyrénées séparaient de la Catalogne, appartenait, au onzième siècle, aux comtes de Carcassonne, qui la tenaient librement et en franc-alleu sans en faire hommage ni au comte de Toulouse ni à aucun autre prince. Raymond Roger, comte de Foix, se joignit au comte de Toulouse pour la défense des Albigeois, et se rendit vassal de Pierre, roi d'Aragon, comme le comte de Toulouse l'avait fait. Jacques, roi d'Aragon, abdiqua la seigneurie directe et la souveraineté du comté de Foix par la transaction passée avec saint Louis, l'an 1258. Les comtes de Foix devinrent alors vassaux immédiats du roi de France, et leurs grands biens, qui passèrent aux maisons d'Albret et de Bourbon, furent réunis, par Henri IV, à la couronne en 1607.

Foix, capitale de cette province, était tenue en pariage, depuis 1168, par l'abbaye de Saint-Volusien, fondée par les comtes de Carcassonne et par les comtes de Foix qui leur succédèrent. Tarascon et Acqs faisaient aussi partie du haut Foix.

Le bas Foix avait pour capitale Pamiers, autrefois nommée Fredelas (*Fredelacum*), que le comte de Carcassonne donna, dans le onzième siècle, à l'église de Saint-Antonin, et qui devint dans la suite un sujet de compétition entre les chanoines de cette église et les comtes de Foix. Boniface VIII établit un siége épiscopal à Pamiers en l'an 1296, et Philippe-le-Bel fut associé, en 1308, tant à la justice qu'à la seigneurie directe et utile de cette ville et de ses dépendances.

Mazères n'était qu'un village, lorsqu'en 1251 une ville y fut fondée par l'abbé Bérenger, de l'ordre de Cîteaux, qui la posséda en pariage avec le comte de Foix. Saint Louis confirma ce pariage, et enjoignit à son frère, comte de Toulouse, de le respecter.

Laverdun, place fortifiée, et le Mas-d'Azil (*Mansum Azili*), dont l'origine remonte à une abbaye de bénédictins déjà fondée en 817, faisaient partie du bas Foix.

Le petit pays de Donezan, séparé de la province de Foix par des montagnes qui dépendaient du pays de Sault, rentra dans les mains des comtes de Foix à qui il avait appartenu anciennement, après avoir été disputé par les rois d'Aragon et les comtes de Cerdagne. Le comte de Foix possédait depuis longtemps cette petite souveraineté en l'an 1391, comme on le voit par l'acte du serment réciproque fait par lui aux consuls du pays, et par les consuls au comte, acte qui obligeait le seigneur de maintenir ses vassaux en tous leurs priviléges, de leur faire administrer la justice dans leur propre pays, et de ne point les distraire de leurs juges naturels.

III. — Il ne nous reste, pour compléter cette description historique des vallées pyrénéennes, dont nous avons parlé au sujet des provinces du nord de l'Espagne, qu'à rappeler la petite république fédérative du val d'Andorre, située entre la France et l'Espagne, sur le versant des Pyrénées et dépendant de l'évêque d'Urgel.

Les Andorrains croient devoir leur indépendance à Charlemagne, qu'ils avaient secondé, en 790, dans la guerre contre les Maures d'Espagne. Louis-le-Débonnaire céda à l'évêque d'Urgel une partie des droits que son père s'était réservés sur l'Andorre ; plus tard, les comtes de Foix et les évêques d'Urgel le possédèrent par indivis en vertu d'une décision rendue par Pierre d'Aragon, en 1278, mais les laissèrent maîtres de leur administration intérieure.

Le pays d'Andorre, qui s'étendait sur douze lieues du nord au sud, et sur dix lieues de l'est à l'ouest, se divisait en six communautés, savoir : Andorre, Camillo, Encamp, la Massane, Ordino et Saint-Julien, qui confiaient chacune à des magistrats élus l'administration de leurs intérêts sous un gouvernement composé de vingt-quatre membres élus par les paroisses, qui tenait cinq séances annuelles, et qui nommait deux syndics chargés du pouvoir exécutif. Le gouvernement civil et celui des finances ressortissaient du parlement de Toulouse, et la justice se rendait au nom d'un sénéchal que secondaient un vice-sénéchal, un lieutenant, un exempt et huit archers, et d'un présidial composé du juge mage, de quatre lieutenants et de douze conseillers. Le pays ne payait pas de taille au roi, et se gouvernait par ses propres états, qui s'assemblaient tous les ans en automne, et ne duraient que huit jours (1).

A l'avénement de Henri IV, les droits du comté de Foix sur le val retournèrent à la couronne de France, à laquelle les Andorrains payèrent une contribution. Ce droit fut abrogé comme féodal en 1790, et les républicains d'Andorre offrent aujourd'hui le specimen, rare de nos jours, d'un petit État dont les citoyens, patriarcalement gouvernés par des chefs de famille qui se succèdent par ordre de primogéniture, vivent heureux et fiers de leur souveraineté à l'abri des agitations politiques qui troublent l'un et l'autre versant des montagnes, et conservent pieusement leurs propriétés et leurs traditions domestiques.

IV. — Dans les autres pays de la Marche d'Espagne ne régnait pas, au même degré que dans la république d'Andorre, l'indépendance des citoyens ; mais on y reconnaissait cependant les effets du contact immédiat des fueros ibériens, plus de deux siècles avant l'époque où les seigneurs s'y rendirent héréditaires.

Charlemagne avait édicté en faveur des Espagnols qui, fuyant devant les Sarrasins, franchirent les Pyrénées, et

---

(1) L'administration actuelle du val d'Andorre est la même qu'au moyen âge: la justice y est rendue par deux viguiers, l'un nommé par l'évêque d'Urgel, et qui doit être un Andorrain, l'autre par le préfet de l'Ariége.

vinrent avec sa permission défricher les hermes de la Marche septentrionale de ces montagnes, un précepte (1) qui est considéré comme le monument le plus important de la législation gallo-franque en faveur de l'établissement des communes et des propriétés communales.

Les priviléges concédés par Charlemagne aux Espagnols fugitifs furent confirmés par deux capitulaires, l'un de Louis-le-Débonnaire, de 815 (2), l'autre de Charles-le-Chauve (3).

Le capitulaire de Louis-le-Débonnaire constate deux sortes de plaintes des Espagnols réfugiés; les unes contre les plus puissants d'entre eux, que les petits et les faibles accusaient de les chasser de leurs territoires et de les réduire en servage, les autres contre les comtes et vassaux de l'empereur, à qui les Espagnols s'étaient recommandés au moment de leur établissement dans les lieux incultes, et qui voulaient les en chasser, et s'en emparer après qu'ils les avaient cultivés et fertilisés. «Ni l'une ni l'autre de ces choses n'est juste;» dit l'empereur, et, en conséquence, il confirme les concessions de son père et autorise même les nouveaux venus, qui se sont établis dans les lieux déserts et qui les ont cultivés, à les posséder sans trouble, eux et leur postérité, en rendant au prince le service qui lui est dû au prorata de leurs possessions. Quant à ceux qui se sont recommandés aux comtes ou aux vassaux du roi, et ont reçu d'eux des terres pour les habiter, ils les posséderont de même, et les transmettront à leur postérité. Ce décret s'applique non-seulement au passé et au présent, mais à tous ceux qui auront plus tard recours à la protection du prince.

Par le capitulaire donné à Toulouse, dans le monastère

(1) Præceptum pro Hispanis qui in regnum Karoli confugerant. BALUZE, I, 499. — (2) BALUZE, I, 570. — (3) *Capitularia Caroli Calvi*, tit. VI; BALUZE, II, 25.

de Saint-Saturnin, l'an du Christ 844, et le quatrième de son règne, Charles-le-Chauve rappelle les dons faits aux Espagnols par son aïeul et son père, et, les prenant de nouveau sous sa protection, détermine les services qu'ils doivent au roi et à ses *missi* et *legati*. Les chapitres 2 et 3 affranchissent les Espagnols de cens et de droits de pâturages et de douanes, les soumettent à la juridiction des comtes pour l'homicide, le rapt et l'incendie, mais leur permettent de juger par leurs propres lois tous autres litiges.

Les chapitres 4 et 5 sont relatifs au cas où un habitant a appelé des étrangers pour l'aider dans la culture de sa terre, appelée *aprise*. Les services de ces étrangers sont autorisés, et si quelqu'un d'entre eux veut choisir un autre seigneur, il est libre de s'en aller, mais sans pouvoir rien emporter.

Le chapitre 7 permet aux réfugiés de vendre, d'échanger, de donner les possessions ou *aprises*, et s'ils n'ont pas de descendants, de les laisser à leurs proches, à la charge par ceux-ci de rendre les services.

La sécurité des possessions, selon les coutumes antiques, est garantie par le chapitre 8.

Le chapitre 9 défend de nouveau de transformer en tribut ou en cens les dons volontaires que les habitants ont pu faire à leur seigneur. « Propter lenitatem et mansuetudi- « nem comitis sui, eidem comiti honoris et obsequii gratia. »

Le chapitre 10 consacre, en faveur des Espagnols, comme en faveur des autres Francs, le droit de recommandation.

La législation carlovingienne ne faisait aucune distinction entre les Espagnols réfugiés et les Français libres, et ne leur imposait d'autre charge que celle de marcher à la guerre sous les ordres de leurs comtes, de faire la garde, de loger les comtes, les ambassadeurs et autres gens marchant par l'ordre du souverain, de leur fournir des montures, des charrois, qu'on appelait *facere paratas*. Leurs

affaires locales étaient régies par des
saient eux-mêmes. Leurs cités étaient
l'instar de celle de Barcelone et des autres villes
logne, à laquelle le Roussillon était tout à fait inco

La triple charte de Charlemagne et de ses fils et petits-
fils en faveur des Espagnols inspire à M. Dessuile (1) des
réflexions judicieuses : « L'empereur, dit-il, permit aux
« Espagnols réfugiés de conserver leurs usages ou coutu-
« mes particulières, d'élire des juges entre eux, pour les
« contestations ordinaires, ne se réservant ou à ses prépo-
« sés que la connaissance des affaires les plus graves.

« Il leur accorda selon leurs anciennes coutumes des pâ-
« tures dans les lieux où ils s'établiraient, l'usage dans
« toutes ses forêts et même la liberté de détourner les
« eaux pour la conduire à leurs établissements ; enfin, il
« les combla de priviléges qui furent confirmés par les
« empereurs Louis Ier et Charles II.

« Quels pouvaient être ces anciens usages, ces ancien-
« nes coutumes, si ce n'est d'avoir des pâtures communes,
« des bois communs, des gués, des fontaines, en un mot
« des biens à la communauté, et d'élire des juges et des
« préposés à leur police? Il fallait nécessairement pour
« tout cela qu'il existât entre eux une association, une com-
« mune réelle. Ces coutumes étaient donc déjà anciennes
« sous Charlemagne. Elles existaient sous l'empire de Ju-
« lien, antérieur d'environ 400 ans, et ce sont ces mêmes
« usages que, dans le douzième siècle, nos rois conservèrent
« aux bourgs et aux villages, en déclarant qu'ils continue-
« raient à jouir, comme ils en avaient joui de temps ancien,

(1) *Traité des communes*, p. 26. — Voir aussi RAYNOUARD, *Hist. du droit municipal*, t. II, p. 147.

« des *herbes*, des *prés*, des *marais*, des *bois* et *des droits*
« *d'usage dans les forêts.* »

Charles-le-Chauve, par son capitulaire de 844, renouvela les titres de concession faite par Charlemagne aux réfugiés espagnols, et les autorisa à jouir, selon l'ancienne coutume, du droit de pâture, de la faculté de couper du bois dans les forêts et d'établir des aqueducs partout où ils en avaient besoin.

« Il n'est pas vraisemblable, dit avec raison M. Leber (1),
« que nos rois eussent accordé aussi libéralement à des
« étrangers des droits qu'ils auraient refusés à leurs pro-
« pres sujets, et dont ils comprenaient si bien l'utilité
« dans l'intérêt de l'agriculture. L'observation qui ratta-
« che l'exercice de ces jouissances à l'ancienne coutume
« est d'ailleurs une preuve qu'ils ne faisaient qu'appliquer
« aux réfugiés un bénéfice déjà existant pour beaucoup
« d'autres, et dès lors il ne peut rester aucun doute sur la
« haute ancienneté des usages dont il s'agit. »

Les conjectures des auteurs que nous venons de citer sont confirmées par quelques documents historiques, qui constatent l'existence, pendant la période carlovingienne, de cités constituées et de propriétés communales.

Le second capitulaire de Charlemagne, de l'an 802, impose aux habitants des provinces maritimes certaines obligations, sous peine de payer quinze sous *au peuple* et autant au fisc impérial (2), ce qui indique l'existence de caisses municipales.

---

(1) *Hist. critique du pouvoir municipal*, p. 93. — (2) BALUZE, *Capit.*, t. Ier, col. 377. — De liberis hominibus qui circa maritima loca habitant. Si ..... venerit ut ad succurrendum debeant venire et hoc neglexerint, unusquisque solidos XX componet, medietatem in dominico, mediatem ad populum. Si ictus fuerit, solidos XV componat *ad populum* et fredo dominico,

Un autre capitulaire, de 806, sanctionne le célèbre précepte émané, en 567, du concile de Tours : « Quæque « civitas pauperes suos alito. »

En 824, Lothaire prescrit au peuple de doter l'église paroissiale, faute de quoi l'église sera détruite (1).

Le premier consul était commandant né de la milice urbaine, et à ce titre avait droit de vie et de mort sur les citoyens. La ville épiscopale d'Elne obtint, en 1155, une charte qui lui garantit ce droit dans toute sa plénitude en réservant absolument toute la juridiction à l'évêque. Perpignan se donna cinq consuls en 1196, pour la garde et la défense du peuple grand et petit (2). La souveraineté militaire, attribuée aux magistrats élus par le peuple, tenait sans doute aux nécessités d'une frontière souvent attaquée.

En était-il de même du pouvoir législatif ? M. Augustin Thierry atteste (3) que les cinq consuls élus pour un an, d'abord seuls, puis avec un conseil de douze, de soixante et de quatre-vingt-dix membres, possédaient le pouvoir judiciaire dans toute son étendue, et le pouvoir législatif sauf l'avis, pour les choses importantes, du corps entier des citoyens. Cette opinion, difficile à adopter pour la période de la domination espagnole, ne paraît pas du moins applicable au temps où le Roussillon a fait partie de la France.

---

(1) Quod si hoc populus facere noluerit, destruatur (ecclesia). BALUZE, *Capit.*, t. II, col. 324. — (2) Notum sit cunctis.... . quod nos omnes infirmus populi totius villæ Perpiniani..... constituimus inter nos quinque consules..... qui bona fide custodiant et defendant ac manuteneant et regant cunctum populum villæ Perpiniani, tam parvum quam magnum. (*Code des coutumes de Perpignan*, cité dans un mémoire présenté à l'Académie des Inscript., t. Ier, 2e série, p. 233.) — (3) *Tableau de la France municipale*, p. 250.

Il est certain que cette province et la Cerdagne française avaient un gouverneur nommé par le roi, et chargé en son nom des affaires temporelles. La juridiction spirituelle appartenait à l'évêque de Perpignan. Un conseil supérieur, formant la cour souveraine, des *alguazils*, faisaient exécuter ses arrêts. Il y avait en outre plusieurs juges subalternes : le juge de bailiage pour le peuple, le juge de viguerie pour les affaires temporelles du clergé et de la noblesse, y compris les bourgeois nobles. Telle était, même dans le système d'une république espagnole, l'administration intérieure de la province du Roussillon après sa réunion à la France par la vente que Jean d'Aragon en fit au roi Louis XI.

On trouve dans l'*Histoire des populations pyrénéennes,* par M. Castillon d'Asper, t. I, p. 294, et dans les *Essais historiques sur le Bigorre*, par M. Davèzac Macaya, une remarque importante. Jusqu'à ce jour, y est-il dit, on n'a étudié les franchises communales que dans les grandes cités. On a cru que les campagnes étaient étrangères aux bienfaits de l'indépendance ; c'est une erreur, à en juger par l'histoire du Comminges. Dans ce pays, il n'était point de localité qui n'eût sa charte, ses priviléges et ses franchises. Des consuls élus étaient les magistrats auxquels obéissait la communauté. Un code de justice, haute et basse, renfermait les dispositions pénales.

La loi gothique et la coutume de Perpignan étaient la base de la jurisprudence dans le Roussillon. L'administration des comtes y était paternelle ; les principales sources de leurs revenus étaient : 1° le produit de leurs domaines ; 2° la fabrication de la monnaie ; 3° les amendes ou compositions résultant des jugements rendus en leur nom ; 4° quelques droits de péage. C'est sous leur gouvernement, en général pacifique, que plusieurs villages se formèrent, et

que Perpignan devint une ville. L'agriculture et l'industrie trouvèrent en eux des protecteurs éclairés, et dès la
fin du onzième siècle, la pratique des irrigations et le jeu
des moulins étaient usuels dans le Roussillon. Réunie au
royaume d'Aragon, en 1172, au préjudice des rois de
France, réduits à une vaine souveraineté, cette province
devint un objet de discussions entre les deux rois d'Aragon
et de Mayorque. Sous l'empire de ces derniers, l'agriculture, le commerce, l'industrie, furent protégés. Les associations commerciales se multiplièrent, et les chartes d'affranchissement des communes suivirent le progrès général ;
mais le Roussillon étant retombé une seconde fois sous le
joug des rois d'Aragon, les dissensions intestines recom-
mencèrent, et offrirent à Louis XI le moyen d'y établir la
domination française, qui, après avoir duré de 1462 à
1493, cessa pendant près d'un siècle et demi, et n'a été
définitivement rétablie que par le célèbre traité de 1639.

Le Roussillon et la Cerdagne avaient, avant d'être réunis
à la France, par Louis XI, des états particuliers ; car on lit,
au tome II de Commines, p. 635, qu'en 1367, le duc de Calabre, gouverneur et lieutenant-général pour le roi aux
pays et comtés de Roussillon et de Cerdagne, avait donné
des ordres pour obtenir des secours de ces pays, afin d'aider à l'entreprise projetée contre la Catalogne. « Ayant
fait assembler *gens desdits pays* et comtés pour les causes
dessus dites, lesquels nous aient promis... quatre cents
hommes en armes aux frais et dépens desdits pays. » Et le
duc de Calabre propose : « que le dit ayde de quatre cents
hommes à nous par les gens desdits pays ainsi promis...
convertir en ayde d'argent. »

V.—Envisagées dans leur ensemble, les populations pyrénéennes, celtiques et espagnoles d'origine, françaises d'a-
doption, offrent, dans leur vie séculaire, une série d'actes

énergiques, contre l'arbitraire et le despotisme, et de protestations en l'honneur de la liberté politique inspirées par
l'esprit de famille et le patriotisme local.

Les mœurs domestiques et les lois civiles dont témoignent les vieilles coutumes participent, sans doute, jusqu'à
un certain point, de l'esprit du droit romain et du droit visigothique qui régnèrent en Espagne et dans le midi de la
France, et du droit féodal qui exerça un empire presqu'universel au moyen âge ; mais elles s'inspirent surtout du
droit des vieux Cantabres, et des autres peuples indigènes
de l'Ibérie. Deux principes y dominent : c'est la conservation des familles par la propagation en légitime mariage et
des biens patrimoniaux dans les familles par le droit d'aînesse, exagéré à tel point que les puînés sont des *escla-
bes* ; c'est aussi l'égalité des droits dans les deux sexes (1).

Tout le droit municipal est fondé sur l'autorité des chefs
de famille, qui est comme la pierre angulaire de l'indépendance pyrénéenne et des libertés intérieures de chaque
ville, de chaque village, de chaque hameau.

On sent respirer dans ces populations intrépides l'esprit
des soldats de Sertorius défendant contre Rome la cause
des libertés nationales, l'esprit des Cantabres se précipitant
de leurs rochers plutôt que de subir la servitude d'Auguste, l'esprit des Vascons luttant contre les barbares qui
voulaient substituer leur tyrannie à celle des officiers de
l'empire, dont la trahison leur ouvrait les portes des villes
espagnoles, et repoussant à la fois avec la même énergie les
Visigoths et les Francs au nord, les Arabes au sud, les ennemis, quels qu'ils fussent, de l'indépendance territoriale.

(1) Voyez les excellents articles de M. CORDIER, sur *le droit de
famille aux Pyrénées* ; *Revue historique du droit français*, V° année,
p. 757 et 353.

Et, dans ces guerres d'indépendance, les libertés intérieures ne cessent pas de préoccuper ces peuples, si jaloux
de leurs priviléges de main armée, *manus armatæ*. Ils
respectent leurs évêques, mais n'acceptent qu'avec réserve
leur immixtion dans le temporel exagérée peut-être au-delà
des Pyrénées ; ils honorent leurs comtes, mais ils leur font
des conditions, et le pouvoir féodal, auquel ils n'échap-
pent pas, pèse sur eux d'un poids plus léger que dans les
provinces qui les entourent.

LIVRE VIII

DROIT MUNICIPAL DES PROVINCES FORMÉES DE L'ANCIENNE GAULE BELGIQUE.

CHAPITRE PREMIER.

VUES GÉNÉRALES SUR LES ORIGINES ET SUR L'ADMINISTRATION DES PROVINCES DU NORD DE LA FRANCE (1).

I. — Les provinces qui dépendaient de la Gaule Belgique, c'est-à-dire la Séquanaise, les deux Germanies et les deux Belgiques, étaient originairement habitées par des peuples germaniques, et, malgré l'invasion romaine, étaient surtout régies par les coutumes d'outre-Rhin. Ces provinces, réunies sous le sceptre de Charlemagne, devinrent, après le démembrement de son empire, les unes sujettes de l'empereur d'Allemagne, les autres sujettes du roi de France ;

---

(1) *De regno Austrasiæ instituta*, auct. Fock (1693). — *Problema historicum de Aquisgrano*, etc. auct. Bartholomœo (1750). — *Histoire de la France rhénane sous les Mérovingiens*, par Kremer (1778). — *Description de la Gaule Belgique*, par Vastelain (1788). — *Les hommes et les choses du nord de la France et du midi de la Belgique*, par Leroy (1836). — *De l'affranchissement des communes du nord de la France*, par M. Tailliar (1837). — *Des anciennes coutumes du nord de la France*, par M Wilbert (1846). — *Formation et administration des villages*, par le même (1854). — *Histoire de la rive française du Rhin*, par Van-Alpen (1802).

il y eut, dans presque toutes, mélange du droit romain et du droit germanique; mais la civilisation germanique y était en général dominante.

La *Mark*, ou communauté germanique, le *Gau*, ou le territoire politique, avaient sans doute beaucoup de rapports avec la *civitas* et le *pagus* des Romains, mais il y avait entre eux des différences essentielles.

La *Mark* était originellement établie sur un territoire limité, la *marche*, la limite, et tout ce qui était en dehors de la limite de ce territoire demeurait étranger aux familles qui l'habitaient. Des propriétaires fonciers, tous armés, tous égaux en droits et en honneurs, vivant chacun dans un isolement complet, au sein de leurs domaines, maintenaient leur indépendance respective sur la Marche commune. Ces patriciens étaient entourés de familiers et de clients dont la condition, intermédiaire entre la liberté et l'esclavage, variait selon les coutumes et les territoires; ces clients, appelés *lites*, pour prix de leur exploitation, payaient tous à leurs dominateurs un tribut soit de travail, soit de fermage, soit d'imposition; mais ils étaient au rang de *Wehren*, et avaient droit de porter les armes. Ils formaient une association dans la Marche, ils y avaient une garantie. De là, le principe établi par la loi salique qu'aucun étranger ne pouvait s'établir dans la *Mark* sans l'assentiment de ses habitants (1). Il paraît qu'il n'en était pas dans les villes comme dans les villages, du moins dans les villes frontières. La coutume de Strasbourg, de 980, disposait : Art. 1er : « Ad formam aliarum « civitatum in eo honore condita est Argentina ut omnis « homo tam extraneus quam indigenus pacem in ea omni

---

(1) BOUQUET, t. IV, p. 150; A. B. L. *Salic emend.* — BALUZE, *Capit.*, t. I, CCCXII, CCCXIII, DCX, § 9.

« tempore et ab omnibus habeat. » Art. 2 : « Si quis foris
« peccaverit et ob culpæ metum in eam (Argentinam) fu-
« gerit, securus in ea maneat. Nullus violenter in eum
« manum mittat. Obediens tamen et paratus ad justi-
« tiam existat. » La charte de Tournay, de 1187, disposait
aussi, art. 20 : « Tout étranger peut venir s'établir dans la
« ville pour y observer ses coutumes. Cascuns hons loi aux
« de quelle terre kil soit vient en le citet manoir bien il
« loira qu'il les coutumes de le citet warge (1). »

II. — Le lien de famille avait dans la *Mark* germanique
une puissance qui reposait sur la triple base de la communauté des biens entre époux, du privilége de la masculinité
dans les successions et de la conservation des biens dans
les lignes héréditaires par la faculté des retraits. A ces divers points de vue, les législations civiles du nord de la
France différaient des lois romaines et des lois d'origine
espagnole que nous avons analysées en parlant des provinces aquitaniques.

« Nos ancestres ont apporté tout ce qu'ils ont pu pour
« conserver le bien à leurs familles, et leur donner des
« moyens de se maintenir en grandeur et en dignité. La
« plupart de nos coutumes ont exclu les filles de tout droit
« successif, d'autant qu'elles passent à une autre famille,
« et qu'elle n'apportoient que ruine à celle de laquelle elles
« sortoient, ce disoit ce serviteur dans Térence : *Auctum*
« *damno suo herum, cui filia nata et serpata nuntiabatur.*
« (*Heautoutumerumenos*, acte IV, scène 1ʳᵉ). Quelques-uns
« ont tout donné à l'aisné en propriété, ne reservant aux
« puinez, bien que masles, qu'un quint viager, à la charge
« de reversion, comme celle de Ponthieu. Nous avons receu

(1) *Recueil d'actes des douzième et treizième siècles*, par M. TAIL-
LIAR, p. 489.

« par tout le royaume de France, non-seulement en pays
« coutumier, mais mesme en pays de droist escrit, les re-
« nonciations des filles faites par leurs contrats de ma-
« riage, aux successions futures de leurs pères et mères,
« encore que mineures, et qu'elles n'eussent leur légitime,
« et que ce soit contre la disposition du droit romain, qui
« réprouve *omnes pactiones de futura successione*, et ne
« laisse de recevoir les filles à partager nonobstant ces re-
« nonciations, en rapportant ce qu'elles ont eu en mariage
« (L. fin. ff. *De suis et legitimis*; L. *Pactum quod dat*, c.
« *De pactis*; L. *Pact.*, c. *De col.*). Nous avons plus fait,
« nous avons admis les institutions d'héritiers faites par
« contract de mariage de ses enfants ou parents à leur dé-
« faut, et jugé qu'elles empeschoient à ceux qui les avoient
« faites et consenties la libre disposition de leur bien par
« leur dernière volonté contre la disposition de la loy sus-
« dite (*Pactum quod dat*; C. *De pact.*) ; que les filles qui
« avoient renoncé à la succession de leur père par leur con-
« trat de mariage en faveur de leur frère ne pouvoient plus
« y estre rappeleez, non-seulement *ab intestat*, mais le tes-
« tament mesme de leur père, duquel elles n'espéroient et
« ne pouvoient espérer aultre commodité et advantage,
« qu'autant que les coutumes permetroient de disposer au
« profit d'un estranger (Voyez la centurie précédente). La
« mesme considération de conserver les biens aux familles
« nous a fait adopter la loy *paterna paternis*, *materna*
« *maternis*, n'admettant aucune confusion pour le regard
« des patrimoines, contre la disposition du droit civil, qui
« dit : *Unius duo patrimonia non posse censeri* (L. *Juris-*
« *peritos*, § 1, *De excus. tutor.*). Nostre coutume de Paris,
« art. 94, a gardé cette règle, mesme aux deniers prove-
« nant de rente constituée qui estaient advenus aux mi-
« neurs, par la succession de leur père et mère, voulant

« que si elles estoient rachetées pendant leur minorité, les
« deniers du rachat non employez ou remployez ou autres
« rentes ou héritages fussent censez de même nature et
« qualité que ces dites rentes rachetées, pour retourner aux
« parens du costé et ligne dont lesdites rentes étaient pro-
« cédées. Le retrait lignager a été aussi introduit pour ce
« subject, afin que les biens mesmes vendus fussent reven-
« diquez par ceux de sa famille. Et d'autant que le droict
« romain a favorisé les testaments es dernières volontez,
« ordonnant que *nunquam ab intestato succederetur*,
« *quamdiu ex testamento succedi posset* (L. *Quamdiu, de*
« *reg. jur.*), d'autant nostre coutume générale de France
« les a defavorisez et bornez par tous les moyens qui luy
« aient esté possibles, ne permettant à ceux qui vouloient
« tester que la libre disposition de certaine partie de leurs
« biens, et le plus souvent de la moindre : comme nostre
« coutume qui règle la dernière volonté au quint des pro-
« pres, afin que le surplus demeure aux héritiers légi-
« times. »

A la différence de la loi romaine, qui soumettait les familles à la souveraineté abstraite de la loi, les coutumes
germaniques respectaient à l'excès l'indépendance de chaque famille. L'homme libre était, dans son territoire,
prince et pontife; il ne reconnaissait à personne un droit
de justice sur sa pensée pas plus que sur ses actions, et
maintenait, dans sa maison et dans son domaine, sa propre
inviolabilité et celle de sa famille. Un voisin ou plus encore
un étranger, lésait-il ses droits, il invoquait le droit de la
guerre, *faida*, et le jugement de Dieu, plus juste et plus
fort que celui des hommes, jugement dont la communauté
était l'organe, dont la garantie ou la *warandia* était l'expression, et dont le *Markfredum* (la paix de la Marche)
était le résultat.

La naissance, le mariage, la mort de chaque membre de la *Mark* devenait l'occasion de réunions et de fêtes, auxquelles le chef de famille convoquait toute sa parenté, qui vivait dans son voisinage sur la Marche commune. Les cohabitants de la Marche étaient presque tous parents et alliés, et leur réunion était une réunion de famille. Des tribus, originairement nomades, s'établirent peu à peu dans des villages, dans des demeures cohérentes ; les possessions autrefois mobiles se fixèrent, et les *Marches* se couvrirent de terrains cultivés, de prairies closes, qui devinrent des propriétés particulières, et de pâturages, de bois communs, appartenant à toute la Marche. Telle est la double origine de la propriété privée et des biens communaux dans les Marches.

III. — Au-dessus des associations agricoles, présidées par les grands propriétaires de la Marche, s'élevaient les associations politiques (Gau ou comtés), que présidait le chef militaire appelé *graphio, jarl* ou *comte*. Ce chef, élu dans l'assemblée du Gau, et pris dans les rangs de la plus illustre, de la plus ancienne famille du district politique, ne possédait pas héréditairement, c'est-à-dire de père en fils, une dignité qui ne se perpétuait que dans la parenté, dans la race. Il ne jouissait pas de plus de priviléges que le reste des concitoyens, et n'avait qu'un droit de préséance ; mais il avait, dans l'origine, un caractère religieux qui se conserva même après l'avénement du christianisme. Les hommes parfaitement libres, les *Arimanni* faisaient seuls partie de l'assemblée du Gau (*Gaugemeinde*). Ils y jouissaient de l'honneur (*Ehre*), source de la garantie mutuelle dans la corporation citoyenne. Ils y disaient la loi et y réprimaient les infractions à la paix du roi (*Gaufredum*).

De la réunion des *Gau* ou comtés se formait la nation dont le centre était le *Thing*, et dont le chef était le duc ou le roi, *Herlog*, *Kounig*, *Kongr*, l'homme de race illustre, le chef militaire, et en même temps le président né en temps de paix du plaid général de la nation.

Ce que la communauté avait décidé dans la Marche, dans le Gau ou Thing national, était obligatoire pour les associés de la Marche, du Gau et du Thing, pour les voisins, les alliés et la nation qui devait s'y soumettre. C'était la voix du peuple; c'était la voix de Dieu, proclamée sur une décision du peuple par les autorités souveraines qui présidaient aux sacrifices, qui inauguraient les délibérations communes.

Des réunions solennelles de la Marche, du Gau, du plaid national avaient lieu, conformément à d'anciennes et profondes coutumes, aux kalendes de chaque mois, et étaient appelées *Gildes de la kalende*. Il s'y commettait souvent des excès. Charlemagne voulut les ramener à leurs obligations de bienséance, de fraternité. Toutes les gildes ou corporations laïques du moyen âge se sont instituées sous de semblables auspices.

Ce régime d'associations purement locales fut modifié par les institutions carlovingiennes qui, en créant une hiérarchie sociale, en établissant des liens de discipline et de dépendance, sans abaisser la fierté native d'esprits originairement rebelles, développèrent chez les peuples d'origine germanique le principe d'unité nationale et monarchique. Les anciens de la Marche, les comtes du Gau, les rois de la résidence centrale apprirent à *servir*, dans la haute et libre acception du mot, et fournirent, dans les assemblées, les présidents et les pontifes, à la guerre les chefs d'armée et les vaillants capitaines. Les mêmes hommes furent à la fois les hommes de la localité ou de la nation dans la Marche, dans le Gau, au Thing ou au plaid général, et les leudes ou fidèles du comte, du duc ou du roi. Les offices n'étaient pas encore héréditaires, mais ils le devinrent par l'ascendant des hommes puissants, qui profitèrent de la double position dont ils jouissaient pour dépouiller à leur profit et la nation et le roi. Il y avait aussi beaucoup d'alleux, mais ils disparurent envahis peu à peu par les fiefs.

Le système féodal et le système allodial se livrèrent, en Franche-Comté, en Alsace, en Picardie, en Flandre, dans le Hainaut, dans l'Artois, des combats qui amenèrent des résultats très-divers. Originairement, les terres conquises par les hommes d'armes étaient des terres franches, allodiales ou saliennes, dont la possession reposait sur la garantie commune. Le lien féodal, qui s'établit entre les rois et soit les anstrustions ou grands leudes réunis autour de sa personne, soit les barons ou les petits leudes qui existaient dans son camp, changea l'état des choses, et l'hérédité des bénéfices devint le fondement d'une hiérarchie très-sévère dans les choses comme dans les personnes. Membres d'une communauté libre, les hommes qui la formaient se trouvèrent revêtus dans leurs rapports entre eux d'un caractère communal, et dans leurs rapports avec le souverain d'un caractère féodal. Ces hommes devinrent des bourgeois (*burgenses*), non pas peut-être parce qu'ils habitaient le *burg*, lieu fortifié, mais parce qu'ils se devaient une garantie réciproque (*borg*).

Telle fut, dans la France du nord, l'organisation originelle des bourgeoisies primitives, établies d'abord dans le *Gau* et dans les villages bâtis sur le territoire politique, puis dans les villes où les citoyens jouissaient de plus de sécurité et de liberté que dans les campagnes. Ces bourgeois, organisés militairement dans des dizainies et des centenies avec leurs familles et leurs clients, formaient, réunis ensemble, une *conjuration* d'hommes libres, et obéissaient à des chefs anciennement électifs, mais qui,

sous le régime féodal, étaient installés comme hommes-
liges par le suzerain ou le comte. Ces chefs présidaient
les mâls ou placités, et ne faisaient rien dans les affaires
civiles sans l'assentiment des assesseurs, qui n'étaient d'a-
bord que des hommes libres, et qui, dès le règne de Charlemagne, devinrent des magistrats. Mais, après l'établissement des bénéfices héréditaires, les grands usurpèrent,
surtout dans les campagnes, les droits régaliens. Ils cessèrent de garantir la paix du roi, c'est-à-dire la juridiction
royale dans le comté ; ils ne garantirent plus que la paix du
comte, c'est-à-dire la juridiction seigneuriale ; et c'est ainsi
que, dans toutes les provinces du nord de la France, les
petits alleux, les petites terres saliennes, les petites communautés disparurent, et que les hommes de la *garantie*,
les bourgeois, furent contraints, pour résister aux usurpations des seigneurs, de se réunir dans les villes, et d'y former, sur de nouveaux types, des associations qui devinrent
le principe des *gildes* d'arts et métiers et des corporations
communales.

C'est ainsi que, dans le nord de la France, l'esprit de la
commune germanique se développa au sein des cités que
les Romains avaient bâties sur les bords du Rhin, de la
Meuse et de la Moselle. Il y chercha des auxiliaires dans
la classe des petits bourgeois et des artisans, qui se confé-
dérèrent, s'assermentirent, se conjurèrent et devinrent le
noyau des forces latentes dont le mouvement, longtemps
comprimé par la force, éclata, vers le onzième siècle, avec
des caractères de violence dont nous n'avons pas trouvé de
traces dans le développement pacifique des municipes méridionaux.

Certaines villes jouissaient d'immunités cléricales, et
étaient par là soustraites à la juridiction des seigneurs qui,
devenus héréditaires dans leurs offices, menaçaient les rois

et étaient imbus d'une indépendance fière et turbulente. Le clergé attirait dans les cités épiscopales des laïques dont il encourageait les conjurations et les fraternités ou les gildes; il y avait aussi dans ces villes des avocats de l'empire, *advocati imperii*, et les bourgeois, conduits à opter entre la juridiction du comte, celle de l'évêque et celle du prince, inclinaient ordinairement pour celle-ci contre les deux autres. De là, de fréquents conflits et de violentes récriminations des seigneurs et des évêques contre ces communautés exécrables (*communio pessimum nomen*), où ils ne voyaient que des germes de troubles et de séditions.

Malgré cette double résistance, toutes les provinces du nord de la France virent se développer dans leur sein un système de communes organisées moins d'après le prototype romain que d'après le système antique des *Warandia* et des *Gildonia* germaniques. Chaque commune bourgeoise possédait des biens fonds, faisait le commerce sous le nom de *Hanse*, s'organisait au besoin en milice, et confiait la poursuite de ses griefs, le commandement de ses troupes, la direction de ses entreprises à un chef, contre lequel elle savait aussi défendre ses franchises intérieures.

La position de ce chef était quelquefois fort difficile. Engagé envers la commune dont il était souverain, engagé envers le seigneur, le roi ou l'évêque dont il était vassal, il avait à satisfaire à des devoirs contradictoires, et, dans le conflit perpétuel entre l'esprit féodal et l'esprit communal, on conçoit les plaintes réciproques des bourgeois qui se disaient opprimés, et des seigneurs, des rois ou des évêques qui se croyaient souvent lésés par l'ingratitude de la commune; de là, la lutte opiniâtre engagée dans le nord de la France durant une grande partie du moyen âge.

Dans cette lutte, où s'engagèrent les seigneurs, les rois, les évêques, les patriciens, les marchands, les artisans des

communes, la puissance bourgeoise s'étendit par des
succès souvent conquis à main armée. Les chefs des communes, librement élus par tous les habitants parmi les familles antiques et méritoires, selon le vieux principe de
toute association germanique, présidaient, dirigeaient, exé-
cutaient, mais ne commandaient pas, n'ordonnaient pas. Ils
étaient assistés par un nombre de sept, de neuf ou de douze
échevins, qui siégeaient dans la maison de la commune pour
y juger les causes administratives ou judiciaires, quelquefois même les causes politiques. Ceux-ci surent se soustraire bientôt à l'élection de leurs concitoyens, et formèrent, sous le titre de *fraternitas scabinorum*, une commune
d'échevins où ils se garantirent leurs droits mutuels. Ils
finirent par se constituer dans leurs familles une magistrature héréditaire, se réservèrent le droit exclusif d'élire
dans leurs rangs un prévôt, un préfet, un mayeur, et formèrent ainsi une oligarchie redoutable, contre laquelle les
bourgeois locataires, non possesseurs de biens fonds dans
le territoire de la cité, les hommes qui n'habitaient pas,
dans la ville-mère, sur un héritage libre, les hommes qui
occupaient le sol et la demeure des autres furent obligés de
se fédérer pour alléger un joug oppresseur. De là, les corporations de marchands et d'artisans, et leurs luttes avec
les échevins pour la participation au pouvoir. Armés ici par
l'évêque contre la commune, ailleurs par la bourgeoisie
moyenne contre le patriciat, ces nouveaux venus de la cité
devinrent à leur tour riches, puissants et orgueilleux. Tantôt marchands et artisans luttaient de concert contre la
commune mère ; tantôt ils se désunissaient. Les patriciens
cherchaient-ils à leur enlever leurs chefs, défense était
faite aux transfuges de quitter la corporation nouvelle et
d'entrer dans la vieille commune. L'esprit de caste des-
cendait du sommet de la société dans ses régions les plus

infimes, l'imitation des hauts rangs était dans toutes les classes, et de là résultait un enivrement d'orgueil, un esprit de guerre universel, qu'aurait pu tempérer l'influence religieuse si puissante sur les corporations du moyen âge, si cette influence n'avait été compromise par la participation du clergé aux abus et aux désordres du régime féodal, et par les sanglantes luttes du sacerdoce et de l'empire.

IV. — Il nous reste, pour compléter l'esquisse rapide des institutions communales du nord de la France au moyen âge, et pour faire comprendre en quoi elles s'éloignaient de celles du midi, à signaler les différences du droit coutumier et du droit écrit sur le franc-alleu.

A la différence des provinces romaines, où le franc-alleu était universellement admis, il y avait trois sortes de coutumes.

Les unes voulaient que tout héritage fût réputé franc, si le seigneur dans la justice duquel il était situé ne montrait le contraire. Dans ces coutumes, il n'était pas nécessaire au propriétaire d'une terre de produire des titres pour montrer qu'elle était allodiale.

Il y avait d'autres coutumes où le franc-alleu n'était point reçu sans titre particulier. Dans ces coutumes, le seigneur d'un territoire était bien fondé à prétendre que tous les héritages qui y étaient enclavés étaient mouvants de son fief ou en censive, et ceux qui prétendaient que leurs héritages étaient libres, en devaient produire les titres. De plus, les héritages qui n'étaient enclavés dans aucun territoire n'étaient pas présumés libres et la mouvance était censée appartenir au roi, comme seigneur universel de tout le royaume.

Certaines coutumes distinguaient entre le franc-alleu noble et le franc-alleu roturier; elles admettaient le premier et excluaient le second.

Il y avait enfin des coutumes qui n'avaient point de disposition particulière sur le sujet du franc-alleu.

On tenait anciennement que, dans les coutumes, c'était au seigneur à prouver sa mouvance, lorsqu'il n'avait pas un territoire circonscrit et limité. Mais grâce aux usurpations incessantes de la féodalité, on adopta plus tard, dans presque tous les pays coutumiers, la maxime : *Nulle terre sans seigneur*, et ceux qui prétendaient que leurs terres étaient libres durent le prouver (1).

CHAPITRE II

DROIT MUNICIPAL DE LA FRANCHE-COMTÉ (COMTÉ DE BOURGOGNE) (2).

I. — La province appelée Sequanaise, originairement peuplée par des Celtes, et qu'Auguste joignit à la Belgique

(1) ARGON, *Institution au droit français*, livre II, ch. III. — (2) *Brevis ac dilucida Burgundiæ superioris*, per JOANNEM OPORINUM (1552). — *Etat, par ordre alphabétique, des villes, bourgs, et villag s du comté de Bourgogne*, par JEAN QUERRET (1748). — *La Franche-Comté ancienne et moderne*, par JOLY (1779). — *Dictionnaire des communes de la Franche Comté*, par ROUSSET (1833, 1858), — *La Franche-Comté ancienne et moderne*, Besançon, par JACQUIN. (1857-1859). — *Mémoires historiques de la république séquanaise*, par GOULLUT (159). — *Abrégé de l'histoire de la Franche-Comté*, par LOUVET (1675). — *Histoire des Séquanais*, par DUNOD (1735). — *Mémoires pour servir à l'histoire du comté de Bourgogne*, par DUNOD (1740). — *Histoire abrégée du Comté de Bourgogne*, par GRAPPIN (1780). — *Abrégé de l'histoire du Comté de Bourgogne*, par CONCHÉ. — *Résumé de l'histoire de la Franche-Comté*, par LEFÉBURE (1825). — *Mémoires et documents inédits pour servir à l'histoire de la Franche-Comté*, publiés par l'Académie de Besançon, en 1838. — *Essai sur l'histoire de la Franche-Comté*, par CLERC (1840, 1846). —

en même temps que la Suisse, dont elle était séparée par le
mont Jura, fut envahie par les Bourguignons, dans le cinquième siècle, et par les Francs, dans le siècle suivant. Après
le partage des États de Louis-le-Débonnaire, Lothaire et ses
fils, Lothaire et Charles, possédèrent de cette province tout
ce qui est au-delà de la Saône ; mais, après la mort de ces
princes et l'abdication de Charles-le-Gros, les peuples de la
Bourgogne trans-jurane élurent roi un seigneur appelé Rodolphe, qui fut maître du pays d'au-delà la Saône, et dont
les descendants l'occupèrent jusqu'à la mort de Rodolphe III,
snrnommé le Lâche. C'est ainsi que la Séquanaise devint
le comté de Bourgogne, appelé quelques siècles plus tard
Franche-Comté, soit parce que ses seigneurs s'étant rendus
indépendants des empereurs d'Allemagne, auxquels ils
obéissaient auparavant, cessèrent de leur faire hommage et
de leur payer des tributs, soit parce que les habitants de la
province étaient francs et libres, et que le comte ne pouvait lever sur eux aucun impôt, étant obligé de se contenter de ses revenus ordinaires.

Le premier comte de Bourgogne fut Othe Guillaume,
fils du prince Aldebert, et petit-fils de Bérenger, roi d'Italie, qui prit possession, on ne sait comment, de la Bourgogne supérieure sous le règne de Rodolphe Ier. La suzeraineté
de l'empire sur cette province date de Conrad-le-Salique,
qui, après la mort de Rodolphe III, en prit possession et
se fit reconnaître souverain par les seigneurs tant laïques
qu'ecclésiastiques. L'un d'eux, Renaud, comte de Bourgogne, essaya de secouer le joug, mais fut battu, en l'an 1044,

Histoire de la Franche-Comté, par ROUGEBIEF (1851). — *Essais
sur l'origine de la Séquanie*, par MONNIER (1818). — *La Franche-
Comté de Bourgogne sous les princes espagnols*, par ADOLPHE DE
TROYES (1847).

par Louis, comte de Montbelliard, à qui l'empereur Henri-le-Noir avait donné le commandement de son armée, et les successeurs de ce comte furent longtemps vassaux de l'empire.

Le comté de Bourgogne passa à la mort de Guillaume III, en 1126, à sa fille Béatrix, qui épousa l'empereur Frédéric-Barberousse. Othon, leur fils, porta le premier le titre de comte palatin. Philippe-le-Long, qui fut d'abord comte de Poitiers et puis roi de France, ayant épousé Jeanne, fille d'Othon, comte de Bourgogne, Jeanne, leur fille aînée, hérita du comté de Bourgogne qu'elle apporta en dot à Eudes, duc de Bourgogne; de là, la puissante maison des ducs de Bourgogne, dont Charles-le-Téméraire compromit les destinées et dont les États furent réunis par Louis XI à la couronne. Le comté de Bourgogne fut donné à Marguerite d'Autriche en vue de son mariage projeté avec Charles, alors dauphin, qui fut depuis Charles VIII; mais ce mariage n'ayant pas eu lieu, on rendit, par la paix de Senlis, en 1493, le comté de Bourgogne à Philippe, fils de Maximilien et de Marie de Bourgogne, qui le laissa à son fils Charles-Quint. Cet empereur le joignit à ses provinces des Pays-Bas, dont il composa un nouveau cercle qu'il nomma le *cercle de Bourgogne*, et c'est sous son règne et sous celui de ses successeurs, qui jouirent du comté de Bourgogne jusqu'à Charles II, roi d'Espagne, sur lequel Louis XIV le conquit en 1668, que le comté de Bourgogne perdit ses libertés et ses franchises immémoriales.

La Franche-Comté n'avait été d'abord divisée qu'en deux bailliages; le bailliage d'amont ou du nord, et le bailliage d'aval ou du midi. Les ducs de Bourgogne, de la maison de Valois, créèrent à Dôle le bailliage du milieu, et Philippe IV ayant joint au comté de Bourgogne la ville de Besançon, y établit un nouveau bailliage composé de plusieurs bourgs et villages qui étaient du ressort des villes de Quingey et d'Ornans, membres du bailliage de Dôle.

II. — Besançon, cette ancienne capitale de la Séquanaise (*maxima Sequanorum*), devenue ville de l'empire après avoir été successivement possédée par les rois mérovingiens de Neustrie et de Bourgogne et par le roi Rodolphe, sous la dynastie carlovingienne, fut dotée par les empereurs ses souverains de grands priviléges, et exempte même de tributs, comme Charles IV le déclara dans une patente de l'an 1364 confirmée par ses fils Vinceslas et Sigismond, et même par les empereurs Frédéric III et Charles-Quint.

L'empereur Henri VI institua à Besançon une municipalité élective, investie du droit de participer à la juridiction épiscopale et de veiller à la police et à la garde de la ville (1). Cette municipalité, que les bourgeois de Besançon surent défendre (2) et développer par des empiètements successifs et par des traités d'alliance avec des seigneurs voisins, secrètement protégés peut-être par les rois de

(1) Si vero cives prædicti vel aliquis ipsorum civium coram archiepiscopo seu coram vice-comite seu majore fuerint accusati vel accusatus, vel quocumque alio modo in judicio coacti vel coactus, capti vel captus..... et in causa fuerit conclusum ex tunc vocatis aliis civibus dictæ civitatis, dicti cives vel civis, per cives non inimicos, et minus favorabiles sed communes ad hoc specialiter electos de prædictis civibus vel cive judicabunt, et quod fuerit per judicem coram quo fuerint convicti vel convictus mandabitur executioni..... Volumus et concedimus ut custodia nostræ civitatis Bisuntinæ penes cives remaneat, ut eam custodiant et defendant pro nobis..... liceat ipsis civibus de seipsis eligere meliores et discretiores, qui jurati regant et procurent negotia civitatis, prout faciunt cives et burgenses per regnum nostrum (*Diploma Henrici VI*, 1190. —DUNOD, *Hist. de Besançon, Preuves*. p. 53). — (2) On lit dans une épitaphe de 1273 : « VI Kal. maii, interfectus fuit Johannes Gravius civis Bisuntinus pro libertate civitatis Bizuntinæ, gerendo ipsius civitatis negotia. Anima ejus requiescat in pace » (CHIFFLETTII, *Vesontio civitas imperialis*, t. 1, p. 277).

France (1) contre les forces réunies de l'empereur et de l'archevêque de Bâle, cette municipalité, disons-nous, consistait en un conseil de vingt-huit notables, élus annuellement dans les sept quartiers de la ville nommés *bannières* parce que chacun avait son drapeau et ses couleurs, et qui à leur tour nommaient quatorze personnes, deux par *bannière*, pour former la magistrature de l'année. Ces quatorze *prud'hommes*, *recteurs*, ou *gouverneurs* exerçaient la police et la justice municipales. Tous présidaient à tour de rôle. Ils formaient, avec les vingt-huit notables de l'année courante et les quatorze magistrats sortis de charge, un conseil d'État revêtu de l'autorité souveraine, et dont les réunions étaient annoncées plusieurs jours d'avance, avec les matières qui devaient y être discutées (2). Tel a été, sauf quelques nuances, le gouvernement de la ville impériale de Besançon jusqu'en 1651, époque à laquelle Besançon perdit ses anciennes libertés, parce que l'empereur Ferdinand III, du consentement des états de l'empire, céda cette ville et ses dépendances à Philippe IV, roi d'Espagne, pour l'obliger à restituer à Charles-Louis, électeur palatin, la ville de Frankendal dans le bas Palatinat, dont les Espagnols s'étaient emparés durant la guerre d'Allemagne. Louis XIV se rendit maître de la ville et de la citadelle de Besançon après un grand siége, qu'il dirigea en personne. en 1674.

III. — Dôle, ville principale du bailliage du milieu, était,

---

(1) Une lettre adressée en 1277, par Rodolphe I*er*, aux citoyens de Besançon, renferme le passage suivant : « Sicut ad culminis nostri pervenit notitiam, Rex Franciæ, fermento persuasionis suæ, sinceritatem fidei vestræ molitur corrumpere, vos a fidei nostræ et imperii debito avertendos et servitium sui secularis dominii acrescendo » (CHIFFLETII, *Vesontio civitas imperialis libera,* t. I, p. 229). — (2) DUNOD, *Histoire de la ville, église et diocèse de Besançon,* t. I, p. 270.

avant Besançon, la capitale du comté de Bourgogne. C'était
la demeure de l'empereur Frédéric-Barberousse. C'était le
siége du parlement que Philippe-le-Bel fonda entre l'année 1294 et l'année 1306, « pas plus haut, dit Perciot (1),
que la première, puisqu'elle vit conclure le traité de Vincennes qui donna Philippe-le-Bel pour administrateur au
comté de Bourgogne ; pas au-dessous de la seconde, puisqu'un compte rendu au souverain pour cette année-là rapporte en défense les frais faits à la tenue du parlement de la
province. » Ce parlement, fixé à Dôle, au moins depuis l'année 1422, par Philippe-le-Bon, duc et comte de Bourgogne,
en disparut en 1479, quand la ville de Dôle fut prise, ruinée
et rasée par l'armée de Louis XI, et fut établi à Salins. Puis
il fut rétabli par Philippe d'Autriche à Dôle avec la chambre des comptes et l'université. Louis XIV laissa la chambre des comptes à Dôle, mais établit le parlement et l'université à Besançon.

Il y avait dans le bailliage du milieu deux autres villes
ayant chacune un siége royal, Quingey et Ornans, dont les
seigneurs, des maisons de Brancion et de Challon, devinrent comtes de Bourgogne.

IV. — Le bailliage d'amont avait trois principaux siéges
de justice : Vesoul (*Vesolum*, *Vesullum*), siége d'une abbaye de religieux de Sainte-Benigne fondée par Renaud Ier,
et que ses successeurs rachetèrent au douzième siècle de
l'archevêque de Besançon; Gray (*Gradicum*) château (*castellum*), comme on le voit dans la chronique de l'abbaye de
Bèze, écrite par le moine Jean, qui rapporte une charte du
temps d'Odo, abbé de Bèze ; Baume-les-Monnes, qui a pris
son nom d'un monastère de religieuses fondé vers l'an 400

(1) *De l'état civil des personnes et de la condition des terres*, t. II,
p. 107.

du temps de Germain, évêque de Besançon, martyrisé par les Vandales ariens, et où les comtes palatins de Bourgogne étaient seigneurs haut-justiciers. Un autre monastère, fondé par saint Colomban, Irlandais de naissance, avait été le principe de la seigneurie de *Luxeu*, enclavée dans le bailliage d'amont, quoique ressortissant immédiatement du parlement du comté.

V. — Le bailliage d'aval ou du midi comprenait cinq siéges de justice : Montmoret (*Leodo*), petite ville, située à une lieue de Lons-le-Saulnier, célèbre aussi par ses salines ; Arbois (*Arbosium*), d'où l'empereur Frédéric-Barberousse donna à Héraclius, archevêque de Lyon, la surintendance du royaume de Bourgogne et d'Arles ; Pontarlier, déjà important au temps de Jules-César, et défendu par le château de Jouy ; Poligny (*Polemniacum*), établi dans le *pagus Warascus ou Varescus*, du nom des peuples *Waraci*, qui faisaient partie des Séquaniens ; Salins, dont le nom indique son produit le plus important, et dont la seigneurie, unie à celle des comtes de Bourgogne, formait un des plus beaux fleurons de sa couronne.

VI. — La seigneurie de Saint-Oyen de Joux ou Saint-Claude faisait partie de la Franche-Comté, quoique ne ressortissant d'aucun de ses bailliages, et étant uniquement soumise à son parlement. Les abbés étaient les vrais seigneurs de ce territoire ; les empereurs, et, après eux, les comtes de Bourgogne n'en étaient que les défenseurs.

VII. — Les villes secondaires de la Franche-Comté, surtout dans le bailliage d'aval (car le pouvoir à peu près absolu de l'autorité ecclésiastique s'exerçait dans la partie septentrionale), reçurent de leurs seigneurs, à dater du milieu du treizième siècle, des chartes de priviléges diverses dans leurs détails, mais où domine généralement le nombre de quatre magistrats, qui paraît à M. Thierry un type venu par tradition de la municipalité des Romains. De ce nombre est Poligny, à laquelle une charte donnée en 1288, par Othon, vicomte de Bourgogne, garantit les droits de franchise et de commune, *prædicti communis et franchisiæ*; Dôle et Salins étaient gouvernées à peu près comme Poligny. Montbelliard avait le conseil commun, qui se composait de neuf maîtres bourgeois élus, et d'un maître bourgeois en chef nommé par le comte de Bourgogne, accrédité par lui après des magistrats municipaux, et n'ayant que voix consultative dans les délibérations du conseil. L'administration de Pontarlier se composait d'un maire, de quatre échevins et de huit conseillers. La ville formait un corps politique uni de toute ancienneté avec vingt villages situés autour d'elle. Ces villages, dit M. Thierry, participaient aux droits de la ville pour l'élection des magistrats, et à ses charges pour les dépenses de l'administration commune. Tous les habitants de cette circonscription territoriale étaient bourgeois de Pontarlier. Ils prenaient le titre de barons, et leur communauté se nommait le *Baroichage*, c'est-à-dire le baronnage de Pontarlier. Ce nom joint, pour la population de tout un territoire, au droit de s'administrer elle-même et d'avoir des juges nommés par elle, signale un fait sinon unique du moins très-rare dans l'étendue de la France actuelle, celui de la conservation à travers les siècles d'un débris des institutions mérovingiennes, d'une centenie avec ses hommes libres, telle que nous la présentent les monuments législatifs de la seconde race.

VIII. — La Franche-Comté, ou comté de Bourgogne, possédait dans le pays de montagnes où se trouvent Besançon, Quingey, Arbois, etc., de riches pâturages qui nourrissaient une grande quantité de bestiaux. Les bois, les minerais et les fossiles y abondaient; et comme la Fran-

che-Comté était un pays de franc-alleu, les seigneurs haut-
justiciers n'y avaient pas, en cette qualité, un droit particulier à la propriété des communaux, qui étaient censés
appartenir aux communautés d'habitants, et avaient seulement l'usage de deux parts égales à celle de l'un des
principaux habitants, ce qui était conforme au droit de
l'Espagne et de l'Italie attesté par Covarruvias, *Pratic.
quæst.*, c. XXXVII, et par Pecchius, *De servit.*, liv. VIII,
c. IX (1).

IX. — Les états du comté de Bourgogne établissaient
les impôts à l'exclusion des seigneurs ; ils étaient les or-
ganes des vœux des populations, reconnaissaient les nouveaux princes, fixaient les coutumes, et avaient même la
faculté de faire avec l'ennemi des traités pour la délivrance
du pays. Ces états ne se confondaient pas avec ceux du
duché de Bourgogne, dont nous parlerons plus tard, car on
voit, en 1431, les états du duché réunis à Dijon voter un
subside de 25,000 livres, et les états du comté en voter un
de 12,000 livres. Quelque temps après, en 1433, là duchesse de Bourgogne arriva à Dijon, où les états du duché
votèrent un subside de 40,000 livres qui leur fut demandé ;
elle se rendit à Dôle, où les états du comté accordèrent un
subside de 21,000 livres (2). Les coutumes du comté furent publiées dans l'assemblée des états réunis à Salins,
par Philippe-le-Bon, en 1453 (3).

(1) Voyez DUNOD, *Des prescript.*, p. 100. — (2) Vovez D. PLAN-
CHER, *Histoire générale et particulière de la Bourgogne*, t. IV,
p. 151 et 152. — (3) *Art de vérifier les dates*, t. II, p. 521.

CHAPITRE III

DROIT MUNICIPAL DE L'ALSACE (1).

I. — L'Alsace, sous l'empire romain, appartenait à deux provinces : la Germanie supérieure, qui dépendait de la Séquanaise, et la Germanie inférieure, ou première Germanie, dont le territoire faisait partie de celui des Médiomatriciens, qui s'étendait jusqu'au Rhin. Après la ruine de l'empire romain, ce pays fut occupé par les Francs, et alors il n'y avait pas de villes, car *Argentorate* avait été détruite

---

(1) *Des Alsasz*, par ROSSLIN (1593). — *Hieronymi Gebuilerii pane-gyris Carolina* (1641). — *Topographia Alsaliæ*, par MÉRIAN (1644). — *Jacobi Wimpholingii cis-Rhenum Germonia* (1649). — *Descriptiun de l'Alsace*, par SANSON LE FILS (1657). — *Dictionnaire géographique, historique et politique de l'Alsace* (1787). — *Topographie de l'Alsace, suivie d'un précis de l'histoire de ce pays*, par STROBEL. — *L'Alsace*, par AUFSCHLAGER (1825-28). — *Petite géographie historique et politique de l'Alsace*, par VOULET (1858). — *L'Alsace ancienne et moderne*, par JACQUES BAQUOL (1851). — *Remarques sur la dénomination celtique de quelques cours de l'eau de l'Alsace* (1854). — *Musée pittoresque et historique de l'Alsace*, par ROTHMULLER (1857). *Chronicon Alsaliæ d'*HEZZOG (1592). — *Dagobertus rex Argentinensis*, par COCCIUS (1623). — *Antiquitates Germaniæ primæ de Rebellius* (1669). — *Ulrici Obrechti Alsaticarum rerum prodromus* (1681). — *La plus ancienne chronique allemande spéciale à l'Alsace*, par KÖNIGSHOVEN (1698). — *Histoire de la province d'Alsace*, par LAGUILLE (1727). — *Alsatia illustrata*, par SCHÆPFLIN (1751). — *Histoire des villes d'Alsace*, par LE MÊME (1825, 1829). — *Geschichte und Beschreibung des Elsasses* (1782). — *Théâtre alsacien*, par WOOG (1784). — *Histoire de la province d'Alsace*, par GRANDIDIER (1787). — *Résumé de l'histoire d'Alsace*, par M. V*** (1825). — *Précis de l'histoire d'Alsace*, par RAGON (1834). — *Histoire de l'Alsace*, par STROBEL (1841, 1849). — *Histoire d'Alsace*, par BOYER (en cours de publication). — *Information touchant les dix villes impériales en Alsace, au regard de la préfecture provinciale* (1637). — *Essai sur les anciennes juridictions d'Alsace*, par RÉVILLE.

par les barbares. Le Rhin formait la limite entre le royaume de Clovis, sur la rive gauche, et celui des Allemands, Suèves, Souabes (peuples errants), qui occupaient la rive droite, comme nous l'apprend l'auteur de la *Vie de saint Vaast.*

Il est parlé de l'Alsace pour la première fois dans la chronique de Frédégaire, à l'an 610 (livre V). Ce pays ne s'étendait guère alors au-delà de l'Ill, qui prend sa source entre Bâle et Porentruy, et se jette dans le Rhin, au-dessous de Strasbourg. Cette rivière s'appelait anciennement *Elsa* ou *Alsa*, d'où se sont formés les noms *Alsacia* ou *Alesaciones*, pour désigner le pays qu'elle arrose de ses eaux et les peuples qui l'habitent.

Childebert, roi d'Austrasie et de Bourgogne, donna toute l'Alsace à son fils Thierry, roi de Bourgogne. Théodebert, son fils aîné, entreprit de s'en rendre maître, et ce fut là l'origine de la haine et des querelles entre les deux frères.

L'empereur Lothaire, fils aîné de Louis-le-Débonnaire, eut en partage les deux Alsaces, qui vinrent ensuite à son fils Lothaire, sous lequel elles furent gouvernées par deux comtes. Il est fait mention de l'Alsace comme d'un duché ou grand gouvernement (*ducatus Helisatiorum*), dans les annales de Saint-Bertin, à l'an 839. Elle était alors divisée en deux comtés, dent l'un, placé au nord, se nommait *Nortgovia*, et l'autre, au midi, avait le nom de *Sundgovia*. La ligne de division était entre Schelestadt et Colmar.

Le partage du royaume de Lothaire attribua en entier l'Alsace à Louis, roi de Germanie, en l'an 870. Elle suivit le sort du royaume de Lorraine, et appartint quelquefois à la France et le plus souvent à la Germanie. Les empereurs la mirent d'abord sous le gouvernement du duc de Souabe, et y établirent ensuite, après l'en avoir détachée, des landgraves ou comtes provinciaux.

L'Alsace faisait encore partie de l'Allemagne proprement dite ou de la Souabe au temps de Philippe-Auguste, et au commencement du treizième siècle, puisque Guillaume-le-Breton, dans son poëme sur la vie de ce roi, dit que l'Allemagne, c'est-à-dire la Souabe, s'étendait jusqu'aux montagnes des Vosges (*Vogesos tangens Alemania fines*). Les ducs n'étaient pas encore héréditaires en cette province dans le onzième siècle, sous Conrad-le-Salique et Henri-le-Noir. Les empereurs ne donnaient en fief perpétuel à leurs seigneurs, tant ecclésiastiques que séculiers, que des bourgades ou petites villes et des châteaux (*castella*). Ces comtes provinciaux ou landgraves, parmi lesquels furent les ancêtres de Rodolphe de Habsbourg, étaient notamment établis à Egeshein ou Egeneshein, à Daschsbourg et autres petites places de la haute Alsace. On croit communément dans le pays que Henri, mort sans enfants en 1258, fut le dernier landgrave d'Alsace. Mais Obrecht a prouvé dans son *Prodrome d'Alsace* qu'Henri eut un fils posthume et des frères, et que ce fils eut une partie de son héritage. Plusieurs fiefs furent donnés depuis cette époque en Alsace par les empereurs et par l'évêque de Strasbourg aux comtes d'Œting, qui vendirent, en l'an 1359, tout ce qu'ils avaient en Alsace à Jean de Lichtemberg, évêque de Strasbourg.

Le titre de landgraves d'Alsace fut disputé depuis aux évêques de Strasbourg qui étaient princes, et dont l'évêché était une principauté immédiate de l'empire, par les princes de la maison d'Autriche, qui avaient acquis le comté de Ferrette et le pays de Suntgau, et qui avaient aussi la préfecture provinciale héréditaire d'Alsace, avec le droit de rendre la justice aux dix villes impériales.

La préfecture héréditaire d'Alsace, charge bien autrement importante que l'*avouerie*, qui n'était qu'un vain titre,

retourna à l'empire à la mort de Jean de Lichtemberg, évêque de Strasbourg, et dernier landgrave d'Alsace.

Elle fut donnée par l'empereur Robert à son fils aîné,
Louis, en 1418, et passa aux descendants de ce prince, qui
en jouirent pendant cent quarante-huit ans. Les préfets
électeurs avaient le droit de donner l'investiture des fiefs qui
relevaient de l'empire dans la *landfoglie*, ou préfecture
d'Alsace, sous la seule réserve, en faveur des empereurs,
des grands fiefs, des principautés, des comtés, des baronnies, des châteaux.

II. — La basse Alsace contenait toute l'étendue de pays
qui avait été occupé par les peuples *Tribocques* qui, sortant
de la Germanie et passant le Rhin, s'étaient établis dans le
territoire des Médiomatriciens, peuples belges.

La capitale de cette province était Strasbourg, ville fondée par les fils ou petits-fils de Clovis, à une lieue du Rhin,
sur les bords de l'Ill, proche des ruines de l'ancienne Argentorate. Strasbourg, après avoir été une ville assez considérable et célèbre dans le quatrième siècle, puisque Ptolémée l'a marquée, et qu'Ammien-Marcellin la mentionne
comme ayant été connue par les défaites des Barbares,
cladibus barbaricis, tomba sous les coups d'Attila, fut entièrement détruite et devint un lieu désert.

La ville de Strasbourg, bâtie sur la chaussée militaire
des Romains (*Stratz-burg*), portait déjà ce nom en 575,
comme on le voit par Grégoire de Tours, qui dit que le roi
Childebert y habitait : « Infra terminum urbis morabatur
« quam Strateburgum vocatur. » L'empereur Lothaire y
établit, en 845, le monastère de Saint-Étienne, « inter ruinas
« veteris Argentorati. » Plusieurs rois d'Austrasie y
avaient déjà bâti des palais. Fidèle à ses rois, la ville de
Strasbourg se soumit avec peine à Othon-le-Grand, mais
demeura depuis fidèle aux empereurs d'Allemagne jus-

qu'au moment où elle a passé sous la domination de la France.

La cité de Strasbourg était célèbre au moyen âge par ses évêques, dont le premier, parfaitement certain, fut institué sous Dagobert, c'est-à-dire avant l'an 638. L'évêque d'Yorck saint Wilfrid ayant été appelé à l'évêché de Strasbourg, en 678, le refusa. Eddius Stephanus, qui a écrit sa vie, appelle l'évêché de Strasbourg : « Episcopatum maxi-« mum ad civitatem Streitburg pertinentem. » L'église de Strasbourg, quoique soumise aux métropolitains de Mayence et de Cologne, était donc illustre, et la puissance de ses évêques grandit tellement qu'elle devint suspecte et odieuse au peuple.

L'administration de Strasbourg était, depuis les premiers siècles de notre histoire, entre les mains de l'évêque, assisté de quatre grands officiers, sans autre participation des bourgeois que leur intervention dans le choix de l'avoué de l'évêque (1).

La coutume de Strasbourg, qui remonte à l'an 980 (2), nous montre tous les magistrats de la ville soumis à la puissance de l'évêque, soit qu'il les ait institués lui-même, soit qu'il les ait fait instituer par des magistrats subordonnés (3). Les quatre officiers dans lesquels réside le gouvernement de la ville sont institués par l'évêque, savoir : le prévôt (*schulteiss*), le burgrave (*burgravius*), le péager ou receveur de la douane (*theleonarius*), et le di-

---

(1) *Résumé de l'histoire d'Alsace*, p. 99. — (2) Voyez le texte de cette coutume dans l'*Histoire du droit français*, par M. GIRAUD, t. I, p. 7. — (3) Omnes magistratus hujus civitatis ad episcopi spectant potestatem, ita quod vel ipsemet eos instituit, vel illi quos ipse statuit. Majores enim ordinabant minores, prout sibi subjecti snut (art. 5).

recteur de la monnaie (*monetæ magister*) (1). Les attributions judiciaires du prévôt ou *comsidicus*, de ses vicaires, de ses officiers de police sont soigneusement énumérées.

L'office administratif du burgrave consiste surtout dans l'institution et la direction des maîtres des corps de marchands et d'artisans (2).

Le péager (*theleonarius*) a dans ses attributions tout ce qui concerne les poids et mesures, sauf le droit réservé aux bourgeois d'user dans leurs maisons de poids et mesures particuliers, pourvu qu'ils aient été poinçonnés par le directeur de la monnaie. La construction des ponts fait partie des mêmes attributions (3).

Le directeur de la monnaie veille à ce que la monnaie ait le titre requis, et poursuit les contrefacteurs (4).

---

(1) Quatuor autem officiatos in quibus urbis gubernatio consistit, episcopus manu sua investit, scilicet scultetum, burgravium, theleonarium et monetæ magistrum (art. 7). — (2) Ad officium burgravii pertinet ponere magistratus omnium officiorum fere in urbe scilicet sellariorum, pellificum, cyrothecariorum, sutorum, fabrorum, molendinarium et eorum qui faciunt vasa vinaria et pecarios et qui purgant gladios, et qui vendunt poma et cauponum. Et de eisdem habet potestatem judicandi si quid deliquerint in officiis suis (art. 44). — (3) Ad officium theleonarii pertinet omnes mensuras, minutas sive grandes, in sale, in vino, oleo, frumento a magistro cauponum formatas, ignito ferro cauteriare; et eos nulli debet concedere, nisi forsan concivi suo ad amam vini vel quartute frumenti et in hujusmodi parvis et sine pretio (art. 56). — Et item officium theleonarii omnes pontes de nova urbe quotquot fuerint necessarii, et burgravii omnes de veteri construere ita firmos, quod cum plaustris et jumentis suis quilibet secure possit transire, quod si ex vetustate, vel nimia attritione, vel quacumque debilitate pontium aliquid damnum accepit, theleonarius aut burgravius, singuli in suis, cogentur de jure restituere (art. 58). — (4) Sequitur de officio monetarii hic in jure potestatem habet judicandi in falsam monetam, et in ipsos falsarios, tam in civitate quam extra, per totum episcopatum, sine omni judicum contradictione (art. 59).

L'évêque choisit dans la ville, seulement parmi les marchands, vingt-quatre députés dont l'office consiste à servir d'intermédiaire entre l'évêque et ses vassaux. Ces députés font trois voyages par an aux frais de l'évêque (1).

La coutume de Strasbourg, de 980, a ce triple caractère : 1° puissance presque absolue de l'évêque; 2° participation en sous-ordre à l'administration publique des magistrats et des *missi dominici* de l'évêque; 3° restriction des prérogatives municipales de la bourgeoisie.

Cette coutume fut modifiée au commencement du douzième siècle, par un statut épiscopal, qui établit douze consuls choisis annuellement, tant parmi les vassaux nobles de l'évêque que dans la classe des bourgeois, et parmi lesquels était choisi le premier magistrat (*Magister, Meisterstett, Meister, Burgmeister*) etc., chargé du gouvernement de la ville (2). Mais cette municipalité aristocratique satisfit médiocrement les corps d'arts et métiers appelés en Alsace : *tribus* (*Tribus zienfte*), auxquels la coutume de 980 accordait beaucoup d'influence, et ces corps en usèrent

(1) Ad jus episcopi pertinet ut de hac civitate habeat viginti quatuor legatos, et hos tantum de genere mercatorum, quorum officium est infra episcopatum tantum faxere legationes episcopi ad homines suos, quod si damnum interim aliquod passi fuerint, vel in persona, vel in rebus suis quas in itinere duxerint, episcopus debet eis restituere (art. 88). — Debent singulis annis hujus modi legatione ter fungi cum expensis episcopi (art. 89). — (2) Statuit ut duodecim vel plures, si necesse fuerit... tam inter ministeriales quam inter cives ponantur annuatim consules civitatis, inter quos unus magister vel duo si necesse fuerit, eligantur (*Statut épiscopal des premières années du douzième siècle*. GRANDIDIER, *Hist. de l'église de Strasbourg* (t. II, p. 47, note 1). — Le mot *consules*, dit M. Thierry, dans les actes latins des municipalités allemandes, *ne dénote aucune imitation du consulat des villes italiennes... Il est la traduction du mot* Ruthen, *conseillers.*

pour obtenir, des empereurs, des concessions plus larges que celles que leur faisaient leurs évêques.

L'empereur Lothaire-le-Saxon, couronné à Liége, par le pape Innocent II, en 1131, prit Strasbourg sous sa protection. Maximilien Ier lui donna le droit de battre monnaie d'or, avec l'image de la Vierge, et cette inscription : *Urbem, virgo, tuam serva.*

Les habitants de cette ville, ravagée par les puissances voisines et par les guerres civiles, demandèrent, en 1256, des *baillis* qui les protégeassent, et les obtinrent de l'empereur. Ces baillis reconnaissaient par des *revers* ou serments qu'ils n'avaient cette préfecture sur les villes que du consentement de l'empereur et de l'empire et par leur concession, et qu'ils devaient maintenir les habitants dans leurs anciens droits et priviléges.

La distribution, en 1332, des artisans en trente-huit corps de métiers, affaiblit en même temps le gouvernement des nobles, par l'ascendant local qu'elle donna aux roturiers. Des lettres patentes de l'empereur Sigismond, de 1414 et 1436, créèrent à Strasbourg une foire franche, et grâce aux progrès soutenus de l'industrie et du commerce, la constitution municipale devint de plus en plus démocratique ; sa dernière forme, arrêtée en 1482 (1), se composa d'un conseil de trois cents échevins (*schaften*), nommés au nombre de quinze par chacune des vingt *tribus*, d'un sénat, formé de trente-et-un membres, dix nobles et vingt plébéiens, représentant les vingt tribus, et d'un chef du gouvernement, *Ammeister*, qui devait toujours être plébéien.

Au-dessous du sénat et de l'*ammeister*, était le collége

_____

(1) KENIGSHOF, *in chron. Alsat*, c. v, § 96, p. 30. — BODIN, *République*, t. VI, ch. IV. — AUGUSTIN THIERRY, *Tableau de l'ancienne France municipale*, p. 273, édit. in-8°.

des magistrats, divisé en trois. Celui des treize avait l'administration de la justice. On pouvait appeler de ses jugements dans les causes civiles, s'il s'agissait d'un capital de plus de 1200 écus d'or, soit à la chambre impériale, soit au conseil aulique. Le tribunal des quinze connaissait des droits et des libertés de la ville, des hôpitaux, de la police et des finances. Le tribunal des vingt-et-un avait le gouvernement ordinaire.

Ce collége et les trois ordres des treize, des quinze et des vingt-et-un, furent maintenus par Louis XIV. Le quatrième article de la capitulation maintient aussi les *tribus* des citoyens et les maîtrises dans l'état où elles se trouvaient en 1681. L'article 7 laissa aux citoyens de Strasbourg la libre jouissance du pont du Rhin, et de toutes les villes, bourgs et villages qui appartenaient à la ville, et qui étaient divisés en cinq bailliages ou seigneuries, *Barr*, *Wasselheim*, *Herensteim*, *Marlenheim* et *Altkirih* ou *Illkirch*. L'article 6 déclara les citoyens exempts de tous tributs et contributions, et laissa tous les impôts, tant ordinaires qu'extraordinaires, à la ville pour sa conservation, ce qui était conforme aux priviléges donnés à la ville par les empereurs, qui n'exigeaient d'elle ni tributs, ni foi, ni hommage.

Haguenau est une ville bien moins ancienne que Strasbourg, puisqu'elle ne fut fondée qu'en 1164, et fermée de murailles par l'empereur Frédéric-Barberousse, qui y bâtit un palais impérial, où étaient conservés la couronne, le sceptre, le globe et l'épée de Charlemagne. Mais cette ville était l'une des plus célèbres des villes impériales, et elle devint, sous l'empereur Frédéric II, le siége de la préfecture, ou *landfogtey* d'Alsace. Elle jouissait de grands priviléges, et était gouvernée par douze échevins, parmi lesquels on choisissait le préteur. Richard d'Angleterre, roi des Romains, lui accorda, en 1257, le privilége de ne pouvoir être aliénée et séparée de l'empire. Charles IV confirma ce privilége, en 1347, et ordonna en outre, « pour empêcher que les eschevins ne tyrannissassent les habitants, » que le corps des artisans choisît vingt-quatre autres échevins, parmi lesquels serait pris le maréchal qui gouvernerait avec le préteur. Lorsque les empereurs établissaient un préfet, un *landvogt*, il était obligé, de quelqu'éminente qualité qu'il fût, de prêter serment qu'il conserverait les priviléges de la ville.

III. — Les autres villes de la basse Alsace étaient :

1° Schlestat, ville où Charlemagne célébra la fête de Noël, en 775, lorsqu'il allait en Italie, où les Carlovingiens eurent un palais jusqu'à Charles-le-Gros, qui y demeurait quelquefois, comme on le voit par ses lettres patentes de 586 et 587, et qui, ruinée et réduite en une méchante bourgade, fut rétablie, fortifiée et rendue franche sous Frédéric II, par Wolfelin, préfet d'Alsace, c'est-à-dire autorisée à créer ses propres magistrats et à les prendre dans toutes les classes, tandis qu'auparavant les nobles possédaient toutes les charges.

2° Weissembourg, dont l'origine remonte à un monastère fondé au septième siècle par Dagobert, et doté de plusieurs seigneuries, que l'abbé Frédéric ferma de murailles en l'an 1262, et dont les habitants se rendirent indépendants de l'abbaye, furent reçus au nombre des villes libres et franches de l'empire, et obtinrent, en 1442, de l'empereur Frédéric d'Autriche, la confirmation de leurs priviléges, qui leur avaient été contestés par l'abbé Philippe d'Erpach.

3° Ober-Eheinheim et Rosheim, villes voisines et dépendantes l'une et l'autre de la préfecture provinciale de Haguenau, et taxées aussi comme villes libres et immédiates.

4° Mollesheim, qui était, au douzième siècle, la principale place de l'évêque de Strasbourg, et que Philippe de Souabe assiégea, prit et brûla pour se venger de l'évêque Conrad, partisan d'Othon de Brunswick, son compétiteur à l'empire.

5° Lichtemberg, ville immédiate, forte place et de difficile accès sur une montagne escarpée.

6° Broumat, place très-considérable sous les empereurs romains, qui, tombée au pouvoir des Francs, passa successivement au monastère de Lauresham, aux seigneurs de Lichtemberg et au comte de Hanau, et dégénéra au point de n'être qu'une petite bourgade.

Dans les montagnes des Vosges et sur les confins de la Lorraine étaient diverses villes ou seigneuries, dont les évêques de Metz et de Strasbourg et les familles comtales se disputaient le gouvernement. Telles étaient Saverne (*Tabernæ*), ville ancienne, connue sous les empereurs romains, dépendant au dixième siècle du temporel de l'église de Metz, et qui vint ensuite au pouvoir des évêques de Strasbourg, et fut le lieu de leur résidence. Telles étaient aussi la seigneurie d'Ochstein, le comté de Dagsbour, la baronnie de Fleckenstein, la baronnie d'Oberstein, l'abbaye d'Andlau, et enfin Landau, l'une des plus anciennes villes impériales, à qui Rodolphe Ier donna les mêmes libertés et franchises qu'à Haguenau, en l'an 1291.

IV. — La haute Alsace, renfermée entre les montagnes des Vosges et le Rhin, au midi de la basse Alsace, appartenait anciennement aux Rauraciens, et dépendait de la grande province séquanaise. Les principales villes, dans le moyen âge, étaient : Colmar, ancienne maison royale de Charlemagne; Egisheim, château bâti, en l'an 747, par un seigneur du pays; Murbach, monastère bâti vers le milieu du huitième siècle par saint Pyrmin, sur un fond que lui avait donné

Eberhard, comte d'Egisheim ; Dorvangus, près de Murbach, devenu, en 666, le lieu de la retraite de saint Da-
marin ; Munster, qui reconnaît pour son fondateur Childéric II, fils de Clovis II ; Lebereau, monastère fondé vers
l'an 772. Frédégaire mentionne (c. xxxvii) le *Thurensis pagus*, situé près la rivière de Thure. Ferrette, à deux lieues
de Bâle, était un château, chef-lieu du comté du même nom,
possédé, dans le douzième siècle, par les comtes de Montbelliard et de Bar. Ilzach, au dessous de Mulhausen, et Lie-
rent, entre Bâle et Mulhausen, étaient des palais fréquentés
par les rois de la seconde race. Masmunster était une abbaye
fondée en 724. Rotfeld, le champ rouge, fut le théâtre de
la conjuration des trois fils de Louis-le-Débonnaire contre
leur père. Othmarseim, entre Bâle et Egisheim, était un chapitre de chanoinesses nobles, fondé, en 1060, par Rodolphe,
comte de Habsbourg.

V. — Colmar, capitale de la haute Alsace, que quelques-
uns confondent à tort avec *Argentovaria*, ancienne capitale
des *Rauraciens*, qui fut ruinée au sixième siècle, et qui s'appelait en latin *Columbaria*, fut bâtie par Wolfelin, préfet
d'Alsace pour l'empereur Frédéric II, et entourée par lui
de murailles. Cette ville dépendait du diocèse de Bâle :
« Columbariam in episcopatu Basiliensi construxit, » dit
le moine Richer. Elle était, comme ville impériale, soumise aux lois de l'empire, lorsque Frédéric II lui octroya,
en 1216, sa charte d'affranchissement, et la déclara ville
libre. Jusqu'alors, elle avait été administrée par un prévôt
nommé par l'empereur, exerçant l'autorité en son nom, et
assisté d'échevins qui étaient choisis parmi les bourgeois.
Mais après son affranchissement, Colmar se gouverna et
s'administra elle-même, et la mission du prévôt se réduisit
à l'exercice de la juridiction criminelle et des droits réservés au chef de l'empire.

L'empereur Robert ayant, en l'an 1407, transmis et engagé la prévôté aux nobles de Halstatt, la ville fut autorisée à la racheter de ses deniers, en 1425, et s'affranchit ainsi de cette dernière dépendance. Depuis cette époque, les fonctions et les attributions du prévôt devinrent purement municipales ; elles furent conférées par l'élection, comme toutes les autres magistratures locales, et la ville, tout en restant ville immédiate de l'empire, se trouva dégagée de toute immixtion du pouvoir souverain dans son administration intérieure et dans son gouvernement. Les attributions du prévôt municipal consistèrent en la juridiction des causes d'un intérêt minime, et en la poursuite des affaires criminelles.

C'est sur cette même place que se faisait, par le magistrat, en forme de proclamation, la promulgation des lois et règlements.

Toutefois, le nombre des membres du conseil et du pouvoir exécutif, ainsi que la durée des fonctions, varièrent à certaines époques, mais toujours sans altération du principe duquel ils émanaient.

Enfin, outre son droit législatif, la ville obtint de l'empereur Charles IV le droit de battre monnaie.

Du reste, comme ville libre, Colmar formait un État souverain, régi par un gouvernement municipal ; voici quelle était son organisation :

Originairement, sa population se divisait en nobles et non-nobles.

Cette population, au point de vue politique, ne se composait que des habitants jouissant du droit de bourgeoisie, droit qui s'obtenait, soit par la naissance, c'est-à-dire par le domicile d'origine, soit par l'accomplissement des conditions prescrites, c'est-à-dire par le domicile acquis.

La noblesse formait deux aggrégations, et la bourgeoisie

non-noble était divisée en vingt tribus ou corporations, dans lesquelles tous les bourgeois étaient classés suivant l'identité des professions ou la conformité des intérêts; mais, en 1521, le nombre en fut réduit à dix.

Chaque corporation avait ses emblèmes et ses lieux de réunion; chacune élisait son conseil particulier et son maître ou chef appelé *Zunftmeister*; enfin, elle formait la seule milice de la ville.

Les maîtres nommés par les tribus composaient, avec huit nobles élus par leurs pairs, le conseil de ville chargé de délibérer sur les intérêts de la cité, de faire les lois et règlements et de voter les subsides.

Mais à partir de la réduction établie en 1521, les dix corporations non-nobles, pour conserver leurs vingt représentants, élurent chacune, en sus de son chef, un second membre du conseil de ville. En outre la noblesse, dont les représentants avaient déjà été réduits au nombre de quatre, perdit, peu après, son privilége de représentation spéciale et fut confondue dans le droit commun, de manière que toutes les distinctions disparurent.

En dehors de ce conseil permanent, on convoquait à titre d'adjonction, dans les circonstances extraordinaires et dans les cas déterminés, les conseils particuliers des corporations qui se composaient de 144 membres.

Cette réunion se nommait le grand conseil ou *Schœffenrath*.

Le grand conseil élisait le pouvoir exécutif chargé du gouvernement et de l'administration de la ville, pouvoir qui consistait dans l'origine en un Bourgmestre chef de l'administration, et en trois Stettmeister qui remplissaient alternativement les fonctions de chef sous le nom d'Obristmeister.

Ces quatre administrateurs, ainsi que les membres du

conseil, étaient renouvelés annuellement, et chaque fois, au dimanche le plus rapproché de la Saint-Laurent (10 août), ils prêtaient sous le ciel serment de fidélité aux bourgeois assemblés sur la place de l'église, qui de leur côté leur prêtaient le même serment.

La base de l'organisation municipale de Colmar, au moyen âge, c'étaient les corporations ou tribus. Les habitants, classés en aggrégations, par nature d'intérêt, formaient autant de familles spéciales dans le sein de la famille commune. Ces familles, si bien désignées sous le nom de *tribus*, étaient modelées sur la famille du sang, dont elles reproduisaient toute la sollicitude et toute la moralité.

Chaque corporation adoptait pour patron un saint, dont la fête était célébrée annuellement par une cérémonie religieuse ; tous les ans aussi, il y avait un service funèbre pour le repos des âmes des associés décédés ; la corporation tout entière se rendait en pompe à ces cérémonies, précédée de sa bannière à l'image du patron.

Chaque corporation avait sa caisse de secours, formée par les cotisations de ses membres et par les offrandes des membres honoraires ; au moyen de cette caisse, elle pourvoyait à l'apprentissage et aux frais de voyage des ouvriers sans ressources, à l'entretien à domicile des associés privés de travail ou malades, ou à l'admission gratuite de ces derniers dans les hospices.

Elle assurait des garanties à l'ouvrier contre les injustes exigences du maître ; au maître, contre les injustes prétentions de l'ouvrier.

Veillant comme une mère dévouée à la moralité de chacun de ses membres, elle disciplinait le maître qui outrageait sa femme en présence de ses enfants ou de ses ouvriers, ou qui se présentait devant eux dans un état d'ivresse, et punissait avec non moins de rigueur l'ouvrier fainéant, débauché ou désobéissant.

Enfin, cimentant par le dévouement les liens de la fraternité chrétienne, elle imposait à chaque maître, en cas de décès d'un confrère, d'aider alternativement sa veuve à continuer le métier jusqu'à l'époque où l'un des enfants pût succéder à son père.

On comprend ce que de pareils éléments ont dû communiquer de force et de solidité à l'édifice auquel ils servaient de base. Ce sont eux qui, au milieu des désordres du moyen âge, des luttes de la féodalité et des guerres religieuses, ont sauvegardé l'existence de la petite ville à laquelle ils conservèrent, à travers les siècles, sa frêle souveraineté (1).

VI. — Les dix villes de l'Alsace qui, comme Colmar, dépendaient immédiatement de l'empire, étaient Haguenau, Schlestadt, Weissembourg, Landau, Oberenheim, Keisersberg, Munster, dans la vallée de Saint-Grégoire, Rosheim et Turckeim. Ces villes possédaient les droits de milice et de justice; elles levaient des impôts, créaient des magistrats, faisaient des statuts d'organisation politique, déclaraient la paix et la guerre, et concluaient des alliances, même en dehors de l'empire.

On voit par le *revers* que Charles IV data à Haguenau le dimanche après la Saint-Nicolas de l'an 1340, que les empereurs étaient obligés de ne jamais permettre que ces villes fussent ou séparées ou engagées ou aliénées du saint empire; elles avaient même la liberté de s'unir emsemble contre toute violence qui pourrait leur arriver. Cette autonomie fédérative des villes impériales de l'Alsace

(1) F. CHAUFFOUR, *Observations sur l'ancienne ville libre impériale de Colmar.*

fut reconnue à Coblentz par l'empereur Sigismond, en l'an 1414, le jour de la Saint-Barthélemy, et le *revers* prononcé par lui fut répété le 20 août 1504, par l'empereur Maximilien, lorsque Sa Majesté administra cette préfecture, et cinquante ans après, le 6 septembre 1558, par son petit-fils, l'empereur Ferdinand Iᵉʳ. La préfecture provinciale ne devint héréditaire que par le traité de Munster.

Le devoir des baillis envers les dix villes impériales consistait d'ailleurs à veiller, sous la foi de leur serment :

1° A ce que les villes ne reçussent aucun dommage préjudiciable à l'empire ;

2° A ce qu'elles restassent dans leur immédiateté envers l'empire ;

3° A ce qu'elles ne fussent ni séparées, ni engagées, ni aliénées du corps de l'empire, etc.

Les villes s'obligeaient de leur côté, envers le *landvogt* ou bailli, de le reconnaître pour tel et de lui être obéissant en toutes choses bonnes et faisables, conformément aux anciens usages. Le bailli n'avait d'ailleurs rien à demander aux villes, si ce n'est que, quand les changements annuels du magistrat s'y faisaient, elles devaient en donner avis au sous-bailli, s'il y en avait un, et l'inviter à assister à cet acte, mais avec une telle liberté que les changements se faisaient soit que le bailli vînt ou ne vînt pas ; et en cas qu'il fût présent, il n'y était que simple spectateur, touchant pour sa peine ou récompense cinq florins d'or et un autre pour son valet.

« Les villes, dit une information rédigée en 1697, touchant les rapports des dix villes impériales d'Alsace avec la préfecture provinciale d'Haguenau, les villes n'étant qu'un objet de la préfecture ne peuvent faire la matière d'icelle ; il est notoire que les dites villes n'ont pas été honorées des baillis pour une autre fin que pour leur conser-

vation et pour le bien public, et nullement pour l'amour
des baillis, et que ceux-là leur dussent être à charge, mais
afin que l'on ne tombe point dans l'erreur de s'imaginer,
par ce qui a été dit ci-dessus, que le droit de cette préfecture soit plutôt à charge qu'à l'avantage d'un bailli du
préfect, il faut scavoir qu'outre le grand avantage dont un
bailli jouit, c'est que par son administration, il peut d'autant mieux garder ses États et ses terres. Ainsi outre le peu
qu'il touche sous le nom de droit de protection de chaque
ville, il lui appartient en vertu et par occasion de cette
charge préfectoriale plus de quarante villages les plus
beaux qu'il y ait aux environs d'Haguenau (1). »

VII. — L'Alsace était principalement régie par le droit
écrit, sauf les coutumes locales, parmi lesquelles apparaît la
coutume de Strasbourg, de 980, et les usages non écrits, qui
venaient de la division de cette province en un grand nombre de petits États, dont les magistrats ou possesseurs étaient
les uns des évêques, les autres des seigneurs laïques. De là,
le double fait que l'Alsace était un pays allodial, en ce sens
que la liberté des personnes et des terres y était présumée
en l'absence de preuves contraires; et qu'il était peuplé cependant de fiefs qui relevaient immédiatement de l'empereur, et dont les possesseurs jouissaient de droits divers et
étendus (1). Les principaux de ces droits étaient : le droit
de jouir des deshérences et biens vacants, le droit de mainmorte, c'est-à-dire le droit de partager, à la mort de chaque habitant, ses bestiaux et à défaut ses meubles, le monopole du sel, les droits de péage, le droit sur les mines d'or

***

(1) *Information sommaire et historique touchant les dix villes impériales en Alsace, et cela au regard de la préfecture provinciale
d'Haguenau. —* V. aussi *Acta memorialia et declarationes in præfectu-
ram provincialem decem civitatum imperialium in Alsatia sitarum.*

et d'argent et les trésors cachés, les droits de chasse, pêche et forêts (1), etc.

Sur les montagnes qui séparent l'Alsace de la Lorraine s'élevaient des forêts de sapins, de hêtres, de chênes et de charmes. Celles qui bornent l'Alsace du côté de la Suisse, et qui sont moins hautes, fournissaient toutes sortes de bois, tant de chauffage que de charpente. La forêt de la Hart, dans la haute Alsace, ou plutôt dans le Sundgau, celles de Haguenau et de Bienwald ou de Lautterbourg dans la basse Alsace, appartenaient la première au roi, la seconde moitié au roi, moitié à la ville d'Haguenau, la troisième à l'évêque prince de Spire. Dans la basse Alsace, et notamment dans le territoire d'Haguenau, croissaient des bruyères sablonneuses uniquement propres au blé de Turquie. La partie de la province située entre la montagne et le Rhin, et qui s'étend depuis Haguenau jusqu'à Landau et Germersheim, était généralement remplie de bois et de terres incultes.

Ces biens avaient une double origine fiscale et allodiale. La plupart provenaient de concessions impériales, comme l'atteste B. G. Struve, *De Allod. imp. comment.*, p. 45, et comme on le voit par la donation du *saltus Alsaciæ*, faite le 1er juillet 1004, par Henri II, à l'évêque de Bâle, et confirmée par un diplôme d'Henri III, du 25 avril 1040. On remarque dans cette donation l'assentiment de la population du district, qui est désignée comme *utens*, ce qui prouve que les forêts seigneuriales patrimoniales (*Gurtsherlich patrimonial forst*) appartenaient en propriété au seigneur (*grandherr*), et que les habitants y exerçaient des droits d'usage. La propriété du seigneur, c'était le domaine plein ou direct, comme l'enseigne Bæmer, c. I, *De*

_____

(1) V. PROST DE ROYER et l'*Encyclopédie*, aux mots : *Alsace*, et le *Rapport de* M. MERLIN *à l'assemblée constituante.*

essentia et natura feudorum, § 35. Les droits d'usage des habitants étaient restreints à leurs besoins particuliers, soit qu'ils fussent bourgeois ou autres, hommes libres ou non libres. C'étaient des servitudes qui, par leur nature, et tant pour leur acquisition que pour leur exercice, devaient être appréciées selon les principes du droit privé; peu importait, d'ailleurs, en quoi consistaient les différents droits usagers des communautés, et comment s'étaient formées les communautés usagères, les unes libres, les autres non libres, celles-ci formées avant, celles-là formées après le changement du *proprium* en seigneurie. Il suffisait d'un titre constitutif, ou recognitif, de la concession de la part du seigneur, ou bien d'une possession immémoriale; et le droit acquis à titre privé, par l'un ou l'autre de ces modes, était à l'abri des entreprises de l'autorité souveraine, si ce n'est en cas d'expropriation pour cause d'utilité publique, et moyennant indemnité de la part de l'État (1).

Les membres des communautés, à raison de ces usages, étaient tenus d'une part de payer certaines redevances fixes, de sorte que leur acquittement régulier était la condition préalable du droit de prendre part aux usages, et d'autre part ils avaient encore certaines prestations à faire, lorsqu'ils recevaient le bois qui leur était nécessaire.

Des règlements forestiers, faits par les seigneurs, sous la direction suprême du *comte-forestier* (2), dont les fonctions équivalaient à celles de grand-maître des eaux et forêts, veillaient d'ailleurs à ce que, dans cette Alsace si popu-

---

(1) V. MITTERMAIER, § 166 et suiv. — EICHORN, § 283. — MAURENBRECHER, § 259, 260, 265, *Des deutchen Privatrechts*. — THIBAUT, *System des Gaudeclenrechts*, § 1035. — SAVIGNY, *System des heutegen Vômischen*, p. 105. — ZOEPFL, *Deutsche Rechtsgeschichte*, p. 317-318. — (2) WILDGRAFF, comes silvester, *Chart*. de 1265 et 1266.

leuse, et qui ne portait sur son sol que des habitations où le bois était presqu'exclusivement employé, les forêts ne perdissent rien de leur valeur.

Les archives de plusieurs abbayes d'Alsace, aussi riches que célèbres, ont soustrait aux ravages du temps les règlements qu'elles avaient dressés pour leurs forêts. Deux documents de l'abbaye de Marmoutiers, de 1120 et de 1144, rappellent les redevances et les conditions auxquelles les usagers étaient soumis, la punition des délits et les devoirs des forestiers. L'abbaye d'Ebersmünster, dans un règlement qui remonte à des siècles antérieurs (von altem Kerkommen), et qui fut renouvelé en 1320, avait tracé des dispositions semblables pour les usagers de ses forêts. Deux diplômes de 1158 et de 1164, qui concèdent à l'abbaye de Neubourg des droits de pâturage, d'affouage et de marnage dans la forêt dite de Haguenau, interdisent expressément d'abattre pour chauffage le droit de hêtre et de chêne. Les seigneurs qui étaient propriétaires de forêts y trouvaient une ressource précieuse pour le rétablissement de leurs affaires. Mais les usages des bois féodaux accordés aux communautés d'habitants étaient très-étendus, et n'étaient pas sujets à révocation; on ne connaissait pas, en Alsace, les dispositions restrictives des lois françaises qui, à dater des édits de 1566, 1579, 1669, prohibèrent aux usagers l'aliénation des hautes futaies et les fournitures de chauffage et de marnage dans les forêts devant ou pouvant faire retour au domaine.

Du principe que l'Alsace était un pays allodial régi non par la maxime : *Nulle terre sans seigneur*, mais par la maxime : *Nul seigneur sans titre;* on déduisait d'ailleurs en Alsace que le droit d'enclave, purement seigneurial, ne suffisait pas pour faire présumer le seigneur propriétaire des terres incultes et stériles. On disait aussi en Alsace :

« Fief et justice n'ont rien de commun. » — « Nihil enim, »
dit Knipschild, liv. IV, ch. ii, n° 92, « commune habet
« causa dominii et proprietatis cum imperio et jurisdic-
« tione. » Mais le seigneur, investi du triple droit de territoire, de juridiction et de district (twing ou zwing), celui
à qui appartenait la directe définie par Bœmer (*De essentia
et natura feudorum*, c. ii) : « Dominium directum, quod
« in parte proprietatis, in concedendo dominio, utili reser-
« vato consistit, » celui-là avait à la fois une juridiction
universelle sur tous les sujets et serfs, sur toutes les personnes, sur tous les biens compris dans sa circonscription
territoriale, et en outre la propriété présumée, sauf les
droits d'usage des habitants, des terres vaines et vagues
et des forêts (1).

Il apparaît à la vérité, en 1525, d'un mouvement qui
éclata parmi les populations agricoles de l'Allemagne, et
qui se propagea dans plusieurs villages de l'Alsace, pour
obtenir la restitution aux communes de la propriété des
forêts. Elles prétendirent que les seigneurs s'étaient emparés de ces forêts : « Un sere herrschafften haben ihnen die
« hôlzer alle allein Geeyguet; » elles demandèrent que les
forêts que les seigneurs ne justifieraient point avoir achetées redevinssent la propriété libre des communes : « Vas
« für hôlzer seyn... Die es nicht erkauff haben sollen einer
« ganzen gemeinde vieder anheim fallen und einer gemein
« zimlicherweis frey seyn. » Mais, malgré cette levée de bou-
cliers, l'ancien principe : « La propriété aux seigneurs, les
« usages aux communes, » continua à régner dans le droit
public alsacien.

(1) Knichpschild. l. II, c. v, n° 20; l. I. ch. xii, n° 92 à 102.

CHAPITRE IV

DROIT MUNICIPAL DE LA LORRAINE (1).

I. — La province de la Lorraine, composée des territoires des anciens peuples *Mediomatrices* et *Leuci*, dont parle César, et des *Verum* ou Verdunois, dont n'a parlé ni cet écrivain ni aucun autre avant l'année 400, comprenait les duchés de Lorraine et de Bar, le pays de l'évêché de Metz et le pays Messin, le Toulois et le Verdunois. Séparée de l'Alsace par les montagnes des Vosges, elle s'étendait vers le nord jusqu'à la province de Luxembourg et à l'électorat de Trèves, vers le levant jusqu'au Palatinat et au duché des Deux-Ponts, et était limitée au midi par la Franche-Comté et au couchant par la Champagne. Tous les pays qu'elle comprenait dépendaient de la première Belgique, qui était

(1) *Dissertatio juris publici de antiquo coronæ Gallicæ et Carolingorum Franciæ regum in regnum Lotharingiæ jure*, auct. LORENTZ (1748). — *Lotharingia contra Gallorum postulationes vindicata*, auct. LUDOV. PP. (1697). — *Exercitatio juris publici de nexu regni Lotharingiæ cum imperio Germanic*, auct. LEITZSCH. — *Notice de la Lorraine*, par DOM CALMET (1756). — *La Lorraine, antiquités, chroniques*, par EUPOT (1840). — *Les marches de l'Ardenne, ou l'arène féodale à la naissance des grandes suzerainetés lotharingiennes*, par JEANTIN (1853). — *Discours des histoires de Lorraine et de Flandre*, par ÉTIENNE (1552). — *Series egregiorum facinorum pristinorum a principibus Lotharingiæ* (1623). — *Histoire abrégée du duché de Lorraine* (1744). — *Abrégé chronologique de l'histoire de Lorraine* (1775). — *Histoire de Lorraine*, par l'abbé BEZOU (1777). — *Résumé de l'histoire de Lorraine* (1825). — *Histoire des duchés de Lorraine et de Bar et des trois Évêchés*, par BÉGIN (1833). — *Précis de l'histoire de Lorraine*, par RAGON (1834). — *Histoire de Lorraine commencée par le marquis DE FORTIA* (1838). — *Mémoires de NOEL* (1838). — *Tableau de l'histoire constitutionnelle de la Lorraine*, par SCHUTZ (1843). — *Tables synchroniques de*

gouvernée, dans les derniers temps de l'empire romain, par Egidius ou Gillon et par son fils Siagrius, avec un pouvoir presque souverain, que les empereurs d'Orient étaient impuissants à contrôler. Il est probable qu'après la bataille de Tolbiac et la mort de Siagrius « les peuples de ces contrées « se donnèrent aux Français, » selon les expressions de Mézeray, « plutôt de leur gré que par force, pour se délivrer « des horribles tailles et des cruelles concessions des ma- « gistrats romains, qui les avaient poussés à un tel déses- « poir qu'ils cherchaient leur salut dans la ruine de l'État. » L'histoire de la première Belgique mentionne un seul siége, celui de Verdun, nécessité par une révolte, et il est permis de conjecturer qu'à dater du moins de la conversion de Clovis au christianisme, la province tout entière fut annexée au royaume des Francs, qui durent bien se garder de réduire à un état de servitude plus cruel que la tyrannie des officiers romains les peuples qui se donnaient à eux volontairement.

L'époque de l'établissement des Francs dans la Lorraine

---

l'histoire de Lorraine, par M. X. M. (1844). — Catalogue des collections lorraines, par Noel (1850-1858). — Les ducs de Lorraine, 1048-1737, par Cayou (1854). — La Lorraine chrétienne, par Pierre Lacroix (1854). — Recueil de documents sur l'histoire de Lorraine (1855). — Histoire de Lorraine, par Digot (1856). — Chronique de Richer, par Jean Cayou (1842). — Histoire de René d'Anjou, par le comte de Quatrebarres (1853). — Histoire de la réunion de la Lorraine à la France, par le vicomte d'Haussonville (1854). — Mémoires sur l'origine des duchés de Lorraine et de Bar-le-Duc, par Chantereau-Lefèvre (1642). — Questions historiques sur les provinces de l'ancien royaume de Lorraine (1644). — Commentarius Lothariensis, A. Chiffleto (1649). — De l'établissement du royaume d'Austrasie, et de son changement de nom en celui de Lorraine (1662). — Mémoire de l'état ancien et moderne de la Lorraine, par Doujat (1673). — Des domaines et de l'état constitutionnel de la Lorraine (1830).

est d'ailleurs assez incertaine ; mais il nous paraît inutile d'approfondir ce point historique, et d'examiner si ce fut avant ou après la bataille de Tolbiac que les Francs occupèrent les villes de la première Belgique, et si la province des Médiomatriciens se soumit volontairement ou fut conquise par les armes (1).

Ce qu'il y a de certain, c'est que tous les pays de la haute et de la basse Lorraine échurent aux rois d'Austrasie, qui s'établirent à Metz et en firent une ville royale, quoiqu'elle dépendît, pour le spirituel, de la métropole de Trèves. Après la mort de Lothaire, qui donna son nom à la province (*Lotharii regnum*), ses oncles partagèrent ses États, et la plus grande partie du royaume de Lorraine échut à Louis-le-Germanique et à ses enfants. Charles-le-Gros, qui en était un, réunit la monarchie de Charlemagne ; mais après qu'il eut abdiqué l'empire et toutes ses couronnes, son neveu, Arnould, eut le royaume de Lorraine et le donna à son bâtard, Zentibold. Les Lorrains se révoltèrent et appelèrent pour régner Louis, fils légitime d'Arnould, qui mourut jeune. Charles-le-Simple devint alors roi des Lorrains, et confia le gouvernement de ce royaume à Giselbert, avec le titre de duc. La mort de cet officier et la faiblesse de Louis-d'Outre-Mer, fils de Charles-le-Simple, qui n'avait en France que le nom de roi, déterminèrent l'empereur Othon à envahir la Lorraine, dont il donna le gouvernement général au duc Othon, et puis à son propre frère, Brunon, archevêque de Cologne, avec le titre d'archiduc (*archidux*). Sous Othon II, Charles, frère de Lothaire, roi des Francs, fut créé duc de la basse Lorraine,

---

(1) Voyez la *Dissertation historique extraite des observations de* M. GABRIEL *sur les coutumes de Metz*, et insérée dans l'*Histoire de Metz*, à la fin du 1er livre, p. 254 et suiv.

et Frédéric, créé duc de Lorraine (*dux Lothariensium*) par l'archevêque Brunon, resta duc de Mosellane.

Il n'entre pas dans notre plan de suivre la généalogie compliquée et les fréquentes compétitions des seigneurs et des évêques de la Mosellane, de la Lorraine et de Bar. Mais ce que nous devons constater, c'est que les ducs de Lorraine, quoique princes et membres de l'empire, s'affranchirent peu à peu des empereurs à qui ils devaient l'investiture de leur duché, et cessèrent de contribuer aux frais communs de l'empire. La liberté des ducs de Lorraine fut reconnue par une transaction passée en 1542, entre Ferdinand I⁰ʳ, roi des Romains, du consentement de tous les états de l'empire, et Antoine, duc de Lorraine, et fut confirmée l'année suivante par une patente de l'empereur Charles-Quint, donnée à Spire. Le duché de Lorraine fut déclaré, par cette patente, libre, non soumis à la chambre impériale, aux décrets impériaux et franc de taxes. Il fut seulement reçu sous la protection de l'empereur et de l'empire, et le duc s'obligea à entretenir la paix et la tranquillité publiques.

La liberté des ducs de Lorraine était loin cependant de s'étendre à leurs vassaux. Bien que la susceptibilité des Lorrains, en matière de liberté, soit attestée par la rédaction de leur coutume qui repousse le terme de *serf* comme trop odieux, et n'emploie que celui de *non franc* (1); bien même que Gérard d'Alsace, qui devint, en 1048, la tige des ducs héréditaires de la Lorraine, ait doté ce pays de quelques libertés locales, ce n'est pas en Lorraine qu'il faut chercher les traces d'une administration libre et allodiale. Sous le règne de ses ducs et de ses comtes héréditaires, le peuple

(1) Art. 8, tit. II. — *Observations sur les coutumes de Metz,* par M. GABRIEL, t. I, p. 68.

de Lorraine était serf comme ailleurs, de fait si ce n'est de nom. Les causes des vassaux se portaient aux plaids, devant leurs seigneurs, qui jugeaient selon les *us* et *lois*. Les avoués des églises rendaient la justice pour elles. Les grands déléguèrent à leurs *baillis* l'autorité judiciaire dans les affaires des particuliers. Celles de la noblesse et toutes les matières féodales se portaient aux *assises*. Le franc-allen était à peine connu en Lorraine.

On lit cependant, dans l'*Histoire de la Lorraine et du Barrois*, par Durival, t. I, p. 310 : « Les états-généraux s'assemblaient en Lorraine et dans le Barrois pour des occasions importantes ; les états particuliers, par bailliages, comme pour la rédaction ou réforme des coutumes. »

L'auteur de l'*Origine de la maison de Lorraine* affirme en outre, p. 458, 389 et 405 :

1° Que le duc de Bourgogne ayant pris Nancy, en 1475, y fit son entrée, prêta le serment que les ducs de Lorraine prêtaient dans l'église de Saint-Georges, et convoqua ensuite les trois états du pays, dont il présida l'assemblée ;

2° Que Louis, cardinal de Bar, assembla les états-généraux du Barrois à Saint-Mihiel, en 1419 ;

3° Que le roi de Sicile, sorti de prison, réunit les trois états du Barrois dans la ville de Pont, et qu'il lui fut accordé 200,000 saluts, pour retirer des villes engagées au duc de Bourgogne.

II. — Nancy, capitale des États du duc de Lorraine, n'était, avant le douzième siècle, qu'un *castrum*, qui appartenait à un seigneur nommé Drogon. Mathieu Iᵉʳ, duc de Lorraine, l'acquit en l'an 1153, en donnant à Drogon en échange les seigneuries de Lenoncourt et de Rosière aux Salines. La terre de Nancy relevait du comte de Champagne, qui avait de grands fiefs dans le diocèse de Toul. Thibaut, comte de Champagne, qui fut depuis roi de Navarre, investit Mathieu II, en l'an 1220, du nom de duc de Lorraine, de Nancy et de ses dépendances. Ferri II, duc de Lorraine, fils de Mathieu II, donna aux bourgeois de Nancy des priviléges par des lettres patentes de 1265, et reconnut, par les mêmes lettres, pour garant et protecteur, Thibaut, comte de Champagne, consentant qu'en cas qu'il vînt à manquer à sa parole, le comte de Champagne pût lui prendre ses fiefs, c'est-à-dire Nancy et ses dépendances : Neufchâteau, Chatenoi, Montfort, près de Mirecourt, et Grands, en Bassigny. Après la réunion de la Champagne à la couronne, vers la fin du treizième siècle, les ducs de Lorraine ne reconnurent ni les rois de France ni les comtes de Champagne, pour Nancy, dont ils restèrent seuls souverains. Cette ville, alors très-petite et fermée d'une muraille à l'antique, fut prise par Charles-le-Téméraire sur le duc Réné, puis reprise avec le concours des Allemands et des Suisses, et rendue au duc Réné, qui jouit paisiblement, ainsi que ses successeurs, de Nancy et de la Lorraine, et qui fit bâtir régulièrement et fortifier la nouvelle ville.

D'autres villes du bailliage de Nancy, telles que Port, devenue depuis Saint-Nicolas, à cause de la dévotion de ce saint et du pèlerinage qui s'y faisait, Amance (*Esmantia*), Lunéville (*Lunaris villa*), reçurent aussi de Ferri II, en 1265, des priviléges semblables à ceux de Nancy. L'histoire de cette contrée ne fait pas mention d'autres chartes communales, et il n'y a pas trace d'anciens municipes romains. Tout y date du moyen âge, et le caractère du pays est féodal et ecclésiastique plus que municipal. Les seigneurs et les évêques y fondèrent la plupart des villes, et les dotèrent sans les affranchir.

II. — On retrouve le même caractère éminemment féodal dans le duché autrefois comté de Barrois, qui s'étendait depuis la Champagne et le territoire de Sermaise jusqu'au-delà de la Moselle, et qui était composé d'un grand nombre de châtellenies, de prévôtés et de seigneuries unies en un seul corps. Frédéric, créé duc de Mosellane ou de la haute Lorraine, par Brunon, archevêque de Cologne, duc général du royaume de Lorraine pour son frère, l'empereur Othon, fonda le *castrum* de Bar-le-Duc, capitale du duché de Barrois, qui passa dans la maison d'Anjou, par le mariage d'Yolande d'Aragon, héritière de la maison de Bar, avec Louis d'Anjou II. Réné, roi de Sicile et comte de Provence, en hérita; et, après en avoir été momentanément dépouillé par Louis XI, il en recouvra la possession, que ses successeurs conservèrent jusqu'à sa réunion à la France. Ni dans cette capitale, ni dans les autres villes du Barroy et du Bassigny, fondées par la puissance féodale, il n'apparaît d'autres libertés que celles que les seigneurs octroyèrent, vers le milieu du treizième siècle, au moment où les villes épiscopales donnèrent un exemple de révolte, dont on redouta la contagion.

Le véritable siége des libertés municipales de la Lorraine est dans les villes épiscopales de Metz, de Toul et de Verdun, qui dépendaient de l'empire d'Allemagne, et dont les institutions offrent, selon la juste remarque de M. Augustin Thierry, beaucoup d'analogie avec celles de l'Alsace et de la Franche-Comté.

La domination des Francs s'établit et était déjà très-affermie dans les diocèses de Toul, de Metz et de Verdun, à la fin du cinquième siècle (1), et les Francs, distinguant par les rivières et par les châteaux les diverses contrées où ils se répandaient, créèrent successivement :

1° Le Mosellois (*Mosellensis pagus*), dont il est parlé dans

(1) WAITELAIN, *Description de la Gaule Belgique.*

une charte de 753, et dont l'ancienne *Divodurum* (Metz) était la capitale ;

2° Le Saunois (*Salinensis pagus*), mentionné pour la première fois dans un testament de l'abbé de Saint-Denis, de 744, et où se trouvaient Salone, Vergaville et Marsal ;

3° Le Nitois (*Nitensis pagus*) ;

4° Le Saagau (*Saravensis pagus*);

5° Le Bleissois (*Blesensis pagus*) ;

Le diocèse de Verdun comprenait le Verdunois (*Viridunensis pagus*), dont la capitale était Verdun (*Verodunum*), mentionné dans l'histoire de Grégoire de Tours, et dans un poëme de son contemporain Fortunat, adressé à saint Agéric, évêque de Verdun, et qui comprenait plusieurs autres bourgs et villages.

Le diocèse de Toul comprenait le Toulois (*Tullensis pagus*) ; le Blancmontois (*Albinsis pagus*); le comté de Salère, qui doit son origine à un château nommé Salère, bâti vers la fin du douzième siècle; le val Saint-Dié (*vallis Galileæ*) ; le pays de Remiremont (*Habedensis pagus*) ; le Chaumontois (*Calmitensis pagus*) ; le Saintois (*Seyitensis pagus*) ; le Portois (*Portuensis pagus*) ; le Soulonois (*Solocensis pagus*) ; l'Ornois (*Ordonensis pagus*) ; le Bassigny (*Bassiniacum*) ; le Barrois (*Barrensis pagus*) ; le Scarponois (*Scarponensis pagus*).

IV. — Dans tous ces *pagi* s'établirent, sous le commandement du comte (*graf* ou *gravio*), qui représentait le roi, des rachimbourgs (*boni homines*), qui disaient la loi dans le plaid, insinuaient les actes à authentiquer, et représentaient le peuple dans ses rapports avec le roi, le comte ou l'évêque. Non-seulement le peuple messin choisissait ses juges, mais il nommait son vrai représentant, le défenseur de la cité, le *legislator*, comme nous l'apprend la biographie d'Agathumbre, qui vivait en 513. Le pays

mosellan considérait aussi comme une de ses plus précieuses prérogatives le droit d'élire son évêque, et l'on
voit ce droit exercé par les Messins en faveur d'un sa-
vetier de Metz, *Auctor*, qui, selon sa biographie, était
a primatibus cleri ac populi aspiratus. Le peuple messin
s'assemblait d'ailleurs fréquemment en corporations industrielles, en gildes ou corps de métiers, avec l'image de
leur saint patron sur leur bannière, convoqués par des
chefs élus.

La transformation des rachimbourgs en *skapen* ou
scabini, administrant et rendant la justice sous la présidence des comtes, eut lieu dans la Mosellane et la Lorraine
comme dans les autres parties de l'empire carlovingien.
Dans une charte délivrée à Thionville, en 808, et par laquelle Charlemagne restitue des biens à l'abbaye de Met-
loch, il est question d'échevins mosellans, *scabinis mosel-
lanis.* D'autres documents historiques des neuvième et
dixième siècles contienent les mêmes énonciations.

V. — La ville de Metz est d'origine romaine. Tacite lui
donne, au livre IV de son histoire, le titre de *socia civitas*,
ville alliée du peuple romain, et Ammien-Marcellin l'élève
au dessus de Trèves sa métropole. Le savant auteur des
Institutions communales de la Moselle, M. Ch. Abel a recueilli une foule d'inscriptions qui prouvent, en effet, que,
tandis que Galba punissait Trèves de ses défections en lui
enlevant toute autorité sur son territoire, *Divodurum*
(Metz) recevait les honneurs (*munera cepit*), c'est-à-dire
était érigée en municipe, nommant ses magistrats, *sevirs*,
ses scribes, *augustales*, ses percepteurs ou *tabularii*, ayant
son conseil propre, formé par le dixième de sa population,
ses *décurions*, et recrutant dans son sein son sénat qui,
avec les décurions, formait la curie de la cité ou *l'ordre.*
C'était la partie délibérante de la cité; les *sevirs* en consti-

tuaient la partie active. La cité de Metz avait, en outre, sa milice propre, chargée de sa défense, et des fonctionnaires subalternes chargés de son approvisionnement et de sa salubrité. Tous les intérêts de la municipalité messine étaient donc sauvegardés, et l'administration locale jouissait, dans ces limites, de la plus grande indépendance mais sous l'*imperium politique* d'un agent supérieur, préfet du prétoire, président ou comte, qui était l'homme du gouvernement, chargé de transmettre à qui de droit les ordres qui lui étaient adressés pour les impôts, les mouvements de troupes, le passage des empereurs. Trèves eut un préfet du prétoire, *Divodurum* n'eut qu'un président (*præses*) pour chef impérial, et même, le plus souvent, sans doute, un *comes*, chargé de suppléer le président, et de présider à sa place les notables de la cité.

Après la chute de l'empire, la ville de Metz subit successivement le régime des rachimbourgs, des évêques défenseurs et des *shapen* ou *scabini*, et lorsqu'en 924, elle fut obligée d'ouvrir ses portes à Henri-l'Oiseleur, après un siége de trois années, et que le pays fut érigé en duché de Mosellane, les institutions municipales, loin de dégénérer, se fortifièrent, et les bourgeois, qui commencèrent à former un corps, défendirent leur droit d'élire leurs évêques comme une des prérogatives les plus importantes des cités.

Les prélats intronisés par les empereurs furent combattus par le peuple, et c'est ainsi qu'Henri-l'Oiseleur ayant voulu faire monter sur le siége épiscopal de Metz un solitaire, nommé Benoît, les corps de métiers se mutinèrent, cernèrent le palais épiscopal, s'emparèrent de Benoît, lui crevèrent les yeux, et l'expulsèrent de la ville; de là, de violentes luttes entre les bourgeois et les empereurs, à la faveur desquelles le pouvoir des évêques s'accrut et s'éleva de la *vouerie* à la souveraineté absolue. Mais les évêques respectèrent les franchises municipales, et Philippe de Vigneulles atteste que vers 974, « iceux nobles de Metz « acquièrent toujours plus grande franchise et liberté « pour eulx et pour leur cité. Et tellement que en ce temps « ils gouvernaient et regentaient eulx et leur cité quasi du « tout par eulx mêmes et de jour en jour acquièrent plus « grande franchise et liberté. »

En l'an 1000, l'échevinat messin, protégé par quelques évêques, notamment par Adalberon II, frère de Théodoric, duc de Mosellane, prit des proportions plus considérables et se hiérarchisa. Il y eut un maître échevin (*primus scabineus*), chef de la milice messine, et en état de résister à force armée à l'empereur. Favorisé par l'évêque, le maître échevin, qui s'appelait aussi *comes palatii*, *comes civitatis*, absorba les institutions de voué et de juge, et résuma dans sa personne toute l'administration municipale. C'était le temps de la querelle des investitures, des papes et des antipapes, des empereurs et des compétiteurs à l'empire ; le peuple intervenait à sa manière, c'est-à-dire par la force brutale, et, grâce aux divisions toujours renaissantes entre la puissance temporelle et la puissance spirituelle, ni les comtes ni les évêques n'avaient assez de forces, non seulement pour opprimer les habitants des villes devenues puissantes et de leurs dépendances, mais même pour s'y emparer de l'autorité souveraine. Une charte d'Eudes, évêque de Toul, de l'an 1069, rapportée par D. Calmet, t. IV, p. 466, essaya cependant d'ôter au comte tout pouvoir et toute juridiction dans la ville : « Igitur comes non habeat ullam potestatem infra civita- « tem, propter ullam justitiam faciendam nec ullum ban- « num. »

Les habitants de la Mosellane profitaient avec habileté des divisions incessantes entre les comtes et les évêques,

pour accroître les attributions de leur maître échevinat.
« On connaît, dit l'auteur des *Observations sur la coutume de Metz*, liv. Ier, p. 7, les noms de quelques-uns de ceux qui ont rempli l'emploi de premier échevin, depuis qualifié maître échevin de Metz, bien avant que Louis-le-Gros ne fût monté sur le trône, et je regarde comme une suite de l'ancien gouvernement de cette ville l'art. 1er du titre 1er de la coutume, qui porte que toutes personnes sont franches, nulles de servile condition ; car l'entière abolition de l'esclavage n'a été retardée ou empêchée que par l'abus que les seigneurs, par un orgueil inhumain, ont souvent fait de leur puissance. » L'auteur ajoute que la protection des empereurs contribua beaucoup à préserver les villes du pays messin du joug féodal de leurs évêques, et cite, à dater de 1384 jusqu'en 1521, beaucoup de chartes du libre gouvernement de ces villes.

Les historiens de la Lorraine, Calmet (t. I, l. XX, n° 94), Meurisse, p. 391, nous apprennent, d'un autre côté, que les habitants du pays messin se débarrassèrent à la fois, par leur énergique persévérance, et du joug de leurs seigneurs civils et de l'autorité temporelle de leurs évêques, et que, dès la fin du douzième siècle, époque où fut supprimée la dignité de comte de Metz, l'autorité de la noblesse échevinale s'accrut.

C'est en 1192 qu'apparaissent plusieurs citoyens messins, *cives metenses*, devenus, sous les noms de Port-Sailly, Porte-Muselle, Outre-Seille, Juifrue, Saint-Martin, la souche des familles aristocratiques appelées *Paraiges*. A la même époque, trois lignages apparaissent à Verdun. Le maître-échevin est en outre aidé dans ses fonctions par trois *villici* préposés aux faubourgs de Metz : Outre-Moselle, Outre-Seille, Neufbourg, et qui sont devenus plus tard les trois maires de la cité étendue au delà des faubourgs.

Toutefois ces progrès ne s'accomplissaient pas sans obstacle, et l'histoire municipale du pays mosellan, pendant les dernières années du douzième siècle et tout le treizième, est celle de la lutte engagée entre les comtes, les évêques, les nobles et les bourgeois. Les évêques, princes temporels, méconnaissaient souvent l'autorité impériale, et s'unissaient au peuple contre les officiers de l'empire, mais faisaient tourner à leur profit l'administration locale. En 1192, l'évêque Bertram, rétabli par les ordres de l'empereur sur son siége épiscopal, cherche à prendre l'initiative des réformes municipales. Il donne des chartes où il appose son sceau et celui du chapitre, et a soin de mentionner cette apposition, tandis qu'il passe sous silence celle du sceau municipal, qui flotte cependant au bas de l'acte. En 1197, il érige dans chaque paroisse deux prud'hommes, nommés *Amanuenses*, chargés de garder dans un coffre, placé près de l'église, les actes rédigés par les parties, et de les attester au besoin, ce qui rappelle les insinuations des Romains dans les archives municipales. L'évêque Bertram fonde en même temps le tribunal des treize, composé de citoyens adjoints au maître-échevin et à ses compagnons pour juger, et parvient, par cette innovation civilisatrice, à neutraliser les abus du pouvoir du comte de Metz et du maître-échevin, qui rendaient la justice en permettant les duels et en s'emparant des biens des vaincus.

C'est à la même époque, et en l'an 1215, que le concile de Latran enleva à la cité de Metz, comme à toutes les autres cités épiscopales, le droit de nommer ses évêques. Mais cette innovation, qui ne put, selon les expressions du savant auteur du *Droit municipal* (M. Raynouard, t. II, p. 188), effacer du cœur des Français le sentiment des droits primitifs dont leurs pères avaient joui, et comme chrétiens et comme citoyens, fut accueillie, à Metz et dans les autres cités épiscopales de la Mosellane, avec une extrême défaveur, et cette circonstance, aidée de la mort sans enfants mâles d'Albert de Dasbourg, comte de Metz, en 1220, détermina les Messins à soutenir, même par les armes, et contre le comte de Champagne, qui prétendait hériter du fief, et contre Jean d'Apremont, évêque de Metz, qui prétendait que le fief devait faire retour à l'évêché, à soutenir, disons-nous, que ce fief était éteint, et que le peuple messin était rendu à la liberté. Une transaction termina le différend. Le comté de Dasbourg fut déclaré fief épiscopal.

Une charte, publiée par l'évêque de Metz, et découverte dans les archives départementales de la Moselle, prouve que l'évêque se considéra et agit dès-lors comme comte de Metz ; mais les Messins répondirent à ce manifeste en expulsant Jean d'Apremont, qui se retira dans son castel, et fit appel au *paraige* de Port-Sailly. La bourgeoisie messine brûla les maisons de cette corporation, et vint faire le siége en règle du manoir de Saint-Germain. Il y eut de grands désordres, l'évêque de Verdun intervint, et on signa un traité de paix qui annula les prétentions des évêques et autres seigneurs à la souveraineté de Metz. Les Messins firent de grands efforts pour se constituer en république, et ce fut le principe de la ligue des vassaux. La diète de Worms contraria ces tendances, et déclara que les républiques ou communautés formées dans les villes au préjudice des droits des seigneurs seraient cassées, avec défense d'en faire aucune à l'avenir.

Quelques années après, en 1254, les villes épiscopales voulurent secouer de nouveau le joug de leurs évêques, et s'ériger en républiques, sans reconnaître d'autre autorité que celle de l'empereur. Ces tentatives eurent des destinées diverses.

Le duc de Lorraine, les comtes de Bar et de Luxembourg, l'archevêque de Reims mirent à profit ces avertissements, créèrent des villes et des villages, leur accordèrent des priviléges, instituèrent des magistrats appelés *mayeurs ou jurés.*

Le pays messin se constitua en république distincte, et eut, comme les républiques municipales de l'antiquité et du moyen âge, ses jours de succès et de revers. On voit, par les travaux de MM. Bégin, Huguenin, de Saulcy, Worms et Viville, à quel point la bourgeoisie messine usait de son indépendance. « Elle fit, dit M. Abel, des traités de paix, de guerre, établit des règlements, disposa des amendes, rendit justice au civil, au criminel, statua sur les impôts, fit des levées de milices, paya des soldoyeurs, scella ses chartes d'un grand sceau, d'un sceau aux causes, d'un sceau secret, frappa monnaie à son coin, eut sa jurisprudence, ses lois, son drapeau, ses armoiries. » Metz ne paya point d'impôts aux empereurs, mais seulement des dons de joyeux avénement. Pendant trois siècles, cette cité n'a pas cessé de jouir des prérogatives de ville libre impériale, prérogatives qui eurent la sanction des empereurs à plusieurs reprises, notamment celle de Rupert en 1404, de Sigismond en 1434, de Frédéric en 1458, de Maximilien en 1492, et enfin de Charles-Quint en 1521.

VI. — Seize ducs héréditaires se sont succédés en Lorraine, de 1068 à 1454 ; vingt-six avaient régné quand la Lorraine et le Barrois furent mis sous la domination du roi Stanislas, et puis incorporés à la monarchie française. La première de ces périodes, troublée par des guerres incessantes, causées d'un côté par la compétition des seigneurs laïques et ecclésiastiques, des rois de France et des empereurs d'Allemagne, de l'autre, par les démêlés des Lorrains, des Messins et des Parisiens, soit entre eux, soit avec leurs

seigneurs ou leurs magistrats, nous offre, en 1436, une assemblée générale des états dans la ville de Nancy, où furent faits plusieurs règlements d'administration et de finances, et, en 1475, une autre assemblée des mêmes états,
convoqués par les ordres de Charles-le-Téméraire, après sa
conquête de la Lorraine et la capitulation de Nancy. Dix ans
après, quand la province commença à goûter les douceurs
de la paix, les trois états s'assemblèrent de nouveau dans
cette ville, et s'y occupèrent de divers objets d'administration intérieure et de défense contre l'étranger. Il y avait
aussi en Lorraine, dans le duché de Bar, des *hauts-jours*, où
les nobles prononçaient des arrêts sur les appels portés devant eux, contre les *châtellenies* et *prévôtés*. Mais ni ce
parlement féodal ni ces états non périodiques ne peuvent
être assimilés aux parlements et aux états qui, dans les
provinces plus autonomes, étaient parvenus à triompher
de l'oppression féodale.

VII. — La coutume de Lorraine ne réglait pas explicite-
ment les droits respectifs des seigneurs et des communautés
d'habitants sur les terres incultes et stériles. Il en était de
même de l'ancienne coutume de Bar. L'art. 32 de la coutume
réformée adjugeait seulement les épaves au seigneur haut
justicier, et la coutume de Saint-Mihiel, titre 2, art. 15, donnait au haut justicier les biens vacants, terres désertes et
en friches qui de mémoire d'homme n'avaient pas été labourées ou reclamées par autrui.

Un procès jugé par la Cour de Nancy le 26 mars 1854,
entre les représentants des seigneurs donataires des ducs
de Bar et les communautés d'habitants de ces seigneurs, a
présenté la question de savoir en quel sens il fallait inter-
préter des titres de concession de la duchesse de Lorraine
et de Bar portant sur la seigneurie entière qu'elle avait
dans les lieux théâtres de la concession, en justice haute,

moyenne et basse, hommages, rentes et revenus, fours, moulins, bois, rivières et autres choses quelconques au titre d'acquet et autrement. Un arrêt du parlement de Paris, du 16 mars 1565, avait interprété les titres dans le sens de l'attribution de la propriété au seigneur et des usages aux habitants; et cet arrêt n'avait fait que consacrer pour la Lorraine et le duché de Bar un principe de droit commun. La Cour de Nancy par l'arrêt précité et la Cour de Cassation par un arrêt de rejet du 18 janvier 1855 ont maintenu l'interprétation du parlement de Paris.

Cette doctrine est confirmée par l'édit du duc de Lorraine du 23 mai 1664, qui soumet les usages exercés sur les bois des communautés laïques des duchés de Lorraine et de Bar au droit de *tiers-denier*, qui consistait dans le tiers du prix des ventes extraordinaires des bois et pâturages de ces communautés.

Le préambule de cet édit est ainsi conçu : « Quoique « les forêts, taillis et rapailles dont jouissent les commu- « nautés des villes, bourgs et villages des pays de notre « obéissance, leur aient été donnés par nous et nos prédé- « cesseurs pour leur bien commun à titre d'usage et d'u- « sufruit seulement, néanmoins comme la vicissitude, mère « des changements, a fait que, par la désertion et la dimi- « nution des habitants, les fruits et usages des dits bois « s'étant trouvés plus grands que le besoin qu'ils en ont eu « pour leur simple usage, lorsqu'ils en ont voulu faire profit « par quelque coupe extraordinaire, ils ont été obligés de « recourir à nous ou à nos prédécesseurs pour en obtenir « la permission, laquelle ne leur a été octroyée qu'à la con- « dition qu'ils procéderaient ès-dites coupes avec la parti- « cipation de nos officiers de guerre et en leur payant le « tiers-denier à nous dû pour raison des coupes et ventes « extraordinaires de bois taillis et même de haute futaie. »

Ce préambule annonce, disent les auteurs du *Répertoire de jurisprudence*, V. *tiers-denier*, 1° que la loi qu'il prépare dérive de la concession originaire des bois faite par les ducs de Lorraine à leurs habitants.

2° Que quoique les bois n'eussent été donnés aux communautés d'habitants qu'à titre de simple usage, néanmoins elles étaient admises à en faire profit par des ventes extraordinaires, tant de bois taillis que de futaies.

3° Que les seules conditions à remplir par les communautés pour jouir de ce profit consistaient à demander au duc la permission de vendre, à ne consommer les ventes que par le ministère de ses officiers et enfin à payer le tiers du prix produit par ces ventes.

Le dispositif de l'ordonnance fait connaître très-clairement que dans la Lorraine et le Barrois, le droit d'usage des communautés d'habitants consistait à couper pour leurs besoins et à vendre le surplus, en cas de vente, et que le prince-propriétaire prélevait le tiers-denier sur le prix.

CHAPITRE V

DROIT MUNICIPAL DE LA CHAMPAGNE (1).

I. — La Champagne, que Grégoire de Tours décrit en parlant des champs catalauniques et qu'il appelle tantôt un

(1) *La généalogie des comtes héréditaires de Champagne, et le premier livre des mémoires des comtes héréditaires de Champagne et Brie*, par PITHOU (1572, 1628). — *Campaniæ comitum genealogia et brevis historia a* CL. MOISSANT *collecta* (1607). — *Mémoires historiques de la province de Champagne*, par BAUGIER (1721). — *Histoire des comtes de Champagne*, par LEPELLETIER (1753). — *Résumé de l'histoire de la Champagne*, par DE MONTROL (1826). — *Recher-*

royaume, tantôt un duché, se composait des grandes plaines qui s'étendent depuis la Brie jusqu'aux confins de la Lorraine, et confrontait au nord le Luxembourg et le Hainaut, au couchant la Picardie et l'Ile-de-France, au levant la Lorraine et la Franche-Comté, au midi la Bourgogne. Elle dépendait, sous l'empire romain, de la Gaule Celtique quant au territoire habité par les *Tricasses*, les *Senones* et les *Lingones*, et de la Gaule Belgique quant au territoire habité par les *Remi* et les *Partenses*, ce qui nous autorise à comprendre ses institutions municipales parmi celles des provinces qui faisaient partie de la Gaule Belgique.

Le comté héréditaire de Champagne, qui date du dixième siècle, ne s'étendait, sous Robert, fils de Héribert, comte de Péronne ou de Vermandois, qu'à la ville et au diocèse de Troyes ; Héribert, frère de Robert, qui lui succéda, y joignit le comté de Meaux ; les comtes de Vermandois et ceux de leur race furent, durant quelque temps, les maîtres des villes et des diocèses de Reims et de Châlons-sur-Marne ; puis les comtes de Troyes et de Champagne acquirent ou obtinrent en fief de l'église de Reims, Vitry, en Pertois, et d'autres lieux, et se rendirent maîtres de la plus grande partie de ce pays, excepté des villes de Reims et de Châlons, qu'ils ne possédèrent jamais, et qui restèrent au pouvoir des rois de France. Les comtes de Champagne acqui-

ches historiques sur la Champagne, par DE TORCY. — *Précis de l'histoire de la Champagne*, par RAGON (1834). — *Histoire des comtes de Champagne*, par BÉRAUD (1839). — *Les ducs de la Champagne*, par ETIENNE (1843). — *Essai historique sur les comtes de Champagne*, par Edmond DE BARTHÉLEMY (1852). — *Archives de la Champagne*, par ASSIER (1853). — *Histoire des ducs et des comtes de Champagne depuis le sixième siècle jusqu'au douzième*, par DE JUBAINVILLE (1859). — *Les finances de la Champagne aux treizième et quatorzième siècles*, par LEFÈVRE (1859).

rent aussi beaucoup de terres dans le Bassigny, où ils avaient Chaumont, Bar-sur-Seine et Bar-sur-Aube, avec la vouerie de l'abbaye de Molesmes, dont ils faisaient hommage à l'évêque de Langres ; la métropole de Sens, quoique dépendante du gouvernement de Champagne, ne faisait pas partie du comté. Les anciens comtes de Champagne étaient fort puissants, et possédaient, notamment dans le diocèse de Toul, en Lorraine, des seigneuries et des villes pour lesquelles ils reconnaissaient l'empire. Mais le comté de Champagne proprement dit relevait de la couronne de France, comme Ducange l'a prouvé dans les dissertations qu'il a jointes à l'histoire de Joinville. Héribert II était, sous le règne de Lothaire, comte du palais, et cette charge passa avec le comté de Champagne à Eudes II, comte de Chartres, à qui le roi Robert la conserva.

Le dernier comte de Champagne de la race de Eudes fut Henri III, dont la fille Jeanne épousa Philippe-le-Bel; Louis-le-Hutin et Philippe-le-Long possédèrent aussi le comté de Champagne, qui fut cédé, en 1336, à Philippe-de-Valois, et qui fut réuni solennellement à la couronne par le roi Jean, en 1361.

II. — Durant la longue et féodale domination des comtes de Champagne, rien ne manifeste, dans cette province, des libertés municipales, soit traditionnelles, soit octroyées. On n'y retrouve aucune trace du droit romain, ni de coutumes certaines, jusque vers la fin du treizième siècle. On doit admettre que, jusque-là, les comtes gouvernèrent avec le concours successif des *rachimbourgs* et des *scabins*. A dater du dixième siècle, apparaissent les prévôts « quasi « præpositi juri dicendo. » Une charte du roi Lothaire, donnée au palais d'Olonne (Saint-Dizier en Partois), en l'an 968, constate la présence, à la souscription de l'acte de confirmation du comté, de Gaufredy, prévôt de Vitry,

« Gaufridus, præpositus de Vitriaco. » Dans une charte souscrite par Étienne Ier, fils et successeur d'Héribert II, en faveur de l'abbaye de Moutier en Der (an 1003), on lit : « Testes sunt Guillelmus, præpositus de Vitriaco cas- « tro, » etc. Une lettre de Roger premier du nom, évêque de Châlons (an 1035), fait connaître qu'un nommé Pierre était alors prévôt de Vitry : « Petrus præpositus Vitriacen- « sis, » et que ce prévôt tenait en bénéfice l'autel et l'église de Mirecourt, et autres autels. Une charte ou lettre de Berger troisième du nom, évêque de Châlons (an 1070), apprend qu'en cette année-là, Hervé était prévôt de Vitry, qu'il tenait du chapitre de Saint-Étienne le village de Plichan- court, et que ce prévôt avait établi dans ce village d'injus- tes coutumes. Blanche, comtesse de Troyes, fit, en 1215, un règlement sur les prévôts, qui constate leur amovi- bilité, *ad nutum*, et le partage des amendes entre elle et eux.

« Ces prévôts, dit M. de Torcy, qui rapporte ces char- tes, dans ses *Recherches historiques sur le comté de Cham- pagne*, p. 327, ces prévôts, chargés, dans leurs districts, du maniement des finances, de l'administration de la justice, et en même temps de la réformation des *majores villarum* ou des *villicorum*, établis dans les plus petits villages par les vassaux et les arrières-vassaux des grands feudataires, deviennent bientôt les tyrans et les oppresseurs du peuple ; le justice est vénale, les lois anciennes sont oubliées. Cha- cun de ces nouveaux seigneurs en établit d'autres à sa volonté, ou selon ses intentions ; de nouveaux usages, qui n'avaient pour but que l'accroissement de leurs domaines, s'établissent, sans opposition de la part de ces nouveaux magistrats, totalement dévoués aux seigneurs, et presque toujours choisis entre leurs commensaux. Ces magistrats changent aussi la forme de rendre la justice, et ne pren-

nent conseil que d'eux-mêmes, ou tout au plus des vassaux intéresssés à l'accroissement de leur autorité.

« Le clergé et le peuple se plaint, et il est écouté, les
comtes de Champagne envoyent dans ce canton des commissaires pour maintenir leur autorité, réprimer les vexations, les injustices des prévôts et des vassaux et protéger
le peuple. Les seigneurs particuliers se plaignent de cette
inspection qui les rappelait à leur devoir, et contenait les
prévôts et les officiers de toutes les justices inférieures. Il
fallut céder au temps, et les comtes de Champagne cessent
d'en envoyer. Les plaintes se renouvellent; mais les souverains de la Champagne, distraits par les guerres de l'État
ou par celles que leurs vassaux ou les vassaux de leurs vassaux se font entre eux, sont dans l'impossibilité de tenir
leurs assises. Les maux augmentent; les prévôts laissent
envahir le domaine du prince; ces officiers secondent
même les usurpations; alors ces comtes créent dans chaque
ville principale de leur comté un magistrat supérieur pour
les remplacer, soit qu'ils exerçassent seulement le droit de
tenir les assises au nom du souverain, soit qu'ils fussent
établis comme surveillants permanents des vassaux, des
prévôts et de tous les autres juges, et en même temps protecteurs du peuple. On leur donna le nom de bailli, mot
gaulois qui signifiait gardien.

« Par suite de la rareté des monuments des dixième
et onzième siècles, on ne peut fixer précisément l'époque de
l'institution des baillis dans le comté de Champagne. Nous
croyons cependant, avec Brussel et autres écrivains, que
cet établissement a précédé celui des baillis royaux créés
l'an 1190, par Philippe-Auguste, dans chaque canton de
son domaine. Notre opinion s'appuye sur une charte particulière, donnée par Henri II, comte de Champagne, l'an
1184, en faveur de l'église de Saint-Étienne de Troyes, où

est mentionné, dans le nombre des témoins, un *Erardus, ballivus Trecensis.* »

Un siècle après, Thibaut IV, fils posthume de Thibaut III, constata les dispositions de la coutume de Champagne.

Plus les agents du pouvoir arbitraire sont subalternes, plus il y a de dureté dans le joug qui pèse sur les peuples. C'est pourquoi les *majores villarum* ou *villici* opprimaient les campagnes plus encore que les prévôts et les baillis n'opprimaient les villes.

Justice, police, administration, choix et révocation, *ad nutum*, des échevins féodaux qui, revêtus d'un caractère municipal et judiciaire, portaient les bans et les règlements que provoquaient les besoins de la commune, et exerçaient au civil comme au criminel la double juridiction contentieuse et gracieuse, tel était l'ensemble des prérogatives dont jouissaient les seigneurs dans les communautés rurales.

Les habitants, quoique privés en général du droit d'intervenir dans la gestion des affaires publiques, étaient néanmoins, dans quelques circonstances importantes, réunis au son de la cloche.

Ils étaient convoqués en assemblée générale :

1° Lors de la réception solennelle du seigneur qui, dans quelques localités, jurait et promettait à ses vassaux de les bien gouverner et recevait en retour leur serment de féauté.

2° Quand il s'agissait de lui allouer des subventions extraordinaires et de fournir ce qu'on appelait les *aides aux quatre cas.* Ces aides étaient ainsi nommés parce qu'ils étaient dus dans quatre circonstances spécifiées, savoir : lorsque le seigneur armait son fils chevalier, mariait sa fille, était fait prisonnier, ou voulait racheter des terres à lui échues par héritage (1).

(1) *Chartes de Marquion*, de 1258; art. 50, p. 100.

3° Lorsque la terre était menacée, et qu'il y avait nécessité de s'armer pour sa défense (1).

4° Quand il s'agissait de mesures à prendre relativement aux biens communaux. Dans ce cas, et dans d'autres analogues, si des fonds étaient nécessaires, ils étaient votés par l'assemblée. Il était ensuite rendu compte de leur emploi à la communauté réunie.

Toutefois, les communes rurales de la Champagne apparaissent généralement, jusqu'à la fin du treizième siècle, courbées sous le joug des seigneurs féodaux. Elles sont leurs humbles vassales ou leurs filles soumises. Dénuées de toutes lois écrites, de toutes garanties politiques et sociales, la plupart ne doivent leur bien-être qu'au caractère personnel de leurs maîtres, ou à l'intérêt qu'ils peuvent avoir à les faire prospérer. Celles qui dépendent des églises et des abbayes sont, en général, dans une condition beaucoup plus favorable, et leur joug est rendu plus léger par l'esprit de mansuétude et de modération qui anime le clergé. Il est aussi des communes privilégiées, qui obtiennent de leurs seigneurs des chartes ou des lois écrites. Mais, en général, le seigneur, dominateur tout puissant dans le village groupé autour de son château, y déploie une autorité incontestée, qui, souvent, n'a d'autres limites que son équité personnelle ou la crainte qu'il peut éprouver de voir ses vassaux fuir dans d'autres seigneuries, s'il les accable d'un joug oppresseur.

III. — Troyes, l'ancienne ville des peuples celtes Tricasses, inconnue à César, mais érigée par Auguste en corps de peuple ou de cité, ce qui lui fit donner le nom d'*Augustomana*, fit partie successivement de la quatrième Lyonnaise et du royaume de Neustrie. Sa coutume, réformée en

(1) *Ibid.*, art. 60.

l'an 1509, consacrait, comme l'ancienne coutume de 1284, la noblesse utérine, inconnue dans les autres coutumes, et consacrait par son article 51 le franc-alleu en ces termes : « Tout héritage est franc et réputé de franc-alleu, qui ne se montre serf et être redevable d'aucune charge, posé qu'il soit assis en la justice d'autrui et qu'il n'en ait titre. »

Les articles 168 et 169 de la même coutume réglaient, d'après le même principe, la question si disputée des biens et usages communaux.

Art. 168 : « Habitants, communitez, n'autres gens « particuliers ne peuvent prétendre n'avoir droit d'usage « ne pasturage en seigneurie et haute justice d'autruit « sans titre, ou en payer redevance au seigneur, son « procureur ou receveur, ou qu'ils en ayent joui par temps « suffisant pour acquérir prescription. »

Art. 169 : « On garde au dit bailliage que les habitans « des villes et villages, dont les villages ou territoires sont « voisins ou tenans l'un à l'autre peuvent mener champoyer « vain pasturer leurs bestes grosses et menues les uns sur « les autres et de clocher à autre (*Les coustumes généra-* « *les et particulières de France*, t. I, p. 322). »

Le grand commentateur de la coutume de Troyes (t. X, *Des bois, eaux et forêts*, p. 284 et 285) fait remarquer, sur ces deux articles, que le premier s'applique aux pâtures grasses et vives, et le second aux vaines pâtures, et professe d'ailleurs, sur l'origine des droits des communes, les principes du franc-alleu.

Il fonde (gl. 3, § 1) ces principes non-seulement sur le droit romain, mais encore sur la coutume même, « d'après « laquelle, dit-il, tous héritages sont réputés francs et allo-« diaux, et les seigneurs ne sont point fondés en la directe « des héritages situés dans leur territoire et juridiction, si ce « n'est qu'ils en aient un titre exprès ; auquel cas, » — « spe-

« cialis presumptio vinci generalem in terminis specialitatis. »
D'après Legrand, les seigneurs ne pouvaient se servir des
usages publics que comme habitants, à la condition même
de demeurer sur les lieux, eux ou leurs fermiers, et de jouir
« boni viri arbitrio, juxta modum et qualitatem territorii. »

IV. — Autour de Troyes se groupaient des villes, des
castra, des villages obéissant les uns à la coutume de
Troyes, tels que Joigny (*Joviniacum*), les autres régis par
leurs coutumes particulières, ou par celles de villes voisines, tels que la cité de Sens, le castrum *Tornodorus* (Tonnerre).

La Champagne était d'ailleurs divisée en plusieurs *pagi*.
Le pays de Brie (*pagus Brigensis*), dont Provins était la
ville principale, comprenait en outre Coulommiers, ville
considérable, donnée, en 1404, par Charles VI à Charles III,
roi de Navarre, Sezannes (*Sezania*), fondée au douzième
siècle, Brienne, divisée, à l'exemple de plusieurs villes du
midi, en une cité et en un *castrum*.

Le pays d'Argonne était célèbre par sa capitale, Beaumont en Argonne, fondée vers la fin du douzième siècle, et
qui donna sa loi ou coutume à plusieurs villes voisines.

Le Châlonnois et le Pertois, où se trouvaient Châlons
(*Catalaunum*) et Vitry-le-Français, dont la coutume, reçue
dans une grande partie de la Champagne, consacrait le
franc-alleu en ces termes : « Toutes terres occupées, tenues
et réclamées franches par dix ans entre présents, et vingt
ans par absents, âgés et non privilégiés avec juste titre et
de bonne foi, sont à toujours franches en servitude, et ainsi
en use-t-on ; » tous ces *pagi* formaient ensemble un diocèse,
qui avait été pourvu d'un évêque au troisième siècle, incorporé, pendant le sixième, au royaume de Thierry, fils de
Clotaire, et nommé dans le capitulaire de Charles-le-
Chauve, de l'an 853.

Le pays de Vallage avait pour principale ville Vassy (*Vassiacus*), qui dépendait aussi du diocèse de Châlons.

La capitale du Bassigny était Chaumont, qui n'avait été longtemps qu'une simple bourgade, possédée par les comtes de Troyes. Langres, Bar-sur-Seine et Bar-sur-Aube faisaient également partie du *pagus* de Bassigny. L'article 62 de la coutume du bailliage portait : « On tient au dit bailliage que tout héritage est réputé franc qui ne le montre d'être redevable d'aucune charge, quelque part qu'il soit assis. »

V.—M. Augustin Thierry, *Tableau de l'ancienne France municipale*, p. 241, dit qu'en Champagne, « sauf la ville de Reims, vieux municipe qui entreprit d'ajouter la liberté communale à ses franchises traditionnelles, sauf les villes de Sens et de Meaux, qui devinrent des communes jurées, l'une par insurrection, l'autre par octroi, l'organisation urbaine se montre peu forte et bornée à la garantie de droits purement civils. »

L'antique cité des Remois fut désolée par les Vandales, au commencement du cinquième siècle ; mais après que saint Remi, l'un de ses évêques, y eut baptisé le roi Clovis avec les principaux de la nation des Francs, l'organisation religieuse y remplaça l'organisation politique, anéantie par la chute de l'empire d'Occident, et l'évêque, substitué, dans l'administration municipale, à l'ancien magistrat romain, gouverna le diocèse de Reims selon les coutumes antiques ; « secundum consuetudines ab antiquis retro « temporibus collatas (1). »

A la fin du cinquième siècle, Meaux avait un défenseur

---

(1) *Charte* de GUILLAUME-AUX-BLANCHES-MAINS, de 1182.—*Epist.* JOANNIS SARISBER (an 567). — *Archives administratives de la ville de Reims.*

nommé par les hagiographes de sainte Geneviève **Pro-minius** ou **Fruminius** (1). Sens était la cité épiscopale métropolitaine.

S'il est vrai que des franchises municipales aient triomphé dans ces trois villes de la tyrannie des seigneurs, on ne peut l'attribuer qu'à l'influence épiscopale. Toutefois, l'art. 189 de la coutume de Meaux portait : «Par la dite coutume franc-alleu par tout le dit bailliage et anciens ressorts d'icelui ne peut être tenu et possédé sans titre particulier. »

V. — La Champagne avait, au moyen âge, ses états particuliers, qui avaient succédé au parlement non périodique de ses comtes héréditaires, et dont les assemblées continuaient ses grands jours. Ces états, convoqués pendant la captivité du roi Jean par le dauphin régent, s'assemblèrent d'abord à Provins et ensuite à Vertus. Ils accordèrent une aide à la condition qu'ils en feraient eux-mêmes la levée, et l'employeraient à l'entretien des gens d'armes, à l'exception du dixième, qu'ils donnèrent au dauphin pour sa dépense. Malgré cet immense service, ces états n'existaient plus deux siècles après, et, malgré les réclamations de la noblesse champenoise aux états d'Orléans de 1560, on les remplaçait, comme le remarque Bodin, dans sa *République*, par le système des généralités, des élections et des intendants, qui soumettait la Champagne au régime des grandes gabelles, à toutes les impositions établies dans le royaume, et aux travaux de chemins par corvées, et qui, selon la juste remarque de Necker, appauvrissait le peuple par les charges dont on l'écrasait.

(1) *Acta SS.*, 3 januarii, t. I, p. 141 et 146.

CHAPITRE VI

DROIT MUNICIPAL DE LA PICARDIE (1).

I. — La Picardie, qui avait pour limites au nord les
Pays-Bas, au couchant la Normandie et la Manche, au levant la Champagne, et au midi l'Ile-de-France, a été le
boulevard de Paris et du royaume de France jusqu'après
les conquêtes de Louis XIII et de Louis XIV dans les
Pays-Bas.

Le nom de Picardie ne date que de la fin du treizième
siècle. La nation des *Picards* était connue sous Philippe-
Auguste. Jean Corbichon, qui écrivait en l'an 1370, dit que
« les soldats de cette nation se servaient de dards et de pi-
« ques plus qu'autres bâtons, pourquoi aucuns les appelent
« Picards. » Ce qu'il y a de certain, c'est que Mathieu Pâris,
parlant d'une sédition survenue, en 1229, à Paris entre les
bourgeois et les clercs de l'université de Paris, parle des
Picards en ces termes : « Qui seminarium tumultuosi cer-

(1) *Essai bibliographique sur la Picardie*, par CHARLES DUFOUR
(1850). — *Dissertation sur l'étendue du Belgium et sur l'ancienne
Picardie*, par l'abbé CARLIER (1753). — *Hypothèses étymologiques
sur les noms des lieux de Picardie*, par l'abbé CORBLET (1853). —
Souvenirs des villes de Picardie, par M. DUSEVEL (1859). — *Avis à
la province de Picardie; Id., aux antiquaires de la Picardie; Essai
sur l'histoire générale de la Picardie*, par DEVÉRITÉ; *Supplément*
(1774). — *Prospectus de la notice historique de Picardie*, par Dom
GRENIER (1786). — *Résumé de l'histoire de Picardie*, par LAMI (1825).
— *Archives historiques de la Picardie*, par ROGER (1842).—*Bibliothèque historique*, par le MÊME (1844). — *Notices des documents relatifs à l'histoire de Picardie*, par COCHERIS (1854). — *Situation
financière des villes de Picardie*, par DUFOUR (1858). — *La Ligue,
documents relatifs à l'histoire de Picardie*, par DUBOIS (1859).

« taminis moverunt, erant de partibus conterminis Flan-
« driæ quos communiter Picardos nominamus. »

La province de la Picardie se forma, vers le treizième
siècle, d'un grand nombre de comtés dont chacun avait
auparavant son chef ou seigneur particulier. L'Amienois, le
Ponthieu, le Vimeux, le Boulonnais, le Vermandois, la Thiérasche, toutes ces dépendances de la *Belgia secunda*, cette
province rebelle au joug de l'empire romain, avaient été
déjà converties au christianisme par les prédications de
saint Quentin, de saint Firmin, de saint Henri et d'autres
évêques martyrs, lorsque les Francs y pénétrèrent et y élevèrent sur le pavois, vers le milieu du cinquième siècle,
Mérovée, fils de Clodion. Mérovée détruisit Trèves, et s'a-
vança vers la Loire. Clovis chassa de Soissons Siagrius et
les Romains. Tous les pays désignés longtemps après sous
le nom de Picardie firent partie du royaume des Francs, et
furent soumis à des ducs et à des comtes, qui adminis-
trèrent, avec une fidélité plus ou moins douteuse à leur roi,
les cités gouvernées auparavant au nom des empereurs
romains.

II. — La capitale de la Picardie, Amiens, ville fort célèbre dans les *Commentaires* de César, passa, après l'invasion des Francs, sous la domination temporelle de ses évêques, à qui les rois de France en donnèrent la seigneurie.
Ces prélats donnèrent le comté d'Amiens aux seigneurs de
la maison de Boves, qui furent dépossédés par Raoul,
comte de Vermandois. Philippe d'Alsace, comte de Flandre, ayant épousé la fille de Raoul, donna ce comté à Philippe-Auguste, et, huit ans après, l'évêque d'Amiens céda
au roi et à sa couronne l'hommage de ce comté d'Amiens,
qui appartenait à cet évêque et à son église. Cette ville,
donnée en engagement, par le traité d'Arras de l'an 1453,
à Philippe, duc de Bourgogne, avec les autres places de la

Somme, fut retirée par Louis XI, puis rendue par lui, par
le traité de Conflans, et enfin définitivement reprise et réunie à la couronne.

La monographie publiée par M. Augustin Thierry, sur
la constitution communale d'Amiens, nous montre cette capitale des *Ambiani* passant de la domination romaine,
d'abord sous le joug des Barbares, qui lui firent subir tous
les désastres de l'invasion (1), puis dans les mains des
Francs, qui s'y établirent, en l'an 486, après la victoire
remportée sous les murs de Soissons par Clovis sur Siagrius.
Dès lors, l'administration municipale romaine est modifiée. L'ancienne curie est remplacée par un corps municipal, composé de clercs et de laïques notables. La haute juridiction des officiers de l'empire passe à l'évêque, élu par
le peuple (2) dans l'ordre des magistrats, et couronné de
Dieu dans l'ordre de l'apostolat (3). L'évêque préside le
corps municipal, formé des mêmes éléments et doté des
mêmes attributions que l'ancienne curie romaine.

Puis vient l'institution d'une part des comtes héréditaires, d'autre part des magistrats appelés : *Rachimburgi*,

---

(1) Remorum urbs præpotens, Ambiani, Atrebates, extremique
hominum Morini, Tornacus, Nemetæ argentoratus, translati in
Germaniam (*Hyer. epist.*; *apud Scrip'. rer. Gallic. et Franc.* t. 1,
p. 744). — (2) RAYNOUARD, *Histoire du droit municipal*, t. I, ch. XXIV,
p. 145; t. II, ch. VIII, p. 78. — Amiens, *Première dynastie*. Intimans
urbanis, ut dignum Deo sibique salutiferum eligerint episcopum.
(art. 55, t. I, p. 706.) *Deuxième dynastie*, a clero et populo (THO-
MASSIN, *Vet. et nov. disc. eccl.*, t. II, p. 403). — Voyez les *Mémoires
originaux concernant les villes d'Amiens, de Beauvais et autres*,
publiés par BERNIER, en 1835; — l'*Histoire d'Amiens*, par DUSEVEL
(1832); — l'*Histoire du comté d'Amiens*, par DUCANGE, etc. — (3) Fuit
quidem electus a plebe Ambianensium et a Deo donatus in sede
sacerdotum : fuit vocatus a populo in ordine magistratus, et coro-
natus a Deo in ordine apostolatus. (*Vita sancti Salvii Amb.*; *Gall.
Christ.*, X, 1153.)

skapen, *échevins*, et c'est du concours de tous ces éléments que se forme, dans la période carlovingienne, l'administration de la cité.

Le scabinat, c'est-à-dire la magistrature judiciaire et administrative, succombe sous les coups du pouvoir féodal ; et, après un siècle de guerres privées, interrompues de temps à autre par la trève et la paix de Dieu, la ghilde organisée dans la cité obtient, vers la fin du onzième siècle, une charte qui réprime les abus les plus criants de la féodalité (1), et vers l'an 1117, une charte renouvelée par Philippe-Auguste en 1190, qui, étendant les antiques franchises municipales de la cité, attribue au corps municipal, non-seulement le droit de justice civile et criminelle dont jouissaient la curie romaine et le scabinat gallo-franc, mais la liberté politique dont ils n'avaient jamais joui (2).

Le diocèse d'Amiens, au moyen âge, comprenait trois *pagi* : l'Amienois, le Ponthieu et le Vimeux. On distinguait dans l'Amienois : Corbie, monastère illustre, fondé en 657, par le roi Clotaire III et la reine Bathilde sa mère ; Baisieu, maison royale en 674 ; Orreville, où Charlemagne se livrait aux plaisirs de la chasse ; Roye, forteresse dont Hugues-le-Grand s'empara en 933 ; Péquigny, Enne, Doulens, etc.

Le pays de Ponthieu (*pagus Pontivus*), qui s'étendait depuis la rivière de Somme jusqu'à celle de Canche, et le pays de Vimeux (*pagus Vimacensis*), qui s'étendait depuis la Somme jusqu'à la rivière de Bresse, appartenaient autrefois aux églises, et surtout à l'abbaye de Centule, nommée depuis

(1) Voyez le texte de cette charte, dans le *Recueil des monuments inédits de l'histoire du tiers-état*, t. I, p. 22. — (2) Voyez le texte de cette charte dans la *Monographie de la constitution communale d'Amiens* (*Essai sur l'histoire du tiers-état*, p. 341 et 360).

Saint-Riquier, du nom de son ancien fondateur. Hugues-Capet y bâtit plusieurs forteresses à l'embouchure des rivières, pour défendre le royaume de France contre les incursions des Danois et des Normands. Plusieurs maisons comtales gouvernèrent successivement le Ponthieu et le Vimeux, qui furent cédés aux Anglais, en toute propriété et souveraineté, après la bataille de Poitiers, mais qui, reconquis par Charles V, furent réunis à la couronne. Le traité d'Arras les en détacha momentanément ; mais Louis XI les rétablit une seconde fois et pour toujours dans le domaine royal.

Abbeville était la capitale du comté de Ponthieu. C'était originairement une simple ferme de l'abbaye de Saint-Riquier, qui devint la seconde ville de Picardie. Elle avait une église collégiale, dédiée à saint Vulphran, évêque de Sens, et était gouvernée par des comtes, qui juraient, à leur avénement, de garder bien et fidèlement les droits du omté.

Montreuil, place forte et chef d'un comté séparé de celui de Ponthieu ; Saint-Riquier, autrefois Centule, abbaye de l'ordre de Saint-Benoît, dont la seigneurie temporelle, exercée d'abord par les moines, passa aux comtes de Ponthieu et d'Amiens, puis à Philippe-Auguste, qui en disposa en 1196, en faveur de sa sœur Alix, et revint à la couronne avec le comté de Ponthieu ; Doulens, l'un des boulevards de la Picardie avant la conquête de l'Artois : Saint-Valery, célèbre par son monastère de bénédictins et par le port qu'y fonda, au septième siècle, saint Valery, étaient les autres villes secondaires du Ponthieu et du Vimeux.

Le Boulonnais, qui s'étendait depuis la Canche jusqu'aux confins de la Flandre, avait pour capitale Boulogne, l'ancienne *Gesoriac*, qu'Eumène appelle, dans le Panégyrique à Constantin, *Bononiense oppidum*, et qui, gouvernée, dès

le dixième siècle, par des comtes, fut, après bien des vicissitudes, reconquise par Louis XI, sur Marie de Bourgogne, après la mort du duc Charles, et unie à perpétuité à
la couronne, moyennant le don du comté de Lauraguais, en
Languedoc, fait en échange au comte d'Auvergne. La partie septentrionale du Boulonnais, qui appartenait originairement à l'abbaye de Saint-Bertin, usurpée sur les moines
par un Danois nommé Sifrède, et qui devint le comté de
Guines, s'appelait pays reconquis, parce qu'il avait été reconquis par les Anglais, qui s'en emparèrent et en jouirent pendant deux cents ans.

III. — Au levant de l'Amienois était le Vermandois (1),
dont la capitale, Saint-Quentin (*Augusta Vermandorum*),
n'aurait, s'il faut en croire son historien, jamais été possédée par aucun seigneur, et dont les habitants n'auraient
jamais été vassaux, et encore moins serfs, *addicti glebæ*.

« Comme les rois de France et, à leur exemple, les comtes du Vermandois voulaient des sujets et non des esclaves,
les fonds et les personnes, à Saint-Quentin, n'ont dû, dit
Hordret, que des services à l'État, et sont demeurés francs
et libres de toutes autres charges. C'était la nature comme
l'avantage primitif des choses ; rien ne le leur a fait perdre. Ils en ont constamment joui sous nos premiers rois
et sous les comtes héréditaires. C'est dans cet état d'une
liberté absolue de leurs personnes et d'une franchise entière de leurs héritages qui, par là, devenaient pour eux de
véritables francs-alleux, qu'ils ont obtenu de ces mêmes
comtes l'érection de leur ville en commune, à l'effet de se

(1) *Histoire des comtes héréditaires du Vermandois aux neuvième,
dixième, onzième et douzième siècles* par FOUQUIER ; Cholet (1832).
— *Mémoires pour servir à l'histoire du Vermandois*, par PAUL COL-
LIETTE (1771, 1773).

conserver dans ces franchises et dans la jouissance de leurs *us* et *coutumes.* »

La première charte de commune accordée à Saint-Quentin remonte à Albert Ier, qui commença à régner sur le Vermandois en 943. L'art. 3 de cette charte porte : « Com-« munia vero ita statuta est, quod homines communiæ « cum omnibus rebus suis quieti et liberi permaneant. » On n'affranchit pas les habitants, on les maintient dans leurs franchises, sans autre réserve que celle de la fidé-lité qui est due par le sujet à son souverain, « salvo jure « et honore nostro, salva fidelitate. »

La charte commune est concédée par pure bienveil-lance et non à prix d'argent, puisqu'elle a été obtenue (*acquisita*) gratuitement et par simple concession. Son principal avantage, c'est de transférer au mayeur et aux jurés composant le corps de ville élu par les habitants la plus grande partie de la justice et de l'administration qu'exerçaient autrefois les officiers du comte, et de per-mettre aux habitants, qui vivaient bien auparavant dans une sorte d'association d'intérêts, travaillant, trafiquant, correspondant les uns avec les autres, mais qui ne possé-daient rien en commun et n'avaient aucun droit de jus-tice, de devenir corps dans l'État, propriétaires ensemble de beaucoup d'objets, administrateurs des affaires et des biens de la ville, et comme garants en quelque sorte du bien-être public.

La charte communale de Saint-Quentin, confirmée par Raoul, comte de Vermandois, en 1102 (1), et par le roi Phi-lippe-Auguste, en 1195, n'est que la confirmation des an-ciens us et coutumes possédés par les bourgeois au temps du

(1) *Ordonnances du Louvre*, t. VII, p. 622.

comte Rodolphe et de ses prédécesseurs (1). L'art. 57 de cette charte porte : Nous ne pourrons rien ordonner ni rien établir sur les biens des bourgeois ; « Nos nullum bannum « ne caliquam institutionem super res burgensium facere po- « terimus. » *Bannum*, dit l'historien Hordret, est une peine, une amende pécuniaire, dont sont punis les infracteurs des lois ou des dépenses publiques, qui n'est point prononcée par la justice, mais qui est réglée et fixée, suivant Ducange, par quelques statuts locaux.

Le comte Albert, en érigeant la commune, ne s'interdit pas seulement ces sortes d'amendes sur les bourgeois de Saint-Quentin ; il fait plus, il renonce à mettre le moindre impôt sur leurs biens. Il en avait reconnu la pleine liberté et franchise par l'art. 3, et par celui-ci il renonce à la faculté même d'y porter la plus légère atteinte. Il veut, par les articles 49 et 60 (2), qu'il n'y ait que eux seuls qui puissent imposer quelque chose sur eux-mêmes et sur leurs propres biens et revenus. C'est bien là le comble de la franchise la plus plénière.

Ham faisait partie du Vermandois. C'était une place forte, où se trouvait une abbaye de chanoines réguliers, fondée en 1108.

Péronne, Mondidier et Roye étaient aussi, avant les

(2) Usus et consuetudines quas tempore Radulfi comitis et antecessorum suorum burgenses Sancti-Quintini tenuerunt. Augustin Thierry, *Lettres sur l'histoire de France.* — (2) Art 49. Si major et jurati super res burgensium aliquam fecerint institutionem, sine emendatione alicui exhibenda facient : si vero ab iis qui institutionem violaverint nummi accipiantur ad firmitatem villæ pertinentur. — Art 60. Si major et jurati et communitas villæ pro negotiis villæ agendis, pecuniæ indiguerint, et collectam aut aliquam institutionem fecerint in villa super omnes pecunias et hereditates burgensium, sine foris facto facere poterunt, et super omnes pecunias quæ in villa lucrantur.

conquêtes de Louis XIII, un boulevard de la France. Péronne était déjà célèbre sous les rois mérovingiens, et Ar-
chamband, maire du palais sous Clovis II, y avait bâti un
monastère. Mondidier date de Philippe-Auguste, qui y
avait un palais, et qui y tenait sa cour ; « apud montem De-
« siderii. » Roye (*Rauga*) était une place plus ancienne que
Mondidier. Flodoard dit dans sa chronique qu'en l'an 993,
le duc Hugues-le-Grand s'empara de cette place sur Héribert, comte de Vermandois. Péronne, Mondidier et Roye,
données en pairies par le traité d'Arras à Philippe, duc de
Bourgogne, pour lui et ses successeurs mâles, ensuite par
le traité de Conflans en 1466, rentrèrent, sous Louis XI,
dans le domaine de France.

Le bailliage de Vermandois avait ses états particuliers
qui accordèrent à Philippe VI une aide de quatre deniers
pour livre, et qui renouvelèrent cette aide en 1352, 1353,
1354, moyennant quelques concessions qui leur furent
faites par le roi (1).

IV. —La Thiérasche (*Theorascia*), située sur les confins
de l'Artois, avait pour principale ville Guise, à laquelle
était attachée une seigneurie considérable, tenue par Godefroy, qui avait épousé la fille du comte de Roucy. Le comté
de Guise, échu à la famille d'Anjou, fut possédé par Louis II,
roi de Sicile, et par son fils Réné, dont les biens furent confisqués, en l'an 1422, par le parti anglais, qui était maître
de la personne de Charles VI, tombé en démence. Le
comté de Guise passa ensuite à Jean de Luxembourg, et fut
confisqué par Charles VII, qui le réunit à la couronne. Au-
benton, Ribemont, Marle, Laferre, pays qui avaient été
autrefois sous la domination des comtes de Vermandois.

(1) *Ordonnances des rois de France*, t. II, p. 396 à 588, p. 503-506. p. 529-567.

devinrent, par l'extinction de cette famille, une partie intégrante de la couronne de France, en vertu d'un traité fait avec Philippe-Auguste, et participèrent aux vicissitudes administratives et politiques du reste de la province.

V. — Plusieurs des villes picardes étaient déjà érigées, vers l'an 533, en cités épiscopales, et le pouvoir y était partagé entre les évêques, leurs défenseurs, les ducs et comtes qui rendaient la justice, distribuaient les impôts, percevaient les amendes, levaient des soldats, et les officiers de la couronne commandés par les maires du palais qui, chargés de conserver intact dans les provinces le pouvoir des souverains, finirent par se l'approprier.

De l'indécision des limites qui séparaient ces différents pouvoirs devaient résulter des conflits et des luttes sanglantes, dont la Picardie semble avoir été le théâtre privilégié.

Des deux femmes dont les noms restent attachés aux guerres civiles des temps mérovingiens, l'une, Brunehaut, était née en Picardie, au village d'Avencourt, et a laissé dans les chaussées de cette contrée, qui portent son nom, les premières traces de civilisation.

Au fléau des guerres civiles, excitées par la compétition de l'esprit germanique et de l'esprit romain, vient se joindre, sous la dynastie carlovingienne, le fléau des invasions des Danois et des Normands. Vainement combattus par les comtes de Boulogne et de Flandre, ils s'établirent sur le littoral, pénétrèrent dans les terres et y exercèrent des dévastations lentes et systématiques. C'est du besoin de concerter contre eux une défense commune, au sein de l'anarchie causée par le démembrement de l'empire de Charlemagne et par la faiblesse de ses successeurs, que naquit la féodalité.

L'histoire de la Picardie, pendant le onzième siècle, est

celle des luttes incessantes entre les prélats, aspirant à devenir seigneurs temporels de leurs diocèses, et les comtes de Vermandois, de Montreuil, de Boulogne, de Guines, etc., pillant et guerroyant sans relâche, avec un appareil fastueux de vicomtes, de baillis, de prévôts et d'officiers domestiques. De bourgeois, il n'en est pas question dans l'histoire des villes, où règne exclusivement la hiérarchie féodale, et dans celle des campagnes, qu'habitent des populations serves en grande partie.

Mais, au douzième siècle, on voit se réveiller tout à coup les souvenirs des traditions municipales romaines et des scabins de Charlemagne, tombés en désuétude, pendant l'anarchie des deux siècles précédents. Les bourgeois picards, enrichis par leur industrie, songent à secouer le joug de leurs seigneurs appauvris par les croisades, et à mettre à profit les divisions des seigneurs laïques et des seigneurs ecclésiastiques. Dès lors commence une lutte violente, qui ensanglante plusieurs villes de la Picardie, et d'où est née la théorie, beaucoup trop généralisée, de la commune insurrectionnelle.

La lutte se terminait ordinairement par des transactions et par des chartes renouvelées des anciennes coutumes, comme le disent entre autres celle de Montreuil de 1188, celle d'Amiens de 1190, celle de Saint-Quentin de 1196; et fondées ou rétablies par ces chartes dans leurs libertés municipales, les villes de la seconde Belgique n'ont pas toutes, à beaucoup près, leur origine dans l'insurrection qui, même quand elle doit être considérée comme légitime, n'a pas, selon la remarque judicieuse de M. Guénard, le caractère de noblesse et de générosité avec lequel on la représente. Les conjurations, les confédérations étaient alors des voies légitimes et autorisées par les souverains.

Les chartes, qui en étaient la conséquence ordinaire,

bien loin de nuire aux progrès de la puissance royale dans la province de Picardie, les secondèrent au contraire, et tandis que les comtes de Flandre et de Boulogne s'alliaient avec le roi d'Angleterre, les milices des communes de la Picardie et de l'Ile-de-France venaient en aide au roi de France ; celles d'Amiens et d'autres villes de la Picardie et de l'Ile-de-France, placées à l'avant-garde dans les champs de Bouvines, s'y comportèrent bravement, et méritèrent, par leur concours au succès de la bataille, la confirmation par Philippe-Auguste d'un privilége auquel elles avaient spontanément renoncé en prolongeant, durant le péril, leur service militaire au delà du terme où elles le devaient.

Les heureux efforts de saint Louis et de ses successeurs en faveur de l'unité française ne portèrent aucune atteinte à la liberté communale, qui continua au contraire à s'affermir et à s'étendre.

Mais cette province n'avait jamais possédé d'états-généraux. Chaque fraction de son territoire avait ses états particuliers, qui disparurent tous dans le cours du quinzième siècle, à l'exception peut-être de ceux du Boulonnais, qui paraît avoir conservé une administration distincte avec le titre de gouvernement. Ces états furent remplacés par les six élections d'Amiens, Abbeville, Doullens, Péronne, Mondidier et Saint-Quentin, et par les quatre gouvernements de Montreuil, Boulogne, Calais et Ardres, dont l'administration dépendante des intendants fut loin d'offrir les mêmes garanties que l'ancien système provincial.

CHAPITRE VII

DROIT MUNICIPAL DES PROVINCES DE FLANDRE, ARTOIS, CAMBRÉSIS ET HAINAUT (1).

I. — La Flandre, l'Artois, le Cambrésis, le Hainaut, furent peuplés par des tribus germaniques qui, sous le nom de Flamands (*Vlaming*, peuples errants), s'établirent dans le cinquième siècle, sur les bords de la Lys et de la Sambre.

La Flandre n'était, originairement, que le territoire de Bruges; c'était le municipe que saint Ouen, dans la *Vie de saint Éloi*, nomme *Flandrense*, et qu'il compare à ceux de Saint-Quentin (*Vermand*), de Noyon (*Noviomagense*), etc. Le marais où ce municipe était situé lui fit donner le nom de *Bruzzia* ou *Brugæ*. Les auteurs fla

(1) *Gallo-Flandria*, auct. BUZELINO (1525). — *Histoire des Flamands du Haut-Pont et du Lysel* (1836). — *Les Flamands de France*, par LOUIS DE BAECKER.— *La légende des Flamands artésiens et haynuyers* (1552). — *La légende des Flamands*, par GALLIOT DU PRÉ (1558). — *Chronique des Flandres*, par SAUVAGE (1562). — *Résumé de l'histoire de Flandre et d'Artois*, par SCHEFFER (1826). — *Notice sur les historiens de Flandre*, par DU ROZOIR (1828). — *Id., sur les historiens de la Flandre française*, par LEBON (1827). — *Précis de l'histoire de Flandre*, par RAGON (1834). — *Chroniques de Flandre, écrites au quatorzième siècle en patois rouchy* (1841). — *Histoire des comtes de Flandre*, par LE GLAY (1843). — *Chants historiques de la Flandre*, par LOUIS DE BAECKER (1855). — *Notice sur l'origine du comté de Flandre*, par M. LEGLAY (1849). — *Recueil d'actes en langue romane wallone, des douzième et treizième siècles*, par M. TAILLIAR (1849). — *Priviléges et franchises de quelques-unes des villes de la Flandre, de l'Artois, de la Picardie et du Valois*, par M. DE MÉLICOCQ (1832). — *Considérations générales sur l'histoire des états du Cambrésis, de l'Artois, du Hainaut, de la Flandre*, par WILBERT (1846).

mands prétendent que ce pays était gouverné, sous le règne de Charles-le-Chauve, par des seigneurs qui avaient
la qualité de *forestiers*. Il fut possédé d'abord par Baudouin qui, ayant enlevé la fille de Charles-le-Chauve, et
l'ayant épousée, l'obtint avec le titre de comte, du roi, qui
lui pardonna et le reçut dans ses bonnes grâces.

Les comtes de Flandre étaient appelés *Walt-grave*
(comtes forestiers), à cause des forêts qui couvraient son
territoire, et que les seigneurs et les habitants s'appliquèrent à défricher, prenant d'ailleurs peu de part aux guerres
que se livraient, dans les contrées voisines, les descendants
de Clovis, et ne songeant qu'à se défendre eux-mêmes
contre les invasions incessantes des Frisons, des Allemands, des Saxons et des Esclavons.

Charlemagne, ayant dompté les Saxons et les Frisons,
transporta des bords de l'Elbe dans la Flandre dépeuplée
des milliers de familles, et y rétablit l'autorité des comtes,
expulsés en 690. Dès lors commencèrent à s'élever les
fortifications de Gand, le château de Bruges et plusieurs
autres forteresses qui devinrent des villes importantes. Dès
lors, aussi, commença la division de la Flandre en Flandre gallicante (ou française) et Flandre flamingante (ou
flamande), division qui donna lieu aux compétitions et
aux guerres entre les empereurs d'Allemagne et les rois de
France.

Louis-le-Débonnaire défendit aux serfs d'entrer dans
les conjurations qui se faisaient dans les Flandres, et pré-
vint les maîtres de ces serfs que désormais, responsables
des actes de ces derniers, ils devaient, en cas de contravention à ses prescriptions, payer une amende de soixante
sous : « De conjurationibus servorum quæ fiant in Flan-
« dris, et in........, et in cæteris maritimis locis, vo-
« lumus ut per missos nostros indicetur dominis servorum

« illorum ut constringant eos, ne ultra tales conjurationes
« facere præsumant. Et ut sciant ipsi eorumdem servorum
« domini quod cujuscumque servi hujusce modi conjura-
« tiones facere præsumpserint postquam eis huc nostra jus-
« sio fuerit indicata, bannum nostrum, id est sexaginta so-
« lidos ipse dominus persolvere debeat. » Ce capitulaire
témoigne de la fermentation qui régnait alors dans les Flandres.

Les descendants mâles de Baudoin, comte de Flandre,
firent fermer de murailles la ville de Bruges, et possédèrent le comté jusque vers la fin du onzième siècle. Les
compétitions qui s'engagèrent à cette époque livrèrent le
comté de Flandre à de fréquentes vicissitudes.

La Flandre prit une part active aux croisades, et y gagna,
grâce à l'atteinte qu'y reçut la fortune des seigneurs, les
communes libres, qui tiennent dans son histoire une si
large place.

Les villes flamandes ont eu des origines diverses. Ba-
vay, Cambrai, Valenciennes (1), Tournay étaient antérieures à la conquête de Jules César. D'autres villes, telles que
Lille, Douai, Dunkerque, Saint-Amand, Bergues, etc.,
commencèrent presque toujours par un cloître ou par une
église (2). Autour de l'église, vinrent se grouper les populations ; mais bientôt l'église, les prêtres et les fidèles furent exposés aux attaques extérieures, et pour protéger la
colonie nouvelle, on creusa de larges fossés, on éleva de

---

(1) VINCENT SCHAGOS, *Les Pays-Bas avant et pendant la domination romaine*, t. II, p. 425. — (2) *Histoire de la Flandre*, par M. GEL-
DOFF, t. I, p. 126. — Voyez aussi dans les *Preuves de l'histoire civile
et ecclésiastique du diocèse de Laon*, par Dom LELOMG, la *charte* octroyée en 1183, par Raoul de Coucy aux habitants de Vervins, et
la *loi* de la Bassée, promulguée à Cysoing, près Lille, par le siro
du lieu, avant 1204 (*Observations sur l'abbaye de Cysoing*, par M. le
marquis de GODEFROY-MENILGLAISE (1855, p. 17).

hautes murailles, on bâtit des citadelles; entre autres le fort de Valentinien près de la ville de Valenciennes, le château d'Adabald près de celle de Douai, le château des grands forestiers de Flandre, près de la ville de Lille, s'élevèrent. Puis, à cette multitude garantie contre les aggressions du dehors, mais non contre les divisions intestines, il fallut un magistrat municipal. De là, l'hôtel de ville avec son échevinat; de là, la cité proprement dite. Une église, un beffroi, une forteresse, tel est le triple élément des villes des bords du Rhin, des Pays-Bas, des deux Flandres, du Hainaut, de l'Artois. A Lille, le cloître de Saint-Pierre; à Dunkerque, l'église de Saint-Éloi; à Maubeuge, à Ehron, à Bergues, les monastères de Sainte-Aldegonde, de Saint-Amand, de Saint-Winse, furent pour chacune de ces cités ce qu'avait été pour Rome la chaumière bâtie sur le mont Janicule pour la royale pauvreté d'Évandre.

La Flandre possédait, dès le commencement du douzième siècle, des états composés du prince et de ses vassaux immédiats. Le tiers-état prenant chaque jour plus d'importance, les représentants des villes y furent admis; mais ce privilége ne fut d'abord accordé qu'aux cités les plus riches et les plus populeuses,

En l'année 1111, Baudoin VII fut proclamé comte de Flandre par les états-généraux. Le pays était infesté de brigands. Dans les états tenus à Ypres, l'année suivante, le comte fit rendre une loi qui mit fin à ces désordres; non moins sévère envers les seigneurs de fiefs, il se plaça entre eux et leurs vassaux, et couvrant ces derniers de toute sa puissance, non-seulement il les affranchit de l'arbitraire sous lequel ils gémissaient, mais il ouvrit l'entrée des états aux représentants de toutes les villes indistinctement (1).

---

(1) HENRION DE PANSEY, *Des assemblées nationales*, p. 47.

Les premiers priviléges de villes dont fasse mention l'histoire de Flandre sont ceux que donna le comte Baudoin, à la ville de Grammont qu'il fonda. Ce puissant vassal du roi de France et de l'empereur d'Allemagne, dont la juridiction était absolue et souveraine, malgré l'hommage qu'il leur prêtait, affranchit les laïques de la juridiction ecclésiastique pour les affaires civiles, et les dispensa d'accepter le duel ou les épreuves judiciaires dites jugement de Dieu. Son fief, le plus ancien de la couronne de France, n'était sujet à aucun *empenage*, c'est-à-dire que les femmes étaient aptes à y succéder, à défaut d'héritiers mâles.

Les chartes des villes flamandes n'ont pas toutes une origine aussi paisible. Le régime municipal de la Flandre et de toute la seconde Belgique se manifeste, dès le commencement du douzième siècle, par la fréquence des luttes entre les seigneurs et les vassaux, par la multiplicité des chartes et des confédérations entre les villes et les villages réunis en municipalités sous une constitution et une magistrature collective (1). Nulle autre histoire n'offre plus d'exemples de séditions des communes contre les seigneurs.

C'est à cette source que remontent, dans un grand nombre de villes flamandes, le droit conquis par leurs habitants d'être jugés dans la cité même, et de trafiquer librement sans payer de taxes, dites de *tonlieu*. C'est ainsi que les Gantois, réunis en armes sur le marché, arrachèrent, paraît-il, au successeur de Philippe d'Alsace une charte

(1) Voyez l'*Histoire de Saint-Quentin et de ses franchises*, par HORDRET, ch. III; — le *Recueil des ordonnances du Louvre*, t. XI, p. 231, 237, 245, 277 et 308; — le *Tableau de l'ancienne France municipale*, par M. AUGUSTIN THIERRY, p. 240.

portant : « Qu'il serait libre à quiconque voudrait d'établir
et de tenir école à Gand ; qu'aucun Gantois ne pourrait être
mis en jugement hors du territoire de sa ville, à moins qu'il
ne refusât d'y entendre jugement ; que tout bourgeois pourrait vendre et aliéner ses biens à qui bon lui semblerait ;
que le comte ne pourrait faire aucun édit ou statut à Gand
sans le consentement et conseil des bourgeois de la ville,
et pareillement ceux de la ville sans l'avis et consentement
du comte ; qu'il y aurait à Gand treize échevins nommés
à vie, sous la juridiction desquels serait toute la commune
de Gand, et que si un des échevins venait à mourir, ou si,
par autre circonstance, sa place devenait vacante, les douze
autres choisiraient un remplaçant, qu'ils présenteraient au
comte pour être confirmé ; que ceux de Gand pourraient
fortifier leur ville et maisons particulières à leur volonté ;
qu'ils ne seraient tenus d'aller au mandement du comte ni
d'envoyer leurs députés vers lui, à plus grande distance
qu'en la cour du château de Gand ; que nul bourgeois de
Gand ne serait justiciable, pour matière ecclésiastique,
hors de la ville, et que l'évêque ne pourait célébrer synode
qu'une fois tous les trois ans ; que ceux de Gand pourraient
destituer et chasser leurs curés et vicaires toutes les fois que
bon leur semblerait ; enfin, que s'il arrivait quelque circonstance sur laquelle la présente n'aurait pas statué, les
échevins y pourvoiraient selon leur jugement et conscience,
et qu'il ne serait permis à personne de porter un décret
différent de celui des échevins. » Cette charte et plusieurs
autres, arrachées au comte Ferrand, ce protégé de Philippe-
Auguste, marié à l'héritière de Flandre sans le consentement des états, trahissent, par des dispositions anormales
et excessives, leur origine insurrectionnelle. Il en est de
même de celles qui furent concédées, sous l'administration
orageuse du comte Gui, en guerre avec la France, dans les

dernières années du treizième siècle, et que Philippe-le-
Bel, devenu maître du comté de Flandre, supprima par l'é-
dit qui investit Jacques de Châtillon de pouvoirs presque
dictatoriaux sur la Flandre, et qui ordonna que, désormais,
huit électeurs, dont quatre à sa nomination, choisiraient
vingt-six habitants de la ville de Gand, parmi lesquels les
commissaires royaux prendraient treize échevins, les autres restant conseillers. De ces excès de pouvoirs réciproques naquirent les rébellions des villes contre les seigneurs, les guerres des villes entre elles, les combats sanglants des corps de métiers dans l'intérieur de chaque
cité, tous les désordres, en un mot, qui troublèrent la
Flandre pendant les quatorzième et quinzième siècles, et
qui la livrèrent aux compétitions ambitieuses des étrangers.

Mais c'est sous l'influence de transactions pacifiques, bien
plus que sous la pression de luttes violentes et à main
armée, que s'accomplirent les destinées municipales des
villes de Flandre.

II. — Les villes et châtellenies de Lille, Douai et Orchies
faisaient partie du comté de Flandre depuis son institution. Philippe-le-Bel obligea Guy de Dampierre, comte de
Flandre, et Robert de Béthune, son fils, qu'il avait faits
prisonniers, de lui céder ces villes, ce qui eut lieu au commencement du quatorzième siècle, et ce qui fut renouvelé en 1369, par Charles V. C'est le comte Baudouin
qui fit fermer Lille de murailles, en l'an 1046, ce qui
le fit nommer Baudouin de Lille. Les priviléges de cette
ville durent suivre de près sa fondation ; car, en 1222,
la comtesse Jeanne accorda, par une charte spéciale, aux
bourgeois de Seclin, le droit d'user et de jouir intégrale-
ment des mêmes lois, libertés et coutumes « que possé-
« daient les bourgeois de Lille. » La charte de 1283, par

laquelle l'échevinage de ville fut organisé, ne fut donc que la confirmation de franchises déjà anciennes.

Le territoire de Lille se composait du Melantois (*territorium Medezantense*), situé au midi de la ville, dont Seclin était le principal lieu ; du quartier de Ferain, situé au nord, où était Commines, patrie de Nicolas de Commines, grand bailli de Flandre et père de Philippe de Commines, qui, ayant quitté le service de Charles, duc de Bourgogne, se donna à Louis XI, dont il a écrit le règne ; le quartier de la Wepe, dont la principale place était Armentières, ville située sur la Lys, et plusieurs fois prise et reprise dans les guerres entre la France et l'Espagne ; le quartier de Carunbauld, situé sur les confins de l'Artois, et dont le principal lieu était Phalempin, fondé par une ancienne abbaye d'augustins ; le quartier de Peule, où se trouvait le bourg de Bouvines, illustré par la grande victoire de 1214, remportée par Philippe-Auguste sur l'empereur Othon IV, Ferdinand de Portugal, comte de Flandre, et leurs alliés.

La ville d'Orchies était, au moyen âge, la capitale du pays de Peule.

Douai, l'une des plus célèbres et des plus anciennes villes des Pays-Bas, et qui avait fait partie du territoire des *Atrebates*, appartenait au comte Arnould, en l'an 930, lorsqu'elle fut prise sur lui par l'armée des Lorrains, commandée par le duc Gislebert. Baudouin, comte de Valenciennes et de Monts, la posséda dans le siècle suivant, et elle devint, au douzième siècle, après de nombreuses et violentes luttes, la propriété des comtes de Flandre. Son université fut fondée par Philippe II, roi d'Espagne, en 1552 ; mais son parlement, dont le ressort s'étendait non-seulement dans la Flandre, mais dans le Cambrésis et le Hainaut, ne date que de Louis XIV.

Les archives de la mairie de Douai, dont une table chronologique et analytique a été publiée par M. Pilate Prévot, en 1842, renferment une foule de chartes relatives à la ville de Douai et à la province de Flandre. On y remarque entre autres :

1° Des lettres de Philippe, comte de Flandre, données à Furnes, en 1168, par lesquelles il exempte les bourgeois de *Zanshaut* de tout droit de tonlieu dans quelque ville de Flandre qu'ils aillent, et ordonne que ses négociants ne soient pas soumis à l'usage qu'on appelle *hanse* ;

2° Les lettres originales de Louis, fils du roi de France, données au camp, devant Lille, au mois de juin 1213, par lesquelles il promet aux bourgeois de Douai de maintenir la commune établie par le comte Philippe, et de ne point faire de paix sans eux avec le comte Ferrand.

Philippe, comte de Flandre, donna, en 1226, une charte aux bourgeois de Douai, qui avaient combattu à Bouvines dans les rangs des Français, sous les ordres de Philippe-Auguste (1). Cette charte fut confirmée, en 1228, par Ferrand, comte de Flandre et de Hainant, qui établit un nouveau mode d'élection de l'échevinage : « L'échevinage, » est-il dit dans la charte confirmative, « sera renouvelé de « treize en treize mois. Les échevins seront au nombre de « seize, savoir : douze choisis dans les quatre escroettes de « la ville, et quatre au-delà de l'eau. Le serment des éche-« vins sera reçu par le comte de Flandre ou son bailli ; et à « défaut de l'un et de l'autre, par les échevins sortant. Ne « peuvent être en même temps échevins, les cousins-ger-« mains, ni autres parents d'un degré supérieur, ni le beau-« père et le gendre. Les échevins ne pourront plus aller à « l'enquête à Arras ni ailleurs sans le consentement et la

(1) *Recueil des actes des douzième et treizième siècles*, par M. Tail-liar, p. 506,

« volonté du comte de Flandre ; mais ils pourront prendre
« avis et conseil partout où ils voudront. Lorsque, dans les
« jugements, il y aura dissidence entre les échevins, la
« minorité devra suivre l'avis de la majorité; mais lorsqu'ils
« seront tous d'accord, celui qui ira contre leur jugement
« sera amendé à leur volonté (1).

D'autres chartes constatent des libéralités du comte de
Flandre et de Hainaut envers la ville de Douai. Telles sont
les lettres originales de 1241, par lesquelles il donne à la
ville de Douai tous les marais qui l'environnent, et le cours
de la Scarpe, jusqu'à la borne à Keviron ; et les lettres de
Marguerite, comtesse de Flandre et de Hainaut, et de Guy,
son fils, comte de Flandre et marquis de Namur, de l'an
1265, par lesquelles ils donnent, aux échevins de Douai et
à la communauté, toute la pièce de terre qu'on appelle
Vuskies, entre la rivière, le manoir du temple et la dernière
maison de la rue Wez, à charge de douze deniers douaisiens
de rente par an.

De nombreux règlements et bans de police, des treizième
et quatorzième siècles, entre autres l'acte en parchemin
ayant pour titre : « Chest li escris de la justice de Douai et
des droitures des moulins, » et relatif au partage d'attributions entre le prévôt et les échevins, font foi de la libre et
sage administration d'une cité dont les seigneurs et les rois
de France ont successivement reconnu, avec une émulation
qu'excitait le désir d'obtenir son appui, *les bons us, coutumes, privilèges, lois et franchises*, comme on le voit notamment par les lettres du roi Philippe, et par celles du

---

(1) Cette charte est copiée en latin, dans le cartulaire T, f° 12,
armoire 17, de la mairie de Douai; elle est traduite en langue
romane dans le même cartulaire, f° 12 ; on en trouve une autre
copie dans les layettes 52 et 74.

comte de Flandre, des années 1296 à 1299. Des lettres de Charles V, roi de France, du 5 septembre 1368, renferment un code complet sur l'échevinat de Douai, code maintenu, confirmé et étendu par ses successeurs. Plus de mille documents importants, relatifs à l'administration de la ville de Douai au moyen âge, sont déposés dans les archives de sa mairie.

Ces franchises n'étaient, au surplus, que la confirmation d'anciens droits. «Lorsque Philippe-Auguste et Louis VIII,» dit M. du Belloy dans un mémoire lu à l'Académie des inscriptions, « accordèrent aux villes de Tournay et d'Arras « des chartes de communes, ces princes ne leur donnèrent « aucun droit nouveau. Ils confirmèrent seulement ces vil-« les dans la possession de ceux dont elles avaient joui de « temps immémorial. Tournay et Arras étaient deux an-« ciennes cités de la Gaule Belgique. Ces villes et plusieurs « autres, à la décadence de la maison de Charlemagne, lors-« que les officiers du roi usurpèrent les droits des souverains « et ceux du peuple, avaient été assez puissantes pour conser-« ver leurs priviléges et se maintenir dans leurs franchises. »

III. — La charte octroyée en 1187, par Philippe-Auguste aux habitants de Tournay, est aussi une charte de paix confirmative d'anciennes libertés. « Noverint universi « præsentes pariter et futuri quoniam burgensibus nos-« tris Tornacensibus pacis institutiones et communiæ de-« dimus et concedimus ad eosdem usus et consuetudines « quos dicti burgenses tenuerant ante institutionem com-« muniæ. Hæ autem sunt consuetudines... Has itaque « prænominatas consuetudines et quas alias obliviose omi-« simus quas Tornacenses habere soleant et debeant « ipsis... concedimus ad recordationem, salvo jure eccle-« siarum, castellani et advocati, et dominorum monetæ « et maeriæ (d'Achery, *Spicilegium*, t. XI, p. 345). »

Cette charte concède à tout homme légitime le droit de résidence dans la cité, à la charge de se conformer à ses lois : « Quilibet homo legitimus, de quacumque terra fue- « rit, si in civitatem venerit, et ibi manere voluerit, lici- « tum erit ei, ut consuetudines civitatis observet (*Or-* « *donnances*, XI, 248). »

La charte d'Avesnes, qui est datée du mois de février 1200, est empreinte des mêmes caractères de paix et de liberté ; on y lit cette clause : « Le seigneur d'Avesnes, quel qu'il soit, ne pourra attraire devant lui aucun des hommes de la paix, ni rien réclamer d'eux, si l'objet de sa demande n'est prouvé par le témoignage des échevins ou jurés de paix. »

IV. — Au couchant de la Flandre, du Hainaut et du Cambrésis, au nord de la Picardie et au levant du Boulonnais, était l'Artois, dont le nom, ainsi que celui d'Arras, sa capitale, vient des peuples *Atrebates*, dont les limites étaient, au temps de Jules-César, beaucoup plus étendues que celles de cette province.

L'Artois fut détaché de la Flandre à la fin du douzième siècle, à l'occasion du mariage de Philippe-Auguste avec Isabelle de Hainaut, fille de Philippe d'Alsace, comte de Flandre, à qui furent données en dot les villes d'Arras, de Saint-Omer et d'Aire, ainsi que tous les autres lieux qui composaient ce pays.

Philippe-Auguste prit possession de l'Artois en l'an 1193. Robert, second fils de Louis VIII, en faveur de qui saint Louis, son frère, l'érigea en comté, le transmit à Robert II, son fils ; mais celui-ci n'eut pas d'héritier, et le comté d'Artois passa dans la maison de Bourgogne. Louis XI dépouilla d'Arras et d'une partie de l'Artois, Marie de Bourgogne, fille de Charles-le-Téméraire ; mais Charles VIII les rendit, par le traité de Senlis, à la maison d'Autriche, à charge d'hommage, et ce ne fut qu'en 1640 que cette province, reprise par Louis XIII sur Philippe IV, roi d'Espagne, rentra dans le domaine de France, excepté Saint-Omer et Aire, qui ne lui furent cédées que par le traité de Nimègue de 1678.

La cité d'Arras (*Origiacum*), ancienne capitale des Atrébates, était un siége épiscopal, illustré, dès l'an 540, par les travaux de saint Vast, l'un des catéchistes du grand Clovis, qui y mourut, et dont le tombeau fut le fondement de l'abbaye de ce nom, fondée par le roi Thierry, vers la fin du septième siècle.

Arras était divisée en deux villes : la cité ancienne, et la ville nouvelle. La cité ne reconnaissait d'autre seigneur que l'évêque, et ne relevait pas des comtes de Flandre ou d'Artois; elle était uniquement dépendante des rois de France, qui en laissaient ordinairement le gouvernement aux évêques (1). La ville avait un bailliage particulier, appelé *gouvernance*; on appelait de ses décisions au conseil provincial, et de celles de ce conseil au parlement de Paris, depuis la réunion de l'Artois à la France. Arras fut, après l'anarchie du dixième siècle, l'une des premières cités qui jouirent d'institutions communales. La charte donnée par Philippe-Auguste, en 1191, et confirmée par son fils, en 1211, remonte à un arbitrage de 1101, où figure un sieur Jacques Moïar (2). L'administration de la ville et l'administration de la cité, qui était beaucoup plus ancienne, n'étaient pas confondues. Les échevins de la ville n'avaient pas le maniement des deniers publics, qui était

(1) Dubos, *Établissement de la monarchie française*, t. II, p. 531. — (2) Marlaiville, *Mémorial historique*, p. 34. — *Recueil des actes des deuxième et treizième siècles*, p. 36. — Tailliar, *De l'affranchissement des communes*. p. 180 à 188.

réservé au corps particulier appelé : *les trois états de la cité.* Ce corps était composé d'un député de l'évêque, comme seigneur temporel, d'un député du chapitre, pour représenter le clergé, et d'un député de l'échevinage, représentant le tiers-état. C'est, dit l'auteur d'une notice sur l'ancienne organisation municipale de cette ville (1), c'est dans ce corps antique des trois états de la cité que se retrouvaient les droits des cités gauloises, conservés par les Romains, et où les Druides avaient le premier rang. Les trois ordres étaient composés de seigneurs, d'honorables citoyens et sénateurs, et le dernier ordre de tiers-état, d'affranchis ou d'artisans.

V. — Le diocèse de Térouenne, au moyen âge, comprenait deux cantons principaux : celui de Térouenne, du nom de cette ville illustrée par saint Omer, et que Charles-Quint fit raser en 1553 ; et celui de Boulogne, où César s'embarqua deux fois pour la Grande-Bretagne, qui devint ville épiscopale au commencement du seizième siècle, et dont les comtes de Flandre et d'Artois se sont si longtemps disputé la possession.

Saint-Omer (*Sithin*) était une place connue dès le septième siècle, sous le règne de Dagobert. Elle appartenait alors à un seigneur franc, qui la donna, à la prière de saint Omer, évêque de Térouenne, à saint Bertin, pour y fonder un monastère de bénédictins, où Childéric, le dernier des rois mérovingiens, fut confiné, après avoir été déposé en l'an 752. L'enceinte de ce monastère s'accrut et devint une ville forte, que Louis VIII dota de priviléges considérables confirmés par saint Louis (2).

_____

(1) M. le baron de Hautecloque, ancien maire d'Arras ; Congrès scientifique, séance du 26 août 1853. — (2) *Ordonnances du Louvre*, t. IV. p. 327.

Aire (*Aria*) ne date que du onzième siècle, et doit ses
développements à Baudouin de Lille, comte de Flandre,
qui y fonda, en 1064, une église collégiale, et à Philippe
d'Alsace qui, en 1186, augmenta le nombre des ministres
de cette église.

Hesdin, ville située sur les confins du Boulonnais et du
Ponthieu, était une forteresse qui appartenait aux comtes
de Flandre, et qui fut donnée en dot par Philippe d'Alsace avec l'Artois à Isabelle de Hainaut, femme de Philippe-
Auguste. Deux chartes communales, concédées aux habitants d'Hesdin, en 1144 et 1196, furent confirmées successivement par Louis IX (1).

VI. — Le Cambrésis (*Cameracum*), pays peu étendu,
mais fertile, omis dans les *Commentaires* de César, mais
marqué dans l'*Itinéraire* d'Antonin et dans la carte de
Peutinger, avait pour capitale Cambrai, dont Clodion, roi
des Francs, s'empara sous le règne de Valentinien III, et
qui était, dès cette époque, une place considérable (2). Des
princes francs s'en emparèrent et en furent chassés par
Clovis, qui réunit cet État à la France et le laissa à ses descendants. Cambrai et le Cambrésis furent ordinairement
sous les rois d'Austrasie, et reconnurent pour souverain
l'empereur Othon III. Une patente impériale ayant disposé
du Cambrésis en faveur de l'évêque Herluin et de ses successeurs, de graves difficultés s'élevèrent entre un évêque
étranger, Bérangaire de Germanie, et les bourgeois aidés
des châtelains qui, d'officiers, s'étaient rendus propriétaires
et héréditaires, et qui, quoique vassaux de l'évêque, se dé-

---

(1) *Ibid.*, p. 247.—(2) *Recueil des actes des douzième et treizième
siècles en langue romane wallonne*, par M. TAILLIAR, p. CLVII. —
Recueil des historiens de France, t. XIII, *Histoire de Cambrai*. —
WILBERT, *Des anciennes coutumes du nord de la France*, etc., p. 4.

clarèrent contre lui. De là, une coalition organisée contre l'évêque, qui était absent, et à qui les portes de la ville furent fermées à son retour; mais cette coalition momentanée s'affaissa bientôt, et les bourgeois, abandonnés de leurs auxiliaires, rentrèrent sous l'autorité de leur évêque. De nouvelles conspirations éclatèrent successivement, et amenèrent une transaction, à la suite de laquelle l'empereur Frédéric donna aux habitants de Cambrai, en 1194, une charte qui rétablit la paix et l'empire des anciennes coutumes de la cité (1). Les historiens de Cambrai ne voient pas dans cette charte une concession à l'insurrection. « Les bourgeois de Cambrai, disent-ils, se révoltèrent deux fois, et, deux fois vaincus, finirent par jurer fidélité d'abord à l'évêque, puis à l'empereur. Que si, plus tard, la commune de Cambrai fut constituée et dotée d'une magistrature élective et d'une milice locale, elle le dut à la charte que lui donna, en 1225, l'évêque de Cambrai lui-même. » Mais quand on se rappelle la vive irritation des esprits, la condamnation et la destruction prononcée par l'empereur lui-même, en 1182, de la commune établie, et son brusque retour à des sentiments opposés, il est difficile de méconnaître que la *nécessité* n'ait été le véritable principe des concessions faites aux habitants, et de l'établissement de

---

(1) Nihilominus quoque serenitatem imperialis clementiæ decet, ut hunc inde temperata transactione consensu partium et arbitratu boni viri, discordes consonare faciat, et inter corda plus odiis quam amicitiæ studiis inclinata, veram pacem firmamque concordiam restituat. Ea propter cognoscat fidelium imperii tam præsens ætas quam successura posteritas, quod cum dilectus noster princeps Rogerus, episcopus Cameracensis, et fideles nostri cives Cameracenses pro regimine et consuetudinibus de jure civitatis suæ, diu graviterque dissentirent, has eis consuetudines pro legibus et regimine bonoque statu civitatis auctoritate nostra per consilium principum et prudentum nostrorum indulsimus.

cette *maison de paix*, où se réunissaient les jurés de la paix, et, plus tard, les échevins.

MM. Auguste Thierry et Wilbert considèrent la charte de l'empereur Frédéric comme la copie d'une charte antérieure, conquise par les habitants à main armée, et dont le texte serait perdu. Les preuves de cette affirmation manquent totalement, et il est permis d'attribuer à l'empereur et à l'évêque, autant qu'aux habitants, les dispositions libérales de cette charte de Cambrai, qui punissait les crimes, favorisait le commerce, assurait la liberté des personnes, faisant à l'évêque et aux habitants une part convenable d'autorité et de liberté, et méritant à tous égards cet éloge d'un ancien auteur : « Que dirai-je de la liberté de cette ville? Ni l'évêque ni l'empereur ne peuvent y assurer de taxe; aucun tribut n'y est exigé; on n'en peut faire sortir la milice si ce n'est pour la défense de la ville (1). »

La châtellenie de Cambrai échut, en 1340, à Philippe-de-Valois. Celui-ci, maître de la ville, ne priva pas néanmoins l'évêque de son droit féodal. Voulant d'ailleurs se concilier l'affection des habitants, afin de résister avec leur aide aux prétentions des Allemands, qui invoquaient les droits de l'empire, il leur donna de grands priviléges, que son fils Jean confirma. Charles VI donna à son fils Louis la châtellenie de Cambrai, qui fut possédée depuis par ses frères Jean et Charles. Charles VII la comprit dans le traité de 1435, parmi les terres qu'il donna en engagement à Philippe, duc de Bourgogne. Louis XI s'en empara, malgré l'opposition des ducs de Bourgogne, et il s'en sui-

(1) Quid autem de libertate hujus urbis dicam? Non episcopus, non imperator taxationem in ea facit : non tributum ab ea exigitur, non denique exercitum ex ea educit, nisi tantummodo ad defensionem urbis (*Script. rer. Franc.*, t. XIII, p. 480).

vit, devant le parlement de Paris, un procès qui ne fut pas jugé, et malgré lequel la possession en demeura à la France, jusqu'à la confiscation qu'en opéra Charles-Quint, et qui ne porta aucune atteinte aux droits de l'évêque et des habitants.

Le Cambrésis peut être compté au nombre des pays d'états. Il avait son administration distincte, et, chaque année, une assemblée composée de l'archevêque, de sept membres du clergé, de huit barons et du corps municipal de Cambrai, réglait tout ce qui concernait les impôts. Cet état de choses paraît avoir survécu au moyen âge, et avoir duré jusqu'à l'époque où Louis XVI essaya de rétablir les anciens états du Hainaut.

VII. — Le Hainaut, situé au couchant de l'Artois et du Cambrésis, contenait la plus grande partie du territoire des *Nerviens*, et un grand nombre de villes qui font aujourd'hui partie de la Belgique.

Parmi les villes françaises qui en dépendaient, nous nous bornerons à en citer une : Valenciennes, bâtie au commencement du cinquième siècle, sous l'empereur Honorius, et où les rois francs avaient un palais au septième siècle, comme on le voit par une patente de Clovis III, qui y tint une assemblée des grands du royaume (*Valentinianis in palatio nostro*). Éginhard lui donnait, en 845, le nom de village : *Pagi Fanomartensis vicum*. Les comtes du Hainaut en jouirent jusqu'à Charles II, roi d'Espagne, qui perdit cette ville en l'an 1677.

La charte donnée, en 1114, à Valenciennes, par Baudoin, comte de Hainaut, dit Jacques de Guise, n'offre pas plus que celle de Cambrai de traces de sédition. « Le seigneur, « voyant que sa bonne ville de Valenciennes, habitée par « une nombreuse population, n'observait presque point la « loi écrite, mais seulement des coutumes, et que, par

« suite, cette ville ne jouissait pas d'une grande tranquil-
« lité, institue, de concert avec ses hommes, une loi qui
« porte le nom de charte de paix (1). »

Vient ensuite une série de dispositions empruntées aux
règlements de la paix de Dieu et aux principes du régime
communal naissant, ou plutôt ressuscité (2). A côté de la juridiction du comte s'élève celle des échevins ou juges de la
paix, qui doivent s'abstenir de porter atteinte aux droits
du seigneur (3). Les habitants doivent s'armer au premier
cri d'alarme; mais ils ne peuvent se réunir qu'au son des
cloches, ou par l'ordre exprès des juges de la paix (4). Les
voies de fait contre les habitants, les injures contre les magistrats sont punies d'amendes. Les marchands sont protégés ; tout homme de la paix a le droit d'arrêter et de poursuivre, comme solidairement responsable, tout individu de
la ville où il a été insulté (5). La sûreté publique et les garanties individuelles sont conciliées dans une juste mesure.

Le Hainaut avait, avant sa réunion à la France, ses états
particuliers, qui se tenaient à Mons. Le Hainaut français les
perdit, ainsi que ses franchises communales, tandis que le

---

(1) *Charta pacis Valencenensis.* — V. JACQUES DE GUISE, *Annales
de Hainaut,* liv. XVI, ch. XVI. — (2) Voyez le texte dans le *Mémoire* de M. TAILLIAR *sur l'affranchissement des communes.* —
(3) Pro justitia hujus pacis per judicium scabinorum aut pacis
juratorum, nullo modo comes debet perdere jus suum aut juridictionem qualemcumque ad ipsum de jure pertinentem (ch. xxv).
— (4) Si clamor magnus succreverit in villa in tantum quod igni-
tegium (*couvrefeu*) aut cum campana banni pulsentur, quicumque
ad arma non fugerit et ad locum clamoris sui statim non per-
venerit, solvet quinque solidos ad servitium comitis et cancellarii
pacis (ch. xxiv). — Si tumultus aut clamor validus nascatur in villa
sine campanarum sonitu, nullus illuc armatus aut cum armis
accedere debet usquedum jurati pacis hoc præceperint; et qui
contrarium facit emendabit de quinque solidis (ch. xxv). —
(5) *Annales du Hainaut,* livre XVI. ch. xxv.

Hainaut resté autrichien les conserva. Le Hainaut français n'était pourtant pas tout à fait un pays d'élection ; la gabelle y était inconnue, ainsi que le privilége exclusif du tabac, et trop peu de temps s'était écoulé depuis la réunion quand Louis XVI essaya d'établir dans toute la France les administrations provinciales, pour qu'on ne pût pas y retrouver le germe d'un régime libre.

VIII. — Les libertés flamandes, considérées d'une manière générale, subirent de nombreuses vicissitudes durant les guerres entre le comte de Flandre et le roi de France, qui remplirent le treizième siècle. Momentanément étouffées sous le joug étranger, qui s'établit à la suite des victoires du roi Philippe-le-Bel sur le comte Gui, elles reparurent, après la cession que celui-ci fit au roi de France des villes de Lille, Douai et Béthune, empreintes d'un caractère tel qu'elles permirent à ces villes de lutter contre le régime féodal français.

Que conclure de ces rapprochements historiques ? C'est que, dans l'histoire de la Flandre, comme dans celle de toutes les autres provinces, le droit et la force, le bien et le mal se sont fait la guerre, et ont alternativement triomphé ; et que la civilisation générale a fait d'autant plus de progrès que l'énergie des communes s'est plus abstenue de violences, et que l'esprit de condescendance et de concession des seigneurs a moins dégénéré en faiblesse.

IX. — Les communaux des provinces qui formaient l'ancienne seconde Belgique se composaient originairement de marais, de friches et de bois communs.

On peut dire de la Flandre ce qu'Hérodote disait de la basse Égypte, qu'elle était un territoire conquis sur les eaux ; les marais communs de l'Artois et de la Picardie étaient immenses et dans la seule généralité de Soissons on comptait encore à la fin du dernier siècle 50,000 arpents de prés ou de marais d'où les habitants se bornaient à extraire de la tourbe sans y recueillir une botte de foin (1).

Les friches ou pâtures sèches n'étaient pas moins considérables que les pâtures humides, et l'obstacle à leur défrichement provenait de la résistance des seigneurs qui prétendaient que toutes les terres abandonnées leur appartenaient et qui s'opposaient à leur culture. La jouissance de ces biens connus dans le public sous le nom respectable de *patrimoine des pauvres*, n'excitait pas d'ailleurs la sollicitude du fisc qui en laissait jouir librement et à peu près sans impôts les habitants des campagnes. La quantité de ces biens est restée longtemps inconnue et ce n'est qu'aux déclarations provoquées par les ordonnances de Louis XIV et de ses successeurs qu'on a dû de connaître leur immense étendue.

Les seigneurs s'étaient dessaisis de la propriété de certains de ces biens sous la seule réserve d'un domaine honorifique, ou bien ils avaient accordé seulement quelque usage, demeurant toujours seigneurs tréfonciers.

Les chartes des provinces féodales offrent en général plus d'exemples de ce dernier genre de communaux que du premier. On en trouve peu d'antérieurs aux douzième et treizième siècles ; mais à dater de cette époque on voit les communes de la Flandre, de l'Artois, du Hainaut, de la Picardie, etc., sans distinction de celles qui avaient obtenu des chartes communales et de celles qui dépendaient entièrement des seigneurs, obtenir des concessions de marais et de terres en friche, vastes terrains desséchés, mis en culture par un travail opiniâtre, devenus depuis des champs fertiles, et qui ont fait de cette partie de la France un des territoires les plus riches de l'Europe.

(1) *Traité des communes*, par d'Essuile, ch. III.

Dans la charte communale de Saint-Omer de 1127, on lit, art. 19 : « J'accorde pour l'usage des bourgeois comme « au temps de Robert-le-Barbu, la pâture située auprès de « la ville de Saint-Omer, dans le bois de Lô, dans les ma- « rais, les prairies, la bruyère et hongrecolte (c'est-à-dire « terre inculte), à l'exception du terrain de la léproserie. »

Dans la charte d'Arras de l'an 1190, on lit : « Philippe « d'Alsace, comte de Flandre, donne à tous les hommes li- « bres d'Arras tous les produits qu'ils pourront retirer des « marais et pêches pour l'utilité de la ville, sous l'autorité « des échevins, etc. »

Dans la charte de la ville d'Aire de 1188, on lit, art. 21 : « Philippe d'Alsace, comte de Flandre, accorde à perpétuité « aux bourgeois la possession libre et franche de la terre et « de la pâture qu'ils avaient achetées du comte Robert et « de la comtesse Clémence, qui est sise entre Belte et « Lambres. »

Par des lettres en parchemin données à Lens en pleine cour le 31 septembre 1224, des arbitres nommés par mon- seigneur de Wavrig, d'une part, et les bourgeois de Douway, d'autre part, déclarent, « que tous les marais de « hors Waziers qui leur ont été montrés, et dont ils don- « nent la situation, sont commune pâture et commun her- « bage en payant la coutume. » On trouve dans le cartu- laire I, fᵒ 25, de la mairie de Douai, semblables lettres cer- tifiées par Adams de Milli, bailli d'Arras.

Des lettres en latin, traduites en langue romane et vi- dimées par les doyen et chapitre de Saint-Martin, dont les originaux et plusieurs copies existent aussi dans les cartu- laires de Douai, constatent la concession faite par Thomas, comte de Flandre et de Hainaut, et par Jeanne, son épouse, à la ville de Douai de tous les marais qui l'environnent, et du cours de la Scarpe jusqu'à la borne à Keviron.

Par des lettres d'avril 1244, Marguerite, dame de Dampierre, donne toutes les aises des marais de Flines aux paroissiens de Flines, de Baisce, de Constices, d'Auche, d'Orchies et de Bouvigniers, et Guillaume, comte de Flandre, sire de Dampierre, confirme ces lettres au mois de juillet 1248.

Par des lettres de l'an 1265, Marguerite, comtesse de Flandre et du Hainaut, et Guy son fils, comte de Flandre et marquis de Namur, donnent aux échevins de Douai et à toute la communauté toute la pièce de terre qu'on appelle *Waskies* entre la rivière, le manoir du temple et la maison de la rue des Wez, à charge de douze deniers douaisiens par an (1).

En 1258, Marguerite, comtesse de Flandre, accorde aux trois paroisses de Frétin, Amaulin et Templeuve, la tenure du pâturage d'un marais « sauf ès toutes les justices basses et hautes (1). »

Par des lettres de 1269, Marguerite, comtesse de Flandre et de Hainaut, donne à la commune de Douai tout le marais et toute la pièce de terre qui s'étendent entre le tènement du temple et la maladrerie de Gurbung.

Toutes ces concessions d'usages, dont il serait facile de multiplier les exemples, sont contemporaines de la formation et de l'agrandissement des villages dans nos provinces féodales. Leur but était de faciliter la culture de la terre, et comme pour cultiver il faut des bestiaux et par conséquent des bois et des pâturages, les seigneurs étaient obligés de permettre à tous les habitants le pâturage sur leurs terres et même l'usage dans leurs bois. C'est ce qu'ils firent, au moins pour la plupart, et c'est ce qu'on présume avoir été fait par eux en l'absence même de titres formels.

---

(1) Mairie de Douai, Cartulaire T, f° 15. — (2) *Recueil des actes des douzième et treizième siècles en langue romane wallone*, p. 305.

De là le principe enseigné par Beaumanoir en son *Commentaire de la coutume de Beauvoisis*, et adopté, conformément à un arrêt de la Cour de Creil, dans toute la Gaule Belgique, qu'en l'absence de tout titre le seigneur était propriétaire et les habitants simples usagers des pâturages communs. « Il était question, dans l'espèce de cet arrêt, dit « Beaumanoir, de savoir à qui du seigneur ou des habi- « tants de la commune de Haies appartenaient certains can- « tons qui de temps immémorial existaient en nature de « prés. Pierre de Rigny s'en prétendait propriétaire, en sa « qualité de seigneur; les habitants soutenaient « qu'ils en « avaient usé maintenue de si longtemps, comme il pouvait « souvenir à mémoire d'homme, et le dit usage était bien « connu de messire Pierre. » « Le seigneur n'avait point de « titres ; toute sa défense consistait à dire qu'il avait » « ès- « dits prés toute justice et toute seigneurie..... » « La Cour « de Creil, juge de cette contestation, en sentit toute l'im- « portance. Avant de la décider, » « elle prit tous les répits « et conseil en moult lieux. » « Enfin elle prononça que la « propriété appartenait à Pierre de Rigny, par cela seul « qu'il était seigneur, et que les habitants n'avaient jamais « joui comme propriétaires. »

Des arrêts plus récents ont confirmé cette jurisprudence. Le comte d'Artois était en procès vers la fin du dernier siècle avec vingt-deux communes du Ponthieu, dont il était seigneur à cause de son apanage, au sujet de marais situés dans les limites de leurs territoires respectifs, et sur lesquels les habitants étaient encore en possession constante et toujours paisible de faire paccager leurs bestiaux. Par arrêt du 22 mai 1781 le parlement de Paris adjugea aux habitants les marais qu'ils avaient anciennement dé- frichés, cultivés et enclos et déclara le comte d'Artois pro- priétaire du surplus, en lui donnant acte de l'offre qu'il

avait faite de délaisser aux communes, par forme de can-
tonnement, les portions de marais qui seraient jugées nécessaires pour leurs besoins.

Les droits d'usage des habitants ne s'exerçaient dans les
coutumes féodales que moyennant des redevances payées
aux seigneurs.

On leur devait en Picardie le droit d'herbage vif et
mort pour les bêtes qu'on faisait pâturer sur les tènements
cottiers et non francs. On payait pour le premier une bête
vive et pour le second un denier parisis pour chaque bête
morte. Le droit dont la quotité était fixée par la coutume
variait cependant selon les titres et la possession.

La coutume d'Amiens punissait d'une amende la pâture des bestiaux en bois taillis au dessous de trois ans,
ainsi qu'aux ablaids ou vignes croissans, prés ou jardins
du terroir du seigneur ayant justice. La même coutume interdisait la pâture dans les prés depuis mi-mars jusqu'à la
Saint-Rémy (art. 208) ; et l'entrée en tout temps des bêtes
à laine dans les marais, art. 209 (1).

(1) *Le coutumier de Picardie.* — *Coutumes d'Amiens*, art. 200 et
suiv. — N. DE HEN, p. 563. — DU FRESNE, p. 294.

LIVRE IX

DROIT MUNICIPAL DE LA FRANCE CENTRALE AU MOYEN AGE.

CHAPITRE PREMIÉR

DROIT MUNICIPAL DU DUCHÉ DE BOURGOGNE (1).

I. — Les Bourguignons s'emparèrent, au commencement du cinquième siècle, dans le pays des Éduens, des

(1) *Lois des Bourguignons*, par PEYRÉ (1853). — *De la souveraineté de la commune de France sur la Bourgogne*, par M. DE CAMPS
(1753). — *Table alphabétique des villes, bourgs et paroisses du duché de Bourgogne* (1709). — *Description du gouvernement de Bourgogne*, par GARREAU (1717); — *Id.*, par MICHAULT; — *Id.*, par
BÉQUILLET (1774). — *Nouvel état général des villes, etc.* (1783). —
Carte du premier royaume de Bourgogne, per ROGER DE BELLOQUET
(1848). — *De antiquo statu Burgundiæ*, par PARADINUM (1541). —
Annales de Bourgogne, per PARADIN (1566). — *Rerum Burgundia-
rum chronicon* (1573). — *De l'origine des Bourgongnons, et antiquité des Etats de Bourgongne* (1581). — *Rerum Burgundarum Libri VI* (1584). — ALPHONSI DELBEUC, *episcopi Albiensis, de regno
Burgundiæ et Arelatis Libri III* (1602). — *Dessein du duché de
Bourgogne*, par PALLIOT (1664). — *Recueil des pièces relatives à
l'histoire de Bourgogne*, par PÉRARD (1664). — *Historicorum Burgundiæ conspectus* (1689). — *Exercitatio juris publici de nexu regni Burgundiæ*, WOLCKMAR. — *Dissertatio de Burgundia cis et
transjurana*, par FAIST (1730). — *Histoire générale et particulière
de Bourgogne*, par PLANCHET (1739). — *Essai sur l'histoire des
premiers rois de Bourgogne*, par DE GERLAIN (1770). — *Abrégé de
l'histoire de Bourgogne*, par MILLE (1771). — *Questions bourguignonnes*, par DE BELLOQUET (1816). — *Histoire des ducs de Bour-*

Lingons et des Séquanais, d'un territoire dont leurs conquêtes étendirent peu à peu les limites, et qui comprenait,
en l'année 491, six métropoles : Vienne, Embrun, Arles,
Moutiers en Tarantaise, Besançon et Lyon.

Une prétendue charte de Clovis, de l'an 482, déposée en
original dans la chambre des comptes de Dijon, et dont Pérard (1) défend l'authenticité, attaquée par des savants de
son temps, fait remonter jusqu'à ce prince la fondation d'un
monastère, sous l'invocation de Saint-Macaire, dans le *pagus* dit *Tornotrensis*. Mais il est permis de douter de la
vérité de cette charte, et de celle de Clotaire, son fils, qui
l'aurait confirmée en 516.

La Bourgogne fut réunie à la monarchie française en
534. Elle échut, par le partage des États de Clotaire, à
Gontran, le second de ses fils, et fut de nouveau réunie à
la France en 598.

Dans les cartulaires de Saint-Bénigne, de Saint-Étienne
de Dijon et autres, existent de nombreuses chartes, du
sixième au neuvième siècle, qui constatent des affectations
aux églises et aux monastères, par des évêques et des
grands, de *locella*, de *villæ*, situés dans différents *pagi*, et
qualifiés alleux : « Cum catallis suis, servis utriusque sexus,

---

gogne, par M. DE BARANTE (1826). — *Résumé de l'histoire de Bourgogne*, par DUFEY (1825). — *Chronique des ducs de Bourgogne*, par
CHASTELAIN (1827). — *Précis de l'histoire de Bourgogne*, par RAGON
(1833). — *Les ducs de Bourgogne*, par VALENTIN (1841). — *Histoire de l'établissement des Bourguignons dans le Lyonnais*, par
GASCOGNE (1348). — *Notions historiques sur les Burgondes* (1861).
— *Histoire de la Bourgogne*, par ROSSIGNOL (1853). — *Une province
sous Louis XIV*, par THOMAS (1844). — *De l'administration des
états de Bourgogne*, par P. P. (1845). — *La Bourgogne sous Louis XIV*,
par FOISSET (1847). — *Dissertation sur la conquête de la Bourgogne
par les fils de Clovis I*[er], par FONTANIEU (1744). — (1) *Recueil de plusieurs pièces curieuses pour l'histoire de Bourgogne*, p. 1, 2 et 3.

« terris, vineis, pratis, aquis, stagnis, cursibus, recursibus,
« sylvis, pascuis, etc. (1). »

La Bourgogne fut partagée, sous les Carlovingiens, entre les fils de Louis-le-Débonnaire, et la partie échue à
Charles-le-Chauve, qui forma le duché de Bourgogne,
se composa de plusieurs petites provinces, réunies en un
seul corps, qui fut borné au nord par la Champagne, au
couchant par le Nivernais et l'Orléanais, au midi par le
Lyonnais, la Bresse et le Dauphiné, au levant par la Franche-Comté et la Savoie, le Rhône entre deux.

Le duché de Bourgogne, possédé par des seigneurs très-
puissants, dont l'un, Rodolphe ou Raoul, fut élu roi par
les Français, qui dépossédèrent et enfermèrent Charles-le-
Simple dans une prison, échut à Hugues, duc de France et
comte de Paris. A la mort du dernier des fils de Hugues,
Robert s'en empara, et le donna à son second fils, qui fut la
tige de la première maison de Bourgogne, laquelle a joui
de ce duché pendant plus de trois cents ans.

C'est en 882 que commença, en Bourgogne, l'ère des
ducs bénéficiaires, et avec elle celle des affranchissements
des serfs et des accensements féodaux (2).

En 1078, Eudes, premier duc héréditaire de Bourgogne,
commence à régner, et bientôt s'ouvre l'ère de l'affranchis-
chissement des communes (3).

Le roi Jean hérita, en 1361, du duché de Bourgogne
par la mort de Philippe-de-Rouvre sans postérité ; mais ce
duché ne fut pas dès-lors réuni à la couronne, parce qu'à
cette époque, la loi des apanages qui voulait que ce qui
était donné aux enfants de France revînt à la couronne,

---

(1) Voyez le *Recueil* de PÉRARD, de la page 6 à la page 49. —
(2) *Recueil* de PÉRARD, de la page 49 à la page 75. — (3) *Ibid.*, de
la page 75 à la page 147, et à la page 243.

à défaut des descendants mâles de l'apanagiste, n'existait pas encore. C'est par une pure libéralité que le roi Jean opéra l'union (1), sur laquelle se fonda Louis XI, pour s'en assurer la possession, par la paix qu'il fit, avant sa mort, avec Maximilien d'Autriche et les Flamands, et que confirma le traité de Senlis, de 1493.

Le duché de Bourgogne embrassait le Dijonnais, le pays de la montagne, l'Aussois, le Beaunois, le Charolais, le Briennois et le Challonois. D'autres *pagi* lui furent joints. savoir : en deçà de la Saône, le Mâconnais, l'Auxerrois, le comté de Bar-sur-Seine, et au delà de la Saône, le comté d'Auxone, la Bresse, le Bugey, le pays de Gex et la souveraineté de Dombes.

II. — Cette province si vaste, composée d'éléments si divers, dont le contact multiplié avec les pays de droit écrit et les pays de coutume devait diversifier nécessairement les institutions, reconnaissait cependant, presque partout, l'autorité des lois Gombettes, publiées le 29 mars 501, par Gondebaud, roi des Bourguignons, à Lyon, dont ce prince aimait la résidence.

« Ces lois, dit Courtépée, quoique insuffisantes et vicieuses en quelques articles, sont, en général, très-sages, et ont mérité d'être louées par l'auteur de l'*Esprit des lois*, comme les plus judicieuses de toutes celles des Barbares dont nous avons les collections. On y remarque un grand fond d'équité, beaucoup de pénétration d'esprit, une attention singulière à prévenir les moindres différends, une science peu commune en ce temps-là dans la politique, une sagesse digne d'un prince chrétien. Ces lois ne font guère moins d'honneur à ses sujets qu'à Gondebaud lui-même ; car elles

(1) Inseparabiliter conjungimus... et sic solidum in perpetuum dictæ coronæ per præsentes volumus.

les supposent fort raisonnables et policés; on n'y trouve rien qui ne tende à corriger en eux les mœurs féroces et barbares si communes à la plupart des peuples qui avaient conquis les Gaules. »

Grégoire de Tours rappelle en ces termes l'origine des lois des Bourguignons (1) : « Gundobaldus vero regionem « omnem quæ nunc Burgundia dicitur, in suo dominio « restauravit. Burgundionibus leges mitiores instituit, ne « Romanos opprimerent. »

Le corps des lois Gombettes dont il est fait une mention élogieuse dans les capitulaires de Charlemagne (liv. I, ch. LX, *De perjuriis*), et dans le 33e canon du saint synode d'Aix-la-Chapelle (2), fut reçu dans tout le royaume de Bourgogne, et y devint le code national. On ne peut même douter, dit Argou, dans ses *Institutes du droit français* (3), que ces lois, « quoique abrogées sous Louis-le-Débon-« naire et ses enfants, ne soient entrées dans la composi-« tion du droit français, puisque le pays qui obéissait aux « Bourguignons est environ le quart de la France. »

Le gouvernement du royaume de Bourgogne était mili-taire, le monarque absolu. Les principaux chefs, ses com-pagnons de guerre, appelés comtes, *comites*, administraient sous lui, chacun dans son district, cette justice aussi sim-ple qu'expéditive : ils prenaient des assesseurs et des lieu-tenants pour les aider dans leurs fonctions. De là les *vi-guiers, vicarii*, et les vicomtes, *vice-comites*, les *cente-niers*, les *cinquanteniers* et les *dizeniers*. Grégoire de Tours parle aussi des barons de Bourgogne, au rang des-quels il met les évêques et les *leudes*, qui jouissaient des *honneurs* et des *bénéfices* du roi.

---

(1) *Histor.*, lib. II, cap. XXXIII. — (2) CHOPIN, *De feudis Andega-vis*, lib. II, tit. II, n° 1 — (3) Tome I, page 20, édit. de 1771.

Les lois bourguignonnes ne parlent pas de l'organisation des cités ; mais l'existence du régime municipal en Bourgogne est attestée par l'homélie de l'archevêque Avitus, que nous avons citée au sujet de la ville de Vienne, et par plusieurs autres documents. Ces lois constatent le partage des terres conquises entre les Bourguignons et les Romains, de manière que les Bourguignons reçurent la moitié des cours et jardins (1), les deux tiers des terres labourées et le tiers des esclaves (2). Ces partages ne furent pas faits en masse. On assigna à chaque Bourguignon l'héritage que le Romain propriétaire dut partager avec lui (3). Cet héritage s'appela *sors* (4), et lui donna le droit appelé *hospitalitus* (5). Les partages primitifs furent définitifs, mais les hommes libres bourguignons qui se présentèrent plus tard obtinrent, par de nouveaux partages, la moitié des terres sans esclaves (6), et les affranchis bourguignons un tiers (7). Tout Bourguignon qui avait déjà reçu des terres du roi devait abandonner sa part au Romain, son hôte (8). Le Bourguignon ne pouvait pas vendre son lot, à moins qu'il ne fût propriétaire foncier à un autre titre, et le Romain avait, dans ce cas, un droit de préemption (9). Les forêts restèrent en commun (10).

Au retour des croisades, les ducs de Bourgogne instituèrent diverses communes jouissant, à titre de privilége, de l'échevinage, du sceau, du droit de cloches pour convo-

---

(1) *L. Burgund.*, t. LIV, § 3. — (2) *L. Burgund.*, t. LIV, § 1. — (3) *L. Burgund.*, t. LIV, § 1. — Duas terrarum partes *ex eo loco, in quo hospitalitas fuerat delegata...* — (4) Sors... *L. Burgund.*, t. XIV, § 5. tit. LXXXIV, § 1. — (5) Hospitalitas... *L. Burgund.*, t. LIV, § 1, tit. LV, § 1. — (6) *L. Burgund.*, Add. II, l. II. — (7) *L. Burgund.*, t. LVII. — (8) *L. Burgund.*, t. LIV, § 1, 2, 3. — (9) *L. Burgund.*, tit. LXXXIV, §1, 2, 3. — (10) *L. Burgund.*, tit. XIII, LIV, § 1, 67.

quer l'assemblée, de celui de beffroi pour faire la garde, et obligées à lever des milices et à les envoyer sous la bannière de la paroisse, accompagnées de leurs curés (1). Nous allons analyser le régime de quelques-unes de ces villes.

III. — Autun (*Augustodunum*), capitale de l'Autunois et du duché de Bourgogne, après avoir subi, sous les deux premières dynasties, des dévastations inouïes, fut dotée, par les princes de la race de Robert-le-Fort, d'un *viguier* ou *vierg*, non plus seigneurial, mais municipal, qui était élu chaque année, dans une fête populaire, par le corps entier des citoyens, et qui était investi, comme l'ancien vicaire ducal, de la juridiction haute, moyenne et basse, et du commandement souverain de la milice urbaine.

IV. — Dijon, capitale du Dijonnais (*pagus Oscarensis*), était originairement un *castrum* romain, fondé, croit-on, par l'empereur Aurélien sous le nom de *Dibio*. Les évêques de Langres, à qui les rois de France l'avaient donné en toute propriété, l'inféodèrent, au onzième siècle, à des comtes ou vicomtes, qui les reconnaissaient comme seigneurs temporels. Ces seigneurs y établirent leur cour à dater du onzième siècle, et l'enfermèrent, ainsi que les faubourgs qu'ils y bâtirent, dans une enceinte de murailles. Dijon devint, en 1015, sous le duc Robert, capitale du duché, et Hugues III, duc de Bourgogne, l'érigea en ville ou cité en 1107, et lui donna des priviléges que confirma Philippe-Auguste pendant son séjour à Tonnerre. Rien n'indique, dans cette charte, une origine insurrectionnelle, malgré les doutes qu'émet sur ce point M. Augustin Thierry, et tout y indique, au contraire, une concession bénévole : « Noverint universi præsentes pariterque

_____

(1) Voyez le *Recueil* de PÉRARD, le *Traité de l'abus*, de FEVRET, COURTÉPÉE, *Histoire abrégée des ducs de Bourgogne*, livre VI, etc.

« futuri, quod ego, dux Burgundiæ, dedi et concessi ho-
« minibus de Divione, communionem habendam in perpe-
« tuum, ad formam communiæ Suessionis, salva libertate
« quam prius habebant (1). » Le corps municipal de Dijon se composait d'un *maire* ou *meyeur*, investi du gouvernement civil et militaire, de *jurés* ou *échevins*, dont le
nombre était d'abord de douze et fut ensuite porté à vingt,
de vingt ou trente *conseillers de ville* qui leur étaient adjoints, et de quatre *prud'hommes*, qui paraissent être un
débris des formes du régime ducal.

Le parlement de Dijon fut institué par Louis XI, en
l'an 1480.

Saint-Jean-de-Laône (*Latona*), ville ancienne, située sur
la Saône, dans le Dijonais, où Frédégaire nous apprend
que Dagobert tint un plaid royal, participa sans doute à la
charte communale de Dijon.

V. — Dans le pays de la montagne, que les ducs de
Bourgogne tenaient en fief de l'évêque et de l'église de
Langres, étaient Châtillon-sur-Seine, que Hugues IV, duc
de Bourgogne, érigea en ville, en l'an 1234 ; le monastère
de Val-des-Choux (*vallis Caulium*) ; le bourg des Chan-
ceaux, où la rivière de la Seine prend sa source ; la bourgade de Duesme (*Dusma*). Les coutumes de Châtillon, qui
gouvernaient ce pays, étaient assez peu libérales, et partageaient entre monseigneur le duc et monseigneur l'évê-
.que de Langres le pouvoir que d'autres coutumes du duché de Bourgogne déféraient au maire et aux échevins (2).

VI. — L'Aussois (*pagus Alesiensis*) est célèbre par
Alesia, ville qui soutint un siége dirigé par Jules César

---

(1) *Recueil* de PÉRARD, *Recueil des ordonnances des rois de France,*
t. V, p. 237 et 238. — (2) Voyez le texte de ces coutumes dans
l'*Histoire du droit français,* de M. GIRAUD, t. II, p. 268.

en personne, et qui a excité naguères une controverse historique. Semur (*Sinemurus*), connue depuis le onzième siècle ; Avalon (*Aballo*), ville fort ancienne, marquée dans l'*Itinéraire* d'Antonin et dans la carte de Peutinger, faisaient partie de ce pays. La charte donnée en 1208, par Eudes III, à Avallon, ainsi qu'à Châtillon-sur-Seine, Talaut, Rouvre, etc., a offert ce caractère particulier, que Robert, évêque de Langres, s'y opposa avec force et excommunia même ceux qui étaient membres de la commune. Ce ne fut qu'après plusieurs négociations que ce prélat leva les censures, redoutables aux plus puissants princes.

VII. — Le Beaunois (*pagus Belnisus*) avait pour ville principale Beaune (*Belna*), ancienne bourgade qu'Eudes III érigea en ville, en 1203, et à laquelle il donna des privilèges qu'Eudes IV, son fils, confirma en 1232. La charte de 1203, rapportée dans le recueil de Pérard, p. 234, renferme, selon la remarque de Courtépée (*Histoire du duché de Bourgogne*, livre VI, p. 237), cette clause singulière que le duc se restreint à prendre en cette ville libre et désormais investie de la juridiction haute, moyenne et basse, le pain, le vin et les autres aliments à crédit pendant quinze jours. C'est de Beaune que Guillaume-le-Breton disait, dans la vie de Philippe-Auguste :

Frugifero jucunda solo nihilominus illi
Cum multis suberat aliis vinosa Bealna
Indicens cerebris vino fera bella rubenti.

Les coutumes anciennes de la ville de Beaune, publiées en 1307 (1), portent, dans le règlement des immunités des habitants, des pouvoirs du maire et des échevins, l'em-

(1) Voyez le texte de ces coutumes dans l'*Histoire du droit français*, de M. Ch. GIRAUD, t. II, p. 329.

preinte de la libéralité des concessions du duc Eudes III.
Nuy, célèbre aussi par ses vins, et Cîteaux (*Cistercium*), où
saint Robert, abbé de Molesmes, fonda, vers la fin du
onzième siècle, un ordre religieux illustre, selon la règle de
saint Benoît, faisaient aussi partie du Beaunois.

VIII. — Le Briennois, pays qui s'étendait le long de
la Loire, avait pour capitale Semur en Briennois, qui, dès le
onzième siècle, eut ses seigneurs particuliers, et qui obtint,
en 1276, une charte communale.

IX. — Le Charolais (*pagus Quadrigellensis*) n'était
originairement qu'une simple châtellenie, qui, après avoir
fait partie du Briennois, vint au pouvoir des comtes de
Châtillon-sur-Saône, et dont Hugues IV, duc de Bourgogne, qui l'avait reçue en échange du comte de Châlons,
fit hommage au roi saint Louis. Cette châtellenie, érigée en
comté, échut à Philippe-le-Hardi, duc de Bourgogne, de
la branche de Valois. Louis XI l'avait conquise avec le duché de Bourgogne; mais Charles VIII fut obligé, par le
traité de Senlis, de l'an 1493, de la rendre à Philippe, archiduc d'Autriche, à la charge que l'archiduc ferait foi et
hommage du comté à la couronne de France. Les péripé-
ties du comté de Charolais, à dater de cette époque, sorti-
raient des bornes de notre sujet, qui ne s'étend pas au-delà
du moyen âge.

X. — Le Challonois avait pour principale ville Châlons
(*Cabillonum*), dont César parle au livre VII de ses *Commentaires*, et qui, après avoir successivement passé au pouvoir des Bourguignons et des Francs mérovingiens, échut à
Charles-le-Chauve, et fut partagé, sous la troisième race,
quant à la seigneurie, entre le comte et l'évêque. Le comté
de Châlons fut cédé, en 1237, par Jean et sa femme Mathilde, à Hugues III, duc de Bourgogne, et doté de chartes
analogues à celles du reste de la Bourgogne.

X. — Le Mâconnais, situé entre le Beaujolais et le Charolais, avait pour capitale Mâcon (*Matisco*), qui appartenait aux peuples *Ædui*, du temps de Jules-César, et qui
était déjà érigée en cité, quand les Bourguignons s'en rendirent maîtres. Après la mort de Louis-le-Bègue, héritier
de Charles-le-Chauve, les Mâconais se soumirent à Boson,
qui fut élu roi de Bourgogne ; mais ils se remirent peu
après sous l'obéissance de Louis et Carloman, fils et successeurs de Louis-le-Bègue. Le comté de Mâcon, devenu
héréditaire au dixième siècle, passa au comte de Bourgogne, et fut cédé par Jean II, comte de Dreux, et par sa fille
Alix, héritière des comtes de Bourgogne, au roi saint
Louis. Charles VII le céda à Philippe-le-Bon, duc de Bourgogne ; mais Louis XI le reconquit et le réunit à la couronne en 1476. Des lettres de Philippe-de-Valois, de 1346,
autorisèrent les Mâconnais à s'assembler pour traiter de
leurs affaires, et choisir entre eux six prud'hommes ou conseillers, des procureurs et des syndics. Ces lettres, rapportées dans le *Recueil des ordonnances des rois de France*,
t. III, p. 594, portent que les Mâconnais n'avaient auparavant *ne corps ne commune*, et se terminent ainsi : « Toutes
« voies n'est-il mie notre entente que pour ce ils aient ou
« doivent avoir autre corps ne commune ne juridiction or-
« dinaire. »

Les autres villes du Mâconnais étaient Saint-Gengou, où
était anciennement le siége royal que Louis XI tranféra à
Mâcon ; Cluny, qui n'était autrefois qu'un village, dans un
lieu solitaire, mais qui devint une ville, après la fondation
de la célèbre abbaye de ce nom, en l'an 910, par Guil-
laume-le-Pieux, comte d'Auvergne et duc d'Aquitaine ;
Tournus, que Charles-le-Chauve donna aux moines de
Saint-Philibert, chassés par les Normands de l'île de Héro
(Noirmoutiers), et qui fut mis par les rois de France sous

la juridiction des baillis royaux de Mâcon et de Saint-
Gengou.

XI. — L'Auxerrois avait pour capitale Auxerre (*Antis-
siodorus*), que les empereurs romains érigèrent en cité,
et que, dès le cinquième siècle, illustrèrent de grands évêques, entre autres saint Germain l'Auxerrois. Auxerre fut
envahie par les Francs sans l'avoir été par les Bourguignons, et il n'apparaît pas que, ni sous les Mérovingiens,
ni sous les Carlovingiens, ses comtes l'aient jamais possédée comme propriétaires. Le comté d'Auxerre se confondait avec le diocèse, et les évêques, à qui il avait été donné
par les rois, donnèrent en fief plusieurs seigneuries à des
laïques. Le comté d'Auxerre fut acheté, en 1374, pour
40,000 liv. d'or par Charles V, roi de France, de Jean de
Châlons, comte d'Auxerre et de Tonnerre. Louis de Châlons, comte de Tonnerre, céda à son tour, en 1404, selon
les uns, en 1411, selon les autres, ce comté à Charles VI,
pour éteindre un procès en retrait lignager intenté par lui
contre le procureur général.

Coquille affirme cependant (*Histoire du Nivernais*,
p. 417) que ce procès n'a jamais été vidé, et est demeuré
indécis à cause des troubles sous Charles VI. « Ce qui est
sûr, dit de Longuerrie, t. I, p. 291, c'est que ceux de la
maison de Challons n'ont plus, depuis ce temps-là, renouvelé leurs prétentions sur le comté d'Auxerre, et qu'on
n'a point dédommagé l'évêque d'Auxerre, seigneur direct
et féodal de ce comté, à qui le roi ne pouvait rendre le devoir de vassal. Cependant Charles VI et Charles VII, son
fils, ont joui de ce comté jusqu'à l'an 1435. » Cédé alors
par Charles VII à Philippe-le-Bon, « pour le tenir du roi,
« de la couronne de France et de la cour du parlement
« sans moyen, » le comté d'Auxerre fut pris, après la mort
de Charles-le-Téméraire, sur Marie de Bourgogne, et réuni

à la couronne par Louis XI. Le comte d'Auxerre avait
voulu, sous le règne de Louis-le-Jeune, et avec son assentiment, ériger Auxerre en commune; mais l'évêque, son
coseigneur, s'y opposa avec force, et ayant plaidé sa cause
énergiquement devant le roi, il avait obtenu que cette
érection n'eût pas lieu, et que les douze élus de cette ville,
qui n'avaient pas même de maison commune, et qui s'assemblaient pour délibérer sur les places publiques ou dans
les églises, ainsi que les quatre gouverneurs délégués par
eux, fussent réduits à une administration purement civile,
sans aucun droit de juridiction. Mais les auteurs des
Script. rer. Gallic. et Francisc., dont nous avons rapporté
(vol. Iᵉʳ, p. 217) le texte, extrait de leur volume douzième,
p. 304, affirment que l'opposition de l'évêque finit par
exciter le mécontentement du roi très-pieux Louis VIII,
qui lui reprochait de vouloir lui enlever, ainsi qu'à ses
successeurs, la cité d'Auxerre, réputant siennes toutes les
cités où il y avait des communes : « Fere enim malevolen-
« tiam illius piissimi Ludovici regis incurrit, qui ei impro-
« perabat quod Antissidiorensem civitatem ipsi et hære-
« dibus suis auferre conabatur, reputans civitates omnes
« suas esse in quibus communiæ essent. »

XII. — Le comté de Bar-sur-Seine, enclavé dans la
Champagne, quoique dépendant de la Bourgogne, et qui
avait toujours dépendu, quant au temporel, de l'évêque de
Langres, jusqu'à la réunion de la Champagne à la couronne,
avait, avant l'an 1000, des seigneurs propriétaires, qui en
jouirent pendant plus de deux cents ans. Il tomba au pouvoir des comtes de Champagne en l'an 1223, et reçut de
l'un d'eux une charte communale, en 1234. Thibaud, roi
de Navarre et comte de Champagne, en fit hommage à l'é-
vêque de Langres, en 1239. Jeanne, petite-fille de Thibaud, l'apporta, avec ses grands États, à Philippe-le-Bel.

La possession de ces États fut laissée, par divers traités, aux rois de la maison de Valois, et le roi Jean les réunit à la couronne, par ses lettres patentes de 1361. Charles VII démembra, en 1435, le comté de Bar-sur-Seine de la couronne, et le donna à Philippe-le-Bon et à ses descendants mâles et femelles, sans s'y réserver autre chose que l'hommage et le ressort. Malgré le traité d'Arras, confirmé par celui de Péronne, en 1468, Louis XI réunit de nouveau, et pour toujours, à la couronne, le domaine de Bar-sur-Seine, qui eut le même sort que le Mâconnais et l'Auxerrois.

XIII. — Le pays d'Outre-Saône, dépendant du duché de Bourgogne, et compris entre cette rivière, le Rhône et le mont Jura, pays originairement habité par les peuples celtes (*Sequani*) qui furent ensuite joints à la Belgique, comprenait le comté d'Aussone et la principauté de Dombes, et en outre la Bresse, le Bugey, le pays de Gex et le Valromey, dont nous parlerons en même temps que de la Savoie.

Le comté d'Aussone, situé au levant de la Saône, et qui avait fait partie autrefois du comté de Bourgogne, fut cédé à Hugues IV, duc de Bourgogne, en 1237, et donné en même temps que ce duché par Philippe-de-Rouvre au roi Philippe-le-Hardi. Louis XI s'empara simultanément de l'un et de l'autre, mais ne soumit pas au parlement de Dijon les justiciables du comté d'Aussone, dont le siége judiciaire, embrassant dans son ressort toute la Bresse chalonnoise, fut placé à Saint-Laurent. Un official de l'archevêque de Besançon siégeait à Aussone, et y tenait une cour ecclésiastique.

La souveraineté de Dombes (*pagus Dombensis*), enclavée dans la Bresse, et possédée par les seigneurs de Beaugé, qui la transmirent, par un mariage, aux seigneurs de Beaujeu, fut engagée, pour une partie, en 1226, à l'archevêque de Lyon, qui l'inféoda aux seigneurs de Villars. L'autre partie vint aux ducs de Bourbon, qui s'emparèrent de ce que les seigneurs de Villars tenaient en Dombes, et qui revendiquèrent l'hommage de toute la seigneurie, au préjudice d'Amédée de Talaru, archevêque de Lyon, seigneur direct de plusieurs terres. Le concile de Bâle prit fait et cause pour l'archevêque, par un décret du 16 avril 1436 ; mais la principauté de Dombes ayant été confisquée sur le connétable de Bourbon, l'archevêque y perdit ses droits, que la couronne de France absorba.

Trévoux, capitale de la Dombe, célèbre par la bataille que s'y livrèrent l'empereur Septime-Sévère et son compétiteur Albinus, n'offre dans son histoire, au moyen âge, rien de remarquable.

Nous avons parcouru en détail les éléments nombreux et variés de la province appelée duché de Bourgogne; nous devons dire un mot des *états* qui la gouvernaient dans son ensemble.

XIV. — Ces états, dont un document historique constate l'existence dès l'année 1319, furent convoqués par Philippe V, mari de la duchesse de Bourgogne, pour arrêter les guerres privées qui désolaient la province, et une ordonnance du prince, approuvée par la duchesse, déclara ennemis publics ceux qui les renouvelleraient (1).

Ces états, réunis de nouveau, en 1355, par le roi Jean, régent de Bourgogne, qui voulait y introduire la gabelle, déjà admise dans d'autres provinces, s'opposèrent courageusement à l'établissement de cet impôt, dont le but était de soutenir la guerre contre les Anglais (2) ; mais ils trai-

(1) Tractatu diligentique deliberatione cum consilio nostro magno, necnon cum prælatis, baronibus et majoribus dicti comitatus prehabitis (*Ordonnances des rois de France*, t. 1, p. 301). — (2) D. PLANCHER, *Histoire générale et particulière de la Bourgogne*, t. II, p. 215.

tèrent directement, après la bataille de Poitiers, avec ces
ennemis de la France, et leur payèrent 200,000 moutons
d'or pour racheter le pays (1). Le sentiment de dignité et
d'indépendance qui leur dicta cette double conduite ne les
empêcha pas de témoigner hautement de leur attachement
à leurs princes, et on les vit, lors de l'assassinat du duc de
Bourgogne, à Montereau, s'unir au duc Philippe, son fils,
pour demander vengeance de cet attentat. Plus tard, assemblés à Dijon, en 1455, ils accordèrent à ce généreux
prince, Philippe-le-Bon, qui voulut marcher en personne
contre le sultan Mahomet II, un subside de 60,000 livres (2).

Les prérogatives salutaires des états de Bourgogne furent respectées, et par Charles-le-Téméraire qui, après
avoir entrepris, malgré leurs représentations et leur refus
de subsides, la guerre contre les Suisses, les convoqua cependant à Salins, après la bataille de Morat, et par Louis XI
qui, après avoir été reconnu par eux, s'engagea, par ses lettres patentes du 29 janvier 1476, à maintenir les « droitu-
« res, franchises, libertés, prérogatives et priviléges, sans
« qu'aucune nouvelleté leur y fût faite.» On trouve dans le
Recueil des ordonnances des rois de France, t. XVIII,
p. 247, 249, la preuve des bons rapports politiques entre
les états et le prince, qui, après avoir conquis leur confiance, déclara qu'il ne pourrait être levé aucune aide ni
subside, si ces aides n'avaient été octroyées, accordées et
consenties par les gens des trois états.

XV. — Il nous reste à parler des coutumes du duché de
Bourgogne dans leurs rapports avec le franc-alleu.

Les coustumes et stilles gardez au duchié de Bourgoin-

---

(1) *Art de vérifier les dates*, t. II, p. 311. — (2) D. PLANCHER,
t. IV, p. 152 et 186.

gne, publiées de 1270 à 1360, et réformées sous le roi Charles IX, en 1566 (1), se distinguent toutes par deux caractères, contradictoires en apparence, l'allodialité et la mainmorte.

Le président Bouhier, dans ses *Observations sur la coutume de Bourgogne*, rend témoignage du régime allodial de cette province en ces termes : « Pour les pays tels que « ceux qui sont dans le ressort de notre parlement, où tous « les héritages sont présumés de franc-alleu, si on ne « prouve le contraire, il suffit au propriétaire de la seigneu- « rie qu'on prétend être un alleu noble, d'être en longue « possession de son allodialité ; car elle forme en sa fa- « veur une présomption légale, qui rejette la preuve con- « traire sur celui qui lui dispute cette qualité. C'est l'avis « de M. de Chasseneux en deux endroits ; et quoique, sur « le premier, Dumoulin, en son apostille, ait paru d'un sen- « timent contraire, son raisonnement fait juger qu'il n'en « parlait que par rapport aux pays où on a pour maxime : « *Nulle terre sans seigneur*. Mais autre chose est dans les « coutumes de *franc-alleu*, où l'allodialité est une qua- « lité naturelle à l'héritage, comme disent tous nos au- « teurs (2). »

Toutefois, Furgole remarque, en son *Traité du franc-alleu*, que la coutume de Bourgogne était muette sur le franc-alleu, et que, s'il y a été adopté, c'est parce que son procès-verbal contenait une disposition portant que, pour les questions qu'elle n'aurait point décidées, l'on aurait re-

---

(1) V. le *Procès-verbal des conférences pour la réformation de la coutume dans le commentaire de* VILLERS, DEPRINGLES et GUIL- LAUME, p. 346. — (2) Voyez aussi TAISAND, *Sur la coutume de Bourgogne*, titre III, art. V, n. 52, et l'*Arrêt du conseil du 4 juillet 1693, pour la Bourgogne*.

cours au droit romain. C'est en conséquence de cette disposition, et comme pays de droit écrit, que la Bourgogne
jouissait, comme le Lyonnais, le Forez, le Beaujolais (1),
des avantages du franc-alleu.

Varsavaux (*Traité des communes*, chap. x, p. 179)
constate, comme le président Bouhier, le franc-alleu de la
Bourgogne, « qui n'est, dit-il, autre chose que posséder un
héritage qui ne doit ni foi, ni hommage, ni autres devoirs
seigneuriaux, et qui, enfin, ne dépend d'aucun seigneur, si
ce n'est quant à la justice seulement, et jamais en fief ni en
censive. » Il rappelle les partages faits des terres conquises
entre les Francs ou les Germains et leurs généraux élus,
et il ajoute : « Le propriétaire de cette espèce de biens n'a
« conséquemment jamais dû tomber dans le cas de souffrir
« que le seigneur justicier eût droit d'entrer, soit en con-
« currence, soit en partage des terres vagues dépendantes
« des biens allodiaux. »

Toutefois, et à côté du régime allodial de la Bourgogne,
il y avait, dans cette province, un régime de mainmorte
qu'Argou (2) explique en ces termes :

« Plusieurs jurisconsultes pensent que la mainmorte
qui subsiste dans plusieurs de nos cantons doit son origine à ces anciens rois qui, voulant peupler les lieux
incultes, reçurent toutes sortes d'étrangers, et leur donnèrent des fonds, à des conditions qui se ressentent fort
de l'ancienne servitude. Quelle que soit l'ancienne servitude, quelle qu'en soit l'origine, le fait est incontestable. » L'art. 1er, tit. IX, de la Coutume réformée portait :
« Au duché de Bourgogne n'a nuls hommes serfs de

---

(1) Voyez Henrys, sur *Bretonnier*, t. I, liv. III, ch. ii, quest. 18. —
Gillet, *Dissertation sur le franc-alleu des pays de droit écrit*, t. I,
p. 658. — (2) *Institut. au droit français*, t. Ier, p. 20.

« corps, » et le commentateur Dépringles ajoutait : « Et
encore qu'il y ait des mainmortables, qui soient corvéables
et taillables à la volonté du seigneur, toutefois telle sujétion
ne préjudicie point à leur liberté. Car pour ce qui est de la
taille, ou elle est personnelle et fouagère, ou elle est foncière et prédiale. Si elle est personnelle, elle ne consiste
qu'en deniers ou en grains, ou en quelques autres espèces,
et, en payant la taille, le seigneur n'a d'autre puissance sur
son sujet ; si elle est prédiale, en déguerpissant le fonds,
c'est-à-dire en le quittant et l'abandonnant au seigneur, en
l'état qu'il doit être, et payant les arrérages du passé, le
sujet en est déchargé et quitte pour l'avenir. Et pour les
corvées, encore qu'elles soient, en plusieurs lieux, à la volonté du seigneur, elles ne rendent pourtant pas le sujet
mainmortable, serf ou esclave. Car cette charge de corvée
à volonté a été limitée par arrêt à six corvées, qui se peuvent faire par le corvéable en personne, ou par un autre
aussi puissant en force de bras que lui-même. Ainsi ces
deux conditions de taillables et de corvéables à volonté
ne rendront pas le mainmortable serf ou esclave. Donc les
mainmortables sont gens de libre condition quant à leurs
personnes. Quant à leurs biens, ils en peuvent disposer
entre vivants par toutes sortes d'aliénations ; mais ils n'en
peuvent disposer par testament et ordonnance de dernière volonté sans le consentement de leur seigneur. Et en
cela ils sont comparés «servis Junianis, Norbanis, Latinis,
« qui totæ vitæ tempore liberam de suis rebus habebant
« disponendi facultatem, moriebantur autem servi,» comme
il est dit *in l. 1, Cod. de lat. libert. toll.* Et néanmoins cette condition de mainmorte est bien différente.
Car encore les mainmortables ont la liberté de tester par
ordonnance de dernière volonté, du consentement du seigneur de la mainmorte. « Liberti latini » ne le pouvaient

faire, « ne quidem patroni consensu, quia servi morieban-
« tur. » De plus, « libertus latinus » ne pouvait désavouer
son maître et seigneur, ni se tirer de la puissance de son
maître et patron malgré lui ; et le mainmortable peut désavouer son maître et seigneur, et s'avouer homme du roi,
et de conséquent se faire franc malgré son seigneur, parce
qu'il n'est pas serf de corps. »

Ces principes étaient, assurément, bien moins libéraux
que ceux de la loi Gombette ; et s'il est vrai que, par ses
états, dont la création remontait à la première race de ses
ducs, la Bourgogne se trouvât vis-à-vis du souverain de la
France, à qui elle ne payait ni aides, ni gabelles, mais seulement une somme d'argent à titre de don gratuit, dans un
état voisin de l'indépendance, il n'en était pas de même des
communautés d'habitants vis-à-vis du pouvoir féodal qui,
quoique tempéré, selon la remarque de Mézeray, par la
douceur du gouvernement des ducs de Bourgogne, n'en
était pas moins la source d'intolérables abus.

XVI. — L'art. 130 des coutumes du duché de Bourgogne était ainsi conçu :

« Le bois acquiert le plain, c'est à entendre en forest
bannale et en haute justice de celui à qui appartient ladite
haute forest, s'il n'y a séparation entre ladite forest et
plain, par fossés, bornes, murets et autres enseignes, et
après ce que ledit plain est demeuré sans labeur et sans
essais l'espace de trente ans. »

Donc, les *accrues* de la forêt étaient acquises, par la coutume du duché de Bourgogne, au seigneur haut justicier,
et il en était de même dans les coutumes de Franche-
Comté, tit. IX, de Troyes, § 177, d'Auxerre, § 268, de
Chaumont, § 108.

L'article 131 de la même coutume portait :

« L'on ne peut avoir usage en bois et rivière banale

d'autrui sans en avoir titre ou payer redevance,» et le président Bouhier commente cet article en ces termes (1) :

« Je passe à la deuxième prérogative accordée par notre coutume au seigneur haut justicier, savoir : qu'auçun ne peut avoir droit d'usage dans les forêts et dans les rivières où il y a banalité, par quelque laps de temps qu'il en ait joui, à moins qu'il n'en ait titre ou qu'il n'en paie redevance. Cela était même général pour toutes sortes de bois et rivières tenus en pleine propriété par l'article 262 de nos anciennes coutumes, qui est conçu en ces termes : « Par la coutume, usage sans titre ou sans redevance ne vaut sur les fonds d'autrui, nonobstant longue possession ; » et que ce soit bois ou rivière ou autres lieux, la même chose s'observe à peu près dans plusieurs autres provinces (2), et M. Antoine Loisel (3) en a fait une règle de notre droit français.

« Il y a d'autres coutumes, ajoute Bouhier, où la seule possession immémoriale suffit pour procurer cet avantage ; c'est même l'usage le plus commun dans le royaume.

« Il est pourtant vrai que notre ancien commentateur (Chasseneux, *In cons. Burg.*, *Rubr.* 13, § 2) penchait pour l'opinion qui favorise la possession immémoriale : « Quum in omnibus tale tempus et titulus æquiparantur.» Ce que Dumoulin, en cet endroit, paraît approuver en cette sorte : « Et puto verum, modo titulus allegetur. » C'est même une opinion presque généralement reçue (Louet, lett. C, ch. xxi, n° 3; Bigat, *Décis.* LXXXVII, p. 581.) et que

---

(1) *Observations sur la coutume du duché de Bourgogne*, c. LXXII, tome II, p. 705. — (2) *Cout. du Nivernais*, ch. xvi, § 2 et ch. xvii, § 2 et 9 ; *de Troyes*, § 168 ; *de Chaumont*, § 102 ; *de Sens*, § 146 ; *de Meaux*, § 176 ; *d'Auxerre*, § 260 ; *de Vitry*, § 109. — (3) *Inst. cout.*, liv. II, tit. II, § 23.

j'ai suivie moi-même ailleurs (ch. L, n° 26), que la possession immémoriale fait non-seulement présumer le titre, mais qu'elle en est même un véritable. Tout au moins, s'il ne l'est pas réellement, il l'est *effectualiter* et *per æquipollens*, comme dit d'Argentré (*In ant. coust. Brit.*, § 56, note 6, n° 2), ce qui fait le même effet, en ce qu'une aussi longue possession forme une espèce de présomption *juris* et *de jure* qu'elle est fondée sur un titre, suivant les jurisconsultes (Ménoch, lib. III, *Præscrip.* 131, n° 38, 39 et 50).

« C'était, de plus, l'ancienne jurisprudence de notre parlement ; car j'ai vu, dans les mémoires manuscrits de M. Sayve (Jean), avocat général, et depuis président à mortier en notre parlement, qui vivait il y a deux siècles, que la question s'y étant présentée de son temps, elle y fut jugée en faveur de la prescription. Voici ses termes :

« Statutum loquens de titulo, intelligendum est de ti-
« tulo qui probatur ex fama, cum longiquitate usus ; quia
« tempus immemoriale, ubi statutum titulum requirit,
« sufficit. Et ipsa videtur veritas secundum quam in ma-
« gno regis consilio arrestum latum fuit ; et successit ar-
« restum curiæ parlamenti Burgundiæ anno 1542, licet
« quidam adhuc inducata mente videantur contrarium te-
« nere, nec satis rationem perpendentes. »

Depuis ce temps, néanmoins, le contraire a été jugé par arrêt du parlement de Dijon du 29 janvier 1658, ce qui est une preuve de plus du progrès des usurpations des seigneurs sur les communautés d'habitants, en même temps que de l'affaiblissement de leur pouvoir politique vis-à-vis des rois.

Du double régime d'allodialité et de mainmorte qui régnait en Bourgogne résultait d'ailleurs la présomption légale qu'en l'absence de titre, ou d'une possession immémoriale équivalente à titre, les terres incultes et stériles, les bois et marais étaient des propriétés seigneuriales, soumises aux usages des communautés d'habitants.

« L'usage dans les bois d'autrui, dit Bouhier, en ses *Oq-servations sur les coutumes du duché de Bourgogne* (1), consiste au droit d'y prendre diverses sortes de commodités, suivant que la chose est réglée par les titres ou par la possession, savoir d'y mener pâturer ses bestiaux, d'y mettre les porcs en paisson au temps de la glandée, et d'y prendre même du bois, soit pour brûler, ou pour bâtir et l'employer en d'autres nécessités sur le lieu désigné par la concession. »

Ce droit est une servitude qui ne peut être exercée que par celui qui réside dans le lieu pour lequel la concession a été faite; car c'est en considération de leur habitation sur les lieux où le seigneur les a appelés que les paysans sont présumés avoir acquis le droit d'usage (2).

On lit dans les manuscrits du président Bouhier, recueillis par M. Martin, avocat au parlement de Dijon, t. IV, p. 6 :

« Sed quæritur si in dubio » un bois ou rivière peut et doit être présumé banal ou non en Bourgogne ? Sur quoi on peut dire qu'en Normandie, cette question peut être facilement décidée contre la présomption de droit qui fait toujours pour la liberté; car la dite coutume dit au ch. vii, article 85, que les bois sont toujours en deffend, sinon pour ceux qui ont droit de coutume et d'usage; mais ce n'est pas de même en Bourgogne où la coutume n'en détermine rien. Ains nous renvoie au droit écrit qui veut que « in dubio res libera præsumatur. » Mais comme quoi

---

(1) Ch. lxii, t. II, p. 704. —V. aussi LALANDE, *sur Orléans*, g. 154, n° 8; — SAINT-YON, *sur les ord. des eaux et forêts*, liv. I, tit. XXV, VII; — LEGRAND, *sur Troyes*, 168, gl. 2 n° 6. — (2) BOUHIER, *ibid.* — COQUILLE, *sur Niv.*, ch. XVII, gl. 15. — SALVAING, *Des fiefs*, ch. XCXII.

libre? Est-ce à dire libre et exempt de tout droit d'usage envers le général et les particuliers, ou bien libre « hoc « est non in dominio singulari » des seigneurs, » sed « potius in dominio universali » des communautés? *Cogita.* »

Les anciennes chartes de Bourgogne témoignent d'ailleurs de la faveur accordée aux affouages, et de la liberté dont jouissaient les usagers dans l'exercice de leurs droits. On trouve dans la collection de dom Plancher, sur l'histoire de Bourgogne (1), un traité de l'année 1290, entre Robert II, duc de Bourgogne, et le chapitre de l'église de Châlons, où le droit d'affouage est gratuitement stipulé en faveur des pauvres veuves justiciables de ce chapitre : « Concedimus quod mulieres viduæ dictæ ecclesiæ..... « non teneantur ad solutionem octo denariorum cuilibet « foco impositorum pro affoagio nemoris. »

C'était aussi en Bourgogne une vieille tradition que les usagers n'avaient pas besoin de faire déclarer les bois défensables, et d'obtenir une délivrance pour exercer le droit de pâturage après la quarte feuille. Il résultait de l'article 132 de la coutume, de l'opinion des auteurs et de la jurisprudence du parlement de Dijon, que le simple exercice des droits d'usage, sans délivrance et sans déclaration de défensabilité, suffisait pour mettre les usagers à l'abri de la prescription (2).

(1) T. II, p. 78, columna 2, *in Probationibus.* — (2) C. C., 13 août 1839. B. o., p. 336.

CHAPITRE II

DROIT MUNICIPAL DU LYONNAIS, DU FOREZ ET DU BEAUJOLAIS (1).

I. — Le Lyonnais, borné au nord par la Bourgogne, séparé au levant par la Saône et le Rhône de la Bresse et du Dauphiné, confrontant au midi le Vivarais et le Velay, se composait de trois *pagi* distincts : le Lyonnais proprement dit, le Beaujolais et le Forez. C'était l'ancien territoire des peuples appelés *Segusiani*, qui était, selon César, *in clientela Eduorum*, et qui s'en rendirent indépendants sous l'empire d'Auguste. C'est pourquoi Pline les nomme *Segusiani liberi*.

Le Lyonnais se résumait presque dans sa capitale, dont les franchises municipales étaient le type de toutes celles du pays.

La ville de Lyon, fondée par les Ségusiens, sur la montagne de Fourvières, puis agrandie le long des collines, et descendue sur les bords de la Saône, près du confluent de cette rivière avec le fleuve du Rhône, dans un lieu qu'on appelle *Ainay* (2) (son nom *Lugdunum* l'indique), est une

---

(1) *Notice sur le Franc-Lyonnais*, par JOURNEL (1838). — *Description du pays des Sigusiaves*, par BERNARD (1838). — *Supplément* (1859). — *Bibliotheca Segusiana*, auct. GUICHENON (1860). — *Résumé de l'histoire du Lyonnais*, par JAL (1826). — *Etudes sur les historiens du Lyonnais*, par COLOMBET (1839). — *Mémoire sur les origines du Lyonnais*, par BERNARD (1846). — *Chroniques et légendes du Lyonnais* (1835). — *Essai historique sur la souveraineté du Lyonnais au dixième siècle*, par GINGINS DE LASARRA (1835). — *Recueil des titres concernant les priviléges et franchises du Franc-Lyonnais*, par DIDIER (1716). — *Les Bozonides*, par GINGINS DE LASARRA. — (2) HENRYS, tome I, p. 730.

ville celtique, dont la position, favorable au commerce, permit à ses habitants d'adoucir la barbarie de leurs mœurs par leur contact avec les colonies d'origine grecque ou asiatique de la Gaule méridionale. Placée, d'ailleurs, sous la protection de la nation éduenne, cette ville était déclarée neutre et inviolable, sous une sanction religieuse, comme consacrée exclusivement au commerce. Soixante nations firent alliance avec elle, ce qui la rendit la première ville des Gaules. Envahie par Jules-César, définitivement occupée par Auguste, qui en fit la capitale de la Celtique, appelée dès-lors Lyonnaise, et peuplée, comme nous l'avons dit ailleurs (1), de colonies nouvelles, amenées en 711, par le consul Munatius Plancus, la cité celtique des Ségusiens devint une ville romaine, où s'établirent notamment les citoyens romains chassés de Vienne par les Allobroges; mais, comme le remarque judicieusement son historien, le P. Menestrier, « les plus anciennes inscriptions qui nous parlent de cette ville nous font connaître plus de négociants de vin, d'huile, de toile et de marchands trafiquant sur le Rhône et la Saône, que de légionnaires, de vétérans, de tribuns, de duumvirs et d'autres magistrats. » Lyon se distingue, sous ce rapport, de la plupart des colonies militaires de la province romaine.

L'irruption des Cimbres et des Teutons, dans les derniers temps de la république romaine, puis la grande invasion des Barbares, n'avaient été pour Lyon que des orages passagers ; mais les Bourguignons l'occupèrent, à titre définitif, au cinquième siècle ; et, autant qu'on peut en juger par les rares monuments de cette époque semi-barbare, ils respectèrent, dans une certaine mesure, les possessions, les écoles, le régime municipal. C'est dans cette ville que

(1) *Droit municipal de l'antiquité*, p. 533.

Gondebaud, roi des Bourguignons, publia, en l'an 501, la loi Gombette, par laquelle il ordonna que l'on rendît justice aux Romains, c'est-à-dire aux habitants du pays, suivant la loi romaine. Cette loi où on lit : « Inter Romanos « romanis legibus precipimus judicari,» n'altéra en rien la liberté des personnes et des héritages consacrée par le droit romain.

Clovis ayant épousé Clotilde, et s'étant rendu maître de Lyon, ne changea rien dans ses lois, mais y exerça un tel pouvoir que le roi des Bourguignons devint, en quelque sorte, son soldat, comme Alcime Avite le reconnaît dans sa lettre à ce prince, en ces termes : « Domnum « meum suæ quidem gentis regem, sed militem vestrum. » Les enfants de Clovis lui succédèrent à Lyon, qui subit tour à tour la domination des deux dynasties franques, et qui, par le partage entre les enfants de Louis-le-Débonnaire, échut, avec la plus grande partie du royaume de Bourgogne, à Lothaire. Après la mort de Charles-le-Chauve et de Louis-le-Bègue, son fils, Lyon fut disputé aux enfants de celui-ci par Boson, qui s'était fait proclamer roi de Bourgogne, à Mantaille, près Vienne, en l'an 879.

Les Lyonnais, favorisés, comme les Viennois, par le droit italique (*l.* 8, *ff. de Censibus*), étaient affranchis de tout impôt personnel et territorial; ils s'administraient et se taxaient eux-mêmes par des mandataires élus, qui veillaient à la sûreté publique au moyen d'une milice urbaine chargée de la police des rues et de la surveillance des métiers.

Les libertés municipales survécurent à l'invasion des Francs comme à celle des Bourguignons, et le savant auteur de l'*Histoire du droit romain au moyen âge* constate (t. Ier. p. 208) qu'en 573 un testament de Nicétius fut ouvert dans cette ville suivant les dispositions du droit romain, c'est-à-dire par les magistrats municipaux chargés de cette fonction. Charlemagne ayant laissé la liberté à tous les peuples de vivre selon leurs lois, et ayant même permis aux Francs, aux Bourguignons et autres de vivre selon les lois et les mœurs des Romains, Lyon conserva ses antiques franchises sous la dynastie carlovingienne.

Un nouveau royaume de Bourgogne, appelé la Bourgogne trans-jurane, s'étant formé dans le dixième siècle, Lyon, en butte aux attaques des rois de Provence qui le gouvernaient, fut pris et repris et changea plusieurs fois de maîtres jusqu'au règne de Louis-d'Outre-Mer, dont la fille épousa Conrad Ier, roi de Bourgogne, qui reçut cette ville en dot. Conrad eut un fils, Rodolphe III, dit le Lâche, qui, n'ayant point d'enfants, choisit pour successeur l'empereur Conrad-le-Salique, son neveu. Eudes II, comte de Blois et de Champagne, fils de Berthe, fille aînée de Conrad Ier, lui disputa d'abord la Bourgogne; mais ayant été tué dans la bataille donnée près de Bar, le 17 septembre 1037, Burcard, archevêque de Lyon, qui était frère de Rodolphe, prétendit à sa succession, et se rendit maître, dans cette pensée, de la souveraineté de la ville et des pays d'alentour. Conrad-le-Salique employa la force des armes pour le réduire, et l'obligea de se contenter de la seigneurie du temporel et de la province, en prêtant serment de fidélité à l'empereur. Mais l'autorité du comte établi à Lyon ne prévalut pas contre celle de l'archevêque, qui en était le premier seigneur ; de là, d'incessantes querelles entre les archevêques de Lyon, dotés, en 1146, par l'empereur Frédéric Ier, du titre d'exarque, et les comtes du Lyonnais pour la juridiction, et la transaction de l'an 1167, intervenue par la médiation du pape Alexandre III. On régla, par cet acte, les limites de la cité de Lyon, dont la propriété avait été confirmée, en 1157, à l'archevêque

Héraclius, par Frédéric-Barberousse. Quelques années plus tard (en 1173), le comte de Forez abandonna pour toujours à l'archevêque Guichard le Lyonnais qui dépendait de sa seigneurie, et cet accord fut confirmé, en 1180, par le pape Licius III, et même par Philippe-Auguste, roi de France, que le comte de Forez reconnaissait alors pour son souverain et son seigneur féodal. Cette souveraineté n'était pas reconnue par l'archevêque de Lyon, et, en 1184, l'archevêque Jean de Bellesmains fit hommage de son temporel à l'empereur Frédéric-Barberousse. L'empereur Frédéric II ayant été excommunié et déposé dans le treizième siècle, le pouvoir impérial demeura anéanti à Lyon et dans une partie du royaume d'Arles. Les habitants de la ville s'insurgèrent alors contre l'archevêque, et implorèrent la protection des rois de France, saint Louis, Philippe-le-Hardi et Philippe-le-Bel. Ce dernier prince accepta le protectorat, par une charte de l'an 1292, conçue en ces termes : « Nos supplicationibus civibus Lugduni ci- » vitatis de regno nostro existentis favorabiliter annuen - « tes, eosdem cives et eorum singulos sub nostra speciali « gratia et protectione accipimus. » La souveraineté de Philippe-le-Bel sur Lyon lui fut contestée par le pape Boniface VIII et par l'archevêque Béraud de Gout. Ce différend dura jusqu'à l'an 1305, époque à laquelle Louis de Villars, archevêque de Lyon, se mit sous la garde et protection de Philippe-le-Bel, et reconnut même la souveraineté du roi, à la charge que les causes d'appel de la justice de l'archevêque ne seraient portées que devant le roi ou à son parlement, et que le gardien qui serait établi à l'avenir dans la ville de Lyon par le roi serait changé tous les ans. Par des lettres authentiques de 1307, Philippe-le-Bel ratifia cet accord, et laissa le comté-baronnie de Lyon avec la justice à l'archevêque et au chapitre de

Saint-Jean, dont les chanoines prirent le titre de comtes de Lyon.

III. — L'attitude des Lyonnais au sein des conflits toujours renaissants entre l'archevêque et le comte a été diversement appréciée. Selon M. Augustin Thierry, les habitants de Lyon n'aimaient pas leurs seigneurs ecclésiastiques, et étaient en guerre avec eux depuis près d'un siècle ; mais, quoique fortement attachés à leurs coutumes héréditaires, et habitués à les défendre contre les abus du pouvoir temporel des archevêques, ils se faisaient une loi de respecter la souveraineté de leurs seigneurs, et ne cherchaient pas à conquérir les garanties politiques de la commune ou du consulat. Le savant auteur cite, à l'appui de son opinion, la transaction de 1208, entre les habitants et l'archevêque, où on lit : « Juraverunt cives nullam conspi- « rationem vel juramentum communitatis vel consulatus « ullo unquam tempore se facturos. »

L'auteur d'un *Résumé de l'histoire municipale de Lyon*, M. J. Morin, après avoir constaté l'adhésion énergique de la population lyonnaise à son archevêque, ajoute : « Si l'on recherche la cause particulière pour laquelle la ville de Lyon a suivi la destinée de l'archevêque plutôt que celle du comte, on la trouve tout naturellement dans la volonté libre de la population : Burcard s'y était rendu populaire en participant au mouvement national qui s'était formé contre Rodolphe-le-Lâche, au moment où ce prince était allé abdiquer entre les mains de l'empereur, qui le rétablit sur son trône, et lui laissa la jouissance viagère de la couronne qu'il lui avait rendue. Cette faveur du prélat lui procura le succès, dans une grande ville où la force devait exercer moins d'empire. »

L'union des citoyens de Lyon et de leur seigneur archevêque fut fréquemment troublée, aux treizième et quatorzième siècles, tantôt au sujet du droit que réclamaient les premiers de s'unir, de se cotiser et de s'armer à leur gré, sans recourir au consentement de l'archevêque et de l'Église (1) ; tantôt au sujet des alliances contractées par la cité de Lyon avec les princes étrangers (2) ; tantôt et surtout au sujet des taxes que l'archevêque et le chapitre prétendaient établir sur ces peuples, autrefois affranchis d'impôts, et qui, à aucune époque, n'avaient été taillables et corvéables à merci.

Les démêlés entre l'évêque seigneur et les habitants se terminaient souvent par des transactions et des règlements. Le P. Ménestrier en cite un, sous le pontificat de Renaud de Forez, par lequel l'archevêque et quarante-deux chanoines souscrivent, pour eux et leurs successeurs, l'engagement de ne jamais rétablir certaines taxes, que les bourgeois rachètent par un présent de vingt mille sous. Sous le même pontificat, en l'année 1206, on dresse, de commun accord, un règlement ou notoriété, relativement au péage, au ban, aux droits de lods et reconnaissances, aux amendes, enfin sur les usages qui étaient obscurs et litigieux. « Istæ sunt consuetudines de quibus erat discor- « dia inter Ecclesiam et cives Lugduni (3). »

Les Lyonnais retorquèrent avec une habile persévérance, contre leurs archevêques, devenus seigneurs féodaux, et complices des entreprises des comtes de Forez,

_____

(1) Nam dicti cives ex vigore libertatis et ex consuetudine, vel etiam secundum jura, possunt et soliti sunt ab antiquo, et per tanta tempora de quibus non est memoria, inter se taxare et imponere arma et equos et collectas, pro eorum libidine voluntatis, licentia et consensu domni archiepiscopi et domnorum Ecclesiæ minime requisitis. — (2) Jus competit eis se ponere in guardam cujuscumque voluerint, tam ex jure scripto, propter libertatem eorum, quam ex consuetudine eorum antiqua et legitime prescripta. — (3) *Hôtel-de-Ville de Lyon*, p. 27.

dont l'un était parvenu au siége archiépiscopal, les maximes que leurs jurisconsultes empruntaient au gouvernement de l'Église, à l'époque où ce gouvernement était purement spirituel, entre autres celles qu'un bourgeois ne pouvait être gardé en prison, si ce n'est pour cause d'homicide, trahison ou vol, et ne devait pas y être corporellement torturé (1). Fortement attachés au principe de l'unité de juridiction, dont ils avaient toujours joui, à la différence des villes où la justice était partagée entre des seigneuries diverses, ils cherchèrent dans le roi de France un protecteur assez puissant pour faire tourner à son profit la rivalité des deux seigneuries, et purent, jusqu'à un certain point, trouver la satisfaction de leur désir dans les ordonnances dites Philippines, dont l'une déféra aux juges royaux l'appel deshabitants de Lyon contre leur seigneur, proclama le roi gardien et protecteur des libertés lyonnaises (2), et autorisa le parlement de Paris à saisir et à confisquer la justice et le temporel de l'Église, et dont l'autre mit à néant tous les titres antérieures de l'Église, depuis la possession de l'archevêque Burcard jusqu'à la fameuse concession d'Héraclius, confirma le droit d'appel devant les juges royaux contre la justice séculière de l'archevêque, maintint l'office de gardiateur, et imposa à chaque feu, les nobles et les clercs exceptés, pour le salaire de cet officier et autres charges, une contribution de douze deniers à dix sous.

IV. — Les bourgeois de Lyon ne trouvant pas dans ces actes des garanties suffisantes de l'unité de juridiction et

____

(1) Carcer ad custodiendum, non ad puniendum, est a lege inductus.— (2) Nos ad supplicationem universorum civium totiusque populi Lugduni, ipsos recipimus in nostra protectione et custodia seu guarda.

des libertés communales, réclamèrent avec insistance, et ne permirent aux chanoines de prendre possession de la justice séculière que sous une déclaration authentique « qu'ils n'acquerraient par ce fait aucun droit à la juridiction séculière, et ne voulaient pas préjudicier à la ville et aux citoyens, notamment sous le rapport du traité fait récemment avec le seigneur roi de France, auquel ils n'entendaient donner aucune approbation ni confirmation. » Ils profitèrent en outre du passage de Philippe-le-Bel à Lyon, en 1312, pour obtenir des concessions nouvelles, qui n'allèrent cependant pas jusqu'à l'abrogation demandée par eux de l'accord de 1307. C'est ainsi que les Lyonnais s'étant plaints des excès de pouvoir que se permettaient les officiers royaux, « au mépris de leurs libertés et franchi-« ses, » le roi déclara que les ordonnances générales du royaume ne pouvaient prévaloir sur les priviléges spéciaux de la cité : « Quare mandamus vobis quatenus pretextu « statutorum aut mandatorum generalium nostrorum fac-« torum et in posterius faciendorum, ipsos cives nostros « non permittatis aliquatenus molestari, nisi in statutis « vel mandatis ipsis de prœdictis civilibus specialis et ex-« pressa mentio habeatur. » C'est ainsi que le roi voulant ôter aux habitants toute inquiétude au sujet du traité de 1307, une ordonnance spéciale déclara « que le dit traité ni les choses contenues en icelui ne pourront porter aucun préjudice de fait et de droit aux dits bourgeois de Lyon, et qu'en ce qui les touche, le dit traité sera déclaré comme non advenu. » C'est ainsi que le roi, voulant témoigner aux habitants à quel point il se réjouissait de leur liberté et de leur état prospère, « qui in ipsorum libertate et statu « prospero gaudemus, » déchargea les Lyonnais de la taxe qu'il percevait sur eux pour frais de garde.

Effrayé des tendances que révélaient les libéralités plus

ou moins intéressées de la couronne envers la cité, l'archevêque insista auprès de Louis-le-Hutin, successeur de Philippe-le-Bel, pour obtenir la restitution de sa justice. Le roi calma les inquiétudes excitées par ses démarches en écrivant aux habitants : « Nos ennemis ont répandu le bruit que nous voulions rendre à l'archevêque le domaine de la ville de Lyon. Bien loin de nous l'intention d'abandonner une partie si noble et si précieuse de notre royaume. Que votre affection sache donc et ne mette jamais en doute que le domaine de la ville de Lyon demeurera jamais à nous et à nos successeurs, comme une annexe de notre couronne. »

L'état des choses créé par les ordonnances de 1307 subsista donc après la mort de Philippe-le-Bel; et du partage d'autorité qu'il maintenait entre l'archevêque, les habitants et les officiers royaux, résultèrent de fréquents démêlés, et même des luttes à main armée.

Les bourgeois de la ville s'emparèrent des postes occupés par les soldats du seigneur. Une guerre civile éclata; mais la lutte, quoique violente, fut tempérée de part et d'autre par le sentiment du droit que n'avaient point étouffé des théories antisociales. Les représentants élus par le peuple formèrent un conseil. Des hommes distingués par leur mérite, leur patriotisme et même leur naissance, y siégèrent. L'église de Saint-Jacques fut le lieu de leur première réunion. Tous les corps de métiers, grands et petits, furent partagées en compagnies, distinguées par la forme et la couleur de leurs drapeaux. La communauté adopta un sceau, qui portait une représentation du pont de la Saône et de ses tours. Au milieu, étaient une croix et une fleur de lys, ce qui indiquait que les Lyonnais mettaient leur résistance aux abus d'autorité du seigneur sous la sauvegarde des rois de France. La guerre fut terminée en 1320, par une transaction qui assura le respect et le maintien des anciens usages en ces termes : « Considérant qu'il est écrit dans la vieille loi des philosophes que les Lyonnais sont de ceux qui, en Gaule, jouissent du droit italique, nous désirons, par affection de cœur, maintenir amiablement notre illustre ville de Lyon et ses citoyens dans leurs libertés, usages et coutumes, et leur témoigner de plus en plus faveurs et grâces, à l'honneur de Dieu, pour le bien de la paix et la tranquillité de l'Église, de la ville et de tout le pays. »

Voici les libertés, immunités, coutumes, franchises et usages longtemps approuvés de la ville et des citoyens de Lyon :

« Que les citoyens de Lyon puissent se réunir en assemblée et élire des conseillers ou consuls, pour l'expédition des affaires de la ville, faire des syndics ou procureurs, et avoir un coffre commun, pour la conservation de leurs lettres, priviléges et autres objets d'utilité publique ;

« Item, les dits citoyens de Lyon peuvent s'imposer des tailles, pour les nécessités de la ville ;

« Item, les dits citoyens peuvent se contraindre mutuellement à des prises d'armes, chaque fois qu'il en sera besoin ;

« Item, les citoyens ont la garde des clefs et des portes de la ville, depuis le temps de sa fondation, et ils l'auront ;

« Item, les citoyens ne peuvent être taillés ni imposés, et jamais ils n'ont été imposés par le seigneur (1). »

Henrys (tome I, p. 731) fait remarquer, dans cette charte, un article qui dit : « Nul citoyen n'est tenu au sei- « gneur, à reconnaissance, par la mort du père et de la « mère. » Mais, ajoute-t-il, comme cette charte ne regardait que les citoyens de la ville de Lyon, les seigneurs pré-

(1) *Histoire de Lyon*, par le P. MENESTRIER, *Preuves*, p. 94 à 100.

tendirent lever ce droit sur les habitants de la campagne, ce qui obligea les habitants de plusieurs villages de porter leurs plaintes au roi Charles VII, qui donna une déclaration, adressée au sénéchal de Lyon, par laquelle il lui est enjoint de ne pas souffrir que les seigneurs lèvent un semblable droit.

V. — Les termes de la transaction de 1329 constatent l'origine antique des franchises municipales de Lyon et le caractère consulaire de cette commune. Mais M. Augustin Thierry fait observer que le consulat lyonnais n'avait pas, comme celui des villes de la Provence et du Languedoc, la justice haute, moyenne et basse, et que la juridiction tout entière était réservée à l'archevêque, sans être même partagée par le chapitre. « Item jurisdictio temporalis Lug- « duni omnino dicta pertinebit semper et in omni tempore « ad archiepiscopum Lugduni ; capitulum nullam juris- « dictionem habebit (1). » Philippe-le-Long, pressé par le pape Jean XXII, confirma dans la main des archevêques de Lyon la seigneurie et la justice, à la charge qu'ils la tiendraient sous la protection des rois de France, et qu'ils respecteraient les attributions du gardien royal.

Non content, cependant, de ce droit de juridiction exclu- sif et souverain, l'archevêque Pierre de Savoie se plaignit à Philippe-de-Valois de la part trop large d'autorité faite au gardien royal ; mais un arrêt du parlement de Paris, de juillet 1328, le débouta de ses prétentions. Une ordonnance royale de la même année confirma les priviléges de la cité lyonnaise, notamment l'enseignement libre dans les écoles municipales du droit civil et du droit canon, ainsi que des autres arts libéraux ; « Ad docendum quoque alias artes li-

(1) *Charte de* Pierre de Savoie, *Histoire de Lyon, Preuves,* p. 95.

« berales, » et défendit « que l'on ne souffreit faire nulle
« nouvelleté cantre les leytours et bachelers à Lyon pour leur
« leyture. » Forte de l'appui du roi, non-seulement contre
l'archevêque et le chapitre, mais contre le Saint-Siége lui-
même, qui, abandonnant la politique libérale d'Innocent IV,
était devenu, depuis Boniface VIII, hostile aux libertés
municipales, la bourgeoisie lyonnaise résista fièrement et
aux excommunications de Rome, et aux interdits fulminés
par l'archevêché, et aux vues ambitieuses de la maison de
Savoie, et resserra de plus en plus les liens qui l'unissaient
au trône de France. L'autorité royale s'accrut, d'ailleurs,
à Lyon par l'effet de la renonciation des empereurs à leurs
prétentions sur cette ville. Le roi Charles VI y avait des
juges, qui y furent maintenus contre les poursuites de
l'archevêque Philippe de Turey, par un arrêt du conseil de
1394 ; et, de même qu'au dixième siècle, Lyon s'était détaché de la couronne de France, par le résultat général de
la décentralisation féodale, de même, aux treizième, quatorzième et quinzième siècles, le travail social continua à se
faire dans le sens de l'unification monarchique. Mais ce ne
fut qu'au seizième siècle, sous le règne de Charles IX, que
la justice royale, établie à côté de celle de l'archevêque,
absorba celle-ci, qui fut mise en vente et adjugée au roi,
dernier enchérisseur, et que la commune réunit à la juri-
ridiction des arts et métiers, dont elle était déjà investie,
la juridiction de police, à laquelle elle joignit plus tard la
juridiction commerciale.

Dès lors, la commune de Lyon fut incorporée à la monarchie, mais avec les garanties consacrées par les anciennes coutumes, que la charte de Pierre de Savoie décla-
rait équivaloir à des lois. Jusqu'au quinzième siècle, les
coutumes tenaient lieu de lois : « Diuturni mores legem
« imitantur, » disait cette charte. La couronne respectait

ces coutumes, et ne s'immisçait qu'avec réserve dans l'administration locale, comme on le voit par les termes dans lesquels Pierre de Chavirey est nommé gardiateur de Lyon, en 1333 (1). Mais la physionomie lyonnaise change à dater du quinzième siècle ; on voit apparaître, à cette époque, entre les diverses classes, unies auparavant dans la lutte pour leurs intérêts communs, des éléments de division. Le contre-coup démocratique des Maillotins de Paris, de la Harelle de Rouen, des émeutes flamandes et alsaciennes, se fait sentir dans la populeuse et industrieuse cité de Lyon. Le *populaire* s'agite, et proteste avec violence contre l'aristocratie consulaire qui tend, dit-il, à se perpétuer, en désignant elle-même les électeurs appelés à lui choisir des successeurs ; et c'est ainsi que, grâce aux excès d'une populace aveugle et brutale, le consulat, menacé à la fois et par l'Église, qui ne cessait pas de rivaliser avec lui, et par le peuple, dont les émeutes compromettaient sa liberté, et par la couronne, prête à exploiter au profit du pouvoir absolu l'affaiblissement progressif des franchises municipales, préparait déjà, au quinzième siècle, la sujétion de la commune de Lyon à la couronne, que les règnes de François Ier et d'Henri II commencèrent à réaliser, et qui fut définitivement consommée sous le règne de Louis XIV.

VI. — Dans le Beaujolais, *pagus* situé au nord du Lyonnais, dont il était une dépendance, on remarquait Beaujeu

---

(1) Comme nous avons entendu qu'il plairait moult et serait agréable aux habitants de la cité de Lyon que notre ami et féal chevalier Philippe, seigneur de Chavirey, notre bailli de Mâcon, fût et soit leur gardien député par nous, savoir faisons que s'il plait aux habitants qu'il le soit, il nous plaît et le voulons, l'établissons et députons leur dit gardien... au cas de ci-dessus qu'il plaira aux dits citoyens.

(*Bellus-jocus*), qui était alors une bonne place, et dont le château était, au commencement du douzième siècle, selon le témoignage de saint Pierre le Vénérable, abbé de Cluny, le plus considérable à la fois par ses seigneurs et par ses fortifications, qu'il appelle sa noblesse. La charte des priviléges de la ville de Thig (Beaujolais) date de 1366.

Dans le Forez, situé au levant du Lyonnais et au couchant de l'Auvergne, était Feurs (*forum Segusianorum*), dont Ptolomée fait mention, et qui est marquée snr la carte de Peutinger; ville dont le nom même atteste les franchises locales, puisqu'il signifie le lieu où le peuple s'assemblait pour régler ses affaires communes. Montbrison (*castrum montis Brisoni*), fief donné par Louis-le-Jeune à Guigue, comte de Forez, était la ville principale du haut Forez; Roanne (*Rodumna*) était la ville la plus ancienne et la plus importante du bas Forez.

Plusieurs chartes inédites des communes du Forez sont à la veille d'être publiées par les savants auteurs de l'histoire de cette province.

Ce sont, entre autres, les priviléges de Montbrison, de 1223 (texte latin) ; les coutumes, usages, franchises, libertés et autres droits de la ville et communauté de Saint-Symphorien-le-Castel, charte qui fut concédée par les comtes et le chapitre de Lyon, en 1408, cinquante ans environ après la réunion de cette ville au Lyonnais (latin et français) ; les priviléges de Saint-Germain-Laval, de juin 1248 (en latin) ; la charte passée entre l'ancien seigneur de Saint-Bonnet-le-Châtel et les habitants, en 1272 (en patois); la charte des priviléges accordés par Renaud, comte de Forez, aux habitants de la ville de Haon (en Roannais), en mai 1270; les lettres du consulat des manans et habitants de Cervière (1476) ; les lettres des consuls de la ville de Saint-Rambert (28 septembre 1441).

VII. — Les provinces du Lyonnais, du Forez et du Beaujolais étaient des pays de franc-alleu (1).

De là, cette conséquence que le seigneur était obligé d'instruire l'emphytéote, en lui donnant copie des reconnaissances de ses auteurs. C'était, selon Henrys, l'usage certain du pays.

Papon, dans ses *Arrêts*, livre XIII, titre II, art. 31, rapporte un arrêt de 1566, rendu au profit de l'archevêque de Lyon, comme prieur de Saint-Rambert en Forez, qui consacre cette doctrine, conforme à celle des parlements de Toulouse (2) et de Bordeaux (3), et adoptée en ces termes par le président Faber : « Quanquam eo jure utimur, ut « dominus directus agens contra feudi emphyteucarii « possessorem ad canonem annuum sive profitendum, « sive solvendum, teneatur possessoris conventi oculis « subjicere, digitoque monstrare rem de qua agitur : non « tamen id locum habet cum adversus eum ipsum agitur « cui jam semel possessus est et ex propria confessione « obligatur. »

Revel, dans son *Commentaire sur les statuts de Bresse* (page 225), explique toutes les conditions requises pour la validité de l'exploit des droits seigneuriaux.

On ne trouve dans les œuvres d'Henrys aucune discussion spéciale sur la question de savoir si, dans le concours de la directe universelle et de la circonscription du fief, le seigneur était réputé propriétaire des terres incultes et stériles. Mais ce qui prouve qu'il en était ainsi dans les provinces du Lyonnais, du Forez et du Beaujolais, c'est qu'on y admettait que les bois et pacages communs étant

(1) HENRYS, *Œuvres complètes*, t. I, p. 717. — (2) LA ROCHE-FLAVIN, *Des droits seigneuriaux*, chap. Iᵉʳ, art. 15.— (3) LAPEYRÈRE, *Lettre* V, n° 33.

sujets à une possession clandestine, la simple possession
ne suffisait pas pour établir les usages des communautés
d'habitants si elle n'était accompagnée de titres ou de paye-
ments de quelque redevance au seigneur du lieu (1).

Un jugement du tribunal d'appel de Lyon, du 16 thermidor an IX (2), a appliqué ce principe, au sujet de la
forêt de Theyssange, à la commune de Jasseron, qui en réclamait la propriété : « Attendu que, par la charte de 1283,
portant affranchissement de mainmorte en faveur des habitants de Jasseron, il est prouvé qu'à cette époque le
forêt de Theyssange appartenait aux co-seigneurs de cette
commune ; qu'il est encore prouvé, par d'autres titres,
qu'ils en étaient déjà propriétaires en 1281 et 1263 ;
qu'ainsi la commune de Jasseron n'est pas fondée à prétendre qu'elle ait, en 1283, cédé la propriété de cette forêt
à ses ci-devant seigneurs, pour prix de son affranchissement. » (C. C., rejet le 18 brumaire an XI.)

CHAPITRE III

DROIT MUNICIPAL DE LA SAVOIE ET DES PAYS DE BRESSE, BUGEY, GEX ET VALROMEY (3).

I. — La Savoie, cette province naguère sarde, aujour-
d'hui française, séparée de la Suisse par le lac de Genève,
et de la vallée d'Aoste, du Piémont et du Valais par les hau-

---

(1) HENRYS, *OEuvres complètes*, t. II, p. 538. — (2) DALLOZ, *Nouv.
édit.*, V. *Commune*, tome X, p. 169. — (3) *Codex Fabrianus*. —
Traités de COLOMBET, intitulés : *Colonia Celtica lucrosa*. — GUICHE-
NON, *Histoire de Bresse*. — COLLET, *Sur les statuts de Bresse*. —
PERRET, *Observations sur les usages des provinces de Bresse, Bugey,
Valromey et Gex*.

tes Alpes, confinant au midi le Dauphiné, et au couchant
le Rhône, qui la sépare du Bugey et de la Bourgogne, est
appelée *Sapaudia* par Ammien Marcellin, au livre XV de son
histoire, mais a été appelée, plus tard, par corruption, *Sa-
baudia*. C'était la partie septentrionale du territoire des Allobroges. On lit, dans la 65me section de la *Notice des dignités de l'empire romain*, où il est fait mention du préfet
ou commandant de la flotte des bateliers, qui étaient à Iver-
dun, en Savoie, *Barcariorum Ebreduni Sapaudiæ*, que la
Savoie s'étendait au delà du lac de Genève hors des limites
des Allobroges, comprenant le pays de Vaud, dont la plus
grande partie appartenait à la Belgique et à la province
nommée *maxima Sequanorum*.

La Savoie et les pays adjacents vinrent, sur la fin du
neuvième siècle, au pouvoir de Rodolphe, qui fut couronné
roi, à Saint-Maurice de Chablais ou Vallais. Rodolphe III,
son petit-fils, ayant laissé usurper son autorité par les seigneurs ecclésiastiques et séculiers, Humbert aux Blanches-
Mains, comte de Maurienne, s'en rendit propriétaire, et
l'empereur Conrad-le-Salique, qui succéda à Rodolphe au
royaume de Bourgogne, laissa aux seigneurs le domaine
utile, se contentant du domaine direct. Amédée Ier succéda à Humbert, et accrut, tant en deçà qu'au delà des
monts, ses États, qui furent conservés de mâle en mâle, en
vertu de la loi salique, constamment observée en Savoie.
Édouard, comte de Savoie, étant mort en 1329, sa fille unique, Jeanne, femme de Jean III, duc de Bretagne, prétendait lui succéder; mais les frères lui préférèrent son oncle,
Aymon, en déclarant que la Savoie ne tombait pas en quenouille.

Les limites de la Savoie qui, du temps de Humbert aux
Blanches-Mains, s'étendait dans le pagus de Grenoble (*in
pago Gratianopolitano*), ce qui explique pourquoi Cham-

béry dépendait du diocèse de Grenoble, furent peu à peu resserrées; elle embrassait cependant encore, au quinzième siècle, non-seulement les six petites provinces appelées la Savoie proprement dite, la Maurienne, le Genevois, le Chablais, le Faussigny et la Tarantaise, mais encore la Bresse, le Bugey, le pays de Gex et le Valromey.

II. — La Savoie proprement dite, érigée en duché le 19 février 1416, sous Amédée VIII, par l'empereur Sigismond de Luxembourg, avait pour capitale Chambéry (*Cumberiacum*), ville alors peu considérable, et pour villes secondaires Momtmeylian, lieu fortifié, et Yenne (*Eiauna*), ville plus ancienne et plus importante, où Sigismond, roi des Bourguignons, avait assemblé, en 517, un concile des évêques de tout son royaume, et à laquelle Thomas, comte de Savoie, donna, en 1215, ses franchises et libertés.

III. — La Maurienne, la plus haute des Alpes Cottiennes, que Grégoire de Tours appelle *Mauriana*, fut cédée par les Lombards, qui s'en étaient emparés, à Gontran, roi des Francs, qui y fonda un évêché, dépendant de la métropole de Vienne. C'est la vallée dont Humbert aux Blanches-Mains fut créé comte, sous le règne de Rodolphe III, et qui fut réunie à la Savoie, après Thomas, fils du prince Thomas de Savoie, et comte de Flandre.

IV. — Le Genevois, séparé au nord de la Savoie et au couchant du Bugey par le Rhône, avait été gouverné, sous les deux premières dynasties françaises, par un officier revêtu du titre de comte; l'évêque de Genève en partagea plus tard, par la libéralité des rois de Bourgogne, le gouvernement avec le comte, qui devint héréditaire vers l'an 1000, et qui étaitv assal de l'évêque, premier seigneur. Guillaume III fit hommage du comté de Genevois, en l'an 1313, à Pierre de Focigny, évêque de Genève. Ce comté étant échu au comte de Savoie Amédée, celui-ci fit hommage à l'évêque et à l'église de Genève, en 1404, dans l'église et devant le grand-autel de Saint-Pierre. Quelques années après, le comte de Savoie, érigé en duc, refusa de reconnaître la suzeraineté de l'évêque, ce qui causa de violents démêlés. Annecy (*Annisiacum*), ville peu ancienne, mais célèbre par son évêché, qui embrassait le Faussigny, le Chablais, le pays de Gex et une partie du Bugey, était la principale ville du comté de Genevois. Il y avait en outre Remilli, regardée autrefois comme le principal fief que les comtes tenaient des évêques, et le fort de Sainte-Catherine, érigé par les ducs de Savoie contre Genève, et que Henri IV fit raser l'an 1600.

V. — Le Chablais, qui s'étendait au midi du lac de Genève, jusqu'aux confins du Valais, et qui comprenait même, dans l'origine, le bas Valais, dont les hauts Vallesans s'emparèrent, avait été occupé en partie par les Nantuates, et dépendit du royaume de Bourgogne jusqu'au dernier roi, Rodolphe III. L'empereur Conrad-le-Salique le donna au comte Humbert aux Blanches-Mains, dont les successeurs prirent, à dater du quatorzième siècle, le titre de ducs de Chablais, et le conservèrent jusqu'à l'érection du comté de Savoie en duché et principauté de l'empire, par l'empereur Sigismond. Thonon, jolie petite ville, à mille pas du lac de Genève, et Ripaille, principale commanderie de l'ordre de Saint-Maurice, qu'Amédée, duc de Savoie, fonda, et où il se retira, en 1434, après avoir perdu sa femme, Marie de Bourgogne, étaient les deux principales villes du Chablais.

VI. — Le Faussigny (*Fruciniacum*), situé au midi du Chablais, au levant du Genevois, au nord de la Savoie, au couchant du Valais et du val d'Aoste, dont il est séparé par les hautes Alpes, appelées Graïennes, avait ses seigneurs particuliers, lorsque les empereurs allemands, descendants de Conrad-le-Salique, étaient en possession du royaume de Bourgogne et d'Arles. Le mariage de Béatrix de Savoie avec Guigue Dauphin, fils d'André de Bourgogne, le fit réunir au Dauphiné, et les Dauphins en jouirent jusqu'au dernier, Humbert, qui donna ses États à la France. Le Faussigny rentra plus tard dans les mains du duc de Savoie, en vertu d'un traité de 1362, que confirmèrent Charles V en 1376, et Charles VI en 1410. Louis XI vendit en 1445, au duc de Savoie, son droit de souveraineté nominale sur le Faussigny, dont le duc de Savoie eut ainsi la pleine souveraineté. Cluse, Bonne et Bouneville étaient les seuls lieux habités de ce pays âpre et stérile.

VII. — La Tarentaise (*Darentasia*) faisait aussi partie des Alpes Graïennes, dont elle était la métropole. C'était l'ancien pays des *Centrons*, marqués au premier livre des *Commentaires* de César. La capitale de ce pays, Centron, fut ruinée et devint un village. Tarentaise, dont l'évêché dépendait, comme ceux de Valence, de Grenoble et de Genève, du siége métropolitain de Vienne, hérita des anciennes prérogatives de Centron, soit sous son nom, soit sous celui de Moultier (*monasterium*) qu'elle avait lorsque Humbert II, comte de Savoie, se rendit maître de ce pays de Tarentaise, que ses descendants ont conservé jusqu'à ces derniers temps.

VIII. — La Bresse, située entre les deux rivières de Saône et d'Ains, se divisait en Bresse châlonaise, qui comprenait tout le diocèse de Châlons entre la Saône et la Franche-Comté, et en Bresse dite savoyarde, parce qu'elle était possédée par les comtes et ducs de Savoie. Cette province avait pris son nom d'une forêt qui couvrait une partie du pays, et qui s'appelait *saltus Brexius*.

Guichenon, dans son *Histoire de Bresse*, affirme que, dès l'an 940, Hugues était un puissant seigneur dans ce pays, et que ses successeurs en jouirent, comme seigneurs de Baugé (*Balgiaci*), jusqu'en 1272, époque à laquelle Amédée, comte de Savoie, unit par un mariage la Bresse à ses autres États.

Bourg, en Bresse, fut érigé, en 1242, par Guy, dernier seigneur de Baugé, en ville libre et franche, et doté de libertés, grâce auxquelles il s'agrandit, se peupla et devint la capitale de la seigneurie, au préjudice de la ville de Baugé, autrefois la principale place de Bresse, que les ducs de Savoie démembrèrent de leur domaine et donnèrent en pleine propriété à la maison d'Urfé.

Villay, seconde seigneurie de Bresse, gouvernée, depuis le onzième siècle, par la maison de Villars, puis, de 1180 à 1424, par la maison de Thoire, passa à Philippe-de-Lévis par une inféodation du duc de Savoie, et revint à la maison de Savoie par une vente faite en 1470 par Jean de Lévis.

Montluel (*Mons Lupelli*), ancien *castrum* qui avait, en 1096, un seigneur nommé Humbert, fut érigé en ville, en 1276, par un autre Humbert qui, pour en faciliter la population, affranchit de tailles et de tributs ceux qui viendraient s'y établir. Guigues, dauphin du Viennois, à qui Montluel était échu, confirma, en 1329, les priviléges de ses habitants, qui subsistèrent sous les rois de France, à qui Humbert, dernier dauphin de la maison de Latour-Dupin, donna tous ses États, et sous le règne du duc de Savoie, à qui le roi Jean et son fils Charles, dauphins du Viennois, cédèrent, en 1354, Montluel, la Valborne et le reste des terres du Bugey.

IX. — Le Bugey, séparé de la Bresse au couchant par la rivière d'Ain, et au midi du Dauphiné par le Rhône, faisait partie, ainsi que la Bresse, du territoire des *Séquaniens*. Rodolphe-le-Lâche ayant laissé ses domaines à l'empereur Conrad-le-Salique, cet empereur et ses successeurs dominèrent dans le Bugey plus que dans aucune autre province de la Bourgogne. La plupart des seigneurs de ce pays étaient ecclésiastiques, entre autres l'évêque de Belley, les abbés d'Ambronay et de Saint-Rambert de Joux, l'abbé ou prieur de Nantua. Les seigneurs laïques y étaient trop faibles pour briser le joug impérial. Lss comtes de Savoie les subjuguèrent peu à peu et firent dans le Bugey, du douzième au quatorzième siècle, des acquisitions importantes. Belley, cité détachée de celle des Séquaniens, resta sous la domination de ses évêques. Frédéric-Barberousse donna, en 1175, à l'évêque saint Anselme et à son église de Belley, tous les droits de régale, celui de battre monnaie et la seigneurie absolue de cette ville, ne se réservant que la souveraineté ; de sorte que, dès ce temps-là, ces prélats furent princes de l'empire et indépendants des comtes de Savoie, ce qui n'empêcha pas les évêques et les habitants de Belley d'accepter, en 1412, le conseil ducal comme juge d'un procès qui existait entre eux.

Nantua, dont le nom celtique vient, selon quelques-uns, de Nant (ruisseau d'eau courante), Saint-Rambert de Joux (*Jurensis*), Ambronay (*Ambroniacum*), villes dont l'origine se rattache à des fondations de monastères; Seyssel, où fut fait, en 1124, entre l'évêque de Genève et le comte de Genevois un traité touchant les droits que ce prélat avait sur ce comté, étaient partagés entre le gouvernement des évêques et celui des comtes de Savoie. Ceux-ci les dotèrent de priviléges, parmi lesquels se distinguent ceux qu'Amédée IV donna à Seyssel, en 1124, et qui furent confirmés par les comtes et ducs de Savoie, ses successeurs, et par Henri IV, en 1604, après l'échange de la Bresse.

X. — Le Valromey, enclavé dans le Bugey, dont il faisait partie, et que les comtes de Savoie donnèrent en fief aux seigneurs de Beaujeu, dont l'un, Amédée IV, le leur rétrocéda, ne renfermait qu'un petit nombre de paroisses dont Châteauneuf était la principale.

XI. — Le pays de Gex, situé entre le mont Jura, le Rhône, le lac de Genève et la Suisse, dépendait originairement du comté de Genevois, et passa des mains des sires de Joinville, dont l'un, Hugues, se reconnut vassal du dauphin de Viennois, dans les mains du comte de Savoie, qui le réunit à son domaine, en 1333, et dont les successeurs en jouirent jusqu'au traité de Lyon, de l'an 1601, par lequel ce pays fut cédé à la France. Gex, capitale de ce pays, n'était qu'une bourgade sans importance.

XII. — La Savoie et les pays adjacents dont nous venons de parler obéissaient au moyen âge à une législation très-complexe, dont le droit romain, qui régissait les provinces du Dauphiné et du Lyonnais, les lois des Bourguignons, les statuts des comtes et ducs de Savoie, étaient les principaux éléments, et que complétait la jurisprudence du sénat de Chambéry, dont le président Fabre nous a conservé les monuments. Les nombreuses chartes communales que rapporte Guichenon, dans son *Histoire de la Bresse*, p. 22, 23, 63, 105, 202, 235 et 244, et les statuts cités dans le *Commentaire* de Collet, page 3, col. 1 et 2, témoignent du caractère libéral de l'administration tant des provinces restées savoisiennes que de celles qui furent successivement réunies à la France. Tous ces pays étaient des pays de franc-alleu (1).

XIII. — Les vacans et les bois dont étaient couvertes, au moyen âge, ces âpres montagnes donnèrent lieu à de nom-

_____

(1) GILLET, *Dissertation sur le franc-alleu des pays de droit écrit*, p. 626. — PERRET, *Observations sur les usages des provinces de Bresse, Bugey, Valromey, Gex*, t. II, p. 517, n° 1276, et 530, n° 1317.

breux actes d'inféodation, consentis par les comtes et ducs
de Savoie à des seigneurs qui conférèrent à des communautés d'habitants des droits tantôt de propriété, tantôt
d'usage, moyennant des redevances payées par les alberga-
taires. Les clauses des actes d'inféodation varient à l'infini, et l'on ne doit pas s'étonner de la contradiction apparente qui existe entre des solutions de litiges qu'on pourrait croire, après un examen superficiel, survenues dans des
cas identiques.

C'est ainsi que, dans un débat entre la famille de Montillet ayant cause des seigneurs de Corcelles et les habitants de cette commune, au sujet d'une forêt située dans
la partie occidentale du haut Bugey, la Cour de Lyon, ré-
formant par un arrêt du 6 mars 1846 un jugement du tribunal de Nantua, déclara la commune propriétaire, tandis
que, par d'autres arrêts, rendus en faveur de la famille de
Drée au sujet de la forêt de Moussiènes, les habitants de
Brenod et autres communes furent déclarés simples usagers.

Nous ne chercherons pas à analyser les différents actes
qui ont donné lieu à ces interprétations contradictoires ;
mais nous devons dire que l'impression générale qui résulte de l'examen de ces actes serait plus favorable à la
thèse de la concession de droits d'usage qu'à celle de la
concession de droits de propriété. Le duc de Savoie concède à son vassal la propriété, et aux hommes de celui-ci
l'usage. C'est la teneur la plus ordinaire des actes d'alber-
gement : « Amedeus dux Sabaudiæ... tradimus et conce-
« dimus per præsentes Joanni, Salluti notario, et Guillelmo
« Beria de Corcellis, præsentibus albergantibus et recipien-
« tibus, ipsorum et aliorum hominum et personarum totius
« villæ dicti loci de Corcellis, de Ferrariis et de Cleone no-
« minibus, nemora tam nigra quam alia quæcumque cum
« ipsorum hominum usu et percussu necessariis, duntaxat

« montium nostrorum Lompuorum, Castrinovi et montis
« Regalis... et hoc pro ipsorum hominum et personarum
« albergatoriorum et suorum perpetuo quorumcumque
« hæredum et successorum affouagiis, ædificiis, usibus et
« percursibus et aliis eorum necessitatibus faciendis : ita
« tamen quo de ipsis nemoribus eis ut supra albergatis
« pro alienis usibus, capere vel exportare aut vendere
« quomodo libet non audeant sive possint. »

A la vue d'actes ainsi conçus, on est fort tenté de dire,
avec le tribunal de Nantua, dans l'affaire Montillet, et sauf
les preuves contraires, résultant soit des titres postérieurs,
soit de la possession « qu'en recherchant l'origine et les
causes des concessions, en général, faites à des habitants
soit par les souverains, soit par les anciens seigneurs, notamment dans ces contrées jadis incultes et stériles, on
doit reconnaître qu'elles avaient pour motif déterminant
d'attirer des colons, et de les attacher au sol par l'avantage
que leur offrait la cession du droit d'user des forêts pour
leurs besoins ;

« Qu'aussi, dit Coquille, les seigneurs voyant leurs territoires déserts et mal habités, concédèrent les usages à
ceux qui y voudraient habiter par les y semondre, et à
ceux qui y étaient pour les y conserver ;

« Que ces libéralités, aussi profitables à ceux qui les faisaient qu'à ceux qui les recevaient, n'allèrent cependant
pas jusqu'à l'abandon de la propriété ;

« Et qu'il y a, dans ce premier fait, une présomption que
les habitans de ces contrées, peuplées par suite des concessions des souverains, propriétaires originaires des montagnes du Bugey, jadis incultes et stériles, n'avaient sur
les bois que des droits d'usage. »

CHAPITRE IV

DROIT MUNICIPAL DE LA NORMANDIE (1).

1. — La partie des pays celtes qui touche l'Océan, depuis l'embouchure de la Seine vers le nord jusqu'à celle de la Loire, et peut-être jusqu'à celle de la Garonne, vers

(1) *Bibliographie normandie*, par Sauvage (1857). — *Les recherches et antiquités de la province de Neustrie, à présent duché de Normandie*, par DE Bourgueuille (1588). — *Description du pays de Normandie, extrait de la chronique de* Nagerel (1610). — *Les Beautés de la Normandie*, par Oursel (1700). — *Etat géographique de la Normandie*, par Masseville (1722). — *Description de la haute Normandie*, par Duplessis (1740). — Mathilde, *Voyage en Normandie au* XIIᵉ *siècle* (1825). — *Anciennes divisions territoriales de la Normandie* (1837). — *La Normandie*, par J. Janin (1844). — *Les Chroniques de Normandie*. — *Histoire de Normandie*, par Nagerel (1558). — *Historia Normannorum a 838 ad 1220*, auct. Duchesnio (1619). — *Histoire générale de Normandie*, par du Moulin (1631). — *Abrégé de l'histoire de Normandie*, par Lucas (1665). — *Histoire sommaire de Normandie*, par Masseville (1688). — *Essai sur l'histoire de Normandie depuis Rollon jusqu'à la bataille de Hastings* (1766). — *Essai sur l'histoire de Neustrie ou Normandie depuis Jules-César jusqu'à Philippe-Auguste*, par Richebourg (1789). — *Histoire du duché de Normandie*, par Goube (1815). — *Résumé de l'histoire de Normandie*, par du Bois (1825). — *Histoire de Normandie*, par Orderic Vital (1826). — *Histoire de Normandie jusqu'en 1066* (1835). — *Chroniques anglo-normandes pendant les* XIᵉ *et* XIIᵉ *siècles*, par Michel (1836-1840). — *Normanniæ nova chronica a 473 ad 1378*, edita a Cherruel (1850) — *Les ducs héréditaires de Normandie*, par DE Laporte (1851) — *Essai sur les invasions maritimes des Normands dans les Gaules*, par Capefigue (1823). — *Histoire des expéditions maritimes des Normands au* Xᵉ *siècl*, par Depping (1826). — *La Normandie au* Xᵉ *siècle*, par Lemaître (1845). — *Guillaume le Conquérant*, par M. Lair (1855). — *Histoire de la conquête de la Normandie par Philippe-Auguste*, par Poignant (1854). — *Des insurrections populaires en Normandie au* XVᵉ *siècle*, par

l'occident, s'appelait, dans le moyen âge, *Armoriques* ou
Maritimes (1).

La Normandie, qui faisait partie de ce territoire, comprenait les pays de Caux, du Vexin, de Rouen, de Lisieux, d'É-
vreux, de Bayeux, de Valognes, de Coutances, d'Avranches. Ce beau pays, borné au nord par la Manche, à l'est
par la Picardie et l'Ile-de-France, au midi par le Perche, le
Maine, et au couchant par la Bretagne, faisait partie, sous
les empereurs romains, de la Gaule celtique. Il forma, sous
Honorius, une province qui fut appelée la seconde Lyonnaise, après qu'on en eût séparé les cités qui formèrent la
troisième Lyonnaise. Après la conquête des Francs, il fit
partie du royaume de Neustrie, sous les rois mérovingiens.
Il échut en partage, après la mort de Louis-le-Débonnaire, à
Charles-le-Chauve, roi de la France occidentale. Ce prince
en donna le commandement, ainsi que de tous les pays voisins, situés entre la Seine et la Loire, à Robert-le-Fort, tige
de la maison des Capet, et ce gouvernement fut nommé le
duché de France. Mais, après les invasions des Normands
dans la Neustrie maritime, Charles-le-Simple, petit-fils de
Charles-le-Chauve le céda, du consentement des principaux

M. Puiseux (1851). — *Charte aux Normands* (1788). — *De la constitution du duché de Normandie*, par de la Foy (1789). — *Parallèle
des assemblées provinciales en Normandie avec l'assemblée des états
de ce duché*, par de la Foy (1788). — *Dissertation sur les prérogatives des aînés en Normandie*, par M. de Chambray. — *La charte
aux Normands*, par Floquet (1842). — *Etudes historiques sur les
institutions judiciaires de la Normandie*, par Nathery (1839). —
Id., par Pezet (1845). — (1) Galli ad succurendam Alesiam contra Cæsarem imperant Bellecassis, Lexoviis, Auleriis, Aluronibus,
terna millia hominum, universis civitatibus quæ Oceanum attin-
gunt, quæque eorum consuetudine Armoricæ appellantur, quo
sunt in numero Curiosilites, Rhedones, Caletes, Osinnii, Ambibo-
sii, Veneti, Venelli, sena millia (*De Bell. gall.*, lib. VII, ch. xiv, *de
obsidione Alesiæ*).

seigneurs français, à Rollon, chef de ces barbares, qui se fit baptiser, et qui, ayant obtenu en mariage Giselle, fille du roi, obtint, en l'an 912, de son beau-père, la cession, à foi et hommage, de la partie du Vexin située entre les rivières d'Andelle et d'Ette. L'un des premiers actes du duc fut de diviser le territoire, et de le partager entre ses comtes et ses fidèles. « Cepit metiri, » dit l'historien Dudon, « ter-« ram suis comitibus atque largiri fidelibus. » Le duc se réserva cependant, pour lui-même, des fiscs ou domaines particuliers.

Guillaume, dit Longue-Épée; Richard Ier, surnommé Jean-Sans-Peur; Richard II dit le Bon ou l'Intrépide; Richard III ; Robert II dit le Magnifique ; Guillaume-le-Bâtard, conquérant de l'Angleterre; Robert III, surnommé Courte-Heuze; Henri Ier, roi d'Angleterre; Étienne de Boulogne ; Geoffroy, comte d'Anjou ; Eustache, fils d'Étienne, roi d'Angleterre ; Richard IV Cœur-de-Lion, roi d'Angleterre; Jean-Sans-Terre, furent, de l'an 912 à l'an 1204, les glorieux successeurs de Rollon au duché de Normandie (1).

Ces ducs souverains devinrent puissants au-delà comme en deçà de la Manche, et c'est l'un d'eux qui descendit en Angleterre en 1066, et y fut couronné roi après la mort de saint Édouard. Le mariage de la fille de Henri Ier, roi d'Angleterre, avec Geoffroy-Plantagenet, comte d'Anjou, fit parvenir la Normandie à Henri II, fils de Geoffroy. Jean, le plus jeune des fils de ce roi, s'empara de tous les États du roi Richard Ier, son frère, et de sa mère Éléonore de Guyenne, et ayant fait mourir Artus, fils de son frère aîné, Geoffroy, duc de Bretagne, il fut mis au ban du royaume

(1) HOUARD, *Coutumes anglo-normandes*, t. I. — *Tableau chronologique des souverains de Normandie.*

en 1202, du consentement des pairs, par le roi Philippe-
Auguste. Jean-Sans-Terre perdit ainsi la plus grande
partie des États qu'il avait de ce côté de la Manche, et la
Normandie fut conquise et réunie à la couronne en 1204.
Henri III, fils de Jean, céda la Normandie à saint Louis,
par le traité de Paris, et les fils aînés du roi de France portèrent tous le titre de ducs de Normandie jusqu'au moment où ils prirent celui de dauphins.

II. — La Normandie était soumise à la juridiction de ses
ducs, qui s'exerçait par des officiers nommés comtes, vicomtes, baillis ; mais l'autorité de ces préposés du seigneur
était modérée par des contre-poids.

Il y avait, en Normandie, des assemblées politiques qui
se rattachaient aux conseils de guerre, dont le duc Rollon
lui-même se considérait comme dépendant, et dont faisaient
partie, non-seulement ses compagnons d'armes, mais les
anciens possesseurs du sol, qui furent maintenus dans une
portion de leurs domaines.

Les états de Normandie, sous les ducs, étaient généraux
ou particuliers, selon les circonstances, c'est-à-dire que les
assemblées étaient composées de tous les ordres d'Angleterre et de Normandie, ou bien d'une seule province de
l'une de ces deux souverainetés, selon que la matière inté-
ressait ou toute la domination des ducs, lesquels étaient,
en même temps, rois de la Grande-Bretagne, ou simple-
ment une partie des provinces de leur domination. Le plus
ancien des états-généraux normands dont il reste des actes
est celui qui fut tenu à Caen en 1042, sous Guillaume-le-
Bâtard ; la *trève de Dieu* en fut l'occasion. On voit par le
Recueil des conciles de Normandie, de Dom Bessin (p. 39),
que le clergé, à la suite de la résolution des états, interdit
aux seigneurs, ainsi qu'aux particuliers, d'entreprendre
aucune guerre particulière, depuis le premier jour de l'A-

vent jusqu'à l'octave de l'Épiphanie, durant le carême et dans l'intervalle des Rogations à la Pentecôte. Houard rapporte d'autres états tenus sous les ducs de Normandie, en 1061, 1066, 1080, 1081, 1094, 1101, etc., et ayant trait à des intérêts politiques de premier ordre.

Après la réunion de la Normandie à la couronne, les rois conservèrent l'usage des assemblées générales. Ce fut dans une de ces assemblées, qu'en 1205, les usages normands furent recordés par le serment des barons, et qu'en 1280, furent dressés les règlements contre les entreprises du clergé sur la juridiction royale et sur celle des laïques.

Ces états, où le clergé et les notables du tiers-ordre étaient appelés, réglaient les intérêts politiques, même la succession au trône, et consentaient ou refusaient les impôts, droit dont ils usèrent lors de l'expédition de Guillaume-le-Conquérant ; ce prince leur ayant demandé un secours d'argent pour faire la conquête d'Angleterre, ils répondirent qu'ils n'étaient point tenus de lui en donner, ni de l'accompagner en pays étranger, et qu'il valait mieux songer à la conservation du duché qu'à conquérir un royaume.

Louis X parle des états de Normandie dans une ordonnance de 1315, et il existe, à dater de cette époque jusqu'à Louis XI, en 1461, plusieurs ordonnances des rois de France, qui reconnaissent leur existence et leurs priviléges.

L'impôt que les états jugeaient à propos d'octroyer au roi ne durait pas plus d'une année. Il ne portait jamais sur le fonds, mais sur telle espèce de denrée ou marchandise qu'ils voulaient choisir.

Sous le règne du roi Jean, en 1350, les états de Normandie furent assemblés à Pont-Audemer. Robert, évêque d'Évreux, et Simon de Bussy, chevalier ès lois, commissaires dn roi, demandèrent qu'on lui octroyât une aide. Le tiers-état y consentit, ainsi que la noblesse, sous condition qu'on passerait la célèbre ordonnance en trente-quatre articles, rédigée par le tiers-état, et qui s'est toujours exécutée dans le duché de Normandie ; ils y mirent encore ces conditions remarquables :

« 1° Que le subside qu'ils accorderaient serait donné à ferme, par criées et subhastations dues et accoutumées, au plus opposant par villes ou par membres ;

« 2° Qu'après trois mois de l'an révolu, les fermiers n'auraient d'action contre personne ;

« 3° Que le subside se verserait tous les trois mois en la recette des vicomtes, lesquels en seraient les bailleurs et receveurs ;

« 4° Qu'il ne pourrait être trait à conséquence pour l'avenir, et qu'il ne pourrait porter atteinte à leurs priviléges généraulx et spécials, attendu qu'ils ne sont tenus à faire aide ou subside aulcuns, ce se n'est en cas de nécessité de l'arrière-ban. »

Cette dernière déclaration est la même que celle que les états de Normandie avaient faite à Guillaume-le-Bâtard, trois siècles auparavant.

En 1354, les ecclésiastiques, les nobles, les citoyens et habitants des villes et le commun peuple des baillages du Cotentin et de Saint-Guillaume *in Maritania*, votèrent un subside pour le roi (*Ordonnances des rois de France*, t. IV, p. 320).

Secousse rapporte, en sa préface du tome III des *Ordonnances*, p. 85, des lettres de commission pour assembler les membres du clergé, les nobles et les bonnes villes de Rouen, Caux, Caen et Cotentin.

En 1426, les états accordèrent un subside de 120,000 livres tournois (*Bibliothèque Monteil*).

En 1429, l'assemblée des trois états vota une aide de 720,000 livres tournois (*Ibid.*).

Une pièce du 11 janvier 1438 énonce une procuration pour assister « à la prochaine convention des estats de la « duchée de Normandie » (*Ibid.*).

Une autre pièce, du 16 novembre 1441, prouve qu'une aide de deux solz pour livres sur toutes marchandises fut accordée au roi, dans l'assemblée tenue à Rouen.

C'est aux états de Normandie que l'université de Caen doit son établissement, qui remonte à Charles VI, roi d'Angleterre et duc de Normandie.

Ce furent ces états qui demandèrent à Louis XII, en 1469, que leur échiquier, que *leur justice*, fût désormais composée de gens de longue robe, *ad instar* du parlement de Paris, « sauf à compeller huit à dix barons de cha- « que baillage, » dans les hautes matières où les nouveaux magistrats avaient besoin de leur assistance.

C'est à ces états qu'est due la réforme de l'ancienne coutume et la rédaction de la nouvelle.

III. — A côté des états, siégeait le tribunal de l'échiquier, ainsi nommé « a voce germanica schelzen, id est « mittere, » — «comme étant, » dit la Roche-Flavin, «la dite « assemblée envoyée par les provinces pour juger en der- « nier ressort, alléguant que par les constitutions de Char- « lemagne » — « missi dominici vocabantur qui juridicos « conventus per provinciam principis peragebant. » Les juges de ce tribunal, que Philippe-le-Bel rendit sédentaire en 1302, en même temps que celui de Paris, étaient pris dans les trois ordres du clergé, des barons et des bourgeois, et jugeaient en dernier ressort les appels des décisions des juges de la cour du comte, des centeniers et des dizainiers ; ils exerçaient une justice souveraine et le pouvoir législatif, et formaient une division de l'assemblée des états.

Les publicistes normands aiment à rappeler le synchronisme de l'institution des états de l'échiquier de Normandie et de l'assemblée générale des trois ordres du clergé,
de la noblesse et du peuple, que Philippe-le-Bel convoqua
à Paris. Le contrat fondamental qui se forma alors, dit
l'un d'eux (1), entre le roi des Français et le peuple, fut
ratifié dans toutes ses parties avec les états du duché de
Normandie par la célèbre charte aux Normands (2).
Houard (*Coutumes anglo-normandes*, V. *Chartes*) fait
remarquer que cette charte n'était pas la seule qui régnât
en Normandie. « Nous avons, dit-il, deux chartes célèbres,
relatives à la Normandie, la grande charte de Henri Ier, et
la charte aux Normands, et outre cela grand nombre de
chartes concernant les communautés en particulier de cette
province. » Les privilèges concédés par ces chartes étaient
appelés libres coutumes, *liberæ consuetudines.*

Une partie considérable de la juridiction des seigneurs
passa aux villes, et malgré les pertes qu'ont subies les
chartriers, par suite des révolutions et des pillages dont la
Normandie a été le théâtre, on y trouve des preuves gémi-
nées du caractère pacifique de cette transformation.

« A part quelques faits isolés, dit l'historien des classes
agricoles en Normandie, nous avons vainement cherché
dans la Normandie les traces de cet antagonisme qui, suivant des auteurs modernes, régnait entre les différentes
classes des sociétés du moyen âge. Les rapports des sei-

(1) *Parallèle des assemblées provinciales établies en Normandie avec
l'assemblée des états de ce duché.* — (2) Cette charte provinciale,
dit Boulainvilliers, t. II, p. 32 et suiv., est fameuse sinon par
la fidélité de son exécution, du moins par l'attention singulière
de toutes les ordonnances postérieures d'y déroger par clause
expresse, tant on a redouté la force des termes et des engagements qui y sont exprimés.

gneurs avec leurs hommes n'y sont point entachés de ce caractère de violence et d'arbitraire avec lequel on se plaît trop souvent à les décrire. De bonne heure, des paysans sont rendus à la liberté ; dès le quinzième siècle, le servage a disparu de nos campagnes ; à partir de cette époque, il subsiste bien encore quelques redevances et quelques services personnels ; mais le plus grand nombre est attaché à la jouissance de la terre. Dans tous les cas, les obligations, tant réelles que personnelles, sont nettement définies par les chartes et les coutumes ; le paysan les acquitte sans répugnance, il sait qu'elles sont le prix de la terre qui nourrit sa famille ; il sait aussi qu'il peut compter sur l'aide et la protection de son seigneur. Sans doute, son travail est dur, ses fatigues incessantes, sa nourriture grossière. Mais aussi l'avenir ne lui inspire guère d'inquiétude ; modeste dans ses désirs, il ignore les douleurs de la déception et du désespoir. En un mot, la féodalité des temps modernes n'a point, en Normandie, produit sur les paysans les effets désastreux qui lui sont imputés avec plus de passion que de justice. Nous avouons que de graves abus s'introduisirent ; nous convenons aussi que nos campagnes furent, pendant des siècles, le théâtre de guerres dévastatrices, mais rejettera-t-on uniquement sur la féodalité la responsabilité de ces malheurs ?

« N'oublions pas que ce régime a fait goûter à nos pères de longues années de calme et de prospérité ; malgré l'accroissement du bien-être matériel, nos laboureurs et nos artisans sont-ils réellement plus heureux que les laboureurs et les artisans du siècle de saint Louis ? »

IV. — La Normandie était divisée en haute et basse Normandie.

La ville celtique appelée *Rothomagus* devint la principale ville de la haute Normandie, et prit le nom de Rouen.

C'était l'ancien chef-lieu du *pagus Rodomensis* ou roumois, et du *pagus Vilcassinus* ou Vexin, qui devint la capitale de la seconde Lyonnaise.

L'affranchissement des serfs dans les villes privilégiées de la Normandie date d'une loi de Guillaume-le-Conquérant, confirmée par Henri Ier et par Henri II, et qui prit rang dans les coutumes de la Normandie. Cette loi est ainsi conçue : « Si quis nativus per unum annum et unum « diem in aliqua villa privilegiata manserit ita quod in eo- « rum communem gyldam tanquam civis receptus fuerit « eo ipso a villenagio liberabitur (Ranulphus de Glanvilla; *Tractatus de legibus et consuetudinis*). »

Rouen, ville déjà renommée au onzième siècle par son port, où venaient aboutir les nefs des nations commerçantes, et par les progrès qu'avait déjà faits son industrie teinturière, profita du double bienfait de l'affranchissement des serfs et de l'établissement des communes, par Louis-le-Gros et par les ducs de Normandie, pour développer sa richesse, et fortifier sa puissance. Elle demanda à la royauté le droit de pourvoir à sa défense par la création de milices bourgeoises, et devint, par la concession de cet important privilége, l'un des boulevards de la défense du territoire. La bourgeoisie rouennaise avait déjà trouvé un point de ralliement dans les gildes ou corps de métiers, qui se réunirent sur la place publique, et jurèrent de défendre leurs priviléges. De la sorte, ils furent armés à la fois de la puissance du commerce et de l'industrie et de la force guerrière, et purent prendre une part active aux événements politiques. C'est ainsi que des dissensions s'étant élevées entre les fils de Guillaume-le-Conquérant, et Guillaume-le-Roux ayant tenté de réunir la Normandie à l'Angleterre, les bourgeois de Rouen, restés fidèles à leur duc, repoussèrent et exterminèrent la plus grande partie des Anglais

et des traîtres qui les avaient introduits par surprise dans
la ville. C'est ainsi que Louis-le-Jeune ayant, en 1174, mis
le siége devant Rouen, pour profiter des dissensions qui
existaient entre Henri, duc de Normandie, et ses enfants,
les bourgeois se défendirent avec courage, et, secondés par
Henri, taillèrent en pièces les assiégeants. C'est ainsi qu'a-
près l'assassinat d'Arthur de Bretagne par Jean-Sans-
Terre, son oncle, duc de Normandie et roi d'Angleterre,
Philippe-Auguste qui, après avoir fait condamner Jean-
Sans-Terre par les pairs du royaume, avait envahi la Normandie, fut arrêté devant Rouen, qui se défendit avec une
invincible énergie, et ne se livra au roi Philippe que lorsque son indigne duc l'eut abandonnée lâchement, et se fut
enfui en Angleterre (1), ce qui, dans le droit public du
moyen âge, déliait le vassal de sa foi envers son suzerain.
C'est ainsi que la milice bourgeoise, appelée la *cinquan-
taine*, défendit contre Henri V, roi d'Angleterre, son indépendance et ses priviléges avec le même courage qu'elle
avait mis à résister à Philippe-Auguste.

La première charte communale donnée à la ville de
Rouen émane de Richard-Cœur-de-Lion, et date de l'année 1194. Jean-Sans-Terre la confirma avec toutes ses
libertés et sa justice, le 21 mai 1199, en ces termes : « Joan-
« nes, Dei gratia, rex Angliæ, dux Normanniæ, etc. : con-
« cedimus etiam et confirmamus eisdem civibus Rotho-
« magensibus, communiam suam, cum omnibus libertati-
« bus suis, et justitia sua, sicut unquam eam melius ha-
« buerunt. Testibus Roberto, comite Mellenti, etc. Apud
« Dippam, XXI die maii, anno ducatus nostri primo, Ma-
« thæo Grasso tunc majore Rothomagensi (2). »

---

(1) Egregia civitas hactenus invicta tradidit se regi Philippo.
GOGGESHALE. *Ap. Script. rer. Gallic.*, XXIII, 99. — (2) Extrait des

Le chef de la ville, appelé maire ou majeur (*major*), était assisté par des échevins qui concouraient avec lui à l'administration. Il y avait, selon M. Augustin Thierry (*Tableau de l'ancienne France municipale*, p. 241), un maire, douze échevins, douze conseillers et soixante-quinze pairs, ce qui faisait cent membres pour tout le corps municipal.

Philippe-Auguste, ayant reconquis la ville de Rouen, régla la manière d'y établir des maires, ainsi que dans celle de Falaise ; « si oporteat majorem in Rothomago, sive in « Falesia fieri. » On suppose que cette charte a pour date l'an 1204 (1).

Saint Louis, petit-fils de Philippe-Auguste, fit deux ordonnances en 1256 touchant les maires, dont l'une concerne l'élection des maires dans les villes de Normandie, et porte « que le lendemain de la Saint-Simon, celui qui aura été maire, et les notables de la ville, choisiront trois prud'hommes, qu'ils présenteront au roi, à Paris, aux octaves de la Saint-Martin, et sur lesquels le roi en choisira un pour être maire. » Les maires restèrent électifs jusqu'en 1692. Leur juridiction concernant la police et l'administration civile des corps de métiers de la bourgeoisie était extrêmement étendue.

L'échevinat de Rouen et ses milices bourgeoises résistaient avec énergie aux demandes d'impôts exagérées, et l'histoire fait mention de la sédition appelée maltôte, par laquelle les Rouennais résistèrent à la perception d'un impôt énorme que Philippe-le-Bel avait établi. Cette insur-

---

Chartes de l'Hôtel-de-Ville de Rouen, année 1199, rapporté dans le tome IV des *Preuves de l'histoire généalogique de la maison d'Harcourt*, page 1360. — (1) ARGOU, *Histoire du droit français*, 10ᵉ éd., p. 83. — Voyez aussi la *Collection* d'ANDRÉ DUCHESNE, *in fine*.

rection ayant appelé sur la ville de Rouen les vengeances du roi de France, le maire et les bourgeois de Rouen rassemblèrent leurs forces et comprimèrent la révolte, ce qui n'empêcha pas le prince, qui avait commencé l'œuvre de Louis XI et de Richelieu, d'imposer aux Rouennais des contributions nouvelles, de suspendre, pendant deux ans, l'autorité de l'échevinat, et de supprimer le monopole de la navigation de la Seine, dont ils avaient joui jusques-là, en autorisant les marchands de tous les pays à naviguer sur le fleuve, à charger et décharger leurs marchandises dans la ville, à y vendre et à y acheter, sans que les habitants pussent s'y opposer.

Les progrès municipaux de Rouen, pendant les douzième, treizième et quatorzième siècles, se manifestèrent par l'accroissement incessant de sa population, par la fortification de ses remparts, par la multiplication de ses basiliques et de ses monastères, de ses fabriques, de ses marchands, de ses hommes d'armes, de ses savants et de ses artistes. Réconciliée avec la royauté par l'administration paternelle de Charles V, qui lui fit oublier les excès de Philippe-le-Bel, cette noble cité défendit Philippe-de-Valois contre les Anglais, et prit, dans les désastreuses batailles de Crécy et de Poitiers, une large part à la défense du territoire. Ce furent les Rouennais, commandés par un des leurs, *Jacques Lelieur*, qui eurent la gloire de repousser Charles-le-Mauvais, roi de Navarre. « Sans l'intervention des Rouennais, qui éloignèrent les Navarrais de la Seine, dit un chroniqueur, aucun vaisseau n'eût pu remonter ni descendre le fleuve de Rouen à Paris, ou de Paris à Rouen. » Les Rouennais prêtèrent aussi main forte à Duguesclin pour dissoudre les grandes compagnies et les partisans du roi de Navarre, et c'est ce qui leur valut l'ordonnance de 1367, par laquelle Charles-le-Sage organisa

leurs milices bourgeoises. « Par cette ordonnance, » dit
M. Chéruel, *Histoire de la commune de Rouen*, « le bailli
« de chaque contrée, deux chevaliers et plusieurs autres
« personnes dignes de confiance, étaient chargés d'ins-
« pecter les forteresses qu'ils jugeaient nécessaire de ré-
« parer ; ils devaient les faire mettre en état de défense.
« Dans le cas où les compagnies approcheraient du pays,
« on concentrerait tous les habitants dans les forteresses,
« et on y porterait toutes les provisions, sans louer aucun
« droit. Les impôts perçus dans chaque diocèse pour la
« défense du royaume seraient, avant tout, employés au
« paiement des hommes d'armes nécessaires pour la dé-
« fense du pays. Chaque capitaine indiquerait le nombre
« d'hommes d'armes dont il pourrait disposer, après avoir
« mis une garnison suffisante dans les forteresses, afin
« que le roi sût quelles étaient les ressources de la con-
« trée ; ces hommes d'armes seraient payés des deniers
« du diocèse ; il y aurait guet vigilant dans toutes les
« bonnes villes fermées ; on ne pourrait sortir des armes
« de ces places, si ce n'est pour des gens du royaume, et
« avec une autorisation donnée par une personne délé-
« guée dans chaque cité ; les archers et les arbalétriers
« resteraient dans les villes et se tiendraient en état de
« servir ; les capitaines des places devraient prendre les
« noms de ceux qui devaient entrer en campagne, et les
« faire connaître au roi ; ils engageraient les jeunes gens
« à s'exercer au tir. Le roi, pour aider le peuple à sup-
« porter ces charges, lui remettait la moitié des impôts et
« la moitié des arrérages qui lui restaient dus ; il accor-
« dait aux habitants des villes fermées le quart des aides
« courants et des arrérages, pour être employés à la ré-
« paration des fortifications. »
Ces mesures eurent pour effet d'éloigner de Rouen ce

qui restait de ces « grandes compagnies, » dont le pape
Urbain V disait : « Clamat ad nos de terra multorum fide-
« lium effusus sanguis innoxius; clamat pupillorum et vi-
« duarum ac aliorum exulantium et spoliatorum misera-
« bilis multitudo ; clamant violatæ et succensæ ecclesiæ ac
« monasteria derelicta simulque nobiles et plebeii ac divi-
« tes et pauperes regni Franciæ. »

La ville de Rouen ne sut pas se préserver du mauvais
esprit qui inspira les insurrections démagogiques de la fin
du quatorzième siècle. Elle eut ses maillotins sous le nom
de la *Harelle*. Ils élurent roi un marchand drapier, qui promit d'abolir les impôts et de n'en point créer sous son
règne. Ils lui prêtèrent serment de fidélité et se dispersant
par la ville, égorgèrent les receveurs des impôts, pillèrent
leurs bureaux, brûlèrent leurs registres et forçant les prisons, donnèrent la liberté aux criminels. Ils attaquèrent
ensuite le vieux château, résidence du gouverneur de la
ville, forcèrent les portes de l'abbaye de Saint-Ouen et
ayant envahi la tour où étaient enfermées les archives, les
lacérèrent, les détruisirent et obtinrent de l'abbé la renonciation à ses droits, comme seigneur temporel. Mais la
milice rouennaise ayant réuni ses forces à celles du gouverneur, engagea un combat terrible sous les murs du vieux
château et mit en fuite les révoltés. Puis elle obtint du roi
Charles VI le pardon des émeutiers, et aida au rétablissement de l'ordre et au recouvrement des impôts.

Le courage et le patriotisme des bourgeois de Rouen
furent mis de nouveau à l'épreuve en 1418, époque à laquelle Henri V, roi d'Angleterre, vint asssiéger Rouen.
Malgré la supériorité du nombre des assiégeants et les
horreurs de la famine, la bourgeoisie soutint une lutte
terrible, mais elle fut forcée de subir une capitulation qui
remit la ville sous le joug anglais, sauf la réserve de ses

priviléges. Alain Blanchard, membre de la confrérie de Saint-Romain et chef du *menu commun*, Jean Jourdain, maître de l'artillerie, et Robert Livet, vicaire général et chanoine de Rouen, furent condamnés à mort en expiation de leur héroïsme ; les deux derniers rachetèrent leur vie par un sacrifice d'argent. « Je n'ai pas de bien, dit Alain « Blanchard en marchant au supplice, mais quand j'en « aurais, je ne l'employerais pas pour empêcher un Anglais « de se déshonorer. »

La domination anglaise, fondée sur la terreur qu'inspirait la nombreuse garnison renfermée dans les forteresses du vieux palais et du vieux château, dura trente mortelles années, mais Charles VII ayant mis le siége devant la ville, il y eut un soulèvement général ; les bourgeois s'emparèrent des portes de la ville et déclarèrent au duc de Sommerset, gouverneur de Rouen, et à Talbot, général anglais, qu'ils allaient ouvrir les portes au roi de France. Cela fut fait. Rouen, la clef de la Normandie, fut rendue à son souverain, qui y fit son entrée triomphale, le 10 novembre 1449. De grandes fêtes signalèrent la nouvelle réunion de Rouen au royaume de France, dont il ne devait plus désormais se séparer. « Les bourgeois, dit une chronique, firent faire des feux par toute la ville, qui durèrent jusqu'au vendredi suivant ; les tables étaient mises par les rues, en vins et viandes dessus, pour tous venants sans rien épargner, et tout aux dépens des habitants de la ville (1). »

Louis XI vint à son tour, en 1466 et 1467, visiter la ville de Rouen, dont il confirma les priviléges, et Charles VIII, son frère, qui avait eu pour sa part l'héritage du duché de Normandie, en prit possession, en 1485, malgré la résistance du duc de Bretagne, contre lequel

(1) *Histoire de Rouen*, par BOUTEILLER, p. 49.

les bourgeois s'armèrent à la hâte pour défendre leur duc (Philippe de Commines, *Mémoires*).

V. — Parmi les autres villes de la haute Normandie, au moyen âge, nous ne citerons ni le Havre-de-Grâce, port bâti par François Ier, ni Neuchâtel-en-Bray, ville moderne; mais nous rappellerons, dans le baillage de Caux, Montivilliers, dont la fondation se confond avec celle d'un monastère dû à Waraton, maire du palais, avant la fin du septième siècle; Harfleur (*Hareflotum*), déjà connu au onzième siècle, sous le roi Robert; Caudebec (*Calidum Beccum*); Fécamp, ou Fescan (*Fiscumnum*), où, dès le septième siècle, un seigneur franc, nommé Waningue, bâtit un monastère de femmes; Gournay, qui fut réunie au domaine par Charles V, et qui, donnée par Charles VI au duc d'Orléans, son frère, ne rentra dans le domaine royal que sous François Ier.

Le comté d'Eu (*comitatus Aucensis*) avait pour chef-lieu la ville d'Aumale (*Albamarla*), dont les rois d'Angleterre s'intitulaient comtes.

Gisors, capitale du comté ou vicomté de ce nom, fut donnée par Clotaire II, en douaire, à son cousin saint Romain, archevêque de Rouen. Cette ville fut comprise dans la donation que Charles-le-Simple fit à Rollon, en 912, et dès l'an 965, on voit figurer Waleran comme l'un de ces premiers comtes du Vexin qui avaient le privilége insigne de précéder le roi, l'oriflamme en main, quand il allait en guerre et tant qu'elle durait. En 1097, époque à laquelle les rois d'Angleterre étaient comtes de Normandie, Guillaume-le-Roux fit bâtir, à Gisors, un château. Les autres villes de ce baillage étaient Andelys, célèbre par un monastère bâti par la reine Clotilde, femme de Clovis; Courcelles, dont le château et les coutumes sont dignes d'études; Lyons, ville voisine de la forêt de ce nom, où Henri Ier bâtit le château de Saint-Denis, et mourut en 1136; Vernon-sur-Seine, que

Philippe-Auguste acquit, de Richard, son seigneur châte-
lain; le Pont-de-l'Arche (*pons Arcus*); le Pont-Audemer, que
bâtit un Français, et qui, après de fréquentes vicissitudes,
fut réuni à la Normandie, après l'expulsion des Anglais;
Évreux, cité épiscopale marquée, comme ville celtique, du nom : *Mediolanum*, et chef-lieu du *pagus Ebreci-
nus* ou *Ebricinus*; Beaumont-le-Roger, que saint Louis
acquit, par échange, de Raoul de Neulant, et qui, sortie du
domaine royal, y rentra par la cession que Charles III, roi
de Navarre, en fit à Charles VI; Conches, où Roger de
Toësny fonda, sous le règne de Guillaume-le-Conquérant,
une abbaye de bénédictins, et qui fut comprise, comme annexe d'Évreux, dans la cession de Charles III; Verneuil
(*Vernolium*), dont l'origine est obscure, mais que Philippe-
Auguste céda à la France, et qui devint, plus tard, un
apanage du comte d'Alençon, frère de Philippe-de-Valois;
Lisieux, dont le nom dérive des peuples *Lexovii*, et qui devint, sous les rois de France, la capitale du *Lieuvin*; Hon-
fleur (*Hunneflotum*), connue dès l'année 1200, et célèbre
par ses navigateurs.

VI. — La basse Normandie, qui s'étendait au couchant
jusqu'aux confins de la Bretagne, avait pour capitale Caen,
ville dont les monuments romains ne font pas mention,
mais qui était déjà connue sous les deux premières dynasties des rois de France. C'était une ville celtique, de la région des Armoriques, bâtie sur le territoire des peuples
Biducasses ou *Viducasses*. Le château de Caen fut bâti
par Guillaume-le-Conquérant et augmenté par son fils
Henri Iᵉʳ (1). La ville de Bayeux, autrefois plus importante
que Caen, était alors la capitale du pays. Auprès de ces

(1) *Histoire de Caen*, par Mgr HUET, évêque d'Avranches.

deux villes était le *castrum Viricæ*, devenu la jolie ville de
Vire.

· Falaise, bâtie par les Normands sur des montagnes es-
carpées (1), fut, à l'exemple de Rouen, dotée, le 11 août
1202, par Jean-Sans-Terre, d'une charte qui exempta les
habitants de cette ville de tous droits de passage, de péage
et de coutume pour toute sa terre, excepté la ville de Londres, principalement pour leur commerce (2). Une autre
charte du même prince, du 5 février 1203, investit les
bons hommes de Falaise du droit de commune, avec ordre
à Jean-le-Maréchal de le maintenir tant qu'il serait bailli
dans le pays, sauf le gouvernement du château et de la
ville. Le chef de l'administration portait le titre de *moire*
ou *mayeur*, ses auxiliaires celui de *pairs*.

Plus libéral que le roi d'Angleterre, le roi de France
accorda de son camp, sous les murs de Falaise, « in castris
« apud Falesiam, » la confirmation des deux chartes, en ajoutant que l'établissement de la commune fût inviolablement
observé ; « preterea volumus et concedimus, ut stabilimen-
« tum communiæ eorum inviolabiliter observetur. » Par une
autre charte, qui se trouve dans la collection d'André Duchesne, Philippe-Auguste régla la manière d'établir les
maires de Rouen et de Falaise, « si oporteat majorem in
« Rothomago, sive in Falesia fieri ; » ce qui prouve que Rouen
et Falaise, ces deux types de l'administration municipale
des villes de la Normandie, étaient gouvernées de la même
façon. D'autres lettres patentes du même roi, de l'année
1220, déposées à la Bibliothèque nationale, témoignent de

(1) Vicus erat scabra circumdatus undique rupe,
    Ipsius asperitate loci Falœsa vocatus,
      Normaniæ in medio regionis.
        Willelmus Brito, *Armoric. Phil.*, lib VIII.

ses efforts incessants pour réformer la servitude, dont les Normands gémissaient sous la féodalité.

Saint Louis, petit-fils de Philippe-Auguste, fit, en 1256, des ordonnances concernant les maires des villes de la Normandie, dont l'une porte que « le lendemain de la Saint-Simon, celui qui aura été maire, et les notables de la ville, choisiront trois prud'hommes, qu'ils présenteront au roi à Paris, aux octaves de la Saint-Martin, dont le roi choisira un pour être maire. » Les maires de la Normandie étaient appelés *pairs*, « quia pari potestate erant prœditi. »

Les maires et pairs de Falaise étaient électifs dans le principe, et exerçaient leur juridiction sous des gouverneurs préposés, par les rois ou les ducs, avec les titres de comtes ou de vicomtes, à l'administration de l'Hyémois, dont Falaise était le chef-lieu. En 1540, l'office de maire et policien de la ville et banlieue de Falaise fut uni et incorporé avec l'office de vicomte. Mais on voit par les titres du grand chartrier de la ville, qui ont échappé aux ravages du temps, que la juridiction municipale subsistait encore lors de la rédaction des coutumes en 1586. On pouvait appeler des sentences des maires et des vicomtes aux baillis, sénéchaux, prévôts et autres préposés du roi. C'est à Falaise que siégeait originairement le bailli, auquel le territoire de la vicomté était assigné; il fut transporté à Caen, en l'an 1250. Sa juridiction s'étendait sur les vicomtés de Caen, de Bayeux, de Vire et de Falaise (1). Le parlement, appelé échiquier, qui s'élevait au-dessus de tous ces officiers, se tenait à Falaise, aux temps de Pâques et de Saint-Michel. On créa en outre, à Falaise, dans les treizième et quatorzième siècles, une élection, pour présider à la perception des impôts, « une cour du grenier à sel ou gabelle, une

(1) *Recherches historiques sur Falaise*, par l'abbé PAGEVIN, p. 189.

« maîtrise des eaux et forêts, une juridiction des prévôts
« et maréchaux. »

Aux environs de Falaise et en descendant vers le Perche,
le Maine et l'Avranchin se rencontraient divers *castra* : *le
Vignat*, fondé vers 1096, sous Robert-Courtebotte, par Robert de Montgommery, comte d'Alençon, vicomte d'Hiemes
et de Falaise ; *Argentan*, fondé par Henri Iᵉʳ, roi d'Angleterre, contre Geoffroy Plantagenet, son gendre, *Domfront*,
bâti en 1011 et 1014, par les comtes d'Alençon (1). Dans
ces villes et *castra*, d'origine celtique ou franque, il n'y a
pas de trace d'institutions d'origine romaine, et les coutumes locales n'y font mention ni de municipes ni de communes (2).

Alençon, qui devint la troisième ville de la Normandie,
était un simple château, administré féodalement. Séez,
dont les progrès furent moins rapides, était plus remarquable par l'antiquité de son siége épiscopal que par les
franchises de ses habitants.

Les villes du littoral de la basse Normandie, depuis
Avranches jusqu'à Cherbourg, offrent cependant des traces
de la domination romaine.

Coutances ou Constance est appelée, dans la *Notice de
l'empire*, *prima Flaria Constantia*, et Ammien-Marcellin la
désigne par le même nom, comme étant en usage sous
Constantius, fils de Constantin. Orderic Vital prétend que
cette ville fut bâtie par Constance-Chlore, père du grand
Constantin. Ce qu'il y a de certain, c'est qu'elle fut bâtie
sur le territoire des peuples *Venelli* ou *Unelli*, qui étaient

(1) GABRIEL DUMOULIN, *Histoire de Normandie.* — CAILLEBOTTE,
Histoire de Domfront. — (2) LÉOPOLD DELILLE, *Des classes agricoles
de Normandie*, ch. VI, p. 135. — *Des affranchissements des communautés.*

du nombre des Armoriques, et il est probable, quoique non certain, que c'était le *Crociatonum* marqué par Ptolomée.

Cherbourg (*Cæsaris burgus*) a la réputation d'avoir été bâtie par César; c'est le nom que lui donnent Orderic Vital, Robertus de Monte, Robert, abbé du Mont-Saint-Michel, et même les rois d'Angleterre, ducs de Normandie, dans leurs chartes, données en faveur d'une abbaye de chanoines réguliers.

Avranches était une ville épiscopale gallo-romaine, bâtie sur le territoire des peuples *Abrincatui*.

Mortain (*Moritolium*) était une forteresse bâtie pour servir de place frontière contre les Bretons. Guillaume-le-Conquérant la donna, avec le titre de comté, à son frère utérin, Robert, et elle fut réunie à la couronne, à la mort de Philippe-Auguste. Elle passa, par un don de Philippe-de-Valois, en l'an 1335, aux rois de Navarre, qui la possédèrent jusqu'en 1412. Charles VII donna ensuite le comté de Mortain au comte de Dunois. Celui-ci le céda au duc d'Orléans, le duc d'Orléans au roi Louis XI, le roi Louis XI à Charles d'Anjou, comte du Maine, dont le fils mourut sans enfant en 1481, et fit son héritier universel le roi de France.

Telle était, au moyen âge, l'organisation municipale des principales villes de la Normandie.

VII. — Quant aux communes rurales, leur organisation rappelle sur quelques points la commune insurrectionnelle de la Picardie. Le trouvère Wace a raconté, dans des vers pleins d'intérêt, l'insurrection, sous Richard II, des paysans normands contre les seigneurs. Mais cette révolte fut comprimée et ne fut suivie d'aucune autre ; la révolte des pastouraux ne se propagea pas en Normandie. C'est aux concessions libres des seigneurs qu'on y dut l'abrogation des services les plus pénibles du vasselage.

La commune rurale n'existait pas en Normandie, même aux douzième et treizième siècles, avec les caractères que nous avons signalés ailleurs.

« Les seules traces d'organisation communale que nous ayons rencontrées en Normandie, dit M. Léopold Delisle (1), se réduisent à des passages assez obscurs de la charte des coutumes de Courcelles, où, d'ailleurs, se trahit, de différentes manières, une influence étrangère à notre province, et à quelques faits assez vagues, consignés dans des lettres des seigneurs de Nonancourt. Nous ne pouvons pas voir une institution communale dans ces jurés que l'abbé de Troarn, en 1297, choisissait, au nombre de deux par paroisse, pour lui répondre, au nom des habitants de leur paroisse, de l'observation des coutumes du marais.

« Mais encore bien que nos paroisses rurales ne fussent pas, au moyen âge, organisées en communes, c'est-à-dire qu'elles n'eussent point de magistrats municipaux, les habitants n'en avaient pas moins des intérêts communs à sauvegarder. A certains égards, entre les hommes d'une paroisse, d'un fief, d'un hameau, il s'était formé une véritable communauté reconnue non-seulement par chacun des intéressés, mais encore par les étrangers. Ordinairement, on désignait par l'expression de *le commun* l'ensemble des habitants entre lesquels existaient ces rapports. Ces communs exerçaient la plupart des droits qui appartenaient aux véritables communes; mais ils n'avaient ni chefs, ni consuls, auxquels fût délégué le soin de veiller aux intérêts de tous. De cette manière, chacun de ces intéressés devait intervenir, toutes les fois qu'il y avait une décision à prendre, et quelle qu'en fût la nature, l'acte était re-

(1) *Des classes agricoles en Normandie, au moyen âge, ch. VI. — Des affranchissements des communes,* p. 135.

digé au nom personnel des individus qui y avaient pris part. »

VIII. — En Normandie, comme en Picardie, en Hainaut, en Artois, en Flandre, on trouve, dès le douzième siècle, des exemples nombreux et variés des usages et priviléges concédés par les seigneurs aux vassaux, moyennant des redevances, des corvées, etc.

Les usages forestiers se présentent en première ligne. Philippe-Auguste fait constater les coutumes de la forêt de Meré et parmi les usages dont le bon droit est reconnu. on remarque les communautés de la Neuville et de Bretteignolles, les paysans de la chatellenie de Paci, et les habitants de Seret, de Larci, d'Epiers et de la Fortière.

En 1219, un procès s'élève entre l'archevêque de Rouen qui voulait défricher une portion de la forêt d'Alibermont, et les hommes de Saint-Aubin-le-Taus, qui y avaient des droits d'usage, et une transaction règle les droits respectifs du seigneur et des habitants.

En 1225, les moines de Vire cèdent au roi une partie des droits dont ils jouissaient dans la forêt de Breteuil, en réservant les usages des habitants de plusieurs hameaux qui y prenaient le bois mort et y faisaient paître leurs troupeaux.

En 1226, un jugement de l'échiquer maintient Nicolas de Dieppe et ses hommes dans les droits de prendre dans la forêt du Trait le bois nécessaire à leur chauffage et à leurs clôtures.

En 1231, saint Louis rachète les droits de Guillaume-de-Mauvoisin et de ses hommes de Serquigny, sur la forêt de Beaumont-le-Roger.

En 1233, les maîtres de l'échiquier prennent des mesures pour sauvegarder les droits du roi et ceux des usagers dans les forêts royales.

En 1258, le parlement reconnaît que les hommes de Noleval, Montaigne, Boulai et Épinay possèdent, depuis le temps de l'impératrice, les mêmes droits dans la forêt de Lyons que ceux de Vascœuil, Périers et Noyon-sur-Andelle.

En 1280, le comte de Dammartin et toute la *Villée* de Saint-Aubin cèdent à l'archevêque de Rouen leurs usages dans la forêt d'Alibermont, moyennant la remise de certaines rentes, l'abandon d'une pièce de bois et le paiement de 80 livres pour refaire leur église.

En 1282, les hommes de la paroisse de Massi, tenant du fief Mathieu de Caien, renoncent à la prétention qu'ils avaient élevée, de faire paître leurs bestiaux dans les bois des religieux de Saint-Wandrille.

M. Léopold Delille, dont les savantes recherches nous ont fourni les documents qui précédent, termine leur énumération par un document qui contient de nombreux exemples de communautés ayant légitimement des droits d'usage dans les bois. C'est le coutumier des forêts royales de Normandie, dressé au commencement du quinzième siècle : A chaque page, dit-il, nous y trouvons les droits d'usage minutieusement décrits dans des articles commençant par cette formule : « Les communes et habitants de « telles paroisse, etc. »

Les usages forestiers n'étaient pas les seuls dont jouissaient les communautés d'habitants aux douzième et treizième siècles.

L'élève du bétail était, dès ces temps reculés, l'une des principales ressources des hôtes, des paysans, des bordiers de la Normandie. Ils jouissaient à cet effet de droits de pâture dans les prairies, landes, marais, etc., ainsi que dans les terres cultivées, après la levée des récoltes. Les concessions de ces droits résultaient de titres très-divers,

et n'étaient souvent établies qne par le fait de la possession.

Le droit de vaine pâture, ou *banon*, dominait tous ces
droits d'usage, et appartenait à tous les habitants indistinctement.

Une servitude légale, analogue à celle du banon, pesait
sur les grandes prairies, dont le seigneur tréfoncier pouvait
seulement couper les premières herbes, et devait abandonner les secondes aux usagers; des servitudes conven-
tionnelles étaient d'ailleurs fréquemment établies sur les
pâturages des seigneurs.

Quant aux landes et marais connus en Normandie sous
les noms divers de halen ou homme (île), noue (herbages
humides), mora (landes marécageuses), pâtis, bouillons,
cressonnières, rosières (marécages couverts de roseaux),
oseraies, saussaies, aunais, voici ce qu'en dit l'écrivain
qui a le mieux analysé tous les documents historiques relatifs à l'état des classes agricoles en Normandie.

« La propriété et la jouissance de ces terrains ont, depuis
« des siècles, soulevé de graves questions, que nous avons
« vu encore nous-même débattre devant les tribunaux. La
« difficulté est toujours venue des prétentions rivales des
« seigneurs et de leurs hommes ; les uns et les autres ré-
« clamaient à la fois la propriété et la jouissance. Selon
« nous, on n'eût jamais dû, dans ces contestations, perdre
« de vue les deux principes suivants, dont nous trouvons à
« chaque instant l'application dans la féodalité normande,
« à savoir :

« Le seigneur est propriétaire tréfoncier des marais,
« des landes et de toutes les terres vaines et vagues, com-
« prises dans les limites de son fief ; les hommes ont le
« droit d'y exercer certains usages. »

Des principes analogues à ceux qui régissaient les marais et les marécages s'appliquaient aux terrains vains et vagues qui produisaient des joncs, des bruyères, des genêts. Les habitants fauchaient ces produits pour procurer une litière aux bestiaux, pour couvrir le pavé des églises ou autres usages analogues. Dans quelques paroisses, on payait la dîme des bruyères qui envahissaient avec les genêts les herbages et les champs.

On se livrait aussi à l'exploitation des tourbières : « Avida, « gleba, foco, ficcis incisa manseis (1). » On lit dans le livre de la *Propriété des choses*, t. XV, ch. LIX : « Il y a « peu de bois pour ardoir et font leur feu de tourbes de terre « qu'ils prennent ès-marais, dont le feu est moult chaut, et « plus fort que de bûche ; mais il n'est pas si prouffitable, si « hounourable, ne si sain, ni la cendre n'est pas si bonne « et en est l'odeur mauvaise. » On trouve certaines règles relatives à l'extraction des tourbes et aux amendes contre les contrevenants dans les registres de l'échiquier de 1180, 1195 et 1198.

Les droits d'usage qui existaient sur les terrains communs de la Normandie étaient presque toujours assujettis à des redevances ou à des corvées, d'où l'art. 167 de la coutume ainsi conçu : « Les terres non cultivées, ancien- « nement nommées gaignables, sauvages ou sauvées de la « mer, doivent de relief six deniers par acre au seigneur « duquel elles sont tenues. »

Les terres du bord de la mer formaient aussi des dépendances des fiefs, et devenaient la matière de certains usages des habitants. Les *grèves* étaient exploitées pour la fabrication du sel, elles n'étaient recouvertes d'aucune végétation. Les *mielles* produisaient un froment connu aujourd'hui

(1) Voy. le *Recueil des historiens*, t. XVII, p. 137.

comme au moyen âge sous le nom de millegren ; les relais
et les attérissements appartenaient aux seigneurs.

Le droit de varech était également un attribut du droit
de fief.

« Tout possesseur de fief sur les côtes de l'océan avait,
« dit Renauldon, le droit de s'approprier le *varech* ; c'est-à-
« dire, suivant l'art. 596 de la Coutume de Normandie,
« toutes les choses que l'on jette à terre par tourments et
« fortune de mer, ou qui arrivent si près de terre qu'un
« homme à cheval y puisse toucher avec sa lance. » Les
paroisses riveraines avaient cependant sur une espèce de
varech consistant en une herbe maritime adhérente au ri-
vage et qui sert à l'engrais des terres, un droit d'usage
exclusif, que l'ordonnance de la marine de 1681 emprunta
aux traditions immémoriales des contrées du littoral de la
mer ; traditions confirmées par un arrêt du parlement de
Rouen, du 8 mai 1624, dont les tribunaux font encore une
application journalière (1).

En résumé, les communaux n'étaient pas tout à fait inconnus dans la Normandie au moyen âge. Les droits que
les souverains et les seigneurs concédèrent sur quelques
terrains à leurs hommes en commun sont parfois si étendus
qu'on peut en quelque sorte regarder le fond comme une
véritable propriété de ces communautés d'habitants. Plusieurs de ces concessions sont exprimées en termes absolus (2). On trouve aussi des actes où les communautés pa-
raissaient agir en vrais propriétaires : ainsi, sous le règne
de Philippe-le-Bel, les paroissiens de Gorges et ceux de

(1) Voy. RENAULDON, *Dictionnaire des fiefs*, V. *Varech*, VALIN
en son *Comm. de l'ordon. de la marine.* — MERLIN, *Rép. de Jurisp.* —
V. *Varech*, *Arrêt de la ch. crim. de la Cour de Cass.*, en faveur de
la commune de Réville (Manche). — (2) V. *Les Coutumes des Courcelles*, dans le liv. de M. LÉOP. DELILLE, appendice.

Baupte et Coigni étaient en procès au sujet des communes
d'une portion du marais de Gorges. Vingt-quatre jurés attes-
tèrent que le bon droit était du côté des habitants de Gorges, et, en conséquence, le 7 février 1291, leurs adversaires
renoncèrent à leurs prétentions en présence du bailli de
Cotentin. L'acte ne dit pas, à la vérité, quelles parties réclamaient le marais. Mais à part ces exceptions et en général les seigneurs étaient en Normandie tréfonciers ou
propriétaires des fonds, et les communes n'avaient sur eux
que des droits d'usage. Il est arrivé en France, dit Basnage, sur l'art. 82 de la Coutume de Normandie, que plusieurs ducs, comtes et grands seigneurs ont quelquefois
baillé des bois, des landes, des marais et autres terres vaines et vagues; mais ce serait une erreur de prendre les terrains soumis à cette dépaissance pour des communaux
proprement dits. Ces derniers étaient excessivement rares
en Normandie au moyen âge. C'étaient le roi et les seigneurs qui étaient les vrais propriétaires des fonds affectés
à la pâture commune. Les hommes qui y mettaient leurs
bestiaux n'étaient, en général, considérés que comme usagers (1). Philippe de Beaumanoir prétendait même que l'u-
sage n'était valable que lorsque l'usager en rendait cens,
rente ou redevance, et cette doctrine était conforme à la jurisprudence de l'échiquier de Normandie. Témoin l'arrêt
rendu à la Saint-Michel 1209. Les hommes de Pont-Audemer se prétendaient injustement dépouillés d'un droit de
pâture par les lépreux de Saint-Gilles. On leur demanda
s'ils paieraient une rente à ces derniers dans le cas où leurs
bestiaux n'iraient pas pâturer. Sur leur réponse négative,
la Cour décida que, puisqu'ils reconnaissaient n'en faire ni

---

(1) *Coutumes de Beauvoisis*, ch. xxiv, n° 6, t. I, p. 340.

rente ni hommage, ils ne devaient pas jouir du droit de pâture. En d'autres termes, on les assimilait aux alloués.

Cependant on lit ce qui suit dans le *Dictionnaire du droit normand*, par Houard, V° *Communes*, n° 2 : « Ou les sei-« gneurs, dans les fiefs desquels sont assises les communes, « ont des aveux par lesquels la concession qu'ils en ont « faite à leurs vassaux est constante, ou les vassaux en jouis-« sent en vertu d'une possession immémoriale, sans titre. « Au premier cas, l'usage que les resséans sur le fief ont « exercé sur les communes doit être restreint à l'espèce de « jouissance qu'ils en ont eue. Mais, dans le second cas, la « commune est présumée appartenir au roi, et avoir pré-« cédé l'inféodation des seigneurs : présomption d'où il ré-« sulte que le fondateur n'a reçu l'investiture de son fief « qu'à la condition de conserver aux vassaux qui en dépen-« daient l'usage de la commune, et de ne pouvoir y pren-« dre part que concurremment avec eux. »

M. Merlin, appelé à se prononcer sur la doctrine du jurisconsulte normand, au sujet d'un recours exercé par les communes de Houtteville et de Liesville (Manche) contre un arrêt du conseil, du 18 avril 1785, qui avait adjugé aux religieux de l'abbaye de Saint-Étienne de Caen, seigneurs de la baronnie de Baupte, la propriété du marais de Lieve-tot, s'est expliqué en ces termes, à l'audience de la Cour de Cassation du 17 nivôse an XIII (1) :

« Il ne faut pas s'y méprendre, ce n'était pas aux reli-« gieux de Saint-Étienne de Caen à prouver leur qualité « de propriétaires ; leur qualité de propriétaires était une « *présomption de droit* inhérente à leur qualité de sei-« gneurs ; et les deux communes ne pouvaient être présu-

_____

(1) *Questions de droit. V. Droit d'usage*, § 5.

« mées qu'usagères, tant qu'elles n'établissaient pas leur
« prétendue propriété, soit par des titres formels, soit par
« des actes de possession véritablement caractéristiques. »

La Cour de Cassation, par l'arrêt du 15 nivôse an XIII,
rendu à la suite de ces conclusions, a fait implicitement
prévaloir les principes de MM. Merlin et Henrion de Pansey
sur ceux de Houard.

Nous ne devons pas terminer cet exposé de la législation
normande du moyen âge en matière de bois et de pâturages communaux sans rappeler l'origine et les caractères
du droit de *tiers* et *danger* usité dans cette province.

Ce droit était un droit royal et domanial, qui prenait sa
source dans les baux emphytéotiques, consentis originairement par le roi, des héritages qu'il distribuait et concédait à ses sujets. La Normandie, dit Delapoix de Freminville (1), faisait à son origine partie du royaume de France;
ayant été délaissée en premier lieu par Charles-le-Chauve,
en 887, et en second lieu donnée par Charles-le-Simple en
dot à Gisèle de France, sa fille, lors de son mariage avec
Raoul, duc de Normandie, en 912, qui prit à son baptême
le nom de Robert Doulan, l'on en doit conclure que, lors de
l'érection, concession et distribution des différents fiefs
que renfermait cette province et qui la composent actuel-
lement, le souverain se réserva, sur les bois qui faisaient
partie de ces fiefs, les droits de tiers et danger, grurce
et grairie ; voilà l'origine et la cause de ce droit, tiré de la
réserve faite dans le titre primitif, ce qui fait voir qu'un
droit de cette espèce ne peut être regardé comme une servitude, mais seulement pour tenir lieu au roi d'une espèce de directe utile et des fruits et revenus de son héritage,
« pars dominii est. »

(1) *Pratique des terriers*, t. III, p. 171.

« C'est même le sentiment de Saint-Yon, dans son *Recueil des ordonnances sur les eaux et forêts,* qui dit que cela n'a pu s'introduire que lors de la concession des fiefs, et il assure que ce droit de tiers et danger est général et universel dans toute l'étendue de la province de Normandie, sur tous les bois qui sont en icelle, comme faisant partie du domaine du roi. »

Le droit de *tiers* et le droit de *danger* étaient distincts ; le premier représentait le tiers du prix des ventes ; le second représentait la dîme de ce même prix. Ils étaient l'un et l'autre des plus anciens du royaume, selon Saint-Yon.

CHAPITRE V

DROIT MUNICIPAL DE LA BRETAGNE (1).

I. — La Bretagne, presqu'île entourée de tous côtés par l'océan, excepté vers l'orient, où elle confine l'Anjou, le Maine, la Normandie et le Poitou, a pris son nom des Bre-

(1) *Estat alphabétique des paroisses de Bretagne* (1717). — *Dictionnaire historique de la Bretagne,* par OGÉE (1778). — *La Bretagne ancienne et moderne,* par PITRE-CHEVALIER (1844). — *Id.,* par JANIN (1844). — *Histoire de Saint-Malo,* par ROBIDOU, éditée par M. DOUYREBEAU (1853). — *Les Celtes, les Armoricains, les Bretons,* par HALLÉGUEN (1859). — *Les Croniques annalles de* BOUCHARD (1531). — *L'histoire de Bretaigne,* par D'ARGENTRÉ (1588) — *Traité de l'ancien estat de la petite Bretagne,* par VIGUIER (1619). — *Histoire de Bretagne,* par LE BAUD (1638). — *Lettre à nosseigneurs des estats de Bretagne,* par le P. LOBINEAU (1703). — *Traité historique de la mouvance de Bretagne,* par l'abbé DE VERTOT (1710). — *Réponse du P.* LOBINEAU (1712). — *Défense des dissertations sur la mouvance de Bretagne,* par MOULINOT (1713). — *Histoire de l'établissement des Bretons dans les Gaules,* par l'abbé DE VERTOT (1780).

tons qui, chassés de la Grande-Bretagne par les Anglais et les Saxons, vers le milieu du cinquième siècle, passèrent la mer, et s'établirent sur le territoire occupé par les Armoriques, qu'ils envahirent presque en entier.

Avant l'invasion des Bretons, la presqu'île armoricaine se composait du pays des Osimiens (le Finistère), du pays des Curiosolites (Saint-Brieuc et en partie Dinan), du pays des Venètes (Vannes et le Morbihan), du pays des Rhedones (Rennes), du pays des Dioblintes (Dol et Saint-Malo), du pays des Nannètes, situé aux embouchures de la Loire. Elle embrassait même probablement la partie du territoire qui s'étend depuis l'embouchure de la Loire jusqu'à celle de la Garonne.

Les petits États qui composaient cette presqu'île étaient

— *Histoire des ducs de Bretagne* (1739). — *Mémoires de* D. MORICE *sur la Bretagne* (1742). — *Histoire de Bretagne,* par GASCHIGNARD (1773). — *Recherches historiques sur la Bretagne,* par DE PENHOUET (1814). — *Id.,* par DELAPORTE (1823). — *Résumé de l'histoire de Bretagne,* par M. B. (1825). — *Histoire de la Bretagne,* par M. DARU (1826). — *Chroniques bretonnes des* XIIIe, XIVe *et* XVe *siècles* (1833). — *Histoire de Bretagne,* par l'abbé BROUSTER (1833). — *Tableau synoptique de cette histoire,* par GOURMELON (1840). — *Essai sur les institutions de la Bretagne,* par DE COURSON (1840-1843). — *Quelques mots du* MÊME *sur la colonisation de la péninsule armoricaine* (1841). — *Histoire de la Bretagne,* par DE BUSSY (1843). — *Epoques historiques de la Bretagne,* par ZACCONE (1845). — *Annales armoricain s,* pas LE MAOUT (1846). — *Histoire des peuples bretons,* par DE COURSON (1846). — *La Bretagne,* par LE JEAN (1850). — *Histoire de la Bretagne,* par CH. BARTHÉLEMY (1854). — *Histoire de la réunion de la Bretagne à la France,* par l'abbé IRAIL (1764). — *Rediviva Britanniæ gloria,* a SAMOAYS (1707). — *De la nullité des priviléges de la Bretagne, au temple de la liberté* (1789). — *Droit public de la province de Bretagne,* par PELLERIN (1789). — *Priviléges des pays et duché de Bretagne.* — *Recueil de titres concernant les droits, franchises et libertés de la Bretagne* (1786). — *Note sur l'origine des institutions municipales de la Bretagne,* par DE LA BORDERIE (1852).

originairement distincts et indépendants ; ils avaient chacun son chef ou comte souverain, non héréditaire, mais électif, et soumis lui-même à l'assemblée nationale, suivant cet antique proverbe breton : *Le pays est plus puissant que le monarque.* Débarrassés, dès 409, de la domination des Romains, et rendus à leur primitive indépendance, les Bretons accueillirent avec enthousiasme la religion qui venait affranchir tous les esclaves.

Les souverains de la Bretagne se maintinrent à l'égard des rois francs dans le même état d'indépendance qu'envers les Romains. « Soit que l'on approfondisse les faits, soit que l'on interroge les critiques, soit que l'on invoque le droit, soit que l'on consulte la raison, on ne trouvera, dit M. Daru, en terminant une savante dissertation sur cette matière, aucune trace de la souveraineté de droit ou de fait que l'on a prétendu attribuer aux premiers rois francs sur la Bretagne. » D'Argentré, réfutant deux passage de Grégoire de Tours, qui affirme que Varoc promit au roi Gontran de lui payer tous les tributs et tout ce qui lui serait dû tous les ans, et qui ajoute que les habitants de Vannes faisaient profession de fidélité aux rois de France (1), nie résolument l'authenticité de ces passages, et ajoute : « En « tout cas, si l'on m'oppose un évêque, je réponds par tout « un couvent. »

Dès le septième siècle, et grâce au concours des évêques, parmi lesquels apparaît le grand Félix, qui fonda la cathédrale de Nantes, en l'an 560, et des chefs des compagnies bretonnes, qui, continuant en quelque sorte les

(1) Tributa vel omnia quæ exinde debebantur nullo admonent dissolverit (*Hist.*, c. xxvi, l. V). — Nihil nos dominis nostris regibus culpabiles sumus, nec unquam contra utilitatem eorum superbi extitimus; sed in captivitate Britannorum positi gravi jugo subditi sumus. (*Ibid.*, c. ix l. X.)

anciens chefs de clans ou tribus, s'installèrent chacun dans sa petite souveraineté indépendante, la fusion s'opéra peu à peu entre les colons et les naturels, et ces souverainetés devinrent les grands comtés de Vannes, de Cornouailles, de Nantes, etc., dans lesquels se découpèrent, tous les duchés, les vicomtés et les baronnies, et tout le système des vassaux et des fiefs, dernier développement des familles et des tenures celtiques.

« La très-ancienne coutume de Bretagne a été écrite en 1330, après plusieurs conférences « entre plusieurs seiges « en Bretaigne et bons coustumiers, » sous l'empire de cette pensée, qu'en présence des lois romaines, confusément récitées en plusieurs et différents volumes, et dont la connaissance serait impossible ou chose trop difficile à la vie d'un homme, on doit recueillir les lois et institutions faites par princes et gens de grande autorité, selon les mœurs de leurs sujets, pays et provinces, lesquelles, bien observées, sont suffisantes pour garder justice. Le prologue ajoute que, bien que ces lois et constitutions soient de grande antiquité, toutefois, pour le bien de la justice et de l'instruction, et afin qu'elles soient de présente mémoire à ung chacun, elles ont été, puis naguères visitées et rédigées mûrement et à grand labeur par plusieurs vénérables docteurs, gens experts en tel cas... et saiges, qui approuvés étaient en le duché généralement. »

Les rédacteurs du coutumier général de Bretagne étaient animés, on le voit, d'un profond respect pour les anciens usages qu'ils s'efforçaient de garantir contre l'influence du droit romain. Ce coutumier réfléchit en effet les traditions et les mœurs celtiques ; mais ce qui y domine surtout, c'est le régime féodal.

Tant que Charlemagne vécut, il gouverna la Bretagne en maître et y entretint une flotte qu'il opposait aux pirateries des Normands et des Danois. Aucun seigneur breton n'osait tenir tête au puissant empereur ; mais les choses changèrent de face sous Louis-le-Débonnaire, et lorsque, grâce à la faiblesse des empereurs carlovingiens, Nantes et Rennes eurent été saccagées par les Barbares, un chef de clan breton, nommé Néomène ou Numénéius, se fit proclamer roi de Bretague, chassa les évêques, en nomma d'autres, sans se mettre en peine de l'improbation du pape Léon IV, et s'allia avec les Normands pour combattre Charles-le-Chauve ; les comtes et les ducs qui se succédèrent se rendirent maîtres héréditaires de la Bretagne, sans reconnaître même la suzeraineté du roi. Charles-le-Simple irrité, et jaloux d'ailleurs de satisfaire le duc Rollon, chef des Normands, lui laissa conquérir la Bretagne, ce qui fut exécuté par Guillaume-Longue-Épée, fils et successeur de Rollon. De là des luttes à main armée entre les Normands et les Bretons, toujours rebelles au joug étranger. Conan, comte de Bretagne, les termina en mariant sa fille unique, Constance, avec Geoffroy, comte d'Anjou, fils de Henri II, roi d'Angleterre et duc de Normandie. Nous ne suivrons pas la longue et fastidieuse généalogie des maisons princières que les mariages, les successions, les chances de la guerre, appelèrent successivement à jouir du duché de Bretagne jusqu'au moment où la reine Anne, fille de François II, duc de Bretagne, épousa successivement les rois Charles VIII et Louis XII, et où l'aînée des filles de cette reine ayant épousé François Ier, la province de la Bretagne fut unie à la couronoe de France, du consentement et à la prière des états de la province, en l'an 1522.

II. — La coutume de Bretagne était essentiellement féodale. D'Argentré, qui était lui-même seigneur de fief, disait sur l'art. 328 de la Coutume réformée : « Nul ne peut tenir terre en Bretagne sans seigneur, parce qu'il n'y a aucun franc-alleu en icelui pays. » Mais le principe féodal, si puissant eu Bretagne, n'y apparaît cependant pas avec le caractère oppresseur qu'il offre dans d'autres provinces.

La Bretagne avait sous ses rois et ses ducs héréditaires un parlement féodal, dont l'origine remonte aux assemblées nationales des Armoricains et des Bretons, qui élisaient les rois, si l'on peut appeler roi celui dont la volonté ne régit rien ; « Dici si liceat rex, quia nulla regit, » dit le poëte Ermold parlant du roi breton Morvan, sous Louis-le-Débonnaire. Ce parlement se composait des seigneurs du pays, sans le consentement desquels le roi ou le duc ne pouvait toucher à aucun intérêt public, car son trône, dit Déric, tribunal toujours ouvert à ceux qui voulaient réclamer la justice, l'était surtout pendant ces assemblées nationales. Le roi Erispoë, jugeant en faveur des moines de Redon, déclare n'agir que du commun avis de Salomon, son cousin, des évêques et des seigneurs présents. Salomon III, voulant quitter le pays, consulte les seigneurs assemblés, qui lui en refusent la permission (1). Louis-le-Débonnaire, maître de la Bretagne, convoque et consulte à Vannes les seigneurs du pays : « Habitoque « Venetis generali conventu (2). »

« Les ducs de Bretagne, dit M. de Courson, avaient deux sortes de conseils : l'un particulier, libre et d'institution ducale ; l'autre public, essentiel, nécessaire. Ainsi, il faut attacher deux significations distinctes au mot : *parlement*. La première doit s'entendre d'une réunion des conseillers du prince, qui, après la tenue des états, siégeaient encore, traitaient des affaires trop peu importantes

(1) Sed tamen cum voluntatem nos totius Britanniæ probare curavimus, omnes abnuerunt (COURSON, *Essai*, p. 375). — (2) *Histoire de France*, t. VI, p. 102.

pour être soumises au parlement général ; l'autre doit s'appliquer à l'assemblée générale du pays, où étaient débattues les grandes questions d'intérêt public. »

Cette assemblée, composée de neuf prélats et de neuf barons, des bannerets, des chevaliers, des bacheliers et des écuyers du pays, sous la présidence des hauts barons de Fougères et de Vitré, qui, dès le septième siècle, se partagèrent cet honneur, fut le germe des états de Bretagne, qui cumulaient, dans l'origine, à l'exemple des autres états, l'administration de la justice en dernier ressort sur les appels des sentences des juges seigneuriaux ou des sénéchaux du prince, et l'administration des affaires d'un intérêt public. Plus tard, comme le remarque M. Daru en son *Histoire de Bretagne*, l'usage s'introduisit peu à peu que les états ne se réservèrent que les affaires d'un intérêt public, et laissèrent le jugement de tous les procès des particuliers à une commission, nommée auparavant par les ducs, pour prononcer, dans l'intervalle des sessions, sur les affaires qui n'avaient pu être expédiées. « Les barons des états, ajoute M. Daru, prenaient quand ils voulaient séance dans ce tribunal, comme les pairs de France au parlement. Mais les assemblées des états n'étaient pas périodiques : lorsqu'elles le devinrent, elles n'étaient pas annuelles. Il en résultait que la distribution de la justice éprouvait de fréquentes interruptions. Pour lui donner un cours régulier, le duc institua une cour de justice sédentaire, qui prit d'abord le nom de Grands-Jours, et ensuite de parlement, parce qu'elle n'était qu'une émanation des états au parlement du duché. »

Ce fut le roi Henri II qui, par son édit de mars 1553, établit un parlement de Bretagne, siégeant alternativement à Rennes et à Nantes, et mi-parti de magistrats bretons et français, soit pour populariser la langue française, soit pour contenir les habitants du pays en l'obéissance du roi. Un édit de Charles IX, de 1560, rendit ce parlement sédentaire dans la ville de Rennes (1).

La justice et l'administration de la province de Bretagne étaient organisées selon la hiérarchie féodale ; c'étaient les seigneurs, plutôt que les populations, qui y géraient les intérêts publics. On n'y voyait pas, comme dans les provinces de franc-alleu, des assemblées autonomes et fortement liées entre elles, depuis la commune jusqu'aux états. L'histoire mentionne, cependant, l'intervention du tiers-état, dans une assemblée tenue à Ploermel, en 1309.

Le titre premier de la *Coutume de Bretagne*, intitulé : *des justices*, nous montre la juridiction partagée entre le juge d'église et le juge seigneurial ; le titre deuxième, intitulé : *des droits du prince*, règle la hiérarchie féodale, et les droits respectifs du duc, des barons et des autres seigneurs, en matière de sauvegarde, de monnaie, de lods et ventes, d'aides et autres matières administratives.

On s'est demandé si les barons pouvaient imposer leurs vassaux sans l'assentiment du duc. Les opinions sont partagées. Lobineau, D. Maurice et M. Daru accordent aux barons un droit que M. de Courson leur conteste. Ce qui paraît venir à l'appui de cette dernière opinion, c'est que le pouvoir féodal n'était pas dispersé en Bretagne entre les mains des seigneurs subalternes, mais était concentré, au contraire, sur la tête du roi ou du duc; nulle part, la hiérarchie féodale n'a été à la fois aussi sévère et aussi bienfaisante.

Dès le dixième siècle, on ne retrouve plus, en Bretagne, la moindre trace de servitude ni de mainmorte. Les

(1) LAROCHE-FLAVIN, *Des parlements de France*, p. 19.

paysans bretons fortifient et gardent le château, y trans-
portent, au temps requis, des provisions, nourrissent les
chevaux et les chiens du seigneur, mais en reçoivent en
échange, comme colons, domaniers, tenanciers, officiers, etc., des avantages analogues à ceux des métayers
et des fermiers d'aujourd'hui. Les corvées rurales sont
légères, et le *convenant*, les *baux congéables*, tous ces contrats de formes diverses, comme les *usances*, mais tous inspirés par la pensée d'attacher le vassal au seigneur, en
associant celui-ci, moyennant certaines redevances, à la
propriété et à la culture du sol, tels sont les rapports, non
de despotisme et de servilité, mais de protection et de
bienveillance, qui apparaissent entre les seigneurs et les
paysans de la Bretagne, et qui s'y sont transmis d'âge en
âge, jusqu'au cœur de nos révolutions, sauf quelques
exceptions, spécialement applicables aux contrées de la
haute Bretagne, ouverte à l'invasion des Francs. Les rois
et les ducs de Bretagne, à partir de Conan-Mériadeck, donnèrent à la civilisation chrétienne, propagée par les évêques, un aspect de plus en plus féodal, emprunté, selon la
remarque judicieuse de M. Naudet (1), aux usages celtiques des *ambactes* et des *compugnons*, ces prédécesseurs
des vassaux de la féodalité ; mais ce n'est pas la force brutale qui domine dans la féodalité bretonne : c'est l'influence de la paroisse, plus encore que celle du château.

III. — Dès les premiers siècles de la monarchie, apparaissent les *paroisses* bretonnes, consacrées à Jésus-Christ,
à la sainte Vierge, aux saints apôtres et aux martyrs
(*Lockrist*, *Lockmaria*, *Plou Jean*, etc.), et les cités épiscopales, telles que Dol, abbaye fondée en 566 ; Saint-Malo,
qui s'appelait Alet au sixième siècle ; Saint-Brieuc, dont

(1) *Mémoire à l'Académie des Inscriptions*, 1827.

l'origine remonte à une abbaye bâtie en 552, etc. C'est la loi de l'ancien bourg (*lex veteris burgi*) qui règne dans ces paroisses. Elles relèvent du seigneur, mais elles s'administrent par leurs notables ou *fabriqueurs, procureurs, trésoriers* (*procuratores, œconomi*), sous la tutelle de l'église. Elles choisissent elles-mêmes les collecteurs de l'impôt « de la levée de mai ou d'août, suivant l'époque de « la cueillette. » Quelquefois, un seul homme de la paroisse paie pour tous, et « après le dit paiement, les habi-« tants et les manants égaillent la somme à chacun d'eux, « le fort aidant au faible, sans qu'ils doivent lods et ventes « ni autres. » La très-ancienne coutume de Bretagne, qui constate le vrai droit breton, « enjoignait aux gens de la « paroisse, par leurs trésoriers, de faire la pourvoyance « aux enfants jetés et trouvés. » De vieux registres de fabriques mentionnent une assemblée ou corps politique, à laquelle le seigneur du lieu pouvait envoyer un délégué, mais non assister en personne. Le cartulaire de Redon nous montre, en 1089, ces paysans assistant avec des seigneurs, des chevaliers, des juges et des bourgeois, au jugement d'un différend entre les moines de Saint-Sauveur et les chapelains du duc de Bretagne. Selon l'ancien droit breton, le chœur des églises était la propriété du seigneur, mais la nef était la propriété du peuple. Les seigneurs et le peuple ont concouru, depuis le onzième jusqu'au seizième siècle, à l'érection de ces innombrables et ravissantes chapelles, dont les clochers à jour décorent toutes les paroisses du Finistère.

IV. — Ce serait cependant une erreur de croire que les paysans bretons étaient présumés, dans le silence des titres, propriétaires des terrains sur lesquels il leur était permis de *communer, motoyer, couper des landes, bois ou bruyères, paccager*, etc.; leurs droits, sur ces terrains, n'étaient que des droits d'usage, connus sous les noms de : *communes*, *frost*, *frostages*, *franchises*, *gallois*, etc.

Hevin et Poullain s'expriment ainsi, sur l'art. 287, tit. XV (*des Appropriances*), de la coutume de Bretagne : « En Bretagne, il n'y a point de franc-alleu. Tous les droits « féodaux y ont lieu et sont censés dus à cause de la féoda- « lité ; ce qui fonde le seigneur dans toutes les limites de « son fief, et par conséquent dans la propriété des terres « incultes, vagues et abandonnées qui sont renfermées « dans ces limites : c'est ce que nous appelons Gallois, « c'est-à-dire terres vagues entre les champs des particu- « liers. Elles sont regardées comme propres au seigneur « de fief, quoique les vassaux soient quelquefois dans l'u- « sage d'y communer, et que ce droit soit même souvent « employé dans les aveux (1). »

« La coutume de Bretagne, dit Varsavault (2), ne recon- naît point de droits de commune aux vassaux habitant dans les terres vagues et vacantes. Non-seulement elle ré- duit la vaine pâture uniquement aux terres cultivées, après les fruits cueillis, mais c'est qu'outre cela, elle ne recon- naît aucun franc-alleu, et qu'enfin elle est formellement prohibitive et de tous droits d'usage dans les bois et de tous droits de communage, nonobstant *longue tenue* (3), veut dire en cette coutume nonobstant toute possession, fût-elle immémoriale. »

Sauvageau, sur l'art. 277 de l'ancienne coutume de Bre- tagne, soutient aussi que toutes les terres vaines appartien- nent au seigneur du fief dans l'enclave duquel elles sont situées, qu'elles sont pour cela appelées Gallois, c'est-à-

---

(1) Voy. aussi HEVIN, *Quest. féodales*, p. 175 et 193. — (2) *Traité des communes*, ch. XI. — (3) D'ARGENTRÉ *sur Bret.*, art. 271. — HE- VIN, *Quest. féod.*, p. 312.

dire terres vacantes « inter jacentes, inter agros limita-
« tos..... » et que si les sujets ont droit et possession d'u-
sage, ce ne peut être que par concession et investiture
originaire reconnues par les aveux.

D'Argentré, sur l'art. 277 de l'ancienne coutume, enseigne même que, quoiqu'il arrive quelquefois que les vassaux
et riverains soient dans l'usage et possession de communer
dans les terres vagues, et que, par cette raison, ils aient
employé ce droit *dans les aveux,* néanmoins, ces terres
vagues ne cessent pas d'être le *propre domaine* du seigneur..... « Talia sunt, » dit-il, « quæ nos in tribunalibus
« nostris verbis consuetudinariis, solemus appellare *Gallois,*
« hoc est terræ et agri vaccantes, inter jacentes, inter
« agros limitatos, quos nos solemus dicere esse proprios
« dominorum feudi, etiam si interdum contingat eos, in
« usu esse vicinorum et subditorum ejusdem domini.....
« Ideoque et tale jus sœpe professionibus inseri so-
« leat. »

La très-ancienne coutume ne fait d'ailleurs aucune distinction du domaine propre, elle parle de tout domaine
féodal indistinctement. Elle dit, ch. CCLXVIII : « Et puisque
« celui est seigneur du domaine, il en peut féager en héri-
« tage par certaines conditions, ventes comme il voira que
« bon sera. » La constitution du duc Jean V, art. 19, y est
conforme; elle porte : « Voulons et ordonnons que doréna-
« vant chacun qui aura domaine noble, quiconque il soit, le
« pourra bailler par héritage et en faire son fief. »

C'est en se conformant à la jurisprudence fondée sur ces
vieux textes du droit breton qu'Hevin, en ses *Questions féodales,* p. 181, dit que les terres vaines et vagues sont le
domaine des seigneurs, et qu'ils en peuvent disposer, quoique, pendant un temps immémorial, elles aient été en
vaine pâture et paccage communs, à moins qu'ils ne payas-

sent une redevance particulière et expresse pour le droit de communer.

Les seigneurs étaient donc, en Bretagne, reconnus propriétaires des landes immenses qui couvraient naguères la plus grande partie de cette province. Mais les communautés d'habitants exerçaient sur ces terrains, en vertu de contrats d'affouagement ou d'accensement, et sous les noms de « *communes, frost, frostages, franchises, gallois*, etc., le droit de *communer, motoyer, couper des landes, buissons, bruyères, paccager*, ou mener leurs bestiaux dans les terres situées dans l'enclave ou le voisinage des fiefs. Ces droits étaient, pour les populations voisines des bruyères, un moyen d'existence, une ressource nécessaire. Aussi les inféodations prirent-elles un immense développement, et, en 1767, Duparc Poullain disait : « Aujourd'hui, la plupart « des vassaux sont inféodés du droit de communer dans « les terrains vagues de la seigneurie (1). » Le droit de communer, couper les bruyères, paccager, etc., ne constituait qu'un droit de servitude ou d'usage, qui conservait au seigneur le domaine direct, et les inféodations de ce genre avaient lieu presque toujours au profit des habitans *ut singuli*. Les vassaux bretons étaient donc placés, quant au droit de communer, dans une position exceptionnelle ; et tandis que, dans les autres provinces féodales, les communautés d'habitants jouissaient en commun des droits d'usage, en Bretagne, au contraire, ces droits étaient constitués et exercés individuellement, ce qui est devenu, quand la loi du 28 août 1792 a converti, par son article 10, le droit d'usage des communautés de la Bretagne en un droit de propriété, le sujet d'un grave litige entre les anciens vassaux qui prétendaient conserver les droits d'usage qui leur avaient

(1) T. II, p. 380, *Principes.*

été inféodés et les communes investies des droits des anciens seigneurs. La jurisprudence a fait prévaloir les droits des communes sur ceux des anciens vassaux inféodataires (1). C'est ainsi qu'une législation dirigée contre les seigneurs a tourné, en Bretagne, contre les particuliers, à qui les contrats d'inféodation avaient transporté le domaine utile en ne réservant au seigneur qu'une propriété honorifique (2).

La doctrine reçue dans les coutumes féodales est résumée en ces termes par Pocquet de Livonière (3) : « Le « franc-alleu doit se justifier par titres suivant la maxime : « *Nulle terre sans seigneur*, d'où l'on a tiré cette con- « séquence que tout seigneur qui a un fief *circonscrit*, « un territoire *limité*, une espèce *d'enclave*, peut pré- « tendre que tous les héritages qui y sont renfermés relè- « vent de lui, si les possesseurs ne justifient le franc- « alleu par titres. » Telle est la disposition de la coutume de Poitou, art. 52, le droit commun du royaume et l'avis uniforme des docteurs; de Dumoulin, sur l'art. 68 de la coutume de Paris, n° 6; de Chopin, sur la coutume d'Anjou, liv. II, tit. du *franc-alleu*, n° 4; de Galand, du *franc-alleu*, ch. vii, p. 95 et suivantes; de Brodeau, sur Louet, lettre C, ch. xxi, n° 12; de Loiseau, des *seigneuries*, ch. xii, n° 51, etc.

Cette maxime est ancienne en France, et était reçue et en usage dès le treizième siècle, comme il paraît par la coutume de Beauvoisis, de Philippe de Beaumanoir, ch. xxiv, n° 8, où cet auteur la rapporte en termes fort exprès.

Dans les provinces féodales, comme dans celles de franc-

---

(1) C. C., 30 avril 1844. 10 août 1846. D. 46, C. C., 475. —
(2) V. M. HELLO, *Revue de Législation*, 1846, p. 446. — (3) *Traité des fiefs*, p. 559.

alleu, la présomption de propriété des terres vaines et vagues, attribuée au seigneur direct et possesseur d'un fief
circonscrit et limité, cédait à l'autorité des titres contraires.
Mais les exceptions au droit commun étaient beaucoup
plus rares dans le nord que dans le midi.

L'on trouve cependant dans les archives du départe-
ment du Pas-de-Calais, ancien *Cartulaire* d'Auchy, p. 335,
une décision du roi Louis VIII touchant le marais de Rollaincourt, où sont rappelées les vicissitudes de cette pâture,
successivement donnée et enlevée aux habitants d'Auchy
par les sires de Rollaincourt. L'acte se termine ainsi :
« Après chèle dicte enqueste, li roi Loeys fit rendre et dé-
« livrer cele pasture et les mares devant dits duskes as
« courtis de Rollaincourt, à cheus d'Auchi et a chians que
« droit devaient avoir comme en pature commune et en
« mares commun, et lout tenu dusques a ou ; et après li
« roi Loeys confrema par ses lettres, sauf au maieur et à
« la commune de Hesding, los loi et los assis et los pas-
« tures communes. »

On trouve aussi, dans le *Recueil des actes des donzième
et treizième siècles* (p. 158), un acte de 1248, par lequel le
comte d'Artois approuve une sentence arbitrale rendue par
le sire d'Épinoi et le bailli d'Arras, relativement à un marais
indivis entre le seigneur et les habitants. La propriété du
marais est partagée en ces termes : « Sacent ke come Bau-
« duins, sires de Cuinchy, chevaliers, demandast tous les
« marets de Noiele et li abbes et li couvens del mont Saint-
« Eloy et li communites des geus disait kil i avaient lor
« usage ; en li fin les parties seu mirent en nom, et at-
« traièrent et créantèrent ke chon ke nous doi en ordon-
« nerions ou par paix ou par droit, ke ils en teuraient ; et
« nous par le conseil des boines gens, avons de celle chose
« ordonne en telle maniére : Un sire Baudouin de Quin-

« ches ora par tous ces marets unze mids et ci-cinq men-
« caldées de cel marais ; et doibt commencer a seu meulin,
« et va à la bousne entre la communite... a ue boune, etc...
« ci del mont Saint-Eloi doivent avoir de cel marais de-
« vants dits trente mencaldées, cet a sçavoir entre le boune
« deviers le moulin, et... Celes trente mencaldées peuvent
« y deffendre ades le mi mars dusques à la feste Saint-
« Pierre parce que leurs prés fussent fauchées, le commu-
« nites i porrait mettre les siennes bêtes et i puent faire
« fosse de vingt pieds de lez et faire plantin sur le creste
« del fosse que leur i est et li poisson i est (i sera) na com-
« mun et s'il y vœulent faire trémois, aussi le puent faire
« si come il est deviset de Monsegneur Bauduin, et si tien-
« nent ces trente mencaldées de Monsegneur Bauduin par
« dix sols de rente par an sans entrée et sans issue et sans
« relief à payer à Noiele le jour de la Saint-Rémy, et s'ils
« défallaient de payement, il li devroient douze deniers
« pour chacun jour qu'ils demouraient à payer apries le
« terme, etc. »

En présence de titres pareils, les seigneurs ne pouvaient
pas invoquer la présomption de propriété attachée à la
double circonstance de la directe et du fief circonscrit et
limité ; la convention faisait loi, mais le sens des anciens
titres était souvent fort obscur.

Une communauté d'habitants établissait-elle sa possession originaire, le seigneur lui opposait des transactions,
des reconnaissances, qui assignaient à cette possession le
caractère de droits d'usage plutôt que de droits de propriété. De là, des procès interminables sur le sens d'actes
écrits dans une langue non encore fixée, et sur le caractère légitime ou illégitime des droits du seigneur. Les
usages des campagnes où l'origine des terres était féodale
étaient encore plus inextricables. Le seigneur avait des pro-

priétés féodales d'espèces diverses ; les unes exclusivement affectées à ses usages particuliers ; les autres inféodées ou baillées à emphytéose, sous des prestations en nature, en argent, ou autrement ; les autres, enfin, affectées à la dépaissance commune.

Une règle d'interprétation, contestée, il est vrai, par quelques jurisconsultes (1), mais adoptée par le plus grand nombre, était que, lorsque les droits d'une commune étaient énoncés dans un ancien titre sous la dénomination d'*usages, usages communs, usages des habitants*, et sans autre expression, cela devait s'entendre non de droits de propriété, mais de simples droits d'usage (2).

V. — La capitale de la province de Bretagne était Rennes (*Condore*), qui tire son nom des peuples *Rhedones*, célèbres parmi les Armoriques, et dont le territoire s'étendait jusqu'à la mer. Cette ville, envahie par les Francs, vainqueurs des Saxons, tomba, dans le neuvième siècle, au pouvoir de *Numenoius*, et fut possédée par ses successeurs. Elle fut cédée, avec les villes voisines, par Charles-le-Chauve aux Bretons qui consentirent, selon la *Chronique de Saint-Bertin*, que leurs princes prissent le titre de roi. L'Église de Rennes est fort ancienne, et l'un de ses évêques assista au concile de Tours en 461, et à celui de Vannes en 465. Un acte de l'an 1000, rapporté par D. Morice, *Preuves*, I, 139, 357, montre les bourgeois de Rennes assemblés dans l'église de Saint-Pierre, et décrétant un impôt qui frappait sur le comte lui-même. Mais on ne voit appa-

---

(1) LEGRAND, *Comment. sur la cout. de Troyes*, gloss. 3, n° 1 ; — MORNAC, *Sur la loi 3, ff. de Serv. rust.* — (2) BOUHIER, *Sur l'art.* 62 *de la Coutume de Bourgogne*, n° 31. — HENRION DE PANSEY, *Diss. féod.*, v° *Communaux*, § 2. — MERLIN, *Rép.*, v° *Usage*, sect. 2. § 1, n° 4. — PROUDHON, *Droit d'usage*, t. III, n° 793. — CURASSON, *Sur Proudhon*, t. III, n° 814.

raître d'une manière régulière et permanente le *procureur*
des bourgeois qu'en l'an 1443, d'après un manuscrit du
greffier Languedoc, déposé à la bibliothèque de cette ville.
L'administration municipale de Rennes fut réorganisée en
1548 et 1592.

Vitré, qui dépendait du diocèse de Rennes, était une baronnie appartenant au duc de la Trémouille, connue dès le
douzième siècle, et dont le seigneur avait beaucoup de puissance.

Fougères (*Filiceriæ*) dépendait du domaine royal ; elle
avait un château et était une place déjà considérable lorsqu'en 1202 Jean-Sans-Terre s'en empara, après avoir mis
en prison son neveu, Artus, duc de Bretagne.

Nantes (*Condivincum*), seconde ville de la Bretagne,
bâtie sur le territoire des peuples *Nannètes*, avait, en 461,
un évêque, Eusèbe, qui assista au concile de Tours. Les ducs
de Bretagne résidaient souvent dans cette ville, située sur la
rive droite de la Loire. Ses seigneurs particuliers l'administraient féodalement. Nantes paraît cependant avoir reçu
de Louis-le-Jeune, en 1150, une charte communale, motivée
« pro nimia oppressionne pauperum ; » mais rien ne prouve
qu'elle ait été mise à exécution, et ce n'est que du quinzième siècle que datent ses priviléges certains (1).

« Nos bien amés et féaux les gens d'Église, bourgeois et
habitants de notre ville de Nantes, dit le duc Jean V, dans
une ordonnance de 1420, nous ont exposé que, a nostre
dite ville, il y a certaines recettes et revenus de finance qui
sont ordonnés a estre convertis aux réparations de nostre
dite ville, même qu'il y a plusieurs choses touchant le bien

---

(1) *Priviléges accordés par le duc de Bretagne et nos rois très-
chrétiens aux maires, échevins, bourgeois et habitants de la ville de
Nantes* (Nantes, VARGER, 1730).

commun de nostre dite ville, et aussi plusieurs causes, pour lesquelles pour y garder et défendre n'a aucuns gens ordonnés, j'acroit à ce qu'il soit nécessaire y avoir aucun procureur pour la ville, qui ait pouvoir de savoir l'état, et de se donner garde des recettes et mises qui sont faites pour l'état d'icelle, et de savoir comment les deniers qui en sont reçus, sont mis et employés, aussi de pouvoir garder et défendre les causes et affaires touchant le bien de l'université et communauté de la ville, et est chose difficile d'assembler tout le commun de la dite ville à constituer procureurs, et sans notre licence et congé les dits bourgeois et habitants ne pourraient aviser, ne ordonner gens de la dite ville qui eussent puissance quant aux choses dessus dites et autres qui pourraient toucher le profit commun de la dite ville, et nous ont humblement supplié, etc. »

La municipalité constituée par cette ordonnance et modifiée en 1560 consistait en un conseil de ville électif composé de dix ou douze membres, qui pouvaient être renouvelés tous les ans et élisaient eux-mêmes dans leur sein un ou plusieurs procureurs des bourgeois.

Dol, ville épiscopale, tirait son origine d'un monastère qui y fut fondé dans le sixième siècle par saint Samson, archevêque de Léon ou de Menève, dans la Grande-Bretagne, qui se retira de cette île dans l'Armorique avec ses compagnons. Les écrivains bretons font remonter au sixième siècle l'évêché de la cité de Dol qui n'était alors qu'un *castrum* près duquel fut fondée en 566 une abbaye sur la sommité d'un mont. Mais l'évêque fut chassé par Numenoius qui en institua un autre dont les pouvoirs furent ratifiés par les conciles de France et par les lettres du pape Nicolas Ier.

Le pape Innocent III rendit, en 1199, un jugement

définitif, par lequel il contraignit l'évêque de Dol à reconnaître l'archevêque de Tours comme métropolitain.

Saint-Malo doit aussi son origine à un monastère de chanoines réguliers, autour duquel des habitants s'établirent et formèrent une ville considérable.

Aleth, située sur la mer, était, dès le temps des Romains, un *castrum*, où résidait le commandant des soldats, nommés *milites martenses*; «Sub ditione ducis armoricani pre-« fectus militum martensium, Aleto, » dit la Notice de l'empire, faite sous Honorius et Valentinien III. Son premier évêque fut saint Malo, qui vivait sous les enfants de Clovis.

Dinan, où les états de Bretagne étaient souvent assemblés, était déjà fondée au commencement du douzième siècle; elle avait alors un seigneur particulier, nommé Olivier, et fut réunie depuis au domaine ducal.

Saint-Brieuc (*oppidum sancti Brioci*) était d'abord un monastère bâti en l'honneur de saint Brieuc, et où le prince breton, Numenoius, fonda un évêché, en l'an 844. C'était le territoire des peuples *Aulerci Diablintes*, qui, selon Jules-César, faisaient partie des Armoriques.

Parmi les villes de la basse Bretagne, divisée en quatre diocèses, Vannes, Cornouailles, Léon et Tréguier, on distinguait les suivantes :

Vannes, habitée par les *Veneti*, habiles navigateurs, qui résistèrent à Jules-César, était une cité que Ptolomée définit en ces termes, au huitième chapitre du second livre de sa géographie : «Occidentale autem littorale latus sub Osis-« mis tenent Veneti, quorum civitas Dariorigum. » Lors de l'invasion des Bretons dans l'Armorique, cette ville demeura à ses anciens habitants gallo-romains. Elle fut envahie par les Francs, lorsqu'ils se rendirent maîtres de cette partie des Gaules, et ce ne fut qu'en l'an 577 que Waroc, prince des Bretons, en dépouilla Gontran, l'un des rois francs.

Eginhard nous apprend que Pépin s'en rendit maître, en 753. Numenoius s'en empara, à son tour, au neuvième siècle, et cette ville subit les mêmes vicissitudes que Nantes et Rennes.

Redon, déjà considérable sous le règne de Louis-le-Débonnaire, commença par une abbaye, qui fut bâtie dans le même temps par un breton, nommé Couvoyon, et eut un siége épiscopal, dont le diocèse embrassait l'île des Ruys (*Reuvisium*), les îles de Vannes (*Veneticæ insulæ*), et la petite ville d'Auray, célèbre par la bataille où les maisons de Blois et de Montfort se disputèrent la Bretagne.

Quimper-Corentin, dont le nom dérive de saint Corentin, évêque des Curiosolites, était le siége de l'évêché appelé Cornouailles (*cornu Galliæ*).

Saint-Paul de Léon, ville et évêché, et l'une des deux premières baronnies de Bretagne, appartenait aux ducs de Rouen, qui présidaient alternativement aux états de Bretagne, avec le duc de la Trémouille, baron de Vitré.

Brest, cet admirable port militaire qui est, aujourd'hui, l'un des boulevards maritimes de la France, était peu connu au moyen âge, et ne date, dans l'histoire, que depuis la réunion de la Bretagne à la France.

Tréguier était, au contraire, dès le dixième siècle, une cité épiscopale, fondée dans le monastère de Saint-Rabutual, ruiné par les courses des Barbares.

Morlaix, qui dépendait du diocèse de Tréguier, n'était originairement qu'un *castrum*, que les annales de Roger de Hoveden, publiées sur la fin du douzième siècle et au temps de Henri II, roi d'Angleterre, appellent : *Castellum montis Relaxi*.

VI. — La condition des bourgeois qui habitaient ces villes était loin d'être servile. L'article 343 de la très-ancienne coutume les autorisait à acquérir des terres nobles, à la seule condition d'en payer le rachat à leur mort. La plupart d'entre eux s'enrichirent si rapidement, malgré les impositions auxquelles ils étaient soumis, qu'il fallut l'intervention ducale pour les empêcher d'accaparer les fiefs nobles. La coutume dite des bourgeois « de noble ancesserre, « qui ont accoutumé de vivre honnêtement, et de tenir ta- « ble franche, comme les gentilhommes ; » des actes pris à Saint-Malo, en 1384, 1395, 1416, à Rennes, en 1379, dans l'histoire du second traité de Guérande, conclu entre le duc de Bretagne et le roi de France, ne font aucune mention ni de communautés d'habitants, ni de magistrats municipaux (1). Lorsque les habitants vouloient ester en justice, ils nommaient un procureur spécial chargé de les représenter. Le commun des habitants de Redon, « vulgus « totius villæ laici, » soutint, en 1066 (2), un procès contre les moines, au sujet de redevances que ceux-ci exigeaient de lui. Un acte inédit, de 1289, mentionne la contribution des habitants à la réparation d'une écluse, dite la *Porte-Redonaise*, concurremment avec le seigneur de Rieux d'une part, et l'abbé de Redon de l'autre. Un autre acte inédit, de 1296, fait mention d'un procès concernant le four banal de Vitré, dans lequel figurent les pannetiers et le *commun des borgois*. Mais les pouvoirs des mandataires chargés des intérêts de la ville finissaient avec le procès.

Le seigneur convoquait aussi dans les circonstances importantes des notables dont il prenait l'avis. On trouve des assemblées de cette espèce à Quimper en 1345, au sujet d'un différend relatif à la reddition de cette place à Jean-le-

---

(1) Voyez D. MORICE, *Preuves*, II, 225, 217 et 470. — *Trésor des chartes*. J. 242 et J. 244. *Titres du château de Nantes*, arm. L., cas. B. — (2) *Cartulaire de Redon.* — D. MORICE, *Preuves*, t. I, p. 405-406.

Conquérant (1); à Redon, de 1341 à 1364, au sujet d'un impôt levé avec l'assentiment des habitants pour les murailles de la ville; à Vitré, en 1363, au sujet de l'établissement des religieux Augustins dans un faubourg; à Saint-Malo, en 1384, 1395, 1415, au sujet de la compétition du roi de France et du duc de Bretagne à la possession de la ville. Ces assemblées, chargées de défendre les intérêts communs, se composaient d'un syndic, d'un miseur, d'un collecteur d'impôts, d'un contrôleur de deniers et de six conseillers (2). Mais on ne peut guère attribuer à ce parlement bourgeois autre chose qu'un pouvoir consultatif; car, en Bretagne, la moitié des cités appartenait d'ordinaire aux ducs, excepté les cités épiscopales, l'autre moitié aux seigneurs laïques ou ecclésiastiques.

L'assistance des villes aux états-généraux du duché a précédé, en Bretagne, leur érection en communes. « Il y avait probablement, dit M. de la Borderie (3), des députés des villes de la Bretagne aux états du duché tenus en 1309 et en 1315; il y en avait certainement, en 1352, aux états de Dinan, convoqués par la duchesse Jeanne-la-Boiteuse, pour aviser à la délivrance de Charles de Blois, alors captif des Anglais, et l'on en trouve dans presque toutes les grandes assemblées de ce genre, tenues depuis cette dernière date. »

Mais le *procureur des bourgeois*, ce représentant permanent des intérêts de la cité, n'apparaît pas dans l'histoire des villes de la Bretagne avant le quinzième siècle, époque où le capitaine des villes se déchargea sur les bourgeois du

(1) D. Morice, *Preuves*, I, 454-56.—*Histoire de Bret.*, p. 1, 316.
— (2) Voyez les *Neuf cents titres recueillis dans les archives municipales de la Bretagne*, par M. Aurélien de Courson, et *La Bretagne ancienne*, par M. Pitre-Chevalier, p. 269. — (3) *Notice sur l'origine des institutions municipales de la Bretagne*, p. 8.

soin de pourvoir aux difficultés administratives, qui s'é-
taient accrues avec les progrès de l'industrie et du commerce.

L'administration des villes, jusques au quinzième siècle,
et celle des communes rurales, même depuis cette époque,
était une organisation *sui generis* (1), digne d'être classée
à part comme régime municipal, en ce qu'elle était toute
paroissiale et seigneuriale. Le lieu de réunion du conseil
des bourgeois était l'église paroissiale, ou quelque chapelle
en dépendant; par exemple, à Quimper, la chapelle de Notre-Dame de Guéodet; à Saint-Pol-de-Léon, celle de Notre-
Dame de Creisker; à Tréguier, celle de Notre-Dame de
Coatcolvéton; à Morlaix, celle de Notre-Dame du mur; à
Guingamp, la chapelle de Saint-Jacques, en l'église paroissiale de Notre-Dame; à Hennebon, l'église paroissiale
de Saint-Gilles, etc. (2). Dans plusieurs villes aussi, entre
autres à Saint-Brieuc, l'assemblée des bourgeois retint
longtemps le nom de *général*, qui était, à proprement parler, celui du corps de paroisse, et la communauté de ville
continua de choisir les administrateurs ou trésoriers de la
paroisse, et de recevoir leurs comptes.

La juridiction municipale n'a jamais existé en Bretagne;
elle appartenait au fief dont la ville faisait partie. Sauf la
ville de Guingamp où, selon une charte de 1335, MM. les
bourgeois avaient jadis reçu, des deux seigneurs, le droit de
juridiction, en récompense des services qu'ils leur avaient
rendus, le droit de justice à tous les degrés appartenait au
duc ou à l'évêque dans les villes, et dans les villages au
seigneur du lieu. Pas plus à Rennes ou à Nantes que dans
toute autre ville bretonne, on ne voit fonctionner, avant le

(1) V. M. DE LA BORDERIE, *Note sur l'origine des institutions municipales de la Bretagne.* — (2) *Archives nationales*, J. 818.

quinzième siècle, des magistrats municipaux assistés d'un
conseil de famille, se réunissant ou spontanément, ou à
époques fixes, ou sur la convocation de leurs représentants
élus, sans qu'on ait besoin d'attendre l'intervention d'une
autorité étrangère à l'administration de la cité.

Au milieu de ces origines et de ces caractères divers, que
modifièrent, aux seizième et dix-septième siècles, plusieurs
ordonnances, notamment celle de 1560, qui composa la
municipalité de Nantes d'un maire et de dix échevins,
celles de 1548 et de 1592, qui organisèrent sur de nouvelles bases l'administration de Rennes, l'arrêt du conseil, de
1634, qui permit aux habitants de Quimper-Corentin l'é-
lection de quatre échevins pour le gouvernement de la
ville, un caractère commun paraît avoir signalé l'administration des villes et des campagnes de la Bretagne : c'est
l'attachement des populations à l'Église et à leurs seigneurs.

Point de lutte, de l'aveu de M. Augustin Thierry (1),
point de lutte de la bourgeoisie pour conquérir des droits
politiques : point de traces de la révolution communale
dans l'histoire de la Bretagne. Le nom de commune n'y
paraît, dans les actes publics et privés, qu'après la réunion
de cette province à la couronne. Dans les bourgs comme
dans les paroisses rurales, l'église paroissiale était, sous la
protection de l'évêque, le centre de l'administration municipale ; et c'est à l'accord persévérant de l'autorité ecclésiastique et de l'autorité civile, des seigneurs et des vassaux ;
c'est surtout à l'absence totale des insurrections et des conflits à main armée, qui ont troublé, dans d'autres provinces,
la régénération communale, qu'on doit attribuer l'attache-

(1) *Tableau de l'ancienne France municipale*, p. 264.

ment de la Bretagne à ses mœurs et à ses lois traditionnelles.

De toutes les provinces de France, celle qui a subi le
plus tard et le plus difficilement l'influence des institutions
romaines ou franques, c'est la Bretagne, cette vieille terre
dont la nationalité persistante et rebelle à toutes les influences extérieures autres que l'influence chrétienne est restée, sous la domination successive des Romains, des Francs,
des Anglais, essentiellement celtique, et a inspiré à son
poëte indigène, ces vers si dignes d'elle et de lui :

Oui, nous sommes encor les hommes d'Armorique,
La race courageuse et pourtant pacifique!
Comme aux jours primitifs, la race aux longs cheveux,
Que rien ne peut dompter quand elle a dit : Je veux!
Nous avons un cœur franc, pour détester les traîtres!
Nous adorons Jésus, le Dieu de nos ancêtres !
Les chansons d'autrefois, toujours nous les chantons.
Oh! nous ne sommes pas les derniers des Bretons,
Le vieux sang de tes fils coule encor dans tes veines,
O terre de granit, recouverte de chênes !

CHAPITRE VI

DROIT MUNICIPAL DE L'ANJOU, DU MAINE, DU PERCHE ET DE LA TOURAINE.

I. — Au levant de la Bretagne, au couchant de la Touraine, au midi du Maine, au nord du Poitou, était l'An-

jou (1), habité par les peuples celtes *Andegavi*, dont le nom se reproduit dans les formules *Andegavenses*, ces vieilles coutumes du pays.

Angers, sa capitale, est d'origine romaine, et s'appelait *Juliomagus*, quoique Jules-César ne l'eût point bâtie, et que ce nom lui eût été donné par Auguste, son fils adoptif, lorsqu'il fonda dans les Gaules plusieurs colonies. Childéric s'en empara, après y avoir tué de sa main Paul qui y commandait au nom des Romains. Robert-le-Fort, duc de France, y régna et y fut tué en combattant les Barbares. Hugues-Capet en disposa, ainsi que de tout l'Anjou, en faveur de Geoffroy, qui devint grand sénéchal et grand maître de la maison du roi. Geoffroy-Plantagenet s'étant marié avec Mathilde, veuve de l'empereur Henri, et fille de Henri Ier, roi d'Angleterre, l'Anjou fut possédé par Richard-Cœur-de-Lion et par Jean-Sans-Terre, et repris sur ce dernier par Philippe-Auguste. Charles d'Anjou, frère de saint Louis, reçut, en 1224, la donation de l'Anjou en pleine propriété, sans aucune réserve pour la couronne, sinon l'hommage et le ressort, et Henri III, roi d'Angleterre, fils et successeur de Jean-Sans-Terre, céda à saint Louis ses prétentions sur l'Anjou, par le traité de l'an 1259. Cette province passa dans les mains de la branche des Valois, qui la réunit à la couronne. Érigée en duché par Jean, fils de

(1) *Histoire agrégative des annales et chroniques d'Anjou*, par JEHAN DE BOURDIGNÉ (1529). — *L'Anjou sous le régime municipal*, par BLADIER LANGLOIS (1843). — *Bref discours sur l'excellence et l'antiquité du pays d'Anjou*, par DUFAU-ROBIN (1582). — *Jean Hirtius, des antiquités d'Anjou*, par JEAN HINET (1618). — *Histoire des anciens comtes d'Anjou* (1681). — *Recherches historiques sur l'Anjou*, par BODIN (1821). — *Archives d'Anjou*, par MARCHEGAY (1843). — *Chroniques d'Anjou*, par MM. MARCHEGAY ET SALMON (1356). — *Notices et documents historiques*, par MARCHEGAY (1357).

Philippe, elle fut donnée par Jean, fils de Philippe, à son fils Louis, pour lui et ses enfants mâles, et fut comprise dans l'héritage que transmit à Louis XI Charles d'Anjou, comte du Maine.

A peu de distance d'Angers étaient le port de Sé (*pons Saii*), et Château-Gontier (*castrum Gonteri*), fondé par un certain Gontier, laboureur, en l'an 1037, selon Adrien Valois, qui le prouve par les actes de l'abbaye de Saint-Aubin d'Angers. Il y avait aussi, au douzième siècle, un château de la Flèche (*Flechia castrum*), qui devint la ville de la Flèche, dont Henri IV fit le chef-lieu du duché de Beaumont-le-Vicomte.

Le Saumurois dépendait de l'Anjou. Sa capitale (*Salvus murus*) était déjà fortifiée au dixième siècle, et devint célèbre, en 1030, par le monastère qu'y fit bâtir l'abbé Frédéric. Montreuil-Belley, autre ville du Saumurois, doit son origine à un monastère (*monasterium Bellaii*), et fut gouvernée par des seigneurs comptés par Philippe-Auguste au nombre des chevaliers bannerets. La race de ces seigneurs s'étant éteinte, Montreuil-Belley fut réunie au domaine des comtes d'Anjou.

II. — Parmi les coutumes qui admettaient le franc-alleu, Ferrières (1) cite la coutume d'Anjou, art. 140. Pocquet de Livonière (2) conteste : « Dans la coutume d'Anjou, dit-il, nous admettons la maxime générale : *Nulle terre sans seigneur*, et pour y soutenir le franc-alleu, il faut rapporter des titres qui le justifient. La possession immémoriale, sans titres, ne serait pas suffisante, comme il a été jugé dans la coutume de Paris, par un arrêt du 17

---

(1) *Traité des fiefs*, ch. IV, p. 537. — (2) *Traité des fiefs*, livre VI, ch. II, p. 561.

mars 1668, rapporté par Brodeau et autres commentateurs de la dernière coutume sur l'art. 68.

Les institutions municipales de l'Anjou, dans les premiers siècles du moyen âge, ont été à peu près nulles.

III. — Vers la fin du douzième siècle, Angers paraît avoir eu une milice organisée; mais tout son gouvernement se bornait à un conseil de ville, dépendant des officiers du comte, dépourvu de juridiction et sans titre de fonctions spéciales pour aucun de ses membres. Éclairer les officiers du roi sur des besoins, sur des vexations, sur des abus; présider plus ou moins puissamment à l'exacte répartition des impôts, telles étaient les fonctions de ces premiers officiers municipaux d'Angers. Dès le onzième siècle, des communes plus entreprenantes avaient longuement et chèrement milité pour un régime municipal doué de plus d'autorité. Angers, d'un naturel plus paisible et plus soumis, avait vu de loin gronder les orages et n'en avait point été ému. Ses notables habitants siégeaient dans une chambre située sur la porte Chapellière, et de ce point vaquaient aux fonctions que leurs souverains leur avaient confiées, sans songer que l'on pût être plus libre, et tenir tête plus hardiment aux autorités anciennes (1).

Par la charte communale de 1474, Louis XI dota les Angevins d'une faveur inattendue. A la suite d'un préambule honorable pour eux, Louis XI leur accorda un maire, un sous-maire, dix-huit échevins, trente-six conseillers inamovibles, et après la mort desquels, à mesure qu'ils décédaient, le peuple en élirait de nouveaux de trois en trois ans. Le maire qu'il nomma, pour cette fois seulement, fut Guillaume de Cerisay, pro-notaire et greffier au parlement. «Le corps municipal, dit la charte, pourvoira lui-même aux

(1) *Angers et l'Anjou*, par M. BLORDIER-LANGLOIS.

gages qu'll trouvera bon d'allouer à son maire, et celui-ci
plus grand ne les pourra avoir et demander. Le corps
municipal jouira des honneurs et priviléges de la noblesse,
dans tous ses membres et dans toute leur postérité, pourra
parvenir à la chevalerie et acquérir, dans tout le royaume,
fiefs, juridictions, sans être obligé de payer finance (les
francs-fiefs). » Suivent les exemptions d'ost, de chevauchée,
de ban et d'arrière-ban, le droit accordé au maire de faire
lever l'impôt de simple cloison, de donner à bail toute
contribution de barrage ou de chaussée, etc. ; la liberté des assemblées du corps municipal, le droit de nommer un receveur des droits établis en faveur de la ville, la
juridiction du maire sur la ville d'Angers, les faubourgs, sa
banlieue et quinte, et sur les Ponts-de-Cé, pour tout ce qui
concerne le commerce et les métiers, avec ressort au parlement de Paris dans le cas d'appel. Le roi ne se réservait que le
crime de lèze-majesté dont le maire, lui donnera connaissance
« pour sur ce lui faire savoir son bon plaisir. » Le roi confie
au corps municipal la garde des clefs des portes et des chaînes, afin qu'il en use comme en usaient les capitaines d'Angers. Le maire aura un grand sceau et des sceaux moindres
pour l'exercice de sa justice et de son administration; à l'a-
venir, il sera conservateur des priviléges de l'université
d'Angers, honneur qui, jusqu'à ce temps, avait appartenu
aux comtes et aux ducs.

« Aucun membre du corps législatif, ni aucun habitant
d'Angers ne pourra être arrêté que par commandement
exprès du roi, et dans des cas qui intéresseraient sa personne.

« Le maire est autorisé à faire des plans pour la commodité
du commerce, en indemnisant, après sage expertise, les
particuliers, dont il faudra que les habitations soient abat-
tues, ou les terrains occupés, pour former ces plans; il

l'est également à recevoir des dons et legs, pour servir aux besoins publics. Les revenus municipaux pourront s'élever à 2,000 livres tournois. Il fera, au profit de la commune, la vente exclusive du sel ; il aura l'inspection des poids et mesures, des fours, des moulins et de toutes les corporations industrielles. »

Cette charte se termine ainsi : « Donné à Paris, au mois de février, l'an de grâce 1474, et de notre règne le quatorzième. Signé Loys ; et sur le repli : Pour le roi, le sire de Beaujeu, l'évêque d'Évreux et plusieurs autres présents (1).

Tout assigne aux institutions primitives de l'Anjou un caractère paroissial. « Necesse ei fuit, » est-il dit dans les vieilles formules de cette province, « advocare judices seu et « vicinos circa manentes seu et universa *parocia* illa (2). »

IV. — La province du Maine (3), à laquelle le Perche était joint, était bornée au nord par la Normandie, au couchant par la Bretagne, au midi par la Touraine et l'Anjou, et au levant par l'Orléanais. C'était l'ancien territoire des peuples celtiques *Cænomani*, l'un des premiers dont les Francs s'emparèrent après leur arrivée dans les Gaules. Le comté du Maine, en butte aux dévastations des Normands sous la seconde race, devint héréditaire vers le milieu du dixième siècle, sous le règne de Louis-d'Outre-Mer, et fut souvent le théâtre des luttes engagées pour le

---

(1) *Angers et l'Anjou*, p. 12. — (2) *Formulæ Andeg.*, XXI. — Appendice à *l'essai sur l'hist. du droit au moyen âge*, par M. GIRAUD, t. I.— (3) *Dictionnaire historique du Maine*, par LEPAIGE (1777). — *Bibliographie du Maine*, par DESPORTES (1844). — *Mémoires des comtes du Maine*, par TREVILLART (1643). — *Essais historiques sur le Maine*, par RENOUARD (1811). — *Documents pour servir à l'histoire du Maine*, par un bibliophile sarthois (1856). — *Dissertation sur les incursions normandes dans le Maine*, par DE LESTANG (1855). — *États du Maine, députés et sénéchaux de cette province*, par CAUVIN (1839).

conquérir entre le duc de Normandie et le comte d'Anjou. Fouque, comte d'Anjou, qui fut depuis roi de Jérusalem, unit ce comté au sien, par son mariage avec Hérimburge, fille et héritière du comte Hélie. Le Maine subit depuis cette époque de fréquentes vicissitudes, et fut réuni à la couronne par Charles, neveu du roi Réné, qui institua Louis XI son héritier universel.

Le Mans était la capitale du haut Maine.

Beaumont-le-Vicomte, dont le titre vient de ses anciens seigneurs, qui possédaient ce vicomté héréditairement, fut érigé en duché par François Ier, et réuni à la couronne par Henri IV, qui en était propriétaire.

La ville de Laval était la principale ville du bas Maine. Son histoire ne remonte guère au delà du onzième siècle, où vivait Guy, seigneur de Laval, dont la postérité masculine finit dans le douzième siècle. Cette seigneurie, possédée par une branche de la maison de Montmorency, qui prit le nom de Laval, passa au duc de la Trémouille, et fut érigée plus tard en duché par Henri III. On donnait à Laval le nom de *Vallis-Vidonis* ou *Vallis-Guidonis*, à cause de ses seigneurs, qui s'appelaient Guy.

Sablé (*Sabolvium*), autre ville du bas Maine, fut donnée en 628, avec plusieurs autres, à l'église du Mans, par un seigneur nommé Alain ; mais elle vint plus tard aux mains des seigneurs laïques, qui étaient fort considérables entre les chevaliers manceaux.

Le Perche (*Perticus saltus*), dont il est fait mention par plusieurs auteurs jusqu'en l'an 1000, était divisé en quatre *pagi* : le grand Perche, le Perche Gouët, les terres démembrées et la terre française.

Le grand Perche avait deux villes principales : Bellesme et Mortagne, dont les seigneurs particuliers portaient le titre de comtes. Mortagne était la capitale ; Bellesme n'était qu'un *castrum.* Nogent-le-Rotrou (*Novigentum Rotrodi*) était un bourg dont dépendait celui de Saint-Denis.

Le Perche-Gouët, dont le nom était celui de ses anciens seigneurs, se divisait en cinq baronnies.

Les terres démembrées étaient Châteauneuf en Thimerais (*castrum Theodemerense*), Senonches, Bazoches et Champron.

La terre française était un petit pays, où était la Tour grise de Verneuil, sur les confins de la Normandie.

V. — Les institutions municipales de la province du Maine sont fort anciennes. Dans deux testaments, datés de 615 et de 642, du 8 des ides de février, Bertrand et Hadouind, évêques du Mans, enjoignent que ces testaments soient ouverts dans la cité du Mans (*Cenomani civitate*), présentés aux magistrats municipaux (*municipalibus*), et rendus exécutoires (1). L'administration de la cité du Mans appartenait sans doute alors à l'évêque, au clergé et aux bourgeois réunis. Une charte de Clotaire III, de 657 à 669, confirmée par Childebert III, le 3 mars 698 (2), accorde aux habitants du Mans le droit de nommer leur duc ou comte, et s'il est vrai qu'on ne retrouve plus au-delà de ce règne la trace d'un droit dont l'abus aurait pu compromettre l'ordre public, on ne peut être autorisé à penser que les magistrats *de la cité* conservèrent leur caractère électif.

En 1071, la ville du Mans devint le théâtre d'une insurrection populaire et d'une commune jurée; « Facta igitur « conspiratione quam communionem vocant sese omnes « sacramentis astringunt (3). »

Ce fut, en France, le premier exemple d'une fédération

---

(1) *Gesta pontificum Cenomansium apud* MABILLON, *in analectis*; édit. in folio. p 268. -- *Diplomata, chartæ*, t. I, p. 115, 123, 191. — (2) *Gest. pontif. Cen.*, p. 283. -- *Diplomata, chartæ*, t. IV, — (3) *Gest. pontif. Cen.*, p. 308.

de ce genre, mais il fut de courte durée. Heureux d'échapper à l'anarchie et d'éloigner le fléau de la guerre, les Manceaux rétablirent, en 1073, l'ancienne administration, et continuèrent de vivre sous la puissance de Guillaume, duc , de Normandie, après avoir reçu de lui le serment qu'il laisserait leur trahison impunie, et qu'il respecterait les anciennes coutumes et justices de la cité (1).

Les ordonnances du comte du Maine, de 1317-1328, sur les corps d'arts et métiers, et l'édit de Louis XI, de 1481, sur l'Hôtel-de-Ville du Mans, qui fut créé comme récompense de la fidélité des Manceaux, qui chassèrent les Anglais de leur ville et la livrèrent au roi, sont les deux bases fondamentales des franchises municipales du Mans.

L'art. 153 de la coutume du Maine consacrait le régime allodial de cette province.

VI. — La Touraine, bornée au nord par le Maine, au levant par l'Orléanais, au midi par le Berry, au couchant par le Poitou et l'Anjou, était l'ancien *pagus* des *Turones*, peuples celtes, dont César parle dans les deuxième et septième livres de ses *Commentaires*.

Ce pays, doté, sous l'empire romain, de toutes les attributions municipales, tomba au pouvoir d'Euric, roi des Visigoths, et fut conquis par les Francs, après la bataille gagnée par Clovis, contre Alaric, près de Poitiers. Il échut, après la mort de Clovis, à Thierry, roi d'Austrasie, et fut possédé par les rois qui régnaient à Metz, jusqu'au temps de Clotaire II, qui réunit la monarchie française. Il obéit depuis cette époque aux rois de Neustrie. Les comtes de

_____

(1) Acceptis ab eo Guillelmo, Normandiæ duce, sacramentis tam de impunitate perfidiæ quam de conservandis antiquis ejusdem civitatis consuetudinibus atque justiciis, in ipsius ditionem atque imperium se dederunt (Cf. *Gesta pontif. C-n.*, apud *Script. rer. Gall*, t. XII, p. 41).

Blois et de Chartres s'y rendirent héréditaires; mais leurs successeurs furent fréquemment troublés dans sa possession par les seigneurs d'Amboise et autres lieux circonvoisins. Geoffroy-Martel s'en empara, et le petit-fils de Geoffroy d'Anjou, Jean-Sans-Terre, ayant été privé par Philippe-Auguste des États qu'il avait en deçà de la mer, Henri III, fils de Jean, céda la Touraine à saint Louis, par le traité de l'an 1259.

Tours, capitaine de la Touraine, est l'ancien *Cesarodunum*, municipe romain, qui devint la capitale de la troisième Lyonnaise, sous le règne d'Honorius.

Saint Gatien, son premier évêque, paraît avoir été le fondateur de l'église métropolitaine, qui gouvernait toute la province, et de laquelle ressortirent plus tard les diocèses du Mans, d'Angers, de Nantes, de Rennes, de Dol, de Saint-Malo, de Vannes, de Quimper, de Léon, de Tréguier et de Saint-Brieuc. C'est à saint Martin, troisième évêque, et à ses successeurs, qu'on doit les établissements des bénédictins en Touraine. Saint Perpette, sixième évêque, fit bâtir, sur le tombeau de saint Martin, une église, à laquelle fut attachée une congrégation de cet ordre, et qui acquit une grande célébrité et des bénéfices immenses, en Neustrie, en France, en Austrasie, en Bourgogne, en Aquitaine, en Italie, en Angleterre et ailleurs. Les moines de la congrégation, ou église de Tours, obtinrent, dans le septième siècle, la création d'un évêché, tandis que les autres congrégations n'étaient que des chapitres. Ils percevaient la dîme sur la plupart des domaines fiscaux de la province. Ils étaient affranchis de l'autorité des officiers impériaux du royaume. Ils ne relevaient que de l'empereur ou du roi et du pape. L'archevêque n'y avait d'autorité que pour les choses particulières qu'il y exerçait. La juridiction de l'archevêché s'exerçait sur les domaines qui, dans la troisième province Lyonnaise, ou les douze diocèses, n'étaient point attribués à la congrégation ou église de Tours (1).

Grégoire de Tours affirme que, de son temps, l'église de Saint-Martin était éloignée de la ville de 530 pas. Ce ne fut que dans le neuvième siècle qu'on entoura de murailles cette église et le bourg voisin, pour les garantir contre les incursions des Normands. Ce quartier s'appelait alors *Castrum novum*, Châteauneuf, comme le témoigne l'auteur de l'*Histoire des comtes d'Anjou*. Ce bourg, dit de Saint-Martin, était distinct de la cité dès avant le douzième siècle. La cité était gouvernée, depuis un temps immémorial, par une constitution où tous les pouvoirs, sauf certaines restrictions, difficiles à déterminer, appartenaient à quatre prud'hommes, élus chaque année par le corps entier des habitants. Châteauneuf avait pour seigneur l'évêque de Saint-Martin, contre lequel il se révolta vers l'an 1125 : il se donna alors une organisation communale, qu'une transaction, obtenue par la médiation du roi, réduisit à un gouvernement de dix prud'hommes, dépourvus du droit de juridiction (2). Au treizième siècle, les deux villes furent réunies en une seule, et le corps municipal fut composé de quatre prud'hommes, élus par la cité, et de deux choisis par le bourg. Aux assemblées de ce corps assistaient, outre les six élus, un représentant de l'archevêque, des délégués du chapitre de Tours et de l'abbaye de Marmoutiers (*majus monasterium*), fondée par saint Martin, le chef judiciaire de la Touraine et plusieurs

---

(1) *Chronicon Turonense, Constitutions ou règles de Saint-Benoît. Cartulaire de Tours* ; D. GERVAISE ; MONSUYER ; D. HOUSSEAU. — (2) Voyez dans le *Recueil des ordonnances*, t. XI, p. 221, les *lettres données par Philippe-Auguste*, en 1181.

bourgeois notables. Un gouvernement municipal, calqué sur celui de la Rochelle, fut donné à Tours, par Louis XI, en 1461, et composé d'un maire, de vingt-quatre échevins, et de soixante-quinze pairs, ayant pleine juridiction au civil et au criminel. « Donnons et octroyons par ces présentes, portent les lettres patentes rapportées dans le *Recueil des ordonnances*, t. XI, p. 332, aux dits maire et eschevins, qui ainsi seront élus pour le gouvernement de notre dite ville de Tours, tel pouvoir semblable, justice, préroga- tives et prééminences en nostre dite ville de Tours et ailleurs comme ont ceux de la Rochelle en cette ville et ailleurs. »

Des documents authentiques attestent l'existence an- cienne des états de Touraine, Maine et Anjou. Saint Louis les avait assemblés au mois de mai 1246, pour régler un point de la coutume locale. Ce fait est consigné dans le *Re- cueil des ordonnances du Louvre*. On trouve dans le même recueil qu'en 1355 les états d'Anjou et du Maine octroyèrent gracieusement une aide de 2 sous 6 deniers par feu, pour être employés à la garde du pays, sous la condition qu'à l'avenir des aides semblables ne pourraient être levées au pays d'Anjou et du Maine, « si ce n'est par l'assentiment « exprès des dits gens d'église, des dits nobles et des dites « communes (1). »

VIII. — Parmi les villes ou plutôt les bourgades voisi- nes de Tours, on distinguait Amboise (*Ambasia*), dont Sul- pice-Sévère, qui vivait sur la fin du quatrième siècle, parle dans la *Vie de saint Martin*. Cette ville avait, dès l'an 1030, un seigneur particulier, qui ne reconnaissait pas l'autorité des comtes de Blois et de Tours, et qui prétendait relever de

(1) *Les assemblées provinciales en France*, par M. LÉONCE DE LA- VERGNE. *Revue de Deux-Mondes, du 15 janvier* 1862.

Geoffroy-Martel, comte d'Anjou. La branche d'Amboise tomba en quenouille sous le règne de Louis XI, et la seigneurie confisquée fut réunie au domaine royal. Chinon (*Caino*), patrie de Rabelais, et Loches (*Luccæ*) étaient déjà connues l'une au cinquième siècle, l'autre au sixième. La seigneurie de Loches fut réunie à la couronne après l'extinction des comtes d'Anjou ; ville célèbre par la tour où Louis XI renfermait ses prisonniers dans des cages de fer.

Le pays de Brenne (*saltus Briona*) faisait partie de la Touraine, et avait pour capitale Châtillon-sur-Indre. M. Augustin Thierry affirme (*Tableau de la France municipale*), mais sans indiquer ses sources, que pour les villes de la Touraine, la forme de municipalité la plus générale et la plus ancienne était l'administration financière, avec ou sans droits de police, exercée par deux élus.

IX. — On ne trouve, dans la coutume de Touraine, aucune disposition explicite ni sur le franc-alleu, ni sur les droits de propriété ou d'usage des communes fondées en titre ou en possession immémoriale ; mais, dans cette coutume comme dans les autres, le fief étant une fois constitué et circonscrit, la directe universelle étant reconnue, il s'en suivait que la présomption de propriété existait en faveur du seigneur, sauf les droits d'usages des habitants ; car, dit avec raison un jurisconsulte, un fief une fois fief est fief, pour tous pays, soit coutumiers, soit de droit écrit. C'est ce qui nous paraît avoir été mis en lumière dans le procès entre madame la contesse de la Rochejacquelin et les communes d'Huismes et de Rigny-Ussé (1).

(1) V. l'arrêt d'Orléans, du 18 mars 1839; l'arrêt de la Cour de Cassation, du 26 novembre 1839 (p. 40, 1, 129); l'arrêt d'Orléans, du 29 août 1843.

Un grave incident a été soulevé à cette occasion, au sujet de la sincérité d'une transaction de 1231, où le principe que nous invoquons est nettement formulé en ces termes :

« Quod homines de Oximis sunt in possessione colligendi « arundines cum falcibus a nemore de Tollet usque ad pas- « tum Gualterii, salva tamen quæstione proprietatis do- « mino de Ucio. »

Mais ce qui nous porte à repousser, comme l'ont fait la Cour d'Angers et la Cour de Cassation, les soupçons diri- gés contre un acte dont une expédition en forme probante manque, il est vrai, mais dont la copie porte, par son éten- due et par son style, le cachet du temps, c'est que la clause incriminée est conforme au droit commun, et trouve sa jus- tification naturelle dans l'ensemble des actes antérieurs et postérieurs.

Les chroniques de la Touraine établissent, en effet, que c'est des fiscs de Charlemagne et de ses successeurs que viennent les immenses domaines concédés à titre de béné- fice, à l'abbaye de Saint-Martin de Tours, puis aliénés par cette abbaye au profit de divers seigneurs, et que ce n'est qu'après l'érection des bénéfices en fiefs que les serfs ou vassaux acquirent des droits d'usage qui ne portaient point atteinte au droit de propriété des seigneurs.

Il résulte notamment d'une donation à l'abbaye de Saint- Martin de Tours, remontant au commencement du neu- vième siècle, et confirmée par Charles-le-Simple et par Philippe-le-Bel, que Charlemagne appropria à l'église de Tours le territoire d'Huisme en Touraine, avec toutes ses

(1) *Chartes* de 770, 782, 816, 832, 845, 849, 855, 862, 869, 882, — *Chronicon Turonense.* — *Constitutions ou règles de Saint-Benoît.* — *Cartulaires de Tours.* — *Recueil des historiens de France*, t. V et VIII.

dépendances, et dans l'intégralité, y compris la population domestique de l'un et de l'autre sexe, les prés, les pâturages, les forêts, les eaux, leurs chutes et relaissés, les moulins, toutes ses appartenances, tout ce qu'en avait le comte Robert dans ses mains, tant dans le bourg, ou dans quelque lieu que ce soit, enfin tout ce qu'en avait le comte Robert. Or cet acte exclut évidemment tout droit primitif des habitants qui, n'étant point encore constitués en communes, ne pouvaient participer à la jouissance des terrains que comme faisant partie de la domesticité de celui à qui ils avaient été donnés, *cum familia utriusque sexus.*

Ces habitants ne peuvent aucunement exciper de droits préexistants à la conquête, droits que cette conquête aurait dans tous les cas radicalement quoique violemment anéantis ; les droits qu'ils ont exercés plus tard, ils n'ont pu les recevoir que des libéralités des seigneurs, devenus par une série de donations, et par le compromis du 12 février 1231, propriétaires d'une partie des vastes domaines de l'abbaye, et cette sentence, quoique non produite en forme probante, paraît d'autant plus digne de foi qu'elle est confirmée par des actes postérieurs qui se sont succédés depuis 1281 jusqu'à un arrêt du parlement de Paris, du 27 septembre 1704 (1).

Un procès important, plaidé devant la Cour d'Orléans, entre la famille de Maillé et les communes de Cravant et de Saint-Benoît-de-Lacqmort, a soulevé la même question pour des bois, landes, bruyères et marais situés dans l'ancienne seigneurie de Cravant, en Touraine. Une prétendue sentence de 1472, tendant à établir que les droits de la communauté de Cravant et de Saint-Benoît étaient de simples droits d'usage, concédés par les seigneurs, a été écartée

---

(1) Voir l'*Arrêt de la Cour d'Orléans*, du 29 août 1843.

comme fausse par des motifs qu'il ne nous appartient pas d'apprécier ; mais la famille de Maillé a produit plusieurs chartes, de 1133, de 1140, de 1148, de 1191, de 1196, de 1257 et de 1259, justificatives du même fait, et a obtenu, en conséquence, de la Cour d'Orléans, le 26 mai 1854, un arrêt qui juge que la qualité d'usagers résulte, pour les habitants de Cravant, sinon d'une concession formelle, dont l'origine et la preuve se perdent dans la nuit des temps, du moins de la reconnaissance successive, faite par les seigneurs de Cravant, dans leurs aveux, et des déclarations, par les habitants eux-mêmes, lors du paiement des droits fiscaux auxquels ces usages étaient soumis.

Nous ne citerons à l'appui de ces arrêts qu'une seule charte, celle de 1191, portant confirmation, par le seigneur de l'île Bouchard, sur les forêts, des droits d'usage des moines de la communauté de Saint-Benoît, établis à Villanie et à Rivarennes, et *de leurs hommes*, parce que, de cette charte, résulte une nouvelle preuve du fait que la formation, dans le moyen âge, des villages et des communes a été généralement l'œuvre commune des seigneurs et des corporation religieuses :

« Ego enim in manu ejusdem abbatis in perpetuum con-
« cessi atque concedo omnia quæ domus ipsius in Villania
« et Rivarena tempore patris mei Buchardi et antecessorum
« ejus in pace possederant, similiter in perpetuum quiete
« et libere possidenda, scilicet usum nemorum meorum ad
« omnia necessaria et cœtera omnia quæ in antiquis chartis
« donationum Girardi Borelli et Archambaldi Borelli con-
« tinentur, in chartis scilicet de Rivarena et Villania... Præ-
« terea rogationi ejusdem abbati concessi homnibus suis
« de Rivarena usum nemoris nostri ad calefaciendum in ne-
« moribus meis, sicut antea temporibus antecessorum meo-
« rum habebant. »

« J'ai accordé et j'accorde à perpétuité à l'abbé tout ce que les maisons de son abbaye, à Villanie et Rivarennes, ont possédé du temps de mon père Bouchard et de ses prédécesseurs, pour continuer d'être possédé de même à perpétuité en toute sécurité et liberté, savoir : l'usage de mes forêts pour toutes espèces de besoins, et tous les droits consacrés par les anciennes chartes de donations de Gérard Borelle et d'Archambauld Borelle, en ce qui concerne, bien entendu, Villanie et Rivarennes.....

« En outre, à la demande du même abbé, j'ai accordé à ses hommes de Rivarennes l'usage de ma forêt pour leur usage dans mes forêts, comme ils l'avaient au temps de mes prédécesseurs..... »

Les coutumes de l'Orléanais, du pays Chartrain, de l'Ile-de-France, de l'Anjou, du Maine, consacraient, en matière de biens et usages communaux, des principes conformes à ceux des autres provinces du centre ; mais nous devons expliquer ici en quoi consistaient, dans ces provinces, les droits qui étaient spécialement désignés sous les noms des *gruerie* ou *ségréage*.

On connaissait, en Touraine, sous le nom de ségréage, un droit analogue au tiers-danger dont nous avons parlé comme admis en Normandie, et identique avec le droit de gruerie très-utile dans l'Orléanais, le pays Chartrain, l'Ile-de-France, et quelques autres provinces du centre, dont le droit commun ne différait pas de celui que nous avons constaté.

On entendait par *gruerie*, *ségréage*, *segorage*, *grairie*, les droits que le roi percevait en redevances justicières, droits de chasse, de pacage, de glandée, sur certains domaines qu'il avait aliénés sous cette réserve.

Les officiers du roi administraient seuls les biens tenus en gruerie ; ils en percevaient les produits, remettaient sa part au propriétaire, et exerçaient tous les autres droits. Le propriétaire ne pouvait prendre pour son usage que les espèces de bois de qualité inférieure désignés sous le nom de mort-bois. Si la concession était roturière, le propriétaire n'avait cet usage que pour lui; si elle était en fief, il l'avait pour lui et ses vassaux.

« Gruerie ou grairie, de *ager*, *agraria*, dit Saint-Yon (1).
« Ces droits sont des plus anciens du domaine, qui surpas-
« sent tout ce qui se peut remarquer de plus grande anti-
« quité ès registres de la chambre des comptes.....
« Comme il y avait alors si grande quantité de bois par-
« tout qu'on n'en pouvait que faire.... les unes (forêts)
« furent réservées au domaine de la couronne, autres des
« dites forêts furent divisées par gardes, furent laissées à
« garder et conserver à des gentilshommes voisins,
« avec attribution de plusieurs droits et priviléges en
« icelles, à la charge de les tenir à foi et hommage ; et de là
« sont venues les sergenteries fieffées qui sont en plu-
« sieurs forêts. »

« Quelques autres furent baillées à des particuliers, à bail d'héritage perpétuel avec la seigneurie utile pour en avoir le soing, mesnager les couppes, à la réserve toutefois des deux tiers, moitié, quart, dix et vingtième d'elles, de la justice, amende, chasse et garenne, paisson et glandée, et autres prééminences pour marque et reconnaissance de seigneurie directe et supérieure ; et de là sont venus ces droits domaniaux de tiers-danger, guerie et grairie. »

Ducange définit le droit de gruerie : « gruarium, jus quod
« quis habet in foresta alterius. » Il cite la charte de Philippe-Auguste, de 1196, où on lit : « Dedit in perpetuum
« ecclesiæ B. Dionisii universa tam in traverso aquæ Me-

---

(1) *Des édits et ordonnances des forêts*, p. 326.

« duntæ quam in Teloneo villæ et gruaria foresta, quæ dicitur
« Arthia, etc. » Plusieurs autres documents, antérieurs au
treizième siècle, mentionnent le droit de gruerie.

Segregagium, dit aussi Ducange, en parlant du même
droit, et après avoir rapporté un arrêt du parlement de
la Chandeleur 1257, qui obligea l'abbé et le couvent de
Baulieu de reconnaître le droit que réclamait le bailli de
Tours, il le définit ainsi : « Segregagia, seu tertia de ex-
« pletis forestarum, ex quibus videtur colligi, segregagium
« fuisse tertiam partem expleti quæ ad superiorem domi-
« num pertinebat et vulgo. *Tiers* et *danger* vocisatur
« *ségréage* ou *segorage*, in consuetudine insulæ Savaricæ,
« art. 10 et Turonensis. »

Un arrêt du parlement de 1258, rapporté dans les
Olim, tome I, p. 69, n° XVII, constate le droit de ségréage
dû au roi, pour tous les bois et forêts compris dans la circonscription de la châtellenie de Chinon.

La quotité du droit de gruerie n'était pas uniforme. Saint-
Yon rapporte (1) que dans l'Orléanais, la Beauce, le Gâtinais, l'Hurepois, il était de moitié, qu'il était à Beaugency
du tiers ;

Qu'il variait à Senlis entre la moitié et le tiers, à Chauny
entre le quart et le quint. Toutes ces différences, dit Delapoix de Freminville (2), prouvent qu'il n'y a aucune uni-
formité dans les droits de gruerie ou grairie, et qu'ils se
perçoivent selon les titres et les usages.

On doit présumer que ce genre d'association avait, pour
principe, des tenures collectives ; car c'est sous la forme
collective, et non sous la forme individuelle, que la propriété
apparaît à l'origine des sociétés.

---

(1) Art. 1, titre 24, des *Ordonnances*, p. 327. — (2) *Pratique des
terriers*, t. III, p. 188.

Les pâturages communs, connus dans les provinces du centre sous le nom de *consorts*, étaient une institution analogue, et même corrélative à celles des companys.

On appelait *place commune, consort, codir commun*, etc. une place qui n'appartenait à personne en particulier, que personne ne cultivait et n'avait le droit de cultiver, pour s'en approprier les fruits, et dans laquelle les habitants d'une paroisse, d'une justice, d'un village ou hameau voisin, avaient droit de mener pacager leurs bestiaux (1).

L'origine de ces consorts remonte, comme nous l'avons fait remarquer ailleurs, à une constitution de Tibère, et on les retrouve dans les lois des Visigoths et des Bourguignons (2).

Ces consorts se retrouvent aussi dans le régime féodal. Ces sortes de biens, dit Delapoix de Freminville (3), étaient possédés, en propriété, par différents particuliers, cultivateurs et associés entre eux, pour chacun leur portion : ces métairies, étant situées ordinairement à la campagne, et non aux villes et bourgs, les associés laissaient inculte, dans leur héritage, une grande place au devant de leurs maisons, qui leur servait d'aisance, pour la sortie de leurs bestiaux, pour les mener à la fontaine, à une mare ou ruisseau, pour les faire pacager, reposer, enfin, pour leur service ; et comme cette place appartenait à tous les associés, elle s'appelait le *consort tel*, du nom de la métairie.

Indépendamment de ces *consorts*, communs à plusieurs métairies, il y avait, dans la plupart des communautés, des *places communes*, également affectées à la dépaissance des bestiaux, et qui appartenaient à chaque communauté, sous

(1) Delapoix de Freminville, *Prat. des terriers*, t. II, p. 562. — (2) *Lex Visigoth.*, L. VIII, t. V, g. 5. — *Leg. Burgund.*, I., 49, Gl. 3. — (3) *Traité des communes ou communaux*, p. 70.

une redevance en argent, gelines, cire, avoines, ou autres grains, payée annuellement aux seigneurs, sous le nom de *blairie* (1) dans le Bourbonnais, la Marche, la Bourgogne, et de *moison*, *civerage*, *avenage*, dans le Lyonnais, le Dauphiné (2) et autres provinces.

•Nous avons pour principe, dit Delapoix de Freminville, en son *Traité des communaux de paroisse*, chapitre II, que les places, communes ou communaux dont les communautés d'habitants jouissent et usent, pour nourrir et élever leurs bestiaux, sont censés avoir été donnés par les seigneurs des lieux; et ce n'est qu'en cette considération que ces mêmes seigneurs sont convenus avec leurs habitants qu'ils leur payeraient annuellement un droit que les uns ont appelé *blairie*, d'autres *moison*; c'est comme une redevance faisant le prix des héritages qu'ils avaient donnés pour les mettre en communaux et en pâturages pour leurs bestiaux.

Ce droit étant réel était dû par tous ceux qui avaient des fonds et héritages situés dans le mandement ou paroisse où étaient les communaux, soit que les propriétaires des dits héritages fussent domiciliés dans la paroisse ou non; il était sujet à règlement de la part du juge de la terre, et quand il avait été fixé, les seigneurs abandonnaient toutes les places, communes ou communaux, en toute propriété et jouissance, aux habitants de leur justice, à l'effet d'en user pour le pâturage de leurs bestiaux; mais sans

(1) Art. 3, 4, 5, 6 et 7 du ch. III de la *Coutume du Nivernais*. — (2) *Civeragium* est un droit d'avenage, qui est dû communément aux seigneurs pour les usages qu'ils ont concédés aux habitants; de leurs terres. Ce mot est si connu en Dauphiné et en Provence, que je n'en aurais pas fait mention, si Ragueau qui, par erreur, l'appelle *Cineragium*, n'en avait pas ignoré l'explication dans son indice des droits royaux et seigneuriaux (SALVAING, *De l'usage des fiefs*, ch. XCVII).

pouvoir les vendre, les aliéner, les mettre en culture, ni en changer la surface.

Entre les coutumes allodiales ou muettes dont les dispositions viennent d'être rappelées, et les coutumes féodales du reste du pays coutumier, il y avait, sans doute, dans les questions de détail, de profondes dissidences ; mais le principe de droit commun, en l'absence de titres spéciaux, était le même partout : « La propriété au seigneur, les usa- « ges aux habitants. » Dans le concours de la directe universelle et du fief circonscrit et limité, la propriété des biens compris dans l'enclave du territoire était présumée, en l'absence de titres particuliers, appartenir au seigneur, tandis que les usages appartenaient aux habitants.

Dumoulin et d'Argentré, deux grands jurisconsultes, proclament en ces termes le droit de propriété des seigneurs :

« Domini, » dit d'Argentré (1), « quique probatis finibus « territoriorum fundati sunt in omnibus inclusis intra easdem « metas ut partibus sui feudi. Etiam adversus regem tam « fundatus est in suo dominio utili intra suas metas quam « rex in universali et primario, imo hoc potentius, quod ge- « neri per speciem derogatur et specialis presumptio vin- « cit generalem... Domini, » dit le même auteur, « feu- « dorum intra metas ditionum fundati sunt in dominio « terrarum incultarum et desertarum et vacantium et ina- « nium. »

Dumoulin s'exprime ainsi (2) : « Pro brevi resolutione « concludo : quod habens territorium limitatum in certo « jure sibi competente in illo territorio, est fundatus in

---

(1) D'ARGENTRÉ, *Anc. cout. de Bret.* art. 277. — Voyez la *Coutume de Péronne*, art. 101 ; *Sens*, tit. 15, art 154 ; *Auxerre*, tit. 16, art 268. — COQUILLE, *Sur l'art.* 26 *du Nivernais*, tit. *des maisons et serv.* ; HÉVIN, *Des seigneurs*, ch. XII n° 49. — HÉVIN, *Quest. féod.* p. 174, n° 17 et p. 181. — (2) Voyez le livre VI, chapitre IV.

« jure communi in eodem jure in qualibet parte sui terri-
« torii... aut dominus superior habet juridictionem terri-
« torii et est fundatus in juridictione in qualibet parte et
« loco territorii non autem in dominio etiam directo tau-
« tum, quia jurisdictio nihil habet cum proprietate rerum,
« nec cum juribus feodalibus, vel censualibus, ut sæpe dic-
« tum est. Aut vero dominus habet dominium ipsius terri-
« torii, saltem directum, terrarum sitarum in eodem terri-
« torio, et tunc habet fundatam intentionem, ut quilibet
« fundus ejusdem territorii qui non est de dominio suo sal-
« tem debeat ab eis tanquam domino directo recognosci
« in feudum vel censum, non autem ex hoc erit fundatus
« in jurisdictione ; si vero habeat territorium limitatum in
« dominio directo terrarum et jurisdictione earum erit
« fundatus in utroque in qualibet parte. »

« Quand le territoire est circonscrit, dit M. Henrion de
Pansey dans ses *Dissertations féodales* (V. Biens vacants,
n° 14), et qu'il résulte des aveux et des titres du seigneur
féodal qu'il en a la directe universelle, il faut, suivant notre
manière de voir, le juger propriétaire de toutes les terres
vaines et vagues. En effet, comment lui refuser cette propriété? Il a été investi de l'universalité du territoire, ces
terres ne sont restées incultes que parce qu'il n'a pas jugé
à propos de les inféoder et de les accenser ; mais, puisqu'il
ne les a pas aliénées, il en est demeuré propriétaire. »

La base de l'argumentation de M. Henrion de Pansey a
été battue en brèche par quelques jurisconsultes modernes, notamment par M. Proudhon, en son *Traité des droits
d'usufruit, d'usage et d'habitation* ; mais nous avons établi
plus haut qu'elle reposait sur des fondements historiques et philosophiques beaucoup plus solides que ceux
qui servent de base aux principes de l'école démocratique.

CHAPITRE VII

DROIT MUNICIPAL DU NIVERNAIS, DE L'ORLÉANAIS ET DE L'ILE-DE-FRANCE.

I. — Le Nivernais (1), borné au nord par le Gâtinais, au levant par le duché de Bourgogne, au midi par le Bourbonnais, et, au couchant, par le Berry, était formé du territoire des peuples *Ædui*, dont Jules-César dit que dépendait *Noviodunum*, et du territoire des peuples *Sénonais*, sur lequel Auxerre était établi. Nevers (*Nivernum*) fut distrait d'Autun, érigé en cité et mis, par Honorius, dans la quatrième Lyonnaise. Cette ville fut possédée par les Bourguignons et les Francs. Le comté de Nevers devint héréditaire vers le milieu du dixième siècle. François Ier l'érigea en duché.

Coquille (*Histoire du Nivernais*, p. 298) considère les bonnes villes de cette province comme dérivant des *castra* romains. Les corps municipaux des villes du Nivernais se composaient de quatre officiers, ce qui, selon la remarque de M. Augustin Thierry, correspond à la division en quatre quartiers, qui remonte très-haut et semble appartenir au régime municipal des *castra* romains.

La constitution de la ville de Nevers, capitale du Nivernais, était calquée sur celle de Bourges, qui était essentiellement romaine. Les officiers municipaux de la ville de Nevers sont appelés, dans les chartes, tantôt *échevins*, tantôt *jurés*. Cette dernière qualification, que nous avons vue

---

(1) GUY COQUILLE, *Histoire du Nivernais.* — *Les états du Nivernais en* 1534, par HIPPOLYTE DURAND.

en usage dans le droit municipal aquitanique, paraît tirer
son origine, comme nous l'avons dit ailleurs, de la *jura*
espagnole, et non des confédérations par serment de communes insurgées contre les seigneurs. La charte de Nevers
de 1231 reconnaît aux échevins ou jurés les droits de juridiction, d'administration et de police à tous les degrés.
Ces quatre personnes quasi souveraines choisissaient,
comme à Bourges, autant de notables qu'elles voulaient
pour les assister dans leurs jugements ou leurs délibérations ; mais de graves désordres survenus à Nevers, sous
le règne de Louis XII, firent supprimer l'élection directe
en assemblée générale, et instituer trente-deux conseillers,
choisis au nombre de huit par chacun des quartiers de la
ville, et chargés d'élire les quatre échevins.

Les villes secondaires du Nivernais étaient Saint-Pierre-
le-Moutier, ancien prieuré des abbés de Saint-Martin
d'Autun, dont le titulaire avait droit de justice dans la ville
et ses dépendances, mais où les rois établirent des baillis
et sénéchaux fixes et perpétuels, pour juger des cas royaux
de l'Auvergne, du Bourbonnais et du Nivernais ; Desize
(*Decetia*), marquée dans l'*Itinéraire* d'Antonin ; Clamecy
(*Clameciacum*), déjà connue au onzième siècle ; Bethléem,
évêché donné en 1180, par Guy, comte de Nevers, à l'évêque de Bethléem, chassé de la Terre-Sainte par les Sarrasins,
et dont le roi Charles VI confirma les priviléges par ses
lettres patentes de 1412 ; La Charité, dont le nom est celui
d'un monastère fondé dans le onzième siècle, pour y faire
des aumônes, et que Gontier, évêque d'Auxerre, donna, en
1052, à saint Hugues, abbé de Cluny ; Douzy, dont la seigneurie fut absorbée dans le comté de Nevers, etc., etc.

Le Morvan (*Morvinus pagus*) dépendait du Nivernais.
Vézelay, abbaye célèbre, fondée au neuvième siècle, sous
Charles-le-Chauve, et Château-Chinon (*castrum Ca-*

nium), seigneurie assez étendue, dépendaient du Nivernais.

Coquille, commentant l'art. 7 de la coutume du Nivernais, ainsi conçu : « Tous les héritages sont censés et présumés francs et allodiaux qui ne montrent du contraire, » dit que, lors de la rédaction, il ne fut point arrêté pour coutume, et que le contredit en fut renvoyé à la Cour. Galland, en son *Traité sur* ou plutôt contre le *franc-alleu*, se prévaut de cette autorité, pour soutenir que la coutume du Nivernais n'était pas allodiale ; mais Cazeneuve répond victorieusement en ces termes : « Nous sommes en droit de contester que cela soit vrai, d'autant que le procès-verbal n'ayant pas été couché au long à la fin de cette coutume, comme au reste de celles qui sont dans le *Recueil des coutumes*, il ne nous appert point que l'article ait été contredit, outre que le commentateur, par ses paroles, que c'est la charge du détenteur de prouver qu'ils soient allodiaux ou par titre ou par possession immémoriale, semble, en quelque façon, établir le franc-alleu conformément à la coutume ; car qu'est-ce dire par possession immémoriale, si ce n'est établir le franc-alleu dont la franchise n'est fondée que sur une longue possession, laquelle suppose qu'ayant été possédé tel, il n'y peut point avoir de titre qui le détruise ? »

II. — Coquille s'exprime ainsi en sa question 303 : « De grande ancienneté les seigneurs, voyant leurs terri-
« toires déserts et mal habités, concédèrent les usages à
« ceux qui y viendraient habiter pour les y sémondre et à
« ceux qui jà y étaient pour les y conserver et retindrent
« quelque légère prestation, plutôt en reconnaissance de
« supériorité qu'en profit pécuniaire. Pourquoi il me sem-
« ble que de présent, il n'est pas à propos de régler les
« usages si étroitement, comme l'on dit avoir été donné
« plusieurs arrêts en la chambre des eaux et forêts à Paris ;

« parce qu'il semble que la concession n'a pas été pure-
« ment gratuite et avec libéralité ; toutefois il est passé
« comme pour règle générale, que si les bois sujets à usage
« sont de fort grande étendue, l'usage soit restreint au tiers
« ou au quart desdits bois selon le nombre des usagers ; et
« l'outre plus soit délaissé au seigneur propriétaire pour
« en disposer, ainsi que bon lui semblera ; ce qui semble
« fondé en raison. »

Ainsi le droit de propriété sur les biens vacants dans le
Nivernais n'était pas contesté au seigneur ; mais des habitants y jouissaient sur les eaux, les prés, les bois, de droits
d'usages plus libres et plus étendus que dans les coutumes
féodales. « Nulle autre coutume de France, dit Coquille, sur
l'article 3 du chapitre III de la coutume intitulée : *Des
droits de blairie*, n'a à la moitié pris tant de chapitres et
articles pour régler le ménage des champs que la nôtre :
comme se voit en ce chapitre, et ès-chapitres des champarts, dixmes, vignes, prés, bois, eaux, étangs, prises de
bêtes, fours et moulins. Aussi le grand emploi du peuple
en ce pays est au ménage des champs, et plus au nourriture du bétail ; l'une des principales polices en ce ménage
des champs est le pacage du bétail en vaine pâture, lequel
droit de vaine pâture est tel que chacun peut envoyer son
bétail pacager en·héritage d'autrui au temps que par la
coutume, il n'est pas de défense, etiam contre le gré du
propriétaire, sinon que l'héritage soit clos et bouché.....
aucunes coutumes de France permettent la vaine pâture et
champéage de clocher à clocher, d'une paroisse à une autre ; les autres des closeaux d'un village à un autre. Ainsi
disent : Sens, article 146 ; Auxerre, article 266 ; Orléans
pour Beauce, article 148 ; Auvergne, chapitre XXVIII, articles 1 et 5 ; Melun, article 303 ; Troyes, article 169 ; Vitry,
article 122. Orléans et Melun limitent, pour les bêtes du creu

de chacun et pour son usage et nourriture ; notre co
parle plus indistinctement, quand elle dit que chacun
envoyer pacager son bétail en autre justice et territoire que
celui auquel il demeure, sans limiter, si c'est justice voisine
ou lointaine ; mais toutefois l'exception, si le seigneur voisin a droit de blairie, auquel cas les seuls sujets ont droit
de vaine pâture en la dite justice, sinon qu'ils y ont composition ou parcours ; ainsi notre coutume limite le droit des
vaines pâtures par justices et non par paroisses..... »

Plusieurs autres chapitres de la coutume du Nivernais, le
chapitre xi, des champarts et prairies ; le chapitre xiv, des
prés et rivières ; le chapitre xi, des prises des bestes ; le chapitre xvi, des eaux, rivières et étangs ; le chapitre xvii, des
bois et forêts ; le chapitre xviii, des fours, moulins et bans
d'iceux, contiennent, sur la propriété et l'usage des choses
publiques, une foule de dispositions qui concilient, dans
une juste mesure, le droit de propriété des seigneurs et les
droits d'usage des habitants.

III. — L'Orléanais (1) était composé de plusieurs *pagi*,
compris entre la Normandie et l'Ile-de-France au nord,
l'Ile-de-France, la Champagne, par le territoire de Sens, et
la Bourgogne par l'Auxerrois, au levant, le Nivernais et le
Berry au midi, la Touraine et le Maine au couchant.

La capitale de l'Orléanais proprement dit était Orléans,
anciennement établie, sous le nom de *Genabum*, sur le territoire des *Carnutes*, puis érigée en cité par l'empereur
Aurélien, d'où lui vint le nom : *Aurelianum*, ou *Aureliana
civitas*. Orléans échut à Clodomir par le partage des biens

(1) *Histoire de l'Orléanais*, par le marquis DE LUCHET (1766).
*L'Orléanais, comprenant l'histoire de la Beauce, du pays Chartrain,
du Blaisois, du Vendômois, du Gâtinais, du Perche, et de tout ce qui
constituait la généralité d'Orléans*, par PHILIPPON DE LA MADE-
LEINE (1845).

de Clovis, et à Gontran, roi de Bourgogne, par le partage
de ceux de Clotaire. Les rois de Neustrie y régnèrent sous
les deux premières races, et les rois de France sous la troisième, jusqu'au règne de Philippe-de-Valois, qui érigea
Orléans en duché et le donna à son fils Philippe. Ce prince
étant mort sans enfants, Charles VI donna le duché d'Orléans à son frère Louis, en l'an 1391, et ses successeurs en
jouirent jusqu'à la mort de Charles VIII. Louis XII, en
montant sur le trône, réunit cet apanage à la couronne, en
déclarant que le roi de France devait oublier les injures
faites au duc d'Orléans.

Les traces de la curie romaine se rencontrent dans le régime municipal primitif d'Orléans. On y voit dix prud'-
hommes chargés de l'administration de la ville, avec le titre tout romain (1) de *decemprini, decaproti*, sous la juridiction et la police du prévôt seigneurial ou royal. En 667,
Léodebode, abbé de Saint-Aignan d'Orléans, ordonne que
son testament soit insinué aux archives municipales de
cette ville : « Quam donationem, ut firmior habeatur, ges-
« tis municipalibus alligare decrevi. » (*Acta SS.*, 3 junii,
t. I, p. 223.)

Les antiquités municipales d'Orléans sont, d'ailleurs,
entourées de ténèbres ; mais l'histoire de Louis VII nous
montre ce prince affranchissant, d'un côté, les serfs de l'Orléanais, qui dépendait de ses domaines, de toute servitude,
ainsi que leurs enfants, et réprimant, d'un autre côté, en
1137, une révolte des habitants d'Orléans, dont le prétexte
était la fondation d'une commune. « Celeriter Aurelianen-
« sem regressus civitatem cum ibidem comperisset, occa-
« sione communiæ, quorundam stultorum insaniam contra
« regiam moliri majestatem, compessuit audacter non sine

(1) *Digeste*, liv. Iᵉʳ, tit. V, l. I, § 1 et 3, § 10 et 18, § 56.

« quorundam læsione (1). » Alors, dit M. Augustin Thierry (*Tableau de l'ancienne France municipale*, p. 252), disparut tout vestige d'une constitution communale, et Orléans reprit son ancien régime, entièrement libre quant à l'administration urbaine, mais où la justice au civil et au criminel était exercée par un bailli ou un prévôt du roi. Les dix prud'hommes, portés à douze, changèrent de nom ; ils furent appelés procureurs de ville, et, quelque temps après, échevins. Étampes obtint de Philippe-Auguste la liberté que son prédécesseur avait refusée à Orléans, celle de s'ériger en commune ; mais la petite ville, mieux traitée en cela que la grande, ne jouit pas longtemps de ce privilége. Sa commune fut abolie pour toujours en 1196.

Beaugency (*Balgentiacum*), déjà célèbre en l'an 1100, était possédé par des seigneurs particuliers, et ne rentra dans le domaine royal que sous le règne de François Ier. Jargeau (*Gargoslum*), connu sous le règne de Charles-le-Chauve, dépendait de l'Église d'Orléans.

Le pays Chartrain, le comté de Dreux, le Blaisois, le Dunois, le Vendomois, le Gâtinais dépendaient de l'Orléanais.

IV. — Le pays Chartrain, dont le nom vient de celui des peuples *Carnutes*, fut érigé en comté et vendu à Philippe-le-Bel en 1286. La ville de Chartres, sa capitale, n'existait pas avant l'établissement des Francs dans les Gaules, ou n'est marquée du moins dans aucun monument plus ancien. Elle fut composée plus tard, comme celle d'Orléans, de dix prud'hommes administrateurs des communes de la ville, et censés, selon l'usage romain, les dix premiers de la curie : *Decemprini*, *decaproti*. Un prévôt seigneurial ou royal

---

(1) *Hist. Lud. VII apud. script. rer. Gallic. et Franc.*, t. XII, p. 124.

était exclusivement investi du droit de juridiction ou de police. Les prud'hommes furent portés à douze à la fin du quinzième siècle, et prirent le nom d'échevins ; ce ne fut qu'au seizième siècle qu'on leur conféra le droit de police.

V. — Le comté de Dreux, situé au nord du pays Chartrain, sur les confins de la Normandie et de l'Ile-de-France, avait pour capitale Dreux, ancien *castrum* du *pagus Durcassinus*, où le roi Robert avait un palais, et que Louis-le-Gros donna à son fils Robert, avec le titre de comte. Charles V acquit ce comté en l'an 1378, de la fille unique de Jeanne de Dreux et de Louis de Thouard. Engagé plusieurs fois par les rois, le comté de Dreux fut enfin réuni au domaine de la couronne par un arrêt du parlement de 1551.

VI. — Le Blaisois, dont la capitale, Blois, est mentionnée pour la première fois par Grégoire de Tours comme une place déjà considérable, fut vendu par Gui II, comte de Blois, à Louis, duc d'Orléans, en 1392, et réuni à la couronne lorsque XII parvint au trône. Ce fut François I⁰ʳ qui y bâtit le château royal de Chambord.

VII. — Le comté de Dunois, situé au nord du Blaisois, en avait fait autrefois partie, sous le titre de vicomté, et avait pour capitale Dun, devenu depuis *Châteaudun*, place déjà célèbre aux temps des rois Sigebert et Chilpéric, et dont le seigneur était vassal du comte de Blois.

VIII. — Le Vendomois, qui, au temps de Charles-le-Chauve, était un *pagus* nommé *pagus Vindusnisus*, et qui, dès la fin du dixième siècle, eut ses comtes héréditaires et indépendants des comtes de Chartres et de Blois, avait pour capitale Vendôme. On y remarquait aussi Mondoubleau, dont les seigneurs étaient vassaux du comte d'Anjou.

IX. — Le Gâtinais, dont les comtes remontent au douzième siècle, avait pour capitale Montargis, que saint Louis donna en apanage à son fils Philippe, que la mort de ce prince sans enfants mâles fit réunir à la couronne, et qui fut donné par François Ier et par Louis XIII en apanage à des princes du sang royal.

Faisaient aussi partie du Gâtinais, *Lorris*, dont les coutumes, publiées en 1493, passaient pour plus anciennes, fameuses et renommées qu'aucunes autres en France; *Courtenay*, qui, dès l'an 1000, avait ses seigneurs particuliers, et qui, après avoir été plusieurs fois réuni et démembré du domaine, fut confisqué sur le prince d'Orange, à cause de sa rébellion contre Louis XI; *Gien* (*Giennum*), comté que Louis XI donna à sa fille, Anne de Beaujeu, et qui fut réuni au domaine après la mort de Louise de Savoie, mère de François Ier; Briare (*Brivodorum*), célèbre par son canal; *Cosne*, petite ville fort ancienne, marquée dans l'*Itinéraire* d'Antonin, et que les *Annales* de Bertin appellent : *Canada*.

Dans ces diverses villes, les chartes municipales étaient peu anciennes et peu remarquables. Celle de Lorris, en Gâtinais, a été distinguée par M. Augustin Thierry comme offrant le curieux exemple de la plus grande somme de droits civils sans aucuns droits politiques, sans aucune juridiction, et même sans attributions administratives. La situation faite à cette petite ville, dès les premières années du douzième siècle, par sa charte de coutumes, anticipait, en quelque sorte, la plupart des conditions essentielles de la société moderne. Largement dotée de franchises pour les personnes et pour les biens, elle ne formait point un corps, et n'avait, à aucun degré, de police qui lui fût propre. Néanmoins, sa charte fut l'ambition d'une foule de villes qui la sollicitèrent et qui l'obtinrent, soit des rois, soit des seigneurs. La popularité de cette charte ne fit que grandir et s'étendre dans les siècles où déclinèrent graduellement les municipalités à priviléges politiques. Sa nature exclusivement civile la rendant propre à passer de l'état de loi urbaine à celui de coutume territoriale, elle prit ce rôle dans la jurisprudence, et finit par régler non-seulement la condition des bourgeois de tel ou tel lieu, mais le droit roturier de toute une province.

X. — L'Orléanais n'a pas une histoire provinciale proprement dite. Formé de *pagi* et de comtés dont les origines, les mœurs, les lois, le sol, le climat étaient très-divers, il avait des états d'Orléans, de Blois, de Vendôme, etc., il n'avait pas des états de l'Orléanais. C'est dans une assemblée des trois états du bailliage d'Orléans, clergé, noblesse et tiers-état, que fut réformée, en 1509, la coutume d'Orléans, pour servir de loi à tous ceux qui dépendaient du bailliage et de la prévôté d'Orléans. « Tous les ecclésiastiques qui avaient droit et intérêt d'entrer dans cette assemblée y furent appelés, dit Symphorien Guyon, dans son *Histoire d'Orléans*, et leur chef, Christophe de Brilhac, évêque d'Orléans, y assista ; la noblesse envoya aussi ses députés, desquels le chef était Lancelot du Lac, seigneur de Chamerolles, conseiller, chambellan du roi, qui était gouverneur et bailli d'Orléans, ayant succédé à Guillaume de Montmorency en ces deux offices. Finalement le tiers-état, composé des officiers de justice, des échevins et bourgeois de la ville, de tous les autres sujets des justices subalternes du bailliage d'Orléans, ne manqua pas d'assister à cette assemblée si nécessaire, qui apporta une nouvelle force à la coutume d'Orléans, laquelle dura en cet état soixante-quinze ans. » Une nouvelle réforme des coutumes eut lieu en 1583 ; mais, cette fois, les gens des trois états n'y assistèrent pas seuls. Des commissaires royaux, pris dans le parlement de Paris, qui ne consultèrent les états que pour la forme, y furent députés comme commissaires royaux par le roi Henri III, qui préludait ainsi aux empiétements de la monarchie absolue sur les libertés communales et provinciales.

XI. — L'Ile-de-France, province comprise entre les rivières d'Oise, de Seine, de Marne et d'Aisne, n'a jamais eu, comme province, d'unité historique et d'états-généraux. On y trouve, au quatorzième siècle, des états tenus à Soissons, à Melun, à Senlis, etc. (1) ; mais il n'apparaît pas d'institutions provinciales proprement dites, quoique la coutume particulière qui régissait la province paraisse avoir été votée par les gens des trois états en 1506. L'histoire politique de l'Ile-de-France se confond, à certains égards, avec celle de Paris, qui était sa capitale ; mais nous allons examiner le droit municipal de cette province, excepté Paris, dont nous nous occuperons spécialement en terminant cette étude, à cause de la connexité de son histoire avec celle de la politique générale de la France, surtout pendant les trois derniers siècles.

L'Ile-de-France comprenait le Soissonnais, le Laonnais, le Beauvoisis, le Vexin français.

XII. — Le Soissonais (2) était situé sur les confins de la

(1) Nous mandons à deux de vous que vous vous transportiez au bailliage de Senlis; et faites venir par devant vous en certain lieu ou plusieurs, et à une journée ou plusieurs, si comme bon vous semblera, nos amez et féaulx, les prélaz, abbez, prieurs conventuaux, barons... et hommes du dit bailliage, et aussi les habitans des bonnes villes et lieux notables du dit bailliage (*Ord. nn. du roi Jean*, 1354, t. II p. 557). — (2) *Atlas de la généralité de Soissons divisée en sept élections, savoir : de Soissons propre, de Guise, de Noyon, de Clermont, de Crespy, de Château-Thierry et de Laon*, par MM. DE LA FOSSE et CHAMBON (1787). — *Mélanges pour servir à l'histoire du Soissonais*, par DARCOSSE (1844). — *Dissertation historique sur l'état du Soissonais*, par DE LONGUEMARC (1745). — *Notice sur l'organisation de l'assemblée provinciale de Soissons*, par MATHON (1852).

Picardie, dont la capitale était Soissons, autrefois *Noviodunum*, chef-lieu des peuples *Suessiones*, que Clovis conquit sur Siagrius, et où Clotaire, son fils, établit sa résidence. Depuis le règne de Clotaire II, fils de Chilpéric, la ville de Soissons obéit aux rois de Neustrie, et, sous les Carlovingiens, elle demeura à Charles-le-Chauve, roi de la France occidentale, et à ses successeurs. Les comtes de Vermandois s'en rendirent maîtres au dixième siècle; mais ce comté tomba en quenouille, et fut porté successivement dans les maisons de Nesle, de Bar, de Luxembourg et de Vendôme.

Soissons, vers la fin du septième siècle, au temps d'Ébroïn, maire du palais, conservait encore sa curie, puisque l'hagiographe d'un évêque de ce temps raconte qu'il convoqua les anciens et les chefs du peuple (*seniores et plebiscitos*) par les conseils et la sagesse desquels il avait coutume de traiter toutes les grandes affaires et de juger toutes les causes.

La charte communale de Soissons émane de Louis-le-Gros; elle ne permet pas d'exiger la mainmorte de qui que ce soit (1). Une charte de Philippe-Auguste, de 1187, étend ses dispositions à plusieurs bourgs du diocèse (2). L'histoire de la commune de Soissons a été écrite par M. Augustin Thierry, dans ses *Lettres sur l'histoire de France* (lettre XIX).

Compiègne (*Compendium*), dont le nom est romain, mais dont aucun livre de l'antiquité ne fait mention, avait

---

(1) Consuetudines communiæ urbi Suessoniensi concessæ a Ludovico Crasso, art. 18, in fine : Nec cuiquam licebit ab aliquo vel aliqua de communia manummortuam exigere (D'ACHERII, *Spicilegium*, t. XI, p. 340 et seq.). — (2) Philippus II, pagensibus de Vailly, de Condé, de Chavanoir, de Filaine et de Paregui, diocœsis Suessionis, communiam confirmat et auget : avus noster Ludovicus burgensibus Suessionibus communiam inter se habendam concessit et sigilli sui auctoritate confirmavit (*Ibid.*, t. XI, p. 233).

un palais, fort célèbre dans l'histoire du moyen âge, où mourut le grand Clovis. Cette ville, chérie de Charles-le-Chauve, qui la fit appeler *Carlopolie*, prit, sous Philippe-Auguste, le nom de Cuise, à cause de la forêt (*sylva Cosia*) qui l'avoisine. Elle a toujours fait partie du domaine des rois de France et participé aux faveurs dont les villes de l'Ile-de-France furent dotées par leurs souverains; ce fut de Louis VII que ses bourgeois obtinrent leur charte.

XIII. — Laon, que Hugues-le-Grand, duc de France et comte de Paris, força Louis-d'Outre-Mer de lui mettre entre les mains, et qui devint un sujet perpétuel de compétition entre les princes de la deuxième et ceux de la troisième race, n'avait été, sous l'empire romain, qu'une bourgade, dépendant du territoire de Reims. Ce fut saint Remy, évêque de Reims, qui sépara Laon de son diocèse, et qui créa Genebaud premier évêque de cette ville.

La charte communale de Laon est postérieure, de peu d'années, à la première charte d'Amiens. C'est Louis-le-Gros qui la lui donna, en 1228, en récompense de la bonne conduite des Laonnais, dans la guerre contre l'empereur Henri IV, et d'ailleurs comme un moyen de transaction et de paix. Laon était, en effet, devenue, à cette époque, le théâtre de grands désordres. Un évêque normand, homme d'église à mœurs militaires, les aggravait par sa tyrannie; les clercs, les chevaliers et les bourgeois s'étaient confédérés, et avaient juré ensemble une charte d'affranchissement. C'est cette charte, acceptée par l'évêque, que Louis VI scella du grand sceau, moyennant une prestation pécuniaire de la commune, qui imprima au contrat un caractère synallagmatique (1).

_____

(1) Compulsus est rex largitione plebleia id ipsum jurejurando confirmare.

Les droits politiques qu'elle assura aux bourgeois de Laon consistèrent en l'élection du mayeur et des jurés par les hommes de la commune; en l'abolition de la servitude et des redevances féodales, remplacées par un tribut fixe; en l'égalité devant les juges communaux, épiscopaux ou royaux; au droit de n'être arrêté que par ordre du magistrat; au privilége d'être armé, pour soutenir la liberté municipale contre les entreprises des nobles. Le mayeur et les jurés furent, d'ailleurs, investis du droit de punir les coupables, qui durent rendre tête pour tête, membre pour membre, ou payer une amende proportionnée à leurs crimes (1).

Cette charte n'atteignit malheureusement pas le but que s'était proposé son généreux fondateur; de nouveaux débats éclatèrent entre les bourgeois et l'évêque de Laon. L'évêque fut tué dans une sédition populaire, et l'un des conjurés lui coupa le doigt avec une épée, pour s'emparer de l'anneau. Après la Jacquerie, vint la trahison. Les bourgeois firent appel à Thomas de Marle, sire de Coucy, ennemi personnel du roi, qui encouragea le pillage et le massacre, et qui fut excommunié par un concile provincial.

Une horrible guerre civile, mue, à cette occasion, entre les bourgeois et les partisans de l'évêque, fut terminée par la médiation du roi, et par la concession d'une charte nouvelle, que Louis VII confirma, malgré l'opposition de l'évêque. Cette charte, annulée d'abord par Philippe II, fut ensuite rétablie par lui (2); mais, deux siècles plus tard, en butte à

---

(1) Quod si reus inventus fuerit, caput pro capite, membrum pro membro reddat; vel *ad arbitrium majoris et juratorum* pro capite aut membri qualitate dignam solvat redemptionem.—(2) *Recueil des ord. des rois de France*, t. XI, p. 185. — *Ord. des rois de France*, t. XII.

de nouvelles attaques et à des alternatives de confirmation et de suppression, elle fut définitivement abolie en 1331, à cause de l'abus qu'en avaient fait les bourgeois. La charte de Bruyère et autres bourgs des environs de Laon, octroyée par les prédécesseurs de Philippe-Auguste, *ad modum pacis Laudunensis*, et confirmée par ce prince en 1186, contient les mêmes dispositions que la charte de Laon et entre autres l'abolition de la mainmorte.

Coucy, ville située entre Laon et la rivière d'Oise, était divisée en haute et basse ville : l'une appelée Coucy-le-Châtel, l'autre Coucy ville. Son ancien nom latin était *Codiciacum*. Gouvernée du temps des Carlovingiens par l'archevêque de Reims qui, vers la fin du dixième siècle, la laissa aux moines de Saint-Remi, cette ville fut donnée en fief à plusieurs chevaliers, et passa de la maison d'Enguerrand à la maison royale de France.

Noyon, ville ancienne, mais peu considérable au temps des Romains, contre lesquels elle ne put promettre que dix mille hommes, devint, sous l'épiscopat de saint Médard, la capitale du diocèse, qui siégeait auparavant à Saint-Quentin, et fut régie par des institutions municipales analogues à celles de Soissons.

Noyon reçut, en 1108, de l'évêque Baudri, une charte qui fut ratifiée par Louis-le-Gros, et confirmée par Philippe-Auguste en ces termes : « Communionem in Novione « constitutam consilio clericorum ac militum necnon et « burgensium a domino rege Ludovico concessam. »

XIV. — Un autre *pagus* de l'Ile-de-France, le Beauvoisis, situé sur les confins de l'Amiénois et du pays de Santerre, et qui comprenait le Vindelois, le Chambliois, le Senlissois, faisaient partie de l'ancien *Belgium*. Les peuples *Bellovaci* qui l'habitaient sont appelés par César les plus puissants de la Belgique. Leur capitale, Beauvais (*Ce-*

soramngus), devint le chef-lieu d'un comté qui fut donné par Hugues, comte de Champagne, à son frère Roger, évêque de Beauvais.

Les habitants de Beauvais conquirent par une conjuration la charte qui devint le modèle de celle que Louis VII accorda aux bourgeois de Compiègne, et dont l'art. 22 est ainsi conçu : « Moi, Louis, je veux faire savoir à tous que les hommes de la commune de Beauvais, interrogés par nous sur le point de savoir comment ils ont tenu leur commune, ont répondu que, depuis qu'ils ont juré la commune, jamais ils n'ont vu payer la mainmorte à Beauvais , et qu'ils sont prêts à l'affirmer devant nous par serment, s'il est besoin. »

Au nombre des dépendances de l'évêché-comté de Beauvais était Gerberoy (*Gerboredum*), dont les seigneurs prirent le titre de *vice-domus* ou vidame, parce qu'ils tenaient leur château et seigneurie comme vassaux de l'évêque de Beauvais, qui était leur seigneur suzerain. La race des seigneurs vidames de Gerberoy s'étant éteinte, les évêques de Beauvais prirent eux-mêmes le titre de vidames de Gerberoy. Le comté de Clermont, que saint Louis donna à son fils cadet, Robert, tige de la maison de Bourbon, et qui fut confisqué sur le connétable de Bourbon et réuni à la couronne, faisait aussi partie du Beauvoisis.

Senlis, ville de la seconde Belgique, bâtie par les Romains, et dotée par eux d'un territoire, des droits de cité et du nom romain *Augustomagus* eut, au dixième siècle, des comtes de la maison de Vermandois. Lorsque Hugues-Capet fut élu roi, il était déjà propriétaire de cette ville où il ne restait plus que des chevaliers qu'on nommait *bouteilliers de Senlis*.

Le pays ou comté de Valois (*comitatus Valesiensis*) fut réuni par Philippe VI au patrimoine de la couronne. La charte de Crépy, capitale de ce petit royaume féodal, accordait aux habitants le droit de clameur, c'est-à-dire le droit de dénoncer les violences et exactions des seigneurs au capitaine commandant les troupes du roi, dont le domaine était limitrophe. Elle autorisait les bourgeois à tenir des assemblées et à confier la gestion des affaires communales à des hommes de leur choix. Quinze magistrats électifs, y compris le bailli, formaient le tribunal de la commune. Ce tribunal connaissait des affaires civiles et des délits, à la réserve du meurtre, du rapt et de l'homicide, lesquels ressortissaient de la compétence du bailli royal.

XV. — Au couchant du Beauvoisis était situé le Vexin français, séparé du Vexin normand par la rivière d'Ette; sa capitale était Pontoise (*Brive-Isara*), marquée dans l'*Itinéraire* d'Antonin. Il n'est point fait mention, dans les actes avant saint Louis, du Vexin français; mais, en 1255, ce roi donna et unit à l'archevêché de Rouen l'archidiaconé de Pontoise, qui était de collation royale, à la charge que l'archevêque Odo et ses successeurs auraient un vicaire à Pontoise, pour juger les causes des bourgeois et des habitants des villages voisins qui en dépendaient. On réservait à l'archevêque et à son official de Rouen la connaissance du crime d'hérésie et de faux, avec l'appel au tribunal ecclésiastique de Rouen des jugements du vicaire de Pontoise. Chaumont (*Calvus mons*), place forte, dont Guillaume-le-Breton fait mention en 1188; Meulan (*Mellentum*), séparée en deux villes, dont l'une faisait partie du Vexin et du diocèse de Rouen, et l'autre du diocèse de Chartres; Mantes (*Medunta*), dont les comtes du Vexin étaient seigneurs depuis le dixième siècle; Montfort, surnommé l'Amaury, à cause de l'un de ses seigneurs; Montlhéri (*mons Letheretici*) remarquable par le château qu'y bâtit le roi Robert; Dourdan (*Dordinga*), située sur les

confins de la Beauce, et où mourut Hugues-le-Grand, duc
de France et comte de Paris; Melun (*Melodunum*), ville du
territoire de Sens, et voisine de Fontainebleau, maison
royale déjà connue sous Philippe-Auguste; Montereau-
Fault-Yonne (*monasterialum Senonum*), que Chopin
affirme, au VIIᵉ ch. du Iᵉʳ livre du *Domaine*, avoir été acquise en échange par Philippe-Auguste du seigneur d'Au-
quoy, mais que l'historien Nicole Gilles représente comme
cédée forcément à saint Louis, par Thibaud, comte de
Troyes, qui s'était révolté contre lui; Moret (*Muritum*); Nemours (*nemus Nemosium*), que l'un de ses seigneurs chevaliers céda, en 1276, à Philippe-le-Hardi, petit-fils de saint
Louis, et qui, donné en apanage par Charles VI à Charles,
roi de Navarre, rentra, par une confiscation, dans le domaine de France, en 1425, mais en sortit de nouveau, et
ne fut définitivement réuni à la couronne que par un arrêt
du parlement du 22 février 1532; telles étaient, au moyen
âge, les villes les plus considérables de l'Ile-de-France.

CHAPITRE VIII

DROIT MUNICIPAL DE LA VILLE DE PARIS (1).

I. — Jetons, en terminant, un coup d'œil sur l'histoire
municipale de la capitale de l'Ile et du royaume de France,
de Paris, cette Rome moderne, qui n'avait pas au douzième

(1) *Paris municipe, ou Tableau de l'administration de la ville de
Paris, dès les temps les plus reculés*, par ALEXANDRE DE LABORDE
(1833). — *Paris, son administration ancienne et moderne*, par LOUIS
LAZARE (1856). — *Ordonnances royales sur le fait de la juridiction*

siècle l'importance de Saint-Denis, et qui est parvenue aujourd'hui à l'apogée de la splendeur.

Lutèce, la ville des Parisiens, située, dit Jules-César, dans une île du fleuve de la Seine (1), avait un territoire qui s'étendait jusqu'aux confins des Senonais, avec lesquels les Parisiens avaient fait alliance, et devint, sous les empereurs, le siége des gouverneurs de la Gaule.

La vieille ville ou cité était située dans une île dont le circuit indique que la place qui y était située était peu considérable. Ses habitants étaient des bateliers, qu'une inscription gravée au temps de l'empereur Tibère, sur une pierre enterrée sous l'église Notre-Dame, appelle : *Nautæ Parisiuci*. Julien l'Apostat y bâtit, près de la montagne nommée depuis Sainte-Geneviève, le palais des Thermes, où Clovis établit, en l'an 508, sa résidence. Les rois de Neustrie mérovingiens demeuraient aux environs de Paris, mais non dans l'enclos de la ville; ceux de la race des Carlovingiens demeurèrent rarement à Paris. Robert, frère du roi Eudes, étant comte ou gouverneur de Paris, s'en rendit le maître absolu, et en laissa la possession à son fils Hugues-le-Grand. Ces princes établirent leur palais dans l'emplacement où est aujourd'hui le palais de justice. Hugues-Capet, avant de parvenir à la couronne, attacha au service d'une chapelle, bâtie près de ce palais, les moines de Saint-Magloire, chassés de Bretagne par les Normands. Ce prince devenu roi, mais n'ayant presque d'autre domaine que celui dont il avait hérité de son père, continua à résider à Paris, ce que

---

de la prévôté des marchands et échevinage de la ville de Paris (1595). — Divers ouvrages publiés en 1615, 1616, 1619, 1645, 1658, sur les priviléges des bourgeois de Paris. — *Chronologie des prévôts, des marchands, échevins de la ville de Paris*, par CHEVILLARD (1717). — (1) Lutetia, id est oppidum Parisiorum, in insula fluminis Sequanæ positum (COESAR, *De bello gall.*, liv. III).

ses successeurs imitèrent, et ce qui a été le principe de la grandeur de cette capitale. Philippe-Auguste enferma de murailles les faubourgs, qui furent établis au nord et au midi de la Seine ; et c'est ainsi que se formèrent deux nouvelles villes, l'une située au midi, et appelée l'*université*, où se multiplièrent les églises et les écoles, l'autre au nord, dans les quartiers des Tuileries et de Saint-Roch, où Philippe-Auguste et ses successeurs bâtirent le château du Louvre et les grosses tours du Louvre et de Nesle.

II. — Le territoire de Paris comprenait, au moyen âge, plusieurs villes, plus célèbres que Paris lui-même. La première était Saint-Denis où, en mémoire d'un ancien martyr, évêque de Paris, fut bâti, vers l'an 600, sous le règne de Clotaire II, par un abbé nommé Dodon, le célèbre monastère que les rois francs, et surtout Dagobert, dotèrent de leurs libéralités, et qui, sous la troisième race, devint le sépulcre ordinaire des rois de France. Lagny (*Latiniacum*) était aussi un très-ancien monastère de bénédictins, fondé sous les rois mérovingiens, par saint Furcy de Péronne, et rétabli depuis par Héribert, comte de Troyes et de Meaux, sur la fin du dixième siècle. La Brie parisienne avait pour chef-lieu Brie-Comte-Robert, dont la seigneurie demeura longtemps dans la maison de Dreux. Corbeil (*Corbelium*) tirait son origine d'une église collégiale, dédiée à saint Spire Exupère, évêque de Bayeux, et, dès le règne de Hugues-Capet, fut possédée par des comtes propriétaires. Chelles (*Cala*) était un palais des rois mérovingiens, auquel était jointe une abbaye de religieuses, fondée par la reine Bathilde, vers l'an 660. Vincennes, située à vingt stades (*ad vincennas*) de Paris, était une maison de campagne, entourée d'un bois, que Philippe-Auguste fit enfermer de murailles, en 1183, et où le roi Philippe de Valois commença, en 1337, le château, qui fut achevé par Charles V, son petit-fils. Saint-Cloud, autrefois Nogent (*Novigentum*), était, dès le commencement du sixième siècle, sous les enfants de Clovis, une bourgade où saint Cloud, fils du roi Clodomir, se retira après avoir évité la mort, et bâtit un monastère et une église, où le corps de ce saint est gardé dans une châsse. Versailles, ancienne paroisse du diocèse de Paris, avait ses seigneurs particuliers, vassaux de l'évêque de Paris. Saint-Germain-en-Laye avait pris son nom d'un monastère bâti par le roi Robert, dans la forêt de Laye (*Ledia*, *Laya*), et qu'Édouard III, roi d'Angleterre, détruisit en 1346. Poissy (*Pinciacum*), chef-lieu du *pagus Pinciacensis*, devint célèbre sous saint Louis, qui y naquit et y fut baptisé, et qui voulait être appelé Louis de Poissy. Asnières, que Louis VIII avait dotée de priviléges, en obtint la confirmation par des lettres du saint roi, de mars 1228 (1).

III. — Lutèce était, lors de la conquête des Francs, en possession d'institutions municipales dont l'antiquité a été démontrée par les auteurs de la dissertation insérée en tête de la grande *Histoire de Paris*, de Dom Lobineau et Félibien (2). Mabillon (3) rapporte un document du septième siècle, le testament d'Éminethrude, souscrit à Paris par un défenseur.

M. Leroux de Lincy, continuant de nos jours la démonstration commencée (4), a prouvé que, dès le quatrième siècle, les navigateurs parisiens (*nautæ Parisiaci*), comme ceux de Lyon, d'Arles et d'autres cités riveraines du Rhône et de la Saône, jouissaient de plusieurs priviléges municipaux, d'origine romaine, et qui ont constamment

(1) TAILLIAR, *Recueil des actes des douzième et treizième siècles*, p. 389 et 392. — (2) Paris, 1724. 3 vol. in-f°, vol. 1. — (3) *De re diplomatica*, *supp.*; *App.*, n° 7. — (4) *Hôtel-de-Ville de Paris*, p. 27.

subsisté sous les deux premières dynasties. Ces coutumes, disait Louis VII, dans une charte de 1170, confirmative d'une autre charte de Louis VI, de 1121, sont telles de toute ancienneté : personne ne peut amener dans Paris de la marchandise par eau, etc., s'il n'est Parisien, marchand de l'eau, ou s'il n'a pour associé de son commerce quelque Parisien marchand de l'eau (1).

La confrérie des marchands de l'eau, « confratria mer-« catorum aquæ Parisiensium, » est indiquée sous ce nom dans une charte de Louis VI de 1121, et dans le cartulaire de Sorbonne de 1245 (2). On lui donnait aussi le nom de *hanse parisienne*, et elle avait pour mission de défendre la paix publique et l'industrie contre les bandes armées qui les menaçaient incessamment.

Les priviléges de cette confrérie furent reconnus par le roi Philippe-Auguste et ses successeurs. Plusieurs chartes, de 1187 à 1220, sont relatives aux marchands de l'eau de Paris, et presque toutes augmentent et étendent leurs priviléges (3). Louis VIII leur accorda, en 1220, le droit de faire crier les marchandises dans la ville, et de former un tribunal spécial, appelé *petite justice*. Les marchands de la hanse obtinrent le droit de n'être jugés que par des magistrats de leur choix. Un arrêt du parlement de Paris, de 1258, défendit aux citoyens de Rouen de porter par eau leurs marchandises à Paris, s'ils ne faisaient partie de la hanse parisienne (4). Saint Louis donna au chef de la

(1) Consuetudines autem eorum tales sunt AB ANTIQUO. Nemini licet aliquam mercatoriam Parisiis per aquam adducere... nisi ille sit Parisiensis atque mercator, vel nisi aliquem Parisiensem aquæ mercatorem socium in ipsa mercatoria habuerit (LEROY, *Dissertation, etc.*, p. XCVI). — (2) LEBŒUF, *Histoire du diorèse de Paris*, t. I, p. 348. —(3) LEROUX DE LINCY, *Appendice*, n. 5. — (4) Inquesta utrum cives Rothomagenses possint ducere de

hanse, en 1268, le titre de prévôt des marchands, et aux membres de l'association celui de « jurés de la confrérie « des marchands de Paris. »

IV. — Le prévôt des marchands de l'eau, ou maître des échevins de Paris, était élu à cette dignité populaire par les bourgeois, qui se réunissaient chaque année à l'Hôtel-de-Ville, le jour de Saint-Roch. Il avait, avec l'assistance de ses quatre échevins, élus de la même manière, et des officiers qu'ils s'adjoignaient, l'administration des revenus de la ville, qui prirent beaucoup d'accroissement à dater du douzième siècle, ainsi que des principales denrées nécessaires à la subsistance des habitants. La garde des remparts et des portes, l'inspection des rues, des quais, des ports, des eaux et des fontaines, la perception de la taille, des octrois et autres impôts passagers, tout ce qui assure le repos et la prospérité d'une capitale, était confié à la vigilante sollicitude d'une magistrature dont l'un de ses membres les plus éminents, François Myron, prévôt des marchands de la ville de Paris sous Henri IV, a tracé le portrait en ces termes :

« Le temps, la forme et mesmement la vie du magistrat sont à la dévotion de son Roy et de sa patrie : c'est tout ung. Dans les temps ombrageux, où grondent la sédition et l'esmeute, le cœur du magistrat parisien doit estre claire et limpide comme ce miroir de Venise.

« Si périllées que soyent sa position, sa fortune et sa vie, le mousquet fût-il bracqué pour l'occir, le magistrat ne doit jamais renier son Dieu, renier son Roy, ni fausser son serment ; le susdict toise la mort, dict : Mousquet, fais feu!

---

ponte Medontensi versus Parisios mercaturas suas sicut sal, allecia et alia per aquam etiam si non sint de societate mercatorum Parisiensium, probatum est quod non (*Olim*, t. I. p. 50).

et tombe avec sa droiture pour linceul et sa mémoire pour exemple.

« Notre belle et luxuriante édilité parisienne a de ces grands dévouements, de ces pieux sacrifices à la royauté et pareillement à la patrie. »

Le prévôt et ses assesseurs, assistés d'un greffier ou clerc, d'un procureur, de plusieurs sergents et d'un certain nombre de conseillers, composaient le *parloir aux bourgeois*. Un recueil de ses décisions de la dernière moitié du treizième siècle a été publié dans l'appendice n° 2 du livre de M. Leroux de Lincy. Ce n'était pas seulement en matière de commerce par eau que le parloir aux bourgeois rendait des sentences : il jugeait souvent, comme arbitre, les procès civils, et Chopin, *De Moribus Parisiensium*, liv. II, tit. I, n° 31, et tit. V, n° 4, affirme que ses décisions peuvent être considérées comme la source primitive de la coutume de Paris.

Les officiers municipaux étaient alors divisés en trois classes :

1° Ceux qui siégeaient à l'Hôtel-de-Ville et partageaient avec le prévôt la direction des affaires ;

2° Ceux qui étaient dispersés dans la ville, en surveillaient la tranquillité, et devaient exécuter les ordres donnés par le prévôt ;

3° Ceux qui étaient commis à l'exécution des règlements et des priviléges relatifs au commerce par eau, ou qui en facilitaient l'exercice. Les attributions de ces trois classes d'officiers ont été décrites par M. Leroux de Lincy (*Hôtel-de-Ville de Paris*, ch. IV, p. 44), ainsi que celle du « quar-« tinier, du cinquantenier, du dizainier, de la milice bour-« geoise, des archers, arquebusiers, hacquebutiers de la « ville, des sergents du parloir aux bourgeois et de la mar-« chandise de l'eau, des maîtres des œuvres, des mariniers

« avaleurs de nez, des chableurs des ponts sur la Seine, des
« mesureurs, jaugeurs, crieurs, porteurs, etc. »

« Paris, dit M. Augustin Thierry, avec sa municipalité
immémoriale, offre un caractère à part, où la tradition romaine subsiste sous des formes nées au moyen âge, où la
liberté complète, quant au droit civil, est peu de chose
quant au droit politique. »

V. — Tel a été, en effet, Paris jusqu'à la fin du treizième
siècle. Mais si l'on interroge son histoire dans le siècle suivant, on reconnaît dans son hôtel de ville un changement
d'esprit regrettable, quoique quelques écrivains contemporains prétendent y voir un progrès de la liberté politique.

C'était jusqu'alors un principe reconnu de tous, et auquel applaudit justement M. Augustin Thierry, que nulle
commune ne pouvait s'établir sans le consentement du roi,
puisque le roi seul créait des communes, puisque toutes les
villes de commune et de consulat étaient, par le fait même,
sous sa seigneurie immédiate. « Je ne sais pourquoi, dit à ce
sujet un autre publiciste, M. Morin, M. Augustin Thierry,
dans son idolâtrie pour la vieille monarchie française, déclare ces diverses mesures excellentes, et très-favorables
au progrès des classes populaires. Il est visible, au contraire, pour quiconque sait analyser les faits, qu'elles étaient
autant de moyens de supprimer indirectement l'institution
communale. En effet, nous l'avons vu, le caractère propre
de cette institution était de créer une institution politique
par le simple consentement de quelques volontés humaines, ou par une charte librement débattue. Du moment
qu'elle devenait le simple effet d'un octroi royal, elle cessait d'être, ou du moins elle perdait sa vraie nature. » Cette
argumentation repose sur une confusion manifeste. Selon
le droit du moyen âge, les rois intervenaient dans l'érection
des communes, non par voie de *constitution*, mais par voie

d'*autorisation*. La commune n'était pas une œuvre de bon plaisir de la part du prince, mais la commune, pas plus que l'Église, n'était un État dans l'État ; dans sa constitution comme dans son administration, elle était libre, mais dépendante, dans une certaine mesure, de la puissance souveraine. C'est ce que ne comprirent pas les rebelles du quatorzième siècle, dignes précurseurs des partisans exagérés de la commune de Paris, qui prétendirent, en 1792, fonder par l'émeute la domination de l'Hôtel-de-Ville sur la couronne. Entre les inspirations populaires d'Étienne Boileau, ce sage prévôt des marchands de saint Louis (1) et les entraînements démagogiques d'Étienne Marcel et de Robert Lecoq, il y a toute la différence qui sépare l'ordre et la liberté de l'anarchie et du despotisme.

VI. — La commune de Paris, au moyen âge, était constituée et administrée par des mandataires élus comme les autres communes de France. Mais Paris devint le séjour des rois, le nœud des diverses parties du territoire de la France, le centre d'unité auquel vinrent aboutir, du sixième au quinzième siècle, les paroisses, les communes, les seigneuries, les provinces, dont l'annexion successive a formé la monarchie française, et fortifié de plus en plus la prépondérance de sa capitole.

Childebert, fils de Clovis, comprenait dans son royaume de Paris le Poitou, le Maine, la Touraine, la Champagne, l'Anjou, la Guienne et l'Auvergne ; les rois de Soissons, d'Orléans et de Metz relevaient de sa suzeraineté.

Foulques, archevêque de Reims, écrivant à Charles-le-Chauve, appelait Paris : « Chef des Gaules et bouche de la « Normandie et de la Bourgogne. » Paris fut momentanément déchu de son rang de capitale, et ne fut plus qu'un

(1) Voyez le *Livre des métiers*, publié par M. Depping.

comté dans la France ou plutôt qu'une forteresse dans le comté. C'était à Laon que résidaient les rois, mais les comtes de Paris devinrent bientôt rois de France, tandis que les rois de Laon devinrent des ducs de Lorraine.

Hugues-Capet, duc et roi de France, et ses successeurs, à dater surtout de Philippe-Auguste, relevèrent les murs, les fortifications, les églises de la cité parisienne, pillée et détruite par les Normands, et étendirent peu à peu son enceinte, resserrée jusqu'alors entre les deux bras du fleuve, en même temps que les frontières du royaume de France.

C'est ainsi que la boueuse Lutèce devint la capitale,

> Quæ caput est regni, quæ grandia germina regum
> Educat, et doctrix existit totius orbis,

disait dans sa *Philippide* le poëte Guillaume-le-Breton.

VII. — L'influence de Paris au moyen âge a été, en effet, scientifique et littéraire avant d'être politique.

Dès la première race, apparaissent l'abbaye de Sainte-Geneviève fondée en 508 par Clovis, l'abbaye de Saint-Germain-des-Prés, fondée par Childebert, la cathédrale de Saint-Étienne, bâtie à la pointe de la cité, des basiliques, des églises, des chapelles, des oratoires, qui disparurent en grande partie après l'invasion des Normands, et qui furent reconstruits sous le règne des Carlovingiens, ou dans les commencements de la troisième dynastie. Les abbayes de Saint-Germain-des-Prés, de Saint-Martin-des-Champs, de Sainte-Geneviève, furent successivement reconstruites par Robert, Henri Ier et Louis-le-Jeune; les églises de Saint-Martin, de Saint-Denis-du-Pas, de Saint-Jacques-des-Arcis, de Saint-Pierre-aux-Bœufs, de Saint-Nicolas-des-Champs, de Saint-Médard furent bâties, et quelques-unes d'entre elles érigées en églises paroissiales. Ces abbayes et ces églises se peuplèrent d'ordres religieux. Notre-Dame commença à s'élever vers la fin du douzième siècle, et auprès d'elle l'Hôtel-Dieu, asile ouvert aux pauvres malades.

Aux édifices religieux vinrent se joindre, à dater du règne de Charlemagne, les établissements d'instruction dont on ne trouve aucune trace antérieure à cette époque (1). Charlemagne attacha des écoles aux églises et aux monastères de Paris, et en ouvrit dans son propre palais. La plus célèbre était celle de Saint-Germain-des-Prés. Le moine de Saint-Gall raconte que Charlemagne partant pour ses guerres confia à Clément un grand nombre d'enfants appartenant aux plus nobles familles, aux familles de classe moyenne et aux plus basses. Afin que le maître et les élèves ne manquassent point du nécessaire, « il ordonna, dit le chroniqueur, de leur fournir tous les objets indispensables à la vie, et assigna pour leur habitation des lieux commodes. Après une longue absence, le très-victorieux Charles, de retour dans la Gaule, se fit amener les enfants remis aux soins de Clément, et voulut qu'ils lui montrassent leurs lettres et leurs vers. Les élèves sortis des classes moyenne et inférieure présentèrent des ouvrages qui passaient toute espérance et où se faisaient sentir les plus douces saveurs de la science; les nobles au contraire n'eurent à produire que de froides et misérables pauvretés. Le très-sage Charles, imitant alors la justice du souverain Juge, sépara ceux qui avaient bien fait, les mit à sa droite et leur dit : Je vous loue beaucoup, mes enfants, de votre

<hr/>

(1) Ante ipsum dominum Carolum regem in Gallia nullum fuit studium liberalium artium. Monachus Engolismensis, apud Launoy de Scholis per occidentem instauratis. *Hist. litt. de la France*, tome IV, p. 1217. — HALLAM, *De l'Europe au moyen âge*, tome IV, p. 233.— DURAND DE MAILLANE, V. *Ecoles.*

zèle à remplir mes intentions et à rechercher votre propre bien de tous vos moyens. Maintenant efforcez-vous d'atteindre à la perfection ; alors je vous donnerai de riches évêchés, de magnifiques abbayes, et vous tiendrai toujours comme gens considérables à mes yeux. Tournant ensuite un front irrité vers les élèves demeurés à sa gauche, portant la terreur dans leurs consciences par un regard enflammé, tonnant plus qu'il ne parlait, il lança sur eux ces paroles pleines de la plus amère ironie : Quant à vous nobles, vous fils des principaux de la nation, vous enfants délicats et tout gentils, vous reposant sur votre naissance et votre fortune, vous avez négligé mes ordres et le soin de votre propre gloire dans vos études, et préféré vous abandonner à la mollesse, au jeu, à la paresse ou à de futiles occupations.

« Ajoutant à ces premiers mots son serment accoutumé, et levant vers le ciel sa tête auguste et son bras invincible, il s'écria d'une voix foudroyante : Par le Roi des cieux, permis à d'autres de vous admirer ; je ne fais, moi, nul cas de votre naissance et de votre beauté ; sachez et retenez bien que si vous ne vous hâtez de réparer par une constante application votre négligence passée, vous n'obtiendrez jamais rien de Charles. »

L'impulsion donnée par Charlemagne à l'éducation populaire, et interrompue par les désordres du dixième siècle, fut renouvelée pendant les trois siècles qui suivirent la découverte, faite en 1135, d'un exemplaire des *Pandectes* dans une ville d'Italie. Dès lors le droit romain et le droit canonique se propagèrent simultanément et furent solennellement enseignés dans les écoles de Paris. Abélard enseigna la philosophie à des écoliers accourus de tous les pays de l'Europe. Philippe-Auguste multiplia les écoles destinées à instruire le peuple, c'est-à-dire à l'*élever*. « En ce temps, dit le chroniqueur Guillaume-le-Breton, l'étude des lettres florissait à Paris. Nous ne lisons pas que les écoles eussent été jamais fréquentées à Athènes ou en Égypte, ou dans quelque partie du monde que ce fût, par un aussi grand nombre de gens que ceux qui venaient habiter la dite ville, pour s'y livrer à l'étude. » Saint Louis fonda la Sorbonne, dont le nom dérive de celui de Robert Sorbon, son chapelain. Les fondations collégiales se multiplièrent sous*son règne et sous celui de Philippe-le-Bel. L'université de Paris, affranchie par une charte de Philippe-Auguste des tribunaux ordinaires et même des cours ecclésiastiques, eut, à l'instar du clergé et de la noblesse militaire, sa chevalerie avec ses épreuves, ses grades, ses tournois, sa hiérarchie et ses dotations privilégiées. Formée de la réunion des écoles où brillèrent tour-à-tour, dans l'enseignement de la théologie, de la philosophie, du droit, de la médecine et des arts, les Michel de Corbeil et les Guillaume de Champeaux, les Roscelin, les Anselme, les Abélard, les Thomas d'Aquin, elle devint le foyer littéraire et scientifique de toute l'Europe.

VIII. — Une autre cause de l'ascendant toujours croissant de Paris, ce fut son parlement, dont le ressort embrassait plus de la moitié de la France, et dont les arrêts, recueillis dans le registre des *Olim*, à dater de l'année 1254, devinrent des modèles pour tous les tribunaux de l'Europe.

IX. — Mais ce qui lui donna surtout une prépondérance sans pareille dans aucune autre capitale, ce fut la possession permanente, à dater du quatorzième siècle, non-seulement du roi et de sa cour, mais des états-généraux de la nation, c'est-à-dire des deux représentants de l'unité française.

L'unité est l'essence même du caractère gallo-romain

qui, dans la nation française, semble avoir absorbé tous les autres. L'histoire nous montre les Celtes, les Aquitains et les Belges aspirant, dès avant l'invasion romaine, à se réunir en un seul peuple. Après le démembrement de l'empire de Charlemagne, les parties de ce grand tout font effort pour se rejoindre, et dès le règne de Hugues-Capet la nation parle la même langue et obéit au même roi. Le petit-fils de Robert-le-Fort est, dès cette époque, chef reconnu de la *maison de France* et de la dynastie populaire. OEuvre tout à la fois de défense et d'édification nationale, la politique royale lutte par les armes de Louis-le-Gros, aidé du comte de Flandre, du duc d'Aquitaine et du duc de Bretagne, contre l'empereur Henri V, qui avait pénétré en Champagne avec une armée allemande. Le territoire de la France, encore si exigu, compte trois cent mille défenseurs, unis par la communauté d'origine et par le sentiment national « comme un nuage épais de sauterelles, qui couvrent, disent les chroniqueurs, les rives des fleuves, les montagnes et les plaines. » L'unité militaire de la France monarchique éclate avec non moins d'évidence sous le règne de Philippe-Auguste et de saint Louis, époque où la puissance française rayonna non seulement en Europe, mais sur les côtes d'Afrique, de l'Asie-Mineure et du Thibet.

X. — La puissance des seigneurs lutta longtemps contre le travail d'unification de la France, mais elle trouva dans l'accord de la royauté et du peuple un adversaire persévérant, et ce fut toujours du haut du trône élevé dans la capitale que partit le mouvement unitaire.

Louis-le-Gros, en affranchissant et en rétablissant les communes dans la possession de leurs anciens droits, fortifia le trône contre les périls du dehors et du dedans. Toute sa vie, traitée de nos jours avec une ingrate indifférence, se consuma en luttes contre le roi d'Angleterre et

contre ses propres vassaux, et, « mourant, il feit une bien
« belle exhortation à son fils de conserver les lois, l'auto-
« rité et dignité publique, et tranquillité et repos du com-
« mun : lui remonstrant que le royaume n'estait que comme
« une charge publique, donnée par provision ainsi qu'une
« tutelle, dont il fallait un jour rendre compte devant
« Dieu (1). »

C'est sous le règne de Louis-le-Gros et sous celui de
Louis-le-Jeune que l'abbé Suger, leur digne ministre,
« vertueux lion extérieurement, agneau intérieurement,
« et conduit par la main du Christ, triompha, par les ar-
« mes de la paix, des guerres qui déchiraient l'État (2). »
Suger améliora la justice, en élevant la juridiction royale
au-dessus des justices seigneuriales, et ce droit de ressort
et de justice devint, selon Loyseau et le président Hénault,
un lien puissant pour maintenir la souveraineté.

Les conquêtes, les affranchissements, les développements de l'éducation publique favorisèrent, sous Philippe-
Auguste, ce prince qui n'a pas fondé, comme le disent tant
d'historiens (3), mais qui a agrandi, fortifié, embelli Paris,
les progrès de l'unité française.

Saint Louis, ce grand justicier, rattacha à son trône et à
son parlement de Paris l'ordre judiciaire par l'établissement des bailliages et des appels, le clergé par une pragmatique où les limites des deux puissances furent posées
dans l'idée du droit, les bourgeois et les artisans par des
communes et des corporations libres dans leur administration intérieure, mais subordonnées à l'autorité suprême du
roi. Les assemblées, composées sous son règne de barons

---

(1) *Dialogue du royaume*, MDLXXXIX. — (2) GUILLAUME LE
MOINE, *Vie de Suger*, liv. III. — (3) NICOLE GILLES, *Annales de
France*. — DU TILLET, BELLEFOREST, DU HAILLAN.

et de prélats feudataires, et où se décidaient les croisades, étaient à la fois, selon l'expression d'un historien, des parlements, des conciles et des camps, où l'on votait par acclamation, comme aux anciens champs de mars, des subsides pour les guerres saintes ; où, à la voix des prêtres et sous la bannière de leurs chefs, les populations prenaient la croix et se précipitaient en masse vers l'Albigeois, la Turquie, l'Égypte et la Palestine.

Dangereusement malade sur une terre étrangère, saint Louis adressa à son fils des conseils où respirent son respect et son attachement pour les libertés de ses sujets. « Regarde, lui dit-il, avec toute diligence comment tes gens vivent en paix par espécial ez bonnes villes et cités. Mesmement, les bonnes villes et les coutumes de ton royaume garde en l'estat et en la franchise où tes devanciers les ont gardées ; et se il y a aucune chose à amender, si l'amende et adresce, et les tien en faveur et amour ; car par la force et par les rischesces des grosses villes, douteront les privez, les estranges de mesprendre vers toy, espécialement tes pèrs et tes barons (1). »

XI. — En rendant sédentaire le parlement de Paris, et en soutenant, contre les prétentions de la cour de Rome, une lutte dans laquelle il dépassa les justes bornes, Philippe-le-Bel continua l'œuvre nationale et monarchique des rois, ses prédécesseurs.

Cette œuvre fut interrompue par les guerres civiles et étrangères qui se succédèrent sous les Valois. Nul, à cette époque désastreuse, ne respecta les limites du droit, et c'est Paris qui fut le théâtre des luttes également coupables dans l'un et dans l'autre camp, entre les violences du peuple et les attentats du pouvoir ; mais c'est aussi de Pa-

(1) JOINVILLE, in fol., p. 155 et 156.

ris que les rois Jean, Charles V, Charles VII et Louis XI
reprirent cette grande œuvre de l'unification de la France,
qu'il ne faut pas confondre avec la concentration monarchique inaugurée par Louis XIV, et consommée de nos
jours par le système impérial.

La célèbre ordonnance publiée par le roi Jean, en 1355,
et qui, selon la remarque de Boulainvilliers, pourrait être
justement comparée à la grande charte, accordée aux Anglais par un prince du même nom, sortit du sein des orages des états-généraux, convoqués à Paris, après trois
cents ans d'interruption, et posa les bases de l'édifice de
la monarchie représentative. « En cinquante ans, dit M. de
Châteaubriand (1), depuis la première convocation des
états sous le roi Jean, les principes politiques se développèrent avec une force et une clarté qu'il aurait été impossible de prévoir. Les états de 1355, et ceux qui les suivirent,
eurent des idées beaucoup plus nettes des droits d'une
nation que le parlement britannique n'en avait alors. » Le
règne de ce prince, illustre, malgré ses malheurs, non-seulement par la restauration des libertés nationales, mais par
la réunion à la couronne des duchés de Normandie et de
Bourgogne et des comtés de Toulouse et de Champagne,
fut glorieusement continué par Charles-le-Sage, ce prince
prévoyant, qui sut respecter les attributions nationales des
états-généraux sans rien leur sacrifier de la prérogative
royale.

La minorité de Charles VI, époque néfaste par les malheurs qu'appelèrent sur la France, selon la remarque de
Mézeray, une reine mauvaise femme et mère dénaturée,
des princes du sang ambitieux, avares, dissipateurs et
cruels, les grands à leur exemple se donnant toutes sortes

(1) *Etudes historiques*, t. V, p. 122.

de licences, des peuples mutins et séditieux, fut signalée, surtout à Paris, par des désordres qu'on s'étonne de voir louer de nos jours par des écrivains qui confondent la sainte cause de la liberté avec les émeutes parisiennes.

Et quel était donc le mobile si généreux, si patriotique, qui poussait alors les Parisiens à s'attacher au roi de Navarre de préférence à leur souverain, à soulever les bourgeois de Rouen, de Troyes, d'Orléans et d'autres villes, pour refuser, de concert avec eux, des impôts rendus nécessaires par la présence de l'étranger, et à ensanglanter par les émeutes des *Maillotins* les rues de la capitale? C'était, nous dit-on, la pensée de réclamer contre la politique astucieuse des rois les garanties parlementaires consacrées par les ordonnances de 1355 et de 1357. Étrange anachronisme que la transformation de ce double manifeste de la monarchie représentative en un précurseur de l'idée républicaine, qui a éclaté trois siècles plus tard! Ce qui est malheureusement vrai, c'est, dit Mézeray, « que les Parisiens, aussi superbes, mais moins courageux que les Gantois que le jeune prince venait de châtier d'une révolte, sortirent en armes, au devant de lui, dans la plaine Saint-Denis, au nombre de 30,000, comme pour lui faire honneur, mais en effet pour montrer leur puissance; que néanmoins ils en firent trop et trop peu, car ils se retirèrent chacun chez soi au premier commandement; que le roi entra donc dans leur ville comme dans une place conquise par force, fit dépendre leurs portes et rompre leurs barrières, passa outre sans vouloir escouter leurs harangues, et leur osta leurs chaînes, leurs armes, la prévosté des marchands et l'eschevinage; ensuite la vie à un grand nombre de personnes qui furent noyées dans la rivière, pendues ou décapitées. »

« Du nombre des derniers, ajoute l'historien, fut l'advocat du roi Jean-des-Marais, plus coupable de s'être op-

posé aux exactions des princes que d'avoir contribué aux
émeutes populaires. Après tous ces supplices, on fit assembler tous les bourgeois de l'un et l'autre sexe dans la cour
du palais. Le roi y séant en son thrône, haut élevé sur un
eschaffaut, le chancelier d'Orgemont leur remonstra l'hor-
reur de leurs crimes réitérés, en termes si forts et si ter-
ribles, qu'il semblait les vouloir disposer tous à la mort.
Ils se prosternèrent à terre, les dames eschevelées, les
hommes se battant la poitrine, criant tous miséricorde.
Les ducs de Berry et de Bourgogne se mirent à genoux devant le roy, lequel, comme s'il eust esté touché de leurs
prières, prononça de sa bouche qu'il leur pardonnoit, et
qu'il commuoit la peine qu'ils méritoient en des amendes
pécuniaires.

« C'estoit là le vrai sujet de cette pièce de théâtre. On
exigea des Parisiens plus de la moitié de leurs biens ; puis
dans cette terreur on restablit les impôts, et on les leva
avec des extorsions indicibles. On traitta les autres villes
de mesme, et ces grandes sommes tournèrent presque toutes au profit de la noblesse qui, les dissipant en folles dépenses, justifiait en quelque sorte les esmotions que l'on
châtiait si horriblement (1). »

La réaction monarchique n'éclata pas seulement par
des châtiments sévères contre les personnes, elle atteignit
les institutions de la monarchie représentative, et prépara la
transformation d'un gouvernement mixte en un gouvernement absolu. Au traité de Troyes par lequel le parlement
et l'université de Paris prononçaient la déchéance des enfants
de Charles VI au profit du roi d'Angleterre, à la ligue impie
formée en 1412 comme en 1356 entre les chefs de la dé-
magogie parisienne et le duc de Bourgogne, aux attentats

(1) *Abrégé de l'histoire de France*, par MÉZERAY, t. II, p. 124.

géminés des bouchers Legoyt et Simon Caboche aidés des universitaires Eustache de Pavilly et Benoist Gentien, le dauphin de France pour le roi Charles VI en démence opposa des édits par lesquels tous ceux de la commune de Paris furent annulés, et les échevins expulsés et remplacés sans élection.

XII. — On pouvait craindre dès lors une période de décadence des institutions municipales, compromises par les abus que les Parisiens en avaient fait. Charles VII institua, en effet, la taxe perpétuelle, devant laquelle les dons gratuits des provinces durent s'effacer, et substitua une armée permanente aux milices communales qui avaient si puissamment secondé l'héroïque fille du peuple, à laquelle il devait sa couronne. Mais ce double progrès de la puissance monarchique ne fut accompagné d'aucune atteinte coupable ni aux libertés locales ni aux états-généraux, qui furent convoqués plusieurs fois durant le règne de Charles VII.

Louis XI ne fut pas plus que le roi son père animé d'un esprit d'hostilité contre les libertés municipales. Ce prince, dont le sceptique historien a dit que c'était un méchant homme, qui a fait beaucoup de bien, fut souvent injuste, fourbe et cruel, dans sa lutte contre les apanages et la féodalité, et l'appui qu'il chercha dans le peuple fut rarement désintéressé; mais on ne saurait méconnaître, sans ingratitude et sans injustice, que, des nombreuses provinces qu'il annexa à la France, aucune ne fut dépouillée des libertés compatibles avec l'unité nationale, que les franchises de sa *bonne* ville de Paris ne furent ni confisquées au profit de la couronne, ni exagérées au détriment des autres communes du royaume, et que, sous son règne aussi, l'ascendant de la capitale librement accepté par la France n'eut d'autres mobiles que les lumières et les vertus de son clergé, les enseignements de son université, la science et l'intégrité de son parlement, et le prestige toujours croissant de sa royauté populaire.

Quand Louis XI monta sur le trône, la grande œuvre de l'unité française rencontrait un double et grave obstacle, dans la plaie douloureuse qu'avaient faite, depuis plus d'un siècle, à notre patrie, les invasions anglaises et l'ambition des grands vassaux, source des discordes qui favorisaient les entreprises de l'étranger. L'infatigable roi, dont l'entendement, dit Commines, travaillait même quand il reposait, commença par rompre, à force d'habileté et d'intrigues, la ligue dite du bien public, formée pour défendre les prérogatives seigneuriales contre les progrès menaçants de l'autorité monarchique, appuyée sur la bourgeoisie. Sorti victorieux de cette redoutable lutte, il rendit hommage au dévouement dont les villes du royaume lui avaient donné des témoignages, et donna ou confirma les priviléges d'Angers, de Bourges, de Clermont, de Tours, du Mans, de Marvejols, de Mende et de plusieurs autres villes. Il appela même les bonnes villes à garantir le traité conclu par lui avec le duc d'Autriche, pour la paix et pour le mariage du dauphin avec la jeune princesse fille de ce duc.

Louis XI est, de tous les princes qui ont régné sur la France, celui qui a annexé à son territoire le plus de provinces, et qui, en faisant ces annexions, a montré le plus de respect pour les institutions locales.

C'est ainsi qu'à peine monté sur le trône il confirma, en 1461, les priviléges de la Normandie (1) et de la Guyenne, et adressa même directement, aux trois états du Bordelais, le titre recognitif de leurs franchises (2). C'est ainsi que,

_____

(1) *Ordonn. des rois de France*, t. XV, p. 302. — (2) Pro parte dilectorum nostrorum vassallorum et subditorum trium statuum, videlicet virorum ecclesiasticorum, nobilium Burgensium et inco-

faisant fléchir son caractère impérieux devant les prérogatives des états du Languedoc, il se soumit franchement au
refus fait par ces états, en 1476, d'un impôt qu'il leur avait
demandé (1). C'est ainsi qu'à la même époque, voulant se
rendre maître de la Bourgogne, que la mort de Charles-le-
Téméraire avait livrée aux faibles mains d'une jeune princesse, il traita directement, par ses commissaires, avec les
états de la province et s'engagea, par des lettres closes,
adressées aux villes, « à maintenir les droitures, franchises,
libertés, prérogatives et priviléges, sans qu'aucune nouvelleté leur y fût faite (2). » C'est ainsi qu'appelé par le
testament du dernier comte de Provence à lui succéder, il
établit Palamède de Forbin gouverneur de cette province,
dont il connaissait l'affection pour la maison de Lorraine,
avec le pouvoir de convoquer les états, de confirmer les
priviléges du pays, et même d'en concéder de nouveaux, ce
qui fut fait dans l'assemblée d'Aix, de 1482.

Les états d'Auvergne, de la Champagne, de la Brie, de
la Normandie, du Vermandois, du Languedoc, du Dauphiné, du Périgord, du Quercy, du Limousin, du Poitou,
de la Guyenne, de la Marche, du Bourbonnais, les assemblées de bailliages, diocèses ou sénéchaussées de ces provinces et de plusieurs autres, fréquemment convoqués
sous le règne de Louis XI, ou peu de temps après sa mort (3),
eurent, il est vrai, en grande partie à s'occuper des votes
de subsides, et l'on ne peut nier qu'un monarque qui, à la

larum civitatis nostræ quæ patriæ Burdigalensis requisiti ut pri-
vilegia et libertates hactenus per bonæ memoriæ dominum ge-
nitorem nostrum regem Karolum super vita functum eis alias
confirmatas et novissime concessas. (*Ibid.*, t. XV, p. 33.) —
(1) D. VAISSETTE, *Histoire du Languedoc*, t. V, p. 52. — (2) *Lettres
patentes*, du 29 janvier 1476. — (3) Voir l'analyse de ces états et
assemblées dans le livre de M. PAQUET, p. 126 et suiv.

différence de son aïeul, convaincu que la bonne foi, exilée du reste de la terre, devrait se réfugier dans le cœur des rois, tenait pour maxime que le talent de dissimuler est le talent de régner, n'ait usé de fourberie pour corrompre les suffrages. Avec le concours des assemblées de provinces et même de bailliages et de sénéchaussées, convoquées en 1463, 1466, 1470, 1478, Louis XI éleva à 4,500,000 livres le produit des impôts généraux, qui n'était, sous Charles VII, que de 1,800,000 livres (1). « Il se servit, dit M. Michelet (2), comme d'une ombre d'états qu'il faisait parler, donnant leur voix pour la voix du royaume ; » mais il aurait pu faire pis, soit en s'abstenant de convoquer les états, soit en décrétant lui-même par ordonnances ce qu'il n'aurait pu obtenir de leur libéralité.

Louis XI se servit habilement des libertés municipales et provinciales pour mener à bonne fin l'œuvre de l'unité nationale commencée par ses prédécesseurs, et c'est surtout dans les états qu'il trouva les ressources nécessaires pour triompher des ducs de Bourgogne et de Bretagne, et de leur auxiliaire, le roi d'Angleterre, et notamment pour résoudre la double et difficile question de l'apanage de son frère, et des prétentions du duc de Bretagne sur la Normandie (3). Il institua d'ailleurs le parlement de Bordeaux par les lettres du 7 juin 1462, et le parlement de Bourgogne par celles du 18 mars 1476 ; et c'est ainsi qu'avec le concours des forces vives de la nation réunies dans les grands corps administratifs et judiciaires, il parvint à constituer sur des bases que Henri IV, Louis XIII et Louis XIV développèrent par l'adjonction de quelques nouvelles pro-

___

(1) Comines, liv. V, VI, VIII. — Potherat de Thou, *Recherches sur l'impôt*, 98. — (2) *Histoire de France*, VI, 195. — (3) Mézeray, *Abrégé chronologique de l'histoire de France*, t. III, p. 307.

vinces, le territoire d'une nation puissante, et à préparer, par des mesures administratives d'une grande portée, telles que l'institution des postes, et par des essais de réformation d'un assez grand nombre de coutumes, l'unité politique dont il avait placé les fondements dans l'administration libérale de la ville de Paris.

XIII. — L'accord de la royauté et des libertés publiques éclata dans les états-généraux convoqués à Tours peu de temps après la mort de ce roi, qui a mérité le surnom de *restaurateur de la monarchie française.*

« Là s'assemblèrent, dit Jehan de Masselin (1), tous les grands du royaume et tous les députés des provinces ; et le 7 du mois de janvier, d'après l'avis et par l'invitation des princes, nous nous rendîmes aux Montils, rangés par nations et par compagnies. Nous vîmes le roi passer devant chacun de nous ; et nous lui faisions la révérence, pendant que le sire de Beaujeu, qui l'accompagnait, lui disait : à Voici messieurs de Paris ; voici messieurs de « Picardie ; voici messieurs de Normandie ; et ainsi des « autres. »

Les députés des provinces récemment incorporées, telles que la Provence, le Roussillon, la Bourgogne et le Dauphiné, faisaient partie de l'assemblée. La Flandre, invitée à se faire représenter, n'envoya que sur la fin de la session une ambassade chargée de réclamer l'exécution du traité d'Arras. La Bretagne, dont Louis XI, engagé dans d'autres conquêtes, avait été obligé de respecter l'indépendance de fait, n'avait pas même été invitée. On ne voit pas figurer non plus dans le journal de Masselin les députés de la

(1) *Journal des états-généraux de France*, tenus à Tours, en 1483, sous le règne de Charles VIII, par JEHAN MASSELIN, député du bailliage de Rouen, publié et traduit par A. Bernier. Paris, 1835.

Franche-Comté. Le nombre total des députés varie, selon les auteurs, entre 246 et 284 (1).

Au milieu d'une estrade, placée au fond de la salle, on avait placé le trône royal, orné d'une tenture de soie parsemée de fleurs de lys. Auprès du trône siégeaient, avec les princes du sang, les pairs ecclésiatiques et le chancelier. Une foule de seigneurs, qui ne faisaient pas partie des états, étaient debout dans l'étendue de l'estrade.

Le parquet était couvert de trois rangées de bancs, dont la partie la plus haute contenait pêle-mêle les siéges des sénéchaux, des baillis, des barons, des chevaliers, des conseillers, des secrétaires, dont chacun fut appelé par le greffier en proclamant sa dignité. Là prirent place aussi les prélats et les plus grands dignitaires des états. La partie inférieure appartenait au reste de la foule des députés; des théologiens, des savants, des astronomes, des poëtes figuraient en assez grand nombre dans cette assemblée.

Le chancelier de Rochefort ouvrit la séance par une harangue où, après avoir exalté les vertus précoces du jeune roi « sur qui reposait le repos de la patrie, » il ajouta : « qu'il avait réuni les états pour leur exposer ses desseins et pour les associer en quelque sorte au gouvernement (2). » Puis, après un appel fait à leur vigilance et à leur franchise dans l'exposition des abus, en même temps qu'à la concorde des princes, qu'il supplia, au nom de la patrie, « d'oublier tout esprit de parti, et de laisser aux députés une pleine et entière liberté, » il régla l'ordre des matières : les affaires générales de l'Etat, ensuite celles des provinces ou des villes, et enfin celles des particuliers.

Les états délibérèrent non par ordres, mais par sections,

(1) RATHERY, Etats-généraux, p. 156. — (2) Communicare negotia et vos suorun agendorum facere participes voluit. Journal de Masselin, 46,

qui furent formées au nombre de six, dont chacune, ayant un président et un secrétaire, nomma six commissaires qui, réunis en assemblée générale, travaillèrent à refondre les six cahiers en un seul. Ce résultat, d'ailleurs, n'était point obtenu à la majorité des suffrages dans l'assemblée générale ; il n'était pas même le produit de la majorité des chambres : il fallait leur unaminité. Plus d'une fois le dissentiment d'une seule chambre pensa neutraliser les opérations des états, et ce ne fut que par les voies de la négociation auprès de la minorité qu'on obtint, en ces circontances, l'assentiment unanime requis pour former le vœu genéral (1).

Malgré ces difficutés, les états résolurent, à la satisfaction générale, la question délicate de la régence, en donnant, sans blesser les princes, et notamment le duc d'Orléans, un éclatant témoignage d'estime à Mme de Beaujeu. Puis la Pragmatique fut rétablie sur là demande même du clergé, et le roi statua sur les plaintes de la noblesse, contre la fréquence des bans et arrière-bans, et sur quelques autres objets.

Le tiers-état signala les exactions des gens d'armes « vivant sur le pauvre peuple, et qui, souldoyez pour le défendement de oppression, sont ceux qui plus l'oppressent, » ainsi que la charge croissante des tailles, aides, subsides, gages, gabelles, impositions, rendue plus intolérable encore par le mode de perception. Il proposa, pour soulager les provinces, surtout la Normandie, le Maine, l'Anjou, le pays chartrain, qui souffraient plus qu'aucunes autres, la suppression des offices inutiles et le retranchement des pensions ; « car, disait-il, n'est point à douter que au paiement d'icelles y a aucunes fois telle pièce de monnaye qui est partie de la bourse d'un labou-

(1) ANQUETIL, *Histoire de France*, règne de Charles VIII.

reur duquel les pauvres enfants mendient aux bois de ceux qui ont les dites pensions. Et souvent les chiens sont nourris du pain acheté des deniers du pauvre laboureur dont il devait vivre. »

Le roi ne répondit pas à tous les griefs, mais il déclara qu'il avait déjà pourvu à la révocation des aliénations du domaine. Il permit le rachat à 10 p. %, des rentes aliénées depuis 1464 pour le fait de tailles, accorda l'exemption de l'arrière-ban aux non nobles, et confirma les libertés, privilèges et immunités des personnes et des villes.

Quant à la justice, les trois états se réunirent pour demander le rétablissement de l'usage suivi depuis saint Louis jusqu'à Charles VII, de présenter, pour chaque vacance dans un siége de judicature, trois candidats sur lesquels le roi en choisissait un ; l'inamovibilité des juges, sauf le cas de prévarication ; la répression des abus de la multiplication des offices, de la vénalité des charges, des évocations et des commissions ; le renvoi de chacun à ses juges naturels, et la stricte observation des formes de la procédure. Les états firent des vœux pour la réformation des coutumes, commencée sous Charles VII, et demandèrent l'affranchissement des barrières de province à province, où se percevaient les impositions foraines et hauts passages. Les candidatures, l'inamovibilité des juges et la réformation des coutumes furent accordées. Quant au reste, on promit d'aviser ou de faire exécuter les ordonnances.

La question de la taille faillit à troubler la bonne harmonie entre le conseil et les états. Oubliant la sage maxime de Louis XI, recueillie par Philippe de Commines ; « qu'il « n'est pas en la puissance de prince du monde de lever « l'impôt à son plaisir sur le peuple, non plus que de prendre « dre le bien d'autrui, » le conseil laissa percer la prétention de continuer la perception des impôts établis sans autre autorisation. Quelques députés, exagérant en sens contraire, demandaient la réduction des impôts, sans s'inquiéter des moyens de pourvoir à la dépense. Les états, prenant un terme moyen, accordèrent la même somme qui se percevait sous Charles VII et que Louis XI avait plus que doublée. Malgré les justes observations du chancelier sur la différence des temps et sur le surhaussement de toutes les valeurs, tout ce qu'il put obtenir, ce fut une augmentation de douze cent mille livres pour deux ans, et de trois cent mille livres pour un an seulement, lesquelles deux sommes ne seraient perçues que sur les anciennes provinces.

Les députés ajoutèrent, en la présence et avec l'assentiment du chancelier, qu'ils n'entendaient pas qu'on pût à l'avenir établir le plus léger impôt sans qu'ils eussent été consultés expressément.

L'esprit de localité, très-vivace dans les nations diverses qui composaient les états-généraux de 1483, se trahit, sans doute, en plus d'une circonstance, surtout au point de vue de l'établissement et de la répartition des impôts, chacun étant tenté de s'écrier avec les députés du Vermandois : « Miseremini, o Domini, pauperis balliviatus de Verman- « dois qui tanta passus est ; miseremini iterum. » Mais ces états, comme le remarque avec raison M. Rathery, se distinguent de tous ceux qui les ont précédés par l'accord des idées libérales avec le respect pour la royauté, et offrent cette particularité remarquable qu'on y voit tout le monde, tiers-état, clergé, noblesse, et jusqu'aux gens du roi, se faire honneur d'y défendre les intérêts du peuple. Tant il est vrai que, plus les libertés municipales sont respectées, plus les garanties politiques acquièrent de force !

LIVRE X

RÉSUMÉ DE L'HISTOIRE ET SYNTHÈSE DES PRINCIPES DU DROIT MUNICIPAL AU MOYEN AGE.

CHAPITRE PREMIER

DE L'ORGANISATION COMMUNALE, DIOCÉSAINE ET PROVINCIALE.

I.—Notre analyse des institutions municipales, au moyen âge, quoique bien incomplète, nous paraît avoir fait justice des systèmes absolus que plusieurs écrivains, inspirés par un esprit d'unitarisme exagéré, ont prétendu substituer aux diversités d'organisation attestées par l'histoire.

Le régime municipal de la France, depuis l'invasion germanique jusqu'à la fin du moyen âge, n'a été ni exclusivement romain, ni exclusivement germanique, ni exclusivement celtique ; et de toutes les erreurs accréditées sur ses origines, la moins acceptable, peut-être, est celle que les auteurs du *Répertoire* de M. Dalloz (V. *Commune*, tit. I, ch. I, art. 3) empruntent à l'abréviateur des révolutions de l'ancien gouvernement français, lequel, d'après Dubos et Mably, suppose que le système d'administration antérieur à la conquête fut conservé dans les cités franques sans aucune altération.

Nous avons vu, au contraire, la division primitive des peuples gallo-romains en Aquitains, Belges et Celtes survivre à l'invasion germanique, et les tribus de l'antiquité, transformées en familles fixées au sol, sous l'empire de lois communes, les unes écrites, les autres constatées par de simples coutumes, former des associations de formes diverses, qui correspondaient à leur constitution originaire.

La *cité* gallo-romaine, la *mark* germanique, le *clan* celtique, quoique modifiés par le mélange des races, et par l'influence épiscopale qui agissait partout avec des succès inégaux, nous ont paru autant d'éléments distincts, mais analogues, concourant tous, sous l'impulsion commune de la foi chrétienne et de la liberté morale, à la reconstruction de l'ordre social, qu'avait miné sourdement le despotisme du bas empire.

Dès le sixième siècle, la société, détruite de fond en comble, tend à se rétablir, sur sa triple et immuable base : *religion. famille, propriété*; mais cette organisation s'accomplit lentement, librement, spontanément, avec des caractères divers, appropriés aux traditions des différentes régions, et dans le droit civil et dans le droit public de la France.

Les principales bases du droit civil sont, dans les pays coutumiers : la communauté conjugale, le douaire légal ou préfix, les priviléges du droit d'aînesse, le retrait lignager, les réserves coutumières, l'inaliénabilité des propres; dans les pays de droit écrit, le régime dotal, l'inaliénabilité de la dot, la disponibilité des biens par le père de famille, la légitime en fonds héréditaires; dans l'un et dans l'autre : les substitutions et les fidéi-commis.

Les principales bases du droit public sont les libres assemblées des membres de la société civile et religieuse sous la direction immédiate des seigneurs et des évêques, subordonnés eux-mêmes, dans des mesures diverses, à l'autorité suprême du roi.

Du sein de cette organisation générale, nous avons vu naître les communes, diverses par leurs origines, par leurs chartes constitutives, par leur régime administratif, les

unes succédant aux anciens municipes romains, les autres
fondées par les rois, les seigneurs, les évêques, les monastères; celles-ci conquises à main armée, d'autres achetées,
d'autres établies en vertu de conventions paisibles, toutes
investies du droit d'élire librement leurs chefs, libres eux-
mêmes dans l'exercice de leur pouvoir administratif, mais
obligés, dans l'intérêt de l'État et des générations futures,
de subir, pour tous les actes susceptibles d'entraîner la dis-
sipation du patrimoine commun, la surveillance du seigneur, souverain de la cité, ou du roi, souverain de
l'État.

Ces communes, devenues maîtresses d'elles-mêmes,
après avoir traversé la double phase du régime ecclésiastique et du régime féodal, nous les avons vues se grouper
en associations de bailliages, diocèses, vigueries, provinces, selon les circonstances des lieux et des temps ; et les
provinces elles-mêmes, lentement conquises et agglomé-
rées par un concours de causes diverses, former par leur
réunion les puissantes unités politiques qui portent le nom
de *nations*.

Telle a été la germination naturelle du régime municipal
de la France au moyen âge.

II. — Le caractère essentiel du municipe, celui dont
tous les autres ne sont en quelque sorte que des corollaires,
c'est son union indissoluble avec la terre sur laquelle il
s'est formé, et avec l'association politique ou l'État dont il
est membre. Ce qui distingue, sous ce double rapport, le
droit municipal au moyen âge du droit municipal dans
l'antiquité, c'est que, d'après celui-ci, l'État, représenté
soit par le peuple, soit par son délégué, est seul souverain,
tandis que d'après celui-là la souveraineté se partage entre
l'empire et le sacerdoce, entre le roi et le seigneur ; c'est
que, dans le municipe antique, la propriété est une et libre,

tandis que, dans la commune du moyen âge, elle se divise en domaine utile et en domaine direct, de même que les personnes se divisent en seigneurs et en vassaux.

L'autonomie de la cité grecque n'excluait pas, en principe, quoiqu'elle l'absorbât souvent en fait, l'autorité du pouvoir fédéral de la république. La liberté du municipe romain ne se développa jamais que sous le contrôle suprême de l'*imperium* politique. Mais, en Grèce comme à Rome, e pouvoir souverain, exercé, tantôt par la masse des citoyens, tantôt par celui en faveur de qui le peuple avait abdiqué ses pouvoirs, était, aux yeux de tous, Dieu lui-même : *Dea Roma, Divus imperator.* Dans le droit chrétien, au contraire, l'ordre matériel, confié aux puissances de la terre, et l'ordre spirituel, relevant uniquement du vicaire de Dieu et de ses ministres, sont complétement distincts et indépendants l'un de l'autre ; et dans la sphère même des intérêts temporels, le pouvoir seigneurial et le pouvoir royal coexistent et exercent chacun son action propre dans les termes du pacte féodal.

Dans l'antiquité païenne, chaque famille a ses lares familiers, chaque cité ses sacrifices municipaux, les dieux mêmes font partie de l'État, et sont, selon l'expression d'Heineccius, gratifiés en quelque sorte du droit de cité : *Quasi civitate donati.* Les dieux étrangers pénètrent à Rome vers la fin de la république ; sous les premiers empereurs, le culte du vrai Dieu profite de cette tolérance pour s'y introduire ; sous l'empire devenu chrétien, l'évêque devient le défenseur officiel de la cité. Mais, tant que dure l'empire romain, le pouvoir épiscopal ne s'exerce que sous le contrôle du préfet du prétoire de la province. L'empire tombé, l'autorité épiscopale reste debout, et c'est elle qui recueille, dans les canons, comme on le voit par la collection faite, en 915, par Reginus, abbé du diocèse de Trèves, les principes du code Théodosien, et qui les applique au municipe ecclésiastique.

Les caractères juridiques de ce municipe sont, comme ceux du municipe romain dans ses beaux jours, conformes au droit naturel ; mais ils s'élèvent au-dessus de ce droit de toute la hauteur des doctrines du christianisme comparées aux philosophies de l'antiquité ou des temps modernes.

Le caractère chrétien de la régénération des communes au moyen âge se justifie, d'ailleurs, par l'histoire autant que par le raisonnement ; nous croyons l'avoir établi par des preuves irrécusables en exposant les droits respectifs de l'évêque chef du diocèse, du seigneur chef de la cité, du roi chef de l'État, sur la constitution des villes, bourgs et villages, sur le droit de cité et le droit de juridiction dans les premiers siècles du moyen âge, sous la dynastie carlovingienne, et sous l'empire du droit féodal.

III. — L'imprescriptible légitimité du droit d'*association* dans les limites commandées par l'ordre public, apparaît, à la renaissance des sociétés féodales, aussi incontestable et aussi incontestée que lors de la création spontanée des peuples libres de l'antiquité et de la résurrection des sociétés au sixième siècle. C'était un principe de droit féodal, qui survécut même à l'avénement de la monarchie absolue, que les communautés d'habitants étaient des sociétés non-seulement légitimes, mais *nécessaires* (1) ; et bien que le roi se réservât le droit de leur donner l'existence civile en vertu de son pouvoir souverain, la plupart des chartes de communes, loin de prétendre les créer, se bornaient à les reconnaître, comme existant en vertu d'un

_____

(1) *Nouveau Denisart*, V. *Communauté d'habitants*.

droit naturel et d'une possession immémoriale, dont les vicissitudes politiques n'avaient pas modifié les effets.

IV. — De ce droit naturel d'*association* résultait pour les communes le droit d'élire librement des syndics chargés d'administrer leurs intérêts communs, sous le contrôle exercé par le souverain de l'État dans le double intérêt de l'association politique et des générations futures. Ce droit, reconnu par le capitulaire de Dagobert de l'an 630, art. 22, par celui de Charlemagne de 809, art. 22, par celui de Louis-le-Débonnaire de 849, par celui de Charles-le-Chauve de 877, fut consacré par l'ordonnance de saint Louis de 1256, qui dispose, art. 1er : « Les maires seront « élus, en France, le lendemain de la Saint-Simon-Saint- « Jude. »

C'était là, les preuves abondent (1), le droit commun de la France féodale, du moins dans les villes dont les habitants étaient désignés ordinairement sous le nom de *bourgeois*. « Les affaires publiques, est-il dit dans la préface des *Ordonnances des rois de France*, t. II, p. 3, étaient confiées à des magistrats élus par les bourgeois et tirés de leur corps. » — « Les communautés, dit M. de Coriolis (*De l'administration de la Provence*, t. III, p. 193), ne connaissaient d'autres administrateurs que leurs consuls. »

En général, le vote des habitants de la commune pour l'élection des maires, jurats, consuls, capitouls, échevins, était un vote universel (2). Seulement, dans certaines villes, le choix des habitants était soumis à l'approbation du bailli (3) ; d'autres présentaient à l'autorité supérieure des

(1) V. l'*Histoire du droit municipal*, par M. RAYNOUARD, t. II, p. 77 à 250, — et les *Institutions communales et provinciales*, par M. PAQUET, t. II, ch. I, p. 183. — (2) V. les *Ordonnances* citées dans le premier volume, p. 544. — (3) GUY-COQUILLE, *Histoire du Nivernais*, p. 373.

candidats, en dehors desquels il était très-rare qu'elle choisit. Le plus souvent, la candidature était restreinte aux fonctions de maires et de consuls (1). Dans quelques communes, les élections étaient faites par les officiers sortants (2) ; on pourrait même en citer où les maires, consuls et échevins étaient directement nommés par le roi ou par le seigneur (3). Mais ces modes de nomination étaient très-rares, et paraissent avoir été des dérogations au droit commun. On trouvera les preuves de cette proposition dispersées dans le cours de ce livre. On remarquera de plus, dans toutes les chartes féodales, des garanties propres à assurer la représentation de tous les intérêts, la sincérité de tous les votes.

V. — Un premier magistrat et un conseil placé près de lui concouraient, dans le moyen âge, à administrer la commune. « Le maire, dit Loyseau (*Traité des offices*, liv. V, ch. VII), remplace le duumvir ou le préteur, et les échevins les décurions, chargés, comme eux, d'*eschever* et d'éviter le dommage de la ville. » Ces charges attribuaient la noblesse et quoique gratuites étaient très-sollicitées. Au-dessous de ces honneurs municipaux étaient les services salariés des greffiers et autres employés subalternes.

La commune du moyen âge était affranchie de la tutelle des agents du pouvoir central, et ne subissait leur contrôle que pour les choses d'un intérêt général.

VI. — La commune, cette unité élémentaire et générale de l'ordre politique, embrassait dans son sein des as-

---

(1) *Ordonnances des rois de France*, t. V, p. 671, 780 ; t. XIV, p. 37, 149, 162. — (2) *Ibidem*, t. XI. p. 408, 496 ; t. XII, p. 518, 572 ; t. XIV, p. 149 et 150. — (3) *Ibid.*, t. XI, p. 504, 505 ; t. XII, p. 28 ; t. XIII, p. 175 et 176.

sociations ou unités particulières, librement formées et appliquées à divers travaux : c'étaient les corps d'arts et métiers dans les villes, les associations d'agriculteurs dans les campagnes.

A dater de l'affranchissement des communes, l'artisan passe de l'état de servage à l'état libre, et trouve dans la *confrérie* dont il fait partie l'équivalent de la protection féodale. « Nul ne pue, à la vérité, exercer une industrie « sans avoir empestré lou congié du roi et du prévôt des « marchandises, et sans avoir prouvé qu'il sache faire le mé- « tier et qu'il ait de coi (1). » Mais cette intervention bienveillante de l'autorité n'implique pas, de la part de l'ouvrier, l'abnégation de son individualité. L'ouvrier libre dépend moins d'autrui, plus de lui-même, et n'a plus à compter désormais qu'avec son travail et sa conscience. « Il reste trois ans apprenti chez un maître, sans changer, sous peine de recommencer l'apprentissage, puis il devient *compagnon*, qu'on appelait anciennement bachelier, c'està-dire prétendant et aspirant à la maîtrise ; et ayant été encore trois ans compagnon chez les maîtres, il peut être reçu maître, après avoir fait épreuve publique de sa suffisance qu'on appelle chef-d'œuvre, et par icelui être trouvé capable (2). »

Les corps d'arts et métiers constitués d'après ces bases avaient d'incontestables avantages. Nul ne pouvait être reçu maître qui ne sût son métier. La loyauté et la perfection des produits étaient garanties ; la discipline morale était sévèrement maintenue ; les amendes infligées aux délinquants tournaient au profit des pauvres ; des caisses de secours mutuels et de retraites pour les vieillards étaient

(1) DEPPING, *Règl. sur les arts et métiers de Paris.* — (2) LOYSEAU, *Des ordres du tiers-état*, ch. VIII.

établies dans chaque confrérie, alimentées, en outre, par les subventions des corps religieux, et librement administrées par des syndics librement élus, sans aucune intervention du seigneur ou des officiers du roi.

« La fraternité, dit un écrivain non suspect, M. Louis Blanc, fut le sentiment qui présida à la formation des communautés de marchands et d'artisans constituées sous le règne de saint Louis. Dans ce moyen âge, qu'animait le souffle du christianisme, mœurs, coutumes, institutions, tout s'était coloré de la même teinte ; le style même des statuts se ressentait de l'influence dominante de l'esprit chrétien. L'église était le centre de tout : elle marquait l'heure du travail ; elle donnait le signal du repos. Quand la cloche de Notre-Dame ou de Saint-Merri avait sonné l'Angelus, les métiers cessaient de battre, l'ouvrage restait suspendu ; et la cité, de bonne heure endormie, attendait le lendemain que le timbre de l'abbaye prochaine annonçât le commencement des travaux du jour. Protéger les faibles avait été une des préoccupations du législateur chrétien. Loin de se fuir, les artisans d'une même industrie se rapprochaient l'un de l'autre, pour se donner des encouragements réciproques, et se rendre de mutuels services. Les métiers formaient autant de groupes pressés dans la même rue ou sur les bords du fleuve, et ne reconnaissaient d'autre rivalité que celle d'une fraternelle concurrence. »

Malheureusement, l'esprit de fiscalité et de privilége altéra insensiblement cette libre organisation. Les rois de France devinrent marchands de titres de maîtrise. De là des exactions et des tyrannies odieuses. Chaque corporation se rendit presque inaccessible, et fit au travail libre une guerre impitoyable. L'industrie en souffrait ; le capital ne s'y formait qu'en très-petite quantité ; le crédit y était presque nul, et le gouvernement, les traitants et les privi-

légiés se partageaient tous les avantages d'un ordre de
choses qui subsistait au prix du labeur infructueux des ouvriers.

Ce sont ces abus auxquels Henri II chercha vainement
à remédier par l'édit de 1553, qu'aggravèrent, au contraire, l'édit fiscal de 1581 et l'édit, plus tyrannique encore, de 1597, que Robert Miron, ce digne successeur d'É-
tienne Boileau, comme prévôt des marchands de Paris,
attaqua dans les états-généraux de 1614, et qui ont déter-
miné, deux siècles plus tard, la réforme industrielle commencée en 1776 par Turgot, continuée par Necker, et consommée en 1791 par l'Assemblée constituante.

VII. — Tandis que les corps d'arts et métiers se dévelop-
paient dans les villes, sous la protection des bourgeois, les
serfs et les hommes libres, tombés, selon l'expression de
Beaumanoir, en pauvreté, s'organisaient en associations
de travailleurs, et, secondés par les affranchissements pro-
gressifs et par les contrats de domesticité libre, créaient
une propriété collective, dont la jouissance était censée solidaire entre tous, de telle sorte que la part du défunt venait
se joindre à celle des survivants par une sorte d'accroissement (1).

Ces communautés agricoles libres remontent aux premiers
siècles de notre histoire. Le savant auteur de l'*Histoire
de Nîmes*, Ménard (2), cite un plaid tenu par l'évêque de
Nîmes, en 920, qui en fait mention. Il existait en Normandie, au douzième siècle, des associations de ce genre,
entre les vavasseurs qui étaient libres dès cette époque.
Dans chacune des associations, un seul membre, qui portait

_____

(1) DELAURIÈRE, *sur Loisel*, liv. Iᵉʳ, tit. Iᵉʳ, n. 74. — (2) *Preuves*,
t. Iᵉʳ, p. 17.

à cause de cela le titre d'ami, était en relation avec le seigneur. Ces associations étaient surtout en usage dans les
provinces du centre, telles que le Nivernais, le Bourbonnais,
l'Auvergne, la Marche, etc. (1). La célèbre association des
Jault, dans le Morvan, existait encore au temps de la Révolution, et M. Dupin atteste avoir vu, dans le Nivernais,
une communauté agricole fonctionnant comme au temps
de Coquille, qui fait du « ménage des champs vrai siége et
« origine des bourdelages, » une peinture à la fois si ins-
tructive et si pittoresque (2). Ces sortes d'associations furent aussi utiles à l'agriculture que les corps d'arts et métiers à l'industrie, et, comme le remarque un publiciste du
dernier siècle (3), l'un des plus grands services rendus à
l'agriculture par les administrations communales et provinciales fut « l'établissement de chambres rurales, agraires
« et arpentaires pour gouverner et régenter la culture et
« fécondité des terres, composées les deux tiers de mar-
« chands et riches laboureurs, et l'autre tiers de gens de
« lettres ayant pratiqué en cours souveraines, jugeant,
« sans profit, en dernier ressort ès-cas, et tout ainsi que
« les juges présidiaux, et le surplus des appellations à la
« chambre souveraine de la police rurale. »

VIII. — Deux institutions parallèles à la commune et à
la province étaient la paroisse et le diocèse. On ne connaissait, d'abord, que la paroisse épiscopale (*parochia epis-
copalis*) ; celle-ci se divisa en plusieurs paroisses curiales,
dont chacune était gouvernée, sous les ordres de l'évêque,
et selon les règles canoniques, par un curé de son choix.
Le peuple, qui concourait, dans les premiers siècles, à l'é-

---

(1) *Des classes agricoles en Normandie*, chap. II, p. 33.— (2) V.
le *Commentaire de la coutume du Nivernais*, ch. VI, *Des bourdelages*, et la question 58. — (3) PROST DE ROYER, V. *Agriculture*,
p. 575.

lection des évêques, fut dépouillé de ce droit, d'abord au profit du clergé, par le concile de Latran, de 1215, puis au profit du roi (1), par les pragmatiques de saint Louis et de Charles VII.

La libre administration des paroisses par les fidèles, sous la double surveillance de l'autorité ecclésiastique et de l'autorité civile, était consacrée par le droit public. Les paroisses jouissaient d'une autonomie analogue à celle des communes. Les fabriques, à qui leur administration était confiée, et qui étaient propriétaires des églises construites (*fabriquées*) par les fidèles et le clergé, étaient réputées corps laïques, quoiqu'elles participassent aux priviléges ecclésiastiques, et quoique, dans presque toutes, les curés fussent membres nécessaires. Les règlements des fabriques ne pouvaient être exécutés sans avoir été homologués par les cours souveraines. Les évêques avaient aussi droit d'inspection sur la comptabilité des fabriques. L'autorité temporelle et l'autorité spirituelle concouraient donc, chacune dans sa sphère, au gouvernement des fabriques (1). Le pouvoir épiscopal s'exerçait, d'ailleurs, sur toutes les paroisses du diocèse, et sur tous les établissements religieux ou charitables qui en dépendaient.

De là, le concours harmonisé de toutes les forces sociales, non-seulement à toutes les mesures de sécurité, de salubrité, d'hygiène, d'ordre public dont l'ensemble constituait la paix romaine, *pax romana*, non-seulement à l'εὐ ζῆν, à la vie heureuse et digne des Grecs, mais à une civilisation inspirée par l'esprit du christianisme, et tendant à concilier, par l'accord des deux puissances, par leur res-

---

(1) Voyez GRATIEN. *Dist.* 62 et 64. *Marca de concordantia*, etc., lib. VI, cap. XI. — RAYNOUARD, *Histoire du droit municipal*, t. I, chap. XXVII, et les autorités qu'il cite.

pect commun pour l'autonomie des peuples, les exigences de l'ordre et les aspirations de la liberté.

IX. — Au-dessus des associations communales et paroissiales étaient les associations diocésaines et provinciales, dont les administrateurs se recrutaient(1), comme ceux des communes, par voie d'élection, et qui jouissaient aussi du droit de gérer librement leurs intérêts de toute nature, sous la surveillance mais non sous la tutelle du seigneur qui, appelé d'abord à des fonctions analogues à celles de gouverneur de la province romaine, usurpa plus tard les droits de souveraineté, dont la patiente politique des rois le dépouilla peu à peu, et qui, vers la fin du quinzième siècle, avait déjà relâché, en faveur de la couronne, un grand nombre des droits qu'il s'était arrogés dans l'administration et dans la justice.

Les assemblées provinciales se rattachent par leur origine à celle qu'Auguste tint à Narbonne et à laquelle assistèrent les députés d'un grand nombre de villes. L'auteur des *Lois municipales du Languedoc* (t. I. p. 316) nous les montre, même sous le bas empire, traitant des affaires communes et de tout ce qui a rapport aux intérêts publics et particuliers, délibérant sur tous les objets à la pluralité des suffrages, discutant les sujets de plaintes que les officiers de l'empire avaient donnés aux habitants, et dressant enfin le cahier des demandes qu'on avait à faire à l'empereur, et qui lui étaient transmises par des députés chargés des vœux de la province, et quelquefois de l'*or coronaire*. Ces états, anéantis sous le règne de Théodose-le-Jeune, et remplacés

(1) *Ordonnances* : de Charles V, en 1372; de Charles VII, en 1431 ; de Louis XI, en 1461, 1474, 1481 (*Ordonnances des rois de France*, tome V, p. 563; tome XV, p. 323, 519, 1539; tome XIII, p. 10, 86, 651, 691).

par le pouvoir arbitraire du préfet du prétoire, nous en avons vu d'abord le simulacre dans la convocation des assemblées annuelles des sept provinces de la Gaule par l'empereur Honorius, et puis la réalité vivante dans les assemblées issues à la fois des parlements féodaux et des conciles ecclésiastiques. Nous avons vu ces états fonctionner, surtout sous la troisième dynastie, à partir de 1315, date de la charte aux Normands et de plusieurs autres analogues, avec une grande variété de formes et d'attributions, mais offrant en général à l'administration publique le triple concours du clergé, de la noblesse et des communes, sous l'autorité royale, souveraine incontestée jusqu'aux désordres et aux désastres du temps des Valois. Nous les avons considérés, à cette époque néfaste, dans leurs rapports avec la défense du territoire, les finances et l'administration, et nous avons rappelé quelques-uns de leurs innombrables services, que l'analyse des institutions de chaque province nous a fourni l'occasion de constater à plusieurs reprises et avec plus de détails. On ne commença à attaquer les états provinciaux qu'au commencement du seizième siècle ; on leur reprochait les frais qu'ils occasionnaient. « Vous plaignez la dépense, répondait Bodin, dans sa *République ;* les pensions des états du Languedoc reviennent, il est vrai, à 25,000 livres, sans compter les frais des états qui ne coûtent guère moins ; mais on ne peut nier que, par ce moyen, le pays de Languedoc n'ait été déchargé de 108,000 livres tous les ans, et celui de Normandie de 400,000 livres, qui furent distribuées sur les autres gouvernements qui n'avaient pas des états. »

Tel était, au moyen âge, l'ensemble des institutions locales qui composaient l'ordre municipal.

CHAPITRE II

DES CHOSES DU DOMAINE PUBLIC ET DU DROIT DE BAN.

I. — L'air, la lumière, l'eau courante, la mer et ses rivages sont, d'après le droit naturel, choses communes à tous les hommes, et insusceptibles par conséquent d'être occupées à titre privé.

> Quid prohibetis aquas? usus communis aquarum est.
> 'Nec solum proprium natura, nec aera fecit,
> Nec tenues undas...
>
> (OVIDE, *Métam.*)

Outre les choses *communes*, il y avait, dans le droit romain, des choses publiques, c'est-à-dire appartenant au peuple : les fleuves, les rivières, les ports ; « Res publicæ « sunt quarum proprietas est alicujus populi, ut flumina, « portus (*Instit. de Justin.*). » Deux jurisconsultes voulurent, pour flatter Domitien, lui attribuer la propriété des choses communes et publiques; Juvénal stigmatisa leur doctrine fausse et adulatrice.

Les lois romaines décidaient en conséquence que tous les animaux, bêtes fauves, poissons, qui peuplaient la terre, la mer et les cieux, appartenaient au premier occupant. « Omnia igitur animalia quæ terræ, mari, cœlo capiuntur, « id est feræ bestiæ, volucres, pisces, capientium fiunt, « quod enim nulli est, de ratione naturali occupanti con- « ceditur. Nec interest quod ad feras bestias et volucres « utrum in suo fundo quisque capiat an in alieno (L. I, « *ff. de acquir. rer. dom.*). Feræ bestiæ et volucres « et omnia animalia quæ simul ab aliquo capta fuerint jure

« gentium, statim illius esse incipiunt (*Inst.*, *De rer. div.*,
« liv. II, t. I, § 2). »

Le droit romain attribuait aux riverains la propriété des
alluvions, comme un légitime dédommagement des chances
de perte causées par le voisinage des eaux. C'est dans les
écrits d'Ulpien que les compilateurs de Justinien ont
trouvé les règles principales de ce système. Ulpien lui-
même en avait recueilli le principe dans Cassius Longinus,
qui vivait sous Néron, au premier siècle; on le voit dans
plusieurs auteurs, et notamment dans Aggenus Urbicus (1).
Dumoulin (2), Cujas (3) et d'autres docteurs, rapportés
par Aimé, en son *Traité des alluvions* (4), avaient appliqué aux alluvions la loi, *In agris limitatis ff. de aquis*,
per dom., et en avaient conclu que le droit d'alluvion n'a-
vait pas lieu aux champs limités. Cette erreur a été ré-
futée par un jurisconsulte provençal, d'un goût très-fin,
enunctæ naris, comme le dit Bretonnier *sur Henrys* (5).
Duperier a fort bien prouvé que la loi *in agris limitatis*
n'avait été faite que pour les champs qui, après la conquête d'une province ou d'une ville, étaient distribués
aux soldats, ou partie aux soldats et partie au public, sous
certaines bornes ou limites, qui étaient désignées avec
grand soin dans les tables d'airain, et qui, devant être inviolables, ne pouvaient être ni restreintes ni étendues par
le droit d'alluvion.

II. — Ces principes, empruntés par les lois romaines au
droit naturel, n'étaient pas tout-à-fait ceux des coutumes
d'Outre-Rhin.

Heineccius, en ses *Antiquités germaniques*, liv. II, tit. Ier,

_____

(1) Liv. II, cap. VIII, § 8. — (2) Titre I, *des fiefs*, § 1, gl. 5,
p. 179. — (3) Sur le § *Prælerea*, tit. *De rebus divis.* — (4) Livre I,
ch. XVII, et liv. II, ch. I. — (5) Livre III, question 34.

§ 7 et suivants, après avoir rappelé la division des choses *humani juris*, chez les Romains, en *res communes*, *publicæ universitatis* et *singulorum*, dit que le droit germanique considérait aussi l'air et l'eau courante comme choses communes, mais ajoute immédiatement que les princes allemands revendiquaient cependant comme rentrant dans leur domaine le vent, la mer et ses rivages.

« Il est plus certain, ajoute ce jurisconsulte, § 8, que les choses appelées publiques par les Romains étaient attribuées par les Germains soit aux princes soit à la république, de sorte que l'usage n'en appartenait pas à tous, mais seulement aux concessionnaires des princes ou des chefs de la république. Il est aisé de prouver que cela est vrai des fleuves, des ports et des autres choses qu'on appelle αδεσποτα. C'est la source du droit de pêche et du droit de garenne, qui appartenait aux seigneurs, ainsi que de leur droit sur les mines, les trésors, etc. »

III. — La chasse (*capsa*, prise), ce droit aussi ancien que le monde, puisque Dieu le concéda à Adam, qu'il déclara le maître des poissons de la mer, des oiseaux du ciel et de tous les animaux qui marchent sur la terre (1), fut usurpé par les seigneurs francs, que leurs habitudes portaient avec violence vers l'exercice de la chasse, et qui l'interdisaient aux autres avec une grande sévérité. Un passage de Mathieu Pâris donne la mesure de la férocité inouïe avec laquelle ils réprimaient généralement les contraventions à leurs règlements : « Si quilibet in fraude venationis « deprehensi fuissent, eruebantur oculi eorum, abcideban- « tur virilia, manus vel pedes truncabantur. » Ces mœurs

(1) Præsit piscibus maris et volatilibus cœli et bestiis, universæque terræ omnique reptili quod movetur in terra (*Genèse*, ch. I, v. 26).

barbares s'adoucirent insensiblement, et l'abus de la force se transforma en droit régulier.

Les plus anciennes ordonnances, qui portent les défenses de chasser, ne sont pas parvenues jusqu'à nous. Grégoire de Tours, liv. X, ch. x, parle cependant des règlements du roi Gontran, qui interdisent la chasse dans les forêts royales connues sous les noms de *foresta dominica, banna ferina*. Baluze, t. Ier, p. 336, rapporte des capitulaires de Charlemagne portant les mêmes défenses, que renouvelèrent Louis-le-Débonnaire et Charles-le-Chauve. Les documents de cette époque paraissent indiquer que le droit de chasse était alors l'accessoire du droit de propriété. On trouve, dans le recueil des *Olim*, un assez grand nombre d'arrêts des treizième et quatorzième siècles, qui prouvent que la possession prolongée des faits de chasse dans les garennes d'un monastère, ou d'une terre seigneuriale, est constitutive du droit (1), et qui justifient par là même que le droit de chasse était inhérent au droit de propriété ; mais, à la fin du quatorzième siècle, on voit naître et se développer le droit exclusif de chasse des seigneurs, non-seulement dans leurs terres propres et à titre de propriété, mais dans toute l'étendue de leurs seigneuries, et à titre de droits de justice sur toutes les terres inféodées, accensées ou affermées, ainsi que l'imprescriptibilité de ce droit de la part des roturiers (2).

L'origine de ces usurpations est obscure, mais leur conversion en droit est attestée par toutes les coutumes.

Une ordonnance de Charles VI, du mois de janvier

(1) Voy. sur le *Jus chaciandi*, t. Ier, p. 15, 29, 50, 51, 56, 215, 331, 362, 366, 369, 425, 728, 873. — (2) LOYSEAU, *Des ordres*, ch. v, n° 81, et *Des seigneuries*, ch. XII, n° 129. — DUPINEAU et POCQUET DE LIVONIÈRE, *Sur Anjou*, § 26. — DELAPOIX DE FREMINVILLE, *Prat. des droits seigneuriaux*, t. IV, p. 647.

1396, défend à toutes personnes, à l'exception des nobles ou bourgeois vivant de leurs rentes, de chasser aux grosses bêtes et aux oiseaux, s'ils n'en ont obtenu la permission.

Delaunay, dans son *Traité du droit de chasse*, p. 9, assure que M. Benoist, conseiller au parlement de Bordeaux, dit avoir vu une autre ordonnance du même roi, de l'an 1402, dans les registres du même parlement, et qu'elle porte : « Que les non nobles ne pourront chasser ni avoir « oiseaux, chiens, rets, filets, engins, ni autres instru- « ments de chasse ; que s'ils y contreviennent, ces instru- « ments leur pourront être ôtés par l'autorité des hauts « justiciers ; que cela a été ainsi ordonné, pour empêcher « que la chasse ne débauche les laboureurs et les artisans « de leur travail ordinaire. »

La question de savoir si le droit de chasse était un droit seigneurial ou un droit royal était controversée entre les feudistes et les domanistes. Delapoix de Freminville (1) et Brillon (2) optent pour cette dernière opinion, prouvée, disent-ils, par un grand nombre d'auteurs graves, et observée en Allemagne et en Espagne comme en France.

Le seigneur haut justicier, qui était seul en droit de chasser en l'étendue de sa justice, ne pouvait même pas le permettre à qui bon lui semblait. Quelque permission que des particuliers ou des communautés, même possédant des fonds allodiaux, pussent avoir de leur seigneur, on n'y avait aucun égard, si ce n'est en faveur des nobles ; le droit de chasser était inhérent à la noblesse (3), à tel point que les habitants de la communauté de Pujol, quoique fondés

(1) *Pratique des terriers*, t. IV, p. 617. — (2) *Dictionnaire des arrêts*, V. *Chasse.* — (3) LAROCHE ET GRAVEROL, *Traité des droits seigneuriaux*, ch. XXVIII, art. 1er et 3. — BOUTARIC, *Instit.*, p. 135.

en titre, ne purent pas l'obtenir (1). Les roturiers ne pouvaient pas non plus, si ce n'est dans quelques provinces
privilégiées de franc-alleu, dans le Dauphiné, par exemple (2), avoir des colombiers et des garennes à lapins; encore même les seigneurs avaient-ils le droit de les inter-
dire. Les garennes seigneuriales, qui étaient dès dépendances du droit exclusif de chasse et de pêche, étaient l'un
des principaux obstacles aux entreprises de défrichement
et de dessèchement des terres vagues et des marais, et aux
progrès de l'agriculture. De nombreuses ordonnances, qui
remontent au quatorzième siècle (3), supprimèrent les garennes de date récente, même sur les domaines royaux,
dans le but d'affranchir et de favoriser le labourage. Les
ordonnances d'Orléans (art. 108) et de Blois (art. 285) at-
ténuèrent par de nouvelles limitations le droit de garenne,
et cette institution, utile peut-être à une époque où la production agricole pouvant ne pas suffire à l'alimentation des
habitants, la chasse et la pêche étaient considérées comme
une ressource utile, a dû disparaître, devant les progrès de
la civilisation, comme le plus vicieux peut-être de tous les
abus seigneuriaux.

IV. — Contrairement aux principes du droit naturel et du
droit romain, les seigneurs usurpèrent aussi la propriété
des cours d'eau, et l'on peut voir, dans les chartes de la
première dynastie et dans les capitulaires carlovingiens,
ainsi que dans les chartes féodales, de nombreuses dispositions sur la propriété de cours d'eau, *aquæ, aquarum de-
cursus.* L'unique controverse engagée entre les feudistes
roule sur la question de savoir si c'est le roi ou le sei-

---

(1) *Code des chasses*, t. 1ᵉʳ, p. 486 et 352. — (2) SALVAING, *Usage
des fiefs.* — (3) Ordonnances de 1355, art. 4, de 1356, art. 1ᵉʳ.

gneur qui en est propriétaire (1). On peut opposer à cette doctrine les *usatici* de Barcelone, de 1068 (2), qui rangent parmi les choses appartenant à tout le peuple, *cuncto populo*, les eaux courantes et sources vives (*aquæ currentes et fontes vivi*), ainsi que les rues et les pâturages. On peut citer dans le même sens quelques publicistes ultramontains, notamment Angelus *in l. fluminum, ff. de damno infecto*, et Barthole *in l. quominus ff. de fluminibus*. Mais le droit commun féodal, tant des pays de coutumes que des pays de droit écrit, attribuait au roi la propriété des rivières navigables, et au seigneur haut-justicier celle des rivières non navigables (3). Quant aux simples ruisseaux et torrents, Boutaric (*Droits seigneuriaux*) en attribuait la propriété aux riverains. Delapoix de Freminville (*Pratique des terriers*, t. IV, q. 34, p. 498) l'attribuait au seigneur. Les jurisconsultes, même des pays de droit écrit, reconnaissaient au seigneur le droit d'accorder des *benevis*, moyennant des redevances annuelles; et Serres rapporte, dans ses *Institutions du droit français*, un arrêt qui défendit aux habitants et consuls de Sumene de prendre, malgré l'op-

(1) Voyez d'OLIVE, liv. II, ch. III; LEBRET, *De la souveraineté du roi*, liv. III, ch. XIV; BOUTARIC et SERRES, *De la division des choses*, liv. II, tit Ier; GROTIUS, *De jure belli et pacis*; POCQUET DE LIVONNIÈRE, *Règles du droit français*, tit. Ier, § 7; LOISEL, *Instit. coutum.*, liv. II, tit. II, règl. 5 et suiv.; CHOPIN, *Du domaine*, liv. Ier, tit. XV; BACQUET, *Des droits de justice*, ch. XXX. — (2) Voyez le texte de ces coutumes dans l'*Histoire du droit français au moyen âge*, par M. GIRAUD, t. II, p. 479. — (3) BOISSIEU, *De l'usage des fiefs*, t. II, p. 194, ch. XXXVII et LX; LEBRET, *De la souveraineté*, liv. II, ch. 25; LOYSEAU, *Traité des seigneuries*, ch. XII; LOISEL, *Instit. coutum.* liv. II, tit. II, art. 11; LAROCHE, *Des droits seigneuriaux en matières féodales*, ch. XVII, art. 1er; COQUILLE, *Sur la coutume du Nivernais*, ch. XVI, art. 1er; BOUTARIC, *Des droits seigneuriaux*, 1re part., ch. VI; MERLIN, *Répertoire*, V. Moulin, p. 435.

position de leur seigneur, l'eau d'un ruisseau appelé de Cauterone, quoique petit et quelquefois à sec.

Une communauté d'habitants, dans le fond de laquelle naissait une source, une fontaine, n'était cependant pas obligée d'en subir la dérivation et l'emploi au gré du seigneur. « Les fontaines et eaux publiques, dit Delapoix de « Freminville (1), sont destinées pour la subsistance des « humains, et en même temps pour celle des bestiaux de « toute espèce : en sorte qu'il n'est permis à aucun par- « ticulier de se les approprier, les altérer et les divertir en « tout ou en partie, au préjudice de la commune et même « du public, parce que, sans ces eaux, les villes, grandes et « petites, bourgs et villages ne se seraient pas formés. C'est « ce qui est bien établi par l'ordonnance de Charles II, du « 9 octobre 1392, rapportée aux *Ordonnances du Louvre*, « t. VII, p. 510, et dans le *Traité de police*, de Delamarre, « t. IV, p. 181. »

Une communauté d'habitants avait, à ce sujet, sous l'empire de la féodalité, les mêmes droits qu'un particulier ; or, il était de principe attesté par Loisel (2), par Boutaric (3), par Duparc-Poulain (4), par Delalande (5), par .Guy pape (6), par Chatenay (7), par Bacquet (8), par Gallois (9), en un mot, par tous les juriconsultes, tant des pays de droit écrit que des pays de coutume, que le droit de propriété des seigneurs ne s'étendait pas aux sources, fontaines et ruisseaux, qui naissaient dans les fonds des particuliers.

---

(1) *Pratique des terriers*, p. 504, t. IV. — (2) *Instit. cout.*, liv. I, tit. II, n° 6. — (3) *Inst.*, liv. II, t. Iᵉʳ, § 2. — (4) *Principes du droit franç.*, t. II, p. 398. — (5) *Coutumes d'Orléans*, art. 169, n° 6. — (6) *Jurisp. du Dauphiné*, quest. 514. (7) *Coutumes de Bourgogne*, rub. XIII, § 2, n° 8. — (8) *Droits de justice*, ch. xxx, n° 25. — (9) *Sur le titre 31 de l'Ordonnance de* 1669.

Le droit coutumier, attesté par Delapoix de Freminville (*Pratique des terriers*, question 39), et le droit écrit, attesté par Boutaric (*Matières féodales*, p. 563), s'accordaient même à reconnaître qu'il n'était permis à aucun particulier, même seigneur, de s'approprier les fontaines publiques au préjudice des communes, à qui elles appartenaient en vertu de la loi suprême de la nécessité. Mais les rivières banales, et même les petites rivières ou ruisseaux, appartenaient, en propriété domaniale, au seigneur haut-justicier, qui pouvait défendre à toutes personnes d'y pêcher, d'y construire et d'y faire aucuns actes attentatoires au droit du seigneur (1).

V. — Le droit de pêche, que les *Institutes* (*De rer. divis.*, l. II, t. I, § 2) déclaraient commun à tous en ces termes : « Jus piscandi omnibus commune est, in portibus « fluminibusque, » fut réservé, par le droit féodal, aux seigneurs haut-justiciers, comme une conséquence de leur propriété des rivières et ruisseaux (2). Ces seigneurs pouvaient d'ailleurs établir dans leurs fonds, à l'aide de digues et de chaussées, des étangs où ils nourrissaient les poissons, et quelques coutumes particulières allaient jusqu'à leur attribuer le droit de submerger les héritages de leurs

---

(1) Delapoix de Freminville, *Pratique des terriers*, t. IV, quest. 28 et 34. — Boutaric, *Matières féodales*, p. 559. — (2) Voyez, sur le *jus piscandi*, le tome Ier des *Olim*, p. 106, 171, 178, 193, 219, 302, 592, 931; les *Etablissements de saint Louis*, ch. cl; la *Coutume d'Anjou*, art. cxcii, et les art. 3 et 10 des *Anciennes institutions sur le fait des eaux et forêts des provinces d'Anjou et du Maine*; les *Coutumes de Chaumont*, art. cx; *du Maine*, art. ccx; *de Bourgogne*, ch. xiii, art. 2; *de Vitry*, art. 121; *du Nivernais*, ch. xvi, art. 1, 2 et 3; *de Lorraine*, art. 300; et, pour les pays de droit écrit, Boutaric, *Des droits du seigneur*, ch. vi; Serres, *Institutions du droit français*, livre II, titre I, p. 82. Voyez aussi Championnière, *Des eaux courantes*, p. 596.

justiciables, en les récompensant préalablement, pourvu que les chaussées fussent établies dans leurs domaines (1), et qu'il n'y eût pas de maison ou de domaine féodal parmi les fonds qu'ils prétendaient submerger. Ceux qui pêchaient dans les rivières ou les étangs du seigneur sans lui payer redevance étaient punis d'amende arbitraire. La pêche dans les étangs était même punie comme vol (2).

Toutefois, un grand nombre de communautés d'habitants avaient droit de pêche dans les rivières navigables et non-navigables et même dans les étangs, en vertu de concessions du roi ou des seigneurs, et étaient dans l'usage d'affermer ce droit, qui était réglé par les titres de concession, mais que les auteurs mêmes des pays de droit écrit reconnaissaient insusceptible d'être acquis par la prescription (3).

VI. — La banalité des moulins seigneuriaux était une conséquence du droit exclusif qu'avaient les seigneurs haut-justiciers sur les cours d'eau. En vertu du même droit, les seigneurs permettaient l'établissement de moulins libres, et déterminaient les bases de la répartition des produits entre eux et les concessionnaires.

VII. — Quant au droit d'alluvion, les principes du droit

---

(1) *L. fluminum*, § *item videamus ff. de damn. inf.*, GUY PAPE, 90ᵉ quest. — *Coutumes de Troyes*, art. 180; *de Chaumont*, art. 3; *du Nivernais*, ch. I, art. 14; *de Mézières*, art. 14 et 15, etc. — Voyez aussi BOERIUS, conseil 33; CHOPIN, *Sur l'article 29 de la Coutume d'Anjou*. — *Arrêt du parlement de Grenoble*, du 27 novembre 1460, rapporté par Papon, VI, t. X, art. 2. — BENEDICTUS, *In cap. Raynutius*, n° 87; — DELAPOIX DE FREMINVILLE, *Pratique des droits seigneuriaux*, t. IV, p. 558. - (2) *Arrêt du parlement du 26 juillet 1557*. GALLOIS, *sur l'art. 18, tit. 25, de l'ordonnance du 18 février 1689* (*Journal des audiences*, t V, ch. VIII). — (3) SERRES, *Institutions de droit français*, liv. II, tit. Iᵉʳ, p. 82.

romain qui l'adjugeait aux riverains, quoique soutenus
avec force dans quelques pays de droit écrit, et consacrés
même par quelques coutumes, telles que celles de Normandie, d'Auxerre et de Sens (1), étaient en partie réprouvés
par les feudistes français, qui reconnaissaient aux seigneurs
le droit de s'approprier les terrains emportés aux riverains,
non par une action insensible, mais par la violence des
eaux (2). Le droit romain, plus sage et plus libéral (3), ne
permettait pas d'ôter au particulier son bien pour l'attribuer au voisin. Ces principes d'équité naturelle étaient
adoptés par quelques coutumes. Celle de Bar disait,
art. 213 : « Celui qui perd son héritage ou partie d'icelui
« par le moyen du cours de la rivière en peut reprendre
« autant de l'autre côté, moyennant que le voisin ou voi-
« sins du dit côté aient ce qui leur appartient. »

En Auvergne, la coutume locale de Vic contenait à peu
près la même règle : « La rivière de Cerene tolle ni ne baille ;
« c'est à savoir que, quand elle prend d'anciennes posses-
« sions par inondations, ou autrement, petit à petit, de çà
« ou de là de l'eau, est permis à celui qui perd de prendre
« sa possession. » En Franche-Comté, on disait aussi : « Le
« Doubs ne tolle ni ne baille. »

Mais, en général, dans tous les pays régis par le droit
féodal, les prétentions des seigneurs à la propriété des
alluvions, soutenues d'abord par la force, furent ensuite
érigées en doctrine par les auteurs. « La rivière, » disait
Loisel (4), « ôte et donne aux seigneurs, » et son commen-

(1) BACQUET, *Des droits de justice*, ch. XXXVI, n° 8. — (2) BOISSIEU,
De l'usage des fiefs, ch. VI. — (3) *Instit. de rer. dir.*, § 21. Quod si
fluminis de tuo prædio portionem aliquam vicini prædio attu-
lerit, palam est tuam permanere. —(4) *Instit. coutumières*, liv. II,
tit. II, art. 5, 6, 7, 8 et 9.

tateur, Delaurière ajoutait en note : «Le sens de cette règle
est que la terre que la rivière emporte est perdue pour le
propriétaire, et que cette terre, qu'elle joint et unit à un
autre fonds, n'appartient pas au propriétaire de ce fonds,
mais au seigneur haut-justicier.

Bacquet (1) et Loysel (2) tenaient à peu près le même
langage, et malgré les protestations d'un grand nombre de
jurisconsultes, qui opposaient aux abus de pouvoir et à la
fiscalité des seigneurs «l'ancienne observance de France, »
adoptée généralement dans les pays de droit écrit (3), les
parlements des pays de coutume firent prévaloir le système le plus favorable à la puissance féodale (4). Peu s'en
fallut même que cette jurisprudence ne fût étendue aux régions où le droit romain était la loi municipale, et les dernières années de la monarchie virent éclater, entre le grand
conseil et le parlement de Bordeaux, au sujet des alluvions
formées sur le bord des rivières de la Dordogne, de la Garonne et de la Gironde, une lutte que le restaurateur de la
liberté française, Louis XVI, termina par des lettres patentes, éternel honneur de sa mémoire, en faveur des droits
des riverains (5).

VIII. — La haute, moyenne et basse justice impliquait le
droit de ban, mot dérivé du mot *bannum*, qui signifie un
ordre ou une défense promulgués dans la *banlieue* (6).

(1) *Du droit de just.*, ch. XXX, n° 5. — (2) *Traité des seigneuries*,
ch. XII. n° 120. — (3) BOUTEILLER, *Somm. rur.*, liv. Ier, tit. XXXVI.
— CHARONDAS, sur cet art. — CUJAS, liv. Ier, tit. Ier — MORNAC, *Sur
la loi: Si ego*, § *id. art.* — FABER, *sur le* § *prætɛrɛa*; *Instit. de act.*
— DUMOULIN, *Sur la coutume de Paris*, § I, gl. 5. — TRONÇON, *Sur
la même cout.*, art. 72. — LEGRAND, *Cout. de Troyes*, t. II. p. 308.
— (4) V. HENRYS, liv. III, quest. 74. — (5) M. Henrion de Pansey
rappelle la séance où ces lettres patentes furent adoptées, et les
sentiments de bonté, de droiture et de justice que fit éclater le
roi martyr. — (6) DUCANGE. V. *Bannum*. Col 977. — BACQUET.

Le droit de ban obligeait les habitants d'user de certains établissements ou d'accomplir certains travaux.

Ce droit remonte à l'époque où les possesseurs des *latifundia* les faisaient exploiter par des serfs, et même par des esclaves. Le *bannum* était, dans le principe, un accessoire du droit de propriété, et il existe, en effet dans nos provinces méridionales, de nombreux exemples de banalités concédées par des communautés d'habitants à des non-seigneurs (1). Plus tard le droit de banalité devint un droit de justice. Ducange le définit, d'après la préface d'un capitulaire de 707 : « Plena et mulcta pecuniaria, qua quis bannis suæ « legis infractor punitur. »

Indépendamment de la présomption de propriété ancienne, présomption fondée, en général, sur l'usage et non sur les titres, et par conséquent sujette à beaucoup de contestations, la banalité des moulins, fours, pressoirs, etc., se justifiait par le droit ou plutôt par l'obligation de police du seigneur.

Ainsi la banalité des moulins se rattachait au droit de police des seigneurs sur les cours d'eau.

Des droits de *ban* étaient attachés à certains travaux des champs. Les seigneurs avaient le droit de publier le ban des vendanges ou celui des moissons et des fauchai-

---

Droit de just., ch. XXIX, n° 38 ; procès-verbal de la Cout. de Bourgogne, édit. de 1717, p. 483. —(1) Exemple : Dicti syndici (Sancti-Gervasii) nomine syndicario universitatis dederunt, tradiderunt et concesserunt nunc et per se in perpetuum, atque donaverunt facultatem et auctoritatem tenendi et faciendi, seu fieri faciendi molendinum olivarum in loco prædicto Sancti-Gervasii uti consuetum esset molendinum prædictum, videlicet Andreæ Arnaudi loci de Margueritis et Antonio Odable, civitatis Nemausi præsentibus, stipulantibus solemniter et recipientibus pro se et eorum hæredibus et in futuris quibuscumque successoribus. — V. *Tit. de Juin*, 1269, *Recueil*, p. 302.

sons. C'était le moyen de prévenir les récoltes trop hâtives, et de garantir les intérêts des décimateurs.

La banalité des boucheries avait pour but d'indemniser les seigneurs des frais de police; ils louaient, dans le même objet, aux communautés d'habitants les étaux et les halles dont ils étaient propriétaires.

Les droits de péage et de laydes perçus les uns sur les voyageurs et les marchandises qui usaient des chemins, des ponts, des ports, des bacs, etc., les autres sur les marchandises portées aux foires et aux marchés, étaient aussi des indemnités payées aux seigneurs, en retour des mesures de police et de surveillance dont ils étaient tenus.

Le droit de péage, connu aussi sous les noms de *Toulieu* ou *Tonlieu*, et qui remonte à la plus haute antiquité (1), correspondait à l'obligation imposée aux seigneurs de rembourser ce que les passants et marchands avaient perdu dans les vols qui leur avaient été faits sur les chemins situés dans l'étendue de leurs justices et seigneuries. Deux arrêts du parlement de Paris, rendus, l'un à la Chandeleur en 1254, l'autre à la Purification en 1269, rapportés dans le recueil des *Olim*, et dans le *Glossaire* de Delaurière, au titre des péages et barrages, et d'autres décisions rendues, l'une en 1273 contre le comte de Bretagne, une autre en 1285 contre le comte d'Artois, une troisième en 1369 contre le seigneur de Vierzon (2), constatent cette obligation des seigneurs, et justifient, en conséquence, le droit concédé en 1157, par l'empereur Frédéric-Barberousse à l'archevêque de Lyon (3), « in mercatis, monetis, nautis, telonicis, « pedagiis, etc. »

(1) DELACOIX DE FREMINVILLE, *Prat. des terriers*, t. IV, p. 1 et suiv. — (2) V. DE HEU, *Comment. de la Coutume d'Amiens*, p. 553, n° 5. — (3) MÉNÉTRIER, *Histoire de Lyon*, p. 276 et 277.

Le droit des foires et marchés était le prix de la charge qu'avait le seigneur haut-justicier de faire construire des halles et des greniers pour la commodité et sûreté des marchands, charge qui, selon Danty *sur Boiceau* (1), remonterait à Dagobert, mais dont il existe au moins une preuve authentique de 1283, rapportée par Ragueau, au mot : *Halle.*

Le seigneur étant obligé de garder les étalons des mesures, de réformer les fausses mesures et d'en punir les détenteurs, percevait aussi, en vertu des *Établissements de saint Louis*, publiés en 1270, un droit de défense.

Les droits de scel et de tabellionage étaient perçus par les seigneurs, comme prix du cachet d'authenticité qu'ils imprimaient aux sentences du juge et aux actes du notaire du fief.

Les seigneurs pouvaient exiger des habitants de leurs seigneuries des travaux de natures diverses, qui étaient le plus souvent des conditions des tenures. Telles étaient les corvées imposées aux détenteurs de certains héritages, aux censitaires par exemple, quand ils étaient roturiers. Ces corvées étaient diversifiées à l'infini, comme nous l'apprennent Ragueau, *Dictionnaire des droits seigneuriaux*; Renauldon, *Dictionnaire des fiefs*; M. Léopold Delille, *Histoire des classes agricoles en Normandie*, etc.

Les corvées étaient les prestations en nature du moyen âge. Celles qui avaient pour objet les réparations des chemins étaient fondées sur d'anciens usages, ou plutôt sur la nécessité. Elles étaient soumises, en général, à des conditions et à des règles qui tiennent une large place dans les chartes municipales des douzième et treizième siècles. De toutes les institutions féodales, il en est peu qui aient

(1) *Preuve par témoins*, t. Iᵉʳ, ch. IX.

excité, surtout dans le dernier siècle, des controverses aussi passionnées que celles des corvées (1). Réduites et limitées par la sagesse de Louis XVI, l'Assemblée constituante les supprima sans indemnité. En prenant cette décision, dit l'auteur de l'*Histoire des classes agricoles* (2), elle obéit au sentiment général du pays, qui voulait que l'État se chargeât seul des travaux d'utilité publique; mais elle eut le tort de ne pas tenir compte des contrats sur lesquels reposait la corvée réelle, attachée à des héritages dont elle déterminait la valeur.

Tel est l'aperçu général des choses du domaine public, sur lesquelles les seigneurs du moyen âge s'étaient arrogé des droits contraires au droit naturel, dont la justice et l'humanité commandaient à un jour donné la suppression absolue.

CHAPITRE III

DES ORIGINES DE LA PROPRIÉTÉ FÉODALE ET DE LA PROPRIÉTÉ COMMUNALE.

I. — L'origine de la propriété féodale et de la propriété communale a été l'objet d'une controverse historique qui dure encore.

« Il n'est guères possible, soit aux seigneurs, soit aux « communautés d'*habitants*, dit Delapoix de Freminville (3)

---

(1) Voyez la polémique entre l'auteur de l'*Essai sur la voirie* et l'ami des hommes. —(2) Chap. VI, sect. 11, § 6. —(3) *Pratique des terriers*, t. III, p. 329. — Voyez aussi FILLEAU, t. I*er*, part. 1*re*, tit. III, ch. XX. — Le présid. BOUHIER, ch. LXII, n° 30. — SALVAING, *De l'usage des fiefs*, etc.....

« de justifier d'où proviennent leurs communaux, parce que
« l'origine de leur possession ou propriété est ordinaire-
« ment trop éloignée; l'on ne peut que porter ses vues sur
« les motifs qui ont fait passer ces héritages en les mains
« des habitants et communautés, et faire en sorte d'en dé-
« couvrir les véritables causes.

« Nombre d'auteurs qui ont écrit sur cette matière con-
« viennent que les communaux sortent de la libéralité des
« seigneurs, lesquels par la distribution qui leur avait été
« faite d'un grand terrain capable de former une seigneurie,
« pour s'attirer des hommes pour la peupler et les empê-
« cher d'aller ailleurs, leur donnaient des fonds et places
« pour rebâtir, des bois et pâturages pour leurs bestiaux,
« leur accordaient les usages dans les bois de la seigneurie
« pour leurs chauffages, les affranchissaient de corvées
« dans l'enceinte du village qu'ils formaient, et n'oubliaient
« rien pour se les attirer et conserver, afin de composer
« une belle seigneurie et la rendre considérable par le
« nombre de ses habitants.

« C'est ce que nous avons prouvé dans notre premier vo-
« lume, p. 7, seconde édition; et dans le second volume,
« pages 463 et 639.

« Ces concessions, absolument nécessaires pour les sei-
« gneurs pour se faire des hommes, et aussi utiles à ses
« habitants qui devenaient dans le moment propriétaires
« avec des aisances qui leur rendaient la vie douce et
« agréable, se firent par ces motifs, *et on ne peut en pré-*
« *sumer d'autre.* »

Les anciens jurisconsultes qui prétendent, comme Delapoix de Freminville (1), rapporter uniquement aux concessions des rois ou des seigneurs l'origine des biens commu-

(1) SECOUSSE, tome VIII, f° 449.

naux, se fondent sur les paroles que Grégoire de Tours met dans la bouche des Francs parlant à Clovis..... « Grand « roi, tout ce que nous avons pris est à toi, nous aussi, « nous sommes tes sujets. Fais ce qu'il te plaira, aucune « puissance ne peut résister à la tienne (1). »

« Ainsi, dit Galland, dans son *Traité du franc-alleu, le roi* étant seigneur universel de toutes les terres qui sont dans son royaume, elles doivent être présumées procéder de ses prédécesseurs et soumises à ses droits, sinon en tant que la dispense sera justifiée au contraire. » Mais Galland oublie le correctif qui résulte des paroles mêmes sur lesquelles il se fonde (2).

Pour prouver que la seigneurie féodale universelle fut acquise au roi par l'établissement de la monarchie, Loyseau (3) prétend que les Français, devenus maîtres des Gaules, se firent seigneurs des personnes des Gaulois, qui devinrent serfs attachés à la glèbe, *adscripti seu addicti glebæ,* qu'en outre, ils confisquèrent toutes les terres et les distribuèrent toutes par climats ou territoires aux principaux chefs et capitaines des nations, non *jure optimo,* mais en fief, à la charge d'assister le prince souverain en guerre.

L'opinion de Loyseau et de Galland a été adoptée par un grand nombre d'écrivains. L'abbé Dubos a soutenu que toutes les terres étaient tenues du roi, à la charge d'un cens qui représente la directe seigneurie, et qui suppose une con-

---

(1) Rogo vos, ô fortissimi præliatores, ut saltem mihi vos istud extra partem concedere non abnuatis. Hoc rege dicente, illi quorum mens erat sanior aiunt : Omnia, rex gloriose, quæ cepimus tua sunt, sed et nos tuo sumus dominio subjugati. Nunc quod tibi beneplacitum videtur facito. Nullus enim potestati tuæ resistere valet (GREG. TUR., lib. II, cap XXVIII). — (2) Cum illi hæc ita dixissent, unus levis individus ac facilis cum voce magna elevatam bipennam impulit, dicens : Nihil hinc accipies, nisi quæ tibi sors vera largietur. (*Ibid.*) — (3) *Des seigneuries,* ch. 1er, nos 54, 60 et suiv.

cession primitive (1). Chantereau Lefèvre a conclu de cette prétendue concession que tout était sujet aux droits royaux (2). Delapoix de Freminville, dans le passage cité plus haut, et dans le *Traité des communes*, en a déduit à son tour que l'origine des communaux de toute espèce et celle des droits seigneuriaux de tout genre dérive des partages échus aux différents seigneurs et des terriers formés par chacun de ces seigneurs, ainsi qu'il le jugeait à propos (3). Telle paraît être aussi l'opinion du Père Daniel (4), de Duplessis (5), de Dunod (6), de Basnage (7), de Lebret (8), de Fevret (9), de Grimaudet, de Bouhier, et en général des jurisconsultes, qui ont attribué aux seigneurs la propriété de tout le territoire conquis afin d'étendre à toute la France la maxime féodale : *Nulle terre sans seigneur*, et qui ont vu en conséquence, dans les possessions distribuées par les conquérants qui partagèrent l'empire romain au cinquième siècle aux capitaines et autres officiers pour les récompenser, l'unique origine des droits d'usages exercés par les communautés d'habitants, sous des charges telles que la mainmorte, la taille réelle et personnelle, les cens, champarts, redevances et autres rentes nobles qui formèrent les revenus et établirent la directe des seigneurs.

II. — Le système qui rapporte exclusivement l'origine des biens communaux à l'usurpation par les conquérants et à la distribution faite par eux, après la conquête, de toutes les terres à leurs compagnons d'armes, fait abstraction à peu près complète des terres allodiales. Cependant

---

(1) *Discours préliminaire de l'hist. crit. de l'établiss. de la monarch. franç.*, t. Ier, ch. LI. — (2) *Traité des fiefs.* — (3) *Traité des communes*, ch. I, p. 17. — (4) *Hist. de France*, t. Ier. — (5) *Traité des fiefs et censives*, partie 1. — (6) Partie 3, ch. IX. — (7) Art. 82 de la *Coutume de Normandie.* — (8) *De la Souveraineté du roi*, liv. II, ch. VI. — (9) *De l'Abus*, t. II, liv. VL.

un grand nombre de monuments, soit du droit romain, soit du droit germanique, parlent des terres libres, des alleux, des propriétés héréditaires qui ne relevaient de personne quant à la seigneurie.

Le droit romain consacrait la liberté des terres par plusieurs textes, analogues par leur esprit à ceux qui déclaraient perpétuellement inviolables les choses communes et publiques, notamment par la loi *census ff. de servit. præd. urb.* ; par la loi *sicut*, § *quæritur ff. si servit. vindic.* ; par la loi *altius cod. de serv. et aq.*, loi commentée par Balde en ces termes : « Nota ex hac lege quod omnis domus præsu- « mitur libera a fundo usque ad cœlum, nisi probetur ser- « vitus constituta. »

La loi salique, dit Furgole (*Traité du franc-alleu*, ch. IV, p. 64), loi qui, selon Daniel, a été faite par Clovis, et, selon Dubos, par les enfants de Clovis, a un titre exprès, *de alode*, qui est le 62ᵉ, où la forme de succéder à ces alleux ou biens propres et héréditaires est réglée. Les formules de Marculphe et des autres écrivains anciens qui sont néanmoins postérieures au partage des terres en parlent aussi. Tandis que les choses appelées communes et publiques dans le droit romain étaient réputées la propriété exclusive des seigneurs francs, les principes du droit germanique, relatifs aux choses dites *universitatis,* étaient à peu près ceux du droit romain, parce que leur condition dérivait de la nature et du caractère des corporations. Le régime des *universitates* en général, et en particulier des cités et des corporations d'ouvriers, fut transmis aux Germains par les Italiens, qui le tenaient eux-mêmes des Romains. Dans les *pagi*, les paysans ne se bornèrent pas à jouir par indivis des choses dites *universitatis*, par exemple, des pâturages communs ou des bois communs ; ils firent des choses communes des partages appelés *kabeln*. Il est aussi resté des traces des anciennes investitures d'immeubles allodiaux, dont parle Beyer, en son *Specul. juris Germanici*, liv. I, ch. XIX.

III. — Le caractère allodial ou féodal des biens communaux, depuis l'invasion germanique, dépend des titres de concession très-divers plutôt que d'une loi générale et uniforme : les uns tiraient leur origine des alleux, les autres des bénéfices ; la plupart furent envahis par la puissance seigneuriale, et ne furent, en vertu de l'affranchissement des communes, que très-incomplétement amenés à l'état de franc-alleu. A cette époque de confusion dans les principes et d'abus du droit du plus fort, l'alleu primitif, qu'il ne faut pas confondre avec le franc-alleu (1), perdit ses immunités à mesure que le pouvoir seigneurial acquit plus de puissance ; les services personnels et réels de l'alleutier se multiplièrent, et les héritages ne devinrent libres qu'en vertu d'un affranchissement (2).

Cependant, un grand nombre de terres allodiales, appartenant les unes aux particuliers (*res singulorum*), les autres aux communautés d'habitants (*res universitatis*) existaient avant et subsistèrent après la conquête, tant dans les pays régis par le droit romain que dans ceux régis par le droit germanique. Mais tandis que le principe : *Nul seigneur sans titre* survivait aux transactions amiables en vertu desquelles les Visigoths, les Bourguignons et les Francs s'établissaient dans le midi et dans le centre des

---

(1) Quanquam alodium pro prædio immuni et libero, nullique præstationi aut oneri obnoxio usurpari solitumest, certum nihilominus videtur aliquando acceptum fuisse pro feudo seu prædio quod a reali sive personali servitio minime liberum esset. Et hinc forte effluxit usus ut alodium liberum gallice *franc-alleu* diceretur (DUCANGE, V. *Alodium*, page 336). — (2) BOUQUET, *Droit public de la France*, p. 84.

Gaules, la maxime : *Nulle terre sans seigneur* prévalut dans les provinces du nord, où les conquérants s'étaient établis en général par la force des armes ; et c'est ainsi que, dans la partie de la France dont les institutions et les mœurs finirent par devenir dominantes, cette odieuse maxime, préconisée par un grand nombre de jurisconsultes, se glissa furtivement dans les lois, et fut enfin ouvertement consacrée par la célèbre ordonnance de 1629.

IV. — Sans égard à la distinction des provinces du midi et de celles du nord de la France, un jurisconsulte, M. Troplong, conteste d'une manière générale qu'il existât, avant la conquête, des biens appartenant aux communes. « Toutes « les villes dont l'origine est antérieure à la conquête : Nî- « mes, Toulouse, Périgueux, Bordeaux, Metz, Verdun, « Toul, etc., sont tout juste, dit-il, celles qui n'ont pas « des droits d'usage, et je ne sache pas qu'elles aient « encore présenté requête pour les réclamer. S'il est vrai « d'ailleurs que ces villes aient jamais possédé des bois et « des pâturages, les biens de cette nature appartenaient au « fisc romain, ou étaient des dépendances des *latifundia*, « qui se fractionnèrent au moment de l'invasion des Bar- « bares, et devinrent par le fait de la conquête la propriété « des seigneurs. »

L'opinion de M. Troplong repose sur des données histo- riques vraies dans une certaine mesure, mais trop générali- sées.

Un historien, que ce magistrat prend souvent pour guide, M. Guizot, fait remarquer avec raison, même en ce qui tou- che les terres communes d'origine seigneuriale, qu'elles n'avaient pas été toutes peuplées uniquement d'esclaves successivement affranchis, ou de colons volontaires pres- que semblables aux esclaves, et que les puissants protec- teurs des communautés d'habitants se contentaient souvent

d'un tribut en leur cédant des terres en toute propriété.
« Du cinquième au dixième siècle, dit M. Guizot (1), le
nombre des terres tributaires alla croissant. En passant
ainsi sous la domination d'un maître auquel ils devaient
une redevance, les habitants conservaient leurs propriétés
particulières. Il est très-probable qu'ils conservèrent également l'usage et la jouissance des propriétés communes
qui avaient pu leur être attribuées antérieurement. Celles-
ci durent être dès lors tout à fait indépendantes de la libéralité des seigneurs. »

D'ailleurs, indépendamment des terres concédées par les
seigneurs en toute propriété, les communautés d'habitants
possédaient, au moyen âge, d'anciennes propriétés primitivement libres et d'origine gallo-romaine. Plusieurs historiens et jurisconsultes (2) affirment, il est vrai, que le
nombre de ces terres était fort restreint, que les villes
n'ont presque jamais eu des propriétés de ce genre, et que
les villages d'aujourd'hui étaient presque inconnus au
cinquième siècle. Mais une exploration attentive des archives municipales, départementales et épiscopales révé-
lerait certainement beaucoup de documents historiques
capables d'infirmer ou de modifier gravement ces assertions
trop générales.

M. Troplong corrige lui-même sa propre théorie en disant
dans son *Traité du contrat de louage*, sur l'art. 1709 du
Code Civil : «Les villes avaient dans l'empire romain comme
« aujourd'hui des terres communes, des domaines appar-
« tenant à la cité. Ces domaines, dont l'origine était con-
« temporaine de la fondation des colonies, et que d'amples

---

(1) *Essais sur l'histoire de France*, p. 172. — (2) GUIZOT, *Cours
d'histoire*. — CURASSON, *Note sur le traité de M. Proudhon*, t. III,
p. 360. — DALLOZ, V. *Communes*, tit. VI, ch. I, n. 1804.

« donations augmentaient fréquemment, n'étaient pas tous
« soumis au même mode d'administration. »

Chaque colonie recevait, comme nous l'avons expliqué
ailleurs (1), une partie de l'*ager publicus*, qui devenait sa
propriété commune, et devenait l'*ager vectigalis* de la nouvelle cité. La propriété municipale s'accroissait par les donations, par le décès des décurions morts *ab intestat*; par
le droit de réserve institué au profit de la curie pour le
cas où le successeur du décurion n'appartenait pas au collége des curiales; par les peines suivies de confiscation qui
atteignaient les décurions. Les cités avaient des biens affer-
més à bail perpétuel, moyennant le paiement d'une rente
appelée *vectigal*, et d'autres biens qu'elles donnaient à cultiver pour plusieurs années, et non *in perpetuum*, d'après
des conditions convenues.

Il est probable qu'après la conquête ces domaines, affectés à des usages publics, continuèrent d'appartenir au public, mais d'une manière différente; une partie prit la nature de terre fiscale ou domaniale; une autre partie fut
donnée aux églises, aux militaires, aux particuliers, à la
condition d'en acquitter les charges. Un grand nombre, surtout dans les provinces conquises par les Visigoths et les
Bourguignons, restèrent, sous diverses formes, à l'état d'indivision entre les habitants des bourgades qui s'établirent
sur les ruines des cités antiques (2), et il n'y a peut-être pas
une seule des villes citées par M. Troplong lui-même qui ne
possède aujourd'hui dans son enceinte des édifices, et dans
sa banlieue des biens communaux ruraux, dont l'origine se
perd dans la nuit des temps, et qui lui appartiennent, non à
titre de droit d'usage, mais à titre de propriété.

(1) *Droit municipal dans l'antiquité*, livre III, ch. XIV.— (2) DE
BUAT, *Origines*, liv. VII, ch. XX, t. II, p. 62.

L'époque à laquelle ces édifices, ces champs, ces bois communaux sont redevenus la propriété de ces villes est indécise. On ne sait pas davantage, faute de documents écrits contemporains, à quelle époque l'anarchie y a fait place à une organisation régulière ; il paraît difficile, dans le silence absolu de l'histoire, des monuments et même des lois, d'admettre, d'une manière générale et absolue, la persistance de l'organisation romaine comme un fait universel ; mais on ne saurait nier que certaines villes romaines n'aient repris ou conservé, après l'invasion, les biens communaux dont elles avaient la propriété originaire.

Tout en convenant que ce fait historique n'est pas établi par un grand nombre de documents, M. Augustin Thierry (1) compte, parmi les revenus de la commune d'Amiens, au douzième siècle, « le cens payé par les locataires ou fermiers des maisons, terrains, cours d'eau, pêcheries et marais qui appartenaient à la ville, soit comme débris des anciens biens municipaux, soit en vertu de concessions faites par le comte pour former la nouvelle banlieue. »

Une charte de l'année 1003 (2) contient la donation d'une terre bordée d'un côté par la terre des francks et des hommes libres *de Prussiliaco*, « de alia parte terra fran- « corum de Prussiliaco. »

Une donation de 1055 a pour objet un terrain qui a pour limites, au levant et au nord, les vignes du fief communal d'Arles... « Consortes a parte orientis et a parte aqui- « lonis vineas de feudo communali... Hæ vineæ sunt in « communitate Arelatensi (3). »

---

(1) *Monuments inédits de l'histoire du tiers-état. — Histoire municipale d'Amiens*, pag. 18. — (2) PÉRARD, *Recueil de pièces curieuses*, p. 168. — (3) ANIBERT, *Mémoires sur la république d'Arles*, p. 112.

L'échevinage de Metz possédait, aux onzième et douzième siècles, des fiefs communaux d'antique origine, car
l'échevin élu juré en recevait l'investiture de l'évêque, et
prêtait serment, en présence du clergé et du peuple, de
n'aliéner aucun des fiefs appartenant à l'échevinage (1).

Les archives de nos provinces méridionales contiennent
certainement des chartes de villages dotés de propriétés
communales; aussi, tandis que, d'après la doctrine unanime des jurisconsultes du nord, les terres incultes et les
pâturages publics étaient présumés appartenir au seigneur,
plusieurs jurisconsultes du midi enseignaient, au contraire,
qu'il suffisait qu'une communauté d'habitants y coupât du
bois ou y exerçât des actes de dépaissance, pour être présumée propriétaire.

« Nous ne pouvons passer sous silence, dit Cancerius (2),
un principe qui donne lieu à des procès journaliers; c'est
que les terres incultes qui ne sont possédées par personne
appartiennent, non au seigneur du lieu, mais à la communauté d'habitants. C'est ce qu'enseignent Paul de Castre,
Consil. 377, *licet judex*, liv. I; Craveta, *Consil.* 164, n. 1;
Covarruvias, *in practic.*, cap. XXXVII, *in princ.*; Socin,
in l. ff de acquir. possess. Ces auteurs fondent leur sentiment sur ce que le seigneur du lieu n'y a pas plus de
droit que le prince de qui il tient son titre. Et comme le
prince n'est pas fondé à exercer le *jus dominii* sur les terres
situées dans son royaume, et qu'il ne peut y prétendre que
le droit de juridiction, comme nous l'avons prouvé, *lib.* 1
resolut., c. II, *de emphyt.*, n. 34, il en est de même du baron.
Telle est l'opinion de Alvar Valas, *de juri emphyteut.*,
quæst. 8, n° 40. Jason et les auteurs cités par lui la com-

---

(1) *Gallia christ.*, c. XIII, *Ecl. Metensis*, col. 487, anno 1179. — *Histoire des biens communaux*, par RIVIÈRE, p. 244. — (2) *Variarum
resol.*, p. 13, c. IV, n° 567 et seq.

battent *in l. rem quæ nobis*, *num.* 32, *ff. de acquir. possess.*

· «La vérité est, ajoute le jurisconsulte aragonais, que les terres situées dans les limites du *castrum* ou de la ville, si personne ne les possède, sont présumées appartenir au seigneur du *castrum* ou de la ville, comme nous l'avons décidé chap. ii, n. 39, d'après un grand nombre d'auteurs, auxquels il faut joindre Pérégrinus, qui en cite plusieurs autres, *de jure fisci*, *lib.* IV, t. III, *de bon. vac.*, *num.* 4. Que si ces terres sont possédées, elles sont présumées appartenir à celui qui les possède, comme l'enseigne, d'après plusieurs jurisconsultes qu'il cite, Menochius, *lib.* III, *de præsumpt.* 100, *pr.* C'est ainsi que nous voyons, en Catalogne, les seigneurs des lieux concéder, à leur gré, à titre emphytéotique ou autrement, les terres vacantes et que personne ne possède; d'où les jurisconsultes, et entre autre Salon, *de pace, consil.* 15, *num.* 4 *et seq.*, concluent que le seigneur est propriétaire de ces terres. Les cités, les communautés d'habitants ne peuvent prétendre à la propriété d'aucunes terres, s'ils ne les ont en leur possession, c'est-à-dire s'ils ne sont pas dans l'usage d'y couper du bois, ou d'y faire · paître leurs troupeaux, auquel cas elles en sont présumées propriétaires. Gravetta dit à ce sujet, en son *consil.* 54, n. 9, que s'il a été fait une concession d'un *castrum* avec montagnes, prés, pâturages, etc., cette spécification de droits prouve contre celui qui a concédé et ses héritiers, mais non contre un tiers qui serait en possession.

« *Quid juris?* dit en terminant Cancerius, lorsque le seigneur et les habitants sont trouvés ensemble en possession d'un bois ou d'un pré? J'ai été consulté sur cette question, et je l'ai résolue en faveur des habitants, ajoutant que le baron ou le seigneur du territoire ne pouvait exercer que des droits d'usage comme le premier des citoyens. Covarruvias, *in practic.* c. xxxvii, 1, pense que le seigneur ne peut exercer ce droit qu'autant qu'il habite sur les lieux ; mais cette restriction ne me plaît pas, car si le seigneur habitait, il ne serait pas nécessaire qu'il habitât pour pouvoir user de ce droit, et c'est ce que paraît avoir compris Alvar Talas, *De jure emphyteute*, 8, n. 43, § 77. »

Cancérius ne s'explique pas sur le cas où les habitants n'auraient exercé que des droits d'usage, tandis que la possession des seigneurs, conforme à leurs actes d'inféodation, aurait été exercée par eux *animo domini*, et ne pourrait s'expliquer que par leur qualité de propriétaires. Son silence sur ce point paraît significatif, quand on considère le respect professé par les législateurs du moyen âge pour les droits résultant de la possession, qui avait à leurs yeux, surtout quand elle était immémoriale, la force d'un titre. Peu importait d'ailleurs la nature du titre qui servait de base à la possession seigneuriale. Que ce titre se rattachât à des droits antérieurs à la conquête, qu'il se confondît avec le fait de la conquête lui-même, qu'il dérivât de concessions à titre de bénéfice ou d'alleu faites par les rois, les seigneurs, les évêques, les abbés, dans tous ces cas, ce titre était réputé inviolable. On n'avait pas alors imaginé de distinguer entre le titre légitime d'acquisition et le titre entaché de féodalité, par la raison toute simple que la propriété féodale était réputée tout aussi sacrée que la propriété communale.

On trouve cependant dans quelques anciens auteurs des idées qui ne sont pas sans analogie avec les principes de droit naturel invoqués plusieurs siècles après à l'appui de la présomption de propriété des communes à l'égard des terres incultes, marais, bois, landes, etc. Imbert rattache ces principes à la tradition constatée par les *Scriptores rei agrariæ* à l'égard des terres appelées par eux *communalia, proindivisa, vicanea,* etc.

On lit dans l'*Enchiridion* :

« Combien que les rois et autres possesseurs des forêts se disent être seigneurs d'icelles, et l'usage en avoir été baillé aux voisins ou autres, pour eux ou leurs prédécesseurs, toutefois il est plus vraisemblable que d'ancienneté et auparavant la création des rois, les forêts étaient publiques et communes aux peuples ; d'autant que, selon le droit civil, les bêtes sauvages étaient à qui le premier les pouvait prendre comme en lieux publics, ce qui fait dire à un ancien que « plerumque olim divisoribus agrorum ager « compascuus relictus ad pascendum communiter vici- « nis. »

« Relicta sunt » dit Aggenus Urbicus, *in Frontinum de controv. agor.*, « et multa loca quia veteranis data sunt. « Hæc variis appellationibus per regiones nominantur ; « in Etruria communalia vocantur ; quibusdam provinciis « proindivisa ; hæc fere pascua data sunt depascenda sed in « communi, *quæ multi per potestatem invaserunt.* De « proprietate solet jus ordinarium moveri atque inter- « ventu mensurarum demonstratur, ut sit adsignatus « ager compascuus, ager dictus qui divisoribus agrorum « relictus est aut ad pascendum communiter vicaneis. »

La loi 2, code *de pascuis publicis*, qui défend aux militaires d'envahir les pâturages publics ; la loi 4 au code *de censibus*, qui veut que le territoire soit composé partie de terres cultes, partie de terres hermes et stériles, justifient l'opinion des *Scriptores rei agrariæ*, et prouvent, en effet, qu'il y avait avant l'invasion, dans les pays régis par la loi romaine, des communaux qui purent, quand un peu d'ordre se rétablit dans la société, redevenir la propriété des cités, des villes et des villages.

V. — Mais ce serait exagérer une exception qui doit être restreinte à des lieux et à des cas de possession particuliers, que d'admettre, en faveur des communes, même dans les pays romains, une présomption de propriété des terres incultes possédées par les seigneurs depuis un temps immémorial.

Il est établi par l'histoire que, dans les derniers temps de la domination romaine, les cités n'avaient sur leurs biens qu'un droit de propriété illusoire et que ces biens, cultivés par des colons à peu près esclaves, étaient en réalité des dépendances des *latifundia* ou des terres fiscales.

Ce dernier état des biens des cités romaines, que confirme le témoignage des historiens modernes (1), a amené les jurisconsultes, qui ont résumé récemment les travaux de la science (2), à reconnaître l'erreur historique de M. Proudhon, qui invoque, à l'appui de la propriété originaire des communes, l'hypothèse des libertés municipales des provinces romaines, libertés plus apparentes que réelles sous le bas-empire.

Que si, des derniers temps de la domination romaine, nous passons à ceux qui ont suivi l'invasion germanique, nous voyons les *vici*, déjà fortifiés et transformés en *castra* par les Romains pendant les troisième et quatrième siècles, tomber au pouvoir des chefs des bandes victorieuses qui y établissent leurs châteaux (*castella*), et se peupler d'habitants d'abord serfs, puis mainmortables, puis hommes libres et usagers des bois et des pâturages communs.

Chez les Bourguignons, de même que chez les Saliens et les Ripuaires, les bois et les forêts sont communs, *sylvæ communes*, mais les habitants n'y ont que des droits d'usage; le propriétaire marque les arbres dont il entend dis-

---

(1) Voyez DE SISMONDI, t. Iᵉʳ, p. 401; t. II, p. 273, 274, 428, 431. — GUIZOT, *Cours d'histoire moderne*, t. IV, p. 264 et suiv. — (2) Voyez DALLOZ, V. *Commune*, tit. VI, chap. ı, p. 117 et V. *Forêts*, ch. ı, n. 18, p. 7.

poser, et abandonne au public les produits secondaires de ses forêts. Telle est la disposition générale (1); les détails varient selon les peuples. La loi salique impose au propriétaire l'obligation de la marque comme signe de réserve. La loi gombette ne permet à l'étranger de prendre que du mort bois et du bois gisant. Marqués ou non, tous les bois sur pied sont réservés au propriétaire. Tel est, à l'époque mérovingienne, le régime des biens et des usages communs.

Vient la période carlovingienne, et, sous le sceptre de l'empereur qui, de concert avec l'Église, s'efforce de rétablir l'unité entre les nations diverses auxquelles les princes mérovingiens avaient permis de conserver leurs institutions et leurs mœurs distinctes, naissent et se développent des concessions d'usages faites aux communautés d'habitants, tantôt directement, comme on le voit par les préceptes de Charlemagne, de Louis-le-Débonnaire et de Charles-le-Chauve, en faveur des Espagnols réfugiés dans les Pyrénées; tantôt par l'intermédiaire des églises et des seigneurs, comme on le voit aussi par d'autres préceptes de Charlemagne, en faveur des églises d'Osnabruck et de Saint-Martin-de-Tours.

Les documents historiques de la période gallo-franque concourent donc à confirmer l'opinion de nos anciens jurisconsultes (2), qui voyaient dans les concessions des rois et seigneurs aux habitants des villages l'origine la plus usuelle des communaux.

« Il serait difficile, » disent les auteurs de l'*Encyclopédie*, « d'indiquer la véritable origine des communes; elles ont « dû varier beaucoup. Il paraît seulement qu'en général il

---

(1) V. Dalloz, V. *Forêts*, ch. i, n° 18. — (2) *Pratique des droits seigneuriaux*, t. III, p. 43, par Delapoix de Freminville.

« y a eu, chez les peuples pasteurs, plus de pâturages com-
« muns et moins de propriétés; que les peuples agricoles,
« au contraire, ont cru trouver plus d'avantages en par-
« tageant les terres et en les attribuant aux particuliers
« qu'en les laissant abandonnées à une vaine pâture.

« Il paraît néanmoins qu'on peut attribuer la fondation
« des communes aux concessions que les fondateurs des vil-
« les, bourgs et villages ont accordées aux habitants, et
« aux conventions que les seigneurs ont faites avec les co-
« lons.

« Lorsque les uns ou les autres ont voulu peupler les
« villes ou attirer des habitants autour de leurs châteaux,
« ils ont assigné à leurs ressortissants un territoire, ils
« leur ont accordé des terres, des franchises, sous des
« redevances, des charges, des corvées, des cens, des
« services déterminés; dans l'espérance d'une population
« plus nombreuse, ils ont donné plus de terres [qu'on n'en
« pouvait cultiver. Les particuliers se sont partagé celles
» qu'ils ont jugées les plus à portée, les plus commodes et
« les plus fertiles.

« Les plus éloignées, celles qui ont paru ingrates, ou
« dont la culture exigeait des soins qu'ils ne voulaient ou
« ne pouvaient leur donner, ont été laissées pour être pâ-
« turées en commun, pour en assister les pauvres, et pour
« les assigner suivant les occurrences à de nouveaux venus. »

La doctrine non suspecte des auteurs de l'*Encyclopédie*
est conforme à celle de Dumoulin (1), de d'Argentré (2),
de Loyseau (3), de presque tous les jurisconsultes, sans
excepter même Imbert (4), Salvaing (5), Legrand (6), et

---

(1) *Traité des fiefs.* — (2) *Coutume de Bretagne.* — (3) *Traité des
offices.* — (4) *Enchiridion.* — (5) *De l'usage des fiefs.* — (6) *Coutume de Troyes.*

les autres partisans du franc-alleu qui n'a rien d'incompatible avec la légitimité de la propriété féodale.

Telle est aussi l'opinion de trois jurisconsultes modernes, qui ont, à différents degrés, répudié l'ancien régime : MM. Henrion de Pansey (1), Merlin (2) et Troplong (3).

« Les seigneurs,» dit M. Henrion de Pansey, « avaient de « grands domaines, des bois considérables, peu d'habitants « et le désir d'en augmenter le nombre. Pour y parvenir, le « moyen le plus efficace était d'améliorer la condition de « leurs vassaux, en favorisant l'agriculture. Pour cultiver, il « faut des bestiaux ; mais les bestiaux exigent des pâtura- «ges, des bâtiments qui sont destinés en outre à subvenir « à une foule d'autres besoins ; il faut aussi la faculté de cou- « per du bois dans les forêts. Les seigneurs se trouvaient « donc dans une espèce de nécessité de permettre aux ha- « bitants le pâturage sur les terres de leurs domaines et « l'usage de leurs bois. C'est aussi ce qui a été exécuté par « plusieurs d'entre eux. Les droits d'usage dans les forêts « ont encore pour origine le peu de valeur que les biens « avaient autrefois ; dans l'impuissance de les exploiter uti- « lement, les propriétaires les laissaient dans une espèce « d'abandon ; chacun y coupait impunément, et le temps a « donné à cette tolérance le caractère d'une servitude. »

« Il est certain,» dit M. Merlin, « que les marais sont pré- « sumés appartenir au seigneur; tant que le contraire n'est « pas prouvé très-clairement, toutes les propriétés de son « territoire sont censées venir de lui..... Voilà la règle ; on « la trouve dans tous les juriconsultes, et elle est inscrite « en traits lumineux dans le *Traité des fiefs* de Dumoulin. « *Teneo*, dit-il, *fundatam esse intentionem domini loci, ne-*

(1) *Des biens communaux*, liv. II, ch. VI, p. 1. — (2) *Répertoire*, V. *Marais*. — (3) *Revue de législation*, t. X, p. 478.

« *dum in dominio directo, sed etiam in pleno dominio*. De là,
« ce principe, consacré par un grand nombre de coutumes,
« et développé par Varsavault, que la patrimonialité des
« fiefs renferme ou emporte avec soi, au profit des seigneurs,
« le fonds de la propriété entière et exclusive de toutes les
« terres vagues, vacantes et en friche qui se trouvent dans
« l'enceinte de la seigneurie..... Les marais se rangent pour
« ainsi dire d'eux-mêmes dans la classe des biens dont
« parle cet auteur. Ils étaient dans l'origine incorporés au
« gros fief; le seigneur n'a pu les détacher que par accense-
« ment ou par concession gratuite. »

« Dans les idées féodales, dit M. Troplong, le seigneur
« est la source de toute propriété ; tous les héritages sont
« censés venus de sa concession, et les sujets les tiennent
« de sa libéralité, sous la réserve d'un droit qui se manifes-
« tait à chaque mutation. Les alleux ou terres franches de
« droits seigneuriaux étaient très-rares. Nos vieilles coutu-
« mes en parlent à peine, car ils ne formaient qu'une petite
« exception à la grande division des biens en biens nobles
« et censitaires. A cette époque d'énergie aristocratique, la
« maxime : *Nulle terre sans seigneur* était loin d'avoir
« subi les limitations par lesquelles l'esprit critique des lé-
« gistes parvint à l'énerver plus tard. Plaçant la racine de
« son droit dans l'établissement même du régime féodal,
« au milieu d'un territoire presque inculte et d'une af-
« freuse dépopulation, elle étreignait de toute sa puissance
« la propriété foncière, non-seulement dans la campagne,
« où de larges rétributions de terres avaient fait surgir de
« nombreuses familles de colons, mais encore dans les
« villes, où la libéralité des évêques, des monastères et des
« seigneurs laïques avait relevé des ruines, multiplié les
« édifices et les habitations, agrandi l'enceinte de la ville. »

L'annotateur de M. Proudhon, M. Curasson s'est prononcé, dans son *Traité des droits d'usage,* dans le même sens que les trois jurisconsultes précités (1). M. Meaume a adopté la même opinion dans son *Code forestier* (2). Les jurisconsultes ont trouvé dans la science du droit un préservatif contre les préjugés politiques.

M. Curasson constate d'abord, sur la foi des historiens, les faits que nous avons constatés nous-même dans l'examen de la période gallo-romaine, savoir : que le fisc romain avait dans les Gaules des propriétés d'une étendue prodigieuse, qui provenaient des confiscations que César avait exercées sur chaque cité coupable de résistance, et qui n'avaient pu que s'accroître par les déshérences, par l'extinction si rapide des familles, et par de nouvelles confiscations, propriétés enfin dont la plupart restant sans culture faute de bras, présentaient l'aspect de vastes solitudes, de forêts impénétrables, de lacs et de marécages percés çà et là par quelques voies militaires, et protégés par des camps de défense. Il rappelle ensuite que quelques familles gauloises, affiliées au sénat romain dans les villes dont le séjour plaisait à leur mollesse, possédaient des domaines qui couvraient des provinces entières, exploités en partie par des esclaves ou colons, réunis dans de vastes maisons rurales, sous la verge d'un intendant appelé *villicus.*

M. Curasson conclut en ces termes :

« Ce n'étaient point les communes qui possédaient, à « l'époque de l'invasion, les propriétés des Gaules. N'est-il « pas d'ailleurs reconnu qu'un grand nombre de commu- « nautés ne doivent leur existence et leur accroissement « successif qu'aux concessions faites par des seigneurs ou « des monastères, dans la vue d'attirer des colons sur d'im- « menses terrains qui n'étaient couverts que de landes?

(1) T. III, p. 60. — (2) *Code forestier,* t. Ier, p. 446.

« Dénier ce fait, ce serait méconnaître une multitude de
« titres et de monuments. Aussi ceux qui ont fait de l'his-
« toire une étude particulière s'accordent tous à dire que
« les richesses territoriales de la plupart des communes
« proviennent des seigneurs et du clergé, que la féoda-
« lité et l'Église ont également contribué à l'amélioration
« des classes inférieures, et que l'influence dont ils ont
« joui était due à des services réels, à des bienfaits si-
« gnalés (1).

« Nos campagnes ne sont-elles pas en partie redevables
« de leur fertilité au travail des moines et à leur frugalité ?
« En Europe, et surtout en France, ce sont eux qui ont re-
« nouvelé la culture des terres, comme celle des lettres.
« Chacun sait que les concessions faites aux monastères
« dans les premiers siècles de l'Église ne consistaient que
« dans de vastes solitudes que les religieux défrichèrent
« de leurs propres mains. Que de bruyères les disciples de
« saint Bernard n'ont-ils pas converties en moissons abon-
« dantes! Le superflu des terrains vagues, auxquels ne
« pouvaient suffire leurs mains laborieuses, fut cédé à des
« colons, et, pour me servir des expressions d'un écrivain
« célèbre : *C'est dans les monastères que le paysan apprit*

---

(1) Voyez M. GUIZOT, t. IV, p. 228 et suivantes. L'Académie de
Besançon ayant proposé d'indiquer les différents lieux du comté
de Bourgogne dont l'existence, au treizième siècle exclusivement, était attestée par des monuments, dans le mémoire qui a
remporté le prix en 1789, l'auteur (l'abbé Baverel), homme très-
versé dans les recherches historiques, démontre qu'au treizième
siècle il n'existait dans la province que neuf cent trente tant
villes que bourgs et villages, dont la plupart devaient leur existence à un château ou à un monastère, ce qui ne fait guère que
le tiers des communes qui composent les trois départements de la
Franche-Comté. Que serait-ce s'il eût été possible de remonter
à plusieurs siècles antérieurs au treizième? Le mémoire dont il
s'agit est déposé à la bibliothèque de Besançon.

« *à retourner la glèbe et à fertiliser le sillon.* Taxera-t-on
« aussi d'usurpation sur les communes les immenses tra-
« vaux de ces anciens cénobites, qui furent la source des
« richesses tant reprochées à leurs successeurs, et dont
« jouissent aujourd'hui une foule de propriétaires !

   « Enfin, quand on supposerait que les bois et les terres
« qui forment le territoire de telle ou telle commune ont été
« usurpés sur les habitants des campagnes gauloises, les
« habitants actuels pourraient-ils se plaindre d'une usur-
« pation qui leur a profité? Par quelle raison se préten-
« draient-ils les successeurs de droits que l'on suppose
« avoir été possédés par une ancienne commune qui, si elle
« eût existé, aurait été anéantie lorsque le fondateur a créé
« celle qui existe aujourd'hui, en abandonnant des terres,
« des pâtures, des bois ou des usages à ceux qui vien-
« draient s'y fixer? Le titre de concession n'est-il pas une
« preuve irréfragable de la propriété du concédant, sans
« qu'il soit besoin d'en rechercher l'origine primitive ? »

   VI. — Les principes contraires à cette théorie ont trouvé,
parmi les jurisconsultes du dix-neuvième siècle, un organe
recommandable par sa science, M. Proudhon (1), dont la
doctrine compte un certain nombre de sectateurs (2).

   Le docte professeur de Dijon conteste le principe même
de la propriété féodale. « Le droit de la guerre, qui seul a
« introduit l'institution des fiefs, n'a pu s'étendre, dit-il,
« jusqu'à l'expropriation des particuliers qui habitaient le
« pays conquis; ses effets devaient être bornés au seul dé-
« pouillement du souverain qui avait subi le sort de la vic-
« toire remportée sur lui. »

---

(1) *Des droits d'usufruit, d'usage et d'habitation*, tome VI, page
486. — (2) Latruffe-Montmeylian, *Droit des communes*, tome I,
page 9 et suiv.

M. Proudhon prétend d'ailleurs faire remonter à une époque antérieure, non-seulement à l'institution des fiefs, mais à l'invasion des Barbares, tous les droits d'usage que les communes ont exercés sur les biens des seigneurs, et suppose même, « par ce seul fait invinciblement démon- « tré, » l'existence de la propriété originaire des communes sur toutes les terres vaines et vagues, landes, montagnes, marais, bois, forêts, etc.

Mais est-il possible d'admettre, avec M. Proudhon, que le droit de conquête n'a pas pu devenir le principe d'une propriété légitime, et que les communes doivent être réputées propriétaires des terres vaines et vagues que les chefs des bandes conquérantes avaient distribuées à titre de bénéfice ou d'alleu ?

Le droit dérivant de la conquête est le droit de territoire, droit dont la sanction est la guerre. « Jus gentium « est enim, » comme le dit énergiquement un texte du droit romain, « ut vim atque injuriam propulsemus. »

Selon quelques étymologistes, le mot *territoire* dériverait du mot « terrendo, ab eo dictum, quod magistratus « jus ibi terrendi habeat. » Il est plus raisonnable de croire qu'il dérive de *terra*. « Terra autem, » dit Varron, « a ter- « rendo dicta, et inde locus qui prope oppidum relinquitur, « territorium appellatur, quod maxime teratur (Loyseau). »

Sous la domination des Romains, et avant l'invasion germanique, on appelait territoire l'universalité des champs compris dans les limites de chaque cité (1),

Les vainqueurs donnèrent à leur tour le nom de territoire à toutes les terres où ils établirent leur droit de juridiction.

_____

(1) Territorium est universitas agrorum intra fines cujusque civitatis (l. CCXXXIX, § 8, *ff. de verb. signif.*).

Trois avantages étaient attachés au droit de territoire ;
L'*imperium merum*, l'*imperium mixtum* et le *domaine
utile*. « Item omnia quæ sunt in territorio seu distracta
« alicujus domini censentur esse de suo fundo, dominio et
« etiam de sua juridictione, » dit Mazuer (1).

Ces trois choses tombèrent dans le domaine des conquérants, qui ne succédèrent pas seulement d'une manière
légitime à la puissance militaire et au droit de juridiction
du gouvernement renversé, mais qui s'approprièrent aussi
d'une manière non moins légitime et les propriétés publiques et les propriétés privées.

Les choses du domaine public et celles du domaine privé
passèrent donc toutes à un titre également légitime des
mains des anciens détenteurs du sol à ceux qui l'occupèrent
par le fait de la conquête, et la propriété nouvelle fut
légitime et sacrée, quelle qu'eût été son origime, et soit
qu'elle eût été retenue par les anciens possesseurs, soit
qu'elle eût été détachée du domaine national conquis, et attribuée par les chefs des bandes armées et victorieuses
à titre de bénéfice ou à titre d'alleu à leurs lieutenants et à
leurs soldats.

Et quels seraient donc, dans la pensée de ceux qui considèrent comme illégitimes l'occupation et le partage du territoire par les chefs des Francs, quels seraient les légitimes
propriétaires du sol ? Prétendrait-on voir dans les communautés d'habitants les descendants des indigènes, et faire revivre
en leur faveur des droits antérieurs à la conquête romaine ?
Mais d'abord, la propriété n'était pas constituée dans les
provinces avant l'invasion de Jules-César, et les répartitions
annuelles que faisaient les chefs des clans des terres livrées
au pâturage et ensemencées de grains grossiers ne créaient

(1) Titre *de judicibus*, § Item omnia.

aucun droit stable et indépendant. Il est certain d'ailleurs que, à part quelques rares exceptions, le druidisme, le régime des clans, les institutions celtiques ou germaniques, vaincus dans une lutte opiniâtre, furent absorbés par l'élément romain. Certains publicistes de notre époque cherchent, il est vrai, à ressusciter l'antagonisme des races, et à nous montrer dans les héritiers des anciens seigneurs les descendants des conquérants, et dans les communautés d'habitants les fils des vaincus. Mais Montesquieu et Mably nous paraissent mieux apprécier nos antiquités, quand ils nous montrent, sur la foi de Grégoire de Tours, les Romains et les Francs confondus moins d'un siècle après la conquête, et prenant une égale part aux richesses, à la dignité et à la puissance.

C'est donc une fiction historique que la résurrection de ces prétendus Gaulois qui ont cessé d'être, plusieurs siècles avant l'affranchissement des communes, une nation distincte de celle des Francs.

VII. — Prétendrait-on voir dans les communautés d'habitants les représentants légitimes des possesseurs romains et faire prévaloir, à l'exemple du savant professeur de Dijon, les droits de ces anciens possesseurs sur ceux que les conquérants ont transmis aux possesseurs qu'ils ont investis de droits nouveaux?

Mais, d'abord, *ces possesseurs*, sous l'empire du *droit provincial*, n'étaient que des détenteurs précaires, soumis à tous les caprices du maître investi de l'*imperium*, et s'il est vrai que la législation de Justinien, qui supprima la distinction du droit quiritaire et du droit bonitaire, ait converti le droit de possession précaire en *dominium* irrévocable, on sait assez ce qu'était en fait ce prétendu *dominium*, sous l'empire des exactions fiscales, des abus du domaine éminent et des spoliations des officiers de l'empire.

Les partages du territoire conquis ne furent pas faits, comme le remarque Montesquieu (1), par un esprit tyrannique, mais dans l'idée de subvenir aux besoins mutuels des deux peuples qui devaient habiter le même pays. Ces peuples se confondirent, sous le sceptre de Clovis, en une seule nation, et loin que l'asservissement des personnes et des terres puisse être considéré comme le résultat de la conquête, l'esprit de liberté germanique pénétra les lois, écloses, selon l'expression de M. de Chateaubriand, du despotisme raffiné de la civilisation [romaine; le régime franc devint le principe de l'affranchissement progressif des populations.

« En présence des faits constatés par l'histoire, dit l'annotateur de M. Proudhon, il est difficile de soutenir que la conquête et le régime féodal ont fait d'un peuple libre un peuple d'esclaves, et de présenter ces grands événements comme ayant dépouillé nos campagnes de leurs propriétés territoriales.

« Quand il en aurait été ainsi, est-ce que le temps, qui légitime tout, n'opposerait pas une barrière invincible à toute discussion sur ce point? D'ailleurs, où serait aujourd'hui la possibilité de vérifier si les habitants de cette commune que l'on prétend avoir été spoliée ne sont pas les successeurs des conquérants, et si, au contraire, le possesseur de fief n'est pas le descendant d'un Gaulois vaincu ? Princes, nobles, bourgeois, cultivateurs, est-il un seul Français qui, après une succession de quatorze siècles, pourrait même assurer qu'il ne doit pas son origine à cette classe innombrable d'esclaves qui, à l'époque de l'invasion, formaient la plus grande partie de la population des Gaules? »

Concluons qu'on ne saurait ébranler la propriété re-

---

(1) *Esprit des lois*, liv. XXX, ch. VII et IX.

cueillie par les seigneurs, soit par le droit de la guerre, soit par les libéralités des rois, sans porter une grave atteinte aux principes fondamentaux de tout ordre social, et sans méconnaître, non-seulement les principes du droit romain, mais encore ceux du droit germanique.

Les Germains possédaient, en effet, dans les temps très-reculés, des choses dites *universitatis;* les comtés et les villages avaient leurs prétoires, leurs mâls, leurs curies, leurs places publiques, et ils supportaient gaiement le manque de lieux destinés aux courses de théâtre et autres édifices de ce genre. Plus tard, et quand les villes furent construites, s'élevèrent dans les enceintes des aqueducs, des bains, et autres établissements semblables. Chaque pays avait aussi ses pâturages communs, ses bois communs et autres choses semblables, qui appartenaient à toute la communauté, et c'est une chose digne de remarque, selon Heineccius, que, dans la plus haute antiquité, comme le remarquent César, *de Bell. Gallic.*, liv. VI, ch. XXII, et Tacite, *des Mœurs des Germains*, ch. XXVI, les champs eux-mêmes n'appartenaient primitivement à personne, qu'ils étaient des propriétés publiques, et qu'on avait coutume de les partager chaque année, non par tête, mais par familles.

Mais plus tard et peu de temps après l'époque où écrivait Tacite, cette communion de biens paraît avoir cessé; les champs, ainsi que la plupart des choses, même communes et publiques, devinrent des propriétés privées, et le clergé ayant peu à peu introduit dans les pays régis par les coutumes germaniques les contrats d'emphytéose, qui ne leur étaient connus auparavant que par les lois des Lombards et celles des Visigoths, il y eut dans le droit germanique deux sortes de domaines également respectables : le domaine plein des seigneurs, et le domaine moins plein des vassaux, qui s'appelait aussi *feudum, censiticum, ususfructus.*

La transmission du domaine utile sur les biens des rois et des seigneurs fut incontestablement légitime vis-à-vis des anciens possesseurs. D'après le droit public de l'Europe, antérieur au seizième siècle, les biens tombés dans le patrimoine des princes par le droit de la guerre pouvaient être aliénés par eux.

Suivant le droit romain, qui a été le droit primitif, les biens qui ne dépendent pas essentiellement de la souveraineté et qui n'ont pas été donnés par les peuples pour soutenir l'honneur et les besoins de l'État, sont dans le patrimoine du prince, à sa libre disposition, et sujets à être prescrits par la possession (1).

Dès le temps de la première race, disent les auteurs du *Répertoire de jurisprudence* (2), le souverain disposait souvent de ses domaines à titre de propriété, ce qui est confirmé par un passage de Bignon, sur le chapitre II du livre Iᵉʳ des *Formules* de Marculphe : « Munere regio est « per beneficium regis quod postea feudum dictum est, « licet non ignorem a regibus tunc quoque in proprietatem « prædia data (3). »

Le droit germanique était, sur ce point, tout à fait conforme à l'ancien droit français. Il est dit expressément, dans le droit impérial allemand, qui date du quatorzième siècle (4), en parlant des membres de la noblesse immédiate de l'empire, qui sont aussi désignés sous le nom de vassaux de l'empire : « Et l'empereur leur départ, dans sa munificence, le bien de l'empire pour le posséder à titre héréditaire (5). » Les francs-alleux de l'empire, tant laïques

---

(1) DUNOD, *Traité des prescriptions*, p. 281. — (2) V. *Domaine public*, § 1, p. 835. — (3) *Ibid.*, voyez ci-dessus, liv. I, ch. IV. — (4) *Edict. de* ENDELMANN CASSEL, 1846, liv. III, ch. I. — (5) V. ZOEPFL, A. A. O. Bd. 10, p. 47 et 218.

qu'ecclésiastiques, ne proviennent que de concessions impériales de ce genre (1), et l'on trouve de nombreux exemples d'empereurs faisant à des églises épiscopales des donations prises sur le bien de l'empire, pour en jouir en toute propriété.

Les lois des Bourguignons décident formellement que les rois pouvaient disposer de leurs domaines : « Illud « etiam huic legi adjungi placuit ut si quis de populo « nostro, a parentibus nostris, munificentiæ causa, ali- « quid percepisse dignoscitur : id quod ei collatum est, « etiam ex nostra largitate, filiis suis relinquat, præsenti « constitutione decernimus. »

En France comme en Allemagne, l'inaliénabilité du domaine n'a été ni établie, ni même invoquée avant que les prodigalités des princes n'eussent fait sentir la nécessité de poser des bornes aux concessions excessives; ce qui ne remonte nulle part avant le quatorzième siècle, et ce qui a surtout existé depuis le quinzième. L'ordonnance de Charles V, du 3 mars 1356, est le premier document législatif connu qui ait, par ses articles 41 et 45, posé les principes de l'inaliénabilité du domaine public, principes confirmés par les ordonnances d'avril et juillet 1357, décembre 1360, novembre 1371, lettres-patentes de 1436 et 1437, édits des 20 avril 1483, 13 décembre 1517, et surtout par la célèbre ordonnance de 1566. Jusque-là, le domaine public était aliénable, et n'a cessé de l'être dans les provinces étrangères qu'à dater de leur incorporation. Tel était notamment, selon Chorier (2) et Dunod (3), l'usage de la Franche-Comté, du Dauphiné et. de la Provence.

---

(1) V. B. G. Struvii, *de Allod. imp. comment.* Ima, 1374, p. 65. — (2) Liv. II, section 6, art. 3. — (3) *Des prescriptions*, p. 285.

« Plusieurs communautés du comté de Provence, dit Dunod, ayant prétendu se prévaloir des édits de réunion de domaine pour retirer de leurs seigneurs les terres que ces seigneurs avaient reçues des anciens comtes du pays, les syndics de la noblesse représentèrent au roi que leurs acquisitions étaient légitimes, parce qu'au temps qu'elles avaient été faites, le domaine des comtés de Provence pouvait être aliéné, leur souveraineté n'étant pas encore unie à la couronne. Sur cette raison, le roi, par arrêt de son conseil d'État, du 13 juin 1668, déchargea les seigneurs de Provence de toutes poursuites pour cause des aliénations faites à leurs auteurs, des terres et biens du domaine, par les souverains de la province, avant qu'elle fût unie au royaume.

« Je conclus de là que les aliénations du domaine faites dans le comté de Bourgogne avant la conquête de la province sont valables, et que la prescription a pu courir en faveur des possesseurs des biens domaniaux, soit par cent ans, soit par trente et quarante, suivant la qualité de ces biens.

« Depuis cet ouvrage achevé, la question s'est présentée à décider au conseil d'État du roi ; et par arrêt rendu le 28 septembre 1728, Sa Majesté a ordonné que les possesseurs des domaines, droits domaniaux, justices, terres et seigneuries dans le comté de Bourgogne, qui les ont acquis à titre de propriété ou d'engagement des anciens souverains du pays, et jusqu'en l'année 1674 seulement, demeureraient maintenus dans la possession de leurs biens, sans qu'ils puissent y être troublés, sous quelque titre que ce puisse être, à l'exception des domaines aliénés à temps, à vie ou à durée de famille. »

On peut hardiment conclure des textes de lois et des développements qui précèdent que la propriété conquise par les seigneurs francs, en vertu du droit de la guerre et des concessions des rois, est une propriété légitime, et qu'ainsi le principe des concessions à titre d'alleux ou de bénéfices n'est pas contestable.

VII. — Non seulement la propriété transmise par ces deux modes a été légitime dans son principe, mais elle a rendu à l'agriculture et à l'économie sociale des services qu'il ne faut pas juger avec les idées de notre temps, et qui, pour quiconque se placera au point de vue de l'époque, paraîtront incontestables. Varsavault examine, en son *Traité des communes* (1), les avantages économiques que les populations ont retirés de ces concessions. « Ce n'est pas, dit-il, « qu'en remontant au delà de l'origine des fiefs et des « mœurs gauloises et romaines, tous les hommes ne fussent « également nés libres et que toute la terre ne leur fût « commune. C'est ce qui a fait dire à Imbert qu'il est vrai- « semblable que, d'ancienneté et auparavant la création des « rois, les forêts étaient publiques et communes au peu- « ple ; et c'est apparemment par les mêmes motifs que Sal- « vaing rapporte que Duaren, dans son livre *de Nobilitate*, « a dit que Dieu a donné le monde aux hommes à titre de « fief, et pour lequel on lui doit : 1° l'hommage qui est l'a- « doration, 2° les droits et devoirs qui sont les prémices et « les oblations dont il a fait le transport aux lévites et aux « prêtres qui servent à ses autels. M. de Perchembaut, *sur la* « *coutume de Bretagne*, en dit à peu près autant ; mais « enfin, il n'en convient pas moins après cela que les mo- « tifs qui, dans la suite des temps, ont porté les hommes « à se rendre particulière chacun une portion de la terre « n'ont rien qui offense le premier droit, et qu'ils ont pu li-

(1) Ch. IX, § 3, p. 163.

« citement convenir entre eux que les uns possédassent cer-
« taines choses à l'exclusion des autres. »

Les concessions à titre d'alleux ou de bénéfices n'ont
pas été seulement légitimes ou plutôt nécessaires; elles ont
favorisé, au point de vue économique, les progrès de la civilisation.

Ceux qui, par aversion contre la puissance des seigneurs,
attaquent si vivement la propriété féodale, à raison de la
violence présumée de son origine, ne prennent pas garde
aux conséquences qu'on pourrait tirer de leurs principes
contre les communes à qui les chances des guerres privées
du moyen âge ont, surtout en Italie et dans le midi de la
France, attribué des biens qui appartenaient auparavant
aux seigneurs. Si, dans le nord de l'Europe, les abus du
régime féodal et les spoliations qui en furent la conséquence furent poussés aux limites extrêmes, dans le midi,
au contraire, les luttes des douzième et treizième siècles
tournèrent souvent au profit des communautés d'habitants,
qui reprirent, soit de vive force, soit par des concessions
arrachées à la faiblesse des seigneurs, infiniment moins
puissants qu'ils ne l'étaient dans le nord, et d'ailleurs à
demi-ruinés par les croisades, les communaux adjacents
aux anciennes cités romaines. La commune insurrectionnelle ne se fit pas faute d'ailleurs, dans le nord de la France
plus encore que dans le midi, d'user et d'abuser envers les
évêques et les comtes ou barons du droit de la victoire, et
s'il était permis d'infirmer les droits acquis par plusieurs
siècles de possession sur l'unique fondement que la force a
présidé à leur naissance, on courrait le risque de jeter le
trouble dans toutes les propriétés privées et publiques, et
dans l'ordre social qui repose sur le respect des droits
acquis.

Rentrons dans l'impartialité et la vérité des principes, et

reconnaissons que les propriétés d'origine seigneuriale susceptibles d'occupation privée ont été légitimes dans leur principe, utiles aux progrès de la société par leur but et qu'elles auraient dû, en vertu du droit naturel, rester sacrées et inviolables pour tous les législateurs.

CHAPITRE IV

DU DROIT D'ACQUÉRIR ET DE POSSÉDER LES BIENS ET USAGES COMMUNAUX, ET DE LA PRESCRIPTION DES CHARGES SEIGNEU-RIALES.

I. — Le droit romain qui, au temps d'Ulpien et de Paul, ne permettait pas aux municipes, *quoniam incertum corpus est*, d'hériter (1) et de posséder des biens (2), s'était relâché de cette double rigueur, comme nous l'avons rappelé en traitant du *Droit municipal dans l'antiquité* (liv. III, ch. XIV). Les subtilités de l'ancien droit romain furent aussi repoussées par le droit du moyen âge (3), et dès que les communes furent affranchies, elles travaillèrent à se former un nouveau patrimoine. Les habitants des villes élevèrent des remparts, bâtirent des maisons communes, des églises, des beffrois, qui renfermaient la cloche de convocation et la prison. Elles appliquèrent à ces constructions

---

(1) Nec municipia, nec municipes hœredes institui possunt, quoniam incertum corpus est, ut neque pro hœrede gerere possint, ut hœredes fiant (ULP., *Reg.* XXII, § 5). — (2) Municipes per se nihil possidere possunt, quia universi possidere non possunt (l. I, § 22, *ff. de acq. possess.*). — (3) Sed in foro hodie ista subtilitas cessat, universitas tanquam privatus possidere potest (BRUNEMANN). — DUPIN, *Histoire de l'administration des communes*, p. 75.

le produit des libéralités des évêques, des seigneurs, des
princes, ainsi que des octrois municipaux et des amendes
prononcées par les tribunaux. Les communautés d'habitants eurent aussi des biens ruraux, les uns dérivant des
anciennes possessions gallo-romaines, les autres acquis
ou concédés soit à titre d'alleux, soit même à titre de fiefs,
comme nous l'avons vu par l'exemple d'un *fief communal*
de la ville d'Arles.

Ce patrimoine des communes était possédé par elles
comme formant des corps moraux, des personnes civiles,
quelle que fût d'ailleurs leur constitution municipale. C'é-
tait quelque chose d'inhérent à l'existence même de la
commune (1).

La possession, cette patronne du genre humain, surtout
dans les sociétés primitives, était surtout la règle des droits
respectifs des seigneurs et des communautés d'habitants,
sur les propriétés collectives.

Au moyen âge, les sentences elles-mêmes n'étaient pas
rédigées par écrit. Juger, c'était combattre, et les juges
n'étaient que des arbitres dont la mission était de mettre
en possession celui qui était sorti victorieux des épreuves
de l'eau, du feu ou du duel. Le *Traité* de Beaumanoir *sur
les coutumes du Beauvoisis*, le *Conseil* de P. de Fontaine,
le *Livre de plet et justice*, les *Établissements de saint Louis*,
nos très-anciennes coutumes, et, dans ces derniers temps,
les *Dissertations sur la saisine* d'Albrecht, Mittermaier,
Savigny, Eichorn, Klimrath et autres, s'accordent sur ce
point, que les droits les plus légitimes, les plus sacrés
étaient ceux reposant sur une possession publique, conforme à une sentence arbitrale.

---

(1) MERLIN, *Rép. de jurisprudence*, V. *Communauté d'habitants*,
p. 1 et 2.

La possession des biens ou usages communaux peut être envisagée sous un double point de vue : 1° comme acquisitive de certains droits; 2° comme libérant de certaines charges.

DE LA POSSESSION ACQUISITIVE.

II. — Quelle que soit l'origine de nos actions possessoires, et soit qu'on adopte avec MM. Henrion de Pansey (1), Toullier (2) et Merlin (3), l'opinion de Pithou, qui fait dériver de la loi salique « la complainte en cas de saisine et « de nouvelleté dedans l'an ; » soit qu'on pense avec M. Troplong (4) que nos actions possessoires dérivent uniquement des interdits du droit romain, on doit reconnaître que l'influence de la possession sur les propriétés et les usages communs était aussi incontestable selon les principes du droit féodal que selon ceux du droit romain.

La preuve par témoins servait de fondement au droit privé et public des Francs. « Ce peuple, dit M. Beugnot, dans la préface des *Olim*, ne croyait pas qu'il existât un moyen plus simple ni plus assuré de parvenir à la connaissance de la vérité, et il l'employait, avec assurance, dans les jugements civils ou criminels, et dans une foule de circonstances étrangères à la distribution de la justice. »

D'après le droit romain, la possession immémoriale suppléait ou supposait en faveur des communautés d'habitants le titre de concession. Il n'y a qu'une voix sur ce point dans tous les textes et dans tous les auteurs. « Tempus imme- « morabile habet vim constituti (5). » « De tous les titres

---

(1) *De la compétence des juges de paix.* — (2) *Droit civil*, t. II, p. 166. — (3) *Répertoire*, V. *Complainte*. — (4) *De la prescription*, art. 2228, p. 413.— (5) V. Dunod, *Des prescript.*, p. 273. — Boutaric, *Mat. seign.*, p. 289.—Pocquet de Livonière, *Traité des fiefs*, p. 622.

en effet, qui règlent la société civile, dit l'auteur du *Dictionnaire des fiefs*, celui d'une possession immémoriale paraît le plus incontestable et le plus assuré. La raison est qu'on ne peut plus se laisser égarer dans les siècles éloignés pour aller feindre des défauts ni des vices dans le commencement d'une possession, laquelle est demeurée hors d'atteinte durant la révolution de plusieurs siècles. Il faut s'arrêter au fait de cette possession, comme à une barrière que l'on ne peut franchir. » Cette possession immémoriale était reçue si favorablement que Dumoulin pensait qu'elle n'était point contraire aux coutumes qui déclaraient quelque chose imprescriptible (*Coutume de Paris*, titre *Des fiefs*, gl. XXII, n. 15).

« Il peut se trouver, dit d'Essuile (*Traité des communes*, ch. II), quelques communautés qui se soient procuré des biens fonds par la seule faveur d'une possession non contestée et légitimée par le temps. On menait paître les bestiaux dans des terrains négligés par les propriétaires, et peu à peu ces terrains prirent le nom de pâtis ou communaux, sans avoir, comme on le voit, aucun rapport avec les *cens*, *redevances*, etc., qui peuvent être dus aux seigneurs par leurs sujets. »

Les deux parlements qui se partageaient au moyen âge le domaine judiciaire de la France avaient, sur la possession active et passive des communautés d'habitants, des principes conformes à cette doctrine.

Un arrêt du parlement de Toulouse, du 11 août 1732, rapporté par de Juin, t. V, p. 273, jugea, conformément à la doctrine de Despeisses, que les habitants de Laslades avaient prescrit contre le seigneur, par une possession de quarante ans, la propriété d'un bois. Cet arrêt était fondé sur une jurisprudence immémoriale.

Le recueil des *Olim* contient des documents conformes

émanés du parlement de Paris, cette cour souveraine qui fut le plus puissant moyen dont se servirent les rois de la troisième dynastie pour fondre dans l'unité politique et judiciaire les institutions diverses de la féodalité. C'est par des témoignages oraux, recueillis dans les enquêtes, que ce parlement jugeait les contestations entre les seigneurs et les communes sur les droits d'usage des habitants (1).

Toutefois, la faveur accordée à la possession des habitants diminua de plus en plus dans les pays de coutumes, tandis qu'elle se maintenait dans les pays de droit écrit, où les droits des communes étaient préférés à ceux des seigneurs (2). Cette révolution dans les idées, dit M. Henrion de Pansey (3), fut sans doute l'effet de la grande extension que les seigneurs donnèrent à leurs prérogatives, sous les premiers rois de la troisième race. L'illustre magistrat cite à l'appui de cette assertion plusieurs documents ; ce sont : 1° l'art. 24 des anciennes coutumes de Champagne, un arrêt de la Cour de Creil, rapporté par Beaumanoir, sur l'art. 24 de la coutume de Beauvoisis, plusieurs autres coutumes antérieures au seizième siècle, et toutes les coutumes réformées, sans exception.

M. Léopold Delille cite, dans ce même sens, un arrêt de la Cour de l'Échiquier de Normandie, de la Saint-Michel 1209, dans la cause des hommes de Pont-Audemer.

III. — D'après le droit romain comme d'après le droit coutumier, les propriétés communes, publiques ou com-

---

(1) Voyez le *Recueil des Olim*, t. I, p. 138, 160, 162, 172, 250, 334, 595, 676, 886. — (2) Voyez M. DE JUIN, *Arrêts du Parlement de Toulouse*, t. VI, p. 112. — GATELAN, liv. III, ch. XXIX, XXX, et tit. VIII. — CHARONDAS, liv. II, ch. II. — HENRYS, t. II, liv. III, quest. 2. *Coutume de Paris*, art. 12. — DESPEISSES, *Des droits seigneuriaux*, tit. III, art. 5, n. 9, vers. 13, p. 26. — (3) *Des biens communaux*, ch. VI, § 6.

munales, affectées à un usage public, étaient imprescriptibles : « Usucapionem recipiunt maxime res corporales ex-
« ceptis *rebus sanctis, sacris, publicis, populi Romani et*
« *civitatum* (l. IX, *ff.*, t. III, l. XLI). En effet, dit la
loi XXII, *cod Théod.*, *De oper. pub.*, la prescription ne doit
pas former obstacle au droit public, et l'on doit détruire tout
ce qui, dans les différentes villes, a été construit en quelque lieu public que ce soit.

En conséquence de ces principes, les amphitéâtres, les
temples, les bains, les aqueducs, et tous ces précieux monuments dont les Romains avaient couvert leurs municipes
et leurs colonies, furent rendus, nonobstant tous les actes
de possession contraire, aux villes qui succédèrent aux cités antiques, et qui durent en être considérées comme la
continuation. La plupart de ces monuments étaient couverts d'inscriptions attestant que les républiques locales en
avaient fait les frais; il suffisait, d'ailleurs, qu'ils portassent
les noms de ces républiques pour qu'on dût le présumer.

On ne pouvait, d'après la loi III, § 2, *ff.*, *De operibus
publicis*, y inscrire que le nom du prince ou le nom de
ceux qui avaient pourvu aux dépenses. Usurpés au milieu
des troubles du moyen âge, tantôt par les seigneurs, tantôt par les corporations religieuses, tantôt par les simples
particuliers, ces monuments furent considérés comme imprescriptibles, et furent successivement rendus à leur destination primitive (1).

L'imprescriptibilité des eaux et des aqueducs affectés
aux besoins des communautés d'habitants était particulièrement établie par de nombreux textes du code théodosien, et par la jurisprudence des pays de coutumes (2).

(1) TROPLONG, *Des prescriptions*; *sur l'art.* 2226, n. 169. V. cependant FROMENTAL, *Communautés*, p. 80.— (2) L. V, VI, XI, *Cod.*

Cette imprescriptibilité cessait cependant avec la destination publique des choses qui en étaient l'objet (1).

IV. — La possession immémoriale suffisait, en thèse générale, pour acquérir le droit d'usage : cette doctrine de Dumoulin, conforme au droit romain et au droit germanique, se maintint dans un grand nombre de coutumes. Loisel en avait fait une règle dans ses *Institutions coutumières*, livre Ier, tit. II, art. 23. Delaistre, *sur l'article* 102 *de la coutume de Chaumont* ; Balmaison , *sur la coutume d'Auvergne*, titre XXVIII, art. 4 ; Boucheul, *sur Poitou*, art. 196, n° 5 ; Coquille, *sur Nivernais*, ch. XVII, art. 10 ; Freminville, en son *Traité des communes*, ch. II et XXI ; Renauldon, *Dictionnaire des fiefs*,.V. *Communaux et usages*, la plupart en un mot des jurisconsultes français s'accordent à proclamer comme une règle de droit commun la prescriptibilité des droits d'usage par cent ans.

La prescription s'étendait aux lieux joignant les communaux, et qui, abandonnés par leurs propriétaires, y avaient été incorporés par les communautés d'habitants : réciproquement, les communautés d'habitants pouvaient être dépouillées de leurs biens par la prescription, après le laps de temps requis pour leur acquisition. La jurisprudence des pays coutumiers à cet égard était puisée dans la loi salique. Cette loi peint l'usurpation d'une petite communauté par un brigand hardi qui s'y établit de vive force. Si le propriétaire réel souffre que l'intrus occupe pendant douze mois accomplis la possession paisible du terrain

---

Théod. de aquæ ductu; Frontinus, ibid. — DELAMARRE, *Traité de la police*, t. I et IV.—DELAPOIX DE FREMINVILLE, *Pratique des terriers*, t. IV, ch. IV, quest. 39, p. 504. — DESESSART, *Dictionnaire de police*, V. *Fontaines et aqueducs.* — LALAURE, *Traité des servitudes*, p. 47. — (1) DUNOD, *Des prescriptions*, p. 21, ch. XII, p. 74. — POTHIER, *De la prescription*, première partie, ch. I.

usurpé, il y a déchéance. L'intrus cesse d'être considéré comme tel, et devient propriétaire de son vol.

Plusieurs lois romaines, notamment la loi **IV**, *Code de prescr.* 30 *vel* 40 *annorum*, consacraient, dans le même cas, contre les communautés d'habitants, le principe de la prescription quadragénaire.

Les usurpations seigneuriales multiplièrent tellement les exceptions au droit de prescrire les usages communaux qu'il n'en resta presque plus de traces dans les coutumes rédigées au seizième siècle.

Les articles 80 et 87 de la coutume de Paris portaient que les servitudes ne pouvaient s'acquérir par la possession, quelque longue qu'elle fût. On se demanda plus tard si la possession centenaire elle-même était exclue. Des arrêts en sens différents furent rendus sur cette question. S'il faut en croire Pithou, en son *Commentaire sur la coutume de Troyes*, la difficulté fut tranchée lors de la réformation de la coutume en 1580, par l'addition de ces mots : « Encore que ce fût par cent ans. » Toutefois, même dans les coutumes allodiales, la possession n'était réputée efficace qu'autant qu'elle était accompagnée du paiement de la redevance (1).

Quant au mode de preuve de ce paiement, la diversité des usages est attestée par la divergence des jurisconsultes.

Coquille, *sur l'article* 10 *de la coutume de Nivernais*, dit « que ce paiement doit avoir été fait au seigneur, ou à son « receveur comptable qui en ait compté, afin que le sei- « gneur n'ait pu l'ignorer. » Legrand, *sur Troyes* (art. **168**, gl. 5, n° 4) est du même sentiment et désire que le sei-

---

(1) *Coutume de Troyes*, art. 168. — *Ancienne coutume de Bour- gogne*, art. 162. — BOUHIER, t. II, ch. LXXII, n. 1, 33 et 37. — SAINT-YON, etc.

gneur en soit absolument informé. Delapoix de Freminville (*Pratique des terriers*, t. III, p. 294) pense : « qu'une
« pareille prestation mise dans une recette mensuelle, un
« livre, un cueilloir, ou plutôt plusieurs qui seraient faites
« et affirmées par des fermiers de suite en suite, suffiraient
« à la preuve du droit pour l'usager, et seraient regardées
« de même œil que si le seigneur avait reçu la redevance
« en personne, et en avait donné quittance de sa main,
« auquel cas les auteurs requièrent trente ans de pres-
« tations. » Le même jurisconsulte cite un arrêt du parlement de Bourgogne, du 3 février 1625, rapporté par
Chevannes, sur l'article 2 du titre XIII de la coutume, qui
juge que la prescription du droit d'usage dans une forêt a
lieu par un laps de trente ans, *a die contradictionis*.

VI. — Les communes usagères pouvaient, par une possession *animo domini*, continuée pendant le temps néces-
cessaire pour prescrire *a die contradictionis*, changer la
cause de leur possession, et devenir propriétaires ; mais on
exigeait que cette *contradiction* fût très-caractérisée, à
cause « du non chaloir des seigneurs, » qui, selon les expressions de Coquille, « ne faisaient pas même contrô-
« ler leurs usages. » Une reconnaissance de la part du seigneur ne suffisait pas pour intervertir le titre des habitants.
« Simplex recognitio, » disait Dumoulin, « non disponit nec
« immutat statum rei. » La reconnaissance devait être
motivée et donnée en connaissance de cause ; sans cela, la
vérité prouvée par les titres devait l'emporter. Un arrêt
du conseil, du 20 mars 1727, rapporté par M. Troplong
(*Prescript.*, t. II, n. 522), jugea que, dans une contestation
entre les habitants de Fondremont et leur seigneur, les
titres produits devaient l'emporter sur le fait que le seigneur avait acquis des habitants une partie des forêts en
litige.

VII. — Les tempéraments apportés par la doctrine et par la jurisprudence aux abus toujours croissants de la puissance seigneuriale étaient tout à la fois une réminiscence de la faveur accordée aux droits des usagers par la loi romaine et par le droit féodal, et un retour vers les principes en vertu desquels la preuve testimoniale de la longue possession continua à être admise ; mais il fallait que la possession fût exercée *pour la commune.*

Cæpolla (1) pose en ces termes les principes de la possession des pâturages communs : « Il faut distinguer, dit-il. Ceux qui ont exercé les actes de dépaissance peuvent prétendre avoir prescrit, ou pour leur utilité particulière, ou pour la communauté. Dans le premier cas, il n'est pas douteux qu'il ne suffise qu'ils aient exercé par eux-mêmes, ou par d'autres en leur nom, le droit de servitude ou d'usage. Dans le second cas, c'est la communauté d'habitants qui dit avoir prescrit ; il suffit qu'elle prouve qu'elle a possédé par le syndic ou par les administrateurs de la communauté. Il en est de même s'il est prouvé que la plus grande partie de la communauté possède ou permet de posséder pour elle ; ou bien, s'il est prouvé qu'un serf de la communauté a possédé.

« Mais si quelques particuliers de la communauté ont possédé, cela ne suffit pas pour que la communauté elle-même soit censée avoir possédé. Que si, cependant, dix ou vingt membres d'une communauté d'habitants ont usé d'un bois depuis un temps immémorial, quoiqu'ils semblent n'avoir acquis le droit que pour leur propre compte, parce que la prescription est odieuse, cependant, s'ils ont joui au nom de la communauté d'habitants, le droit est acquis à cette dernière. »

(1) *Tractus II, ae servit. præd. u. i.*

La doctrine de Cæpolla a été confirmée (sauf les modifications introduites par le Code forestier) par un arrêt de la Cour de Riom, du 24 mai 1826.

« L'application que les premiers juges ont faite au terrain contentieux des titres anciens produits par le sieur de Boresdon est, dit cet arrêt, parfaitement exacte. Il en résulte que ce terrain a été depuis des siècles une propriété particulière appartenant aux auteurs du sieur Boresdon, et non un communal appartenant aux habitants de la commune de Combreuilles.

« Le droit de propriété une fois établi en faveur du sieur de Boresdon ne peut être détruit par les faits de possession allégués par les habitants à quelque époque qu'ils puissent remonter. En effet, quelques faits isolés de pacage ou de prise de bois dans le terrain contentieux par quelques habitants de la commune ne sauraient avoir le caractère d'une possession qui fût attributive de prescription. Il faudrait pour cela que le corps commun rapportât des titres établissant que, *comme corps commun*, il était propriétaire du terrain contentieux sur lequel il existe des bois, et que ce terrain fût désigné comme une propriété appartenant au corps commun des habitants par des jugements ou autres actes de l'administration forestière, qui sont prescrits pour les bois que les communes prétendent leur appartenir. Ce serait seulement dans ce cas que les faits de pacage et prise de bois seraient réputés émanés du corps commun. »

Ce chef de l'arrêt a été confirmé par la Cour de Cassation le 14 avril 1829 (B, O, 86).

DE LA POSSESSION LIBÉRATOIRE.

VIII. — Les communautés d'habitants pouvaient-elles se libérer, par la prescription, des charges seigneuriales?

Les coutumes étaient muettes sur cette question. « Mo-
« ribus nostris, » dit Duaren (1), « pro vassallo vel do-
« mino nulla prescriptio locum habet; sed hoc jure longo-
« bardico non videtur mihi definitum. »

Le même jurisconsulte et certains auteurs français allé-
guaient quatre raisons à l'appui de l'imprescriptibilité du
domaine direct du seigneur.

La première était prise de ce que le droit de renouveler
l'hommage était, de la part du seigneur, un droit de faculté
libre, insusceptible par sa nature d'être prescrit.

La seconde consistait en ce que le domaine direct et la
propriété du fief demeurant au seigneur, et le vassal
n'ayant que la simple jouissance et le domaine utile, celui-
ci ne pouvait changer la cause de sa possession.

La troisième était empruntée à l'obligation réciproque
de fidélité du seigneur et du vassal, que le temps ne pouvait
altérer.

La quatrième était fondée sur la loi comprise au code *de
Præscript.* 30 *vel* 40 *annorum*, qui ne permettait pas de
prescrire un droit de sujétion et de supériorité.

Mais on répondait que le fief pouvant être aliéné pouvait être aussi prescrit par voie de conséquence, et l'on repoussait la première des raisons alléguées ci-dessus, en
disant que, par la cessation du service qui y était attaché, le
fief se transformait en alleu, et que rien ne s'opposait alors
à la prescription des charges dont il était grevé.

On repoussait la seconde raison par la considération que
le feudataire n'était point un possesseur à titre précaire,
mais un possesseur perpétuel de son fief, dont il pouvait
disposer ainsi que du reste de son patrimoine.

On repoussait la troisième raison en disant que la li-

_____

(1) *In consuetudine feudorum,* c. XVI, n. 5.

berté contre la cense et la seigneurie directe s'acquérait par prescription contre le souverain même, parce que tel droit n'était dû à cause de la souveraineté.

Enfin l'on repoussait la quatrième raison par la distinction entre les droits dus « in signum subjectionis et supe-« rioritatis universalis, » et les droits dus « in recogni-« tionem domini directi. »

« C'est pourquoi, » dit Salvaing (chap. XIII), « les plus « célèbres docteurs ne doutent point que le vassal ne pres-« crive sa liberté par le silence d'un siècle, dont la vieillesse « ensevelit toutes choses, et qui, ayant force de titre, ne « permet pas qu'on remue les cendres dont il a couvert ce « qui l'a devancé. » Et le célèbre jurisconsulte dauphi-nois cite, à l'appui de cette thèse, l'opinion de plusieurs jurisconsultes étrangers, et de Dumoulin, Duaren, Cujas, etc.

Cette théorie était consacrée par plusieurs coutumes françaises, entre autres par celles de Bourbonnais, Auvergne, la Marche, Tours, Lodunois, etc., etc.

IX. — Mais le principe que le cens et la seigneurie directe étaient réputés imprescriptibles, si ce n'est à dater du jour de la contradiction, finit par prévaloir, non-seulement dans les pays de coutumes (1), mais même dans ceux de droit écrit (2). La raison déterminante de cette jurisprudence était que la directe étant entre les mains du seigneur, comme le domaine utile est entre les mains de l'emphytéote, on ne pouvait pas priver le seigneur de la possession de sa directe par des actes faits à son insu,

_____

(1) DELAFOIX DE FREMINVILLE, *Pratique des terriers*, liv. 1, chap. VI. — (2) DUPERIER, *Questions notables*, quest. 7. — V. MAYNARD, liv. IV, chap. XLVIII. — RANCHIN, *Sur la quest.* 24.

parce que, comme le décide le jurisconsulte Paul, dans les lois 3, 7, 8 et 9, *de acquir. vel amitt. possess.....* la seule volonté suffit pour nous conserver la possession des choses dont nous jouissons par nous-même.

La prescription ne commençait donc, au profit de l'emphytéote, qu'après qu'il avait contesté la directe du seigneur, et avait possédé les fonds en son propre nom.

« Il y avait, selon Laroche (*Des droits seigneuriaux*, chap. xx, art. 1er), interversion de possession quand après avoir l'emphytéote formellement dénié et contesté en justice au seigneur le fond demandé n'être point mouvant de sa directe, le seigneur était après si négligent que de laisser jouir paisiblement et franchement l'emphytéote, sans lui rien demander par l'espace de trente ans. L'emphytéote, dit Graverol, prescrivant contre le seigneur, « a die contradictionis, seu interversæ posses-« sionis, » est à couvert, « vel sola temporis exceptione, » même contre le titre primordial, pourvu néanmoins que l'interversion de la possession ait bien commencé contre celui à qui on l'oppose, en contestant avec une personne légitime, et dont dès le jour de la contradiction *patientia subsecuta*, c'est-à-dire que celui contre lequel on veut prescrire, du jour de la contradiction, est demeuré dans le silence et ait volontairement souffert la possession de celui qui a voulu prescrire ; et finalement, qu'il ne s'agisse pas d'un terrain uni et limité, *de fundo sito in loco servili*, parce que, lorsqu'il est question d'un terrain de cette nature, le droit du seigneur est incontestable, n'ayant pas même besoin de produire de titres, et la qualité du terrain tout seul suffisant pour établir la directe, excepté lorsqu'on a fait apparoir d'un affranchissement de la terre. »

Enfin, Catelan, livre III, chapitre xxx, rapporte un arrêt qui juge que « la dénégation de la mouvance néces-

« saire pour l'interversion de possession et pour la pres-
« cription de la liberté, doit être expresse et faite en juge-
« ment, ou dans le procès intenté. Et dans le même cha-
« pitre, il dit que le motif de cette décision fut que la
« prescription de la mouvance étant contre la loi du bail
« qui veille toujours pour le seigneur, il faut le ministère
« du juge et la contestation en cause pour donner le cours
« à cette prescription. »

On peut juger, par cette doctrine des jurisconsultes des
pays de droit écrit, confirmée par la jurisprudence de
tous les parlements, à quel point les abus de la puissance
seigneuriale s'étaient étendus, dans l'intervalle de quelques siècles, et combien ces abus croissants durent concourir à enflammer les passions révolutionnaires.

CHAPITRE V

DE L'ADMINISTRATION ET DE L'ALIÉNATION DES BIENS DES COMMUNES.

I. — Dans les pays de droit écrit comme dans les pays
de coutumes, le droit d'administrer et d'aliéner les propriétés communales était partagé entre les seigneurs et les
communautés d'habitants.

« Les maires, syndics et échevins des communautés, les
habitants eux-mêmes, dit M. Henrion de Pansey, dans ses
Dissertations féodales (1), ne sont que les administrateurs
des biens communaux. Ils en doivent compte à ceux qui
viendront après eux ; ils doivent les conserver comme un

(1) Tome I, page 449 et 450.

dépôt sacré. Ces futurs habitants ont, en effet, une vocation directe dans le titre primitif. Ce n'est pas à tels ou tels individus que le bien commun appartient, mais à la communauté, corps immortel, composé de ceux qui n'existent pas encore comme des habitants actuels. »

D'après les principes du droit féodal, le gardien suprême des droits de la communauté, c'était le souverain de l'État.

La police, la garde et la conservation des choses que le droit romain appelle *universitatis* appartient, dit Boutaric (1), au seigneur justicier dans les lieux où il y en a, et au roi partout ailleurs. Loyseau, *Traité des seigneuries*, ch, III, n. 89, et ch. XII, n. 18, fait observer que la propriété de ces choses n'appartient proprement à personne, que la communauté n'en a que l'usage ainsi que les particuliers qui la composent; chacun ayant la liberté de s'en servir, pourvu qu'il ne porte point de préjudice ni d'empêchement à l'usage commun et général. Laroche (*des Droits seigneuriaux*, ch. V, n. 8), Catelan (liv. III, ch. XLI), Serres (*Institutions*, p. 106), tous les jurisconsultes des pays de droit écrit comme, ceux des pays de coutumes, reconnaissent que les bois, pacages ou prairies qui ont été originairement délaissés aux habitants d'une ville ou village, pour être par eux possédés et jouis en commun, sont au nombre des choses qu'on appelle *universitatis*, dont la propriété n'est, à la vérité, à personne, mais dont l'usage est à la communauté et aux habitants qui la composent, et que ces propriétés doivent être administrées par le concours des élus de la cité et du représentant de l'État.

Le représentant de l'État dans le système féodal, celui qui devait participer, avec les mandataires des habitants, à la gestion des biens communaux, c'était le prince souverain.

_____

(1) *Instit.*, liv. II, tit. 1, § 6, *de Rer. divis. et acq. rer. dom.*

Mais qu'entendaient les feudistes par ces mots : prince souverain? Est-ce du roi, est-ce du seigneur qu'ils parlaient?

Croire que, par ces mots : prince souverain, Boutellier désigne le roi, ce serait, dit M. Henrion de Pansey (*des Biens communaux*, ch. XIV), une grande méprise. Sous le régime féodal, tout baron était souverain dans sa baronnie, et le roi n'était souverain de fait que dans les terres dont il avait la mouvance immédiate. On peut invoquer à l'appui de ce principe l'art. 2 de l'ordonnance de 1315, et l'autorité de Beaumanoir, qui ne se sert pas d'une expression ambiguë et parle de *seigneur souverain*. L'époque où l'autorité royale s'est substituée à celle des seigneurs dans la haute tutelle des communautés d'habitants a varié selon les lieux, et n'est devenue universelle qu'au milieu du dix-septième siècle, époque où l'abaissement de tous les grands vassaux devant la couronne s'est généralisé en Europe.

De là trois règles fondamentales, d'un usage à la fois immémorial et universel, sur l'administration, le partage et l'aliénation directe ou indirecte des biens *universitatis*.

1° Ces biens sont administrés par des mandataires élus, appelés, selon les localités, *syndics, consuls, jurats, capitouls, échevins, maires, mayeurs*, etc., lesquels passent les baux et remplissent toutes les autres fonctions qui leur sont attribuées pour le temps et selon la forme fixés par les règlements (1).

2° Ces biens n'appartenant ni aux membres qui composent la communauté, ni même au corps d'une manière absolue, et étant le patrimoine des générations futures autant que des générations présentes, il n'est pas permis aux

---

(1) Voyez DOMAT, *Lois civiles*, liv. II, tit. 3, et la *Nouvelle collection de jurisprudence* de MM. CAMUS et BAYARD, V. *Bail à ferme*, § 6.

habitants de les partager entre eux, et la maxime que nul n'est tenu de rester dans l'indivision ne peut être invoquée de leur part (1).

3° L'aliénation de ces biens n'est pas absolument interdite, mais elle ne peut avoir lieu que pour juste cause et avec la permission, selon les cas, ou du souverain, ou de la justice.

II. — L'inaliénabilité du patrimoine communal était consacrée par la loi romaine : « Rempublicam et pupil- « lam extra ordinem juvari moris est ; l. III, *Code de jur. reipubl.* Et ne pensez pas, dit la loi, *l cod. de prædiis et aliis rebus minor sine decreto non alien.*, que les rentes soient seules assujéties aux formalités prescrites pour les aliénations des biens des mineurs. Sous quelques conditions, par quelque contrat qu'ils puissent être aliénés, ces formalités doivent être observées : « Non solum per ven- « ditionem rustica prædia vel suburbana pupilli vel ado- « lescentis alienari prohibentur, sed neque transactione « neque permutatione, vel alio quoque modo transferri sine « decreto a domino suo possunt ; igitur et tu, si fratribus « tuis per transactionem fundum dedisti, vindicare eum « potes. » Ces principes étaient ceux des pays régis au moyen âge par le droit romain (2). Beaumanoir, qui écrivait en 1270, posait les principes du droit coutumier en cette matière dans un sens conforme à ceux du droit romain, et spécialement de la constitution de l'empereur Léon qui forme le titre 31 du livre XI du code intitulé : *De vendendis rebus civitatum.* « Aucune fois, disait-il (3), l'on secour les bonnes villes de quemune en aucun cas comme

---

(1) *Nouvelle collection*, verbo *Communauté d'habitants.* — (2) *S. Rotæ rom. Decis.* CLXIV, n. 1, v. 17. — (3) *Coutumes de Beauvoisis*, ch. Iᵉʳ.

l'enfant sous âge. Chacun sire qui a bonne ville dessous
les ès quelle il a quemune, doit savoir l'état de la ville et
comment elle est démenée et gouvernée par leurs majeurs et par cheux qui sont établis pour la garder et men-
burnir. Si il advient qu'une ville de quémune doit plus
qu'elle n'a vaillant, peuvent-ils avoir d'espoir par le souverain por que la ville ne se dépêche et défasse dutout, et
ne pour quand ce ils ont tant vaillants qu'ils puissent tenir
leurs convenanches, lesquelles sont à tenir, tant que la
ville soit toute dégâtée, ils doivent être contraints à ce
faire. »

« Quiconque achète de commune bien se garde, écrivait à son tour Bouthellier, sous le règne de Charles VI.
Si aura la commune s'il n'était confirmé du prince souverain, et que ce ait été pour leurs clairs et évidents profits
et que autrement leur convient avoir fait pire marché au
préjudice de la chose publique (*Som. rurale*, titre XLVII).
Delapoix de Freminville (*Traité du gouvernement des biens
des communautés d'habitants*, quest. 3, p. 40 et 41), et les
auteurs de la nouvelle *Collection de jurisprudence* (v. *Aliénation des biens des communautés laïques*) enseignent les
mêmes principes.

Des concessions connues sous le nom d'*affectations*, et
qui consistaient dans les livraisons annuelles d'une quantité déterminée de bois, moyennant une rétribution, qui
n'était en aucune proportion réelle avec la valeur des matières livrées, étaient usitées dans certaines provinces de
France, et dans les anciens États des ducs de Lorraine.
Quelques-unes de ces *affectations* contenaient la stipulation
d'un terme. Celles qui étaient stipulées sans terme ou à perpétuité étaient réputées de véritables aliénations ; et lorsque, par les édits des rois de France, le domaine royal fut
déclaré inaliénable, ces sortes de concessions se trouvèrent

interdites. La Cour de Metz avait jugé, le 17 février 1833, qu'une concession annuelle faite par un arrêt du conseil de Lorraine à la commune de Haembach, de quinze arpents de bois taillis pour être convertis en bois de corde, était valable. Cet arrêt a été cassé le 4 août 1835 (B. 239) comme contraire aux principes reçus en Lorraine de même qu'en France sur l'inaliénabilité du domaine public.

III. — L'aliénation des eaux communales était interdite par le droit féodal, en ce sens que les concessions d'eaux étaient perpétuellement révocables, et ne passaient ni à l'héritier ni au nouveau possesseur du fonds (1). On accordait néanmoins à ce dernier la faculté de faire renouveler la concession, et il avait trente jours pour se décider. Mais comme les bains publics n'étaient pas soumis à la même règle que les usages des particuliers, et qu'ils avaient à perpétuité l'eau qui leur avait été une fois concédée, les particuliers, porteurs de concessions régulières, n'avaient droit qu'au superflu et ne pouvaient recevoir les eaux qu'autant que les besoins publics étaient pleinement satisfaits (l. V, cod. *de aquæ ductu*).

De là l'édit applicable à l'un des trois aqueducs qui portaient les eaux à Constantinople : « Que l'on supprime toutes les fuites d'eau particulières établies sur l'aqueduc d'Hadrien pour l'utilité de certaines propriétés voisines de la ville ou de quelques bains, et cela sans distinction de celles qui ont été l'objet de concessions émanées de nous d'avec celles qui sont le fruit de l'usurpation. Il nous paraît préférable en effet que cet aqueduc dépendant de notre palais soit consacré au service des thermes et des bains

---

(1) Jus impetratæ aquæ neque hæredem neque emptorem neque alium novum dominum prædiorum sequitur (FRONTINUS, liber II, l. 43 *de aqua quot*).

publics ; nous ordonnons en conséquence que cette destination exclusive soit réservée à l'avenir (l. VI, cod. *de aquæ
ductu*). »

De là aussi la prohibition prononcée par Théodose d'accorder aucune portion des eaux nécessaires au public sur
l'aqueduc dit Augustœus, par la raison que cet aqueduc,
réservé pour le cas où les autres viendraient à manquer,
recevait ainsi une destination exclusive d'utilité générale
(*Code Theod.*, l. XV, tit. 2, l. 8).

IV. — La même raison qui s'opposait à l'aliénation perpétuelle des aqueducs publics mettait aussi obstacle à leur
prescription. La loi 6, au code *de aquæ ductu*, est, ainsi
conçue : « Dans la vue de restituer notre ville capitale
dans tous ses droits, et de rendre à la jouissance commune
des citoyens les eaux qui, par cela même qu'elles ont
coulé autrefois pour le public, ne peuvent plus être possédées à titre privé, nous ordonnons qu'il soit procédé sur-
le-champ à la recherche et à la répression des usurpations
commises, non-seulement à l'égard des fontaines qui ont
formé de tout temps des dépenses du domaine public, mais
aussi à l'égard de celles qui, n'étant devenues telles qu'a-
près coup, ont été ressaisies par des particuliers ; et cela
nonobstant toutes décisions, autorisations, prescriptions
contraires, aucun de ces titres ne pouvant prévaloir contre
les intérêts de la cité ni modifier ses droits. »

Toutes les fois que des eaux ont été consacrées à un usage
public, elles ne peuvent plus redevenir privées, même par
l'octroi du prince ; le législateur déclare nulles à l'avance
les autorisations qui seront obtenues, et cela, quelque soit
le titre qui les confère, ou quelque longue que soit la possession dont on voudrait l'appuyer. » Une fois que des eaux
ont été affectées à un service public, elles ne peuvent plus
rentrer dans le domaine privé, soit par l'effet de la posses-

sion, soit même par un rescrit du prince, parce qu'un rescrit contraire au droit et à l'utilité générale est, par cela
même, réputé comme subreptice (Perezius, tit. LXII § 2).»

Les expressions de la loi : *longi temporis prescriptione* ;
et celles-ci : *usum aquæ veterem singulis manere civibus
sancimus,* avaient fait penser à quelques auteurs, parmi
lesquels on remarque le Glossateur et Cœpolla (*Tract. rust.
præd.*, c. IV, n° 24), que la possession immémoriale devait
au moins mettre les concessionnaires à l'abri de toute recherche. Mais Godefroy (*sur la loi 2, au code Théodosien,*
livre XV, titre II, *de aquæ ductu*) a réfuté cette erreur. Il a
prouvé que la concession, quelque ancienne qu'elle fût, n'é-
tait jamais un titre absolu et irrévocable. « Que les docteurs, dit-il, cessent donc de tirer de cette loi la fausse
conséquence que le droit de dériver les eaux d'un aqueduc
public peut s'acquérir par la possession immémoriale. »

Les principes du droit romain sur l'imprescriptibilité
des eaux publiques et des aqueducs publics ont été en vigueur dans tous les pays de droit écrit, et ont été toujours
observés, sinon comme loi, du moins comme raison écrite
dans les pays de coutumes (1).

Ces principes sont confirmés par les ordonnances qui
ont consacré l'imprescriptibilité du domaine public, dont
les aqueducs publics font évidemment partie ; ils sont confirmés aussi d'une manière spéciale par l'ordonnance de
Charles VI, du 9 octobre 1392, qui casse et annule toutes
concessions faites par ses prédécesseurs ou par lui-même,

---

(1) Voyez le *Traité de la police* de DELAMMARRE, t. I et IV ; — la
Pratique des terriers, de DELAPOIX DE FREMINVILLE, tome IV,
ch. IV, quest. 39, p. 504 ; — le *Dictionnaire de police* de DESESSARTS,
V. *Fontaines et aqueducs; — Traité des servitudes,* de LALAURE, p. 47 ;
l'*Analyse raisonnée de la législation sur les eaux,* par M. DUBREUIL,
p 83.

sur les eaux des fontaines publiques de la ville de Paris. Les dispositions de cette ordonnance ont été confirmées par un arrêt du conseil du 3 octobre 1525, par des lettres-patentes de Henri II, du 14 mai 1554, et par plusieurs autres ordonnances et arrêts du conseil des dix-septième et dix-huitième siècles, dont un décret du Conseil d'État, du 1er juin 1849, a déclaré les dispositions relatives aux servitudes d'utilité publique insusceptibles d'être éteintes par la prescription.

V. — Les biens communaux étaient impartageables selon le droit du moyen âge ; on les assimilait aux biens des corps ecclésiastiques, et à l'instar de ceux-ci on les regardait comme frappés d'une sorte de substitution indéfinie en faveur des habitants des communes. Un commentateur du *Droit administratif français* (M. Dufour, t. I, n° 683) attribue avec raison l'ancien principe de l'impartageabilité des communaux à la double pensée qui inspirait les rois d'appeler et de retenir les cultivateurs sur le territoire dont la possession commune et perpétuelle leur était offerte, et de s'attacher par là de nouveaux auxiliaires dans leurs luttes contre les grands vassaux. Ajoutons avec M. Roy, dans son rapport à la Chambre des Pairs sur le Code forestier, que le partage des biens communaux serait contraire à la destination de cette espèce de propriété, qui n'a été laissée en commun dès le principe ou établie telle par la suite des temps que pour servir aux aisances et à la conservation perpétuelle du corps dont elle constitue le patrimoine. Il ne pourrait avoir lieu que par des considérations politiques d'un ordre supérieur à celles qui en interdisent la faculté.

Toutefois le droit féodal n'interdisait pas absolument les partages individuels des biens communaux, mais ces partages faisaient exception à la règle générale. On n'y pouvait procéder qu'en vertu d'actes souverains qui en réglaient les bases, et ordinairement ils se bornaient à une distribution de jouissances usufruitières (1).

VI. — Deux communautés d'habitants, propriétaires par indivis d'un bois ou terrain commun, étaient-elles néanmoins tenues de le partager sur la demande de l'une d'elles? L'affirmative a été jugée.

Dans un pays régi par les lois romaines, le tribunal civil des Vosges avait décidé qu'un bois, appelé le grand Falbert, resterait indivis entre la commune de Saverne et celle de Desvillier, sous prétexte que le partage serait nuisible à la commune qui le réclamerait. Le tribunal de Cassation annula, le 4 thermidor an VII, le jugement comme violant la loi dernière, *cod. de communi divid.*, ainsi conçue : « In communione vel societate nemo compellitur invite « detineri, » et la loi 8, *ff. de communi divid.*, ainsi conçue : « Etsi non omnes qui rem communem habent, sed « certi ex his dividere desiderent, hoc judicium inter eos « accipi potest. »

VII. — Les usurpations des biens communaux étaient réprimées d'une manière encore plus sévère que les aliénations directes ou indirectes. On peut voir sur cette matière Pocquet de Livonière, en son *Traité des fiefs*, livre VI, chapitre IX ; Coquille, sur la *Coutume du Nivernais*, chap. XVII, art. 14 ; Ferrière, *Sur la question 483 de Guy pape ;* le *Dictionnaire des arrêts,* sous le mot : *Commune* et sous le mot : *Usage ;* Joan. Fab., *Sur les instit.* ; Valla, *De reb. dub.,* et Mornac, *ad. l. plenum ff. de usu et habit.*

VIII. — Les donations étaient absolument interdites aux communautés d'habitants, par la raison que *donare est perdere.*

IX. — La matière des transactions donnait lieu à quel-

(1) LEBER, *Histoire critique du pouvoir municipal,* p. 555.

ques difficultés; la loi I, § 9, *ff. si quid in fraudem pa-*
troni, les assimilait aux aliénations proprement dites; la
loi IV, *Cod. de præd. minorum non alienandis*, disait, en
termes formels, qu'un mineur ne pouvait pas, par transaction, abandonner des immeubles dont il était possesseur, à moins qu'il n'y fût autorisé par décret de justice.

Les commentateurs du *Droit romain*, Voët entre autres
(tit. *De transactionibus*, n. 2), déduisaient de là que les
officiers municipaux ne pouvaient transiger pour les communes qu'au moyen des formalités requises pour aliéner.
Beaumanoir et Bouthellier professaient la même doctrine
pour les pays de coutumes. Dunod (*Prescription des biens
d'Eglise*) considérait l'autorisation comme surabondante,
et pensait que tout au moins celle de la justice suffisait. La
jurisprudence des parlements de Navarre et de Flandre
était conforme à cette opinion (1) ; mais la doctrine générale paraissait être dans le sens de la nécessité de l'autorisation du seigneur prince souverain (2).

CHAPITRE VI

DES BIENS RURAUX, ET DES USAGES ET FACULTÉS DES COMMUNES.

I. — Les anciens feudistes, même les plus favorables au
principe du franc-alleu, rapportaient, comme nous l'avons
vu, l'origine de la plupart des communaux aux distribu-
tions faites par les seigneurs aux habitants des commu-

---

(1) Voyez sur la jurisprudence du parlement de Navarre un arrêt de la Cour de Cassation du 20 mai 1828 (D. 28, 1. 249) et les
arrêts du parlement de Flandre du 28 février 1771 et du 29 juillet 1777, cités par M. LEBER, *Histoire du pouvoir municipal*, p. 565,
— (2) Voy. MERLIN, *Quest. de droit*, V. *Fait du souverain*.

nautés de certaines portions de fonds à cultiver, moyennant les droits d'usages qui leur étaient concédés tandis qu'ils habitaient le pays, et à la charge par eux de ne pas les transmettre à des tiers (1). Quelques-uns de ces jurisconsultes, entre autres Bouhier, *sur la coutume de Bourgogne*, ch. LXII, n. 31, et Legrand, *sur la coutume de Troyes*, pensaient que les droits résultant de ces concessions seigneuriales étaient des droits de propriété, non d'usage, et c'est sur leur autorité que se fondent les auteurs du *Répertoire de jurisprudence*, v° *Biens communaux*, pour dire que les marais, prés, pâtis, bois communs, etc., appartiennent en propriété aux communautés d'habitants.

Mais M. Henrion de Pansey (*Des biens communaux*, ch. Ier) se conforme à la doctrine la plus générale, en appelant indistinctement communaux les droits de propriété ou d'usage des communautés d'habitants.

Les droits d'usage des communes étaient à la fois collectifs et individuels : collectifs, en ce que la charte locale les concédait à la communauté d'habitants ; individuels, en ce que, selon la remarque de Chopin (*De privilegiis rusticis*, lib. II, part. II, cap. I et XLVIIII), ces habitants n'en jouissaient pas, *ut universi*, pour en faire une bourse commune, et pour employer les deniers aux réparations des murs, à l'entretien des ponts et chaussées, ou à d'autres affaires communales, mais en jouissaient *ut singuli*, sans que la communauté y pût rien prétendre, conformément à la glose sur la loi *Sicut* § 75, *si quis in verb. deb.*, et à la doctrine de Voët sur la loi 6, § *universitatis ff. de rerum divisione*.

Quoiqu'exercés par les habitants *ut singuli*, ces droits

(1) SALVAING, *De l'usage des fiefs*, ch. XCVI, p. 471. — DELAPOIX DE FREMINVILLE, *Pratique des terriers*, t. III, p. 298.

d'usage se continuaient à perpétuité à tous ceux qui habitaient la communauté, laquelle subsiste toujours et ne peut naturellement s'éteindre. Les usagers ne pouvaient vendre et transporter, si ce n'est avec la glèbe, leur droit d'usage à d'autres. Ils devaient l'exercer par eux-mêmes; c'était une jurisprudence fondée sur les lois 2, 3, 4 et 8, *ff. de usu et habit.*, qui décident que la famille même de l'usager n'en peut jouir qu'autant qu'elle en use avec lui, ainsi que par l'art. 31 de l'ordonnance de Charles V de 1376 (*Ordonnances du Louvre*, tome VI, p. 222), par l'art. 10 d'une ordonnance de 1402, et par l'art. 65 d'une ordonnance de 1515.

II. — On distinguait deux sortes d'usages : l'usage du bois et celui du pacage des bestiaux. Dans les pays de coutumes, comme dans ceux de droit écrit, leur étendue était très-diverse. Certains usagers avaient droit de prendre du bois pour leur chauffage, c'était le droit d'affouage (1) ; d'autres, celui de couper du bois à bâtir ; d'autres ne pouvaient prendre que de la racine pour boucher et clore leurs héritages. Certains usagers avaient deux de ces facultés, et quelquefois les trois ensemble. A l'égard des bestiaux, certains usagers n'avaient droit que de faire pacager leurs bœufs, vaches et bêtes aumailles ; d'autres avaient celui d'introduire dans les forêts leurs pourceaux en temps de glandée (2).

Les usages, dit Legrand, *sur la coutume de Troyes* (3), se règlent suivant les concessions et les titres des usagers, lesquels sont de diverses sortes : « Les uns ayant usage de

---

(1) Affinagium jus excidendi ligna in nemore ad focum suum seu ad ignem domi accendendum (DUCANGE). — (2) DELAPOIX DE FREMINVILLE, *Pratique des terriers*, t. III, p. 288. — D'ESSUILE, *Traité des communes*, ch. II. — (3) *Des bois, eaux et forêts*, tit. X (art. 1er, p. 285). — Voyez aussi BOUTARIC, *Mat. féodales*, 7.

« bois pour bastir , les autres pour chauffer ; aucuns
« ayant un certain droit limité à certaine quantité de bois ;
« les autres, droit de chauffage en bois mort, et mort bois,
« et les autres d'une autre sorte, comme a observé Charon-
« das *sur le code Henry,* liv. VI, tit. VIII, art. 1er. Et en
« défaut de titre, comme souvent les communautés n'en
« ont point, pour en avoir été la garde négligée ainsi que
« toutes affaires de communautés demeurant ordinaire-
« ment en arrière, on a recours à l'ancienne forme d'en
« user. »

« Les droits de pâturage, dit Julien (*Commentaire sur
les statuts de Provence*), dépendent des titres et des usages
des communautés, et des conventions entre les seigneurs et
leurs habitants. Il y a des lieux où, après que les blés ont
été coupés, les herbages sont rendus communs ; dans d'autres, le maître du fond a droit d'en disposer. Dans d'autres, il est permis seulement au propriétaire d'enclore une
partie de ses possessions par des marques visibles et apparentes, comme des mottes de terre en forme de pyramide,
ou des pierres ou des raies faites avec le soc, etc. C'est ce
que nous appelons *defendudes* ou *devendudes*. Il y a des lieux
où les terres gastes appartiennent aux seigneurs ; dans
d'autres, elles appartiennent à la communauté. Tout cela
fait qu'il ne peut pas y avoir pour tous les lieux une règle
générale.

Le droit commun, dans le silence des titres, attribuait
la propriété des vacants au seigneur foncier et les usages
aux habitants. (V. t. I, p. 153, 496, 564; t. II, 341, 365.)

III. — Un ancien auteur, Duluc, parle des dévastations
commises par d'ingrats usagers, et qui rendirent indispen-
sable l'intervention d'un pouvoir réglementaire.

La nécessité des règlements était peu sentie à une époque où les bois et les pâturages suffisaient, et au-delà, aux

besoins de la consommation, où le bois sur pied était sans valeur, et où le bois abattu n'avait d'autre prix que celui du travail employé à le façonner ; mais le temps vint où les propriétaires éprouvèrent le besoin de prendre des mesures pour empêcher les dévastations des bois, que les capitulaires de Charlemagne et de Louis-le-Débonnaire défendaient de planter et ordonnaient de défricher. Les déprédations des habitants allaient encore plus loin que la libéralité des seigneurs ; leur caprice et non leur besoin était la règle de leur jouissance ; coupant au hasard, dégradant partout, l'exercice de leur usage était une véritable dévastation.

Ces dévastations restaient souvent impunies, comme le prouvent les exemples cités par M. Meaume dans son *Code forestier*, t. I, p. 853, par M. Richard dans une *Notice* insérée dans les *Mémoires des antiquités de France* (seizième volume).

C'était même un principe reçu que si le délinquant, après avoir enlevé le bois, s'éloignait du tronc aussi loin que la hache dont il s'était servi pouvait être lancée, sans qu'il eût été surpris, il n'était tenu de payer aucune amende. Ces dispositions rappellent la *franchise à distance*, dont M. Michelet a donné plusieurs exemples dans ses *Origines du droit français*. Nous citerons la suivante, qui se rapporte à notre sujet : « Le berger de la communauté peut s'avancer dans la forêt avec ses moutons et ses chevaux, juste aussi loin qu'il atteint avec son bâton. »

Les abus journellement commis dans les forêts de l'Alsace déterminèrent le plus ancien exemple connu d'un essai de règlement forestier. Schœpflin, dans l'*Alsacia diplomatica*, lui donne la date de 1144. « Ce règlement, dit-il, est sans doute le plus ancien que nous ayons, et il prouve qu'on a commencé à prendre plus de soin des forêts qu'on

ne pouvait l'espérer dans ces temps-là ; on y lit : « Omnes
« qui aliquid incidere cupiunt similiter a custode petere de-
« bent. »

Les premiers règlements de même nature faits pour la
France n'obligeaient aussi les usagers qu'à faire marquer
par le garde forestier les arbres dont ils avaient besoin. Si
celui-ci ne satisfaisait pas à la sommation, ils pouvaient
couper les arbres de haute futaie, sans fraude, de leur autorité ; à l'égard des bois taillis, ils pouvaient les couper sans
délivrance, même pour les vendre, pourvu qu'il n'en ré-
sultât ni déformations ni dégâts de la forêt.

Les anciennes coutumes portaient la trace de la même
tolérance à l'égard des usagers qui se servaient de leurs
propres mains quand on avait négligé de leur délivrer les
bois. « Et si les dits usagers, portait la coutume du Nivernais, art. 14, ch. xvii, requièrent la marque et délivrance
audit seigneur ou son forestier ou commis, s'il est refusant
ou délayant, ils le pourront sommer en justice ou par devant notaires, et ce fait huit jours après pourront user de
leurs usages franchement, sans péril d'amende. »

La coutume de Lorraine n'imposait pas même cette forma-
lité. On y lit, tit. xv, art. xxv : « Aussi étant par l'usage, ou
de sa part, l'assignat demandé pour bois de maronage, on
est tenu de bailler dans vingt-quatre heures, à faute de quoy
pourra le dit usager en aller couper ou faire couper, sans
reprise. »

Une ordonnance de Philippe-le-Hardi, de 1280 (*Conférence des Ordonnances*, p. 2066, art. 1, § 1), déclare
qu'il sera délivré du bois aux usagers des forêts du roi, dans
les lieux propres et commodes, sans préjudice de leurs priviléges.

D'autres ordonnances, de 1376, de 1388, de 1402, de
1515, punissent les délits commis dans ces forêts avec

une extrême sévérité, et prononcent presque toujours contre les délinquants la privation de leurs droits, peine d'autant plus ·fâcheuse , comme le remarque d'Essuile (*Traité des communes*, p. 239), qu'elle porte non-seulement sur eux, mais sur toutes les générations qui pourraient les remplacer dans le lieu à perpétuité ; de sorte qu'il pourrait arriver qu'une communauté fût privée à jamais de son droit d'usage, ou même de sa propriété, par les malversations momentanées d'un petit nombre de ses habitants. Mais ce n'est qu'à dater de 1560 que les ordonnances générales s'occupèrent avec quelque soin de la conservation et de l'administration des biens communaux.

IV. — On s'était demandé si, dans le cas où la propriété des communaux appartenait au seigneur, il pouvait réduire les usages à une certaine portion de la forêt, et conserver le reste pour en disposer à sa volonté.

La raison de douter était que la servitude était indivisible, et affectait toutes les parties de l'héritage servant : « Omnes partes glebæ serviunt, » disaient les jurisconsultes romains, sur la loi *si certo generi ff. de servitutibus.* « Obli-« gatio servitutis prædialis non potest induci pro parte nec « tolli pro parte, » disaient, avec Dumoulin (*De dividuo et individuo*, num. 241), les jurisconsultes des pays de coutumes.

Néanmoins le principe que nul ne peut être contraint de demeurer dans l'indivision, à cause des discordes, des troubles que la communauté produit ordinairement, le désir de favoriser le propriétaire quand les usages n'en éprouvent aucun dommage, la crainte de rendre la propriété inutile en interdisant au seigneur de sortir de communauté, ces trois raisons firent admettre, en faveur des seigneurs, le principe des réserves. Salvaing (ch. LXXXVI) examine et traite cette question avec sa solidité ordinaire, et, après avoir rapporté et pesé les raisons de part et d'autre, il décide en faveur du seigneur dont la cause, dit-il, est plus juste que celle des usagers; il ajoute que l'équité doit faire pencher la balance en sa faveur par cette principale raison qu'il doit y avoir de la différence entre les simples usagers, et celui qui est usager et propriétaire de la chose tout ensemble, et qn'il n'y a pas apparence que le propriétaire ne doive recueillir quelque avantage de sa propriété. Il fait voir que cette décision est juste lorsqu'il y a suffisamment du bois et du pâturage pour les anciens hommagers. Il cite entre autres jurisconsultes Coquille (*Questions*, chap. cccⅢ), d'après lequel il est passé en règle générale que si les bois sujets à usage sont de fort grande étendue, l'usager peut être restreint au tiers ou au quart des bois selon le nombre des usagers, et que le reste doit être délaissé au seigneur propriétaire pour en disposer ainsi que bon lui semblera.

V. — La police des réserves, dont l'objet était de distinguer les cantons de bois interdits aux usagers et ceux qui étaient abandonnés à leur discrétion, fut introduite dans les forêts du roi de France par une ordonnance de Philippe-le-Hardi, de 1288, ainsi conçue : « Aux usagers des forêts du roi seront faites livrées en lieux propres et commodes, et si ès-dites livrées ne se trouve matière et bois nécessaires auxdits usages et suffisances, leur en sera délivré ailleurs ès-dits forêts par lesdits forestiers, à concurrence de ce qui leur sera nécessaire pour leur usage, et sans qu'ils puissent indifféremment prendre par toute la forêt. » L'exemple du souverain fut suivi, et la police des réserves devint si générale que, dans le milieu du quatorzième siècle, on tenait pour maxime certaine que les seigneurs pouvaient en établir malgré la résistance des habitants. C'est ce que nous apprend Joannes Faber, qui écrivait en 1340.

Les auteurs plus modernes, Coquille, *Question* 303 ; Legrand, *sur l'article* 168 *de la coutume de Troyes* ; Grivel, conseiller au parlement de Dôle, *Décision* 66 ; Salvaing, *De l'usage des fiefs*, reconnaissent tous que l'usage des réserves est universel et immémorial : « L'usager, dit Grivel, aurait mauvaise grâce à s'en plaindre, puisqu'il ne souffre aucun dommage, et qu'il est pleinement satisfait à son usage, dont la nature consiste à remplir les nécessités de l'usager, et non point à passer au-delà. »

Mornac, qui confirme aussi l'universalité de l'usage, en rend la raison en ces termes : *Ne proprietas domino reddatur inutilis*. Le président Bouhier ne pensait pas même que le propriétaire des champs affectés au pâturage des bestiaux d'une communauté d'habitants fût empêché d'y planter des vignes et des oliviers. Toutefois, pour les bois et les pâturages comme pour les eaux, la défense d'aliéner impliquait, dans l'ancien droit français, celle de prescrire et d'intervertir, de quelque manière que ce fût, la destination et l'usage. « Ab initio, » dit Lebret (*Souveraineté du roi*, liv. II, décision 5 et 6), « hæc fuit dicta lex agro compascuo « ut communiter pasceretur et sub uno ejusdem universi-« tatis dominio. » Telle est aussi la doctrine enseignée par un jurisconsulte du Lyonnais, Henrys (liv. IV, ch. VI, question 81), et par un arrétiste de la Provence, Boniface (tome IV, ch. III). « Que si, dit Henrys, de semblables communaux ne peuvent tomber dans la prescription, ils ne peuvent non plus recevoir de changements ; ils ne peuvent être vendus ni convertis à d'autres usages, et s'ils sont destinés pour le pacage des animaux, on ne peut pas les rompre et faire du bled parce que naturellement il n'est pas possible de déroger aux règles qui affectent également le public et le particulier. »

Conformément à cette doctrine, le parlement de Toulouse jugeait (*Recueil d'Aguier*, arrêt 221) que le seigneur ne pouvait pas inféoder au préjudice des usages des habitants, que les inféodations non prescrites demeuraient éteintes, et que les fonds devaient être remis en garrigues ; et réciproquement, que les pacages, pâturages, bois et garrigues du seigneur ne pouvaient être défrichés par les habitants qui ne pouvaient pas se les particulariser, et que le terrain défriché devait être remis en garrigues.

Mais quoique le seigneur ne pût pas, par conversion du bois en terres labourables ou en vignes, réduire à néant le droit de l'usager, il pouvait abattre le bois et le vendre contre le gré de celui-ci, lorsqu'il était parvenu au point d'être coupé, ou qu'il dépérissait, pourvu qne ce fût pour le remettre en état de production, et quoique l'usager dût souffrir pendant un temps de la privation du bois. 1° L'usage, disaient les feudistes, doit surseoir pour le soulagement de la forêt ; 2° l'usager ne doit jouir que selon la possibilité de la forêt ; 3° le bois venant à manquer, l'usage cesse sans que le seigneur soit obligé de récompenser ou réassigner ailleurs, selon les dispositions d'un arrêt rapporté par Papon, liv, XIV, tit. 3, art. Ier, et Legrand *sur la coutume de Troyes*, art. 168, glos. 2, de l'ordonnance de 1583, art. 10, et de plusieurs règlements du siége de la table de Marbre du Polays, rapportés par Saint-Yon, pages 368 et 1086.

Par une juste réciprocité, les communautés emphytéotes de bois, d'étangs et autres propriétés de ce genre ne pouvaient en changer la surface au préjudice de la directe que s'était réservée le seigneur. Graverol, *sur Laroche* (*Des matières féodales*, ch. II, art. 5), enseigne cette doctrine, à laquelle on opposerait vainement l'autorité de Dumoulin, qui décide que l'emphytéote propriétaire d'un étang peut le changer en champ, ou d'un champ faire un étang. Dumoulin ne parle, en effet, que relativement à la censive, dont le seigneur doit être payé dans tous les cas,

Il en est autrement à l'égard des autres droits dépendants de la directe du seigneur, et qui pouvaient recevoir quelque atteinte de l'altération du terrain donné à un emphytéote.

Les droits et les devoirs réciproques des seigneurs emphytéotes sont exposés par Renauldon (*Dictionnaire des fiefs*, v° *Usage*) : « Il est certain, dit ce jurisconsulte, que l'usage ne peut être tel qu'il nuise à la propriété, et la rende absolument inutile. Quelqu'étendu que soit l'usage, il ne prive point le propriétaire d'user de ses bois pour sa propre nécessité, pas même de la vente de la superficie ; mais il résulte de tous les arrêts, que s'il peut être permis au seigneur de vendre ou d'exploiter le fonds usager pour ses nécessités particulières, il ne peut l'altérer, de façon que les usagers ne puissent plus en user. » Renauldon cite à l'appui de cette doctrine plusieurs arrêts conformes à la jurisprudence des *Olim*, desquels il résulte : 1° Que si le propriétaire de la forêt usagère ne peut en disposer de façon à nuire au droit d'usage, d'une autre part, les usagers ne peuvent pas gêner le propriétaire de la forêt, au point de n'y pouvoir faire ce qui est le plus convenable pour son utilité particulière ; 2° que le seigneur propriétaire ne peut changer de nature la forêt usagère en tout ou partie, ou l'exploiter dans sa totalité, sans indemniser les usagers, relativement à la perte ou à la suspension de leur usage ; 3° que lorsque la forêt est d'une grande étendue, le seigneur propriétaire peut, sans doute, l'exploiter par cantons, que l'usager alors exerce son droit dans ce qui n'est pas exploité et ne souffre aucun préjudice ; 4° que quand les bois assujettis aux droits d'usage sont plus que suffisants pour le fournir, le seigneur peut en demander la restriction à certains cantons.

« Les communs, dit Henrys, t. I, p. 538, ne peuvent

recevoir de changement. Ils ne peuvent être ni vendus ni
divertis à autres usages. S'ils sont destinés pour le pacage
des animaux, on ne peut pas les rompre et y faire du bled,
n'importe que presque tous vendent ou y consentent, car
quand il n'y aurait qu'un seul qui s'y opposât, ce particulier
prévaudrait aux autres. »

Rien ne s'opposait d'ailleurs au changement de destination des communaux quand le seigneur et les habitants
étaient d'accord. Cet état de choses ne fut changé que lorsque l'État intervint, par les grands maîtres des eaux et forêts, dans la police des biens communaux, et se réserva la
haute main sur la disposition de ces biens, destinés, comme
biens publics, à la nourriture des bestiaux et au soutien de
l'agriculture.

VI. — La liberté des affouages, des partages de fruits, des
baux à court terme et des autres actes d'administration n'était
pas, à beaucoup près, la même dans toutes les provinces.

Dans les républiques municipales du midi, en Provence,
les assemblées générales des communautés formaient seules
et sans l'intervention des officiers du roi ou des seigneurs
les affouagements, non-seulement pour régler les jouissances
des biens communs, mais encore pour établir la base de la
répartition des taxes. Elles les fixèrent conformément aux
usages antérieurs en 1390, 1400, 1418, 1442, 1471, et
continuèrent à le faire depuis la réunion de la Provence à
la France (Julien, *Statuts de Provence*, t. II, p. 17 et 18).
Dans les pays de coutume, c'étaient les officiers des seigneurs
haut-justiciers qui exerçaient la police par rapport aux
affouages des communautés situées dans leur territoire.
C'est ce qui résulte, pour la Lorraine en particulier, des
art. 1er et 12 d'un règlement général de 1707, qui n'était
que la consécration des anciens usages (Prost de Royer,
V. *Affouagement*).

La liberté des syndics des communautés pour les partages de fruits, les baux à court terme, etc., variait aussi selon les localités ; mais c'était une règle généralement adoptée que les baux des biens des communautés d'habitants étaient réglés par les même lois que les baux des biens ecclésiastiques. D'anciens arrêts, rapportés par Louet, lettre B, som. 5, ainsi que par d'Héricourt, dans les *Lois ecclésiastiques*, part. 4, ch. IV, n° 1, jugent : « Qu'il est défendu aux communautés de passer leurs baux par anticipation, c'est-à-dire un temps trop considérable avant l'expiration du bail. »

Les baux des biens et droits appartenant aux communautés d'habitants se faisaient aux enchères et par adjudications publiques ; ils étaient, en certains lieux, affranchis de la nécessité de ces formes quand le revenu était trop modique.

VII. — « Le droit de vaine pâture sur les héritages qui « appartiennent à d'autres semble pouvoir être mis au rang « des usages, dit le président Bouhier (1). Cependant, suivant « nos auteurs, il doit être considéré comme une pure faculté, « et non comme un droit de servitude, à moins qu'il ne fût « acquis à titre onéreux, soit en payant une redevance ou « autrement. Cette faculté est de peu d'importance pour le « seigneur, et de grande utilité pour les sujets. En effet, « les arrêts ont jugé que ce droit peut être acquis contre le « seigneur haut-justicier par la possession immémoriale, « sans titre ni payer redevance. C'est aussi l'avis de quel- « ques commentateurs de coutumes semblables à la nôtre. »

La doctrine du président Bouhier est conforme à celle de Covarruvias, qu'il rapporte dans ses *Manuscrits*, t. IV, p. 11.

(1) *Observat. sur la coutume du duché de Bourgogne*, ch. LXII, t. II, p. 75.

La distinction entre les vaines pâtures jouies à titre de
facultés par les communautés d'habitants, soit sur les propriétés particulières dépouillées de leurs récoltes, soit sur
les terres vaines et vagues, landes, marais, etc., et les pâtures vives ou grasses exercées à titre de droits de servitude ou d'usage, existait dans le droit ancien, et subsiste
dans le droit moderne (1). Les facultés sont, selon l'expression d'un jurisconsulte, des *droits en disponibilité,* parce
qu'elles dérivent de l'exercice d'une liberté naturelle, et
que, n'étant pas limitées par le droit d'autrui, elles sont
inamissibles par le non-usage.

Le droit de vaine pâture est, comme le droit de glanage,
un reste de la communauté primitive des biens. Il est fondé
sur l'humanité et sur l'avantage de la société des hommes.

La loi mosaïque défendait au laboureur qui avait oublié
quelque gerbe dans son champ de retourner pour l'aller
quérir (1). Les gerbes abandonnées devenaient la propriété
des étrangers, des petits enfants, des veuves, des vieillards, des pauvres invalides. Cette aumône légale avait été
sanctionnée par la plupart de nos anciennes coutumes,
et par plusieurs édits de nos rois (2).

Le droit de vaine pâture avait une origine semblable
(Dunod, *des Prescriptions,* p. 81).

Ce double droit se rattache à une maxime universelle,
immémoriale, attestée par Loysel et Delaurière, savoir :

---

(1) Coquille (*Nivernais*). — Legrand (*Troyes*). — Renauldon,
Dictionnaire des fiefs, V. *Communes.* — Troplong, *Des prescrip-*
tions, etc. — (2) Quando messueris segetem in agro tuo et oblitus
manipulam reliqueris, non reverteris ut tollas illam, sed advenam
et viduam auferre patieris, ut benedicat tibi Dominus Deus
tuus in omni opere manuum tuarum (*Deuteron.,* ch. XXIV.) —
(3) V. l'art. 244 *de la coutume d'Amiens*; — *l'édit de Henri II,*
de novembre 1544, etc.

« Que les héritages ne sont en défense et en garde que
« quand les fruits sont dessus, et que, dès qu'ils sont en-
« levés, la terre, par une espèce de droit des gens, devient
« commune à tous les hommes, riches ou pauvres, égale-
« ment. »

La loi salique, titre 5, § 55, explique pourquoi le droit
de pâturage était commun entre *consortes* et *hospites,* en disant : « Usum herbarum quæ conclusæ non fuerunt constat
« esse communem ; » et la loi des Lombards ,qui défendait
(liv. I, tit. 23, § 7) l'introduction dans les forêts d'autrui
des porcs, dont la viande avait alors tant de valeur pour les
propriétaires, autorisait, au contraire, la vaine pâture après
la fenaison et la récolte des fruits.

La vaine pâture était, sauf le droit de se clore, de droit
commun dans toute la France (1). Cette faculté, si favorisée
à cause du bien qu'en retirait le menu peuple, qu'Aymond,
sur la *Coutume d'Auvergne* (ch. XXVIII, art. 2), la considérait
comme due à celui des habitants qui n'avait point d'héritage dans le même lieu, était limitée par le droit de clôture.

Selon le droit romain (*Instit. de rer. divis.*, § *plane*),
chacun pouvait défendre à autrui l'entrée de son héritage
en quelque temps que ce fût, et dans les pays de droit
écrit, le vain pâturage était resté purement précaire,
quand rien ne justifiait qu'il était dû à titre de servitude.
Denizart rapporte, V. *Clos*, un arrêt rendu en ce sens par
le parlement de Paris pour les pays de droit écrit.

Dans les pays coutumiers, au contraire, la vaine pâture
était envisagée avec faveur. C'était la conséquence des habitudes des Francs; l'unique richesse de ces populations
nomades consistait en bestiaux, qu'elles ne pouvaient nour-

(1) DELAMARRE, *Traité de la police,* t. II, l. V, tit. 17. — DELAPOIX
DE FREMINVILLE, *Traité des communes,* ch. IX.

rir qu'en leur faisant parcourir progressivement une vaste
étendue de terrain commun. Nous avons parlé ailleurs des
répartitions annuelles de cantonnements que faisaient entre
elles les chefs de tribus. Nous ajouterons que, pour vaincre
leur répugnance à se fixer, la loi des Bourguignons, tit. 86,
leur défendait d'aliéner la terre qu'ils avaient reçue, à moins
qu'ils n'en possédassent une autre dans le même endroit. Ce
que les Francs supportaient avec le plus d'impatience, c'était
ce qui gênait le pacage. Leurs lois sont très-indulgentes
contre les violations de clôtures (1) ; elles ne parlent que de
hàies sèches, et quand il s'agit de la qualification des délits
ruraux, c'est le mot *moisson* et non celui de *champs* qui en
exprime l'idée, parce qu'en effet la loi ne voulait protéger
que la récolte et non la propriété.

De pareilles dispositions dans le peuple conquérant durent nécessairement contribuer au maintien de toutes les
jouissances communes, qui avaient pour objet la nourriture
et la propagation des bestiaux chez le peuple conquis. C'est
pourquoi les vaines pâtures s'exerçaient sur les grands chemins, les prés après la fauchaison, les guérets et terres en
friche, les bois de haute futaie, les bois taillis après le quatrième ou le cinquième bourgeon, et généralement sur tous
les héritages où il n'y avait ni semences ni fruits, et qui, par
la loi ou l'usage du pays, n'étaient pas en défense (2).

La faveur accordée au droit de vaine pâture fut aussi
restreinte par les abus de la puissance féodale, et notamment par le droit que s'arrogèrent les seigneurs de l'inter-
dire dans les accrues de bois, en vertu de la maxime que *le*

_____

(1) V. les *Recherches* de M. REYNIER *sur l'économie rurale des
Celtes, des Germains et des autres peuples du Nord*, § 396 et suiv.
— (2) V. l'*Encyclopédie*, le *Dictionaire des arrêts de Brillon*, et le
Répertoire de jurisprudence, V. *Vaine pâture*.

bois acquiert le plain (1). Une ordonnance du mois de janvier 1583 enleva aux paysans français le droit dont ils avaient joui jusque-là de faire pâturer leur bétail sur les grands chemins.

Les coutumes étaient d'ailleurs très-différentes les unes des autres sur une foule de points. Certaines d'entre elles restreignaient la faculté gratuite de la vaine pâture aux terres cultivées, et après la récolte des fruits, et, en tout autre cas, exigeaient le consentement du propriétaire. D'autres coutumes rendaient privatifs aux seigneurs et prohibitifs aux vassaux, les pasnages, paissons et tous usages de bois dans les forêts. D'autres, sans faire du vain pâturage une servitude naturelle, obligeaient le propriétaire de la souffrir aussi longtemps qu'il n'avait pas mis ses héritages en défense, soit par des haies, soit par des fossés, et n'exceptaient en sa faveur que le cas où il avait pour lui une possession immémoriale du contraire. Quelques coutumes distinguaient entre les prés ouverts et les prés clos, en ce sens que les premiers n'étaient défensables qu'après la fauchaison de la première herbe, et que les seconds étaient défensables en tout temps.

D'autres prescrivaient de tolérer la vaine pâture depuis le point du jour jusqu'au soleil couché.

D'autres permettaient au propriétaire de mettre le bétail commun hors de ses prés clos, gracieusement, mais sans pouvoir infliger d'amende.

---

(1) V. Loysel, *Instit. cout.*, liv. II, tit. 2, § 23. — Mornac, *In l.* 3, *ff. de servit. præd. rust.* ; *l.* 21 *ff. de usu et hab.*—Lalande, *sur Orléans*, § 154, n. 26. — Saint-Yon, *sur les ordonnances des eaux et forêts*, liv. I, tit. 29, § 1, n. 2, *in fine*, et *sur la coutume de Nivernais*, § 374; les art. 120 et 131 de la *coutume du duché de Bourgogne*; *Coutumes de Franche-Comté*, tit. 9; *de Troyes*, § 177; *d'Auxerre*, § 268; *de Chaumont*, § 108, etc.

D'autres, enfin, érigeaient le vain pâturage en servitude générale proprement dite ; de manière que, dans leur territoire, un propriétaire était obligé, malgré soi, de laisser en tout temps ses héritages ouverts aux bestiaux d'autrui (1).

Vainement chercherait-on dans ces diversités innombrables des principes uniformes sur l'ancien droit de vaine pâture. Chaque coutume était patrimoniale et municipale pour son territoire, et cette diversité provenait essentiellement et originairement de la diversité des pays, de leur indépendance les uns des autres, de leurs différentes mœurs et de leurs différents souverains, enfin de la concession et des traités plus ou moins étendus entre les seigneurs et les communes. « Les coutumes, dit Guyot (*Traité des fiefs*, t. I, p. 136) se sont formées d'abord par les lois que les hauts seigneurs faisaient dans leurs terres. Ils ont toléré quelques usages de leurs habitants, et tout cela a donné l'être aux coutumes : de là, dit-il, cette bigarrure dans ces coutumes ; de là, la nécessité de les approfondir, et mieux encore de sonder leur esprit sans être esclave de la lettre. »

Toutes les coutumes ne s'expliquaient pas sur le droit de vaine pâture. Sur les 307 coutumes tant générales que locales qui existaient en France, y compris les 56 coutumes locales d'Auvergne et 16 coutumes en Bretagne, il y en avait 110 qui renfermaient des dispositions sur la pâture commune, tant dans les terres incultes, hermes et vacantes que dans les bois, forêts et taillis, et dans les terres labourées après les fruits cueillis. Il y en avait environ 197 qui étaient muettes ou négatives. » On ne peut donc pas dire, comme le fait observer Varsavault (*Traité des communes,* ch. xx, § 6), qu'il y a un droit commun coutu-

---

(1) V. MERLIN, *Répertoire de jurisprudence,* V. *Vaine pâture.*

mier touchant ces matières, capable de faire loi dans les communes qui n'en disposent point, puisque, pour former un droit commun coutumier, il faut que le plus grand nombre parle, au lieu qu'ici c'est le plus grand nombre des coutumes négatives ou muettes qui l'emportent sur celles qui accordent les pâturages et usages. »

Le droit commun en matière de vaine pâture, c'était la liberté et la diversité des usages.

IX. — Outre le droit de vaine pâture, qui était admis dans tout le royaume, il y avait aussi, dans certaines provinces, un droit de parcours et d'entrecours.

Ducange définit le parcours (*percursus*) : « Societas quæ-« dam inita inter duos dominos pro utriusque tenentibus « seu hominibus. » M. Proudhon (*Usufruit,* t. VIII, p. 3656 et 3667) considère aussi le parcours comme participant du contrat de société.

Ces sortes de sociétés étaient considérées comme indissolubles dans quelques provinces, et Bouhier (*Manuscrits,* t. IV, p. 4) enseigne qu'en Bourgogne deux villages ne pouvaient renoncer à la faculté de compascuité réciproque. « At quæritur, » dit-il, « an liceat uni ex oppidis vel pagis « qui habent jus compascendi reciprocum, renunciare ? dic « non. » Car encore que régulièrement « nemo cogendus sit « manere in communione, » toutefois, cette réciprocité étant passée en une espèce de contrat synallagmatique, « non licet « uni partium invita altera ab eo recedere, » et l'on sait en droit « quando et quomodo societati renuntiari possit. »

On distingue deux sortes de parcours : l'un concernant les hommes, l'autre concernant la dépaissance des bestiaux.

Le premier consistait en la faculté, concédée aux hommes de fiefs par leurs seigneurs, de se transporter à volonté (*percurrendi*) du territoire de l'un sur le territoire de l'autre, et de se soustraire ainsi à leur seigneur primitif pour devenir les sujets d'un autre. On en trouve des exemples dans des chartes de 1205, 1215, 1258. On appelait *serf* ou *bourgeois de parcours* le serf ou le bourgeois qui jouissait de ce droit.

La seconde espèce de parcours est aussi caractérisée dans un acte de 1285. « Dederunt percursum plenarium in om-« nibus terris suis, sylvis et planis et pascuis. »

On s'est demandé si le parcours pour les bestiaux constituait une faculté ou une servitude ; plusieurs anciennes coutumes s'étaient prononcées dans le premier sens. La plupart des auteurs et la majorité des arrêts appliquent, au contraire, à ce droit les principes des servitudes. Nous croyons, disent les auteurs du *Répertoire général du Journal du Palais,* qu'on doit plutôt voir dans le parcours un droit d'usage s'exerçant activement et passivement tout à la fois, puisque la réciprocité est de son essence, et qu'on l'a assimilé avec raison au contrat de société.

Trois caractères principaux distinguent ce parcours des bestiaux. Bost (*Organis. et attribut. des corps municipaux*) les résume en ces termes : 1° Il appartient toujours à une commune ; 2° il s'exerce toujours sur le territoire d'une commune autre que celle qui en jouit ; 3° il contient toujours une obligation réciproque, c'est-à-dire que la commune qui en jouit est soumise à l'obligation de souffrir que sur son territoire l'autre commune jouisse d'un pareil avantage.

Le parcours pouvait avoir lieu par trois causes : un titre, une possession immémorriale, la coutume.

Il y avait, sur ces trois points, sauf les nuances locales, identité de principes dans les pays de droit écrit et dans les pays de coutumes. Freminville (*Pratique des terriers,* t. III, p. 486), et Mourgues (*Sur les statuts de Provence*), assignent l'un et l'autre, comme origine au droit de parcours, les conventions ou expresses ou tacites entre les villages voisins, et établies soit par titres, soit par possession, soit par coutume.

C'était donc une maxime certaine, comme le remarque Denizart (V. *Parcours*, n° 11) que le parcours qui, généralement parlant, est contraire au droit commun, ne pouvait avoir lieu que dans les coutumes qui l'autorisaient par une disposition expresse. Dans celles qui n'en parlaient pas, on s'en tenait à la règle générale, qui veut que chacun se renferme dans son territoire pour la vaine pâture des bestiaux, sans qu'on puisse s'étendre sur le territoire voisin, quand même on posséderait des terres dans ce territoire, et cette règle était suivie dans les coutumes muettes sur le parcours, à moins qu'on ne représentât un titre qui administrât la preuve d'une convention faite entre deux communautés voisines pour l'exercice du parcours.

Les pâturages, dit Saint-Leu, *sur l'art.* 107 *de la coutume de Senlis,* se règlent communément par les villages dans les coutumes qui n'en disposent pas autrement...... Les bestiaux d'une paroisse ne peuvent s'étendre sur les pâturages d'une autre, bien que le maître y ait des terres et héritages à cultiver, quand il n'y fait point engranger les fruits en provenant.

Le *Code rural*, t. I, ch. XXII, donne pour règle générale que les habitants d'une paroisse ne pouvaient mener leurs bestiaux sur les finages d'une autre paroisse, et De Fresne. *sur la coutume d'Amiens*, ch. XIX, cite un arrêt qui juge que le pâturage n'est permis au propriétaire sur les terres sises en autre territoire que celui dont il est. Denizart rapporte, V. *Parcours,* des arrêts rendus dans le même sens.

La crainte de propager les épizooties en transportant les miasmes délétères d'une commune à l'autre détermina la conversion des facultés de parcours et d'entrecours en droits d'usage sur les terrains possédés par les seigneurs à titre de propriété. Ce fut un acheminement aux édits qui les supprimèrent dans plusieurs provinces, notamment dans la Chanpagne, le Barrois, le Béarn, la Franche-Comté, la Lorraine, les trois Évêchés et la Flandre (Merlin, *Répertoire*, V. *Parcours*, n. 10 ; Vaudoré, *Droit rural*, t. I, n. 303 ; Fournel, *Traité du voisinage*, t. I, p. 364-380 ; Rolland de Villargues, *Rép. du not.*, V. *Parcours et vaine pâture*).

X. — Pour jouir, soit des facultés de vaine pâture et de parcours, soit des droits d'usage dans les bois et les pâturages communs, on devait être domicilié et faire partie de la communauté d'habitants.

Les lois romaines attachaient une extrême importance au domicile défini par la loi 203 *ff. de verb. signif.* ; celui « ubi uxorem, liberos, tabulas et instrumentum rei do- « mesticæ quis habet, » et par la loi 27 *ff. ad. municip.*, en ces termes : « Qui semper in domicilio agit, vendit, emit, « contrahit foro, balneo, spectaculis utitur, ibi festos dies « celebrat, et omnibus municipii commodis utitur, ibi « domicilium habet. » Le domicile était une condition substantielle du droit de cité, sans lequel on ne pouvait participer ni aux priviléges ni aux charges des habitants (*l. domicilium ff. ad municipem* ; l. 2 et 7 *de incolis*).

Le droit féodal n'était pas moins exigeant en cette matière que le droit romain. « L'obligation de domicile dans le lieu privilégié était, dit M. Leber (*Histoire critique du pouvoir municipal*, p. 274), une des conditions primitives de la bourgeoisie. Le bourgeois devait résider de fait et sans interruption dans le lieu de sa bourgeoisie, depuis la veille de la Toussaint jusqu'à la veille de la Saint-Jean, si ce n'est par cas de maladie apperte de son corps, ou de sa femme, ou de ses amis, charnex prochains, ou de mariage, ou de pèlerinage, ou de cas senblans sans fraude. »

La plupart des statuts des villes obligeaient le bourgeois d'y résider, d'y travailler, souvent même d'y bâtir une maison. Le bourgeois, hors de la commune dont il était membre, était considéré comme un forain, sinon comme un manant. Les communes du midi aussi bien que celles du nord de la France, jalouses de conserver leur population, chargeaient d'un impôt spécial, sous des noms divers, les biens des émigrants. La commune de Nîmes percevait le droit de *treizain* sur les domiciliés et les non domiciliés qui aliénaient leur dernière maison. Le statut d'Arras percevait le droit de *boutehors* jusqu'au quart des immeubles et à la moitié des meubles et rentes.

Le domicile devait durer un an et un jour, pour acquérir aux habitants les facultés et les droits d'usage. « Droit de bourgoisie, dit Loisel (*Institutions coutumières*, liv. I, t. I, règle 21), s'acquiert par an et jour, ou par aveu ès lieu où il y a parcours et entrecours. » — « Ce qui se doit entendre, dit Brodeau, *sur l'article* 173 *de la coutume de Paris*, d'un vrai et actuel domicile établi dans l'intention d'une perpétuelle demeure, laquelle se présente quand celui qui vient s'établir dans un lieu y amène sa femme, ses enfants, sa famille et ses meubles, et y établit le siége de sa fortune, et non pas quand il a autre domicile ailleurs; ou que celui qu'il a dans un autre lieu n'est que momentané et passager; auquel cas il n'acquiert pas le droit de bourgeoisie, et ne doit pas jouir des priviléges accordés aux habitants. »

On trouve dans les *Conférences* de M. le premier Président de Lamoignon, imprimées dans le *Commentaire d'Auzanet sur la coutume de Paris*, les règles du domicile selon l'ancien droit français, et on peut ajouter, avec Chasseneux, *sur la coutume de Bourgogne*, et Brillon, V. *Domicile*, qu'un office momentané, exercé dans un domicile fictif et non permanent, ne privait pas des avantages attachés au domicile réel.

Le domicile d'an et jour était nécessaire à un habitant nouvellement établi dans une paroisse pour participer aux priviléges d'une communauté, par conséquent aux droits d'usages dans un bois ou dans les fruits communaux appartenant aux habitants du lieu où il s'était retiré, par la raison qu'il fallait un pareil temps d'habitation pour qu'il pût être imposé aux tailles, capitations et autres charges personnelles.

« Il y a encore, dit à ce sujet Delapoix de Freminville (*Pratique des terriers,* t. IV, p. 305), une considération à faire ici : c'est lorsqu'un nouvel habitant est venu s'établir dans une paroisse, à cause de son mariage avec une fille de cette communauté, qui, naturellement, a portion par elle-même à l'usage et aux fruits des communaux, ce qui doit faire que le domicile du nouvel habitant ne doit pas être considéré et mesuré à la rigueur. »

C'est sur ces principes conservateurs, religieusement respectés jusqu'à la Révolution de 1789, qu'était fondé l'art. 27 de l'ordonnance du grand-maître et des officiers de la table de marbre, du 4 septembre 1601, ainsi conçu :
« Défenses sont faites à tous les officiers de faire délivrance à aucuns usagers et privilégiés ne fussent certainement résidens des maisons, monastères et autres lieux, pour lesquels les concessions et octrois leur ont été faits (1). »

Terminons en rappelant, avec le savant éditeur des *Ordonnances du Louvre* (*Préface*, p. 31 et 32), les avantages généraux de cette législation, qui, en même temps qu'elle

___
(1) FILLEAU, t. I, p. 2, titre 81 ch. II. — V. aussi HENRYS, *OEuvres complètes,* tome I, liv. III, ch. III, qu. 35.

attachait le paysan au sol, par l'attrait des avantages concédés par le seigneur, peuplait et multipliait les villes par
des concessions de droits de bourgeoisie, à une époque où
il fallait des villes pour la sûreté du cultivateur et l'encou-
ragement de l'agriculture, tandis que, ajoute-t-il, et devons
nous ajouter nous-même avec bien plus de raison encore,
il semblerait plus avantageux aujourd'hui de repeupler les
campagnes du superflu des habitants des villes.

CHAPITRE VII

DES PROPRIÉTÉS DES VILLES.

I. — Les droits de justice des seigneurs n'étaient pas
limités aux choses communes et publiques, ils s'éten-
daient aux rues, places, promenades, remparts, murs et
édifices des villes, à tel point que l'on considérait comme
un accessoire de ces droits le privilége du seigneur d'avoir,
à l'exclusion des justiciables, des créneaux et autres marques de justice (1). On s'était donc demandé si dans le
droit féodal ces sortes de propriété faisaient partie des biens
des communes. Loyseau combat sur ce point la prétention
des seigneurs (2) : « Je ne comprends point, dit-il, parmi
les biens vacants attribués aux seigneurs, les rues et places
publiques des villes, ni les chemins des champs, ni pareil-

---

(1) *Arrêt du Parlement de Toulouse*, du 20 août 1715; DE JUIN,
t. IV, p. 52. — (2) *Des seigneuries*, ch. III, n° 118. La propriété des
murs, fossés, remparts ou autres fortifications des villes appartenait cependant au seigneur qui les avait fait construire. C'était
une question à résoudre d'après les titres et la possession.

lement les portes et murailles, fossés et maisons communes des villes, desquels le haut justicier a seulement la police, garde et manutention, et les habitants sont tenus de la réparation et entretien d'icelles, mais la propriété n'en appartient à personne qui est pourtant une ancienne querelle entre les communautés d'habitants et les seigneurs des villes. Mais, en un mot, ce qui est public n'appartient à personne quant à la propriété; et, quant à l'usage, il appartient à chacun particulier, pourvu que ce soit sans empêchement de l'usage commun, car je ne suis pas des fiscaux qui font accroire que tout ce qui est public appartient au roi; mais, au contraire, j'estime, par la raison que je viens de dire, que ni le roi ni le haut justicier n'ont le droit de prendre le tribut des saillies, abavents et autres sortes d'avances des maisons sur les rues; mais, comme je l'ai dit au chap. III, tels tributs ou redevances devraient être laissés aux communautés des villes, comme deniers communs, pour être employés à l'entretenement des rues et pavés d'icelles. »

Domat (*Lois civiles, liv. prélimin.*, sect. 1, n° 3), Catellan (livre III, ch. XLI, *Recueil d'arrêts*), Serres (livre II, titre 1ᵉʳ, p. 84, *des Institutions du droit français*), Chabrol (*Coutumes d'Auvergne*, ch. II, art. 5), professent la même doctrine sur la nature communale des rues et des places publiques, et Laroche (*Arrêts notables du Parlement de Toulouse*) enseigne en conséquence « que tous les bientenans en un lieu, encore qu'ils ne soient domiciliés en icelui, ains demeurent ailleurs, sont tenus de contribuer à la réparation des murailles, portes, fossés et fortifications dudit lieu. »

M. de Juin, t. IV, p. 292, rapporte un arrêt rendu dans le même sens par le parlement de Toulouse, le 16 février 1725, entre les consuls de l'Isle en Bourdon et le fermier du domaine du roi dans la ville. Un des chefs du procès était de savoir si un endroit appelé des Tabliers, qui se prenait aux jours de foire dans cette ville pour l'étalage des marchandises, appartenait au seigneur ou à la communauté. « On n'a pu décider cette question, dit l'arrêtiste, sur des titres particuliers, ni sur la possession par des pièces remises dans le procès. Ainsi on l'a décidée par le droit commun, suivant lequel les places communes appartiennent aux villes et non au seigneur justicier, tel que l'est le roi en la ville en question, à moins que le seigneur n'établisse son droit par des titres, et le roi n'établissant par aucun titre, dans le cas présent, qu'il eût ce droit des tabliers, ni que la place commune lui appartînt, on a réformé et maintenu les consuls dans ce droit ; il est vrai que les vacants appartiennent au seigneur, mais il n'en est pas de même des places des villes qu'on ne peut regarder comme des vacants. »

II. — Toutefois, du principe que le seigneur haut justicier avait la police, la garde et l'administration des rues et places publiques, dérivaient en faveur des seigneurs diverses attributions limitatives des droits des communautés d'habitants. Ainsi, par exemple, le seigneur haut justicier avait le droit d'empêcher qu'on ne fît des ouvertures aux murailles de la ville (1), mais sans pouvoir y toucher lui-même.

Ainsi encore, comme la surveillance du seigneur justicier l'obligeait à des soins et lui occasionnait des frais, on avait attaché à la haute justice de presque tous les territoires le droit de construire une halle sur la place publique de la commune, pourvu toutefois que l'emplacement fût

(1) *Arrêt du Parlement de Toulouse*, du 23 mars 1745; DE JUIN, l. IV, p. 17. — V. aussi AGUIER, arrêt 221.

assez vaste pour que la circulation ne fût pas gênée. Plusieurs coutumes autorisaient aussi les seigneurs à planter
d'arbres les rues, chemins et places publiques, avec des
restrictions analogues ; mais ce droit n'était pas généralement reconnu aux seigneurs, même dans les pays de coutumes, et entre autres l'article 40 de la coutume de Bou-
lonois portait : Le fruit de tous arbres étant en voies publiques, rues et places communes d'aucun village, appartiennent aux habitants d'icelui, qui les peuvent recueillir, prendre et abattre pour en user à leur plaisir (1). »

III. — L'origine des propriétés urbaines des communes
explique pourquoi, sauf la double exception du droit de
hallage et du droit de plantation d'arbres attachés à la
haute justice, ces propriétés ont toujours été réputées biens
communaux. Celles qui existaient au moment de la conquête, et qui ont échappé aux dévastations des Barbares,
sont rentrées dans le domaine des villes nouvelles bâties
sur les ruines des villes antiques. Tels sont les amphi-
théâtres, les temples, les bains, les aqueducs, et tous ces
précieux monuments dont les Romains avaient couvert
leurs municipes et leurs colonies, et qui, triomphant à la
fois des injures du temps et du vandalisme des hommes,
n'ont jamais cessé de faire partie du domaine des villes
dans l'enceinte desquelles ils s'élèvent. La présomption légale était, comme pour les rues et places publiques, que
ces monuments appartenaient aux cités, comme ayant été
construits *communi onere et communione* (Cassiodore,
liv. V, somm. 9. L. VII, C. J, et 23, .c *Th. de oper. pub*).

De la civilisation chrétienne et de l'affranchissement des
communes sont nés, dans les villes du moyen âge, d'autres

(1) Voyez PROST DE ROYER, V. *Arbres*, 23, *Droit féodal*, — et
M. HENRION DE PANSEY, *Des biens communaux*, livre Ier, chap. III et IV.

édifices d'un caractère également communal. Ce sont les
hôtels de ville, les beffrois et leurs dépendances.

Les églises paroissiales, les presbytères et les cimetières
ont, comme les hôtels de ville et les beffrois, une origine essentiellement communale, mais mêlée de la part que les
bénéficiers laïques ou ecclésiastiques avaient prise à leur
construction.

Les origines des églises et des chapelles sont très-diver-
ses. Elles se confondent généralement avec celles des paroisses. On pourrait les éclaircir par les titres de fondation;
mais si quelques-uns existent encore dans les archives des
seigneurs ou des corporations intéressées, la plupart ont
disparu. Les édifices construits dès les premiers siècles de
l'Église, à l'aide des cotisations de ses premiers apôtres et
de ses premiers disciples, ont d'ailleurs été tantôt confisqués par les empereurs idolâtres (1), tantôt détruits par le
vandalisme. C'est de l'époque des Croisades que date le rétablissement des églises paroissiales et des chapelles les
plus anciennes. Ce sont tantôt les paroissiens, tantôt les
évêques, tantôt les bénéficiers, tantôt les seigneurs, qui
ont fait les frais de ces constructions et reconstructions.

IV. — Les lois (1) qui faisaient concourir à l'entretien et
aux réparations les bénéficiers ou fruits prenants pour le
chœur et le casuel des églises paroissiales et les habitants
ou bientenants dans les paroisses pour la nef des mêmes
églises s'expliquent par la tradition, qui en attribue la construction au concours des paroisses ou communautés d'habitants et des abbayes, chapitres et autres corps reli-

---

(1) Un édit de Constantin et de Licinius, de l'an 313, ordonne la
restitution des biens ecclésiastiques confisqués onze ans auparavant par Dioclétien et par Maximien. LACTANCE, *De mor. præfect.*,
n. 5. — EUSÈBE, *Vie de Const.*, liv. II, ch. XXXIX.

gieux (1). L'imposition établie portait, selon la remarque
de Jousse, sur « chaque maison, ferme ou domaine de la
« paroisse... sans que personne fût exempt de cette même
« taxe, même le roi et les seigneurs apanagistes, pour rai-
« son des fonds qu'ils possédaient dans l'étendue de la pa-
« roisse. » Les églises paroissiales étaient tellement réputées la propriété du corps des paroissiens que les trésors
qui y étaient trouvés appartenaient à la fabrique (2).

On trouve cependant, surtout dans les provinces censuelles, des églises paroissiales contiguës aux cours des
châteaux, et dont le commencement a été l'oratoire du
seigneur progressivement étendu avec le concours des paroissiens. La chapelle du seigneur était sa propriété privée; mais cette propriété s'est modifiée avec le temps, et
selon que la chapelle est restée indépendante de l'église,
étant située hors de ses ailes et ayant sa voûte à part, ou
qu'elle a été incorporée à l'église, le droit primitif du seigneur a subsisté intact, ou s'est transformé en droit de patronage (3). Quant à l'église paroissiale proprement dite,
son affectation au culte divin est incompatible avec l'idée
d'une propriété privée ou publique. Le droit romain ré-
putait les choses sacrées *res nullius* (4). Telle était aussi
la définition adoptée par les canonistes et les jurisconsultes
français (5). On exprimait par là que les églises étaient à
l'abri des attentats du pouvoir, et qu'elles étaient à la fois
inaliénables et imprescriptibles (6) ; et l'on protestait ainsi,

(1) Mgr AFFRE, *De la propriété des biens ecclésiastiques*, p. 173.
— (2) BOUTARIC. *Instit.*, p. 84. — (3) JOUSSE, *Du gouv. temp. des
paroisses*, ch. II, § 4. —DURAND DE MALLIANE, V. *Chapelle.* — LOY-
SEAU, *Des seign.*, ch. II, n° 82. — (4) Nullius sunt res sacræ, quæ
rite ad Dei ministerium dedicatæ sunt (*Instit. de rer. divis.*, § 7
et 8). — (5) BOUTARIC, *Instit.*, p. 138. — SERRES, *Instit.*, p. 84. —
(6) GOTHARD, *Traité des bénéfices*, t. I, p. 139.

au nom du Dieu maître de tous les biens, contre l'impudeur des jurisconsultes qui, pour diviniser le despote, attribuaient à César les propriétés de tous les Romains.

Attribuer à l'État, comme essaya de le faire, au seizième siècle, le chancelier Duprat, et comme l'ont fait avec succès, à la fin du dernier siècle, les législateurs qui ont prétendu justifier par la métaphysique sociale des encyclopédistes (1) la spoliation du clergé en général et des paroisses en particulier, c'est ouvrir aux usurpations un champ sans limites.

V. — La propriété originaire, et toujours subsistante par l'effet de l'imprescriptibilité des églises paroissiales, ne peut être contestée qu'entre le clergé héritier de tous les biens ecclésiastiques et les communes qui ont succédé aux paroisses. Un archevêque de Paris, Mgr Affre (2), s'est efforcé de faire ressortir les différences qui existaient entre les paroisses, les communautés d'habitants et les communes fondées par des chartes, pour en conclure que les églises sont des biens paroissiaux et non des biens communaux. Un arrêt de la Cour de Cassation, du 6 décembre 1836 (2), consacre cette doctrine en décidant que l'État, en vertu de l'article 75 de la loi de germinal an X, a remis, soit à l'évêque, soit *à la fabrique* de la commune de Terraube, cette église, sans attacher à cette remise aucune condition ni réserve; que, dès lors, l'église est devenue la propriété de *la fabrique* de la commune de Terraube. La distinction difficile entre la commune et la fabrique, par rapport au droit de propriété, offre, surtout pour le moyen âge, époque où les paroisses et les communes étaient en

(1) Voyez l'art. *Fondation*, dans l'*Encyclopédie.* — (2) Mgr AFFRE, *De la propriété des biens ecclésiastiques*, p. 173. — (3) SIREY, 1837, 1, 51.

général confondues, un intérêt très-secondaire quant au droit de propriété, puisque l'église, *res nullius*, était réputée inaliénable et imprescriptible, et que des lois spéciales pourvoyaient aux réparations et autres actes d'administration.

VI. — Les presbytères étaient des dépendances des églises, et l'obligation imposée aux habitants des paroisses, par l'article 3 de l'édit de Melun, par l'article 52 de celui de Blois, et par l'article 22 de celui de 1695, de fournir à leurs curés un logement convenable témoigne aussi de l'origine paroissiale de ces édifices (1).

VII. — Quant aux cimetières, dont l'édit de 1695 mettait la clôture à la charge des habitants des paroisses, tout leur assigne également une origine à la fois ecclésiastique et communale. Les jurisconsultes et les canonistes affirment en effet qu'après la conversion de Constantin, l'usage s'établit parmi les fidèles de se faire enterrer autour des temples bâtis sur les tombeaux des martyrs. C'est de là, dit de Héricourt (2), que sont venus les cimetières, qu'on a dans la suite réservés aux *églises paroissiales*, et qui sont censés en faire partie sans pouvoir en être détachés par aucune aliénation ni même par aucune prescription.

(1) Voyez Jousse, *Traité du gouvernement temporel des paroisses*, t. I, p. 16. — (2) *Lois ecclésiastiques*, 2ᵉ partie, ch. XII, *Préambule*.

CHAPITRE VIII

DU RÉGIME MUNICIPAL AU MOYEN AGE DANS SES RAPPORTS
AVEC L'ÉCONOMIE POLITIQUE, L'ART, L'ÉDUCATION, LA
BIENFAISANCE PUBLIQUES ET LA DÉFENSE DU TERRITOIRE.

I.—La loi du travail qui, dans les jours de décadence de
l'empire romain, était imposée aux hommes libres comme
une charge publique et même comme un châtiment, fut
réhabilitée par le christianisme qui donna à la richesse
une fin supérieure aux jouissances matérielles, et qui, en
affranchissant à la fois les serfs de la glèbe et les esclaves
de l'industrie, prépara la restauration, par des mains libres,
de l'édifice social.

On voit par la doctrine des Pères et par un recueil de
constitutions qui paraissent appartenir aux troisième et quatrième siècles, que le travail était une partie essentielle de
la vie religieuse, et qu'il concourait, dans la solitude des
monastères, avec l'humilité, la mortification et la charité, à
reconstituer la richesse sociale, gaspillée dans les gigantesques orgies du monde romain.

«Les moines bénédictins, disait, il y a déjà trente ans, un
historien illustre, M. Guizot, ont été les défricheurs de l'Europe.» L'*Histoire* récente *des Moines d'Occident,* par M. de
Montalembert, a démontré cette proposition par des preuves
irréfutables, et nous avons nous-même, par la simple
analyse des faits qui se rapportent à l'origine de nos cités,
villes et villages, montré les déserts qu'habitaient auparavant les bêtes sauvages transformés, par le concours des
moines, des évêques, des seigneurs et des associations de
paysans, en exploitations agricoles, dont le *Polyptique*

d'Irminon, le *Cartulaire* de saint Pierre de Chartres, l'*Histoire de l'Abbaye de Saint-Denis* et une foule d'autres monuments du moyen âge font apprécier toute l'importance.

L'agriculture, organisée dans les fermes modèles des abbayes, dans les sociétés *taisibles* des familles de cultivateurs et dans les associations de l'ordre municipal, était une source abondante de produits que ne consommaient pas seules les familles riches, qui alimentaient le trésor de la charité, et que répandait d'ailleurs dans le monde le commerce inauguré par les pèlerins du Christ, et développé par les expéditions des Croisades. L'industrie des confréries d'arts et métiers centuplait d'ailleurs, par la puissance de l'esprit d'association, les forces individuelles, et, grâce au concours de toutes ces causes, les sociétés du moyen âge, parvenues à la pleine puissance de la civilisation chrétienne, obtinrent dans une large mesure la prospérité matérielle, le bien-être social.

Est-ce à dire que le moyen âge était un nouvel âge d'or? La fréquence des guerres civiles, des disettes, des famines, des pestes témoigne, au contraire, de l'imperfection d'un état de choses où les sciences physiques et les moyens de communication étaient dans l'enfance, et où la diffusion du capital par le crédit était inconnue. Mais, dans ces sociétés, qu'on ne peut pas appeler pauvres parce que, consommant moins, elles produisaient davantage, le *paupérisme*, cette plaie hideuse des sociétés mercantiles, ne désolait pas des populations sobres, patientes et laborieuses.

Limitées aux seules ressources d'un travail animé par le dévouement et la charité, tandis que celui des peuples anciens s'accomplissait sous le fouet du maître; étrangères, en haine de l'usure (1), aux institutions de crédit à l'aide

(1) Qui accipit mutuum servus est fœnerantis (*Prov*, ch. xx, v. 7).

desquelles les sociétés modernes mettent à la charge des
générations futures leurs dépenses utiles et même volup-
tuaires, ces populations couvraient cependant un sol appau-
vri par le fisc romain et ravagé par la conquête germanique, de moissons, de vignes, de ponts, de routes, de villages,
de bourgs, de cités, de monuments de l'art chrétien. C'est
avec l'aide de l'Église qui, dans son intelligence maternelle,
pliait la sévérité des peines canoniques à la satisfaction
des intérêts temporels, et commuait à propos les rigueurs en
œuvres pies, qu'étaient entrepris les ouvrages consacrés au
bien général. « Vous savez, disait Théodoret, évêque de Cyr,
« dans une lettre au patrice Anatole, que nous avons em-
« ployé une grande partie des revenus ecclésiatiques à faire
« des portiques, des lavoirs, des ponts et autres édifices uti-
« les au public. En cela, nous considérons plus l'avantage des
« pauvres que celui des riches (1). » Ces constructions de
ponts sont particulièrement citées comme bonnes œuvres par
la plupart des écrivains qui, au douzième siècle, ont traité de
la pénitence. La loi des Ostrogoths statuait (*Tit. de œdi-
ficiis*, c. IV, 52) que si quelqu'un, pour le salut de son âme,
bâtissait un pont, l'entretien ne serait pas à sa charge, à
moins qu'il n'y consentît. Olaus Celsius, dans son *Recueil
des antiquités celtiques*, et Brokmann dans l'édition de la
Saga d'Ingwar Widsforme, publiée à Stockolm, en 1762,
parlent des inscriptions runiques gravées sur des ponts construits dans ce but pieux. Saint Benezet, fondateur du pont
d'Avignon, commencé en 1177, achevé en 1188, fonda, selon
quelques écrivains, la congrégation des *pontifes*, *pontis-
tes* ou *frères du pont*, qui était le corps des ponts-et-chaus-
sées de cette époque; et D. Vaissette (*Histoire du Lan-*

(1) THÉODORET, epist. 79; — et JOAN. LANNOI, *De vetere ciborum
delectu in jejuniis Christianorum*; in-8°, Paris, 1565, p. 36.

guedoc, t. II, ch. xlii) paraît lui attribuer l'établissement d'une communauté religieuse, dont le but était de veiller à la conservation des ponts et des chapelles ou refuges de pèlerins qu'on y construisait. A défaut de ponts, on établissait une barque avec des nochers qui passaient les pauvres *pour l'amour de Dieu.* L'ordre des frères *pontifes*, qui, dès les premières années du treizième siècle, était déjà dans tout son éclat, éveilla de vives sympathies ; les princes, pour racheter leurs péchés, donnaient des priviléges aux constructeurs, et affranchissaient des droits de transit les objets destinés à l'entretien des ponts. L'Église stimulait par des indulgences les bienfaiteurs de l'œuvre. Il y avait, en Provence, des frères *pontifes* à Bonpas, à Lourmarin, à Malemort, à Mirabeau. Le pont de Saint-Saturnin-le-Port, appelé depuis Pont-Saint-Esprit, en Languedoc, est dû au même principe. C'est du midi de la France que l'ordre des frères pontifes se propagea en Italie, en Espagne, en Angleterre et ailleurs.

C'est aussi à des légions de maçons que nous devons la plupart des grands monuments du moyen âge. Les chefs des corporations traitaient avec les conseils de ville, les seigneurs et les divers corps administratifs. Ils se chargeaient d'une entreprise d'architecture à des prix convenus, présentaient le plan, les coupes et le devis du monument, et ces plans servaient de règle pendant le temps, quelquefois fort long, que durait l'entreprise. Le traité se faisait toujours au nom de la corporation, laquelle se perpétuait d'âge en âge par des règlements, des lettres-patentes ou des actes administratifs, qui fortifiaient son existence en légalisant ses transactions.

Dès l'an 1281 s'était formée une confrérie des deux sexes pour hâter et aider l'exécution des travaux. Les frères quêtaient et bâtissaient ; les sœurs soignaient les malades, et secondaient les ouvriers en tout ce que permettait leur sexe. Les grands monuments du moyen âge ne portent presque jamais de nom d'auteur. Leur construction exigeait l'esprit, le concours et l'or de plusieurs générations. C'étaient des œuvres sociales bien plus qu'individuelles (1).

Ces œuvres s'accomplissaient sous la direction libre et variée des assemblées communales, diocésaines et provinciales, et sous la surveillance des seigneurs, des évêques et des officiers royaux, avec des ressources bien inférieures à celles des sociétés modernes, mais avec le concours libre et spontané des populations, concours dont les intendants de l'ancien régime et les préfets contemporains ont toujours été à peu près privés. Aux communautés d'habitants les édifices communaux, aux paroisses les églises, aux diocèses les cathédrales, aux provinces les routes, les ponts, les canaux ; telle était la distribution naturelle des travaux publics. Chaque association avait ses ingénieurs, sa caisse, sa comptabilité ; mais on pensait que, dans la province, tout est solidaire ; que le corps doit toujours venir au secours de ses membres, et que toute dépense doit être supportée en commun, quand même le bien ne s'étendrait pas aussi immédiatement sur quelques-uns des membres du corps politique que sur les autres. De là, un système d'administration qui associait tous les bras, tous les cœurs, toutes les pensées à des œuvres où se faisaient sentir à la fois les inspirations de la liberté et les règles sévères de l'ordre. De là, des monuments où l'harmonie architecturale s'alliait avec les élans variés d'une brillante imagination.

II. — Chaque société a un idéal dont l'art est l'expression poétique, Chez les Grecs, prédestinés à la réhabilitation de la forme et au culte du beau, comme chez les Romains,

_____

(1) CIBRARIO, *Economie politique du moyen âge*, ch. X.

dédaigneux, dans les beaux jours de la république, de tout ce qui n'était pas le gouvernement du monde (1), et devenus dans leur décadence les esclaves et les adorateurs du *divus imperator*, l'art n'avait d'autre horizon que celui de la cité, cette terre natale, selon Cicéron (2), de la dignité du caractère et de la magnanimité. Le spiritualisme chrétien étendit cet horizon, et dès le cinquième siècle, au sein d'une confusion apparente qui recélait en elle la plus belle des harmonies, naquit le germe de la grande synthèse de l'art catholique. Ce n'est pas dans la littérature d'un peuple dont la langue n'était pas encore fixée qu'il faut en chercher les éléments. Les chansons et les syrventes des troubadours provençaux, les chants royaux et les ballades des trouvères normands ou picards, les épopées chevaleresques de la Table ronde, les mystères ou *épisodes à personnaiges* de la confrérie de la Passion, composée, selon Boileau, de pèlerins de la Terre-Sainte, toutes ces productions littéraires, auxquelles Pasquier a donné place dans ses savantes recherches, ne méritent pas tant d'honneur peut-être, et quelqu'en soit le mérite au fond, elles sont, par l'extrême imperfection de la forme, loin des œuvres classiques de l'antiquité et des temps modernes.

C'est dans l'architecture et dans les arts qui s'y rattachent qu'éclate la supériorité relative du moyen âge, parce que là surtout se manifeste l'esprit de l'Église et du municipe, ce double idéal d'une époque d'ailleurs rudimentaire et barbare. Ébauché dans les peintures ascétiques

(1) Excudent alii spirantia mollius æra,
   Orabunt causas melius...
   Tu regere imperio populos, Romane, memento.
                                          (VIRGILE.)
(2) Civitas unde orta mihi gravitas et magnitudo animi videtur (CIC., *pro Sest.*).

des Catacombes, et perfectionné dans l'architecture des cloîtres de saint Benoît, de saint Bruno et de saint Bernard, ainsi que dans les œuvres naissantes de peinture et de sculpture des religieux de ces monastères, l'art chrétien s'inspira plus tard de l'esprit des Croisades et de saint Louis leur héros ; et c'est ainsi qu'on vit renaître dans les institutions et les monuments des treizième et quatorzième siècles une civilisation nouvelle, triomphant à la fois de la corruption romaine et de la barbarie germanique.

III. — C'est surtout dans la construction des édifices religieux qu'apparaît au moyen âge toute la puissance de l'art chrétien. Ces monuments varient dans leur style. Ceux des premiers siècles sont des églises d'une architecture purement romaine : c'est Saint-Jean de Poitiers, qui est du sixième ou septième siècle ; Notre-Dame de la Basse-OEuvre de Beauvais, qui date du huitième ; la chapelle octogone de Saint-Clair au Puy en Velay, crue longtemps le temple de Diane ; l'église de Lery en Normandie, près le Pont-de-l'Arche ; celle de vieille Brioude et celle de Saint-Genez de Thiers. A dater du onzième siècle, le style byzantin naît du contact des traditions romaines et de l'architecture orientale : Saint-Saturnin de Toulouse, Sainte-Croix de Bordeaux, Saint-Trophime d'Arles, l'église de Saint-Gilles en Languedoc, les cathédrales d'Issoire et du Puy appartiennent à cette catégorie ; ce sont les monuments des provinces méridionales visitées par les Sarrasins. Les églises gothiques de Notre-Dame de Paris, de Saint-Denis, de Reims, d'Amiens, de Rouen, de toute la France du nord complètent la série des grandes œuvres religieuses du moyen âge, que n'ont point éclipsées celles des siècles de Léon X et de Louis XIV.

Les édifices municipaux des treizième et quatorzième siècles s'élèvent à côté des édifices religieux.

C'est à cette époque que remonte l'origine de ces hôtels
de ville et de ces beffrois qui semblent destinés à rappeler
sans cesse aux générations futures le patriotisme de leurs
pères et les peines que leur a coûté le long et laborieux en-
fantement des immunités communales. « Lorsqu'on se
« trouve en face de ces immenses maisons de ville, et
« des clochers gigantesques de la Flandre et de la Belgique,
« on reste confondu de surprise, en songeant à tout ce
« qu'il a fallu de dépenses, de labeur et de persévérance
« pour élever de pareilles constructions. Il semble que les
« villes, excitées par une émulation productive, aient tra-
« vaillé à l'envi l'une de l'autre, afin qu'on admirât davan-
« tage la grandeur et la beauté de leur hôtel de ville, ou
« qu'on aperçût de plus loin dans les nuages la flèche de
« leur beffroi. Attributs spéciaux de la commune, le beffroi
« et l'hôtel de ville étaient des symboles toujours significa-
« tifs et toujours présents d'ordre et de sûreté, de liberté
« et de protection. C'est au beffroi que veillaient, jour et
« nuit, les bourgeois chargés du guet, dont l'œil parcou-
« rait sans cesse les campagnes d'alentour, et dont la voix
« retentissante annonçait d'heure en heure qu'aucun péril
« ne menaçait la commune..... Quant à la maison de ville,
« point central de la cité, siége principal du corps des ma-
« gistrats, c'est dans ses salles gothiques que se réunis-
« saient les échevins pour délibérer ou juger; c'est à son
« grand balcon de pierre que se lisaient les proclamations;
« c'est de là que, dans les crises, les insurrections, les
« émeutes, les chefs de la commune, espèces de tribuns
« populaires, communiquaient avec le peuple, dont les flots
« tumultueux s'agitaient sur la place publique. » Les édifices municipaux du midi et du centre de la France, différents par le style, procédaient de la même pensée que ceux
dont parle ici le savant magistrat de Douai.

IV. — L'éducation populaire a été l'un des principaux objets des institutions municipales du moyen âge. A peine l'empire romain a-t-il croulé que le peuple voit s'ouvrir dans les palais des évêques, à côté des écoles de théologie, réservées aux clercs, les écoles appelées *trivia*, où il peut puiser gratuitement, mais sans y être contraint par la force, l'instruction élémentaire (1). L'entretien de ces écoles est confié à la double sollicitude de l'église et de la cité, et les pères de famille, tout en se reposant sur le zèle des évêques, se font un devoir de les seconder dans une tâche qui intéresse au plus haut degré leur propre intérêt et l'avenir de leurs enfants. Sous ces deux influences, étroitement alliées, les écoles se multiplient, et l'enseignement de la grammaire, de la rhétorique, de la dialectique, des mathématiques, des sciences physiques, du droit, de la philosophie, élève peu à peu le niveau intellectuel de populations à peine échappées à la barbarie. Les rois interviennent à leur tour, et, jaloux d'étendre aux provinces les bienfaits de l'éducation publique, trop concentrée jusqu'alors dans l'université de Paris, ils fondent successivement l'université de Cahors, en 1331; celle de Perpignan, en 1349; celle d'Angers en 1398; celle d'Aix, en 1409; celle de Dôle, en 1426; celle de Caen, en 1430; celle de Poitiers, en 1431; celle de Valence, en 1452; celle de Nantes, en 1460; celle de Bourges, en 1465; celle de Bordeaux en 1473.

Les rois voyaient avec raison dans la diffusion des écoles sur le territoire du royaume l'immense avantage de favoriser la vie locale, et de s'attacher par des grâces et des

---

(1) Voyez les autorités citées par M. DE RIANCEY (*Histoire critique et législative de l'instruction publique*), — et par M. TROPLONG (*Du pouvoir de l'État sur l'enseignement d'après l'ancien droit public français*).

concessions particulières les cités et les populations ; ils n'avaient pas, d'ailleurs, avant le seizième siècle, conçu la pensée de monopoliser l'enseignement public au profit de l'unité abstraite appelée : *État*.

V. — L'exercice de la charité était aussi dans les attributions du clergé et des corps municipaux. Le deuxième concile de Tours disait en 567 : « Que chaque cité nourrisse d'aliments convenables les pauvres qui y sont domiciliés suivant l'étendue de ses ressources ; que les prêtres et les autres citoyens y contribuent, afin que les pauvres ne se rendent pas dans les autres localités. » Plus tard, le concile de Vienne chargeait des laïques dans chaque cité de l'administration des hôpitaux, à la charge d'en rendre compte aux évêques, attendu que les ecclésiastiques convertissaient en bénéfices à leur profit les donations faites aux établissements charitables.

La législation carlovingienne abonde en édits en faveur des pauvres. Un capitulaire de 806 déclare que les mendiants doivent être secourus dans leurs paroisses, et défend de leur faire l'aumône partout ailleurs. De 806 à 814, Charlemagne défend aux hospices et aux hôpitaux de vendre, d'aliéner leurs immeubles, soit maisons, champs, jardins, contrats de rente, biens de ville ou de campagne : « Les acquéreurs de ces biens, dit-il, seront tenus de « les restituer avec tous les bénéfices qu'ils ont pu faire « pendant le temps de leur possession. L'administrateur « qui a consenti ces aliénations sera destitué ; le notaire « qui en a fait les actes doit être exilé ; les magistrats qui « les ont reçus et les officiers qui les ont fait enregistrer ou « qui les ont approuvés perdent, non seulement leur em- « ploi, mais encore toutes leurs dignités. » Ces prévoyantes dispositions, dont le but était de stabiliser la portion du patrimoine communal destinée au soulagement des pauvres,

honorent le siècle semi-barbare où elles ont été édic-
tées.

Saint Louis ne prescrivait point la charité, cette vertu
céleste d'autant plus féconde en bienfaits qu'elle est plus
spontanée et plus libre, mais il la recommandait par son
exemple. Joinville raconte que le saint roi, en qui s'est per-
sonifiée la civilisation chrétienne, s'étant enquis s'il lavait
les pieds aux pauvres le jour du Jeudi Saint, il lui répondit
qu'il ne pouvait consentir à laver les pieds de ces *vilains*,
et que le roi lui répliqua : « Vraiment c'est très-mal dit ;
car vous ne devez même avoir en dédaing, ce que Dieu fit
pour noustre enseignement. Car lui, qui estait le maître et
seigneur, lava le dit jour d'icelui Jeudi Saint les pieds de
tous ses apoustres, et leur dist que, ainsi que lui qui était
leur maistre, leur avait fait, que semblablement ils fissent
les ungs aux autres. Ainsi donques vous prie, que pour
l'amour de luy premier, et de moy, le veuillez acoustumer
de faire. » L'esprit chrétien, inspiré par de tels exemples
et librement répandu dans toutes les institutions, opérait
au moyen âge, sans le secours du droit au travail et à l'assistance, comme un débordement de la charité sur les malheureux. Le clergé, possesseur à cette époque de biens
immenses, prodiguait à toutes les misères des secours si
abondants que l'administration publique n'avait pas à s'en
occuper; les mœurs suppléaient aux institutions. La charité
légale n'était pas organisée; mais la religion pourvoyait à
tout, et le quart du revenu des églises était affecté au soulagement des pauvres (1).

Ce partage ou cette affectation donna lieu à la construction des hôpitaux, *domus religiosæ*, où les pauvres assemblés pouvaient recevoir plus commodément les secours

(1) Durand de Maillane. V. *Biens d'Église.*

dont ils avaient besoin (1). Les libéralités des fidèles vinrent s'ajouter aux fondations des ecclésiastiques, et bientôt la chrétienté fut couverte d'asiles hospitaliers ouverts à toutes les misères.

La maison où l'on recevait les pèlerins ou étrangers s'appelait *Xenodochium*; l'endroit où l'on prenait soin des malades *Nosocomium*. Le lieu où l'on nourrissait les petits enfants était appelé *Brephotrophium*; l'hôpital des orphelins s'appelait *Orphanotrophium*; l'hôpital des pauvres vieillards et des estropiés s'appelait *Gerontocomium*; celui des mendiants : *Ptocotrophium*. Un hospice pour les enfants trouvés fut fondé sous le nom de Saint-Esprit à Montpellier en 1070, par Olivier de la Trau, à l'exemple de celui qui avait été institué en 787 par Datèces, archiprêtre de Milan. Il y avait en outre des *léproseries*, des *maladreries*, des établissements pieux de toute nature, affectés au soulagement de toutes les infirmités.

Des anciens monuments de nos libertés municipales, il n'en est peut-être pas de plus digne d'intérêt que ceux relatifs au régime économique de ce genre d'établissements. Une charité vive et prévoyante, un esprit d'ordre aussi éminent dans l'ensemble que dans les détails, tel est le double caractère qu'offrent, sous des formes diverses, les anciens statuts cachés dans les archives de nos hôpitaux sous les monceaux de paperasses de l'administration moderne. On y admire la sage répartition du travail entre de nombreux administrateurs, dont l'un veille au salut des âmes, un autre à l'ordre intérieur de la maison, un troisième à ses in-

(1) « Hospitale dicitur ad hospitibus qui ibi gratis accipiuntur, »... et denique alia hujusmodi pia sunt loca quæ hos. italia appellantur, licet diversis nominibus, secundum diversos religionum mores, soleant nuncupari, GLOS. V. *Eleemosinariis*. BARBOSA, *De jure eccl., lib.* II, *cap.* II.

térêts litigieux. Celui-ci a soin des deniers, celui-là des
édifices. L'un a la direction des blés, de la boulangerie;
l'autre est chargé de la boucherie, des bois et autres provisions. La tenue deslivres, la confection des vêtements et des
chaussures, le soin de la lingerie, la direction de la phar-
macie, une foule d'autres fonctions occupaient un pareil
nombre de recteurs, dont chacun trouvait dans les règlements, fruit d'une longue expérience, la direction détaillée
de tous les soins confiés à sa vigilance désintéressée. Que
de ressources pour les pauvres dans un tel système d'administration! Que de garanties pour l'ordre, pour l'économie, pour la subordination et l'exactitude des employés!
Les meilleurs médecins se disputaient l'honneur d'être admis, par un bureau formé de l'élite des citoyens, à soigner
gratuitement les malades. Un secrétaire, un économe, deux
ou trois chirurgiens internes étaient à peu près les seuls
officiers salariés.

Alimenté par des donations sans cesse renouvelées, administré avec autant d'intelligence que d'économie, le trésor des pauvres était placé sous la double sauvegarde de la
cité et de l'église. Clergé, noblesse, peuple, roi, tous ri-
valisaient d'ailleurs de pieux efforts pour fonder, doter,
entretenir ou servir les établissements charitables; et si, à
une époque néfaste, on vit les pauvres, égarés par de per-
fides conseils, répondre par des jacqueries aux bienfaits
dont on les comblait, et provoquer les rigueurs légales contre la mendicité des oisifs, l'ensemble des institutions n'en
reste pas moins comme un témoignage impérissable des
efforts que faisait, pour empêcher l'oppression des pauvres, l'esprit chrétien et municipal.

VI. — Terminons ce rapide tableau du régime municipal
de la France au moyen âge par quelques traits sur le système des *landwers* des deux premières races, ainsi que sur

l'ost et sur les milices communales des temps féodaux, considérées au point de vue de la défense du territoire.

Le système des *landwers* (1), emprunté à cette fameuse légion qu'un Dieu, dit Vegèce, inspira sans doute aux Romains, et qui, armée pendant la guerre pour la défense de la république, était occupée pendant la paix de travaux plus rudes que ceux de la guerre (2), appelait chaque individu et surtout chaque propriétaire à défendre son pays contre l'invasion étrangère (3).

A ces troupes citoyennes que commandait le duc·ou le roi succédèrent, après que les fiefs furent devenus héréditaires, les milices féodales qui, d'un élan spontané, venaient, au premier cri de guerre, se ranger sous la bannière de leurs seigneurs, et qui, ne connaissant que l'autorité du général chargé du commandement suprême, appelées même avec lui au partage du butin, rentraient dans leurs foyers après la guerre terminée, à la voix des seigneurs qui les avaient convoquées.

Alors chaque province, chaque cité était en quelque sorte armée en guerre. Les murailles et les forteresses dont chaque terre tant soit peu considérable était hérissée, les palissades, les fossés, les bastions avancés qui défendaient les plus petites villes, tout respirait ces guerres locales qui se bornaient à des escarmouches, à des combats partiels,

---

(1) Ducange, in voce : *Landweri*, vox hæc in usu etiam Alemannis quia regionis fines significat.

(2) Et patrias artes militiasque colunt.

(Horace, lib. I, c xviii.)

(3) Volumus ut cujuscumque nostrum homo, in cujuscumque regno sit, cum seniore suo in hostem, vel aliis suis utilitatibus pergat, nisi talis regni invasio quam landweri dicunt (quod absit acciderit), ut omnis populus illius regni ad eam repellendam communiter pergat (Baluzii *capitularia*, t. II, p. 44.)

et dont le résultat le plus ordinaire était d'assiéger sans fin des rochers fortifiés, d'incendier des habitations isolées, de brûler les moissons et de dévaster les campagnes. Pour cette fois, et pour cette fois seulement, dans l'histoire de l'homme, dit Hallam, l'art de la défense avait surpassé l'art de la destruction. La guerre ne pouvait d'ailleurs durer que fort peu de temps, parce que le service militaire, imposé soit aux feudataires, soit aux communes, était limité à quarante jours, sans y comprendre le temps du voyage, soit pour se rendre à l'armée, soit pour en revenir ; c'est ce qu'on voit par un rôle dressé en 1271, sous le règne de Philippe-le-Hardi, lorsque ce prince alla réprimer la révolte du comte de Foix.

Saint Louis fixa à deux mois le service militaire des nobles et des vassaux. Philippe-le-Bel, en 1303, après la funeste journée de Courtray, étendit à quatre mois la durée de ce service, mais c'était un cas extraordinaire. Après le terme fixé, les milices se dispersaient, désertant l'entreprise la plus heureusement commencée. Si le plan de campagne et les opérations militaires exigeaient que l'on se portât un peu plus en avant, les uns passaient tel fleuve et les autres non, parce que, dans leurs priviléges, il était écrit qu'ils ne seraient pas tenus de servir à une plus grande distance de leurs maisons. Quelquefois, il est vrai, le prince achetait à prix d'argent ou obtenait par grâce spéciale un service plus étendu dans ses limites et dans sa durée ; mais c'était là un point qui dépendait uniquement d'accords privés, qu'il fallait stipuler chaque fois avec les feudataires et les communes (1).

Le prince commandait d'ailleurs ordinairement l'armée en personne, ce qui était un correctif aux vices du système

(1) VALBONNAIS, *Histoire du Dauphiné*, troisième discours.

militaire de cette époque : il était au besoin remplacé par le connétable et celui-ci par le maréchal. Les sujets des barons suivaient les insignes des barons ; les troupes des bailliages suivaient la bannière des baillis, les bourgeois des bonnes terres suivaient le gonfalon de la commune ; et toutes ces troupes différaient entre elles de vêtements, d'armes offensives et défensives, et d'organisation intérieure. Les maîtres des *engins* occupaient dans l'armée une position importante : ils dirigeaient les attaques, les défenses des places fortes. On comptait également des chapelains, des chirurgiens, des hérauts et des ménestrels, c'est-à-dire des sonneurs de tambourins, de trompes, de cornes sarrasines, de cornemuses ou ciaremelles. La musique rendait moins pesantes les fatigues du camp, où l'on voyait se succéder des ménestrels de bouche et de corde, des sauteurs, des improvisateurs de strambotti appelé fatraz, des conducteurs d'animaux sauvages, des jongleurs et des mimes de toutes sortes (1).

Cette organisation militaire, aussi peu favorable au succès des expéditions guerrières qu'aux intérêts des bourgeois, obligés, au premier appel, d'abandonner leurs intérêts pour suivre les traces du seigneur, ne laissait dans les mains du roi que les milices composées des troupes levées dans ses domaines et dans les fiefs qui relevaient de sa puissance suzeraine. Les possesseurs de ces fiefs s'affranchirent même insensiblement du service militaire, et il fut un temps où le roi de France fut réduit aux seules troupes levées dans ses propres fiefs.

Obligés de se défendre d'un côté contre les seigneurs, de l'autre contre les Anglais qui envahissaient le territoire, les successeurs de Hugues-Capet affranchirent les com-

(1) CIBRARIO, *Économie politique du moyen âge*, ch. VIII

munes, sous la condition qu'elles contribueraient dans des proportions déterminées au service militaire, et trouvèrent dans le zèle de ces nouveaux auxiliaires de puissantes ressources pour rétablir à la fois l'unité monarchique et l'unité territoriale (1).

Féodales ou communales, les armées du moyen âge ne connaissaient d'autre discipline que les lois de l'antique honneur : c'était le lien féodal, l'âme de la chevalerie. Le *caballarius* des capitulaires, le *miles* du onzième siècle prêtait foi et hommage à son souverain et à son seigneur ; et plutôt que d'être proclamé *traître, déloyal* ou *foi-mentie* il aurait bravé mille morts. La chevalerie régularisa cette discipline morale et fit de l'honneur une religion. « Tout, dit M. de Sainte-Palaye dans ses *Mémoires sur la chevalerie*, tout confirme l'idée que nos anciens auteurs ont eue de faire un parallèle entre le sacerdoce et la chevalerie... Presque tous les auteurs se réunissent à reconnaître dans l'investiture de la chevalerie des rapports sensibles avec les cérémonies employées par l'Église dans l'administration des sacrements.

« Les plus anciens panégyristes de la chevalerie parlent de ses engagements comme de ceux de l'ordre monastique et du sacerdoce. Le privilége attaché à l'habillement ecclésiastique était également affecté à l'habillement du chevalier, et pour qu'il ne manquât rien au parallèle entre les deux états de *clergie* et de *chevalerie*, nos anciens auteurs voulaient étendre sur les chevaliers l'obligation du célibat. »

Alors, dit M. de Bonald (2), le ministère du prêtre et celui du guerrier s'appelaient *ordres*, ou personnes ordon-

(1) DANIEL, *Milice française*, t. Ier, p. 92. - (2) *Législat. prim.*, t. II, p. 234.

nées pour une fonction qui demande subordination dans les
volontés et hiérarchie dans les grades. Ils s'appelaient tous
les deux *milice* ou personnes dévouées, de *me lito*, je me
dévoue, qui par le changement d'*e* en *i* commun à toutes
les langues, a fait *milito*, je combats. »

A cette consécration religieuse se réunissait tout ce qui
peut enflammer l'émulation et la diriger vers un noble but.
Quiconque était armé chevalier devenait citoyen du monde
et pouvait jouir partout des prérogatives de l'ordre. Cette
noblesse personnelle et en quelque sorte universelle éclip-
sait l'éclat de la noblesse héréditaire. Les princes et les
rois mêmes tenaient à honneur de se faire armer chevaliers
par leurs sujets ; aucun n'aurait osé prendre les armes à sa
majorité, sans avoir reçu l'investiture régulière de la
chlamyde de pourpre et de l'épée au fourreau d'or (1).

Le chevalier du moyen âge portait un costume particulier. « Il était, dit M. Hallam (2), distingué à la guerre par
son casque surmonté d'un panache, par sa pesante armure
soit en mailles, soit en lames, recouverte d'une cotte or-
née de ses armoiries, par ses éperons dorés et son cheval
bardé de fer ou revêtu d'une housse en drap d'or ; au château, par des soieries plus riches et des fourrures plus
précieuses que n'en pouvaient avoir les écuyers, et par
la couleur écarlate que lui seul avait le droit de porter : on
employait en lui parlant des formes respectueuses. »

Cette haute dignité, qui était conquise par la valeur et
non donnée à la naissance, enflammait l'émulation et en-
fantait les exploits : témoins les longues guerres de la
France et de l'Angleterre qui nous rappellent les Du-

(1) V. LACURNE DE SAINTE-PALAYE, *Mémoire sur la chevalerie*,
deuxième partie, et le *Glossaire* de DUCANGE, v. *Arma*. — (2) *L'Europe au moyen âge*, t. IV, p. 314 ; v. aussi SAINTE-PALAYE, IV° partie.

guesclin et les Chandos, les Dunois et les Talbot, et dans lesquelles chaque succès était aussitôt suivi d'une promotion de chevaliers.

Aussi, dès leurs premiers ans, les fils de gentilshommes avaient-ils les yeux fixés vers ce but. On les berçait enfants au son des vieilles ballades qui racontaient les exploits chevaleresques de leurs ancêtres; leur éducation militaire commençait à l'âge de sept ans, dans les châteaux des grands seigneurs ; ils y servaient comme *pages*, jusqu'à l'âge de quatorze ans, où ils devenaient *écuyers*. « On les instruisait, dit Sainte-Palaye, au maniement des armes, dans l'art de l'équitation et dans les exercices propres à développer leur force et leur adresse. Ils contractaient l'habitude de l'obéissance et de la courtoisie en servant ou le seigneur ou la dame dans des fonctions qu'on remplissait alors sans déroger à une naissance honorable, et en s'efforçant de se rendre agréable aux visiteurs et surtout aux dames, dans les bals ou dans les banquets.

L'écuyer suivait son maître à la guerre, portait sa lance et son heaume élevés sur le pommeau de la selle, et conduisait ses chevaux en les tenant par la droite. Sur le champ de bataille, il s'associait à tous ses périls, lui fournissait des armes, lui donnait un cheval frais, parait les coups qu'on lui portait et gardait les prisonniers faits pendant le combat. Jamais institution n'a été plus capable de mettre en jeu l'émulation, ce puissant ressort des actions éclatantes, car chaque écuyer savait que la lice lui était ouverte, et que les honneurs qu'il rendait, il les recevrait un jour.

La sévérité des épreuves publiques qui précédaient la prise d'armes, l'origine antique (1) et la majesté des cé-

(1) Nihil neque publicæ neque privatæ rei nisi armati agunt,

rémonies qui l'accompagnaient, la solennité des serments, condition de l'investiture, tout concourait à inspirer aux jeunes adeptes de la chevalerie un sentiment profond et enthousiaste de leur devoir. Joignez à cela les honneurs prodigués au *preux* chevalier et l'éclatante infamie dont le *félon* était couvert, vous aurez tout le secret de cette antique discipline qui popularisa la valeur, la loyauté, la courtoisie, la munificence et toutes ces vertus chevaleresques du moyen âge qui, après avoir brillé d'un si vif éclat dans les croisades et dans les guerres de la France et de l'Angleterre, jetèrent une dernière lueur dans les campagnes d'Italie.

Ne quittons pas ce sujet sans dire un mot des tournois, ces fêtes de l'honneur où resplendissaient le riche blason des princes et des barons de haute lignée, l'éclat des armures des chevaliers, le luxe oriental et la beauté des nobles dames, et où les ménestrels en proclamant le vainqueur faisaient entendre le cri : « Honneur aux fils des preux! » Les jeux sanglants du cirque de Rome ne valaient pas assurément ces combats à armes courtoises, où se peignait avec plus d'éclat, mais avec le même caractère que dans les *Kermesses* des plus humbles villages, l'esprit civilisateur des communes du moyen âge et des confréries chrétiennes organisées dans leur sein, avec leurs armoiries et sous la bannière de leurs patrons.

Les milices, les batailles, les osts, les bans féodaux avaient, comme le remarque le P. Daniel, reçu, dès le règne de Philippe-Auguste, une grave atteinte par l'institu-

---

sed arma sumere non antea cuiquam moris, quam civitas suffecturum probaverit. Tum in ipso concilio vel principum aliquis, vel pater, vel propinquus scuto frameaque ornant; hæc apud eos togæ, hic primus juventæ honos, ante hoc domus pars videntur, mox reipublicæ (TACIT., *De mor Germ.*).

tion des *soldats* ou *soudoyers,* recrutés par les seigneurs à
l'étranger, et payés par eux à l'aide des tributs qu'ils recevaient des villes. Grâce à cette innovation, les seigneurs
avaient renoncé, sauf le cas de danger grave, à lever l'ost
général sur leurs vassaux, et avaient eu des troupes plus
obéissantes pendant la guerre, mais d'où se formaient, la
guerre finie, les grandes compagnies de *routiers, cotereaux*
ou *brabançons* que Duguesclin détruisit avec l'aide des
états provinciaux. La taxe perpétuelle et les compagnies
d'ordonnances formées par Charles VII d'une cavalerie noble
et de l'infanterie roturière des francs-archers, préparèrent,
malgré la résistance de la noblesse, la révolution militaire
que consommèrent François Iᵉʳ, Henri IV et Louis XIV.

CHAPITRE IX

DE L'INFLUENCE DU DROIT CHRÉTIEN SUR LE RÉGIME MUNICIPAL ET SUR LA CIVILISATION GÉNÉRALE AU MOYEN AGE. TRANSITION A L'ÉTUDE DU DROIT MUNICIPAL MODERNE.

I. — La philosophie moderne traite la société et les
institutions du moyen âge avec un dédain qu'elle étend
quelquefois à l'idée chrétienne qui les inspirait. « Le chris-
« tianisme, dit un savant professeur de l'université (1),
« s'accommoda tant bien que mal à cette fausse société ; il
« en adoucit les maux, il en tira quelques grandes vertus,
« mais il n'en corrigea pas la radicale injustice ; et de là
« vint que les temps modernes se réveillèrent en invoquant

(1) M. JANET, *Histoire de la philosophie morale et politique,* ouvrage couronné par l'Institut, t. I, liv. II, ch. ɪ.

« une idée toute différente de l'idée chrétienne, l'idée du
« droit. »

Qu'est-ce à dire? l'idée du droit, c'est-à-dire de la justice,
est-elle donc en opposition avec le principe de la charité,
qui est la base du christianisme? On paraît le croire, car
on ajoute :

« La charité parfaite dévore le droit ; ce n'est point qu'il
« cesse d'exister, mais il n'est plus qu'en puissance.....
« Comme en demandant aux hommes de faire pour leurs
« frères tout ce qu'il est possible, on ne s'est pas appliqué
« à fixer tout ce qui est rigoureusement dû à chacun, cette
« incertitude sur les limites du droit est très-favorable aux
« lâches interprétations du devoir. Ajoutez que le devoir
« de charité étant absolu, il est prescrit à ceux qui souf-
« frent d'aimer ceux qui les persécutent : précepte admi-
« rable et vraiment sublime, mais qui fournit malheureu-
« sement un aliment à la persécution. »

S'il était vrai que la charité alimentât la persécution, la
charité serait un mal. Or, la charité est Dieu même
(*Deus est charitas*). De cette imprudente prémisse : *La
charité dévore le droit,* un logicien pourrait donc conclure
par le blasphème de l'impie : Dieu est le mal! Non, il
n'y a pas d'antagonisme entre le droit et la charité ; la
charité, c'est le droit, le devoir, le but, le moyen, c'est
tout. Aimer Dieu et le prochain, c'est la loi et les prophètes.
Faites cela et vous vivrez, a dit le Sauveur des hommes.
Toute la doctrine chrétienne est là.

Les anciens avaient entrevu le principe de la charité
dans le double principe de justice et de *concorde* sur lequel reposaient l'αυτονομια des Grecs et le *jus municipale*
des Romains ; mais la justice et la concorde, envisagées
d'un point de vue purement humain dans l'antiquité
païenne, ne sortaient pas des étroites limites de la cité et

de l'État, tandis que la charité chrétienne s'étend à l'humanité tout entière, en admettant cependant des degrés dans les affections de l'homme.

Un grand jurisconsulte, Domat (1), un grand évêque, Bossuet (2), ont donc donné au droit politique une base plus morale et plus large dans le principe chrétien de la charité que ceux qui, retournant involontairement à l'idée païenne, cherchent dans la raison d'État le principe primordial de l'organisation sociale.

II. — Le droit chrétien a réalisé un progrès non moins manifeste en substituant au *fatum*, cette âme universelle à laquelle les anciens croyaient que tout, même Jupiter, était subordonné dans le monde, et qu'Hésiode appelait la fille du chaos et de la nuit, l'autorité et la liberté, ces deux grands principes qui réalisent dans l'ordre politique providentiel l'alliance métaphysique entre la prescience divine et le libre arbitre de l'homme.

« L'autorité, dit avec raison un économiste chrétien (3), n'a d'autre mission que de régir la liberté, de laquelle tout procède dans le monde, puisque rien ne s'y fait que par l'activité humaine, laquelle est essentiellement libre. A mesure que la liberté se rattache plus étroitement au Christ, qui est dans le monde la loi vivante du bien, l'action coercitive de l'autorité est moins nécessaire, et la société est plus proche de cet état d'harmonie parfaite où l'autorité et la liberté se confondent dans une même pensée, et poursuivent d'un commun effort les destinées de la société avec la double puissance de l'utilité dans l'action et de la spontanéité dans le développement des aptitudes individuelles. »

(1) *Traité des lois*, ch 1er. — (2) *Politique sacrée*, livre Ier, art. 1er. — (3) M. PERRIN. *De la richesse dans les sociétés chrétiennes* (1862). l. Ier, p. 170.

En fondant l'empire de la charité sur l'union de l'autorité et de la liberté, le droit chrétien a fondé par cela même le règne de la justice, et a favorisé les progrès de la civilisation générale.

« Cette civilisation, dit un illustre historien (1), est surtout le fruit de cette grande idée que tout homme, à ce titre seul qu'il est homme, a droit à la justice, à la sympathie et à la liberté. Cette idée a sa source dans l'Évangile; c'est Jésus-Christ qui l'a fait entrer dans le cœur humain, pour passer de là dans l'état social. »

III. — On ne craint pas, cependant, d'accuser le droit chrétien, tantôt d'avoir exagéré le droit de propriété jusqu'à tolérer l'esclavage, tantôt d'en avoir méconnu l'essence en le livrant en pâture aux caprices des hommes puissants. On l'accuse d'avoir favorisé tour-à-tour le despotisme politique et l'absolutisme religieux, et d'être devenu le complice des usurpations et des priviléges de la féodalité. Jetons un dernier coup d'œil sur ces graves accusations, dont l'*Histoire du droit municipal* a déjà fait justice en partie.

IV. — L'esclavage, cette plaie des sociétés païennes, ne fut pas, il est vrai, immédiatement aboli après la conversion des empereurs au christianisme ; mais condamné, en principe, par la parole de Celui qui avait dit aux hommes : « Je suis venu briser vos chaînes et vous rendre tous égaux et frères, » il ne pouvait pas résister longtemps à l'influence de l'esprit chrétien. « Dieu qui a fait les hommes, disait Lactance, a voulu qu'ils fussent tous égaux. Comme il leur a distribué également sa lumière, il a donné à tous l'équité et la vertu. Devant Dieu, il n'y a ni esclave ni maître, car puisqu'il est notre père commun, nous sommes tous

(1) Guizot, *De la société chrétienne*, ch. XXIII.

libres. Devant Dieu, il n'y a de pauvre que celui qui manque de justice, de riche que celui qui est plein de vertus. »

Cette éloquente protestation du précepteur du fils de Constantin, contre l'esclavage, ne tarda pas à être suivie des affranchissements par l'Église, dont nous avons constaté les fréquents exemples. Rien n'est, par conséquent, plus injuste que le reproche adressé au droit chrétien de n'avoir pas détruit l'esclavage que l'Église a toujours considéré comme un mal, et qu'elle a combattu sans relâche jusqu'à son entière extinction.

V. — Ceux-là même qui accusent le droit chrétien d'avoir pactisé avec l'esclavage par un respect exagéré pour le droit de propriété, lui reprochent d'avoir sacrifié les possessions légitimes aux usurpations successives du despotisme romain et de la conquête germanique. Ils font un crime à saint Augustin (1) d'avoir dit que c'est *par le droit des rois que les possessions sont possédées,* comme si reconnaître un protecteur, c'était accepter un maître. Ils accusent les docteurs catholiques d'avoir sanctionné le droit de conquête, comme si ce droit, reconnu par tous les philosophes spiritualistes de l'antiquité, n'était pas conforme au droit naturel, tel que le comprennent aussi les publicistes modernes (2).

Le fait primordial de toutes les histoires, c'est la conquête. Ce fait est le point de départ de la géographie et de toutes les choses de la vie sociale et politique des peuples. C'est l'épée de la conquête qui a dessiné, en variant sans cesse, les limites des cartes des principaux États. Le

(1) S. AUGUST., *in Evang. S. Joann. Tract.* VI, 25-26. — (2) PUFFENDORF, *Droit de la nature et des gens*, liv. XLI, ch. IV. *De l'origine de la propriété des biens.*

fait de la possession ne constitue pas, sans doute, immédiatement le droit ; mais si ce fait se prolonge, si le sol est approprié à ses nouveaux détenteurs par le travail, par l'organisation des intérêts généraux, si les vainqueurs et les vaincus, après avoir coexisté plus ou moins longtemps sur le même sol à l'état de races ennemies, se sont réunis, confondus dans une même unité nationale, la possession n'est plus un accident, un jeu du hasard, c'est un fait permanent, respectable, nécessaire, qui acquiert la valeur d'un droit légitime et même d'un devoir sacré, puisqu'il commande, au jour du péril, à tous les citoyens de verser leur sang pour le défendre (1).

En sanctionnant ces principes, consacrés par la triple autorité de Cicéron, de saint Augustin et de Puffendorf, et en développant dans les cités régénérées par les évêques, leurs défenseurs, les idées de justice, de stabilité et d'hérédité, le droit chrétien a reconstitué la propriété sur des bases plus solides que celles qu'avaient posées les législations mobiles de la Grèce et le droit quiritaire et bonitaire des Romains.

L'usage et la limite du droit de propriété ont été aussi

(1) « Pour bien entendre cela, il faut savoir que l'état de guerre suspend l'effet de la propriété aussi bien que de tous les autres droits de la paix, par rapport à l'ennemi, en sorte qu'on n'est obligé de s'abstenir de ses biens qu'autant que les lois de l'humanité le demandent. Ainsi, pendant la guerre, tout ce qui appartient à un ennemi devient, à l'égard de l'autre, comme un bien sans maître ; non que l'un et l'autre cessent pour cela d'être légitimes propriétaires de leurs biens, mais parce que leur droit de propriété n'empêche pas qu'ils ne puissent se les ravir l'un à l'autre, et s'en emparer comme on fait d'une chose qui n'est à personne ; avec cette différence que l'on peut être et que l'on est ordinairement repoussé avec la même vigueur. » — (Puffendorf, *Droit de la nature et des gens.*)

mieux réglés par le droit chrétien que par celui qui l'avait précédé.

Le droit de propriété, dans les idées du paganisme, c'est le droit individuel d'user et d'abuser : *jus utendi et abutendi;* c'est le droit de consommer en dépenses improductives, en objets de luxe, en jouissances matérielles, revenus et capital. Le droit chrétien, au contraire, ne voit dans le possesseur que le chef de famille, chargé d'administrer pour ses proches, pour ses concitoyens, pour les pauvres le bien qu'il a reçu en dépôt. De là, des dissidences fondamentales : le droit païen dévore et dissipe, le droit chrétien amasse et épargne. L'un favorise, l'autre condamne le luxe et l'usure. Sous l'empire du premier s'étaient formés les *latifundia*, avec leur cortége soit de serfs attachés à la glèbe et épuisant pour le plaisir de leurs maîtres les terres et les populations, soit d'esclaves rivés à des industries qui faisaient servir aux débauches de quelques riches citoyens de Rome les produits de tout le monde connu. Sous l'empire du second, le travail libre s'appliqua à accroître la terre végétale, les subsistances, la population par la culture de domaines d'une étendue peu considérable, et à ressusciter ces classes moyennes que Salvien nous dépeint, à la décadence de l'empire, étranglées par les chaînes du fisc comme par la main de brigands.

VI. — Le droit chrétien consacre, en matière de liberté, des principes tout aussi sages qu'en matière de propriété.

Saint Paul, en prêchant la soumission aux puissances, parce que toute puissance vient de Dieu, a condamné le principe de l'insurrection, mais n'a pas réduit les peuples à subir avec une résignation sans limites la tyrannie des rois et des princes, et leur a même défendu d'obéir à leurs ordres contraires à la loi de Dieu.

L'unité d'un pouvoir absolu est, d'ailleurs, la condition

essentielle du despotisme. Or, au moyen âge, l'autorité
était divisée d'abord entre la puissance spirituelle et la
puissance temporelle, puis, dans l'ordre civil, entre le seigneur et le roi ; et c'est sous l'empire des lois qu'il se donnait à lui-même, tout en reconnaissant la triple autorité de
l'évêque, du seigneur et du roi, qu'était placé l'ordre
municipal, composé des assemblées publiques, depuis les
conseils politiques des communautés d'habitants jusqu'aux
assemblées nationales appelées états-généraux.

Droit ecclésiastique, Droit féodal, Droit royal, Droit
municipal, Droit national, tel est le faisceau d'institutions
qui formait la constitution politique du moyen âge : constitution bien imparfaite dans son organisme riche et mul-
tiple, mais où l'on ne peut nier la présence d'une liberté
souvent orageuse, à cause de l'antagonisme perpétuel des
divers éléments de l'ordre social.

VII. — « La liberté, s'écrie-t-on ! mais elle avait une
adversaire implacable : l'unité religieuse, intervenant les
armes à la main dans les controverses, et noyant les héré-
sies dans le sang. »

On ne peut nier qu'au moyen âge le bras séculier n'ait
été souvent un dangereux auxiliaire du christianisme dog-
matique. Mais le tort des libres penseurs est d'imputer au
droit chrétien des fautes qui lui sont étrangères, et de
confondre l'unité religieuse et l'intolérance.

L'unité religieuse, ce criterium infaillible des principes
sociaux immuables, cette garantie précieuse d'ordre et de
paix dont on sent surtout le prix quand on l'a perdue, autorise sans doute et même prescrit le prosélytisme. « Lors-
« que l'Église, dit Bossuet, voit quelques-uns de ses en-
« fants s'arrachant de ses entrailles, ou lui arrachant ses
« entrailles mêmes, et emportant avec eux le sceau de
« l'unité qui est le baptême, elle redouble son amour ma-

ii   36

« ternel envers ses enfants qui demeurent, les liant et les
« attachant toujours davantage à son esprit d'unité. » Mais
selon le droit chrétien que nous avons constaté ailleurs (1),
l'Église ne doit invoquer à l'appui de ses exhortations que
les armes spirituelles, c'est-à-dire l'influence morale de
ses prêtres, de ses évêques, de ses synodes, de ses conciles ; et c'est par la liberté même que cette reine des intel-
ligences doit, du haut de la chaire pontificale, affermir et
propager, au sein d'institutions variées, son empire universel : *Adstitit regina circumdata varietate.*

Les édits de Constantin, de Théodose, d'Honorius et
des autres empereurs chrétiens contre les donatistes, les
manichéens, les nestoriens et autres hérésiarques, n'ont
point été sanctionnés, du point de vue religieux, par les
Pères de la primitive Église dont l'esprit a toujours condamné les exécutions sanglantes. La règle, attestée, dès les
premiers siècles, par les lettres de saint Augustin, de
saint Ambroise, de saint Martin de Tours, de saint Hilaire
de Poitiers, et consacrée formellement par le troisième concile de Latran, a reçu, sans doute, des faits dont le droit
chrétien n'est pas responsable, des démentis fréquents,
mais ne s'en est pas moins maintenue ; et, lorsqu'au moyen
âge, ont éclaté successivement les révoltes, contre l'autorité
civile et religieuse, des Albigeois, des Vaudois et des Hussi-
tes, les rigueurs, souvent excessives, déployées contre elles
par plusieurs souverains de l'Europe, à l'exemple de Frédéric II, qui, en 1224, avait déclaré l'hérésie crime de
lèse-majesté, ont bien moins été l'œuvre de l'Église que
celle du pouvoir temporel.

Quant aux longues et regrettables luttes entre le sacerdoce et l'empire, les emportements et les empiétements ré-

(1) *Droit municipal au moyen âge,* vol. Ier, p. 170 et suiv.

ciproques des deux parties belligérantes n'ont jamais altéré la doctrine des saint Bernard, des saint Thomas, et de
tous ces grands docteurs chrétiens qui, bien loin de soutenir le despotisme théocratique, se sont toujours attachés
à respecter religieusement la limite des deux puissances.

« Voici la voix du Seigneur dans l'Évangile, disait saint
Bernard (1) au pape Eugène : Les rois des nations dominent sur elles ; qu'il n'en soit point ainsi parmi vous ;
il est donc évident que la domination est interdite aux
apôtres... Allez maintenant, et soyez assez hardi pour joindre la domination à l'apostolat ; si vous voulez posséder à la
fois l'un et l'autre, vous serez privé de tous les deux. »

« Le pouvoir politique et le gouvernement sont de droit
humain ; *Dominium et prælatio introducta sunt a jure hu-
mano*, disait saint Thomas d'Aquin (2) ; » et ce docteur chrétien, en qui se résume en quelque sorte la doctrine du
moyen âge, rattachait, comme les philosophes anciens, le
droit humain au droit naturel. Mais il s'élevait plus haut
qu'eux, en faisant remonter jusqu'à Dieu les sources du
droit naturel, et en admettant d'ailleurs, à côté d'un droit
divin immuable, un droit variable et, par conséquent, des
formes diverses de gouvernement.

Saint Thomas reconnaît le droit des nations de se donner des lois, et d'exercer le pouvoir, soit par la multitude entière, soit par celui qui la représente : « Vel totius multitu-
« dinis vel alicujus gerentis vicem (3) ; » il veut que toutes
les classes aient quelque part au gouvernement ; « Ut om-
« nes aliquam partem habeant in principatu ; » il préfère,
comme Cicéron et Polybe, les gouvernements mixtes,

---

(1) S. BERNARD, *De consider.*, t. II, c. VI. — (2) *Somme théologi-
que*, 2, 2, q. X, a. 19. — (3) *Ibid.*, 1, 2, q. XC. a. 3.

c'est-à-dire tempérés de monarchie, d'aristocratie et de démocratie (1). Il demande surtout, sous toutes les formes politiques, un pouvoir ami de la justice.

Fermement attaché au pouvoir temporel du Pape, « qui « utriusque potestatis apicem habet (2), » il voit dans le cumul, à Rome, des deux puissances, la garantie de sa distinction dans tous les autres États, mais il ne reconnaît pas plus à l'Église le droit de déposer les rois qu'à ceux-ci le droit d'attenter au pouvoir spirituel de l'Église (3). A ses yeux, le signe d'un gouvernement juste, c'est que le prince laisse ses sujets maîtres de leurs actions en cherchant lui-même le bien commun, et la conciliation de la liberté et de l'unité politiques lui paraît plus facile dans une monarchie tempérée que dans tout autre gouvernement (4). « Le roi, dit-il, est pour le royaume, et non le royaume pour le roi ; « Regnum non est propter regem, sed rex propter re-« gnum ; » et c'est en partant de ce principe qu'il établit les droits et les devoirs de la royauté dans des conditions telles que les réclamait la lutte engagée entre la féodalité et la monarchie, engageant le roi à s'armer, pour la défense du territoire, de forteresses, de troupes, de propriétés, de finances indépendantes des seigneurs, et faisant tourner au profit du peuple, surtout des faibles et des malheureux, la puissance conquise sur la féodalité.

Tels sont les principes fondamentaux du droit chrétien puisés, par l'Ange de l'école, aux sources vives de l'Évangile, des Actes des apôtres (5) et des souverains pontifes (6), et reproduits, malheureusement sans succès auprès des princes de la terre, par l'archevêque de Marca

---

(1) *Som.*, 1, 2, q. CV. a. 1. — (2) *Ib.*, q. LXVII, a. 1.— (3) *Ib.*, q. X, a. 10, et q. XII, a. 2. — (4) *De reg. princip.*, l. 1, c. 1 et II. — (5) S. PAUL, II, *à Thim.* — (6) GELASE 1er, *De anath. vinculo.*

et par Fénélon dans ses *Plans de gouvernement* (1).

L'un des fondateurs du droit moderne, J.-J. Rousseau, condamne, au contraire, la distinction des deux puissances, « qui donnant aux hommes deux législations, deux chefs, deux patries, les soumet à des devoirs contradictoires, et les empêche de pouvoir être à la fois dévots et citoyens. » Il lui préfère la loi de Moïse, « qui réunit le culte divin et l'amour des lois, et qui, faisant de la patrie l'objet de l'adoration des citoyens, apprend que servir l'État, c'est en servir le Dieu tutélaire. » Cette théorie de l'unitarisme anti-

---

(1) « Indépendance réciproque des deux puissances : la temporelle vient de la communauté des hommes qu'on nomme nation ; la spirituelle vient de Dieu, par la mission de son Fils et des apôtres. La temporelle est, dans un sens, plus ancienne ; elle a reçu librement la spirituelle qui, dans un sens aussi, est plus ancienne ; le culte du Créateur existait avant les institutions humaines. Les princes ne peuvent rien sur les fonctions pastorales : de décider sur la foi, d'enseigner, d'administrer les sacrements, de faire les pasteurs, d'excommunier. Les pasteurs ne peuvent contraindre par la police temporelle. Les deux puissances, d'abord séparées pendant trois cents ans de persécutions, unies et de concert, mais non confondues, depuis la paix, doivent demeurer distinctes et libres de part et d'autre. Dans ce concert, le prince laïque est soumis aux pasteurs pour le spirituel, comme le dernier laïque, s'il veut être chrétien ; les pasteurs sont soumis au prince pour le temporel, comme les derniers sujets : ils doivent l'exemple. Donc, l'Église peut excommunier le prince, et le prince peut faire mourir le pasteur. Chacun doit user de ce droit seulement à toute extrémité, mais c'est un vrai droit.

« Jésus-Christ n'a pas donné à Pierre et à son Eglise le gouvernement des familles ni la puissance politique qu'il avait reconnue dans César ; mais le droit de lier et de délier les âmes, les clefs du royaume des cieux, le soin de faire paître les brebis de son troupeau. Ceux-là donc n'ont bien mérité ni du Souverain-Pontife ni des rois chrétiens qui prétendent apprécier par les institutions des Hébreux celles du christianisme. Aucune comparaison ne peut être faite entre la Synagogue et l'Eglise ; dans l'une se trouvaient mêlées et confondues des juridictions qui, dans l'autre, doivent être distinctes et séparées. »

chrétien n'est pas une œuvre d'invention nouvelle; c'est l'idée du despotisme civil, qui était au fond de l'idée païenne, ressuscitée par Machiavel (1), et devenue le thème des variations des libres penseurs.

Dès le douzième siècle, les jurisconsultes gibelins de l'école de Bologne, prenant parti pour les empereurs de la maison de Souabe contre les républiques lombardes, les appelaient les seigneurs de la cité et de l'univers : *dominii urbis et orbis*; et, dès la même époque, un autre jurisconsulte, d'origine italienne, fondait, au contraire, à Montpellier, au sein de nos municipes méridionaux, une chaire d'où il accusait ses compatriotes de trahir l'Italie pour l'empereur (2). Un siècle plus tard, Dante publiait son traité *de Monarchia*, où, renouvelant les thèses des jurisconsultes romains, il donnait à l'héritier des Césars le titre de protecteur de la paix universelle du monde : « Le genre humain, disait-il, a une fin commune et unique. Il lui faut donc un seul chef : c'est l'empereur. Le meilleur état du monde est de ressembler le plus à Dieu. Or, cela arrive quand il est le plus un possible, Dieu étant l'unité. Mais il est le plus un quand il est réuni en un ; c'est-à-dire sous un seul prince. C'est au temps d'Auguste, lorsque l'unité et la paix régnaient dans le monde, que Jésus-Christ a voulu naître ; c'est ce temps que saint Paul a appelé la plénitude des temps. »

Heureusement, la vitalité de l'esprit de liberté chrétienne était telle à cette époque qu'il réagissait de lui-même contre ces dangereuses tendances. « Le vrai législateur des

---

(1) Voyez aussi GROTIUS, *Traité de l'autorité du magistrat politique sur les choses sacrées.* — (2) Voyez sur Placentin et son école de droit, l'*Histoire de Montpellier*, par M. GERMAIN; *Introduction*, LXXI et LXXI.

peuples, écrivait Marsile de Padoue, c'est l'universalité des citoyens ou la plus valide partie d'entre eux : «Legislatorem « humanum solam civium universitatem esse, aut valentio- « rem illius partem (1).» A côté du droit humain, exercé par la puissance temporelle, au nom et dans l'intérêt de la nation, le même philosophe reconnaissait le droit divin dans les matières spirituelles, mais interdisait d'user de la force pour en faire observer les préceptes : « Ad observanda « præcepta divinæ legis, pœna vel supplicio temporali, seu « præsentis sæculi, nemo evangelica scriptura compelli « præcipitur. »

Entre ces doctrines vraiment chrétiennes et les théories révolutionnaires de Wicleff et de Jean de Huss, justement condamnées par le concile de Constance, pour avoir fait de l'insurrection contre les princes un droit arbitraire des peu- ples (2), il y a la même distance qu'entre les libertés salu- taires développées sous le pontificat d'Innocent III ou le règne de saint Louis et les troubles démagogiques dont presque tous les États de l'Europe furent simultanément affectés un siècle plus tard.

VIII. — Le principal reproche adressé au droit munici- pal du moyen âge, c'est d'avoir créé et développé des li- bertés de priviléges plutôt que le droit commun; comme si, sur les ruines de cet empire romain, tombé en pourri- ture plutôt que détruit par les Barbares, il eût été possi- ble d'improviser par enchantement une société nouvelle, où la liberté de tous aurait succédé tout-à-coup à l'esclavage du grand nombre !

Oublie-t-on l'état où l'Europe occidentale avait été mise par l'empire, qui pesait sur elle depuis quatre siècles; et ne

_____

(1) *Defensor pacis, concilium* VI, an 1314. — (2) *Constantiniense concilium*, t. III, p. 12, p. 180, 183.

veut-on tenir aucun compte des obstacles prodigieux que
devait rencontrer, dans le chaos de la conquête, une civilisation rudimentaire de peuples enfants mêlés aux survivants
d'une société décrépite ? C'eût été, au sixième siècle, une
entreprise insensée que de vouloir imposer, soit aux vaincus,
soit aux conquérants, des lois conformes à ce qu'on appelle
aujourd'hui *le droit commun.*

Au lendemain du cataclysme qui avait bouleversé l'ancien monde, tout était dans la confusion. Les éléments
sociaux, variés à l'infini, bouillonnaient ensemble, au fond
du creuset, sous le feu de guerres toujours renaissantes :
guerres de familles, guerres de races, guerres de gildes,
guerres de communes, guerres de territoires, guerres de
souverainetés, guerres entre le sacerdoce et l'empire,
guerres entre les seigneurs et les rois, entre les princes et
les peuples, guerres dans l'Église, guerres dans l'État. Partout l'agitation et le trouble ; partout les sombres horizons :
chez les grands, des forfaits inouïs à côté d'héroïques vertus ;
chez le peuple, la foi avec ses prodiges, la superstition avec
ses terreurs puériles et son fanatisme. Chaque cité, chaque
État, changeant incessamment de limites et de maîtres, des
fortunes prodigieuses et d'effroyables misères, tel est le
spectacle général de ces sociétés du moyen âge, où l'esprit du
bien et l'esprit du mal sont perpétuellement à l'état d'antagonisme et de lutte. Dans un tel état de choses, il n'y a pas
place pour le droit commun : tout est local, tout est privilége
(*privata lex*) : chacun fait sa loi. On dirait d'un monde
livré au hasard, et toujours à la veille de sa fin. Mais, dans
cette société, en apparence si désordonnée, vit, au sein des
troubles et des orages, le véritable principe d'ordre ; c'est-
à-dire l'esprit de famille, de corps, de cité, de religion,
de patrie, animé, vivifié par la foi, la liberté et l'honneur.
Le cataclysme du bas empire avait éclaté au sein de l'ordre

administratif le plus savamment hiérarchisé qu'on trouve dans les annales du monde. Au moyen âge, chaque crise politique amenait un progrès social.

IX. — Ce ne sont pas des édits impériaux ou des ordonnances royales qui ont fait la constitution politique du moyen âge (1) ; c'est l'esprit social, consacré par les coutumes locales et par les chartes, que n'inventaient pas les seigneurs, les évêques, les rois qui les octroyaient, mais qu'ils reconnaissaient comme se produisant d'elles-mêmes, et comme les fruits naturels du sol. L'affranchissement des serfs, la création et la multiplication des villages, des cités, tout cela s'est fait lentement, successivement, avec des difficultés inouïes, et avec des variétés aussi nombreuses que les obstacles contre lesquels il fallait lutter. Aurait-il mieux valu que ces myriades de constitutions, au lieu d'éclore d'elles-mêmes, par une germination naturelle, eussent été jetées dans un moule uniforme par la main d'un homme ? La Providence paraît en avoir jugé autrement, et nous préférons, quant à nous, dussent en frémir les unitaristes, à un régime de centralisation imité du bas empire, les allures fières et diverses du libre pacte, même féodal.

X. — Est-ce à dire que cette mosaïque d'associations locales, de juridictions, de seigneuries dût être le dernier mot de la civilisation ? Ni les rois, ni les peuples du moyen âge ne l'ont pensé, et leur histoire entière fait foi de leurs efforts, dix fois séculaires, pour fondre dans l'unité nationale tous ces éléments disparates, et pour élever, sur la large base des franchises nationales, le majestueux édifice de

(1) Ce n'est pas l'homme qui fait la société, c'est la société qui fait l'homme. M. BLANC DE SAINT-BONNET, *de l'infaillibilité.*

l'unité politique, dont la construction laborieuse rappelle le mot du poëte :

Tantæ molis erat Romanam condere gentem.

C'est l'éternel honneur de nos rois, ces ouvriers dévoués, intelligents et persévérants de l'unité nationale, d'avoir absorbé par degrés la puissance politique que les seigneurs avaient usurpée depuis le dixième siècle ; d'avoir favorisé, au détriment du régime des fiefs, la multiplication des paroisses et des communes, des diocèses et des provinces ; et d'avoir fait tourner au profit de la paix, de la liberté et de l'enrichissement des peuples, par l'affranchissement des serfs, par les baux à cens ou en franc-alleu, par le développement, dans les villes, des gildes ou corps de métiers et des franchises bourgeoises, les conquêtes de la couronne sur le pouvoir seigneurial. Mais à quelle époque ces grande résultats ont-ils été obtenus? Dans les derniers siècles du moyen âge.

L'œuvre de l'unité française elle-même ne date pas seulement de Richelieu et de Louis XIV, et le moyen âge n'y a pas pris une moindre part qu'à l'émancipation populaire.

C'est à Charlemagne que remonte la maxime fondamentale du droit public de la France : *Lex ex constitutione regis et consensu populi.* Louis-le-Gros, Philippe-Auguste, saint Louis, Philippe-le-Bel, ont poursuivi, à travers de formidables obstacles, la réalisation de cette double pensée, et dès le douzième siècle, la royauté, devenue, selon l'expression de Châteaubriand, l'axe autour duquel tournait la sphère compliquée des seigneuries féodales et des libertés populaires, inspirait à Beaumanoir cette formule monarchique : « Le roi est souverain par dessus tous, et a de son droit le général garde du Reaulme, pourquoi il peut faire

liex, establissements, comme il li plese pour le profict et
che que il établit il doit être tenu. »

L'unité nationale et monarchique de la France, menacée
par les désastres politiques des Valois, reprend sa marche
ascendante sous les règnes de Charles-le-Sage et de Charles-
le-Victorieux ; et vers la fin du règne de Louis XI, époque
de transition du moyen âge aux temps modernes, la France
n'est plus cet assemblage de petites souverainetés féodales
dont le gouvernement tyrannique, les luttes intestines et
les révoltes incessantes avaient appelé l'Anglais au cœur
de notre patrie, et réduit le roi, seigneur suzerain, à n'être
plus que le roi de Bourges. Déjà la nation est constituée
dans son territoire, dans son armée, dans sa magistrature,
dans sa libre administration. Déjà l'unité de gouvernement,
de langue, de lois, de mœurs commence à poindre, au sein
de la variété infinie de tous les éléments sociaux qui
avaient vécu, jusque-là, chacun de sa vie propre, luttant
ou se combinant ensemble, selon les circonstances diverses, en pleine liberté, sous la surveillance mais sans
l'intervention directe de l'autorité royale.

L'unité nationale et monarchique n'est pas consommée
encore ; mais elle est en voie de progrès, et tout semble mû-
rir pour la réalisation du gouvernement représentatif, dont
les ordonnances du quatorzième siècle avaient été le prélude.

XI. — Comment tant d'efforts en faveur d'une forme
politique qui s'identifie, comme l'a prouvé Montesquieu,
avec toutes nos origines et toutes nos traditions nationales,
ont-ils abouti à la monarchie absolue, dont le règne de
Louis XIV a été la plus splendide et la dernière expression ? Comment cette monarchie elle-même, battue en
brèche sur la tombe à peine fermée du grand roi, a-t-
elle été, après un siècle de luttes intellectuelles, détrônée,
assassinée par la révolution triomphante ?

Ceux qui, comme nous, ne séparent pas le culte de l'autorité royale de celui des libertés publiques ne sauraient se défendre d'une réflexion douloureuse en songeant à une double faute que le parallèle consciencieux de l'ancien régime et de la Révolution peut aider à mettre en lumière. D'une part, la puissance monarchique a, par un effort continu, brisé successivement toutes les barrières qui s'opposaient à sa domination absolue, et détruit ou altéré les libertés qui jusqu'alors lui avaient fait contrepoids. D'un autre côté, les rois, mis eux-mêmes hors de page, au lieu de compléter l'œuvre d'émancipation qu'ils avaient entreprise de concert avec les communes, se sont bornés à étendre leur propre puissance au détriment de celle des seigneurs, au point de laisser croire au peuple que l'œuvre des libertés locales n'avait pas été désintéressée de la part de la couronne. Non-seulement rien n'a été fait pour modifier la puissance féodale dans ses rapports avec les intérêts civils des populations, mais on a permis que les usurpations et les tyrannies seigneuriales s'accrussent en raison directe des progrès du pouvoir monarchique. De là, les redoutables colères que n'ont pu désarmer les réformes libérales du roi martyr, et qui ont livré la France aux orages révolutionnaires.

XII. — Notre dessein en ce moment n'est ni de parcourir ni même de mesurer de l'œil la double période historique dont la première phase montre la politique royale succédant au droit chrétien, et la seconde la démocratie s'asseyant sur le trône des rois ; mais nous devons constater ici que cette double révolution a fait irrévocablement justice des priviléges du droit féodal et des abus d'autorité de la monarchie absolue ; que, sous ce double rapport, le succès des principes de 1789 n'est ni contesté ni contestable, et qu'autant vaudrait refouler un fleuve vers sa source que d'essayer de reprendre des conquêtes à jamais affermies par la force irrésistible des choses.

Mais, affranchie du double joug religieux et politique, qui, à d'autres époques, a pesé sur les peuples, la démocratie persistera-t-elle à marcher dans son omnipotence absolue, sans se mettre en peine ni des lois immuables de l'ordre divin, ni des convenances traditionnelles du droit national, à la conquête si désirable mais si difficile du bien-être et de la moralité de tous?

Telle paraît être la pensée des démocrates unitaristes que leur amour de l'égalité, ou plutôt de la domination a égarés au point de leur faire rejeter, d'un pied dédaigneux, la liberté qu'ils invoquaient naguères, ne voyant plus désormais en elle un but, mais un moyen ; de ces démocrates qui acceptent, quoiqu'avec quelque regret peut-être, ce qu'ils considèrent aujourd'hui comme les conditions nécessaires du gouvernement des masses : le despotisme administratif et le socialisme fiscal.

Mais ceux d'entre les adeptes de l'école démocratique qui sont restés fidèles à la bannière de la liberté, ceux-là paraissent avoir perdu la confiance que leur inspirait, sous le régime parlementaire, une société qui semblait raffermie sur ses bases, et dont les orages de la tribune et de la presse semblaient n'agiter que la surface. Découragés maintenant et inquiets de l'avenir, ils s'effraient, outre mesure peut-être, de l'élan que les institutions démocratiques peuvent donner aux passions des multitudes, et dans l'entraînement des sociétés modernes vers des jouissances matérielles que favorisent à la fois les progrès des sciences physiques et le nivellement des conditions, ils sont tentés de voir les symptômes d'une décadence morale et les présages d'un naufrage social.

Ces appréhensions, quoique exagérées peut-être, nous

paraissent plus sérieuses que l'optimisme des partisans du despotisme centralisé. Il n'y a, en effet, dans la science du gouvernement que deux systèmes : la liberté par les mœurs, ou l'ordre par la force.

Et comme le despotisme, ce refuge nécessaire de toute société où les mœurs défaillent, met les États sur la pente d'une anarchie toujours imminente, nous sommes menacés de subir l'alternative de deux fléaux produits par une cause commune : l'égoïsme, cette maladie presque incurables des vieux peuples.

Toutefois, au lieu de s'abandonner au pessimisme que trahissent la plupart des manifestations actuelles de l'école libérale, naguères si sûre d'elle-même, il est du devoir de tous de rechercher avec ardeur la solution d'un problème qu'il n'est pas permis de croire insoluble, puisque Dieu lui-même a dit que les nations sont guérissables.

Nous croyons avoir indiqué quelques données de ce problème dans l'analyse des institutions municipales du moyen âge, envisagées dans leur triple origine romaine, germanique et celtique, et dans le caractère traditionnel et progressif que leur a imprimé le concours des divers éléments constitutifs du droit chrétien.

Il s'agirait maintenant de poursuivre cette étude dans les temps modernes, et d'examiner, au point de vue du droit municipal, la double transformation de la France corporative et féodale en une monarchie absolue dans sa constitution politique, seigneuriale et communale, dans sa constitution civile, et de celle-ci en une démocatie gouvernée tour à tour, sauf un intervalle de quelques années, par les assemblées parlementaires ou par le pouvoir impérial.

Cette partie de notre histoire municipale offrirait sans doute à la plupart des lecteurs plus d'attrait que celle des

origines obscures et des rudes commencements des institutions du moyen âge. Souhaitons qu'une plume impar-
tiale nous la retrace, mais ne regrettons pas le temps employé à l'exploration des très-anciennes coutumes et des
chartes féodales de nos ancêtres. Les Romains des premiers temps de l'empire dédaignaient, eux aussi, l'étude
des sept cents années d'immense labeur durant lesquelles
s'était formé l'empire qui, sorti de commencements si faibles, s'était élevé à une grandeur dont n'approche aucun
des États de l'Europe moderne. Tite-Live, en leur repro-
chant le peu d'intérêt qu'ils attachaient aux premières origines et aux traditions du vieux temps (1), leur adressait
des exhortations qu'il n'est peut-être pas inutile de rappeler à nos contempteurs des siècles de *barbarie*. « Je désire surtout, disait à ses contemporains l'historien de Rome
avant l'avénement de l'empire, qu'on s'applique à observer
la vie, les mœurs des premiers Romains, à rechercher par
quels moyens dans la paix et dans la guerre nous avons
conquis et agrandi notre empire, et comment l'affaiblissement insensible de la discipline a amené le relâchement des
mœurs, qui, bientôt entraînées sur une pente chaque jour
plus rapide, se sont précipitées jusqu'à ce qu'enfin on soit
parvenu à ces temps où nous ne pouvons plus ni souffrir
nos maux, ni en supporter le remède (2). »

Le vrai remède des révolutions, ces crises, quelquefois
salutaires, toujours périlleuses, ce n'est certes pas la résurrection des abus qu'elles ont détruits, mais ce n'est pas

---

(1) Legentium plerisque, haud dubito quin primæ origines
proximaque originibus minus præbitura voluptatis sint, festi-
nantibus ad hæc nova, etc. (T. Livii *historiarum Præfatio.*) —
(2) Ad illa mihi pro se quisque acriter intendat animum, quæ
vita, qui mores fuerint : per quos viros, quibusque.artibus, domi

non plus une adhésion systématique aux injustices qu'elles ont crues nécessaires à leur succès. Les principes de l'ordre moral sont immuables et imprescriptibles, et il n'y a pour une nation de véritable progrès social que celui qui marche appuyé sur ses libertés tradititionnelles.

militiæque, et partum et auctum imperium sit : labente deinde paulatim disciplina, velut desidentes primo mores sequatur animo; deinde ut magis magisque lapsi sint; tum ire cœperint præcipites; donec ad hæc tempora, quibus nec vitia nostra, nec remedia pati possumus perventum est (*Ibid.*).

BÉCHARD (F.). Droit municipal dans l'antiquité. 1 volume in-8. 8 »

BÉCHARD (F.). Droit municipal au moyen âge. 2 volumes in-8. 15 »

BAUDI DI VESME (le chevalier). Des impositions de la Gaule dans les premiers temps de l'Empire romain. 1861, in-8. 1 50

BONNIER (Ed.), prof. à la faculté de droit de Paris. Traité théorique et pratique des Preuves en droit civil et en droit criminel. 3ᵉ édition, revue et considérablement augmentée. 1862, 2 vol. in-8. 15 »

CHEVILLARD (Jules), ancien préfet. De la Division administrative de la France et de la centralisation, 1862, 2 volumes in-8. 15 »

CODES (les) de la législation forestière, comprenant : le Code forestier, l'ordonnance réglementaire du 1ᵉʳ août 1827, le Code de la pêche fluviale, le Code de la chasse et les règlements de la louveterie, avec les changements survenus dans la législation et la corrélation des articles entre eux. Nouvelle édition, publiée avec l'autorisation du directeur général des forêts, par Ch. Jacquot, sous-chef à l'administration centrale des forêts. 1861, gr. in-18. 1 25

DARESTE (Rodolphe), avocat au conseil d'Etat et à la Cour de cassation. La justice administrative en France, ou traité du contentieux de l'administration. 1862, 1 fort vol. in-8. 8 »
On s'est proposé, dans cet ouvrage, d'étudier la justice administrative en France, son origine, ses progrès, son organisation actuelle et les règles de ses décisions. C'est un traité du contentieux administratif exposé dans ses principes, éclairé par l'histoire et par la comparaison des législations étrangères. Les principes du droit administratif sont épars dans les lois et dans les arrêts du conseil d'Etat. L'auteur les a réunis dans un ordre systématique, lequel n'est autre que l'ordre même du Code Napoléon, et présente ainsi en un seul volume toutes les règles qu'il est nécessaire de connaître pour plaider devant l'administration.

DESJARDINS (Arthur), substitut du procureur impérial de Toulon. De l'aliénation et de la prescription des biens de l'Etat, des départements, des communes et des établissements publics dans le droit ancien et moderne. 1862, in-8. 5 »

DUCROCQ (Th.), agrégé, chargé du cours de droit administratif à la Faculté de droit, avocat à la Cour impériale de Poitiers. Cours de droit administratif, contenant l'exposé des principes, le résumé de la législation administrative dans son dernier état, l'analyse ou la reproduction des principaux textes, dans un ordre méthodique. 1861. In-8. 8 »

GAUDRY, avocat à la Cour imp. de Paris, ancien bâtonnier de l'ordre des avocats. Traité du Domaine, comprenant le Domaine public municipal, le Domaine privé des communes et le Domaine départemental, suivi d'un Appendice contenant les Lois ou l'extrait des principales Lois sur les diverses natures de domaine. 1862, 3 forts vol. in-8. 22 »

ROZIERE (Eugène de), inspecteur général des archives. Recueil général des formules usitées dans l'empire des Francs, du vᵉ au xᵉ siècle. 1861, 2 beaux vol. gr. in-8. 30 »

Paris. — De Soye et Bouchet, impr., 2, place du Panthéon.

www.ingramcontent.com/pod-product-compliance
Lightning Source LLC
Chambersburg PA
CBHW062002220326
41599CB00018BA/2474